L'ENCYCLOPÉDIE VISUELLE DES

SPORTS

L'ENCYCLOPÉDIE VISUELLE DES

SPORTS

minerva

Éditeur Jacques Fortin
Directeur éditorial François Fortin
Rédactrice en chef Karine Delobel

Rédacteurs Denis Fourny, Benoit Fradette, Jean Gounelle, Francis Magnenot, Anne-Marie Villeneuve, Jessie Daigle, Jean-François Lacoste

Directeur artistique Jean-Yves Ahern
Directeur artistique adjoint Claude Thivierge
Superviseurs infographiques Jocelyn Gardner, Rielle Lévesque, Michel Rouleau

Illustrateurs Yan Bohler, Mélanie Boivin, Charles Campeau, Mivil Deschênes, Martin Desrosiers, Jonathan Jacques, Danièle Lemay, Alain Lemire, Martin Lortie, Raymond Martin, Annie Maurice, Nicolas Oroc, Frédérick Simard, Yan Tremblay, Mathieu Blouin, Sébastien Dallaire, Hoang Khanh Le, Anne-Marie Ouellette, Pierre Savoie, Mamadou Togola

Conceptrice graphique Anne Tremblay

Mise en page Véronique Boisvert, Pascal Goyette, Lucie Mc Brearty, Josée Noiseux, Yan Bohler, Mario Bergeron

Documentalistes Jessie Daigle, Nancy Lepage, Sophie Pellerin, Sylvain Robichaud, François Vézina, Gilles Vézina, Kathleen Wynd, Daniel Provost, Isabelle Lafrance

Retouche photographique Hélène Coulombe

Correcteurs Liliane Michaud, Denis Fourny

Programmeur Daniel Beaulieu
Coordonnatrice de production Guylaine Houle
Technicien en pré-impression Tony O'Riley

Consultants Paul Ohl, Guy Thibault

L'*Encyclopédie visuelle des sports* a été conçue et créée par :
QA International
329, rue de la Commune Ouest, 3e étage
Montréal (Québec) H2Y 2E1 Canada
T 514.499.3000 **F** 514.499.3010
www.qa-international.com

Édition originale publiée en 2000 au Canada par QA International, Montréal (Québec), sous le titre *Encyclopédie visuelle des sports*.

Pour la présente édition :
Éditions Minerva, Genève, Suisse

ISBN : 2-8307-0577-7
Dépôt légal : août 2000
Imprimé en Slovaquie

note de l'éditeur

Le sport occupe une place grandissante dans la vie quotidienne d'aujourd'hui. On le retrouve sous les formes les plus diverses, et sur tous les continents. Les grands rendez-vous internationaux, comme les événements nationaux, sont largement diffusés et appréciés dans le monde entier. Le choix offert au grand public n'a jamais été aussi vaste.

Cependant, s'il existe une quantité considérable d'information disponible sur chaque sport, elle reste généralement éparpillée. On se documente plus facilement sur le sport le plus populaire à l'endroit où l'on vit, ou lorsqu'un événement ponctuel – Coupe du monde ou championnat saisonnier – a lieu.

L'Encyclopédie visuelle des sports réunit en un seul ouvrage plus de 120 sports décrits et commentés dans des textes courts, efficaces, et surtout illustrés par une iconographie abondante et spectaculaire. Ce qui en fait un guide essentiel pour comprendre les structures de chaque sport et saisir le contexte dans lequel évoluent les compétitions internationales. Pour permettre au lecteur d'apprécier pleinement les exploits des sportifs, ou tout simplement pour comprendre comment se pratique chaque sport, les concepteurs de cet ouvrage ont privilégié un contenu ponctuel et fondamental. C'est pourquoi cette encyclopédie unique en son genre a été élaborée en étroite collaboration avec des experts reconnus dans leur domaine : responsables de fédérations, entraîneurs d'athlètes de haut niveau et athlètes eux-mêmes.

Pour chaque sport traité, des références historiques pertinentes renseignent sur ses origines, permettant ainsi de mieux mesurer l'évolution des sports contemporains. Le profil de l'athlète donne les techniques d'entraînement propres à chaque discipline. Il évoque, en même temps, les défis relevés quotidiennement par les athlètes qui visent le plus haut niveau. Pour l'amateur, ces renseignements servent de points de repère pour comparer ses compétences à celles d'un champion.

L'environnement dans lequel se déroulent les compétitions est présenté de manière à bien illustrer le rôle des personnages présents sur les lieux et la dynamique du sport traité. Les concepteurs ont utilisé une terminologie précise en respectant le vocabulaire propre à chaque sport. Ainsi, grâce à une présentation vivante et claire, le lecteur peut se laisser guider dans la découverte d'un sport totalement inconnu, ou au contraire se repérer visuellement et trouver rapidement de l'information sur une discipline connue.

Les kinogrammes montrent les mouvements clés, les décomposent de façon immédiatement compréhensible. Les textes qui accompagnent l'information visuelle expliquent comment l'athlète réalise ces mouvements. Enfin, grâce à une illustration le mettant en situation, l'accent est mis sur son équipement, et des commentaires décrivent l'emploi des divers accessoires.

Guide idéal pour explorer le monde du sport contemporain, *L'Encyclopédie visuelle des sports* est un ouvrage de référence attrayant, conçu pour offrir de nombreuses façons d'exploiter la diversité de l'information qu'elle contient, tout en laissant la plus grande liberté à la curiosité et à l'initiative du lecteur.

Jacques Fortin

introduction

Le dépassement de soi est une expérience intime, commune à toutes les activités sportives : les définitions du sport pourraient donc être aussi nombreuses que les sportifs eux-mêmes. Ils partagent cependant une même nécessité : établir des règles pour créer un cadre équitable à la confrontation de leurs performances. Ce principe de base reste le seul trait d'union entre les olympiades de l'Antiquité, au caractère essentiellement religieux, et la culture physique du XIXe siècle considérée comme un moyen de formation et d'éducation. La notion de plaisir, sans lequel les sportifs d'aujourd'hui – y compris les professionnels – ne pourraient accéder au plus haut niveau, s'est progressivement imposée au XXe siècle.

Plusieurs facteurs ont contribué à l'émergence du sport moderne : les Britanniques ont largement participé à sa structuration, la modernisation de la mesure des performances a permis l'évolution des records, et la naissance du mouvement olympique, notamment, lui a apporté un public. Depuis l'explosion de la médiatisation, l'impact social et économique du sport est considérable. L'entrée en jeu de moyens massifs a favorisé une circulation de l'argent des organisations aux propriétaires, puis finalement aux athlètes. Dans le paysage actuel, les intérêts des sportifs, des commanditaires et des diffuseurs sont étroitement liés, et dépendants de l'audience rencontrée.

* * *

C'est à la fin du XIXe siècle que Pierre de Coubertin, militant convaincu de la culture physique, décide de devenir l'artisan de la naissance des Jeux modernes. Ils seront fondés sur la recherche désintéressée de la perfection, héritée des Jeux antiques. Pierre de Coubertin préside à la création du Comité international olympique par le Congrès de Paris, en juin 1894. Les premiers Jeux modernes ont lieu en 1896 à Athènes, en Grèce. Malgré l'émission de timbres spéciaux et les contributions publiques, seule l'aide d'un millionnaire russe (George Avenarius) permet de terminer la construction du stade dans les temps. La cérémonie d'ouverture se déroule devant 70 000 spectateurs – l'enthousiasme du public est spectaculaire – et les neuf disciplines réunissent 311 athlètes de 14 nations différentes.

Le baron Pierre de Coubertin joue un rôle majeur dans l'organisation olympique. Il préside le CIO jusqu'en 1925, créant la Charte et le Protocole olympique, le serment des athlètes ainsi que le protocole de déroulement des cérémonies d'ouverture et de clôture. Il participe à toutes les décisions, consacrant l'essentiel de son énergie au développement des J.O. modernes, dans l'esprit qu'il souhaite leur apporter. Pour lui, l'engagement des athlètes à élever, dans la compétition, « leur conception de l'honneur et leur impartialité vis-à-vis du sport au même degré que leur perfectionnement physique » devait donner l'exemple d'un esprit d'entente capable de transcender les nationalismes étroits et la gloire personnelle. Les symboles olympiques et les protocoles de cérémonies qu'il a créés s'appuient sur ces principes fondamentaux :

• *Citius* (plus vite) *altius* (plus haut) *fortius* (plus fort) : empruntée à un ecclésiastique français, la devise olympique fait référence au combat contre soi-même, à la volonté et au courage indispensables en compétition ainsi qu'aux trois activités de base de l'athlétisme : la course, le saut et les lancers.

• L'anneau est un symbole de puissance et d'unité dans la plupart des civilisations anciennes. Le drapeau olympique s'inspire des cinq anneaux concentriques figurant sur un disque de bronze suspendu dans le temple d'Héra (épouse de Zeus) à Olympie. Entrelacés, ils symbolisent les cinq continents et l'amitié qui unit tous les peuples de la terre. Chaque nation possède au moins une des couleurs du drapeau olympique sur son propre drapeau.

* * *

Le sport est aujourd'hui un phénomène culturel de masse, véhiculant des valeurs sociales de reconnaissance et de succès. De nombreuses marques commerciales cherchent à bénéficier de cette image valorisante. Diffusé en temps réel dans le monde entier par les médias, le sport s'est libéré des frontières en passant du financement des spectateurs qui vont au stade, à celui des chaînes de télévision et des commanditaires. Cette mondialisation s'assortit d'un regroupement des structures. Elles forment désormais un réseau d'une grande complexité comprenant tant les institutions sportives que les agences représentant les sportifs, les partenaires commerciaux (généralement fabricants de matériel) et les diffuseurs. Les deux grandes voies du sport moderne, l'olympisme et le professionnalisme, se sont rejointes. À la recherche d'une plus grande audience, et donc d'une source de revenus plus importante, de nombreux sports évoluent de façon à faciliter leur télédiffusion. Le choix du lieu, des dates et des modalités de déroulement des compétitions obéit désormais à une logique de marché à laquelle le monde olympique lui-même n'échappe pas.

Ce sont d'ailleurs les Jeux olympiques d'été de Rome, en 1960, qui marquent ce tournant dans l'histoire du sport. La télévision, offrant pour la première fois de retransmettre les épreuves en direct, amorce le bouleversement de toutes les données économiques attachées aux événements sportifs. Dès lors, le nombre de compétitions ne cesse d'augmenter, le public s'élargit considérablement et attire les commanditaires privés à la recherche de visibilité. La popularité sans cesse croissante et les records enregistrés par le sport professionnel imposent de fait ses champions comme les plus représentatifs dans de nombreuses disciplines : l'amateurisme des J.O. est abandonné officiellement en 1981, tandis que l'exploitation commerciale des symboles olympiques est autorisée à partir de 1986. Ces deux décisions du CIO provoquent une explosion des chiffres, à laquelle s'associent les autres événements mondiaux (Coupe du monde de football, championnat de Formule 1, tournois de tennis ou de golf pour n'en citer que quelques-uns). Les plus importants d'entre eux sont aujourd'hui retransmis dans plus de 200 pays, comptent leur audience en milliards de téléspectateurs et génèrent des chiffres d'affaires de plusieurs centaines de millions de dollars.

* * *

Cette entrée de plain-pied dans le monde du spectacle et de la performance ne se fait pas sans difficultés. L'utilisation de produits dopants, comme outils pour fournir des prouesses sportives remarquables, en est une. L'identification du public aux athlètes repose sur le principe de transparence : les exploits sont réalisés sous les yeux d'une multitude de spectateurs. Cela correspond légitimement dans les esprits à une garantie de véracité et de réalité, mais place le champion contemporain dans une situation contradictoire. Son salaire obéit à la logique commerciale du résultat : il n'a aucune limite, tant qu'il reste un investissement rentable. L'objectif de son employeur ou de son commanditaire est de réduire la part d'incertitude liée à l'exploit sportif, de façon à pouvoir en planifier les retombées économiques. L'athlète doit offrir des performances constantes, alors que l'augmentation permanente de l'effort demandé se rapproche toujours plus des limites naturelles du corps humain.

Contraintes de définir clairement leur position, les autorités internationales misent sur des contrôles antidopage dissuasifs à l'efficacité néanmoins parfois contestée. En dehors de ce courant officiel dominant, quelques initiatives différentes se font remarquer : la Fédération internationale de powerlifting (ou dynamophilie), par exemple, valide les records sous deux catégories, avec test antidopage ou sans test antidopage.

Toutefois, ces éléments ne devraient pas masquer le fait qu'un nouveau type de champion semble précisément issu des contraintes apparues avec le sport contemporain, qui allie l'obligation de résultat avec la pression médiatique. Alain Prost en sport automobile, Michael Jordan au basket-ball, Wayne Gretzky au hockey sur glace et Greg Norman au golf, par exemple, malgré les attentes énormes qu'ils suscitaient, ont su entrer dans la légende par leur capacité à rester les maîtres incontestés de leur discipline pendant des carrières exceptionnellement longues. En accumulant les titres les plus prestigieux, ils sont devenus des modèles dont l'influence dépasse parfois le cadre du sport.

D'autre part, le développement spectaculaire des sports « extrêmes » apporte un élément nouveau. Le lien très fort entre ces nouveaux venus et l'acrobatie est significatif d'une volonté de prise de liberté, de découverte de nouveaux espaces pour l'affirmation de soi, et d'autonomie par rapport aux modèles proposés. Les nouvelles disciplines se pratiquent, même à haut niveau, de façon spontanée et jouent avec le risque. On cherche moins à garantir le résultat qu'à créer l'événement. Dans une large mesure les disciplines les plus anciennes – et notamment l'athlétisme – ont profité de cette vague iconoclaste pour réactualiser leur propre image. Elles ont réussi à attirer un regard nouveau, plus axé sur la beauté du geste et le sens du spectacle, reflétant mieux l'accomplissement personnel des athlètes dans la maîtrise de leur spécialité.

C'est ce que nous vous proposons de découvrir au fil des pages de *L'Encyclopédie visuelle des sports*. Ce portrait contemporain du sport de haut niveau vous emmènera à la rencontre des sportifs eux-mêmes. Du 110 mètres haies au surf des neiges, en passant par le parachutisme et les sports équestres, c'est toute la diversité de la compétition internationale qui vous est présentée, et le monde de l'excellence qui s'ouvre à vous.

table des

matières

Athlétisme

athlétisme

Le stade Panathénaïque d'Athènes accueille, après une absence de 1502 ans, les premiers Jeux olympiques de l'ère moderne en 1896. Devant 70 000 personnes, 311 représentants de 14 pays se sont affrontés dans 9 épreuves.

L'athlétisme est avant tout un sport individuel qui réunit une trentaine de disciplines que l'on divisait autrefois en courses (sprint, demi-fond et fond) et en concours (sauts et lancers). Il est déjà présent sous une forme primitive en Égypte plus de 2 000 ans avant notre ère et vers 1500 av. J.-C., les Crétois, suivis des Grecs d'Achaïe, sont les premiers à le pratiquer de façon méthodique. Le mot athlète vient d'ailleurs du grec *athlos* qui signifie « combat » et le mot stade désignait une unité de mesure de la Grèce antique équivalant à 180 m. L'athlétisme moderne est d'origine britannique puisqu'il prend progressivement forme en Grande-Bretagne à la fin du XVIIe siècle et au début du XVIIIe siècle ; il s'agit alors principalement de la course et de la marche. Au début du XIXe siècle, l'athlétisme commence à se pratiquer de façon professionnelle et fait l'objet de concours et de paris. Vers 1860, il est adopté par les universités de Cambridge et d'Oxford et les premiers championnats officiels d'Angleterre ont lieu en 1866. Le sport se répand alors aux États-Unis et en Europe. Lors des premiers Jeux olympiques de l'époque moderne, en 1896, il constitue l'essentiel des disciplines qui y sont présentées.

RÈGLEMENTS GÉNÉRAUX DES CONCOURS

L'ordre des concurrents est déterminé par tirage au sort. Si un athlète manque son tour dans un concours, il n'est pas autorisé à effectuer son essai. S'il est en retard sans motif jugé valable, il risque de voir son essai annulé. Au deuxième retard, l'athlète se verra interdire de poursuivre d'autres essais et seule sa performance enregistrée avant cette décision sera prise en compte. Le juge peut accorder un essai de remplacement au concurrent qui aurait pu être gêné au cours d'un essai. La tenue des athlètes, composée d'un short et d'un maillot ou d'une combinaison moulante, doit être propre et non transparente. Les concurrents doivent porter un dossard correspondant au numéro indiqué dans le programme.

Les athlètes peuvent avoir les deux pieds chaussés, un pied chaussé et l'autre nu ou être pieds nus. À l'exception du marathon et des épreuves de marche sur route, les chaussures, légères et résistantes, sont munies d'un maximum de 11 pointes par pied ; elles donnent aux athlètes une meilleure traction sur la piste.

STADE

Pour permettre l'organisation de compétitions officielles, il doit comporter les installations suivantes : une piste de 400 m divisée en six ou huit couloirs, des zones consacrées aux disciplines de sauts et de lancers et une rivière pour le steeple.

Toutes les courses sur piste se déroulent dans le sens contraire des aiguilles d'une montre ; le bras gauche des coureurs est donc toujours du côté de l'espace intérieur du stade.

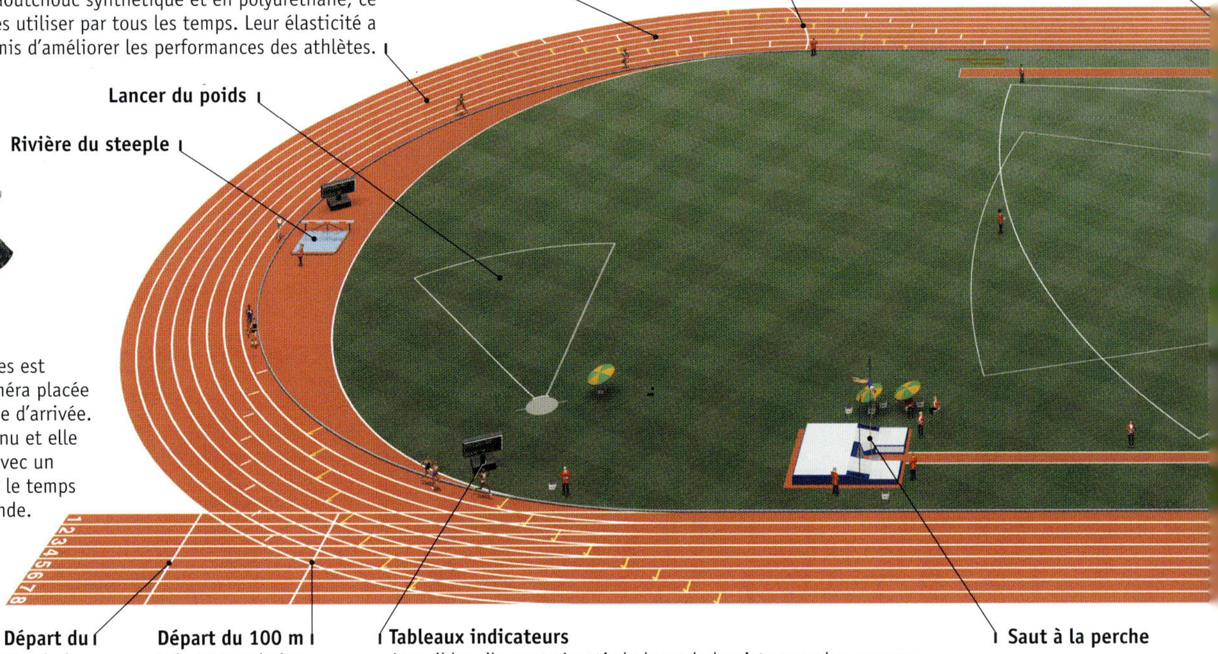

Caméra
L'arrivée des courses est filmée par une caméra placée vis-à-vis de la ligne d'arrivée. Elle filme en continu et elle est synchronisée avec un compteur donnant le temps au 1/100e de seconde.

MESURES

Berceau de l'athlétisme moderne, la Grande-Bretagne a imposé ses mesures au reste du monde. Le yard (ou verge) équivaut à 0,914 m et la livre, à 0,454 kg. Quoique la plupart des pistes de stade dans le monde mesurent aujourd'hui 400 mètres, il en reste quelques-unes, notamment dans les pays anglo-saxons, mesurant 440 yards soit 402,34 m. Ces pistes sont les derniers témoignages de l'origine britannique de l'athlétisme moderne : le mile anglais (1609,35 m) devait déterminer la mesure de base. L'épreuve de vitesse se courait à l'époque sur un seizième de mile, soit 110 yards. La popularité grandissante de l'athlétisme et son expansion en Europe et ailleurs dans le monde ont amené les dirigeants à adopter le système métrique. Ainsi, pour les épreuves de lancers, trois juges mesurent le jet au moyen d'un ruban en acier certifié et étalonné. Les mesures sont prises sur une ligne allant du centre du cercle ou de l'arc de cercle où se tient l'athlète au moment du lancer, jusqu'au point de chute de l'engin. La distance est enregistrée à 1 ou 2 cm (selon la discipline) en dessous du jet effectué. Le système de mesure est similaire pour les épreuves de saut en longueur et de triple saut.

Blocs de départ (ou starting -blocks)
Au début de simples trous creusés dans la terre par les coureurs, et par la suite fabriqués en bois, les blocs de départ sont aujourd'hui en métal et facilement transportables. Ils permettent une meilleure impulsion et des départs sans dérapage et ils sont utilisés dans les courses de vitesse jusqu'au 400 m depuis 1928. Dans les compétitions internationales, ils sont reliés à un appareil détectant les faux départs.

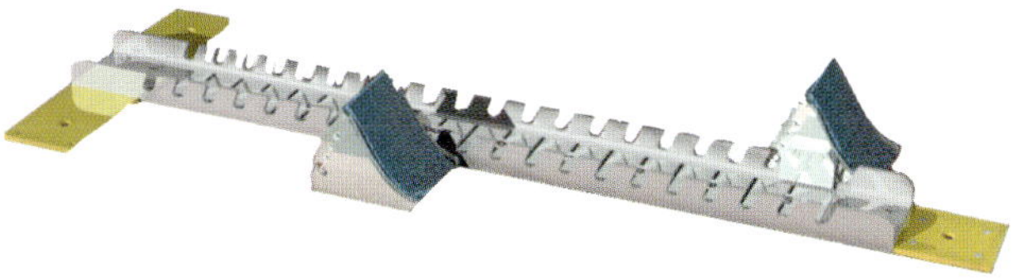

Chronométrage
Le signal du départ est donné par un officiel (le starter) au moyen d'un coup de pistolet tiré en l'air. Un système de chronométrage électronique activé par le pistolet ou un appareil de départ approuvé donne le résultat officiel des courses. De plus, trois officiels placés près de la ligne d'arrivée sont chargés de chronométrer les courses manuellement. En cas de record, les résultats sont comparés. Pour les courses jusqu'à 10 000 m, le temps est chronométré au 1/100e de seconde. Pour les plus grandes distances, il est pris au 1/10e de seconde et même à la seconde.

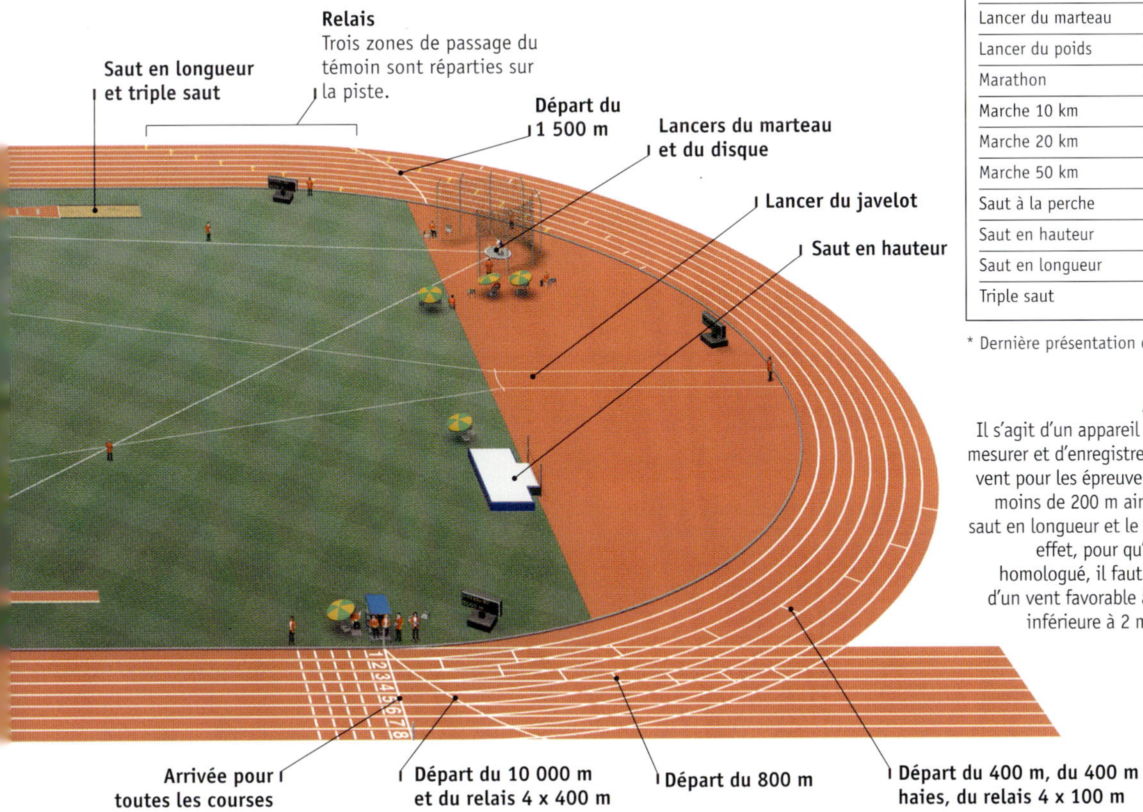

ANNÉE D'INTRODUCTION DES DISCIPLINES D'ATHLÉTISME AUX J.O.

Discipline	Hommes	Femmes
100 m	1896	1928
200 m	1900	1948
400 m	1896	1964
100 m haies	—	1972
110 m haies	1896	—
400 m haies	1900	1984
Relais 4 x 100 m	1912	1928
Relais 4 x 400 m	1912	1972
800 m	1896	1928
1 500 m	1896	1972
3 000 m	—	1984 -1992*
3000 m steeple	1920	—
5 000 m	1912	1996
10 000 m	1912	1988
Décathlon	1912	—
Heptathlon	—	1984
Lancer du disque	1896	1928
Lancer du javelot	1908	1932
Lancer du marteau	1900	2000
Lancer du poids	1896	1948
Marathon	1896	1984
Marche 10 km	1912 -1952*	1992 -1996*
Marche 20 km	1956	2000
Marche 50 km	1932	—
Saut à la perche	1896	2000
Saut en hauteur	1896	1928
Saut en longueur	1896	1948
Triple saut	1896	1996

* Dernière présentation de la discipline aux J.O.

Anémomètre
Il s'agit d'un appareil qui permet de mesurer et d'enregistrer la vitesse du vent pour les épreuves de course de moins de 200 m ainsi que pour le saut en longueur et le triple saut. En effet, pour qu'un record soit homologué, il faut que la vitesse d'un vent favorable à l'athlète soit inférieure à 2 m par seconde.

100 mètres

C'est en 1896, lors des premiers J.O. de l'ère moderne, à Athènes, en Grèce, que l'épreuve de vitesse pure en athlétisme a été disputée pour la première fois sur une distance rectiligne de 100 m. Le 100 m est rapidement devenu l'épreuve vedette des Jeux, le vainqueur de cette course étant reconnu comme l'humain le plus rapide de la planète. Il faudra cependant attendre les J.O. d'Amsterdam, en 1928, pour que les épreuves d'athlétisme soient accessibles aux femmes.

Départ du 100 m des premiers Jeux de l'ère moderne à Athènes en 1896.

DÉROULEMENT DE LA COMPÉTITION

L'épreuve du 100 m comprend plusieurs vagues éliminatoires. La grande finale est réservée aux huit athlètes ayant obtenu les meilleurs temps lors des qualifications. Les couloirs sont attribués selon les meilleurs temps obtenus lors des courses éliminatoires, les meilleurs coureurs occupant les couloirs du centre.

ÉVOLUTION DU RECORD DU MONDE

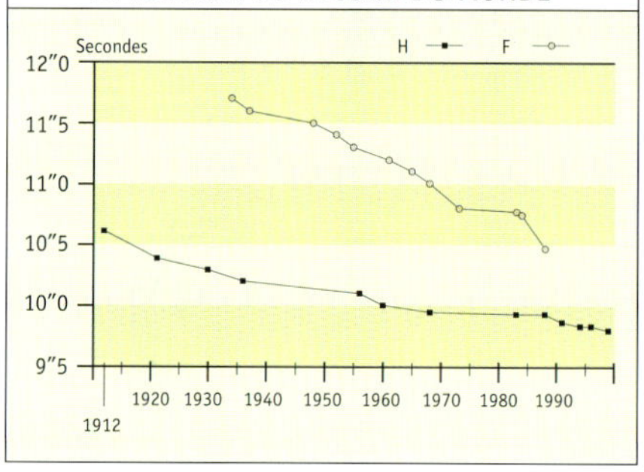

TECHNIQUE

1. Attente

L'athlète se concentre profondément et bloque sa respiration afin de propulser son corps lors du départ. L'intervalle entre le signal de départ et la poussée sur les blocs est appelé temps de réaction. Un temps de réaction rapide n'est pas forcément conditionnel à l'établissement d'un record, puisque les athlètes ayant réalisé les meilleurs temps ont souvent été les plus lents au départ.

2. Départ

Au coup de pistolet, c'est la libération du souffle retenu en même temps que l'action explosive des bras et des jambes qui propulsent le corps du sprinter vers l'avant à un angle de 45°, jusqu'à l'extension maximale de la jambe arrière. Deux faux départs par un même coureur entraînent automatiquement sa disqualification.

3. Phase d'accélération

Le sprinter atteint une position définitive entre la cinquième et la huitième foulée. Seule la pointe du pied de l'athlète touche le sol, le talon ne se posant pas une fois sur la piste.

4. Phase de vitesse maximale

L'accélération se poursuit par une augmentation de la fréquence des foulées jusqu'à l'atteinte d'une vitesse de pointe, généralement au soixantième mètre. Le nombre de foulées peut s'élever jusqu'à 5 par seconde, ce qui représente une vitesse de 12 mètres par seconde, soit environ 40 km/h, chez les sprinters d'élite.

ÉQUIPEMENT

PROFIL DE L'ATHLÈTE

- À l'entraînement, les sprinters courent rarement plus de 300 m à la fois car à long terme les efforts prolongés peuvent nuire au développement et au maintien de la vitesse de pointe et de la puissance.
- Un sprinter met environ 1 h 30 à s'échauffer et à s'étirer avant une compétition ou une séance d'entraînement.
- Afin d'améliorer la rapidité de ses foulées, le sprinter utilise des élastiques qui le tirent vers l'avant et s'entraîne sur tapis roulant et en pente descendante.
- Les sprinters utilisent des câbles de retenue et font des courses en pente ascendante pour améliorer leur puissance.
- Après un sprint, il faudra environ 2 h 00 à l'athlète avant d'être en mesure de réaliser à nouveau une performance maximale.

Chaussures
Elles ne comportent ni talon ni voûte plantaire. Les 11 pointes des crampons ne doivent pas dépasser 9 mm de longueur. Seuls les orteils de l'athlète touchent le sol durant la course.

Florence Griffith-Joyner (USA)
Médaillée d'or aux J.O. de Séoul et détentrice d'un record olympique. Elle a couru le 100 m en 10"54.

Carl Lewis (USA)
Détenteur de 19 médailles obtenues aux J.O. et aux championnats du monde, dont 17 médailles d'or en 17 ans de carrière internationale.

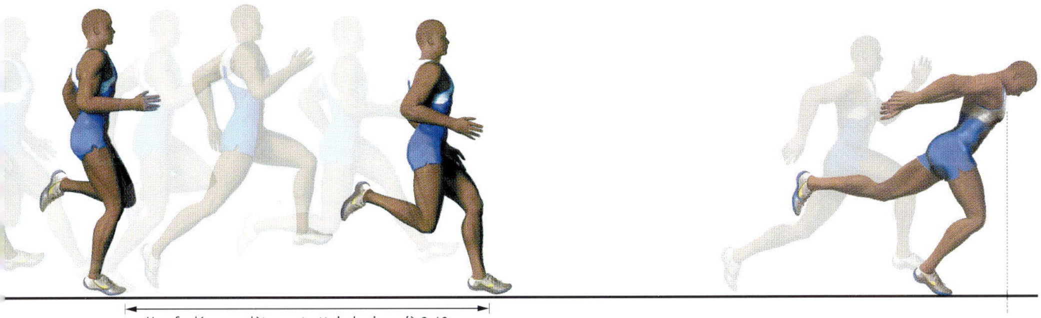

5. Maintien de la vitesse

À partir du soixantième mètre, l'amplitude de la foulée est à son point culminant.

6. Régression de la vitesse

Au-delà des 80 m et jusqu'à l'arrivée, l'athlète s'efforce de conserver une foulée fluide et tente de maintenir une cadence très élevée afin de réduire la perte de vitesse qui survient inéluctablement, le sprinter ne pouvant physiquement maintenir sa vitesse de pointe.

7. Arrivée

On stoppe le chronomètre lorsque le torse de l'athlète franchit la ligne d'arrivée (règle édictée après 1932). Un record ne peut être homologué si on enregistre un vent arrière de plus de 2 m/s.

ATHLÈTES MASCULINS QUI ONT MARQUÉ LE 100 M

Entre la course de Burke, en 1896, et celle de Greene en 1999. Il s'est écoulé 103 ans. L'écart de 2"21 laisse Burke 12,25 mètres derrière son compatriote.

200 mètres

Jesse Owens (USA), gagnant de la médaille d'or avec une performance de 20"7 au 200 m (record du monde avec virage) aux J.O. de Berlin en 1936.

Lors de cette course classée parmi les sprints longs, l'athlète parcourt 200 m le plus rapidement possible. L'ancêtre de l'épreuve, la course d'un stade, figurait déjà au programme des Jeux antiques. C'est en 1896, à l'occasion des premières compétitions olympiques de l'ère moderne à Athènes, que la distance à parcourir fut officiellement fixée à 200 m, sans toutefois être courue. Il fallut cependant attendre les J.O. de Paris, quatre années plus tard, pour que la discipline soit introduite au programme d'athlétisme masculin et courue pour la première fois. En 1948, à Londres, le 200 m fit son entrée dans le monde olympique féminin.

DÉROULEMENT DE LA COURSE

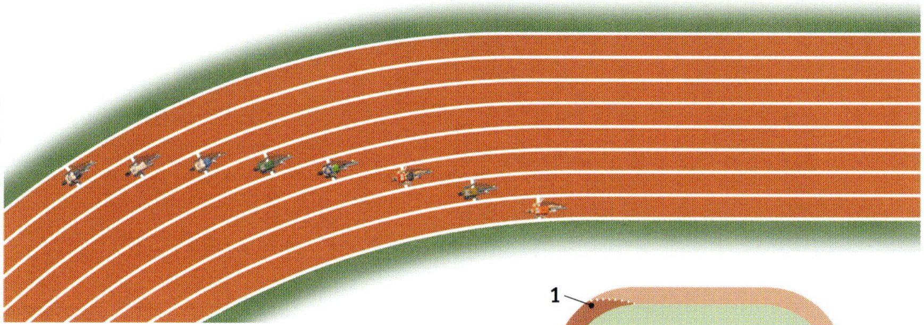

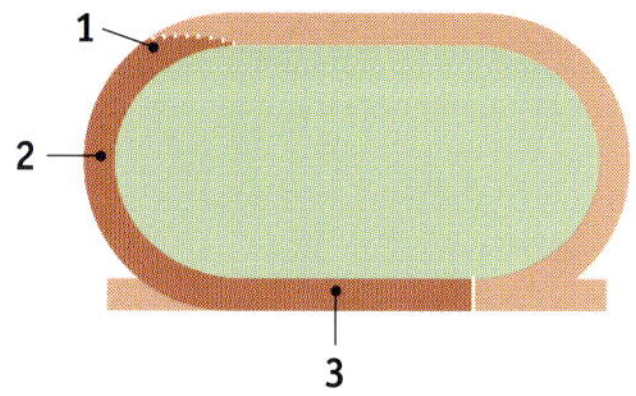

1. Départ

Les coureurs partent de positions décalées pour compenser l'arc de cercle plus petit des couloirs intérieurs. Comme au 100 m, ils sortent des blocs de départ de façon explosive.

2. Le virage

Pour lutter contre la force centrifuge, l'athlète se penche vers l'intérieur de la courbe. La jonction entre le virage et la ligne droite est la partie la plus délicate de l'épreuve. Le coureur y atteint sa vitesse de pointe, environ 40 km/h pour les plus rapides, et le risque de dérapage dû à la force centrifuge est élevé. Des simulations montrent que, d'un couloir à l'autre, l'effet de courbe correspond à 0,012 s, ce qui veut dire que le coureur du couloir extérieur a un avantage d'environ 0,08 s par rapport à celui du couloir intérieur.

3. La ligne droite

Il est impossible pour l'athlète de maintenir jusqu'à la fin sa vitesse de pointe. Toutefois, le deuxième 100 m est couru plus vite que le premier puisque le coureur n'a plus à vaincre l'inertie du départ.

PROFIL DE L'ATHLÈTE

- Les meilleurs coureurs de 200 m mesurent en moyenne 1,80 m et pèsent 75 kg. Les femmes font plutôt 1,70 m et 60 kg.
- Ce sprint demande plus de résistance et d'agilité que le 100 m. En raison du départ en virage et de l'effort produit en position inclinée, les risques de blessure sont accrus.
- À l'entraînement, il convient de multiplier les départs en virage dans tous les couloirs et d'inclure une grande quantité de courses. L'athlète accroît sa vitesse sur de courtes distances (30 à 60 m), alors qu'il travaille sa résistance sur des trajets plus longs (80 à 200 m).

ÉVOLUTION DU RECORD DU MONDE

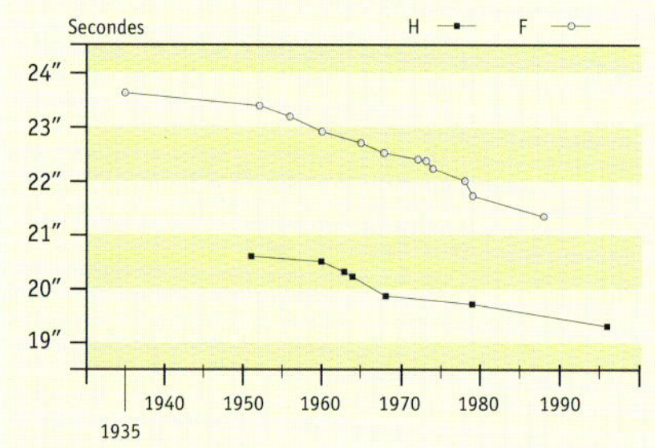

Michael Johnson (USA)
Double médaillé d'or des J.O. de 1996, à Atlanta, avec un record du monde de 19"32 au 200 m et une première place au 400 m en 43"49.

Marie-José Pérec (FRA)
Elle a réussi un doublé olympique en récoltant l'or aux 400 m de Barcelone en 1992 et d'Atlanta en 1996. Lors de ces derniers Jeux, elle remporta également l'or au 200 m.

400 mètres

Parcourir 400 m le plus vite possible, tel est l'objectif de l'athlète qui dispute ce sprint long. En 1850, la première compétition multidisciplinaire d'athlétisme organisée au Exeter College d'Oxford, en Grande-Bretagne, inclut une épreuve de course d'un quart de mile, ce qui correspond à 402 m. Cette distance fut réduite à 400 m et inscrite au programme des premiers Jeux modernes en 1896. À l'origine, le 400 m ne se courait pas en couloirs. Cette épreuve était alors une course très tactique où les incidents et bousculades étaient fort nombreux. À partir de 1908, la réglementation a été modifiée et la discipline est devenue la plus longue course disputée en couloirs. En 1964, le premier 400 m olympique féminin fut introduit à Tokyo. Les 400 m masculin et féminin figurent au programme des premiers championnats du monde en 1983.

Départ du 400 m aux J.O. d'Amsterdam en 1928.

DÉROULEMENT DE LA COURSE

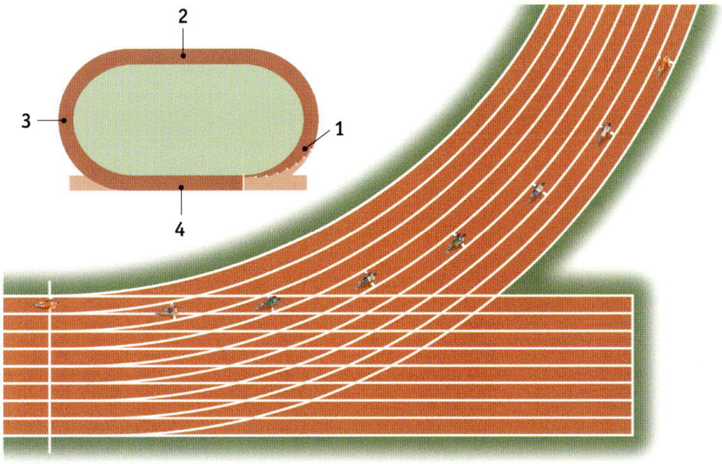

1. Départ

Le décalage au départ est plus marqué qu'au 200 m, car il y a deux virages à parcourir. L'athlète part vite, sa foulée est longue, mais son allure ne doit pas dépasser 90 % de sa vitesse maximale car, s'il est trop audacieux, il ne parviendra pas à terminer la course.

2. Première ligne droite

L'athlète atteint sa vitesse de pointe dans la seconde moitié de la première ligne droite. Si à l'entrée du deuxième virage le coureur commence à ressentir de la fatigue, son inconfort est encore plus grand à sa sortie. Il se concentre pour garder sa vitesse constante et ne pas se raidir dans l'effort, ce qui lui ferait perdre de l'énergie.

3. Deuxième virage

Comme au 200 m, l'athlète doit lutter contre la force centrifuge en se penchant vers l'intérieur de la courbe. Le coureur du couloir extérieur a un avantage d'environ 0,16 s par rapport à celui du couloir intérieur.

4. Dernière ligne droite

L'athlète ralentit inévitablement dans la dernière ligne droite à cause de l'effort fourni au cours des premiers 300 m. Il parcourt chaque tronçon de 100 m en un temps très proche de sa meilleure performance sur cette distance, soit de 10 à 12 s.

ÉQUIPEMENT

Chaussures
Identiques pour le 200 et le 400 m, elles n'ont pas de talon et comptent un maximum de 11 crampons de 9 mm.

ÉVOLUTION DU RECORD DU MONDE

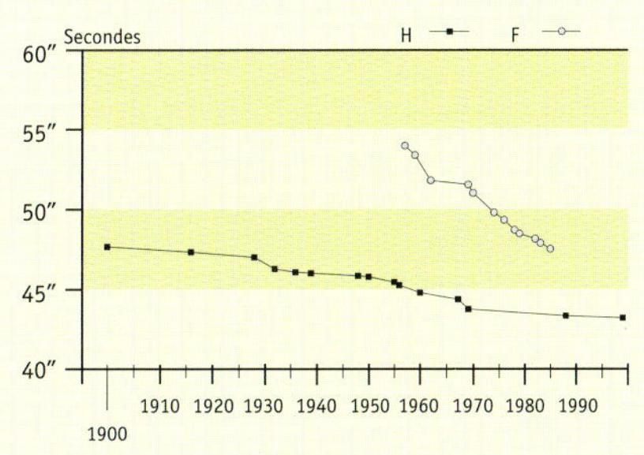

PROFIL DE L'ATHLÈTE

- Très résistant, l'athlète doit bien tolérer la souffrance et être capable de répartir efficacement son effort, car il est physiologiquement impossible de courir à sa vitesse maximale pendant plus de 7 s.
- Le profil morphologique du coureur de 400 m est très semblable à celui du coureur de 200 m. Son entraînement est également similaire. Cependant, pour gagner en résistance, il effectue en plus des répétitions de 200 à 600 m à allure élevée.

relais 4 x 100 m et 4 x 400 m

J.O. de 1932 au Coliseum Stadium de Los Angeles.

Ces épreuves de vitesse sont courues en équipe de quatre athlètes qui doivent tour à tour porter le témoin le plus rapidement possible d'un point à un autre. Même si les Anciens utilisaient des coursiers rapides et endurants qui se transmettaient des messages de cité en cité, les courses à relais ne figuraient pas au programme des Jeux antiques. Elles apparaissent à la fin du XIXe siècle alors que des pompiers américains organisent des courses au cours desquelles des équipes se transmettent un fanion rouge tous les 300 yards. L'idée est retenue par deux universitaires de Pennsylvanie qui organisent le premier relais officiel en 1893. L'engouement des Américains pour ces épreuves entraîne l'ajout de relais sur diverses distances aux compétitions internationales d'athlétisme et conduit à l'inscription des relais 4 x 100 m et 4 x 400 m masculins au programme olympique des J.O. de Stockholm en 1912. C'est en 1928 qu'a lieu la première édition du relais 4 x 100 m couru par des femmes aux J.O. d'Amsterdam, et le relais 4 x 400 m féminin fait quant à lui son entrée dans l'arène olympique en 1972 à Munich.

DÉROULEMENT DE LA COURSE

Huit équipes de quatre athlètes s'affrontent en finale. Au 4 x 100 m, le passage du témoin peut s'effectuer rapidement, mais les bâtons échappés et les échanges maladroits peuvent faire perdre les meilleures équipes. Les coureurs se transmettent le témoin de main à main dans la zone de transmission tracée de 10 m avant à 10 m après les lignes de 100, 200 et 300 m. Ces 20 m sont précédés d'une zone d'élan de 10 m. Les membres d'une équipe doivent demeurer dans leur couloir pour ne pas gêner les autres concurrents. Au 4 x 400 m, la vitesse étant moins élevée, la transmission du témoin est moins risquée, mais les habiletés tactiques y jouent un rôle plus important. Il n'y a pas de zone d'accélération. Seuls le premier tour et le premier virage du second tour sont courus en couloir. Après les 100 premiers mètres du second tour, les deuxièmes relayeurs se rabattent à la corde.

RELAIS AU 4 X 100 M

1. Mise en action

Dans la zone d'accélération, le relayeur effectue de 6 à 8 foulées. S'il part trop tôt, il ne sera pas rattrapé ; s'il part trop tard, il se retrouvera trop près du relayé et il y aura perte de temps. Pour se coordonner, les athlètes placent souvent une marque de 6 à 9 mètres avant la zone d'accélération. L'instant où elle est franchie par le relayé indique au relayeur le moment de démarrer.

2. Transmission

Un cri du relayé indique au relayeur de tendre son bras vers l'arrière. Quand il est à portée de la main de son coéquipier, il lui met le témoin dans le creux de la main. Le contact provoque une prise automatique du bâton qui est tenu fermement. Au cours d'une transmission bien effectuée, la vitesse du témoin demeure constante.

3. Fin du relais

Le relayeur poursuit le sprint qu'il a amorcé durant la transmission. Le relayé reste dans son couloir pour ne sortir de piste que lorsqu'il ne risque plus de gêner les autres concurrents.

TACTIQUE

Dans ces deux relais, on place généralement en première position le sprinter réputé pour être le plus rapide à la sortie des blocs alors que l'athlète qui sait finir en puissance sera choisi pour terminer la course. Au 4 x 100 m, les premier et troisième coureurs doivent négocier les virages de façon optimale.

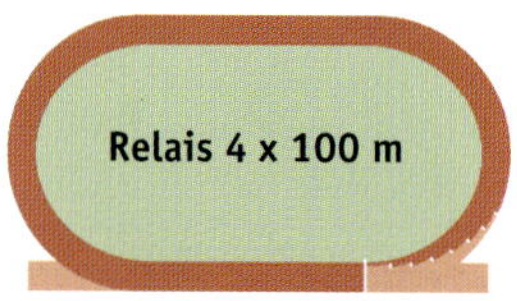

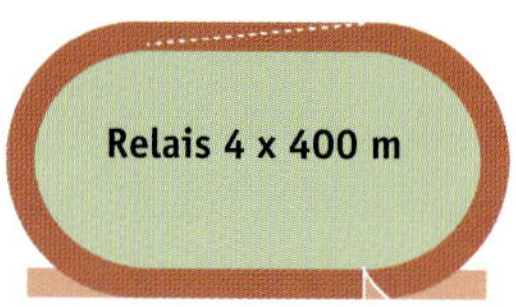

4 X 100 m

ÉVOLUTION DU RECORD DU MONDE

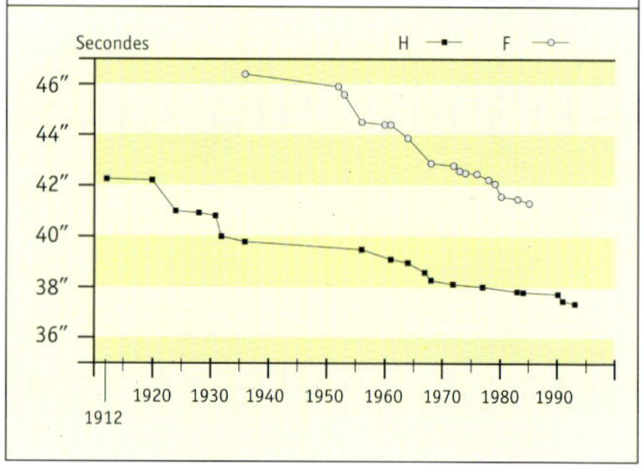

INSTALLATIONS

La piste et les zones de transmission et d'élan au 4 x 100 m.

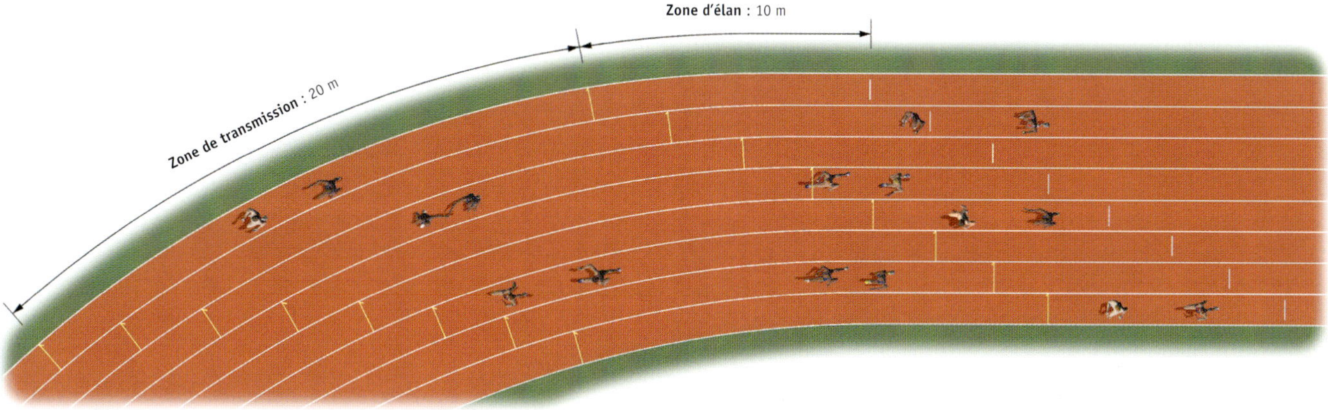

RELAIS AU 4 X 400 M

Au 4 x 400 m, il y a un contact visuel plutôt qu'un passage à l'aveugle, car la fatigue qui survient chez le relayé peut faire varier sa vitesse. Une transmission misant sur des automatismes est donc trop risquée.

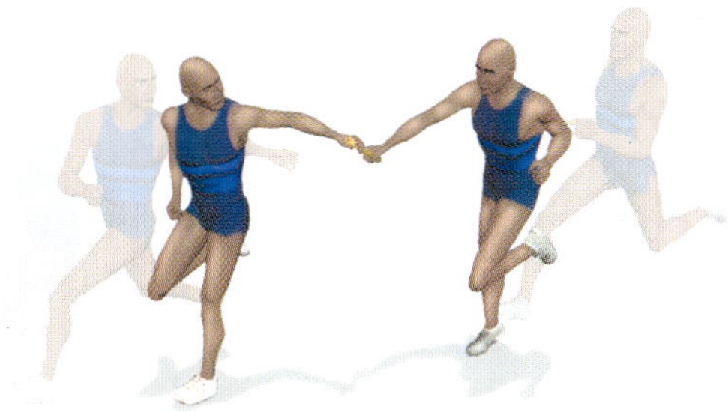

TRANSMISSION DU TÉMOIN

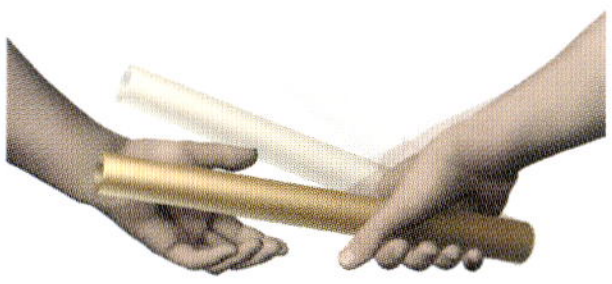

La prise américaine

Lorsqu'ils sont presque au même niveau, les 2 coureurs s'échangent le témoin dans un mouvement de haut en bas. Cette prise est courante au 4 x 400 m.

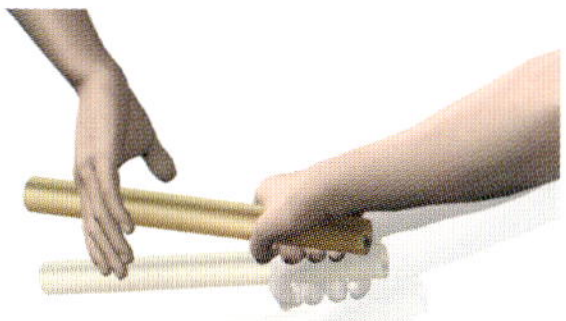

La prise française

Dans un mouvement de bas en haut, le relayé transmet le témoin dans la main bien ouverte du relayeur. Surtout utilisée au 4 x 100 m, cette méthode permet de réduire au minimum la distance parcourue par le témoin, mais elle est plus risquée que l'américaine car il faut que les deux coureurs soient parfaitement coordonnés.

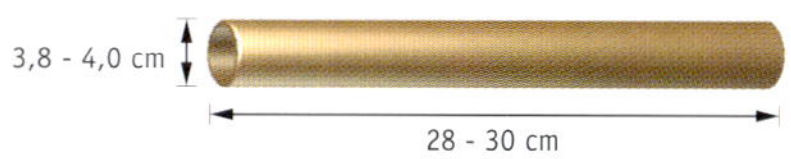

Témoin

D'une seule pièce, le témoin est un tube rigide, lisse, en bois ou en métal, pesant au moins 50 g. C'est lui qu'on chronomètre et non l'athlète. Si un coureur le laisse tomber, il doit obligatoirement le ramasser.

ÉQUIPEMENT

Chaussures

Conçues pour le sprint, elles comptent un maximum de 11 crampons, n'ont ni talon ni support au niveau de la voûte. Elles sont faites en nylon très léger.

Au 4 x 100 m, l'équipe masculine des États-Unis établit un record du monde de 37"40 aux J.O. de 1992 à Barcelone.

Au 4 x 400 m, l'équipe féminine de l'URSS établit un record du monde de 3'15"18 aux J.O. de 1988 à Séoul.

PROFIL DE L'ATHLÈTE

- Le 4 x 100 m rassemble des sprinters qui peuvent maintenir une vitesse élevée sur plus de 100 m, tandis qu'au 4 x 400 m, ce sont plutôt des spécialistes du 400 m et du 800 m extrêmement endurants. Dans les deux courses, les coureurs sont psychologiquement forts et très précis techniquement.
- L'entraînement est intense et fréquent : courses de vitesse, passages du témoin (automatisme et synchronisme), sprints côte à côte (comparaison de l'allure à celle de l'adversaire).

4 X 400 m

ÉVOLUTION DU RECORD DU MONDE

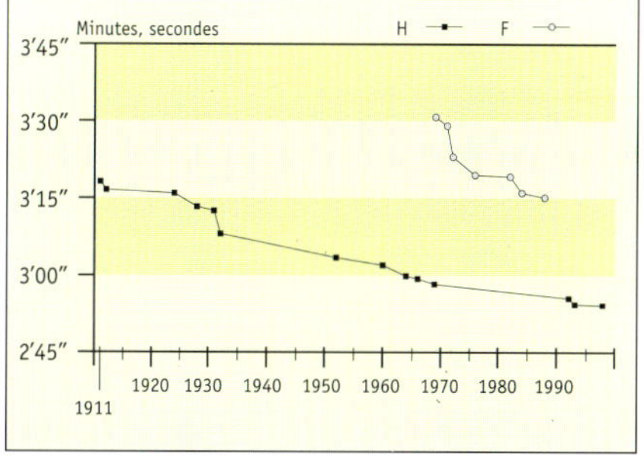

100 et 110 mètres haies

110 m haies aux J.O. d'Amsterdam en 1928.

Ces deux courses sont des sprints régulièrement parsemés d'obstacles. C'est au début du XIXe siècle, en Grande-Bretagne, qu'ont lieu les premières compétitions, et le 120 yards haies apparaît officiellement au programme des rencontres d'athlétisme Cambridge-Oxford en 1864. À la fin du siècle, les Français ajoutent quelques centimètres à cette épreuve qui devient métrique et le 110 m haies est inscrit aux premiers J.O. modernes en 1896. Le 100 m haies féminin, introduit aux J.O. de Munich en 1972, est adopté plutôt que le 110 m afin de s'ajuster à la foulée de la femme, plus courte d'environ 1 m à celle de l'homme. C'est le développement rapide de la force et de la vitesse chez les athlètes féminines à cette époque qui rendit nécessaires la modification de la distance (auparavant de 80 m) et l'apparition de haies plus hautes.

DÉROULEMENT DE LA COMPÉTITION

Les 100 m et 110 m haies sont disputés en couloirs et l'on compte dix haies dans chaque couloir. Ce sont donc des épreuves très techniques durant lesquelles l'athlète alterne sans cesse entre le sprint et le franchissement d'obstacles.

Les coureurs peuvent toucher ou renverser des haies sans pénalité mais ils sont disqualifiés si le geste est délibéré ou s'ils passent la jambe ou le pied à l'extérieur de l'obstacle.

TECHNIQUE

1. Mise en action et phase d'appel

Le coureur part comme un sprinter, mais recherche davantage la fréquence que l'amplitude de la foulée. Sur les 4 premiers appuis, il accélère le plus possible puis prépare le franchissement en redressant le buste pendant les 4 suivants. Il voit la haie sans la fixer du regard. Le point d'appel se situe entre 1,9 et 2,35 m avant la haie.

2. Franchissement

L'athlète amorce une bascule de son corps vers l'avant alors que son regard se porte sur la haie suivante.

3. Réception

Elle s'effectue environ 1 m après l'obstacle. L'athlète effectue une reprise immédiate de l'impulsion pour une nouvelle foulée. Dans ce mouvement vers l'avant, le rôle de la cheville est majeur.

4. Reprise de course

L'athlète accélère sur environ 3 foulées. Lors de l'appel suivant, la dernière foulée, plus courte, s'apparente à un bond. L'athlète accélère entre les haies, toutefois sa course doit demeurer fluide.

5. Dernière haie et sprint final

La reprise au sol après le franchissement de la dernière haie doit se faire puissamment, pour permettre la recherche de vitesse maximale. En général, 6 à 7 foulées d'accélération suffisent pour que la fin du 110 m haies se transforme en sprint final.

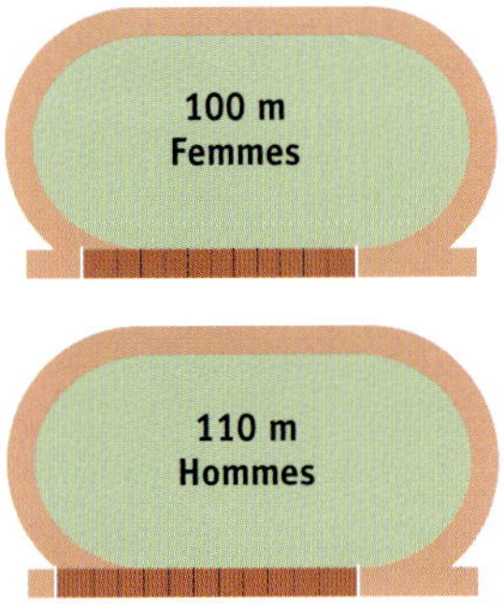

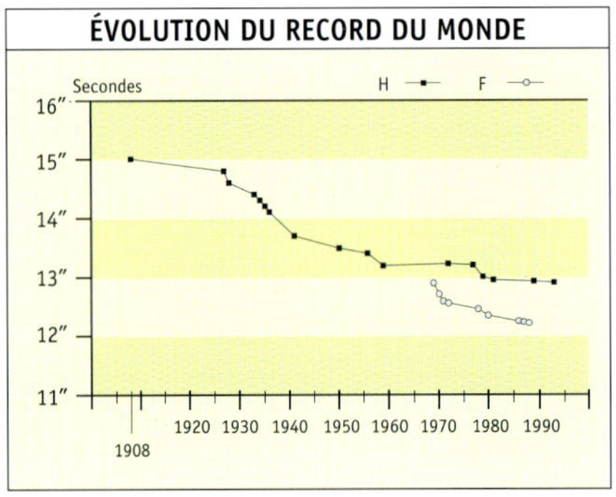

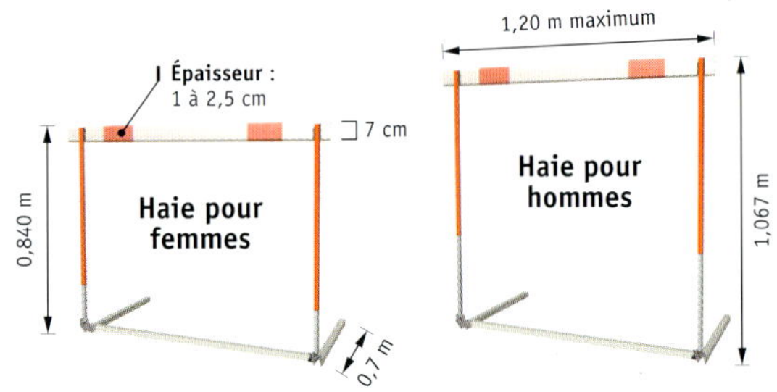

400 mètres haies

Inconnues des Grecs, les courses de vitesse avec obstacles sont inspirées des courses hippiques. Comme le 120 yards haies, le 440 yards haies est officiellement introduit dans le monde de l'athlétisme masculin à l'occasion de la rencontre Cambridge-Oxford de 1864. Adaptée au système métrique par les Français à la fin du XIXe siècle, cette épreuve devient une discipline olympique masculine lors des J.O. de Paris, en 1900. Ce n'est que 84 ans plus tard, à Los Angeles, que le 400 m haies féminin est au programme officiel des J.O.

Robert Tisdall (IRL) au dernier obstacle du 400 m haies aux J.O. de Los Angeles, en 1932.

DÉROULEMENT DE LA COMPÉTITION

Le 400 m haies est disputé en couloirs et comprend dix haies. Comme pour le 100 m et le 110 m haies, les coureurs peuvent toucher ou renverser des haies sans pénalité mais ils sont disqualifiés si le geste est délibéré ou s'ils passent la jambe ou le pied à l'extérieur de l'obstacle.

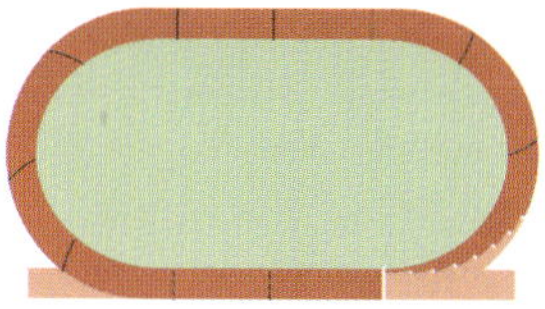

TECHNIQUE

1. Impulsion

L'athlète effectue un nombre impair de foulées (23 en général) lors de l'attaque de la première haie, afin de toujours l'aborder par la jambe gauche. Il évite ainsi d'être déporté vers l'extérieur du virage par la force centrifuge. Le point d'appel se situe à environ 2,40 m avant l'obstacle. La haie étant plus basse qu'aux 100 et 110 m haies, la distance d'appel se situe généralement quelques centimètres plus loin de l'obstacle.

2. Franchissement

Ayant à franchir un obstacle tous les 35 m, le coureur doit parfaitement ajuster sa cadence et bien répartir son effort. La haie étant plus basse qu'au 110 m, le coureur la franchit sans la frôler avec le buste moins incliné.

3. Reprise

L'athlète reprend la course environ 1,20 m après l'obstacle. Il effectue ainsi quelque 13 à 17 foulées entre chaque haie.

ÉVOLUTION DES INSTALLATIONS

1864
De simples claies reposent sur deux montants fixes.

1895
Apparition de structures plus légères en forme de T inversé. L'athlète est éliminé s'il renverse trois haies.

1935
Introduction de la forme en L, en métal et en bois. Un contrepoids empêche la haie de tomber. Le coureur peut accrocher plusieurs haies sans être disqualifié.

ÉQUIPEMENT

Chaussures
Il s'agit de chaussures de sprinter dont les crampons avants sont plus courts afin d'éviter qu'ils accrochent la haie. Les talons sont renforcés pour amortir le choc à l'atterrissage.

PROFIL DE L'ATHLÈTE

- Le coureur suit un entraînement de 100 m et de 400 m, axé sur la souplesse, la précision technique, la mobilité articulaire (particulièrement celle des hanches), la force d'impulsion, le sens du rythme et la coordination. La musculation des abdominaux, des dorsaux, des lombaires et de tous les muscles des jambes est essentielle.
- Aux épreuves de haies, les champions sont généralement de grande taille : 1,68 m pour 57 kg chez les femmes, 1,86 m pour 78 kg chez les hommes.
- Un bon coureur réalise un temps d'environ 3 s plus élevé que son temps lors des courses à plat sur des parcours de même distance.

Edwin Moses (USA)
Meilleur coureur de haies de tous les temps, il a établi plusieurs records olympiques et mondiaux entre 1976 et 1984.

Yordanka Donkova (BUL)
Au 100 m haies, championne olympique aux J.O. de Séoul en 1988 et détentrice du record du monde (12"21).

ÉVOLUTION DU RECORD DU MONDE

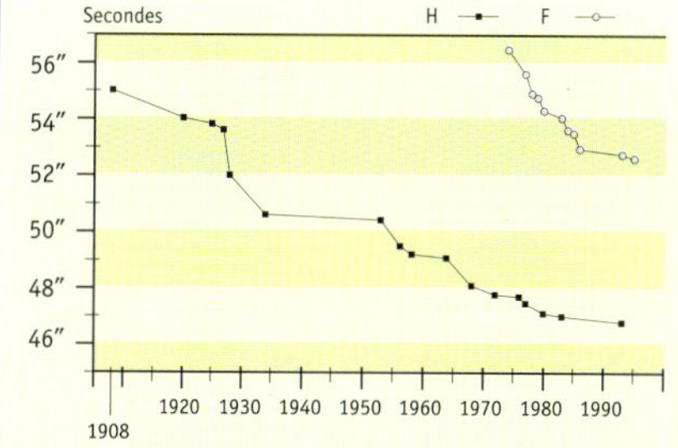

800 m et 1 500 m

Départ du 800 m féminin aux J.O. d'Amsterdam en 1928.

Lors de ces deux courses dites de demi-fond, l'athlète doit parcourir en un temps minimal la distance prescrite. Avant de devenir, en 1896, la course de 800 m telle que nous la connaissons aujourd'hui, l'épreuve du demi-mile (805 m) a été introduite aux championnats d'athlétisme masculin d'Angleterre en 1871. Malgré une première présence aux J.O. d'Amsterdam de 1928, il faut attendre ceux de 1960 à Rome pour que cette discipline soit définitivement intégrée aux épreuves d'athlétisme féminin. La course du 1 500 m, quant à elle, est l'héritière du mile (1 609 m), qui a d'abord vu le jour en Grande-Bretagne dans la seconde moitié du XIXe siècle. Depuis les J.O. d'Athènes de 1896, les athlètes masculins s'affrontent dans cette épreuve où les attaques et les fins de course se déroulent à vive allure et où les bousculades sont fréquentes. Le 1 500 m féminin est inscrit aux J.O. depuis 1972.

DÉROULEMENT DES COMPÉTITIONS

Les athlètes commencent les deux courses sans blocs de départ. Dans la finale du 800 m, les huit concurrents courent le premier virage dans le couloir qui leur a été attribué par tirage au sort, puis se rabattent à la corde, c'est-à-dire vers l'intérieur de la courbe. Au 1 500 m, en finale, un maximum de 12 concurrents partent sur une ligne de départ compensée, de telle sorte que les athlètes placés à l'extérieur ont la même distance à parcourir que ceux placés plus près de la corde.

Départ du 1 500 m

ENJEUX ET TACTIQUES

Il existe deux tactiques de course principales : certains athlètes tentent d'imposer le train tout au long de l'épreuve alors que d'autres misent plutôt sur leur vitesse de pointe et disputent des sprints endiablés dans le dernier droit. Dans les courses où il est important de gagner une place, la tactique exige souvent des changements de rythme et les temps en souffrent. Mais quelle que soit la stratégie adoptée, tous les coureurs doivent à la fois savoir jouer des coudes et demeurer vigilants afin d'éviter les chutes. Comme ces courses ne sont pas disputées en couloirs, l'athlète doit bien évaluer l'impact de sa position dans le peloton. Suivre de très près un autre coureur lui permet de profiter d'une réduction importante de la résistance de l'air, ce qui équivaut à une amélioration potentielle de plusieurs secondes et à une importante économie d'énergie en prévision de la fin de la course. Dans le but de permettre à certains coureurs de profiter de cet avantage afin de battre des records, on fait souvent appel à un lièvre, athlète qui impose une allure très rapide dès le départ. Comme dans la fable, le lièvre ne termine pas la course, étant parti trop vite.

Le lièvre au 1 500 m

LE RABATTEMENT À LA CORDE

Un règlement adopté en 1959 oblige les athlètes à courir le premier virage du 800 m dans des couloirs distincts dans le but d'éviter les bousculades en début de course. Les coureurs peuvent ensuite se rabattre à la corde, c'est-à-dire se regrouper dans le premier couloir, sur la gauche de la piste.

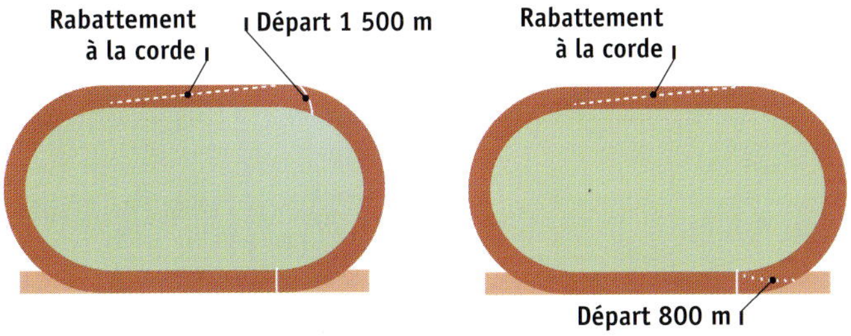

Rabattement à la corde au 800 m

Sebastian Coe (GBR)
Détenteur du record du monde du 800 m de 1979 à 1997, il est le seul athlète à avoir remporté le 1 500 m lors de deux J.O. consécutifs (1980-1984).

Tatiana Kazankina (URSS)
Son temps de 3'52"47, couru au 1 500 m à Zurich en 1980, demeura le record du monde pendant 13 ans.

ÉQUIPEMENT

Chaussures
Généralement, au 800 m, les chaussures sont sans talon, alors qu'au 1 500 m elles en ont. Dans les deux cas, un maximum de 11 crampons de 9 mm chacun revêtent l'avant de la semelle.

800 m

1 500 m

800 m

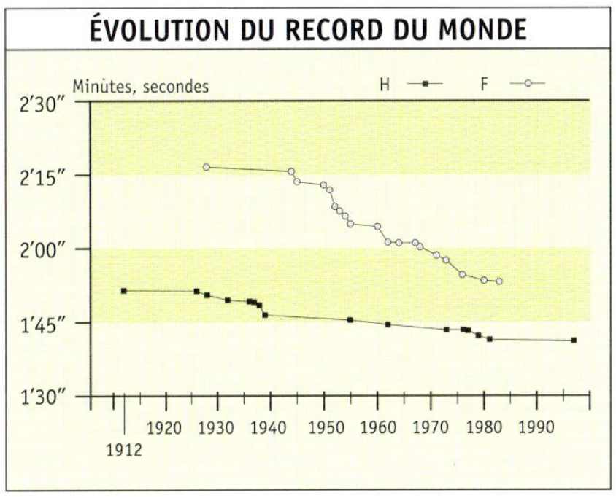

1 500 m

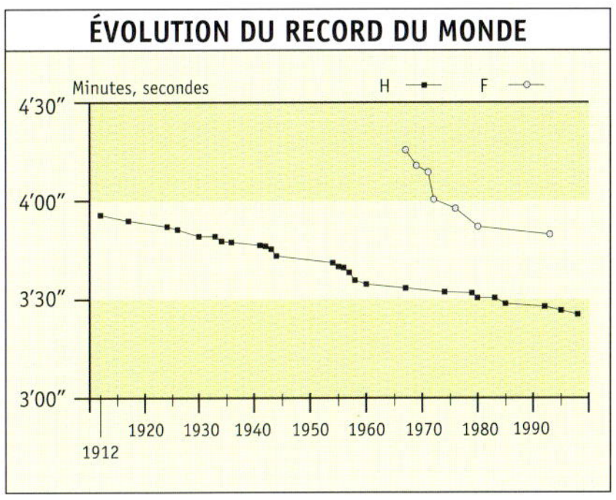

PROFIL DE L'ATHLÈTE

- Les coureurs d'élite de 800 et 1 500 m pèsent en moyenne 68 kg pour 1,80 m. Les coureuses, 55 kg pour 1,65 m.
- L'athlète développe son endurance en courant de longues distances à vitesse modérée sur terrains variés. Pour accroître sa puissance aérobie, soit le niveau de l'énergie produite grâce à l'oxygénation de ses cellules, il parcourt à vive allure de courtes distances sur piste.
- Une large part de l'entraînement sur piste est consacrée aux changements de rythme qui doivent être exécutés avec aisance afin que l'athlète soit capable d'améliorer sa position dans le peloton en limitant ses efforts.

3 000 mètres steeple

Jeux olympiques de 1932 à Los Angeles.

Le steeple-chase était une course d'obstacles hippique inspirée des chasses à courre irlandaises du XVIIIe siècle et dont l'arrivée se faisait à proximité d'une église surmontée d'un clocher (*steeple*). C'est cette discipline équestre qui a inspiré le 3 000 m steeple, inventé en 1850 par des étudiants d'Oxford. Les premières compétitions eurent lieu en pleine campagne : les jeunes coureurs parcouraient 2 miles (3 218 m) parsemés d'obstacles, dont des haies et des cours d'eau. En 1879, on inclut des compétitions de steeple aux championnats d'athlétisme masculin d'Angleterre. En 1882, le Racing Club de Paris organisa des épreuves de course. Lors des J.O. de 1900, à Paris, on courut le steeple sur 2 500 et 4 000 m. La réglementation fut standardisée en 1954 et les premiers records du monde furent alors homologués. Cette discipline demeure aujourd'hui encore réservée aux hommes.

DÉROULEMENT DE LA COMPÉTITION

Le 3 000 m steeple se pratique en stade, sur piste, hors couloirs. En finale, de 8 à 12 concurrents prennent le départ sur une ligne incurvée. Il n'y a aucun saut lors des premiers 200 m ; les troisième et quatrième haies sont installées pendant la course.

Au cours des 7 tours qu'il réalise ensuite, l'athlète effectue 5 sauts par tour, le quatrième étant celui de la rivière. Au total, cette épreuve compte 28 franchissements de haies fixes et 7 franchissements de rivière, moment le plus spectaculaire et le plus délicat de la course. L'athlète n'est aucunement pénalisé s'il franchit les obstacles avec l'aide des mains, s'il y pose un pied ou s'il atterrit dans l'eau.

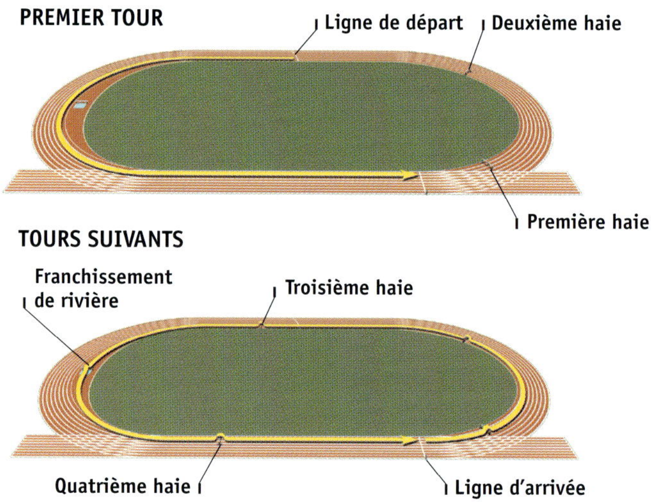

FRANCHISSEMENTS DE HAIES DE STEEPLE

1. Approche de la haie

Le coureur maîtrise une technique semblable à celle du 400 m haies ; la course est fluide et détendue. Appelé à courir en peloton à un rythme très élevé, l'athlète doit avoir une foulée souple et rythmée tout au long de l'épreuve pour éviter la chute et conserver sa cadence et sa vitesse au passage des haies. Il ne doit pas piétiner devant l'obstacle et, afin d'éviter les bousculades, veille à ne pas suivre de trop près un adversaire à l'approche des haies.

2. Franchissement de la haie

Pour ne pas briser le rythme de la course, le franchissement se fait de préférence dans la foulée, indifféremment de la jambe droite ou gauche. Le coureur incline son corps vers l'avant afin de limiter l'élévation de son centre de gravité. Ses bras l'équilibrent. Après le passage, la foulée est reprise en souplesse. Chez les meilleurs coureurs, ce franchissement équivaut à une perte de temps de 0,4 - 0,7 s.

PROFIL DE L'ATHLÈTE

- Le spécialiste du steeple combine les qualités du coureur de demi-fond (rapide et résistant) et celles du coureur de haies (agile et dynamique). Tonicité, souplesse, sens du rythme et coordination sont essentiels.
- Afin de développer une solidité tant musculaire qu'articulaire, le coureur effectue de la musculation spécifique avec des poids, des franchissements d'obstacles et des sauts variés.
- Les courses sur courtes et longues distances, par montées de régime, par modulation d'allure et sur terrains variés, sont essentielles pour que l'athlète entretienne ses qualités cardiorespiratoires. Sa consommation maximale d'oxygène atteint presque le double de celle d'une personne sédentaire du même âge, phénomène qui se traduit par une très grande endurance.

ÉVOLUTION DU RECORD DU MONDE

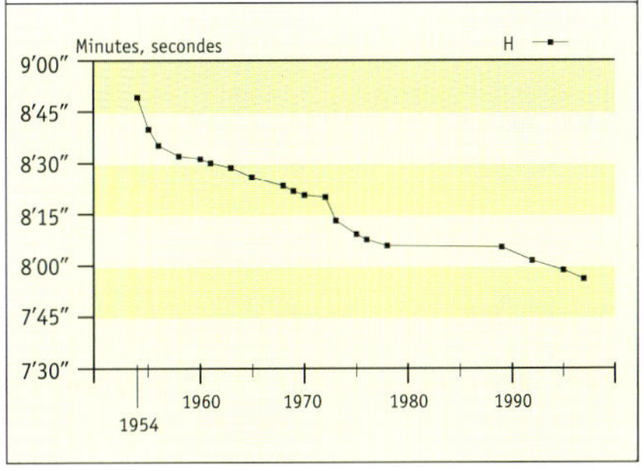

Depuis le début des années 1970, les champions kenyans s'affichent comme de véritables spécialistes du 3 000 m steeple.

Moses Kiptanui (KEN)
Trois fois champion du monde (1991, 1993, 1995) à 24 ans, il a été le premier à courir le 3 000 m steeple en moins de 8 min en 1995.

FRANCHISSEMENTS DE RIVIÈRE

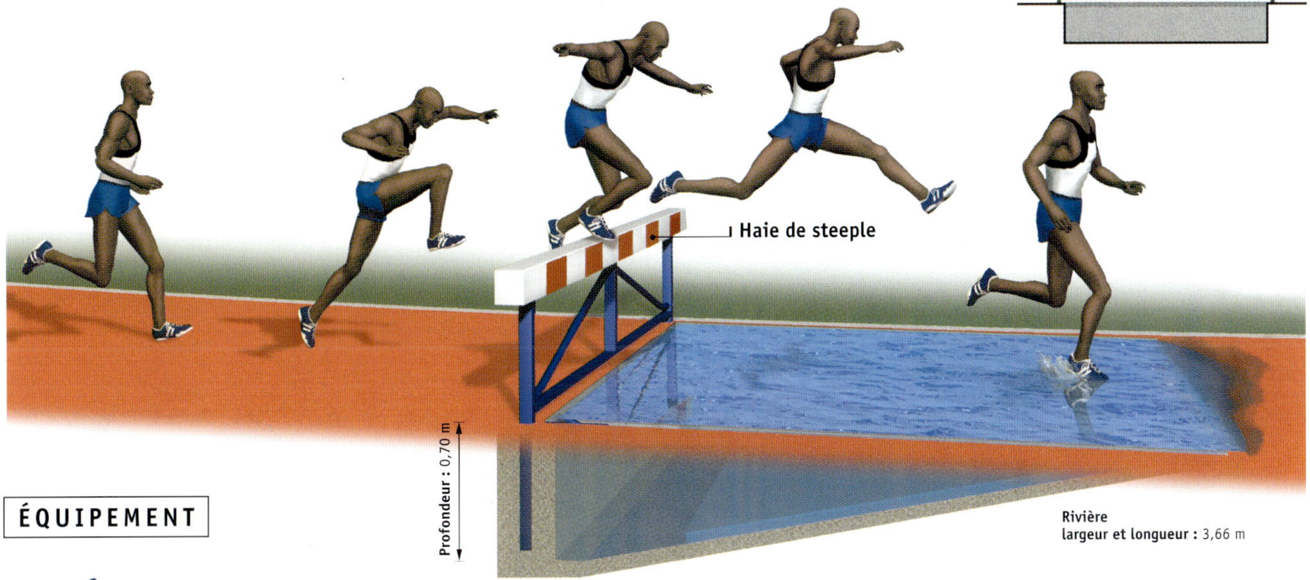

1. Approche de la rivière

La première impulsion est donnée à environ 2 m de la haie. L'athlète s'élève au-dessus de l'obstacle. Le contact du pied avec la haie s'effectue par la plante ; le pied se retrouve momentanément posé à plat. Le fléchissement progressif de la jambe d'appui, sans résistance, permet une translation du bassin vers l'avant de la façon la plus horizontale possible.

2. Franchissement de la rivière

La réception se fait généralement à environ 30 cm à l'intérieur de la fosse. Le coureur sort de la rivière en effectuant des foulées courtes et vives pour reprendre son allure de train. Certains champions arrivent à ne pas mettre le pied dans l'eau, mais cela exige de la plupart des athlètes une poussée très puissante qui consomme trop d'énergie.

ÉQUIPEMENT

Chaussures
En nylon, stables et confortables même mouillées, elles comptent un maximum de 11 crampons.

INSTALLATIONS

Haie de steeple

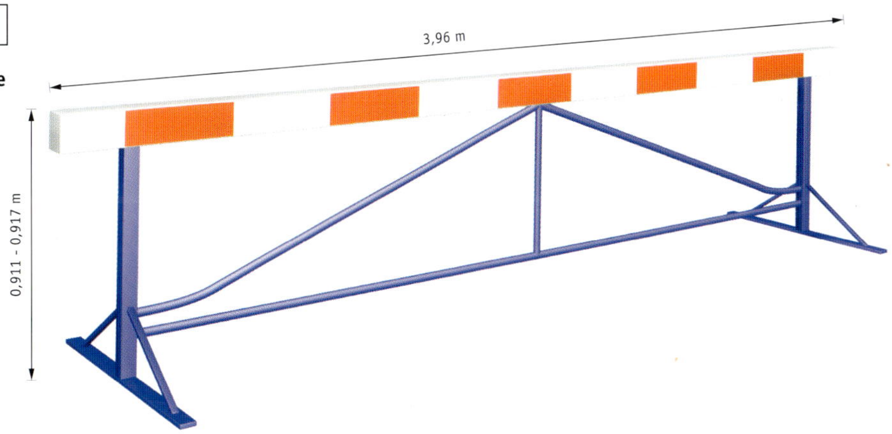

marche

Ugo Frigerio (ITA) remporte la médaille d'or aux J.O. de 1924, à Paris, en accomplissant 10 km de marche en 47 minutes et 49 secondes.

La marche est un exercice d'une grande difficulté au cours duquel l'athlète doit avancer le plus vite possible mais sans jamais courir. Inspirée des valets anglais qui, aux XIIe et XIIIe siècles, suivaient le carrosse de leurs maîtres en alternant marche et course, elle devient une épreuve sportive au XVIIIe siècle. En 1866, une marche de 7 miles est inscrite au programme des championnats d'Angleterre. À Londres, en 1908, la marche masculine fait son apparition aux J.O. sur 3 500 m et sur 10 miles. Les courses de 10 et 20 km apparaissent respectivement aux J.O. de Stockholm en 1912 et à ceux de Melbourne en 1956. Le 50 km marche entre dans l'arène olympique à Los Angeles en 1932. La première compétition olympique de marche féminine est disputée sur 10 km aux J.O. de Barcelone en 1992 et le 20 km féminin est introduit aux J.O. de Sydney en l'an 2000. Aujourd'hui, le 10 km féminin n'est plus une épreuve olympique, bien qu'il soit encore disputé dans certaines compétitions internationales. Aux Jeux olympiques comme aux championnats du monde, le 50 km, épreuve qui dure près de 4 heures, demeure donc réservé aux hommes, alors que le 20 km est parcouru par les athlètes des deux sexes.

DÉROULEMENT DE LA COMPÉTITION

Les épreuves se déroulent sur piste ou sur route. La surveillance de la part des juges est très étroite, car le marcheur est disqualifié si l'attaque du sol n'est pas effectuée jambe tendue ou s'il perd contact avec le sol à plus de deux reprises. Si un juge constate une infraction, il donne un premier avertissement. À la seconde infraction, il fait une demande de disqualification qui est indiquée sur un tableau, bien visible de tous les concurrents sur le parcours. Pour qu'il y ait disqualification, il faut que trois juges aient fait une demande.

TECHNIQUE

La technique se modifie légèrement en montée et en descente. En montée, pour limiter la perte d'énergie et de vitesse, le marcheur incline son buste vers l'avant, raccourcit sa foulée, fléchit un peu plus les bras et en réduit le balancement. En descente, pour ne pas perdre contact avec le sol, il incline son buste vers l'arrière, allonge sa foulée, abaisse ses avant-bras et accentue leur balancement.

1. Relâchement

La position très droite du haut du corps donne une fausse apparence de raideur. L'athlète veille, au contraire, à demeurer le plus relâché possible tout en maintenant cette position nécessaire à l'équilibre général pendant l'action de la marche.

2. Impulsion

L'athlète effectue une poussée de sa jambe arrière tandis qu'il tend l'autre jambe en avançant la hanche, ce qui provoque la rotation du bassin caractéristique de la marche. Le travail dynamique des bras donne à la foulée un maximum d'amplitude, car il favorise l'équilibre lors du transfert de poids.

3. Double appui

Avant que le pied arrière ne quitte le sol, l'athlète pose son pied avant. Les pieds sont posés l'un devant l'autre sur une ligne droite.

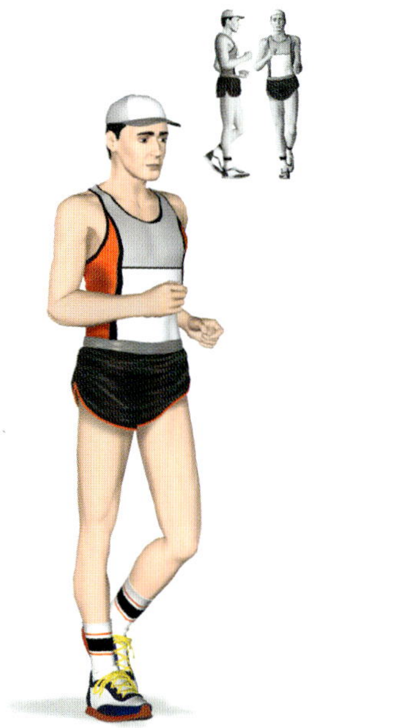

4. Traction

Grâce au travail des fessiers et au déplacement du centre de gravité, le corps se soulève vers l'avant. La vitesse du marcheur peut dépasser les 15 km/h.

INSTALLATIONS

ÉQUIPEMENT

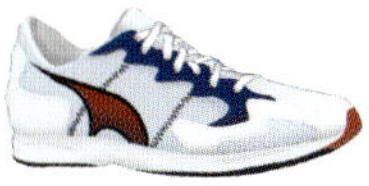

Chaussures
Les chaussures de marche sont légères et leurs semelles sont minces afin de limiter la friction avec le sol.

PROFIL DE L'ATHLÈTE

- De poids léger, l'athlète, qui a une structure musculaire plutôt élancée, doit maîtriser une technique plus complexe qu'elle n'en a l'air, être souple et endurant. Son entraînement inclut des courses de 2 000 à 5 000 m, des courts trajets, ainsi qu'un renforcement musculaire qui met l'accent sur le développement des ischio-jambiers, des muscles de la sangle abdominale et des dorsaux.

20 km sur piste

ÉVOLUTION DU RECORD DU MONDE

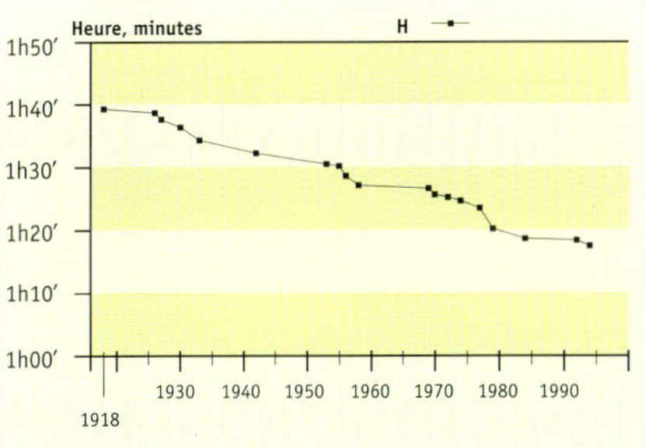

10 km sur piste

ÉVOLUTION DU RECORD DU MONDE

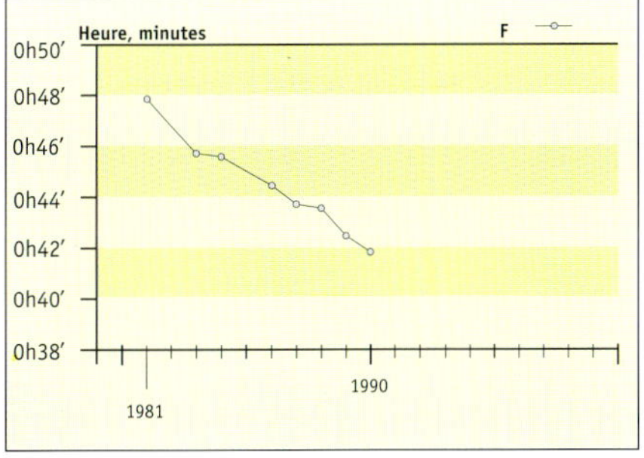

Maurizio Damilano (ITA)
Champion du monde du 20 km en 1987 et 1991, également médaillé d'or aux J.O. de Moscou en 1980.

5 000 m et 10 000 m

Départ du 5 000 m aux J.O. d'Amsterdam en 1928.

Dès l'Antiquité, le programme des Jeux olympiques comprenait une course de fond, le *dolichos*, qui consistait en une distance de presque 5 000 m que les athlètes devaient parcourir le plus rapidement possible. Du 3 miles (4 828 m) et du 6 miles (9 656 m) disputés en Angleterre au cours du XIXe siècle découlèrent les adaptations métriques que sont le 5 000 m et le 10 000 m. En 1912, lors des Jeux de Stockholm, ces deux épreuves furent ajoutées au programme olympique masculin. Le 10 000 m féminin n'a fait son apparition au programme olympique qu'en 1988, à Séoul, un an après son inscription au programme des championnats du monde de Rome. Le 5 000 m féminin est quant à lui couru pour la première fois en 1996 aux Jeux d'Atlanta, en remplacement du 3 000 m féminin disputé lors des trois Jeux olympiques précédents.

DÉROULEMENT DE LA COMPÉTITION

Au cours des finales au 5 000 m, 12 concurrents effectuent 200 m suivis de 12 tours de piste. Au 10 000 m, un maximum de 20 concurrents font chacun des 25 tours que compte la course en environ 63 à 68 secondes, mais il arrive que le dernier tour soit couru bien en deçà de 60 secondes.

PROFIL DE L'ATHLÈTE

- Au niveau international, le coureur de fond mesure en moyenne 1,70 m et pèse 60 kg ; la coureuse 1,65 m et 50 kg. Ils possèdent une aptitude mentale à l'effort soutenu et prolongé.
- L'entraînement vise principalement le développement de l'endurance grâce à des courses lentes de 1 000 à 10 000 m sur sols variés et l'accroissement de la puissance aérobie, c'est-à-dire du niveau de l'énergie produite grâce à l'oxygénation des cellules, en incluant des parcours de 400 à 1 000 m à vive allure sur piste.
- Les spécialistes du 5 000 m et du 10 000 m effectuent généralement de 10 à 30 km par jour, dans certains cas à une vitesse moyenne de plus de 17 km/h.

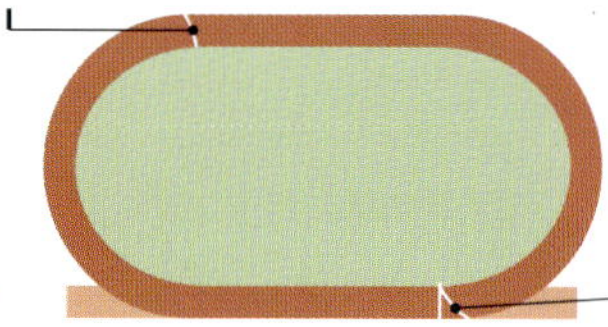

TACTIQUE

L'athlète évite de prendre les virages par l'extérieur, le long de la ligne du second couloir, afin de ne pas parcourir plus de distance que ses adversaires. Au cours d'un 5 000 m, courir ne serait-ce que 0,5 m plus à l'extérieur que nécessaire à chaque courbe équivaut à parcourir 50 m supplémentaires.

Les champions des 5 000 et 10 000 m ne peuvent se contenter d'être des partants ou des finisseurs extrêmement rapides. Ils sont l'un et l'autre selon les circonstances, suivant leur propre condition et le déroulement de la course. Un coureur gagnant sait forcer ses adversaires à s'écarter de leur rythme propre et à s'user prématurément.

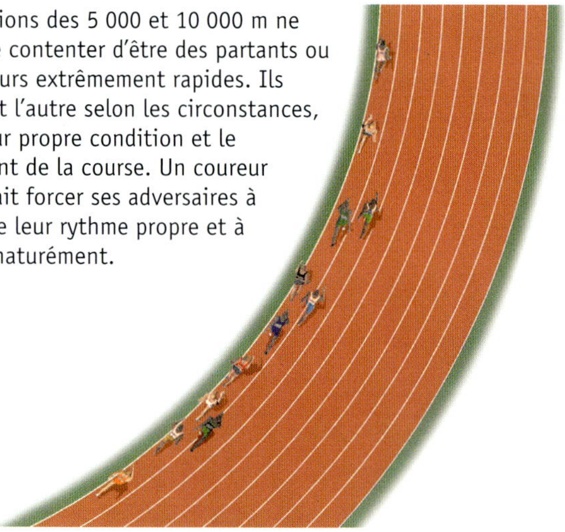

5 000 m

ÉVOLUTION DU RECORD DU MONDE

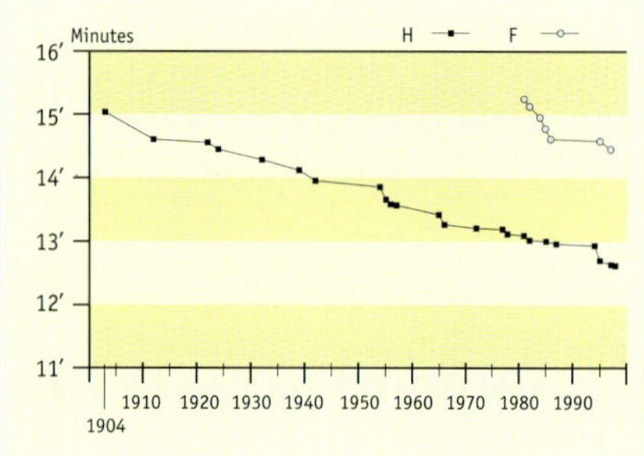

10 000 m

ÉVOLUTION DU RECORD DU MONDE

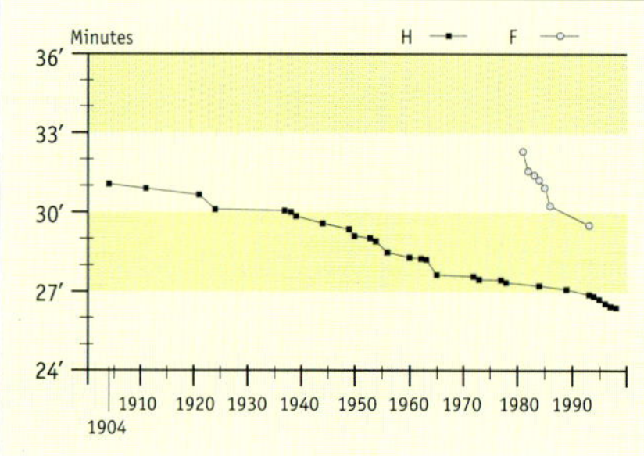

Wang Junxia (CHINE)
En 1993, elle fut championne du monde au 10 000 m, en plus d'être la première à parcourir cette distance en moins de 30 min.

Emil Zátopek (TCH)
Surnommé la « locomotive tchèque », il est demeuré invaincu de 1948 à 1954 sur 10 000 m, a été quatre fois champion olympique et a battu plus de dix records du monde.

cross-country

Le cross est une course de fond disputée sur terrain accidenté. Le premier véritable championnat de cross, organisé en 1876, connut un échec car tous les coureurs se perdirent dans la campagne anglaise. La première compétition internationale, opposant la France à l'Angleterre, a lieu en 1898, avant l'inauguration, en 1903, du Cross des Nations, ancêtre des championnats du monde actuels. Bien qu'il ne soit plus au programme olympique, le cross a été disputé sous forme de compétition individuelle et par équipes sur diverses distances de 1912 à 1924. La discipline n'est inscrite au programme régulier des championnats internationaux féminins qu'en 1967. En 1998, une épreuve courte de 4 km (hommes et femmes) s'ajoute aux épreuves longues de 12 km (hommes) et de 8 km (femmes) inscrites aux championnats du monde. De ces courses très populaires découlent de nombreuses variantes. Des compétitions en terrain difficile, particulièrement en montagne, ont vu le jour partout à travers le monde. L'engouement pour ces épreuves est prédominant en Europe.

Vladimir Kuts (URSS), vainqueur de la compétition internationale de cross country à Vincennes en 1957.

DÉROULEMENT DE LA COMPÉTITION

Le nombre de participants peut varier de 100 à plus de 35 000. À l'issue de la compétition, deux classements sont établis : un classement individuel et un par équipe. Dans ce second cas, on additionne les positions obtenues par les équipiers, habituellement quatre, et le total le plus bas détermine quelle équipe l'emporte.

ÉVOLUTION DES INSTALLATIONS

Le tracé de l'épreuve compte généralement de 3 à 12 km. Le départ et l'arrivée ont habituellement lieu au même endroit; un parcours en forme de boucle les relie. Sur terrains vallonnés, parsemés d'obstacles naturels, les coureurs luttent souvent contre les intempéries. Pour des raisons financières et pratiques, les organisations officielles de cross-country désertent la campagne au profit des stades : les parcours y sont adoucis et les distances établies à environ 12 km, courus en près de 40 minutes.

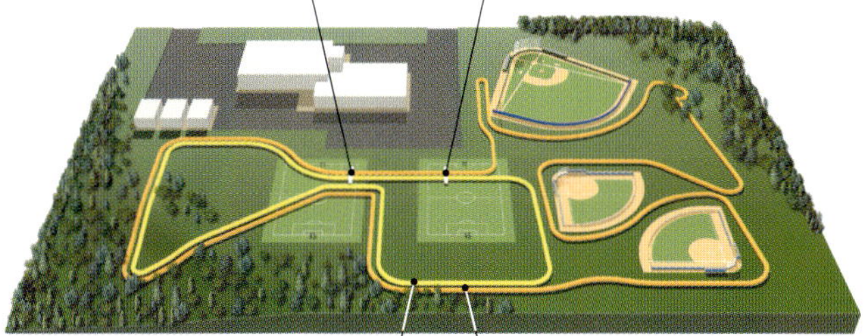

Le Kenya a remporté la majorité des championnats du monde de cross masculins et féminins depuis 1986. Ici, l'équipe masculine victorieuse en 1998.

PROFIL DE L'ATHLÈTE

- L'athlète est soumis à rude épreuve au cours des montées et descentes nombreuses et des changements de rythme incessants. Il est donc résistant et possède le goût de l'effort.
- Prolongement naturel à l'entraînement de demi-fond, le cross permet au coureur de fortifier ses articulations et ses muscles, de travailler ses appuis, d'améliorer son rythme respiratoire et de développer son endurance.

ÉQUIPEMENT

Chaussures
Habituellement en nylon, elles sont munies d'un maximum de 11 crampons de caoutchouc.

marathon

Les athlètes quittant le Stade olympique de Berlin lors du marathon des J.O. en 1936.

Le marathon est la course qui constitue le test ultime de l'endurance. En l'an 490 avant J.-C., le soldat athénien Philippidès mourut d'épuisement après avoir couru la quarantaine de kilomètres séparant les villes de Marathon et d'Athènes pour annoncer la victoire des Grecs sur les Perses. Commémorant cet exploit, une course d'environ 40 km est incluse au programme des premiers J.O. de l'ère moderne, à Athènes, en 1896. La distance de 42,195 km est courue pour la première fois en 1908 aux J.O. de Londres et officiellement adoptée en 1924 aux J.O. de Paris. Au cours des années 60, plusieurs femmes, surtout des Américaines, tentent à de nombreuses reprises de prendre part aux marathons, épreuve jusqu'alors réservée aux hommes. Ce n'est que pendant la décennie suivante que les femmes peuvent officiellement s'inscrire à des événements tels que les marathons de New York ou de Boston et, en 1984, le premier marathon olympique féminin a lieu à Los Angeles. Aujourd'hui, cette épreuve d'endurance pure est l'une des rares courses où hommes et femmes courent généralement ensemble.

DÉROULEMENT DE LA COMPÉTITION

L'événement réunit parfois plus de 30 000 coureurs, sportifs anonymes et athlètes d'élite confondus, la même réglementation s'appliquant à tous.

Les concurrents des J.O. et des championnats du monde partent et finissent généralement dans le stade, sur la piste de 400 m. Courant la plus grande partie de l'épreuve sur route, les athlètes doivent composer avec des facteurs environnementaux, tels que la chaleur, le vent, la pollution et des pentes plus ou moins abruptes.

TACTIQUE

Pour optimiser leurs efforts et éviter les deux principaux écueils qui les guettent, la déshydratation et l'épuisement des réserves d'énergie, les marathoniens veillent constamment à ce que leur cadence ne soit ni trop élevée ni trop basse. L'athlète bien préparé maîtrise son allure dans les 20 premiers kilomètres, afin de tenter d'aborder la seconde moitié de la course avec l'énergie requise, tout en se ménageant une accélération pour l'arrivée. Souvent, des pelotons formés en début de marathon s'égrènent au gré des attaques des concurrents et de l'augmentation de leur niveau de fatigue. Les champions savent comment économiser leur énergie et surmonter l'épuisement physique et mental.

MARATHON DE BOSTON

Inauguré le 19 avril 1897, le marathon de Boston est devenu un événement sportif international après la Première Guerre mondiale. Il est depuis un des marathons les plus prestigieux.

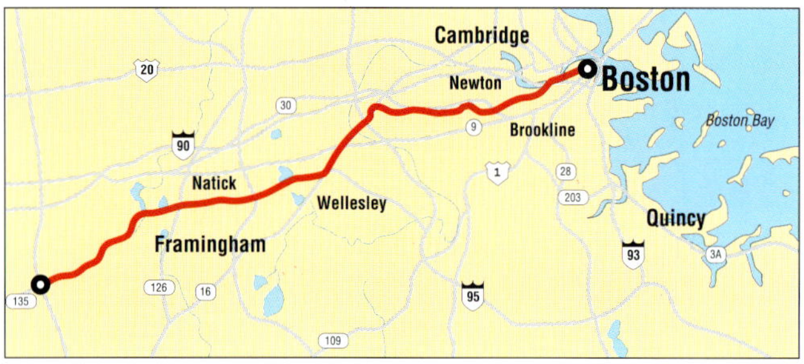

Marathonien

Sprinter

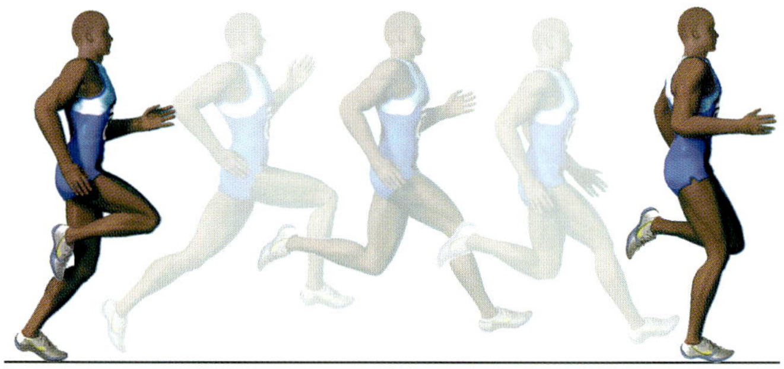

Lors de cette épreuve d'endurance, la foulée la plus efficace est courte. Contrairement au sprinter, le marathonien recherche la fréquence et non l'amplitude.

ÉQUIPEMENT

Chaussures
Légères (souvent moins de 280 g la paire), elles assurent à la fois la stabilité du pied et l'absorption d'une partie des chocs occasionnés à chaque foulée.

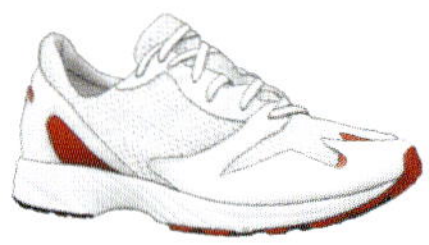

ÉVOLUTION DE LA MEILLEURE PERFORMANCE MONDIALE

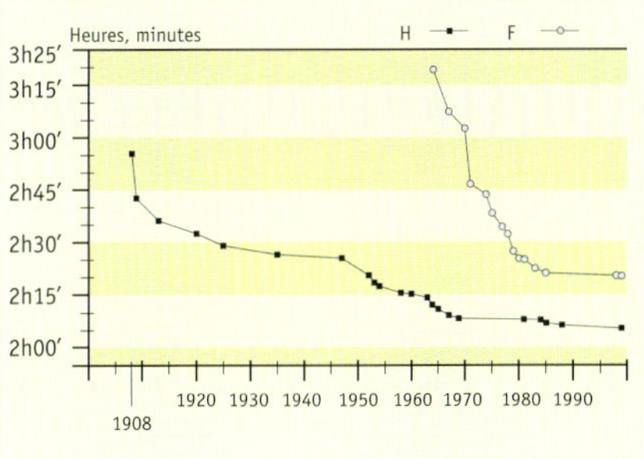

Joan Benoit (USA)
Meilleure performance mondiale au marathon de Boston en 1983, elle gagna l'or au premier marathon olympique féminin en 1984 avec un temps de 2h 24'52".

Abebe Bikila (ÉTH)
Révélation des J.O. de 1960, à Rome, où il remporta l'or en courant pieds nus (2h15'16"2) et éclipsa le record olympique d'Emil Zátopek (2h23'03"2).

PROFIL DU MARATHONIEN

- Ossature légère et cœur puissant, deux atouts indispensables que doit posséder l'athlète. Les principaux muscles des jambes sollicités sont le jumeau, les quadriceps et les jambiers antérieurs.
- Les réserves d'énergie emmagasinées dans les muscles étant insuffisantes pour courir à grande vitesse pendant 42 km, plusieurs marathoniens ont recours à un régime alimentaire spécial les jours précédant la compétition. Ils effectuent une dernière sortie intensive afin d'abaisser leurs réserves énergétiques musculaires puis, durant un à trois jours, réduisent au minimum leur consommation de glucides (sucre sous toutes ses formes) en évitant les aliments comme les pâtes, les céréales, le pain et les pommes de terre. Trois jours avant la course, ils augmentent leur apport alimentaire en glucides au maximum. L'alimentation durant la course, grâce au ravitaillement tous les 5 km, est aussi un élément important de la réussite de l'athlète.
- L'entraînement du marathonien vise le développement de l'endurance et l'accroissement de la puissance aérobie, c'est-à-dire du niveau de l'énergie produite grâce à l'oxygénation des cellules. Les plans d'entraînement, très variés, combinent de nombreuses répétitions de courtes distances (400 à 1 000 m) à vive allure, des répétitions de distances moyennes (1 000 à 5 000 m) et des parcours de 10 à 40 km.

PLAN D'ENTRAÎNEMENT HEBDOMADAIRE TYPE D'UN MARATHONIEN DE L'ÉLITE INTERNATIONALE EN PHASE INTENSIVE

	1re séance de course	2e séance de course
Lundi	10 - 12 km en 40 - 50 min	• 1 h - 1 h 30 en forêt, en montée et sur le plat, à un rythme confortable, avec quelques pointes de vitesse de 10 - 15 s
Mardi	10 - 12 km en 40 - 50 min	• 20 min de réchauffement • en 1 h 04, trois séries de 5 - 6 tours de piste de 400 m avec un tour de récupération entre les périodes d'effort et 2 - 3 tours de récupération entre les séries • 15 min de retour au calme
Mercredi	10 - 12 km en 40 - 50 min	• 2 h - 2 h 15 sur route, à un rythme confortable, se terminant par 5 accélérations sur 50 - 80 m
Jeudi	10 - 12 km en 40 - 50 min	• 20 min de réchauffement • au rythme cible du prochain marathon, 8 périodes d'effort (3 x 2 km ; 2 x 3 km ; 1 x 4 km ; 1 x 3 km ; 1 x 2 km), entrecoupées de périodes de récupération d'environ 2 min • 15 min de retour au calme
Vendredi	10 - 12 km en 40 - 50 min	• 1 h 45 - 2 h sur parcours en montée, avec quelques accélérations en montée sur 1 à 2 min
Samedi	10 - 12 km en 40 - 50 min	• 1 h 30 à un rythme confortable
Dimanche	35 à 40 km avec, dans la dernière heure, un rythme maintenu entre 3 min 10 - 3 min 20 au km	

Poste de ravitaillement
Sous la canicule, certains marathoniens peuvent perdre jusqu'à 3 litres d'eau à l'heure par sudation. Des postes de ravitaillement leur permettent de boire de l'eau ou une boisson contenant des glucides, mais ils s'exposent tout de même à la déshydratation car l'organisme ne peut absorber plus d'un litre à l'heure, même dans les meilleures conditions.

lancer du javelot

Carte postale représentant un lanceur de javelot classique émise en 1920 afin d'encourager la participation suisse aux J.O. d'Anvers en Belgique.

Les enjeux de la discipline sont de propulser l'engin le plus loin possible. Arme de chasse et de guerre à l'origine, le javelot est utilisé à des fins sportives depuis les Jeux de l'an 708 avant J.-C. On propulsait alors un javelot en bois d'olivier de deux façons : à l'aide d'une fronde ou sur une cible. Au cours du XIXe siècle, la pratique du lancer du javelot est développée par les Scandinaves et le lancer du javelot figure pour la première fois aux championnats d'athlétisme d'Angleterre en 1906. Au cours de l'ère moderne, il fait son apparition au programme d'athlétisme masculin des J.O. de Londres en 1908 et c'est en 1932, à Los Angeles, que le programme olympique féminin est enrichi de cette épreuve.

DÉROULEMENT DE LA COMPÉTITION

S'il y a huit concurrents ou moins, chacun a droit à six essais. S'il y en a plus, chaque concurrent a trois essais. Les huit concurrents ayant réalisé les meilleurs lancers ont ensuite droit à trois essais supplémentaires. Le lancer est valide lorsque l'engin touche le sol par la pointe, qu'il plante ou non. Le lanceur, sous peine de disqualification, ne doit pas prendre plus d'une minute et demie pour tenter son essai, ni sortir de l'aire d'élan avant que l'engin ne se soit posé.

Marque de départ
Avant le départ, l'athlète inscrit une marque qui lui indique où démarrer sa course.

Marque de passage
Placée avant le départ, elle indique à l'athlète le moment où débuter sa course de placement.

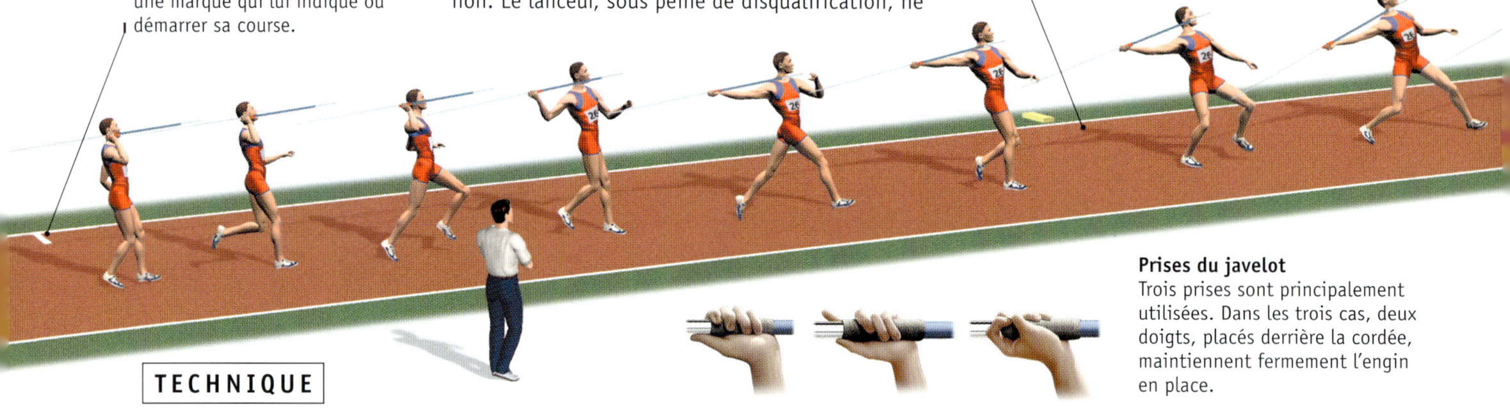

Prises du javelot
Trois prises sont principalement utilisées. Dans les trois cas, deux doigts, placés derrière la cordée, maintiennent fermement l'engin en place.

TECHNIQUE

1. Amorce du départ

L'athlète se fait une image mentale très claire du déroulement de la série de mouvements qu'il effectuera. Son épaule et son bras lanceurs sont relâchés et la musculature de sa poitrine est étirée.

2. Course d'élan

Le lanceur exécute 10 à 12 foulées rigoureusement rythmées. Il accélère pour atteindre environ 7 m/s. Dynamique, le regard droit devant, le lanceur court pour se donner un élan.

3. Course de placement

Le premier pas est accentué, les foulées suivantes, au moins 5, sont effectuées en pas croisés afin de permettre un maximum d'amplitude lors du lancer.

ÉQUIPEMENT

Javelot

Dans les années 50, Franck Held a mis au point un nouveau type de javelot. D'un diamètre plus grand et presque constant d'une extrémité à l'autre, l'engin plane plus efficacement et l'avantage qu'il procure est d'environ 3 à 6 m. Le javelot peut être en métal ou en bois, mais ne doit compter aucune partie mobile qui modifierait son centre de gravité et faciliterait le lancer.

Hampe

Javelot hommes : 2,60 - 2,70 m ; 800 g
Javelot femmes : 2,20 - 2,30 m ; 600 g

Cordée

Pointe

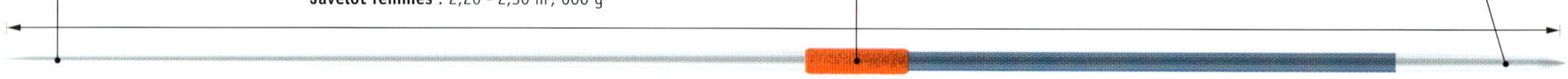

ÉVOLUTION DU RECORD DU MONDE

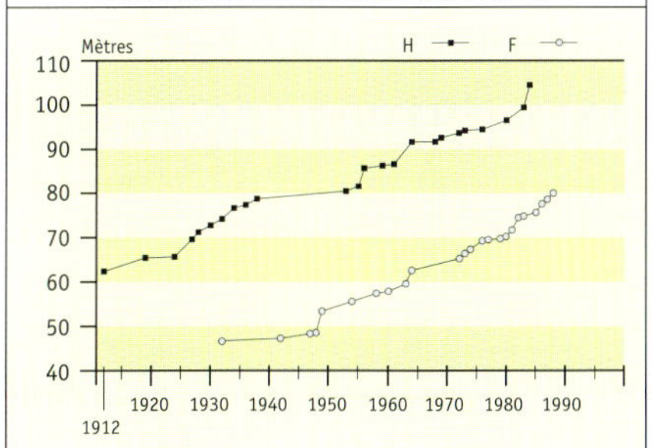

PROFIL DE L'ATHLÈTE

- Plus mince que les autres lanceurs (1,90 m, 95 kg), l'athlète de calibre international est très rapide. Il est un bon coureur et possède une musculature d'une puissance explosive. Les championnes mesurent 1,75 m et pèsent 70 kg.
- De nombreux lancers de balles, de ballons lestés et des exercices à l'aide de résistances élastiques sont nécessaires au développement de la coordination, de la flexibilité et de l'équilibre de l'athlète.
- Le lanceur consacre de nombreuses heures aux exercices d'assouplissement, non seulement du coude lanceur, mais de l'aine, de l'épaule du côté lanceur, des ischio-jambiers, des adducteurs, ainsi que des lombaires. Des exercices de musculation et des bonds complètent le programme d'entraînement.

Jan Zelezny (RTC)
Son lancer de 89,66 m en 1992 à Barcelone, et celui de 88,16 m en 1996 à Atlanta, firent de lui un double médaillé d'or olympique. Il a établi un record du monde de 98,48 m en 1996.

INSTALLATIONS

Le couloir où s'effectue la course d'élan se termine par un arc de cercle qui consiste en une bande blanche de peinture, de bois ou de métal. Le lancer est mesuré du point d'impact au devant du butoir.

Juges
Il faut au moins deux juges pour inscrire les essais et vérifier les résultats à la fin de chaque tour. Un drapeau blanc indique que l'essai est bon, un rouge qu'il est manqué.

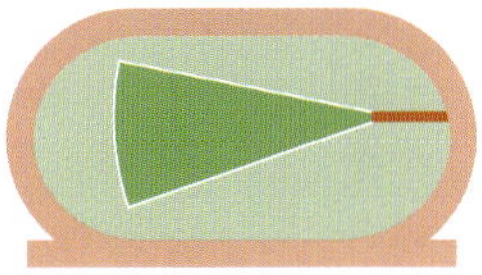

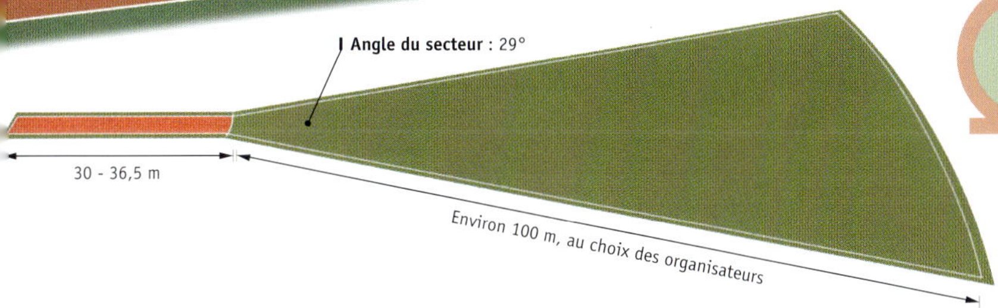

Ruth Fuchs (RDA)
Reconnue pour la pureté de son style et 6 records du monde, elle fut double médaillée d'or olympique grâce à un lancer de 63,88 m en 1972 à Munich, et un de 65,94 m en 1976 à Montréal.

4. Placement

Sur les deux derniers appuis, les pieds sont ancrés sur le sol presque en même temps. L'athlète conserve le javelot derrière l'épaule le plus longtemps possible. Son corps est intensément tendu pendant 0,04 à 0,06 s. Sa concentration maximale porte sur le relâchement des muscles et sur l'exécution d'un lancer le plus dynamique possible.

5. Projection

La course est brusquement arrêtée et l'engin est projeté puissamment, dans une action explosive des muscles de l'épaule et du bras. La précision requise pour la propulsion du javelot exige que le bras lanceur soit extrêmement flexible. L'angle optimal de projection du javelot se situe entre 25° et 40°. L'engin vole jusqu'à près de 100 m à une vitesse pouvant atteindre 31 m/s, soit 112 km/h.

Chaussures
Faites en cuir léger ou en nylon, elles comptent un maximum de 11 crampons de 4 mm de diamètre et de 12 mm de long.

lancer du disque

Copie romaine du discobole de Myron datant du deuxième siècle av. J.-C. (Museo Nazional Romano, Italie).

Le vainqueur de cette épreuve est celui des lanceurs qui réussit à projeter le disque le plus loin. Inspirée du bouclier lancé par le guerrier ayant à se délester avant de franchir un cours d'eau, cette épreuve est la plus ancienne des disciplines de lancers. Elle figure au programme du pentathlon des J.O. de l'Antiquité, en 708 av. J.-C., et, dans l'*Odyssée*, Homère chante l'exploit d'Ulysse lançant le disque. Au cours des siècles, les Celtes, les Germains, les Écossais et les Anglais inclurent la discipline à leurs concours traditionnels et, au début du XIXe siècle, dans certains cantons suisses, les sportifs projetaient un disque de bois. Les hommes remportent leurs premières médailles olympiques en lancer du disque aux Jeux d'Athènes en 1896 et les femmes 32 années plus tard, en 1928, à Amsterdam. La discipline s'inscrit aux programmes d'athlétisme féminin et masculin des championnats du monde en 1983.

DÉROULEMENT DE LA COMPÉTITION

L'athlète dispose d'une minute et demie pour effectuer un lancer. Chacun des concurrents a droit à trois essais. Les huit meilleurs athlètes exécutent ensuite trois autres essais. Quand la compétition se déroule entre huit concurrents ou moins, ils ont chacun six essais. Le gagnant est celui qui a réalisé le plus long lancer, sans être sorti du cercle avant que le disque n'ait touché le sol.

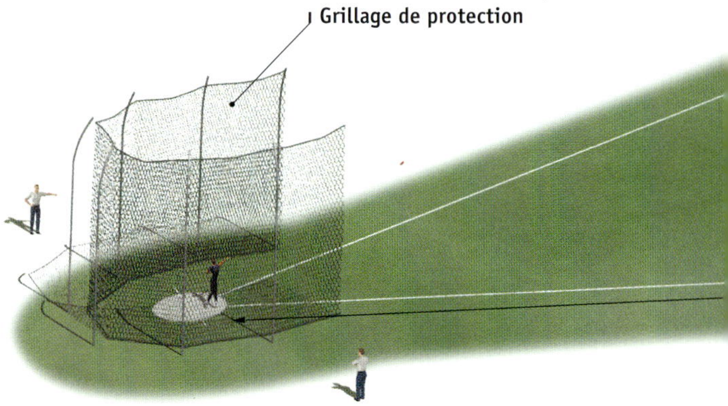

Prise du disque
La main est posée à plat sur le disque tenu du bout des doigts légèrement écartés, le pouce servant d'équilibreur. Au moment du lancer, la vitesse de rotation fait adhérer le disque à la main.

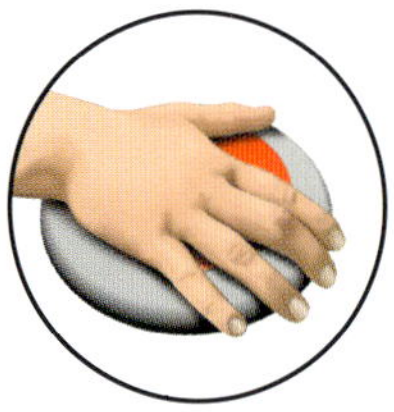

TECHNIQUE

1. Mouvement initial

De façon coulante et rythmée, l'athlète imprime au disque un mouvement de va-et-vient suivant l'orbite de la rotation à venir. Ses bras et ses épaules sont relâchés, sa concentration est maximale.

2. Volte préparatoire

Au cours d'une rotation d'un tour et demi, le corps de l'athlète accumule le plus d'énergie possible. Le lanceur droitier tourne sur la jambe gauche, tandis que son bras gauche agit comme contrepoids dans l'axe des épaules. Ses pieds quittent momentanément le sol.

3. Volte finale

Jusqu'au dernier moment, le tronc et le bras sont en retard sur le mouvement des pieds, des jambes et du bassin. Pour conserver son équilibre dynamique lors de l'exécution de ce geste bref et complexe, le lanceur se donne un repère visuel fixe.

4. Lancer

L'athlète utilise sa jambe droite comme levier. Son corps se détend prestement et l'engin est lâché dans un geste explosif, le bras lanceur effectuant un mouvement semblable à celui d'un fouet.

PROFIL DE L'ATHLÈTE

- Très puissant, l'athlète doit faire preuve d'une qualité d'exécution technique hors pair et avoir une grande capacité de concentration et de relâchement.
- Plusieurs centaines de lancers par semaine sont nécessaires et plusieurs heures sont consacrées au développement de la puissance musculaire : poids et haltères.
- Au niveau international, les hommes mesurent en moyenne 1,95 m et pèsent 115 kg, les femmes 1,80 m pour 93 kg.

ÉVOLUTION DU RECORD DU MONDE

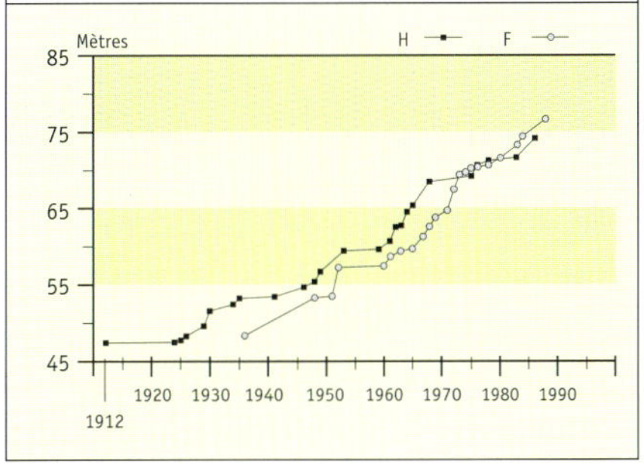

Alfred Oerter (USA)
Il a dominé la scène mondiale pendant quatre J.O., remportant l'or chaque fois : en 1956, 1960, 1964 et 1968.

Martina Hellmann (RDA)
Championne du monde en 1983 et 1987, elle remporte l'or aux J.O. de 1988 à Séoul avec un lancer de 72,30 m.

Juges
Au cours des compétitions internationales, deux juges au moins inscrivent les essais et vérifient les résultats à la fin de chaque tour. Un de ces officiels indique la validité de chaque essai en levant un drapeau : blanc lorsqu'il est réussi, rouge lorsqu'il est raté. L'essai est nul si le lanceur sort du cercle avant que le disque n'ait touché le sol, si son pied touche le haut du cercle, ou si le lancer sort de la zone de chute.

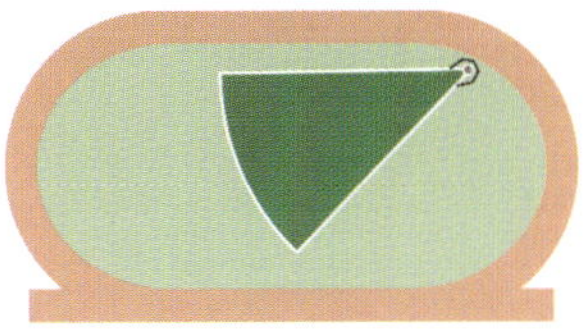

AIRE DE LANCER

L'aire de lancer est entourée d'une cage de protection faite de panneaux en filets de cordage naturel, de fibres synthétiques ou de fil métallique. En 1958, afin de limiter le danger lié à la projection de plus en plus puissante des engins, le secteur passe de 90 à 60°. Depuis 1970, l'angle a été réduit à 40°. Cette modification exige de l'athlète une maîtrise technique encore plus grande.

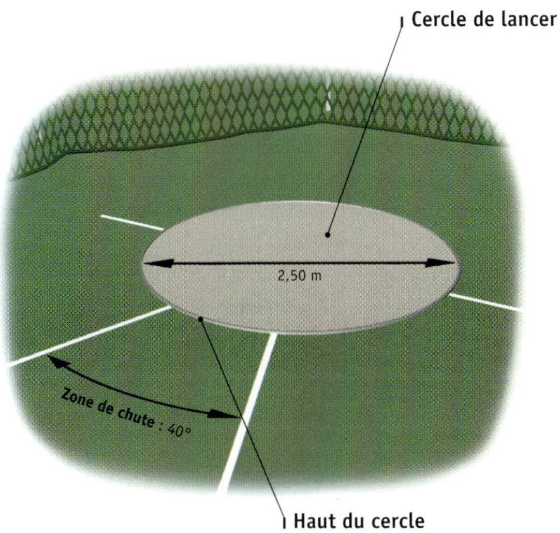

ÉQUIPEMENT

Chaussures
Elles sont en suède ou en cuir, les semelles flexibles sans crampons adhèrent parfaitement à la surface en ciment du cercle de lancer.

Disque
En bois ou en tout autre matériau approprié cerclé de fer, il comporte en son centre des plaques circulaires incrustées, en métal. Pour les compétitions internationales importantes, seuls les disques fournis par les organisateurs sont utilisés.

HOMMES
Poids : 2 kg

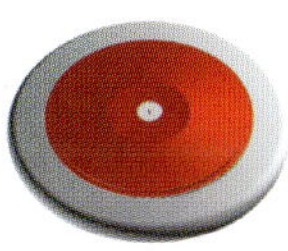

219 - 221 mm
Épaisseur : 44 - 46 mm

FEMMES
Poids : 1 kg

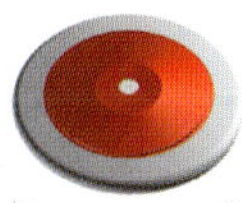

180 - 182 mm
Épaisseur : 37 - 39 mm

lancer du marteau

Matthew Mc Grath (USA), médaillé d'or au lancer du marteau des J.O. de Stockholm en 1912.

Au cours de cette épreuve, le lanceur doit propulser le marteau le plus loin possible. Plusieurs siècles avant J.-C. avaient lieu en Irlande les Tailteann Games qui incluaient notamment le lancer du *roth cleas*, une roue de char fixée sur son essieu. La roue fut bientôt remplacée par une pierre traversée d'un bâton puis, à partir du XVe siècle, par de lourds marteaux de forgeron. La discipline apparaît au programme des compétitions d'Oxford et de Cambridge en 1866, et les championnats d'athlétisme d'Angleterre s'enrichissent de l'épreuve en 1875. Les premières médailles olympiques sont remises à Paris, en 1900, date à laquelle le marteau de forgeron est remplacé par l'engin en forme de boule que l'on connaît aujourd'hui. Ce n'est qu'en 1999, à Séville, que le lancer du marteau fait son entrée au programme féminin d'athlétisme des championnats du monde et c'est en 2000, aux Jeux de Sydney, qu'il devient une discipline olympique féminine.

DÉROULEMENT DE LA COMPÉTITION

Chaque concurrent a une minute et demie pour exécuter chacun des trois lancers. Seuls les huit meilleurs athlètes ont droit à trois autres lancers. Le vainqueur est celui qui réalise le plus long lancer. En cas d'égalité, l'élimination se fait selon le deuxième meilleur lancer de chacun.

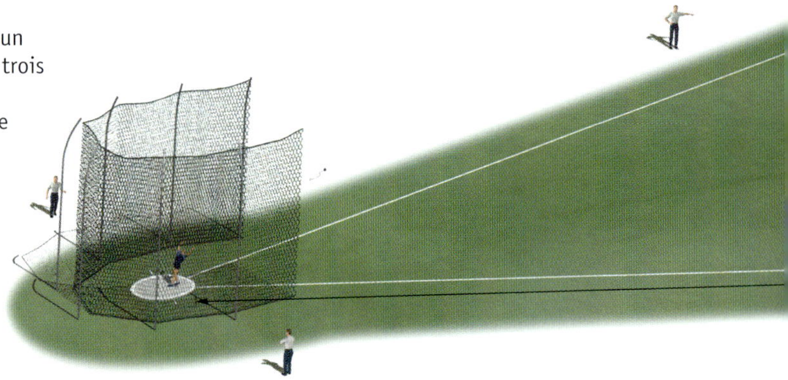

TECHNIQUE

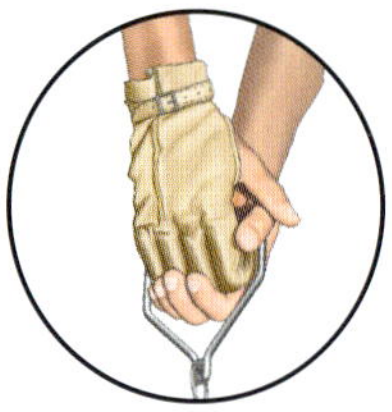

Prise du marteau
Un gant en cuir, plus épais au niveau des doigts, assure à l'athlète une prise solide.

1. Balancement préparatoire

Dos à la zone de chute, l'athlète imprime à l'engin quelques mouvements de pendule. Il veille au relâchement de ses muscles. Sa concentration est intense.

2. Séquence de moulinets

Le lanceur effectue 2 à 3 rotations qui sollicitent surtout ses bras et le haut de son corps. La musculature de ses épaules demeure très relâchée. Les moulinets impriment au marteau 55 à 65 % de la vitesse d'envol et permettent à l'athlète de trouver son équilibre.

3. Rotations

Le travail des jambes s'intensifie et le lanceur amorce le premier tour. Les 2 à 3 tours suivants accélèrent l'ensemble marteau-lanceur. La grande vitesse de rotation et les forces centrifuges pouvant dépasser le triple de son poids agissent sur le corps de l'athlète. Entre le début des moulinets et l'envol, l'engin parcourt au-delà de 80 m.

4. Lâcher de l'engin

À l'issue du troisième ou du quatrième tour, les jambes sont en extension, la colonne vertébrale est très étirée, les bras s'élancent violemment vers le haut. Les doigts relâchent leur emprise et le marteau est libéré à un angle de près de 45°, à une vitesse pouvant atteindre 30 m/s (112 km/h).

John Flanagan (USA)
Médaillé d'or en 1900, 1904, et 1908, il est le seul lanceur du marteau à avoir réussi le triplé olympique.

Yuryi Sedykh (URSS)
Détenteur du record du monde à plusieurs reprises depuis 1980, il fut double médaillé d'or olympique en 1976 et en 1980.

PROFIL DE L'ATHLÈTE

- Concentration, relaxation et souplesse sont conjuguées à la force et à la rapidité de l'athlète, en plus d'une coordination impeccable et d'une capacité à maintenir en tout temps son équilibre.
- Outre les centaines de lancers hebdomadaires qu'il effectue, l'athlète consacre de nombreuses heures à l'accroissement de sa puissance musculaire : poids et haltères, courses, franchissements de haies, sauts et exercices d'assouplissement.
- Les lanceurs de marteau sont les plus puissants des lanceurs. Ils mesurent en moyenne 1,85 m et pèsent 110 kg. Les femmes mesurent généralement 1,75 m et pèsent 80 kg.

ÉVOLUTION DU RECORD DU MONDE

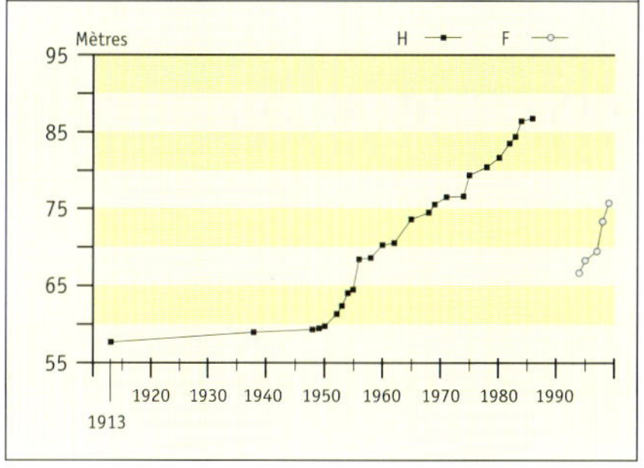

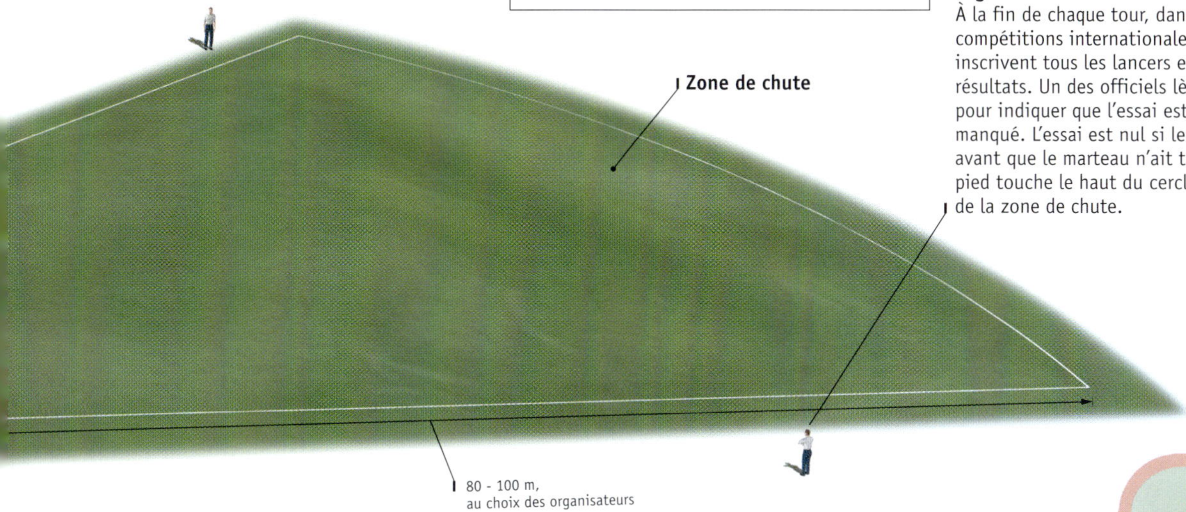

Juges
À la fin de chaque tour, dans le cadre de compétitions internationales, au moins deux juges inscrivent tous les lancers et vérifient les résultats. Un des officiels lève un drapeau blanc pour indiquer que l'essai est réussi, rouge s'il est manqué. L'essai est nul si le lanceur sort du cercle avant que le marteau n'ait touché le sol, si son pied touche le haut du cercle, ou si le lancer sort de la zone de chute.

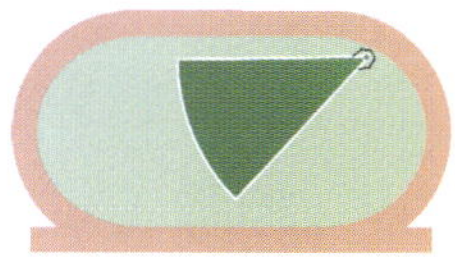

AIRE DE LANCER

Le cercle de lancer, en béton, est entouré d'une cage de protection faite de panneaux en filets de cordage naturel, de fibres synthétiques ou de fil métallique qui protège les officiels et les spectateurs de ces lancers spectaculaires et dangereux. Les records de plus en plus élevés ont provoqué, pour des raisons de sécurité, la modification de l'angle de dispersion du lancer, qui a été réduit de 90 à 60° en 1958, à 45° en 1965, et enfin à 40° en 1970. Cette réduction incite le lanceur à faire part d'une maîtrise technique encore plus grande.

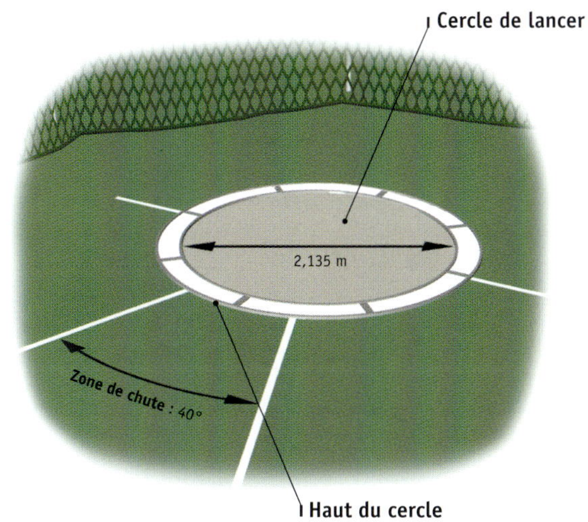

ÉQUIPEMENT

Marteau
Reliée à une poignée par un câble d'acier, la tête est en laiton ou en métal similaire. Elle peut aussi être composée d'une enveloppe métallique remplie de plomb ou d'un autre matériau solide et dense.

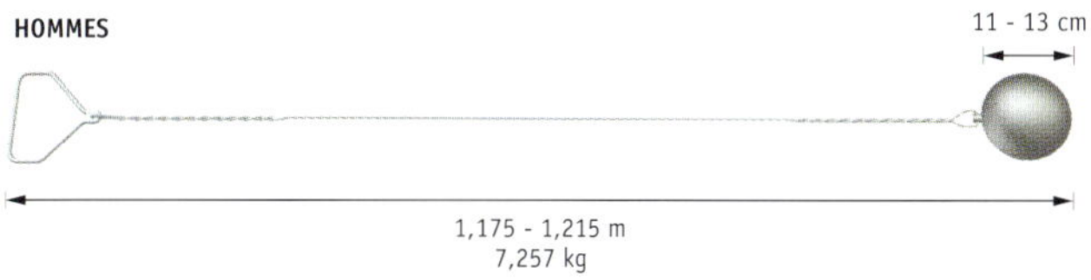

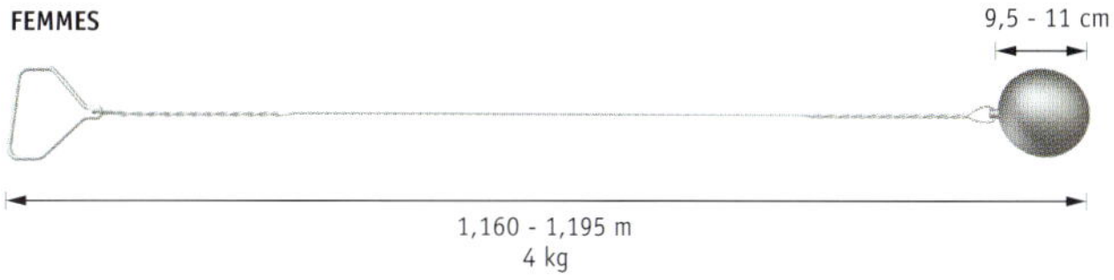

Chaussures
Les semelles sans crampons permettent une adhérence maximale. La bordure arrondie de la semelle favorise la rotation.

lancer du poids

Ralph Rose (USA), champion au lancer du poids des J.O. de Londres en 1908.

À travers les âges, l'objectif des lanceurs a toujours été le même : projeter le poids le plus loin possible. L'épreuve du lancer du poids descend en droite ligne du jet de la pierre lourde, technique guerrière fréquemment utilisée durant l'Antiquité. Avec l'essor de l'artillerie à partir du XIVe siècle, des projectiles de fonte remplacèrent les pierres et c'est ce type de boulet que l'on commença à utiliser à des fins sportives dans les collèges britanniques vers 1850. Lors des J.O. d'Athènes de 1896, le lancer du poids est inscrit au programme d'athlétisme masculin et c'est à Londres, en 1948, que des médailles olympiques sont pour la première fois décernées à des femmes.

DÉROULEMENT DE LA COMPÉTITION

Pour se qualifier, les concurrents effectuent trois essais. Les athlètes ayant réalisé les huit meilleurs lancers peuvent en exécuter trois autres. Quand la compétition compte huit concurrents ou moins, ils ont chacun six essais. Dans les concours internationaux, au moins deux juges inscrivent les essais et vérifient les résultats à la fin de chaque tour. Un drapeau blanc indique que l'essai est bon, un rouge qu'il est manqué (si le lancer sort de l'aire, si l'athlète sort du cercle une fois le lancer effectué, ou si le pied du lanceur mord le butoir).

AIRE DE LANCER

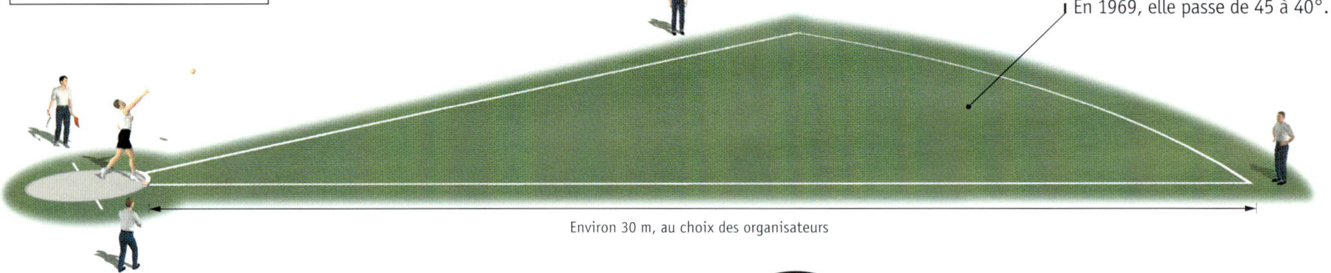

TECHNIQUE O'BRIEN

En 1952, l'Américain Parry O'Brien innove en commençant ses lancers dos à l'aire de réception. Grâce à l'acquisition d'un quart de tour supplémentaire, il augmente sa force de propulsion et accroît ses performances d'environ un mètre.

Prise du poids
Tenu à pleine main, le poids repose sur la base des doigts fléchis et légèrement écartés. Lors de l'élan, il ne doit jamais être ramené derrière l'épaule. L'angle optimal de lancer dépasse légèrement les 40°.

1. Placement
L'athlète est très concentré et relâché. Tout son poids repose sur sa jambe d'appui et sa position de départ est la plus stable possible. Il a une minute et demie pour réaliser son lancer.

2. Position groupée
Le corps de l'athlète se comprime comme un ressort. La cheville demeure souple en vue du mouvement dynamique qui va suivre.

3. Sursaut
La jambe arrière se détend vivement, tandis que la jambe d'appui passe en extension. Le lanceur trace un chemin d'accélération horizontale le plus rectiligne possible avant d'amorcer une rotation du bassin et du tronc. Son regard demeure vers l'arrière le plus longtemps possible.

4. Projection
L'athlète effectue un travail puissant de poussée et de blocage des jambes, puis sollicite énergiquement les muscles de l'épaule et de la poitrine. La brusque extension de son bras lanceur confère au poids une vitesse qui peut atteindre 14 m/s (50 km/h) chez les meilleurs.

ÉVOLUTION DU RECORD DU MONDE

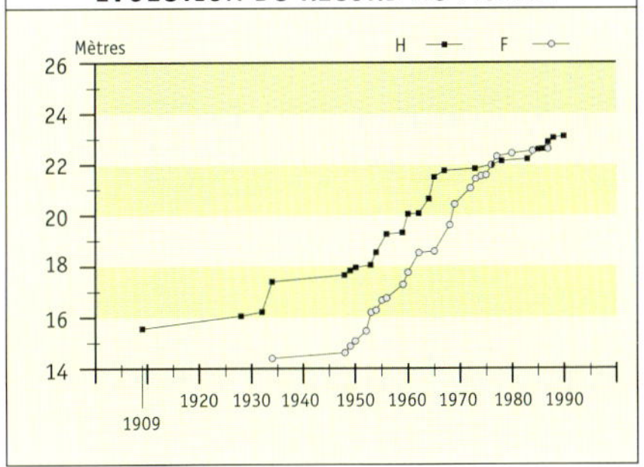

PROFIL DE L'ATHLÈTE

- Les meilleurs athlètes masculins mesurent en moyenne 1,90 m et pèsent 125 kg. Les femmes mesurent 1,80 m et pèsent 90 kg. Les lanceurs possèdent une bonne ceinture abdominale ainsi que de solides lombaires et dorsaux.
- Fort et puissant, l'athlète doit également être souple, posséder un excellent sens de l'équilibre, de la coordination, ainsi qu'une grande qualité d'exécution technique.
- À l'entraînement, l'athlète effectue chaque semaine des centaines de lancers de poids de masses variées et de ballons lestés. De nombreuses heures sont consacrées au développement de sa puissance musculaire : poids et haltères, sauts, course.

ÉQUIPEMENT

Poids

D'une surface lisse, il peut être en bronze, en cuivre ou en tout autre métal équivalent. Il peut aussi être composé d'une coquille faite de l'un de ces métaux et remplie de plomb ou d'un autre matériau.

Poids réglementaire minimal

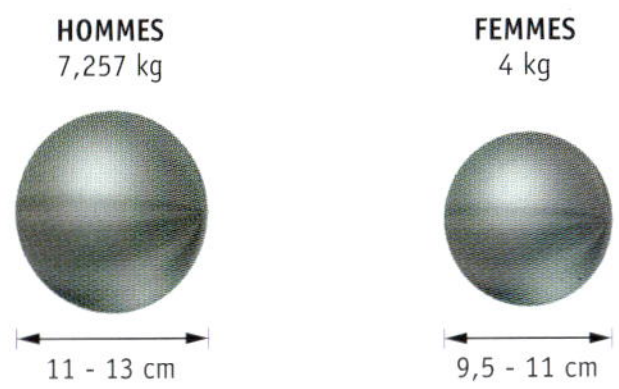

Chaussures

En cuir ou en suède, elles doivent offrir un support maximal à l'athlète de fort gabarit. Elles n'ont pas de crampons, car la surface du cercle de lancer est en ciment. La semelle plate procure un maximum de stabilité.

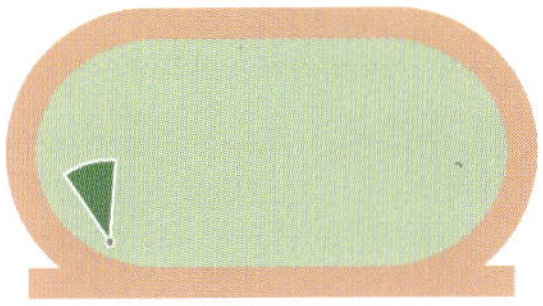

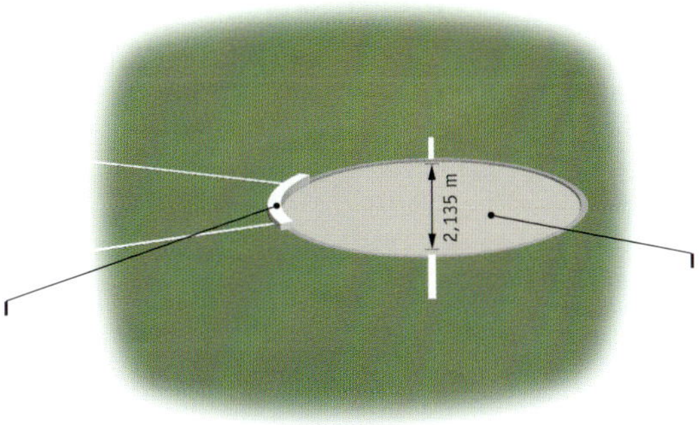

Butoir
Longueur : 1,21 m - 1,23 m
Largeur : 11,2 - 30 cm
Hauteur : 10 cm par rapport au niveau de l'intérieur du cercle.

Cercle de lancer
En 1908, le cercle remplace le carré de lancer et l'année suivante un butoir est installé pour que le lanceur puisse y appuyer son pied.

TECHNIQUE BARYCHNIKOV

À partir de 1972, le Russe Alexsandr Barychnikov met au point une technique incluant une volte semblable à celle effectuée par le lanceur du disque. La rotation induit au corps une énergie qui, concentrée au moment du lancer, donne au poids une vitesse d'envol supérieure. Cette seconde technique est de plus en plus courante.

Parry O'Brien (USA)
Médaillé d'or olympique en lancer du poids, en 1952 à Helsinki et en 1956 à Melbourne.

1. Appui actif au sol

La position du haut du corps est similaire à celle de la méthode O'Brien, le poids est tenu de la même façon, mais les jambes sont placées comme lors du départ au lancer du disque.

2. Volte

Dans un mouvement de pousséerotation explosif, l'athlète coordonne avec une extrême précision la torsion de son corps et la mise sous tension optimale de la musculature de ses jambes, de ses bras et de la main qui lance.

3. Projection

Mal canalisée, l'énergie résultant de la volte peut pousser l'athlète hors du cercle ou faire dévier son lancer. L'essai est nul si l'athlète touche le haut du butoir ou s'il sort du cercle avant que l'engin n'ait touché le sol.

Tamara Press (URSS)
Elle a établi 12 records du monde en plus d'être double médaillée olympique aux J.O. de Rome en 1960 et de Tokyo en 1964.

saut en hauteur

Saut en hauteur aux J.O. de Los Angeles en 1932.

Pratiqué par les Celtes des centaines d'années avant notre ère, le saut en hauteur consiste à franchir une barre horizontale par la seule force de son corps sans la faire tomber. Compétition sportive officielle à partir de 1840, en Grande-Bretagne, les règlements sont rédigés en 1895 et la discipline fait son entrée dans l'arène olympique un an plus tard, aux Jeux d'Athènes. La première compétition de saut en hauteur féminin, quant à elle, se tient en 1895 aux États-Unis, et les athlètes féminines seront admises aux J.O. d'Amsterdam en 1928.

DÉROULEMENT DE LA COMPÉTITION

Les athlètes effectuent leur essai selon un ordre tiré au sort. Les officiels montent la barre de 5 cm à la fois, puis diminuent l'écart jusqu'à un minimum de 2 cm. Les organisateurs de la compétition imposent une hauteur minimale, franchie en un maximum de trois essais d'une minute et demie chacun. Pour des raisons stratégiques, un concurrent peut choisir de ne pas sauter cette première hauteur et de tenter un essai après que la barre a été montée. Une fois ce saut réussi, l'athlète peut franchir à volonté les hauteurs suivantes. Il ne doit prendre appel que sur un pied et est éliminé après trois échecs successifs.

1. Départ

Avant le départ, l'athlète trace sur le sol des marques lui indiquant l'endroit exact où elle va démarrer sa course, amorcer le virage et effectuer l'appel en fonction du nombre de foulées qu'elle prévoit faire. Elle parcourt en moyenne 12 m entre le départ et la barre.

2. Mise en action

L'athlète accélère sur environ 7 longues foulées, durant lesquelles sa vitesse peut atteindre 8 m/s. Au cours des 3 à 5 foulées suivantes, elle résiste à la pression du virage afin de ne pas ralentir. Elle augmente graduellement la fréquence de ses appuis sur le sol.

3. Liaison course-appel

Lors de l'avant-dernier appui, la jambe extérieure au virage est en flexion, tandis que l'autre jambe – qui va devenir la jambe d'appel – est en extension.

ÉQUIPEMENT

Chaussures
Limitées à 13 mm d'épaisseur, les semelles comportent 6 pointes sous la plante et 3 sous le talon. L'athlète peut, s'il le désire, porter une chaussure de course normale à l'autre pied.

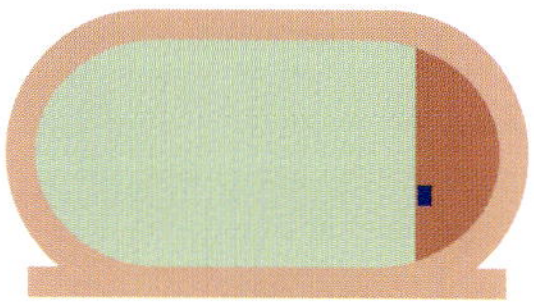

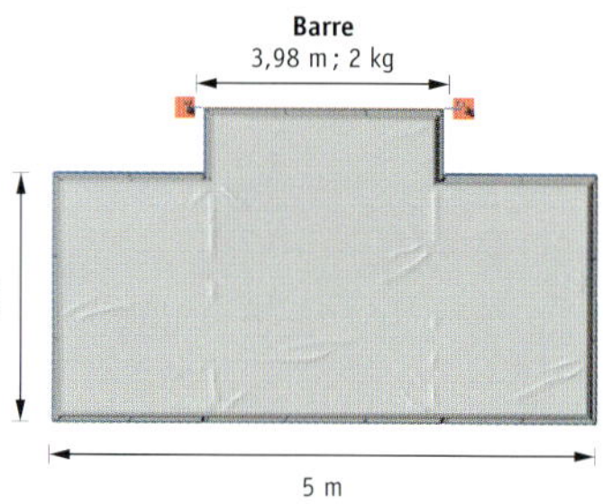

Javier Sotomayor (CUB)
Recordman du monde avec 2,45 m (1993). Mesurant 1,96 m, l'athlète réussit non seulement à sauter, mais à dépasser sa propre taille de 49 cm.

Stefka Kostadinova (BUL)
Championne du monde en 1995 et détentrice du record du monde depuis 1987 (2,09 m).

ÉVOLUTION DES PERFORMANCES

Depuis les J.O. de Mexico, en 1968, la discipline a vécu une véritable révolution grâce à une nouvelle technique de franchissement mise au point par le champion américain Dick Fosbury, un saut dorsal rendu possible grâce à l'introduction du matelas la même année.

1874
Marshall Brooks (GBR)
1,80 m
Saut sans élan, pieds en premier

1895
Michael Sweeney (USA)
1,97 m
Ciseaux

1912
George Horine (USA)
2,00 m
Saut ventral rouleau californien

1968
Dick Fosbury (USA)
2,24 m
Fosbury flop

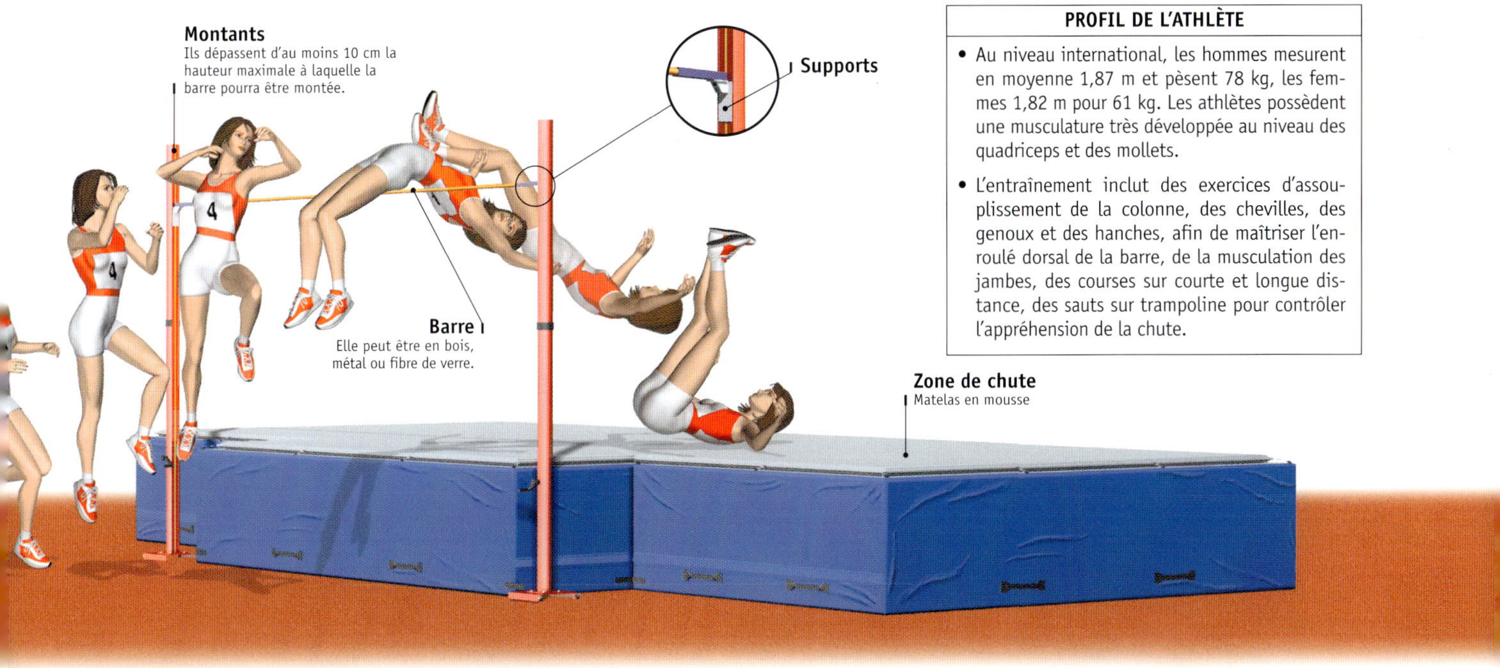

PROFIL DE L'ATHLÈTE

- Au niveau international, les hommes mesurent en moyenne 1,87 m et pèsent 78 kg, les femmes 1,82 m pour 61 kg. Les athlètes possèdent une musculature très développée au niveau des quadriceps et des mollets.
- L'entraînement inclut des exercices d'assouplissement de la colonne, des chevilles, des genoux et des hanches, afin de maîtriser l'enroulé dorsal de la barre, de la musculation des jambes, des courses sur courte et longue distance, des sauts sur trampoline pour contrôler l'appréhension de la chute.

4. Phase d'appel

L'athlète effectue une forte poussée de la jambe d'appel. Cette poussée lui permet de préparer la rotation qu'elle amorce, tant avec les membres inférieurs qu'avec le bassin et les épaules.

5. Suspension

Elle est le prolongement de la phase d'appel. L'athlète relâche son corps pour se concentrer sur son positionnement et poursuit ainsi sa rotation en ramenant sa jambe libre au niveau de sa jambe d'appel afin de préparer sa position dorsale horizontale.

6. Franchissement

En basculant les épaules et en ramenant les talons vers les fesses, l'athlète arque son corps, provoquant ainsi une montée du bassin, et par conséquent un éloignement de la barre. Le centre de gravité de l'athlète passe parfois sous la barre.

7. Esquive

Dès que son bassin a dépassé la barre, l'athlète effectue une puissante flexion au niveau des hanches qui soulève très rapidement à la fois son buste et ses jambes. L'inclinaison ainsi provoquée lui permet d'éviter tout contact avec la barre et d'amorcer la chute sur les épaules.

saut à la perche

En 1920, à Anvers, Frank Foss (USA) saute 4,09 m.

Cette épreuve consiste à franchir une barre à la plus grande hauteur possible à l'aide d'une perche en matériau flexible. Le saut à la perche est la seule discipline des sauts en athlétisme qui se pratique à l'aide d'un engin d'impulsion. L'origine de ce sport pourrait, selon certains historiens, remonter à l'époque antique, mais la discipline prend réellement sa place en 1812, lors des premières réunions d'athlétisme en Angleterre, et fait partie des championnats universitaires de Cambridge en 1857. Quoique le saut à la perche féminin ait fait son entrée dans l'arène sportive seulement quelques années plus tard, la discipline féminine figure pour la première fois au programme des J.O. de 2000 à Sydney, en dépit de sa présence aux championnats du monde d'athlétisme, aux Jeux du Commonwealth et aux championnats universitaires mondiaux.

DÉROULEMENT DE LA COMPÉTITION

Les organisateurs ont préalablement choisi et annoncé la hauteur initiale de la barre et l'augmentation de cette hauteur au fil des tours. L'ordre dans lequel les concurrents réalisent leurs essais est tiré au sort. Le perchiste peut commencer à sauter à la hauteur de son choix et pourra sauter à volonté à toute hauteur suivante. Un concurrent est éliminé après trois échecs consécutifs, nonobstant la hauteur à laquelle ces échecs se seront produits (sauf en cas d'ex aequo pour la première place).

ÉVOLUTION DES PERFORMANCES

En matière d'athlétisme, le saut à la perche est la discipline dont l'évolution des performances est la plus directement proportionnelle à celle des matériaux.

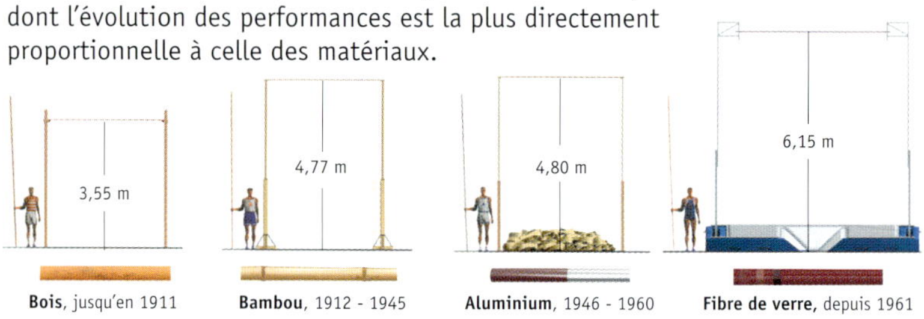

COURSE VERS L'ENVOL

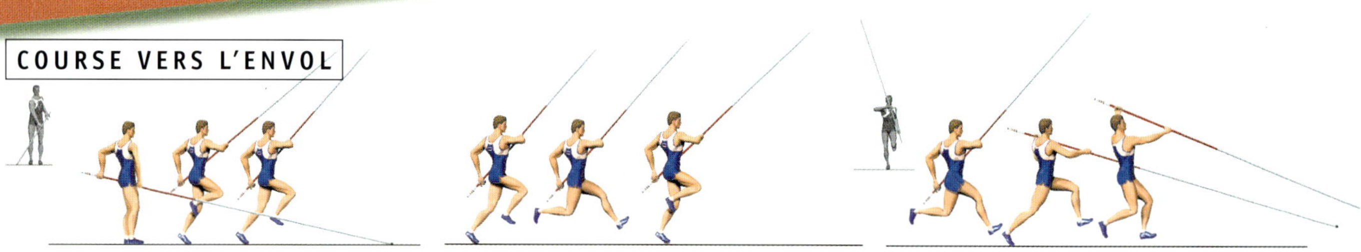

1. Départ

L'athlète utilise une prise de main placée entre 4,9 et 5,1 mètres du bout de la perche et amorce la course, en coordination avec le balancement de la perche.

2. Recherche de vitesse

Le perchiste accélère, en combinant rythme et amplitude des foulées pour atteindre sa vitesse de pointe (entre 32-34 km/h). Plus la course sera rapide, plus le perchiste sautera haut.

3. Recherche d'une énergie d'impulsion

Il descend progressivement sa perche afin de prendre l'élan qui lui permettra de préparer son envol. La perche, une fois dans sa position horizontale, devient un élément de déséquilibre qui ralentit le perchiste à une vitesse d'environ 28 km/h.

PERCHE

La perche peut être constituée de n'importe quel matériau, pourvu que sa surface soit lisse. Il n'y a pas de restrictions quant à sa longueur et son diamètre. Bien qu'elles soient plus lourdes que les perches d'aluminium, ce sont les perches en fibre de carbone ou de verre qui sont utilisées par les athlètes, car ces matériaux résistent à la déformation et absorbent davantage les vibrations, offrant une meilleure propulsion. La taille, le poids, la hauteur de levier et la vitesse à laquelle court le perchiste sont autant d'éléments qui orientent le choix de la perche. L'athlète a généralement en sa possession trois perches lors de compétitions, pour pallier l'éventualité d'un bris.

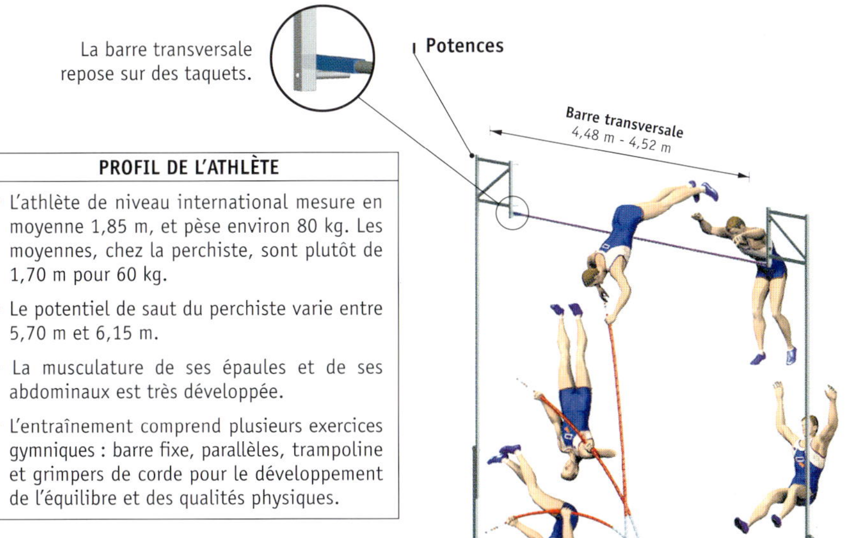

PROFIL DE L'ATHLÈTE

- L'athlète de niveau international mesure en moyenne 1,85 m, et pèse environ 80 kg. Les moyennes, chez la perchiste, sont plutôt de 1,70 m pour 60 kg.
- Le potentiel de saut du perchiste varie entre 5,70 m et 6,15 m.
- La musculature de ses épaules et de ses abdominaux est très développée.
- L'entraînement comprend plusieurs exercices gymniques : barre fixe, parallèles, trampoline et grimpers de corde pour le développement de l'équilibre et des qualités physiques.

Sergueï Bubka (UKR)
Champion incontesté, il fit évoluer le record du monde douze fois, jusqu'à 6,14 m, en 1994.

Emma George (AUS)
Championne du monde en 1997 avec un saut de 4,55 m.

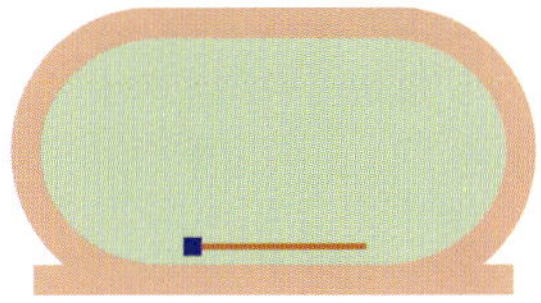

4. Phase d'appel

Le saut ainsi amorcé va permettre au perchiste de s'élever à un angle de 20°. Simultanément, la perche se courbe sous le poids du perchiste.

5. Phase de suspension

La flexibilité de la perche combinée à l'élan du perchiste provoquent le renversement de l'athlète. Le perchiste ajoute à sa poussée ascensionnelle par l'extension du bassin et des jambes.

6. Le franchissement de la barre

L'athlète pivote afin de franchir la barre en position ventrale, tandis qu'il donne une forte poussée du bras sur la perche avant de la lâcher.

AIRE DE SAUT

Le concurrent peut prendre ses marques pour la course d'élan, à condition toutefois qu'il place ses repères à l'extérieur du corridor d'élan.

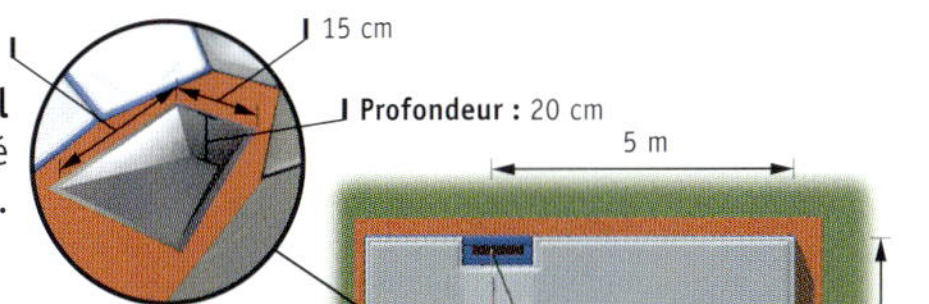

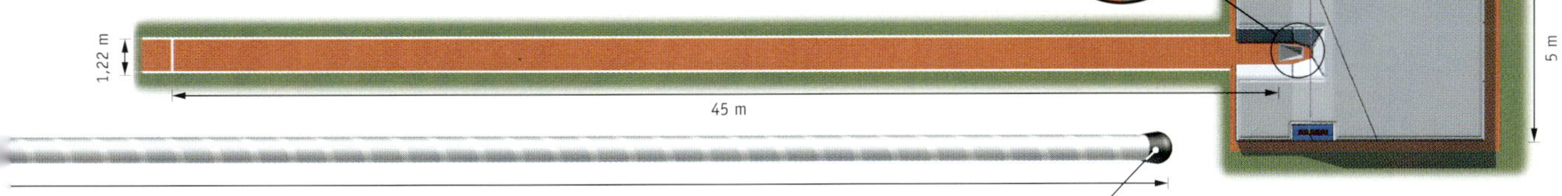

saut en longueur

Bob Beamon (USA) a établi en 1968 un record du monde inégalé pendant près de 23 ans (8,90 m), soit 55 cm de plus que le record précédent.

Au cours du saut en longueur, il s'agit de franchir la plus grande distance possible en effectuant un saut dynamique au terme d'une course à très grande vitesse. Près de vingt siècles avant J.-C., la discipline figure déjà au programme de certains jeux celtes, et aux Jeux olympiques en 656 avant J.-C., on enregistre le premier record : 6,92 m parcourus par Chionis, un athlète de Sparte. Disputée à l'occasion des premières compétitions d'athlétisme de l'Exeter College d'Oxford en 1850, l'épreuve figure au programme d'athlétisme olympique depuis les premiers J.O. modernes d'Athènes, en 1896. Le saut en longueur féminin est au programme olympique depuis les Jeux de Londres en 1948.

DÉROULEMENT DE LA COMPÉTITION

Chacun des concurrents qualifiés effectue trois essais suivant un ordre tiré au sort. Il dispose d'une minute et demie pour amorcer son saut. Seuls les huit meilleurs sauteurs ont droit à trois essais supplémentaires. Le classement est établi à partir du meilleur saut de chaque concurrent.

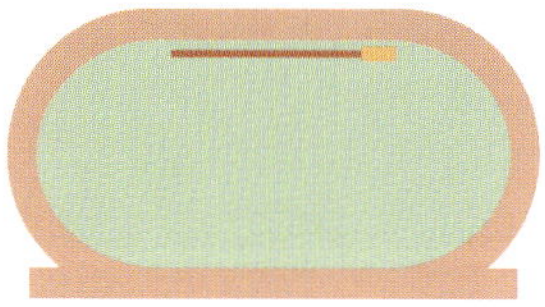

Planche d'appel
Une bande de plasticine est étendue derrière la planche d'appel, afin que les officiels s'assurent que le pied du sauteur n'y a pas laissé de marques.

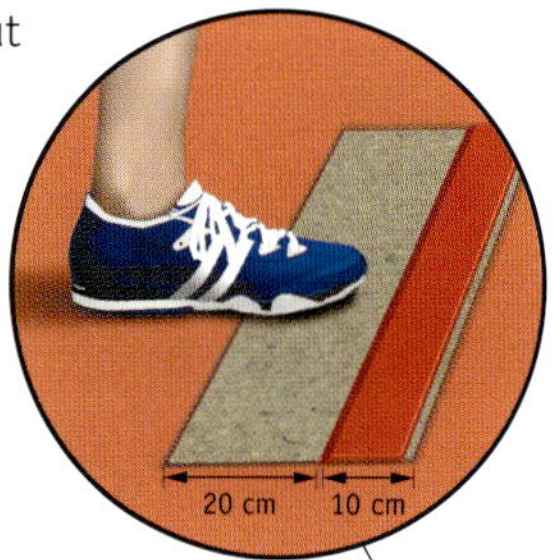

TECHNIQUE

1. Mise en action

L'athlète accélère. Son corps est relâché tandis qu'il recherche l'amplitude de la foulée.

2. Liaison course-appel

Il augmente le rythme de ses foulées ; ses genoux montent plus haut, son corps se redresse. La vitesse maximale est atteinte au cours des deux foulées précédant l'impulsion.

3. Impulsion

Le sauteur allonge son avant-dernière foulée afin d'amorcer la propulsion finale. La poussée est effectuée d'un seul pied, posé à plat sur la planche d'appel, tandis que les épaules se soulèvent pour aider au décollage et que les bras restent en attitude de course. La vitesse horizontale de certains champions peut atteindre 10,7 m/s.

PROFIL DE L'ATHLÈTE
• L'athlète est avant tout un excellent sprinter, tant au 100 qu'au 200 m. Le gabarit moyen des athlètes masculins de calibre international est de 1,85 m pour 78 kg alors que les moyennes chez les femmes sont de 1,77 m pour 59 kg. • L'entraînement inclut des courses sur des distances de 20 à 40 m, ainsi que des courses plus longues sur piste, avec modification de la fréquence et de l'amplitude des foulées. Sauts, bondissements, lancers de ballons médicinaux, séances d'étirement et musculation ciblant les membres inférieurs sont essentiels.

ÉVOLUTION DU RECORD DU MONDE

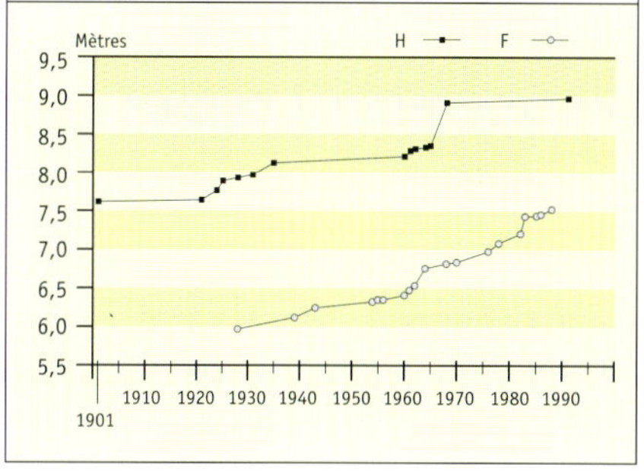

INSTALLATIONS

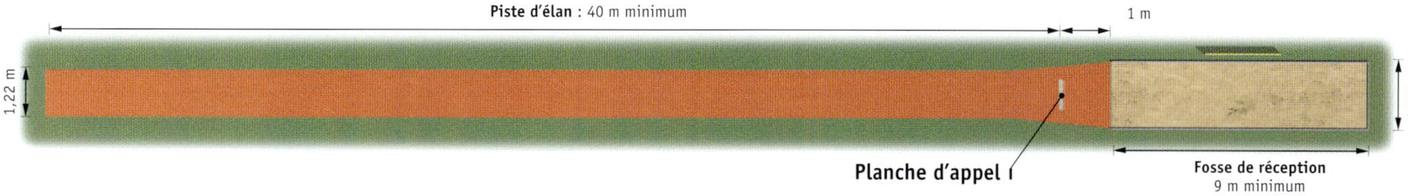

ÉQUIPEMENT

Chaussures
L'athlète peut exercer jusqu'à 360 kg de pression sur la planche d'appel. Ses chaussures sont donc conçues pour lui maintenir très fermement les pieds et éviter ainsi les torsions, tandis que les crampons lui assurent traction et stabilité.

Marion Jones (USA)
Dans le circuit professionnel d'athlétisme depuis 1997 seulement, première Américaine à remporter simultanément trois premières places (100 m, 200 m et saut en longueur) au prestigieux « Jesse Owens International Trophy Award ».

Carl Lewis (USA)
Excellent sprinter, il a remporté 4 médailles d'or olympiques consécutives en 1984, 1988, 1992 et 1996.

Fosse de réception
Sa surface est ratissée après chaque saut, afin d'être au même niveau que la piste d'élan. La distance parcourue par l'athlète est mesurée de l'extrémité avant de la planche d'appel jusqu'à l'empreinte la plus rapprochée laissée par l'athlète dans le sable.

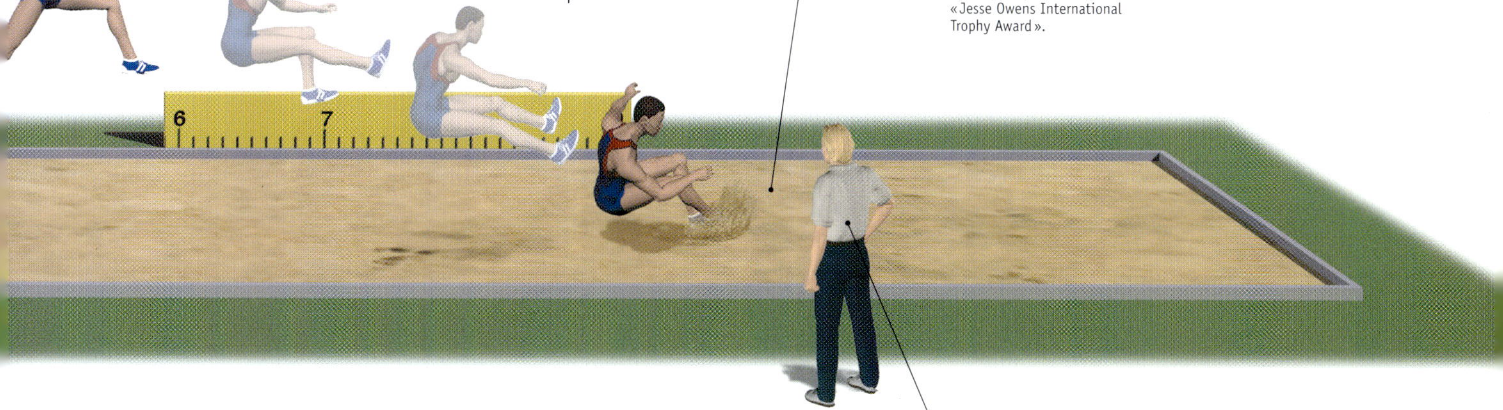

4. Suspension

Les mouvements effectués par l'athlète alors qu'il est dans les airs ne modifient pas sa trajectoire mais l'empêchent de basculer vers l'avant. Le pédalage aérien ou ciseau (ci-dessus) ou l'extension ne font que l'aider à garder son équilibre et à préparer le meilleur atterrissage pour que le saut ne soit pas écourté inutilement.

5. Atterrissage

L'athlète projette ses jambes et ses bras vers l'avant afin d'inscrire la marque la plus éloignée possible du point d'appel : c'est le ramené. Les meilleurs athlètes atterrissent presque 9 m après la planche d'appel.

Juges
Lors de compétitions internationales, un minimum de deux juges inscrivent tous les essais et vérifient les résultats à la fin de chaque tour. Après chaque essai, un juge lève un drapeau blanc si l'essai est réussi, rouge s'il est raté. Le saut est nul si l'athlète pose le pied au-delà ou à côté de la planche d'appel, s'il marche en arrière après la réception ou s'il effectue un saut en culbute.

triple saut

Chuhei Nambu (JAP), gagnant de la médaille d'or du triple saut (15,72 m) aux J.O. de Los Angeles en 1932.

Saut en longueur précédé de deux bonds, le triple saut est probablement né d'une mauvaise interprétation de l'athlétisme antique. Les Grecs additionnaient les résultats des trois meilleures performances du concours du saut en longueur, ce qui a pu faire croire qu'ils pratiquaient un triple saut enchaîné. Au XIXe siècle, les Irlandais pratiquaient un triple saut, avec ou sans élan, constitué de deux sauts à cloche-pied et d'un bond avec réception sur les deux jambes. En 1860, les Anglais et les Américains codifient plutôt un saut en longueur précédé de deux bonds sur la même jambe, effectués après une course d'élan. En 1875, l'épreuve est inscrite au programme des championnats d'athlétisme d'Angleterre et, en 1896, à celui des premiers J.O. modernes. Le triple saut féminin figure pour la première fois aux championnats du monde de 1993 et aux J.O. de 1996.

DÉROULEMENT DE LA COMPÉTITION

Trois essais sont accordés aux athlètes en qualification. Seuls les huit meilleurs se rendent en finale, où ils ont droit à six essais, validés par un drapeau blanc, refusés par un drapeau rouge. L'athlète peut, avant la compétition, placer deux repères sur le côté de la piste. L'essai ne doit pas excéder une minute et demie. Il est manqué si l'athlète entame son saut après avoir dépassé la planche d'appel ou s'il n'atteint pas la zone de chute à l'issue de sa tentative.

La longueur parcourue par l'athlète est mesurée de l'extrémité avant de la planche d'appel jusqu'au point de contact le plus rapproché dans la fosse de sable, le classement étant établi à partir du meilleur saut de chaque concurrent.

TECHNIQUE

L'effort doit être bien distribué entre les trois sauts car chacun d'eux conditionne le suivant et donc la réussite de l'essai. La distance parcourue est répartie entre les sauts selon les proportions moyennes suivantes : 37 %, 30 %, 33 %.

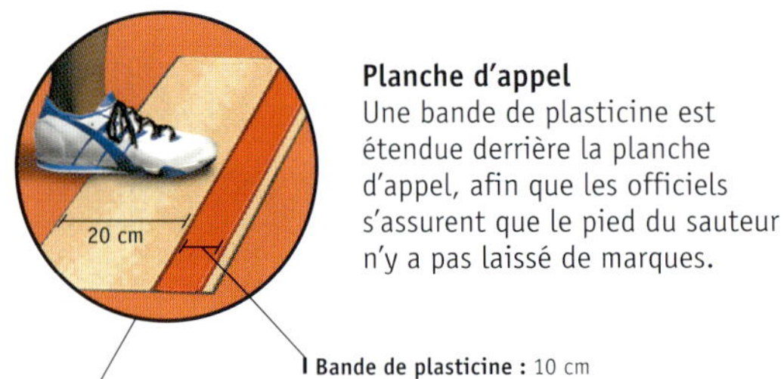

1. Course d'élan

La course d'élan n'est pas limitée, mais l'athlète choisit en général de parcourir une quarantaine de mètres. Il se met en action sur 6 à 7 foulées, puis il en consacre une douzaine à une accélération contrôlée. Si sa vitesse est trop rapide, il sera déséquilibré lors des appels.

2. Cloche-pied

Sans regarder la planche d'appel, ce qui le ralentirait, l'athlète y pose son pied. Son impulsion est plus horizontale que verticale. Pendant la suspension, ses bras assurent son équilibre, tandis que sa jambe d'appel passe de l'arrière à l'avant.

3. Foulée bondissante

Presque au même moment où sa jambe d'appel achève la phase d'impulsion, le genou de la jambe libre du sauteur l'entraîne vers l'avant. Elle cherche le sol le plus loin possible.

PROFIL DE L'ATHLÈTE

- Vitesse, puissance, coordination, détente et souplesse caractérisent l'athlète. Chez les hommes, la taille est en moyenne de 1,83 m pour 75 kg. Les femmes mesurent en moyenne 1,76 m et pèsent 61 kg.
- Sprinter et sauteur en longueur, l'athlète suit une partie de l'entraînement des coureurs de 100 m, en plus de pratiquer des exercices de flexibilité et d'équilibre, ainsi que de nombreux lancers de balles et de ballons. La musculation vise à renforcer ses membres inférieurs.

Adhemar Ferreira Da Silva (BRÉ)
Champion olympique aux J.O. d'Helsinki en 1952 et à ceux de Melbourne en 1956.

Viktor Saneiev (URSS)
Il a remporté l'or aux J.O. de Mexico en 1968, de Munich en 1972, et de Montréal en 1976, en plus d'établir un record du monde en 1972 (17,44 m).

ÉVOLUTION DU RECORD DU MONDE

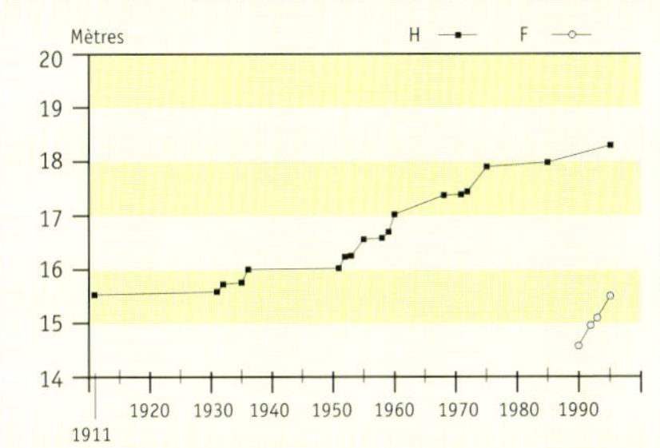

ÉQUIPEMENT

Chaussures
Munies d'un maximum de 11 crampons de 9 mm de long, elles soutiennent fermement les pieds à l'atterrissage.

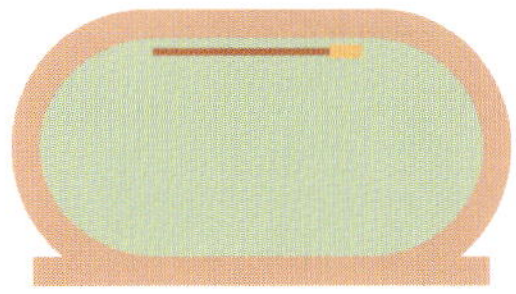

INSTALLATIONS

Fosse de réception
Sa surface est ratissée après chaque saut, afin d'être au même niveau que la piste d'élan. La distance parcourue par l'athlète est mesurée de l'extrémité avant de la planche d'appel jusqu'à l'empreinte la plus rapprochée laissée par l'athlète dans le sable.

Planche d'appel

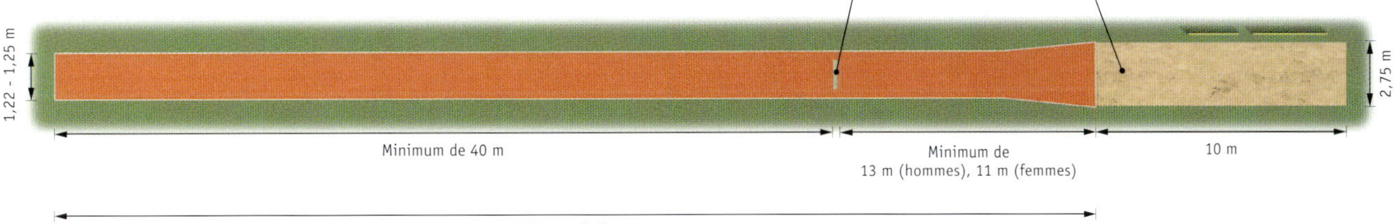

Piste d'élan

Officiels
Lors de compétitions internationales, au moins deux officiels procèdent à l'inscription de tous les essais et à la vérification des résultats à la fin de chaque tour.

4. Troisième rebond

L'athlète effectue une dernière poussée d'un seul pied. Il utilise la technique du saut en longueur, mais à moindre vitesse.

5. Atterrissage

Après avoir exécuté une extension ou un ciseau, le sauteur ramène ses jambes en avant. De la planche d'appel à la fosse de réception, il parcourt une distance pouvant atteindre 18 m chez les meilleurs.

heptathlon et décathlon

Jim Thorpe (USA), médaille d'or au décathlon des J.O. de Stockholm en 1912.

À la recherche de l'athlète atteignant le plus haut niveau de perfection et d'équilibre, les Grecs organisent les premières épreuves combinées, en l'an 708 avant J.-C. Le premier pentathle (cinq épreuves) olympique incluait le saut en longueur, la course d'un stade, le lancer du disque, le lancer du javelot et la lutte. Au XVIIIe siècle, des concours regroupant de deux à sept disciplines étaient disputés en Suède, en Angleterre et aux Pays-Bas. Au siècle suivant, l'Amateur Athletic Union des États-Unis crée en 1884 un championnat comportant onze épreuves. Enfin, lors des J.O. de Stockholm, en 1912, naquit le décathlon (du grec *deca*, dix) tel qu'il existe actuellement : une compétition combinant dix épreuves réparties sur deux jours. Depuis les Jeux de Los Angeles de 1984, l'équivalent féminin du décathlon, l'heptathlon (du grec *hepta*, sept), figure aussi au programme olympique.

DÉROULEMENT DES COMPÉTITIONS

La réglementation de chacune des épreuves individuelles s'applique au décathlon et à l'heptathlon. Toutefois, pour les lancers et le saut en longueur, chaque concurrent a droit à trois essais plutôt que six et, lors d'une course, un athlète qui effectue trois faux départs est disqualifié de l'épreuve. Le choix des épreuves constituant les deux disciplines ainsi que l'ordre suivant lequel elles sont effectuées ont été déterminés en 1912. L'alternance entre les courses et les concours (sauts et lancers) permet à l'athlète de récupérer entre les épreuves. Les courses longues ont lieu en fin de journée pour deux raisons : elles sont les épreuves les plus épuisantes et, parce qu'elles sont plus spectaculaires que les courses courtes, elles sont une source de motivation pour l'athlète. Une journée de compétition dure en moyenne de huit à dix heures. Des points sont attribués aux athlètes lors de leur performance, conformément à la table de pointage de la Fédération internationale d'athlétisme amateur. Une heptathlonienne peut obtenir un maximum de 9 971 points, et un décathlonien 13 471 points. Le gagnant est l'athlète qui a obtenu le total le plus élevé.

LISTE DES ÉPREUVES

L'HEPTATHLON

Premier jour

1. 100 m haies
Maximum 1 361 points

2. Saut en hauteur
Maximum 1 498 points

3. Lancer du poids
Maximum 1 500 points

4. 200 m
Maximum 1 342 points

Deuxième jour

5. Saut en longueur
Maximum 1 520 points

6. Lancer du javelot
Maximum 1 500 points

7. 800 m
Maximum 1 250 points

LE DÉCATHLON

Premier jour

1. 100 m
Maximum 1 223 points

2. Saut en longueur
Maximum 1 461 points

3. Lancer du poids
Maximum 1 350 points

4. Saut en hauteur
Maximum 1 392 points

5. 400 m
Maximum 1 250 points

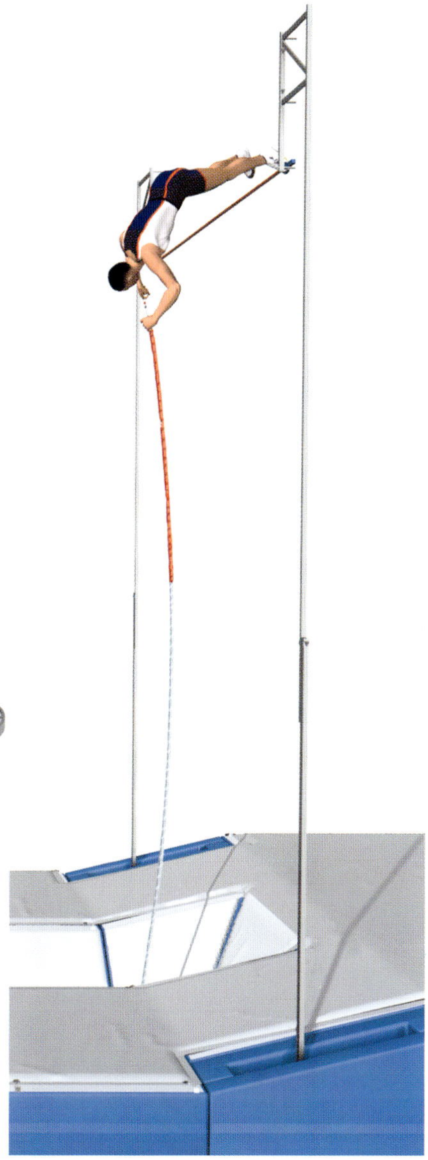

8. Saut à la perche
Maximum 1 396 points

Deuxième jour

6. 110 m haies
Maximum 1 249 points

7. Lancer du disque
Maximum 1 500 points

9. Lancer du javelot
Maximum 1 400 points

10. 1 500 m
Maximum 1 250 points

RECORDS

Depuis les années 1970, les performances des décathloniens et des heptathloniennes s'approchent de plus en plus de celles des spécialistes. Un écart moyen d'environ 15 % subsiste cependant, car une trop grande spécialisation dans une discipline nuirait à l'atteinte de l'objectif de l'athlète, c'est-à-dire obtenir un développement le plus complet possible menant à l'obtention d'un maximum de points.

On constate les écarts les plus grands dans les lancers. En effet, les résultats y sont inférieurs d'environ 30 %. Par exemple, la meilleure performance mondiale au lancer du javelot du décathlon était de 69,98 m en 1993, alors que le record du monde établi en 1992 était de 91,46 m.

PROFIL DE L'ATHLÈTE

- L'athlète concilie vitesse et endurance, dynamisme et stabilité, force brute et légèreté, puissance et relaxation.
- Si des années d'entraînement sont nécessaires pour qu'un athlète excelle dans une discipline, il en faut encore plus pour qu'il le fasse dans plusieurs. Ce sont généralement les athlètes de 25-28 ans qui accomplissent les meilleures performances.
- Le profil morphologique souhaité est établi par comparaison : plus grand et plus lourd que le sprinter, plus petit que le sauteur, plus lourd que le coureur de demi-fond, mais plus léger que le lanceur. De ces considérations découlent un poids et une taille de 1,85 m-85 kg pour le décathlonien et de 1,75 m-68 kg pour l'heptathlonienne.
- Le programme d'entraînement comprend quatre volets principaux : la course, la musculation, les sauts et les lancers.
- Le programme de courses joue sur les distances (30 à 400 m) et sur les intensités et les temps de récupération. Il comporte des courses en progression, de vitesse pure et sur de longues distances.
- Les muscles les plus ciblés par la musculation sont les extenseurs des membres inférieurs, en particulier ceux de l'articulation de la cheville, et les extenseurs et fléchisseurs des membres supérieurs, surtout ceux de la main qui sont sollicités dans 4 épreuves.

Jackie Joyner-Kersee (USA)
Médaillée d'argent aux J. O. de Los Angeles en 1984, elle établit quatre ans plus tard un record du monde avec un total de 7291 points. À Barcelone, en 1992, sa performance lui a valu la médaille d'or.

Dan O'Brien (USA)
Meilleur décathlonien des années 1990, il fut trois fois champion du monde en 1991, 1993 et 1995 ; il établit un record du monde en 1992 pour avoir récolté 8891 points, avant de remporter l'or aux J.O. d'Atlanta en 1996.

Sports cyclistes

cyclisme sur route

Compétition individuelle de 320 km autour du lac Mälaren aux J.O. de Stockholm (Suède) en 1912.

Réalisée en Italie dès la fin du XVe siècle par Léonard de Vinci, l'esquisse du premier vélo est munie de deux roues à rayons, d'un pédalier et d'une transmission par chaîne. La technologie de l'époque ne permit toutefois pas à son inventeur de dépasser le stade du croquis. En 1817, le baron Drais von Sauerbronn ajoute un pivot sur la roue avant qui permet désormais de diriger l'engin, baptisé la draisienne. Le premier vélo à pédales est construit en 1839. En 1861, des manivelles sont adaptées sur le moyeu de la roue avant et, dès lors, divers ajouts techniques voient le jour : roues à rayonnages métalliques, pneus en caoutchouc plein, freins et dérailleur à vitesses, actionné par des manettes. En 1885, la roue arrière devient motrice et trois ans plus tard l'Écossais Dunlop développe le pneumatique creux dans lequel est installée une chambre à air. La première course sur route se déroule en France en 1868 et relie Paris à Saint-Cloud. L'Union vélocipède de France naît en février 1881 et, en 1895, apparaissent les premiers championnats du monde de vitesse. Les championnats du monde sur route débutent pour leur part en 1927. En 1896, six épreuves de cyclisme sont au programme des premiers J.O. modernes, dont trois sur route : les 10 et 100 kilomètres et une course de 12 heures, toutes réservées aux hommes. Les championnats du monde féminins ont été créés en 1958, et le cyclisme féminin ne s'inscrira aux J.O. qu'en 1984 à Los Angeles.

DÉROULEMENT D'UNE COMPÉTITION

Le coureur doit parcourir à bicyclette une distance donnée le plus rapidement possible. Son objectif principal est de franchir la ligne d'arrivée devant les autres concurrents. Si le résultat est avant tout individuel, les coureurs évoluent cependant tous dans des équipes regroupant généralement entre six et dix cyclistes. Le travail d'équipe est fondamental : les coureurs d'une même équipe doivent souvent aider le meilleur d'entre eux ou le mettre dans une situation idéale pour gagner une course, par exemple en contrôlant les échappées de ses adversaires.

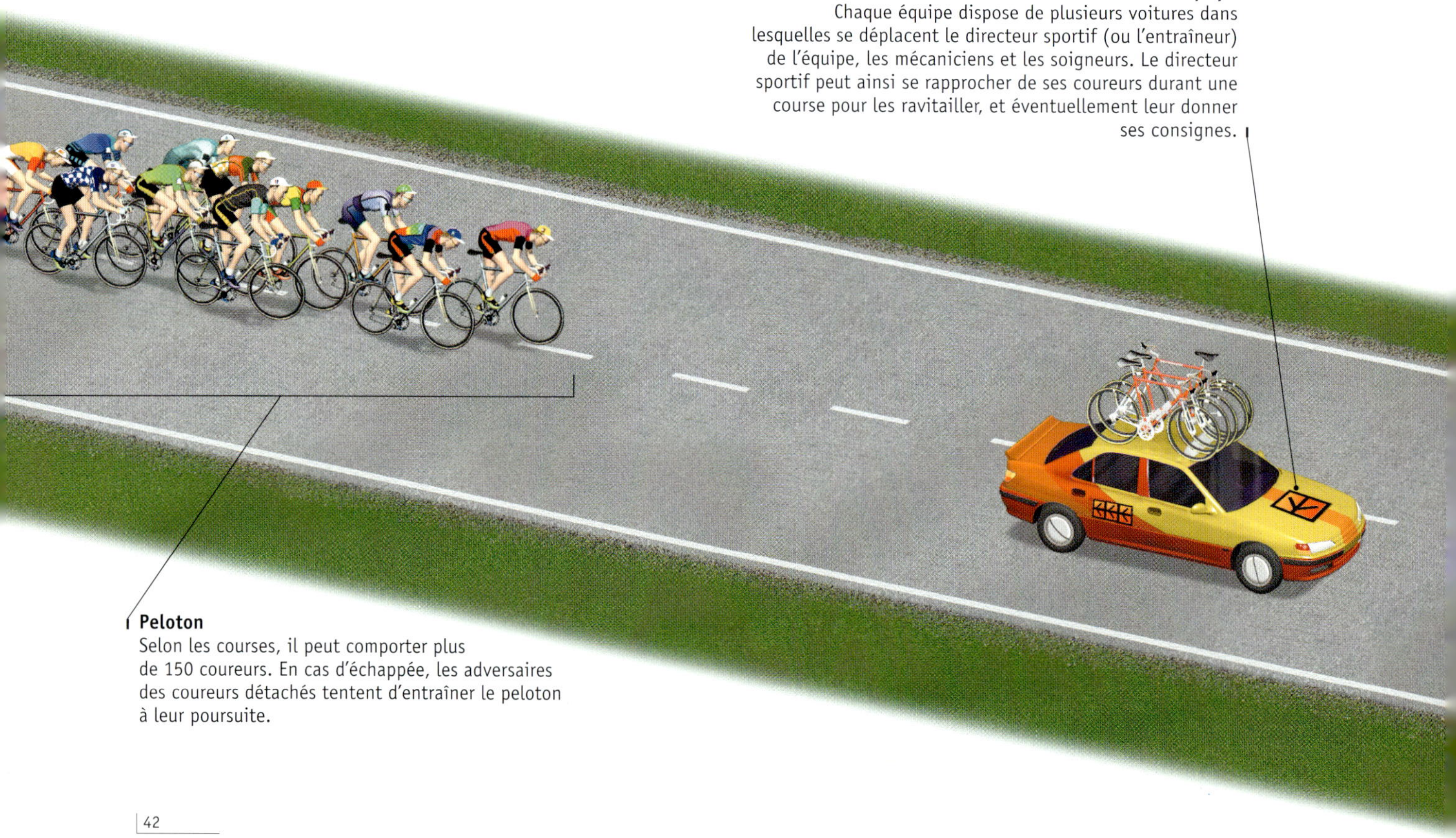

COUPES ET CHAMPIONNATS

Les compétitions sur route sont réparties en quatre types d'épreuves selon leur durée ou leur formule. La Coupe du monde masculine (créée en 1989) est un classement annuel par points, portant sur dix épreuves courues durant la saison. Ces épreuves sont toutes des « classiques » (les tours et le championnat du monde ne sont pas pris en compte). Les coureurs marquent de 1 à 100 points selon leur classement dans chaque épreuve. La Coupe du monde féminine (créée en 1998) est un classement annuel portant sur neuf épreuves de type classique. Les coureuses marquent de 1 à 75 points selon leur classement.

1. Courses en circuit

Les coureurs effectuent un nombre défini de tours d'un circuit routier tracé à l'avance. Ce circuit peut comporter plusieurs difficultés (côtes). La course se déroule sur une seule journée, les coureurs partent tous ensemble. La principale compétition sur circuit est le championnat du monde, qui se dispute tous les ans depuis 1927 pour les hommes sur des circuits différents d'une année à l'autre. À la différence d'autres courses, le championnat du monde se court par équipes nationales. Le championnat du monde féminin a lieu tous les ans depuis 1958.

2. Classiques

Ce sont des courses reliant généralement deux villes sur un parcours déterminé à l'avance. Les courses classiques sont courues en une seule journée, les coureurs partent tous ensemble. Très populaires depuis le début du XXe siècle – d'où leur nom – elles ont lieu une fois par an, chacune ayant sa spécificité (secteurs pavés, côtes difficiles). Les grandes classiques sont le Paris-Roubaix (depuis 1896, sur environ 270 km, dont 50 km sur des pavés qui en font l'une des courses les plus spectaculaires au monde), le Milan-San Remo (depuis 1907, 294 km), le Tour de Flandres (depuis 1913, sur environ 270 km et avec 15 montées), la Flèche wallonne (depuis 1936, 200 km, dix côtes dont le « mur de Huy » où a lieu l'arrivée) et le Liège-Bastogne-Liège, doyenne des classiques (depuis 1892, sur environ 265 km).

3. Les contre-la-montre

Les coureurs partent séparément, à des intervalles précis (toutes les minutes ou deux) et doivent effectuer un parcours (en ligne ou en circuit) de distance variable, le plus rapidement possible. Sans doute la plus exigeante de toutes les compétitions, la course contre la montre demande un effort constant, solitaire, sans aucune période de relâchement. La vitesse moyenne dépasse parfois 50 km/h. Les contre-la-montre ont permis d'importantes innovations dans le développement aérodynamique du vélo. La course contre la montre la plus importante est le Grand Prix des Nations, disputé tous les ans depuis 1932. La plupart des courses par étapes comportent une ou plusieurs étapes contre la montre, individuelles ou par équipes. Les épreuves par équipes ne se retrouvent que dans les tours. Les équipes de 4 à 9 coureurs partent généralement toutes les 4 minutes et le temps d'arrivée est pris au passage du troisième.

4. Les courses par étapes

Elles sont disputées sur plusieurs jours (de 2 à 22), sur un parcours tracé à l'avance. Chaque étape est une course d'une journée ne devant pas dépasser une distance de 260 km. Le classement des coureurs est cumulatif d'une étape à l'autre. Le vainqueur est le coureur ayant mis le moins de temps à couvrir l'ensemble des étapes (classement général). D'autres classements permettent à différents coureurs de mettre en valeur leurs qualités (classement des grimpeurs, classement aux points). Ces courses comportent des étapes de types différents (plat, montagne, contre-la-montre individuels ou par équipes). La course par étapes la plus célèbre est le Tour de France, disputé tous les ans depuis 1903 (22 étapes, distance maximale de 4 000 km). Les autres grands tours sont le Tour d'Italie (le « Giro », depuis 1909, 22 étapes, 4 000 km maximum) et le Tour d'Espagne (la « Vuelta », depuis 1935, 4 000 km maximum).

Arrivée au sprint
Elle caractérise les courses ou les étapes de tours durant lesquelles aucun coureur n'a pu s'échapper définitivement du peloton. Les spécialistes de chaque équipe cherchent à se placer à la tête de la course dans les cinq derniers kilomètres. Le rythme et la lutte stratégique s'intensifient jusqu'au sprint final, pendant la dernière ligne droite.

Directeur de course
Principal responsable de l'organisation, il se déplace dans un véhicule qui suit la course de l'intérieur et peut ainsi superviser son déroulement.

Moto de retransmission
Plusieurs motos servent au déplacement des cameramen qui suivent la course de l'intérieur et en assurent la retransmission.

Moto de tête
Située en avant du premier coureur, elle annonce le passage imminent des coureurs et vérifie que la route est dégagée en avant de la course.

TECHNIQUES DE COURSE

Échappée

Elle est caractérisée par l'accélération soudaine d'un ou plusieurs coureurs qui cherchent à creuser un écart sur le peloton. Solitaires, elles demandent un effort soutenu exceptionnel ; à plusieurs, les échappées nécessitent un travail collectif.

Éventail (ou échelon)

C'est la technique la plus souvent utilisée par des coureurs regroupés. Ils se placent l'un derrière l'autre pour minimiser la résistance au vent. Le coureur de tête fournit l'essentiel de l'effort puisqu'il n'est pas protégé. Au bout de son effort, il se laisse passer par les autres coureurs et prend sa place à la fin de l'éventail. Le coureur suivant effectue la même manœuvre. L'éventail permet aussi une meilleure vision de la route.

Montée

Selon le dénivelé, le coureur va effectuer sa montée en position assise ou en « danseuse », c'est-à-dire debout sur les pédales, en faisant osciller le vélo de droite à gauche en utilisant le maximum de levier au niveau des jambes.

Descente

Le coureur est constamment en position de recherche de vitesse, le corps à l'horizontale, le plus bas possible sur le vélo. Les mains sont dans le creux du guidon, les jambes sont rapprochées du corps et maintiennent les manivelles parallèles au sol. Dans une descente, les coureurs atteignent parfois une vitesse supérieure à 90 km/h.

Francesco Moser (ITA)
Premier cycliste à couvrir plus de 50 km en une heure, il a été champion du monde sur route en 1977 et champion du monde de poursuite en 1976. Vainqueur du Tour d'Italie en 1984 et de nombreuses courses classiques, dont le Milan-San Remo en 1978 et le Paris-Roubaix en 1978, 1979 et 1980. Il a également remporté trois championnats d'Italie entre 1973 et 1988.

Fausto Coppi (ITA)
Vainqueur du Tour d'Italie en 1940, 1947, 1949, 1952 et 1953. Il a également gagné le Tour de France en 1949 et 1952, le Milan-San Remo en 1946, 1948 et 1949, le Grand Prix des Nations en 1946 et 1947, le Paris-Roubaix en 1950, et cinq fois le Tour de Lombardie. Champion du monde professionnel sur route en 1953, il a aussi été champion du monde de poursuite en 1947 et 1949.

PROFIL DU CYCLISTE

- Le cyclisme est l'une des disciplines les plus exigeantes pour le corps humain. Les épreuves sont longues et sont effectuées à haute intensité, ce qui nécessite un très important travail des systèmes respiratoire et cardio-vasculaire.
- L'alimentation du cycliste est particulièrement importante. Les aliments riches en glucides (pâtes, céréales, fruits) sont des composantes essentielles de son régime.
- Les muscles des cuisses sont sollicités en permanence : quadriceps et ischio-jambiers travaillent pour actionner les pédales (mouvement circulaire). Le quadriceps effectue l'appui sur la pédale et l'ischio-jambier se contracte pour remonter la jambe.

ÉQUIPEMENT

VÉLO DE CONTRE-LA-MONTRE

L'importance de ce type d'épreuve (plusieurs Tours de France ont été gagnés lors de contre-la-montre) a vite incité la recherche et le développement de systèmes aérodynamiques des plus performants.

Braquet
C'est le rapport entre le nombre de dents du plateau et les pignons utilisés. Il détermine la distance parcourue par le vélo à chaque tour de pédalier. Les dérailleurs avant et arrière permettent de sélectionner le braquet en fonction des difficultés du parcours et de la vitesse.

Tube de selle
Il est incliné vers l'arrière, ce qui augmente le rendement du pédalage et permet plus d'aérodynamisme.

Boyaux
Plus étroits et plus légers que sur le vélo de course classique, ils offrent une résistance moindre à l'air et au sol. Certains coureurs les gonflent à l'hélium, qui est un gaz plus léger. La pression des pneus atteint 9 bars (contre 7 dans les autres épreuves).

Roue arrière
Elle est pleine, et offre un meilleur aérodynamisme. Généralement, seule la roue arrière est ainsi équipée, car elle est protégée du vent par les jambes du coureur et le cadre du vélo. Une roue avant pleine offrirait trop de prise à un vent latéral.

Pignons

Plateaux

Manivelle

Pédales automatiques
Plus profilées que les pédales classiques (la pédale et la cale sont d'un seul bloc, cette dernière s'emboîte automatiquement dans une fixation de sécurité placée sous la chaussure).

Eddy Merckx (BEL)
Titulaire de plus de 500 victoires, il a été champion du monde professionnel en 1967, 1971 et 1974, vainqueur de cinq Tours de France (1969, 1970, 1971, 1972, 1974) et de cinq Tours d'Italie (1968, 1970, 1972, 1973, 1974). Il a battu le record du monde de l'heure en 1972 (49,431 kilomètres).

VÉLO DE COURSE

Le vélo de course sur route est conçu et construit pour la vitesse. Sa géométrie doit permettre au coureur d'adopter une position aérodynamique : coudes fléchis pour amortir les chocs et poitrine dégagée pour faciliter le travail respiratoire. Un vélo « type » peut comprendre deux plateaux et neuf pignons, permettant de sélectionner dix-huit braquets différents.

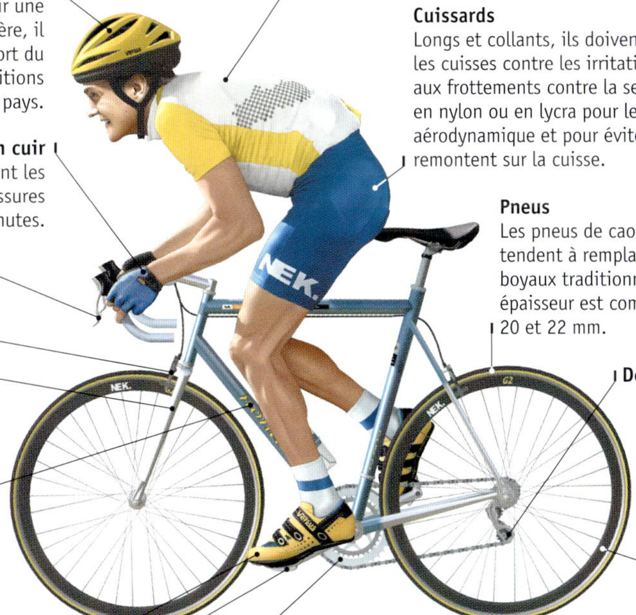

Maillots
Ils sont en lycra. Ils doivent laisser la peau respirer tout en absorbant la transpiration. Ils doivent coller au corps sans flotter (un maillot flottant peut faire perdre plusieurs dixièmes de seconde lors des contre-la-montre ou des épreuves sur piste).

Casque
Il doit être léger et conçu de façon à offrir une moindre résistance à l'air. Effilé à l'arrière, il offre le meilleur aérodynamisme. Le port du casque est obligatoire pour les compétitions dans certains pays.

Cuissards
Longs et collants, ils doivent protéger les cuisses contre les irritations dues aux frottements contre la selle. Ils sont en nylon ou en lycra pour leur qualité aérodynamique et pour éviter qu'ils ne remontent sur la cuisse.

Gants en cuir
Ils protègent contre les chocs et réduisent les vibrations. Ils permettent d'éviter des blessures importantes aux mains lors de chutes.

Pneus
Les pneus de caoutchouc tendent à remplacer les boyaux traditionnels. Leur épaisseur est comprise entre 20 et 22 mm.

Leviers de freins et manettes de dérailleur

Freins

Fourche
Elle est reliée au tube de direction. Très résistante, elle absorbe les chocs que subit la roue avant sur la route.

Dérailleur

Cadre
Il doit supporter le poids du cycliste et transforme la force d'appui sur les pédales en mouvement horizontal qui permet de diriger le vélo. Les cadres en aluminium et en fibre de carbone, plus rigides, plus légers et plus résistants ont remplacé les cadres en acier.

Jantes

Plateaux

Roues
Elles déterminent aussi la performance : leur poids et leur forme influent sur le rendement. Les roues à rayons sont plus légères mais induisent une résistance à l'air plus importante. Les roues « à bâtons » (de trois à cinq bâtons à section elliptique en fibre de carbone) sont plus lourdes et nécessitent un effort plus grand, mais réagissent moins au vent. Les roues à jantes profondes sont plus aérodynamiques.

Chaussures
Elles doivent être suffisamment rigides pour maintenir le pied du coureur. Elles sont équipées d'encoches sous la semelle qui s'emboîtent dans une cale qui maintient le pied sur la pédale.

Pédales
La partie la plus large du pied doit être placée exactement au-dessus de l'axe de la pédale pour transmettre à celle-ci la force d'appui maximale et créer la force d'entraînement la plus efficace.

Jeannie Longo (FRA)
Avec plus de 25 médailles gagnées dans divers championnats (route, piste) entre 1978 et 1998, elle est la championne cycliste la plus récompensée. Championne olympique sur route en 1996, elle a été 13 fois championne du monde. Victorieuse de trois Tours de France féminins (1987, 1988, 1989), elle détient 11 records du monde sur piste.

cyclisme sur piste

Cyclistes terminant leur parcours sur la piste de Wembley (Angleterre), pendant la course internationale des Six Jours en 1937.

Le développement technologique et la popularité de la bicyclette à la fin du XIXe siècle ont vite été mis à profit par des organisateurs de spectacles soucieux de rapprocher l'événement des spectateurs. L'idée de rassembler des coureurs sur un circuit fermé, où se déroulerait toute l'action, est appliquée pour la première fois en 1868 à Saint-Cloud, en France. Les premières pistes en bois apparaissent à Paris, à Cologne (Allemagne) ainsi qu'aux États-Unis. Les courses se déroulent alors sur un, cinq ou dix kilomètres, mais elles vont être vite concurrencées par les courses « de durée », épreuves de 12 ou 24 heures sans interruption. C'est en Angleterre, en 1878, que se développe une nouvelle épreuve : les Six Jours, durant lesquels les coureurs tournent pendant six jours d'affilée, ne prenant que de brefs repos. Parallèlement, le cyclisme sur piste a développé ses propres compétitions de vitesse et d'endurance et certaines d'entre elles figurent au programme des J.O. depuis 1896 : le sprint et le kilomètre contre la montre. De nouvelles compétitions, telles que la course aux points et la poursuite sont venues s'ajouter aux épreuves traditionnelles. La piste a connu un essor foudroyant au Japon, dont la spécialité, le keirin, fait l'objet de paris importants. Les épreuves féminines sur piste, quant à elles, font partie des J.O. depuis 1988.

ENJEU

Les objectifs peuvent varier en fonction des disciplines : rattraper un adversaire ou marquer le plus de points. Le but du coureur reste toutefois le même : aller plus vite que son ou ses adversaires, sur une distance précise. Selon les épreuves, le coureur privilégiera la vitesse pure (atteindre le plus rapidement possible sa vitesse maximale et la maintenir le plus longtemps) ou l'endurance (tenir un rythme soutenu sur une certaine distance). Les courses sur piste mettant souvent aux prises deux concurrents l'un contre l'autre, tactiques et techniques de course sont primordiales. Lors de courses chronométrées, le temps est arrêté lorsque l'extrémité avant du vélo passe la ligne d'arrivée.

PISTE

Depuis janvier 2000, trois longueurs sont homologuées : 250 m (piste courte), 333,33 m et 400 m (pistes longues). La largeur des pistes varie entre 7 et 9 m.

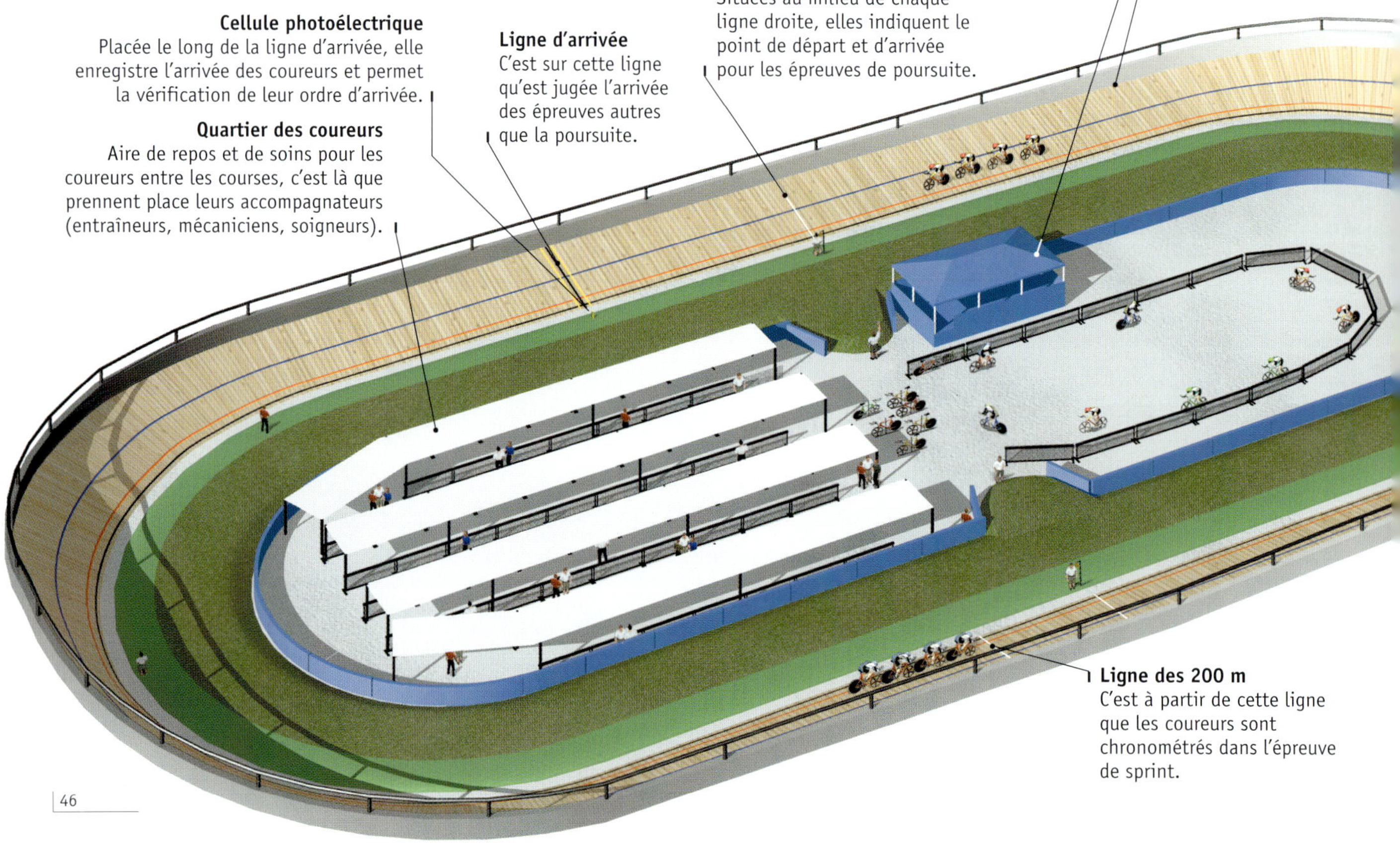

DÉROULEMENT DES COMPÉTITIONS OLYMPIQUES

Les courses sur piste sont répertoriées en deux types d'épreuves : vitesse et endurance. Les épreuves de vitesse sont courues sur des distances allant de 500 m à 2 km. Pour les épreuves d'endurance, la distance varie de 3 à 60 km. Outre les épreuves olympiques, les principales courses sur piste ont été intégrées aux championnats du monde.

ÉPREUVES D'ENDURANCE

Poursuite individuelle

Deux coureurs placés à l'opposé l'un de l'autre au milieu de chacune des lignes droites s'affrontent sur une distance de 4 km pour les hommes et 3 km pour les femmes. Le but est de parvenir à rattraper l'adversaire. Le coureur qui aura couvert la totalité de la distance dans le moins de temps l'emporte. Le plan de course repose sur la cadence : pédalage fluide et régulier, concentration extrême sur le rythme de pédalage. L'épreuve est inscrite aux championnats du monde masculins depuis 1939 (1958 pour les femmes).

Poursuite par équipes

Discipline exclusivement masculine, elle obéit aux mêmes règles que la poursuite individuelle, à la différence près que les adversaires sont deux équipes de quatre coureurs. L'équipe qui aura couvert la distance de 4 km le plus rapidement l'emporte. Le temps final est pris lorsque le troisième coureur passe la ligne d'arrivée. La poursuite par équipes est inscrite aux championnats du monde depuis 1962.

Vitesse olympique

Épreuve récente et spectaculaire, elle met aux prises deux équipes de trois coureurs sur trois tours. Les équipes prennent place au départ sur chacune des lignes de poursuite. Chaque coureur de chaque équipe doit mener celle-ci durant un tour entier. Le chronomètre s'arrête au passage du troisième coureur à la fin du troisième tour. En général, le premier meneur est un sprinter qui doit atteindre rapidement sa vitesse maximale, sans être nécessairement capable de la maintenir sur une longue distance. Le meneur pour le dernier tour doit être un bon coureur d'épreuves d'un kilomètre : rapide et endurant pour tenir le rythme durant le dernier tour.

Course aux points

Épreuve individuelle inscrite aux championnats du monde depuis 1980, elle se déroule sur 40 km pour les hommes et 24 km pour les femmes. Plusieurs coureurs y prennent part en même temps. Des points sont attribués lors de sprints disputés tous les 2 km sur une piste de 250 m, ou tous les 10 tours sur une piste plus longue. Le sprint final compte pour le double de points. Le coureur ayant effectué le plus grand nombre de tours l'emporte. En cas d'égalité au nombre de tours, les coureurs sont départagés au nombre de points cumulés.

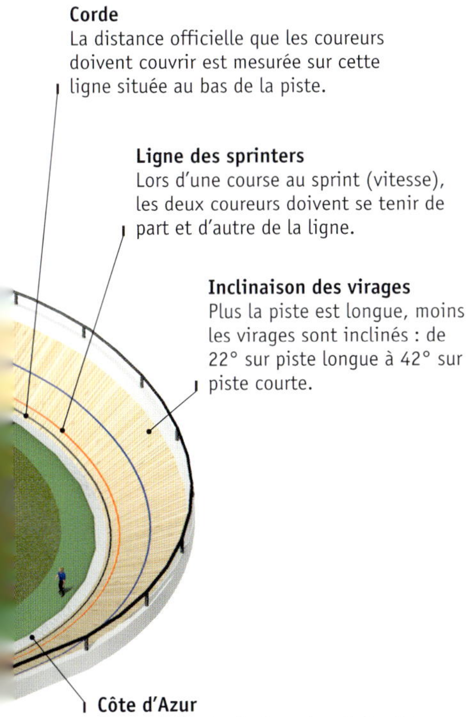

Course à l'américaine (ou Madison)

Surnommée la Madison, car disputée pour la première fois au Madison Square Garden, à New York, l'épreuve met aux prises plusieurs équipes de deux coureurs qui vont se relayer durant la course. Les courses se déroulent sur une distance de 20 à 60 km. Un maximum de 18 équipes est autorisé si la piste fait 333 m ou moins, et un maximum de 20 équipes sur une piste plus longue. Un seul équipier à la fois prend part à la course : l'autre tourne plus lentement et récupère. Chaque relais dure le temps nécessaire pour rejoindre le coéquipier, généralement un tour et demi. Lorsque la séquence d'un coureur s'achève, son équipier va se placer en bas de la piste et prend le relais. L'objectif est d'effectuer le plus grand nombre de tours durant le temps imparti. Des points obtenus à l'issue de sprints intermédiaires sont attribués à certains moments de la course, pour éventuellement départager deux équipes qui termineraient dans le même tour. Le sprint final compte pour le double de points. La Madison figure aux championnats du monde depuis 1995.

ÉPREUVES DE VITESSE

Contre-la-montre

Le coureur est seul sur la piste à l'arrêt, derrière la ligne de départ. Au signal de départ, il commence à pédaler et s'efforce de couvrir la distance le plus rapidement possible. Il s'agit d'une épreuve de vitesse pure qui ne laisse aucune place à la stratégie. Le contre-la-montre masculin est couru sur une distance de 1 000 m (500 m pour les femmes). Cette épreuve individuelle est inscrite aux championnats du monde depuis 1966 (le 500 m féminin en fait partie depuis 1995).

Sprint

Il s'agit en fait d'une course de trois tours, dont seuls les 200 derniers mètres sont chronométrés. Une ligne est tracée à 200 m de l'arrivée et sert de repère au chronométrage. La course met aux prises deux coureurs qui partent sur la même ligne. Durant le premier tour, le coureur ayant perdu le tirage au sort doit mener la course. Au deuxième tour, les deux coureurs vont généralement essayer de forcer l'adversaire à passer devant en roulant lentement ou en faisant du surplace. Le coureur qui attaque le sprint en deuxième position bénéficie généralement de l'aspiration de son adversaire qui, en plus, ne le voit pas tant qu'il n'est pas parvenu à sa hauteur. Une course entre deux participants est disputée en deux manches gagnantes (trois manches maximum). L'épreuve est inscrite au programme des championnats du monde depuis 1895 (épreuve originelle) et depuis 1958 aux championnats du monde féminins.

Keirin

Épreuve exclusivement masculine, elle est créée au Japon en 1948 et met aux prises neuf coureurs, sur une distance de 2 km. Chacun d'entre eux démarre dans un couloir. Au signal de départ, les coureurs se ruent pour coller le plus près possible à une moto de petite cylindrée déjà en marche, le derny. Celui-ci imprime le rythme de la course durant 3 des 5 tours que comporte la course. Lorsque le derny s'écarte à l'entrée de l'avant-dernier tour, les coureurs entament le sprint jusqu'à l'arrivée. Ces sprints demandent force, courage et agressivité, les coureurs n'hésitant pas à « tasser » (pousser du coude) leurs adversaires. Les conditions de course et la vitesse des coureurs (plus de 60 km/h) donnent parfois lieu à de graves accidents. Le keirin est présent aux championnats du monde depuis 1980, sous une forme plus réglementée (interdiction de « tasser » ou de couper la route à un adversaire).

TECHNIQUE DU RELAIS

Lors des Six Jours ou des courses à l'américaine, les coureurs d'une même équipe « passent des relais ». La méthode est spectaculaire et nécessite un long apprentissage avant d'être parfaitement maîtrisée. Le coureur qui doit prendre le relais accélère lorsque son partenaire est sur le point de le rejoindre. Lorsque celui-ci arrive à sa hauteur, il lui passe le relais en poussant son coéquipier à la main ou au cuissard. Pour effectuer le relais, le coureur qui termine sa séquence accroche une pièce fixée au cuissard de son partenaire et, utilisant sa propre vitesse comme propulseur, pousse celui-ci vers l'avant. Ou bien il peut accrocher la main de son partenaire, le tirer, puis le propulser vers l'avant, en utilisant là aussi sa vitesse comme propulseur.

L'ASPIRATION

En piste comme sur route, une grande part de la tactique de course est tributaire de l'aspiration, c'est-à-dire de l'effet d'entraînement que crée un coureur au bénéfice de celui qui se trouve derrière lui. Le coureur situé à l'arrière « prend la roue » du premier : il va se rapprocher à quelques centimètres de sa roue arrière. Le premier coureur crée derrière lui une zone de plus faible résistance de l'air qui permet d'aller plus vite. De cette manière, plusieurs cyclistes roulant ensemble vont se relayer : chacun se met en tête à tour de rôle, là où l'effort est le plus important, et entraîne les autres sur une courte longueur, leur permettant ainsi de récupérer.
La tactique de « relais en tête » peut permettre à un petit nombre de coureurs de garder leur avance sur un peloton plus important.

ÉQUIPEMENT

Comparé à son homologue de la route, le vélo de piste est extrêmement dépouillé : ni freins, ni dérailleur (pas de vitesses). L'équipement peut varier selon les courses.

Vélo de piste
Sans roue arrière pleine, il est utilisé dans les courses de relais.

Koichi Nakano (JAP)
Le plus titré des coureurs de vitesse. Il a été champion du monde en sprint de 1977 à 1986.

VÉLO DE POURSUITE

Erika Salumiaee (EST)
Championne olympique de vitesse en 1988 et 1992. Elle a été championne de sprint en 1987, a battu six fois le record du monde du 200 m, et une fois celui du 500 m.

bmx

Initialement créé comme version cycliste du motocross, le BMX regroupe aujourd'hui de nombreuses disciplines dont le point commun est de combiner les qualités physiques du cycliste et la maîtrise de techniques acrobatiques de plus en plus poussées. Inventé à la fin des années 60 aux États-Unis, le BMX (*Bicycle Motocross*) prend rapidement de l'expansion. Dès 1979, pas moins de trois fédérations (NBA, NBL et ABA) gèrent le circuit de compétition américain, qui entretient des cyclistes professionnels, tandis que la discipline s'exporte en Europe, principalement en France, en Belgique et en Hollande. La Fédération internationale de BMX (IBMXF) est créée en 1981 et organise un premier championnat du monde à Pontiac, aux États-Unis, au cours duquel seules les courses sur pistes sont pratiquées. Elles sont adoptées au niveau mondial par l'Union cycliste internationale (UCI) en 1993. Lors de la création du championnat d'Europe en 1983 à Dijon, le BMX acrobatique (*freestyle*) est déjà présent et, depuis 1995, il touche un public de plus en plus large, notamment grâce à des compétitions de démonstration comme les X -Games, organisés aux États-Unis.

Matt Hoffman (USA), dit le Condor, a été champion du monde de BMX de 1987 à 1994 et médaillé d'or aux X -Games de 1995 et 1996.

DÉROULEMENT D'UNE COURSE SUR PISTE

Les cyclistes doivent parcourir une piste de terre battue, jalonnée d'obstacles, d'une longueur de 300 à 400 m. Plusieurs manches de qualification regroupent chacune 8 participants : les 4 coureurs les moins rapides de chaque manche sont éliminés, jusqu'à la finale, à laquelle prennent part les 8 coureurs restant en lice. Dans les compétitions internationales, les concurrents âgés de 19 ans et plus sont regroupés sous la catégorie Élite. La catégorie Junior s'adresse pour sa part aux concurrents âgés de 17 et 18 ans. Il existe également pour d'autres types de compétition une catégorie Challenge réservée aux garçons et filles âgés de 5 à 16 ans.

TACTIQUE

La course se déroule en 30 à 45 secondes. Atteindre la première courbe en tête permet au coureur de prendre la meilleure trajectoire et de contrôler le rythme de la course. Les plus rapides ne cessent jamais de pédaler et restent le plus possible collés au sol lorsqu'ils franchissent les obstacles pour ne pas perdre de vitesse.

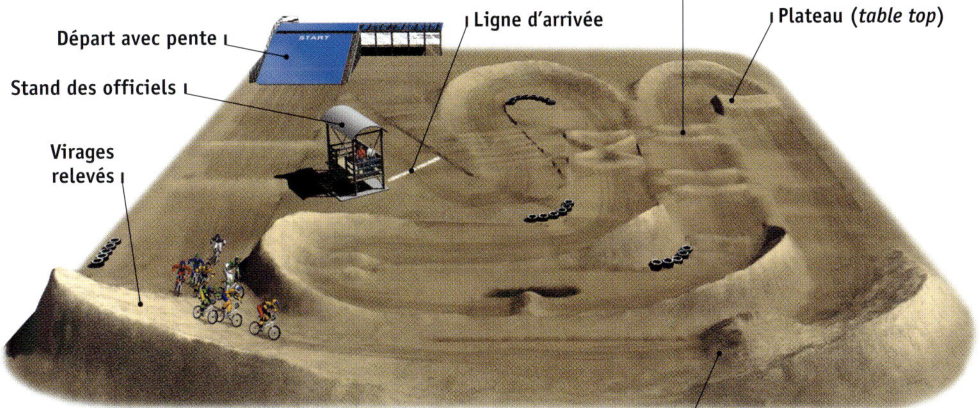

DÉROULEMENT D'UNE COMPÉTITION DE DIRT

En qualification comme en finale, les concurrents bénéficient de trois essais. L'aire de compétition est en terre battue, aménagée d'une ou plusieurs bosses sur lesquelles le cycliste prend son élan avant de sauter et d'enchaîner des figures aériennes. Il existe plus de deux douzaines de figures différentes que les coureurs peuvent exécuter. Quatre juges évaluent les sauts d'après leur difficulté et leur exécution, puis attribuent une note globale sur 100 points. Le vainqueur de l'épreuve est celui qui cumule le plus de points après ses trois essais en finale.

Tailwhip

1. Le sauteur prend une vitesse d'élan suffisante pour sauter haut. **2.** À l'aide de son pied droit, il pousse la roue arrière du vélo pour faire pivoter le cadre de 360°. La rotation du vélo achevée, le pied gauche reprend contact avec la pédale. **3.** Le pied droit stabilise l'ensemble au moment du contact. **4.** Tout au long de la réalisation du mouvement, le sauteur ne quitte pas l'aire de réception des yeux afin d'anticiper son atterrissage.

sports cyclistes

DÉROULEMENT D'UNE ÉPREUVE DE BMX ACROBATIQUE OU FREESTYLE

Le BMX acrobatique regroupe trois disciplines : le flatland, le street et la rampe.

FLATLAND

Le flatland est une spécialité très exigeante qui demande un entraînement constant. Sur un terrain plat, accompagné d'une musique de fond, le cycliste doit enchaîner plusieurs figures avec son vélo. Il est pénalisé chaque fois que l'un de ses pieds touche le sol. Le temps de passage est généralement de 2 min 30. Chaque concurrent effectue deux passages de qualification. Les 20 concurrents les mieux classés à l'issue des qualifications accèdent à la finale. Quatre juges évaluent les prestations et décernent une note globale sur 100 points. La difficulté technique mais aussi l'aspect chorégraphique et l'originalité des liaisons entre les figures sont prises en compte.

Decade

1. Les pieds sur les repose-pieds arrière, l'athlète actionne fermement le frein arrière et soulève sa roue avant. **2.** Il pose le pied droit sur le cadre de son vélo pour lancer la rotation autour du guidon. **3.** Le poids de son corps reposant entièrement sur le guidon, il effectue la rotation complète (360°) en position regroupée. **4.** En fin de rotation, il repose le pied gauche sur le cadre et laisse descendre sa roue avant. **5.** La figure est terminée lorsque le cycliste repose le pied droit sur la pédale.

STREET

Le principe du street, apparu dans la rue, est d'utiliser tous les obstacles rencontrés (rampes d'escalier, bancs, murs) pour réaliser des figures. En compétition, l'épreuve consiste à enchaîner, dans un temps limité, des figures sur différents modules dont la disposition et la forme sont variables. Chaque concurrent effectue deux passages de qualification à l'issue desquels les 20 meilleurs accèdent à la finale. Ils réalisent alors trois passages, limités en général à 1 min 30 s. Quatre juges donnent une note globale sur 100 points. La difficulté technique des figures et leur originalité sont déterminantes. Il existe deux catégories de figures : les sauts (*jumps*) et les glissades sur rampes d'escalier ou arête en prenant appui sur les repose-pieds (*grinds*).

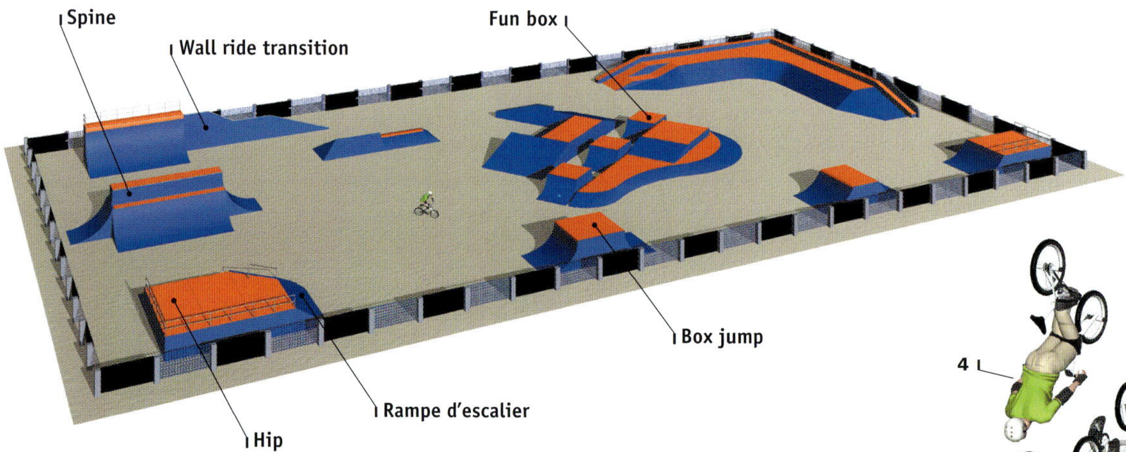

Backflip

1. Le concurrent aborde le fun box à grande vitesse. **2.** Les pieds en appui sur les pédales, il tire sur le guidon en quittant le saut. **3.** En arquant le dos et en rejetant la tête en arrière, il donne l'impulsion de rotation et garde le contact visuel avec le sol. **4.** Ses yeux se fixent sur la zone de réception. **5.** Il atterrit sur la roue avant, dans la zone de transition, jambes presque tendues pour amortir sa réception.

RAMPE

Sur une musique de fond, les athlètes ont 1 min 30 s pour réaliser des acrobaties aériennes sur une rampe en forme de demi-tube prolongé de sections verticales. Les lip-tricks sont des mouvements effectués sur l'arête de la rampe et les aerials, des sauts au-dessus de la rampe. Chaque concurrent effectue deux présentations afin de se qualifier pour la finale, à laquelle accèdent les 20 premiers concurrents. La finale consiste en trois passages de même longueur que les manches de qualification et le vainqueur est le concurrent dont le pointage cumulé aux trois passages est le plus élevé. Quatre juges accordent une note globale sur 100 points selon la hauteur, la difficulté technique et la fluidité de l'exécution des figures.

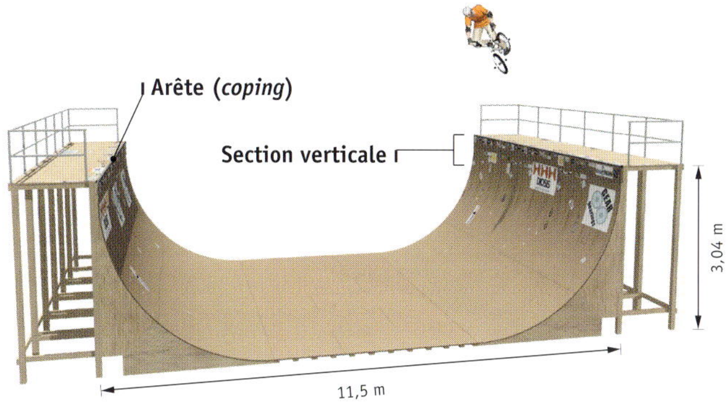

ÉQUIPEMENT

Casque avec mentonnière
Obligatoire pour la course, il est largement utilisé en dirt et à la rampe.

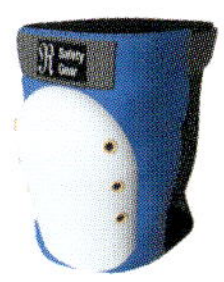

Genouillère

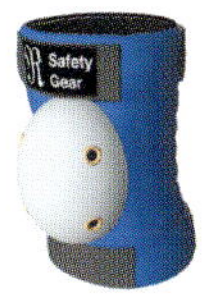

Coudière

Protège-tibia

PROFIL DU CYCLISTE

- L'entraînement commun à toutes les disciplines du BMX privilégie les étirements et l'acquisition d'une bonne musculature générale en préservant la flexibilité.
- En course, le travail sur la concentration et la visualisation est important. Les concurrents développent la constance et la rapidité de « moulinage » (pédalage), par des sprints à pied ou en vélo en montée.
- Les figures de BMX acrobatique sont pratiquées au-dessus d'une zone de réception en mousse ou d'une piscine, avant d'être tentées sur le terrain.

Jay Miron (CAN)
Surnommé « the Canadian Beast », il est champion aux X -Games de 1995 dans la catégorie dirt et médaillé d'argent à deux reprises en street (1996 et 1998).

vélo de montagne

J.O. d'Atlanta en 1996 : premier podium olympique de l'histoire du vélo de montagne. Le Néerlandais Bart Jan Brentjens remporte la médaille d'or.

Le spécialiste du vélo de montagne combine endurance et habileté technique pour négocier tous les obstacles naturels ou aménagés qu'il rencontre, et terminer son parcours rapidement pour passer la ligne d'arrivée le premier. La discipline voit le jour dans les montagnes de Californie, aux États-Unis, au début des années 1970. Son invention, souvent attribuée à Joe Breeze ou Gary Fisher, est toutefois revendiquée par plusieurs autres pionniers. Alliant évolution technologique et retour à la nature, le vélo de montagne a connu l'une des expansions commerciales les plus rapides du XXe siècle. La première course est remportée en 1976 par Bob Burrowes, sur le mont Tamalpais, en Californie. À la suite du premier championnat du monde qui a eu lieu à Villard-de-Lans, en France en 1987, l'Union cycliste internationale (UCI) reconnaît le sport en sanctionnant l'édition 1990, à Purgatory, au Colorado. Les séries de la Coupe du monde commencent en 1989 en Europe et le cross-country fait son entrée pour les hommes et les femmes, aux J.O. d'Atlanta en 1996. L'épreuve de descente est pour sa part apparue en 1993 sur le circuit international.

DÉROULEMENT DE LA COMPÉTITION DE CROSS-COUNTRY

C'est une épreuve d'endurance se déroulant sur terrain naturel en une seule journée. Après un départ groupé, chaque cycliste tente de franchir le premier la ligne d'arrivée. Déterminée par rapport à une durée optimale de course (proche de 2 heures 15 minutes pour les hommes et 2 heures pour les femmes), la longueur du parcours varie de 25 à 40 km. La course peut se dérouler sur un circuit fermé de 6 à 8 km, comme en Coupe du monde. Les coureurs n'ont droit à aucune assistance extérieure : ils doivent terminer la course par leurs propres moyens quels que soient les bris mécaniques, les conditions climatiques, ou les crevaisons survenant en course. Des zones de ravitaillement sont aménagées le long du parcours pour offrir boissons et nourriture aux coureurs.

TECHNIQUES

Un bon sens de l'anticipation est requis afin de réaliser les gestes techniques appropriés sur des sentiers comportant des obstacles naturels ou aménagés.

Franchissement des obstacles

Le cycliste approche l'obstacle en position assise sans cesser de pédaler pour garder toute sa vitesse. À l'instant qui précède le contact de sa roue avant avec l'obstacle, il tire le guidon vers le haut tout en appuyant plus fortement sur la pédale. Lorsque la roue avant a franchi l'obstacle, il reporte son poids vers l'avant pour faciliter le passage de la roue arrière.

CATÉGORIES DE CHAMPIONNATS DU MONDE ET DE COUPES DU MONDE
- Master hommes et femmes (30 ans et plus)
- Élite hommes (23 ans et plus)
- Élite femmes (19 ans et plus)
- Espoirs (hommes de 19 à 22 ans)
- Juniors hommes (17 et 18 ans)
- Juniors femmes (17 et 18 ans)
(En descente, les Espoirs hommes sont remplacés par la catégorie Élite hommes débutant à 18 ans.)

CATÉGORIES OLYMPIQUES
- Élite hommes (19 ans et plus)
- Élite femmes (19 ans et plus)

Montée en puissance

C'est une technique de passage des montées courtes permettant de ne pas perdre de vitesse. À l'approche de la montée, le cycliste doit s'assurer que la nature du terrain offrira une bonne adhérence, car la position debout reporte son poids sur l'avant et augmente les risques de dérapage de la roue arrière. Le cycliste doit choisir à l'avance un développement lui permettant de franchir la pente sans perdre son élan. Dans les montées plus longues ou plus abruptes, le cycliste reste assis en position avancée sur la selle, de manière à assurer une traction optimale de sa roue arrière. Ses avant-bras parallèles au sol et son nez au-dessus de la potence, il amène son centre de gravité sur l'avant pour obtenir en même temps une bonne maîtrise de la roue avant.

ÉQUIPEMENT

Le compromis entre la légèreté et la rigidité du vélo est obtenu grâce à des cadres en aluminium, chromoly (chrome et molybdène), titane ou carbone. La plupart des roues sont en alliage d'aluminium. Un triple plateau avant associé aux pignons offre un choix de 18 à 27 vitesses. Le poids d'un vélo de cross-country à double système de suspension est généralement compris entre 9,5 et 10,8 kilos. Pour être en mesure d'effectuer d'éventuelles réparations, les coureurs transportent, sous leur selle ou dans leur maillot, un jeu de clés, une chambre à air et des « cuillères » pour déjanter les pneus, et un contenant de CO_2 sous pression pour les regonfler une fois réparés.

DÉROULEMENT DE LA COMPÉTITION DE DESCENTE

Ouverte aux hommes et aux femmes, l'épreuve se déroule sur un terrain naturel en pente abrupte, parsemé d'obstacles. C'est une compétition contre la montre en deux manches, dont le vainqueur est celui qui termine la dernière manche le plus rapidement.
Les concurrents prennent le départ à des intervalles de 30 secondes à 3 minutes. Le parcours doit comporter un dénivelé d'au moins 400 m, sur une longueur comprise entre 2 et 5 km. Une course de qualification a lieu lorsque plus de 140 concurrents prennent part à la compétition. Les 50 premiers au classement mondial (25 pour les femmes) sont qualifiés d'office pour la demi-finale. Lors de la demi-finale, les concurrents partent dans un ordre déterminé par leur classement dans les courses précédentes. Les 70 coureurs les plus rapides (25 pour les femmes) prennent part à la finale. Le concurrent le plus lent en demi-finale ouvre la finale, et le plus rapide prend le départ le dernier.

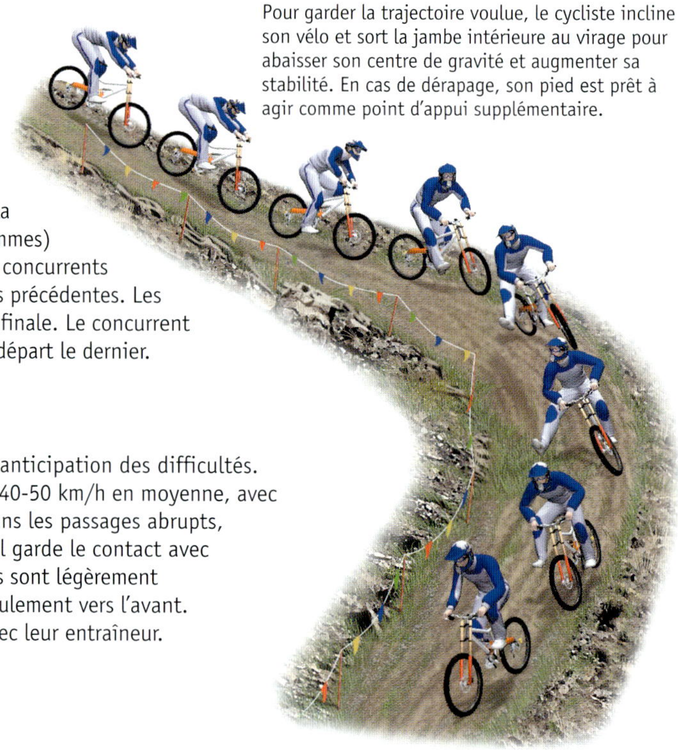

Virage à haute vitesse

Pour garder la trajectoire voulue, le cycliste incline son vélo et sort la jambe intérieure au virage pour abaisser son centre de gravité et augmenter sa stabilité. En cas de dérapage, son pied est prêt à agir comme point d'appui supplémentaire.

TECHNIQUES

La descente est une épreuve de vitesse qui fait appel à la faculté d'anticipation des difficultés. Sur des parcours de 4 minutes environ, les athlètes peuvent rouler à 40-50 km/h en moyenne, avec des pointes à 90 km/h. Pour absorber les chocs, particulièrement dans les passages abrupts, le cycliste fléchit les jambes. Les manivelles sont parallèles au sol. Il garde le contact avec les leviers de freins pour contrôler la vitesse en permanence. Les bras sont légèrement fléchis et l'essentiel du poids est porté à l'arrière afin d'éviter le basculement vers l'avant. Avant l'épreuve, les cyclistes font une reconnaissance du parcours avec leur entraîneur.

ÉQUIPEMENT

En raison des risques de chute, les cyclistes sont tenus de porter des protections dorsales et d'épaules, un plastron, des genouillères et coudières, un casque avec mentonnière, des gants et un maillot à manches longues. Le poids des vélos (11 à 13 kilos) est moins déterminant que leur solidité, à laquelle s'ajoutent un système de freinage puissant et des suspensions à grand débattement pour absorber les chocs dus aux sauts et aux gros obstacles. Ils ont généralement 8 vitesses.

Missy Giove (USA)
Spécialiste en descente, elle est championne du monde en 1994 ; elle remporte aussi la Coupe du monde en 1996 et 1997.

Alison Sydor (CAN)
Championne du monde de cross-country en 1994, 1995 et 1996, elle remporte également la Coupe du monde en 1996.

Nicolas Vouilloz (FRA)
Champion du monde de descente de 1995 à 1999, il a également remporté la Coupe du monde en 1995 et en 1996.

D'une largeur de 63 à 76 mm, ils sont gonflés à une pression de 1 à 3 bars suivant la nature du terrain.

PROFIL DU CYCLISTE

- En cross-country, le meilleur niveau est atteint après plusieurs années de pratique intensive, à 25-28 ans en moyenne. En descente, l'habileté technique, acquise plus rapidement, abaisse l'âge des meilleurs résultats à 19-25 ans.
- Les épreuves de cross-country, très éprouvantes physiquement, exigent un entraînement cardio-vasculaire de haut niveau. L'endurance organique et musculaire des cyclistes est travaillée quotidiennement sur le terrain, en saison, parfois pendant 3 à 4 heures.
- En cross-country, pour éviter la déshydratation, les coureurs boivent 150 à 250 ml d'eau tous les quarts d'heure en course.
- Les cyclistes doivent apprendre à tomber afin de réduire les risques de blessures graves. Le rasage des jambes facilite les massages et diminue le risque d'infection en cas de plaies.

Sports gymniques

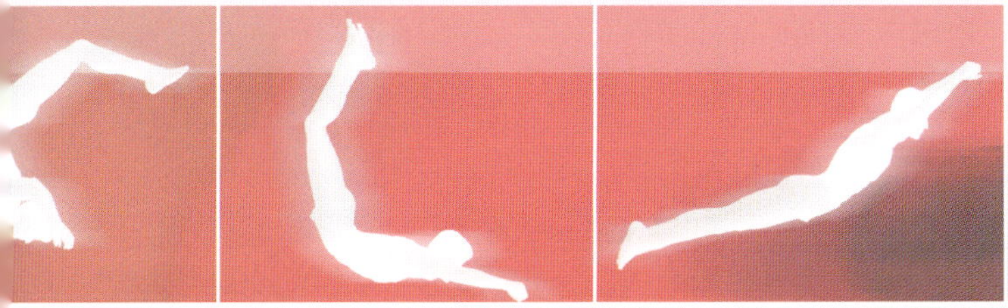

gymnastique artistique

Première participation des femmes en gymnastique artistique de niveau olympique, discipline en démonstration aux J.O. de Stockholm (Suède) en 1912.

Quelle que soit la difficulté des mouvements qu'il exécute, le gymnaste doit faire preuve d'assurance, d'aisance et d'une technique parfaite. Dans la Grèce comme dans la Rome antiques, la pratique de la gymnastique était liée à l'éducation au même titre que les arts. Les Allemands la redécouvrent au XVIIIe siècle et inventent la plupart des agrès. D'abord simple technique d'appoint accompagnant essentiellement la préparation physique des pompiers ou des soldats, la gymnastique évolue jusqu'à la création de la Fédération internationale de gymnastique (FIG), en 1881. La première compétition a lieu en Allemagne en 1894, et la discipline figure au programme des Jeux olympiques d'Athènes en 1896. Les femmes devront attendre les J.O. d'Amsterdam, en 1928, pour y participer. Le concours de gymnastique comporte encore à l'époque des épreuves athlétiques telles que la course de 60 m, le saut en longueur et le lancer du javelot. La compétition prend sa forme actuelle en 1954, aux championnats du monde de Rome.

DÉROULEMENT DE LA COMPÉTITION

Chez les hommes, les six épreuves se déroulent dans « l'ordre olympique » : le sol, le cheval-d'arçons, les anneaux, le saut de cheval, les barres parallèles et la barre fixe. Les épreuves féminines sont présentées dans l'ordre suivant : saut de cheval, barres asymétriques, poutre d'équilibre et sol (avec accompagnement musical). Les épreuves, masculines comme féminines, se déroulent généralement de façon simultanée. Les agrès et les tapis de réception sont installés sur une estrade surélevée, appelée podium. Les athlètes, les entraîneurs et les officiels sont placés en contrebas pour faciliter la concentration des concurrents.

PODIUM

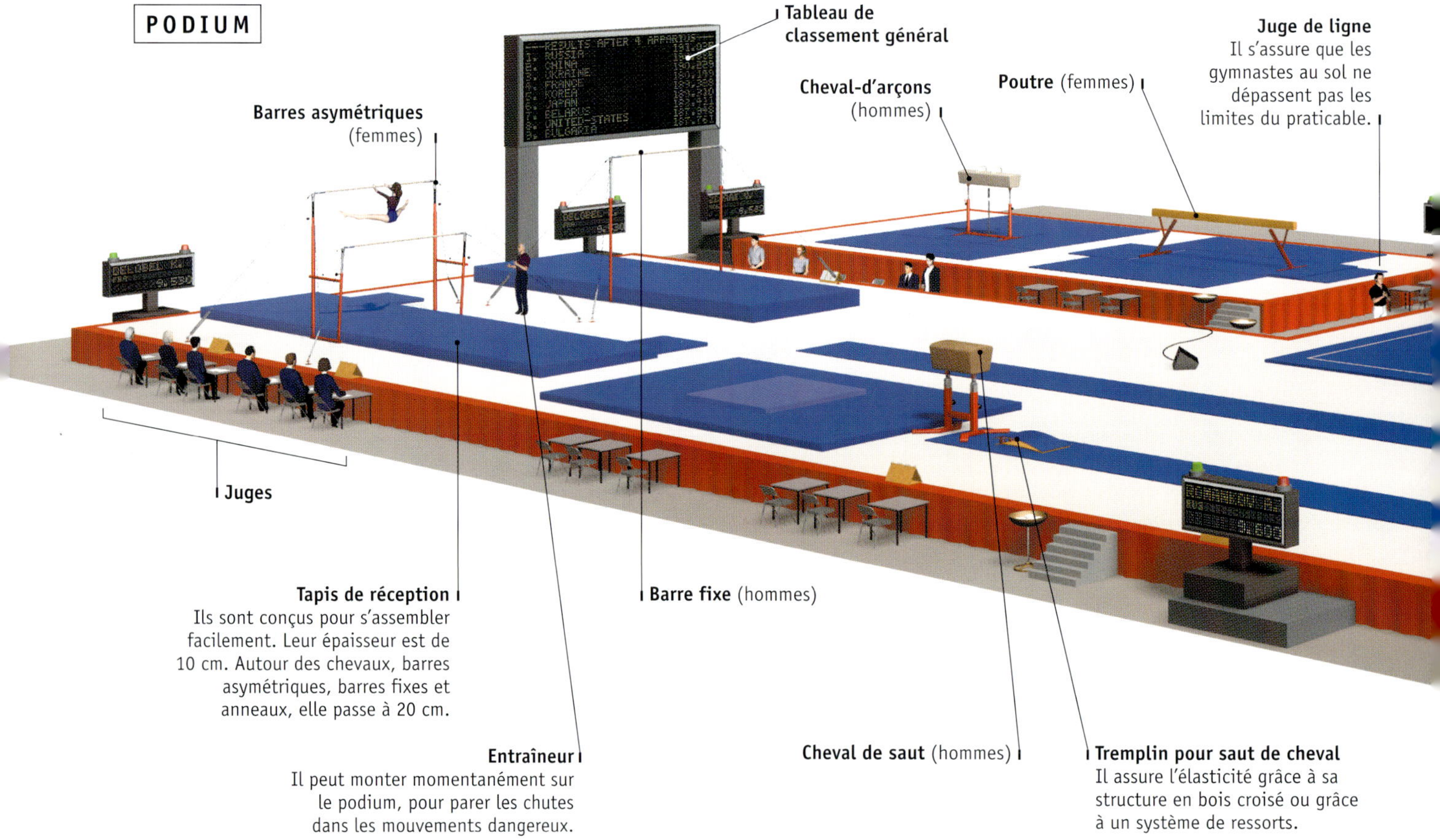

LISTE DES ÉPREUVES

Lors du concours par équipe, l'équipe gagnante (de 7 à 4 équipiers) est déterminée par cumul des meilleures notes obtenues à chaque engin. À l'issue du concours :

- les 36 meilleurs athlètes sont qualifiés pour le concours individuel multiple, qui consacre les gymnastes les plus complets, par addition des points obtenus à chaque appareil.
- Les 8 gymnastes ayant obtenu les notes les plus élevées à un appareil lors du concours par équipe se qualifient pour les finales individuelles, qui couronnent les spécialistes de chaque engin.

Les gymnastes présentent des exercices libres. L'épreuve au sol masculine est chronométrée (de 50 à 70 s), de même que les épreuves féminines au sol et à la poutre (de 1 min 10 s à 1 min 30 s).

DÉCOMPTE DES POINTS

L'évaluation des performances dépend des difficultés tentées : l'athlète présente à l'avance une liste des figures qu'il va enchaîner au cours de son programme. Deux des six juges internationaux déterminent d'après cette liste une « note de départ », représentant la note maximale que son programme lui permettrait d'obtenir. Chaque imperfection dans la réalisation du programme sera déduite de cette note de départ, pour donner la note finale. Le code de pointage international, révisé tous les quatre ans par la FIG, fixe pour l'instant la note maximale à 10 points.

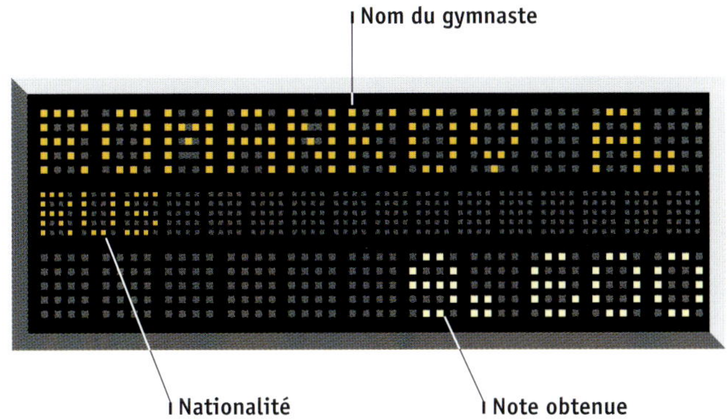

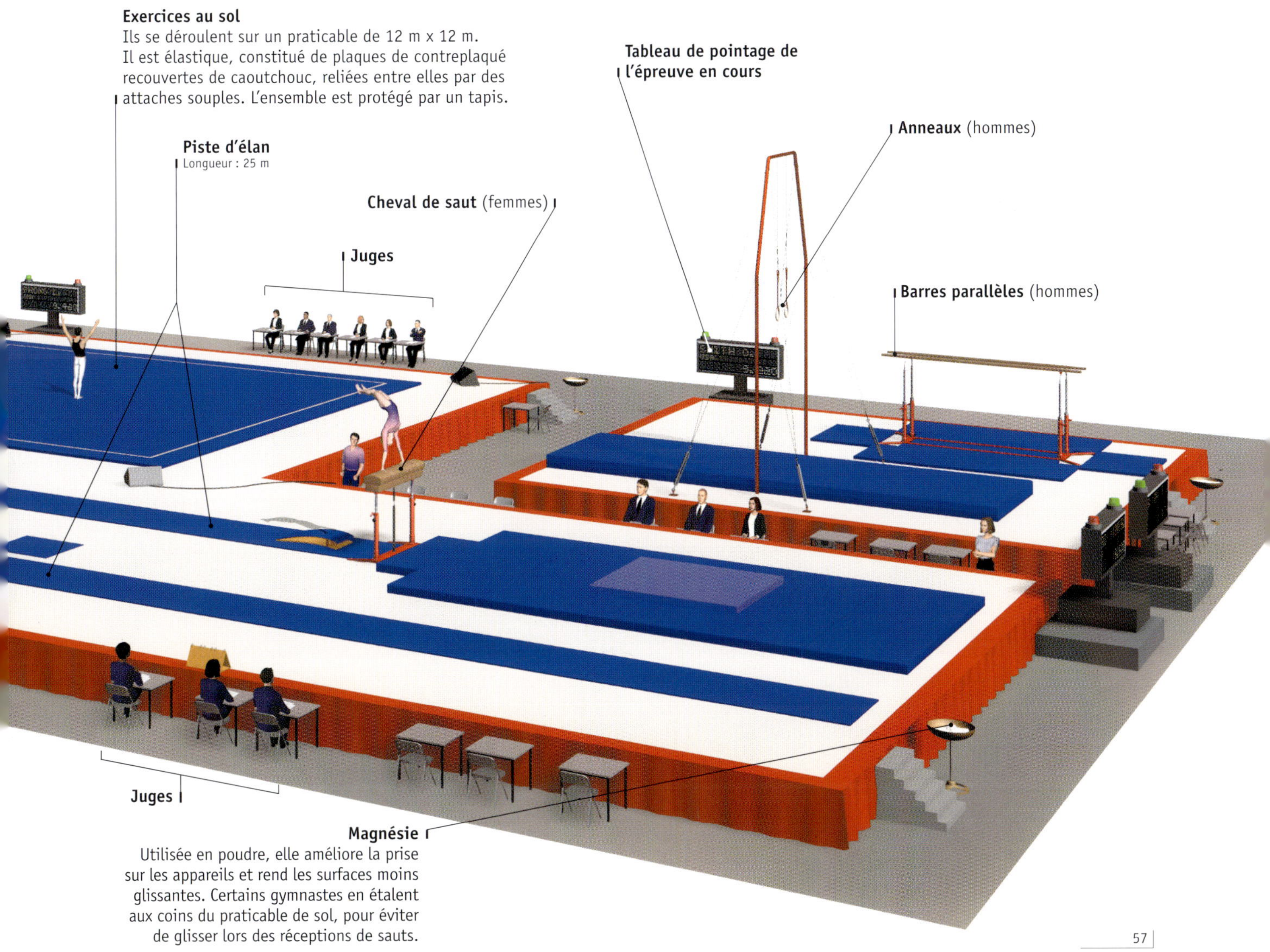

TECHNIQUES

Quel que soit l'agrès, le code de pointage de la FIG recommande un minimum de 10 éléments par exercice. Les athlètes sont libres d'en tenter plus, mais tout élément ajouté est un risque d'erreur supplémentaire. À chaque agrès correspondent des techniques spécifiques. Certains agrès permettent des sorties acrobatiques, généralement très complexes et spectaculaires, dans le but de conclure l'exercice sur une impression forte et favorable.

PROGRAMME MASCULIN AU SOL

Les mouvements au sol doivent faire ressortir la force, la souplesse et l'agilité du gymnaste. Il doit exploiter toute la surface disponible dans un programme original. Les suites acrobatiques avec vrilles sont particulièrement importantes.

Double salto arrière position groupée

Un flic-flac arrière donne l'élan pour le double salto. Au moment de l'impulsion, le gymnaste prend un repère visuel au loin. Pendant le mouvement, les yeux cherchent à rester en contact avec le sol.

PROGRAMME FÉMININ AU SOL

L'exercice doit mettre en valeur l'esthétisme, la coordination, l'agilité et le tonus de la concurrente. Son programme doit enchaîner des éléments combinant sauts et vrilles dans une composition personnalisée.

Double salto arrière position carpée

La position carpée est plus souvent utilisée par les athlètes féminines

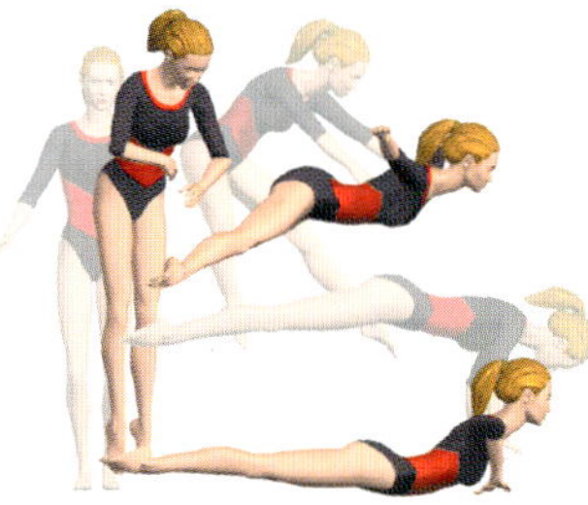

Double Shushunova

Il vient la plupart du temps en conclusion d'un enchaînement de figures. Il apporte l'élément artistique exigé des athlètes féminines.

POUTRE

Le programme est une combinaison de sauts et d'éléments gymniques et acrobatiques. La gymnaste utilise toute la longueur de la poutre avec élégance, souplesse, équilibre et maîtrise de soi. L'exercice se termine généralement sur un enchaînement d'éléments donnant de l'élan à une sortie acrobatique de haute difficulté.

Rulfova

La prise d'élan à l'envers est la difficulté majeure. Les yeux reprennent contact avec la poutre le plus rapidement possible.

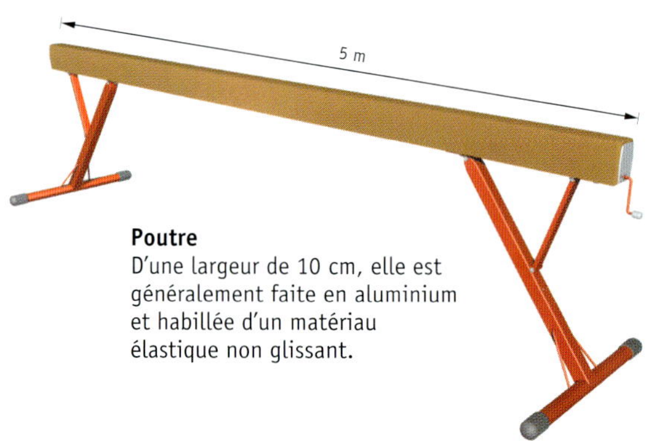

Poutre

D'une largeur de 10 cm, elle est généralement faite en aluminium et habillée d'un matériau élastique non glissant.

SAUT DE CHEVAL (HOMMES)

Puissance, rapidité d'exécution et qualités acrobatiques sont requises. Pour permettre l'exécution des multiples rotations, la hauteur et la longueur du saut doivent être suffisantes. Une réception totalement contrôlée fait partie intégrante de l'exercice : tout déséquilibre est pénalisé, quelle que soit la difficulté du saut réalisé.

Tsukahara tendu avec vrille

L'amplitude nécessaire au mouvement demande une grande course d'élan. La vitesse horizontale, importante, rend la sortie plus difficile à fixer.

Cheval de saut

Des ressorts sont intégrés à sa structure pour diminuer les risques de lésions dus aux chocs. Il est recouvert de matière synthétique ou de cuir. Les concurrents l'utilisent en longueur.

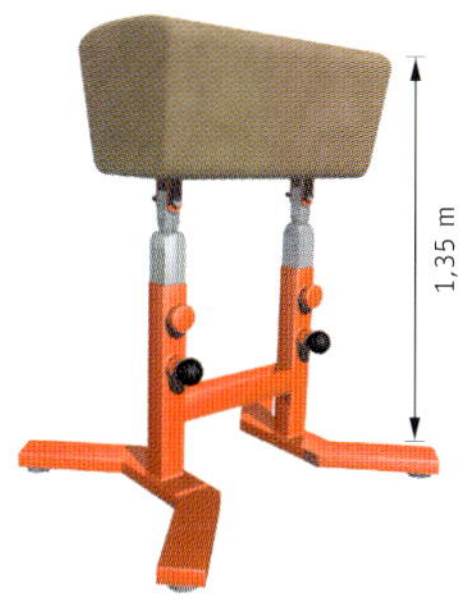

SAUT DE CHEVAL (FEMMES)

L'enchaînement des mouvements – une combinaison de rotations – doit être clair, grâce à un saut d'une amplitude suffisante. Les gymnastes font preuve de qualités acrobatiques et de vitesse d'exécution. La réception doit être totalement maîtrisée.

Yurchenko

La rondade, effectuée avant l'impulsion sur le tremplin, empêche de prendre des repères sur le cheval, mais donne plus d'impulsion pour la figure suivante.

Cheval de saut

Ses caractéristiques sont identiques à celui utilisé par les hommes, à l'exception de ses dimensions. Contrairement aux hommes, les femmes s'en servent en largeur.

CHEVAL-D'ARÇONS

Un mouvement régulier et continu est recherché. L'athlète doit faire preuve de coordination, d'agilité et de puissance. Son programme est composé de balancements circulaires, de ciseaux de jambes et de cercles de jambes, pratiqués sur toutes les parties du cheval, ainsi que d'une série d'éléments sur un seul arçon.

Thomas flair

Le gymnaste ne peut contrôler ses appuis de mains du regard que lorsque ses jambes sont derrière le cheval. Il cherche à maintenir un écart de jambes optimal.

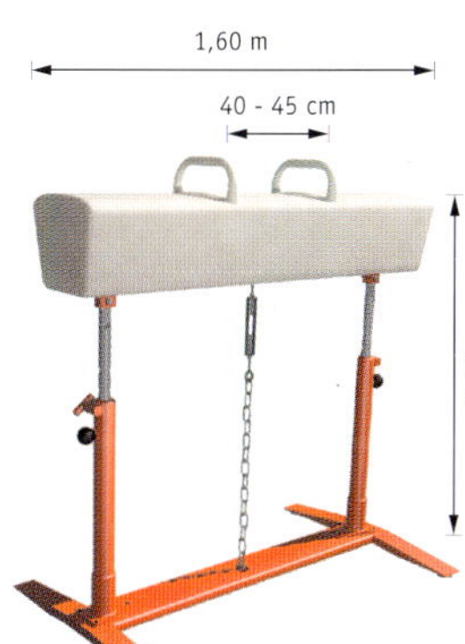

Cheval-d'arçons

Il est en bois ou en acier, recouvert de cuir ou d'une matière synthétique. Les arçons sont en bois ou en matière plastique.

BARRES ASYMÉTRIQUES

Qualités acrobatiques et dynamisme sont recherchés pour exécuter, sans rupture de rythme, une succession de mouvements balancés au-dessus ou au-dessous des barres, combinant rotations, lâchers et reprises. Les sorties acrobatiques sont généralement très complexes, rapides et spectaculaires.

Tchatchev jambes écartées

Au moment de rattraper la barre supérieure, la position de la gymnaste doit être parfaite : une mauvaise répartition du poids de son corps pourrait lui faire lâcher prise.

Barres asymétriques
Les barres sont en bois avec armature en acier ou fibre de verre, et les montants sont en acier.

BARRE FIXE

L'évolution autour de la barre doit être continue et fluide, comprenant des changements de prise, des lâchers et reprises de barre, des rotations avant ou arrière. Les éléments avec envol et les combinaisons de tours sur différents appuis sont indispensables. La sortie acrobatique est généralement très spectaculaire.

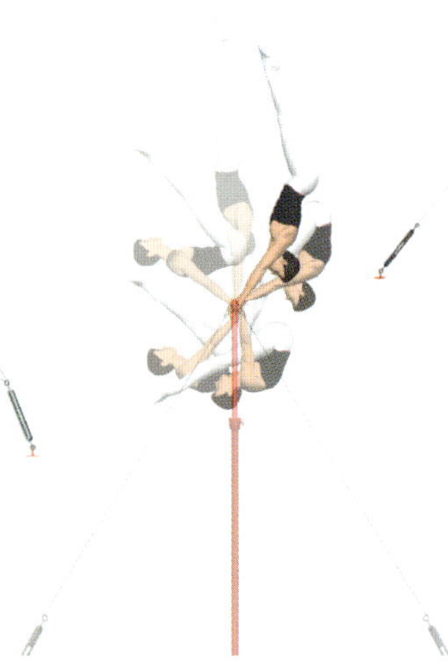

Barre fixe
La barre est en acier inoxydable et les montants – semi-réglables – sont en acier.

Dislocation
Le gymnaste engage ses jambes tendues entre ses bras et dégage son corps en pivotant autour de ses épaules. Il termine le mouvement par un appui tendu renversé.

BARRES PARALLÈLES

Dans un exercice exploitant toute la longueur de l'agrès, le gymnaste montre ses qualités acrobatiques et son dynamisme. Les saltos réalisés entre les barres, les élans et les suspensions sur une ou deux barres sont particulièrement importants. Le programme se termine sur une sortie acrobatique.

Diamidov

Après un tour complet autour du bras d'appui, l'équilibre doit être marqué distinctement. Le mouvement se faisant bras tendus, l'impulsion est prise grâce à l'élasticité des épaules et des barres.

Barres parallèles
Elles sont en bois avec armature de fibre de verre ; les montants sont en acier.

ANNEAUX

Les gymnastes sont aidés par leur entraîneur, au début de l'exercice, pour atteindre les anneaux. Ils démontrent leur puissance musculaire et leur équilibre par une série d'immobilisations (positions tenues en force) atteintes avec ou sans mouvements d'élan. Le programme s'achève par une sortie acrobatique.

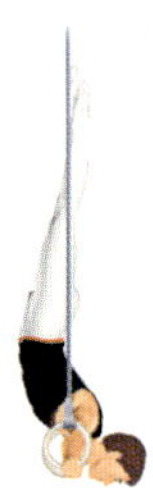

Croix renversée

Lorsqu'elle est réalisée sans mouvement préalable d'élan, toute la puissance, mais aussi le calme et la sérénité du gymnaste sont nécessaires. L'appellation « croix renversée » ne concerne que la position fixe finale.

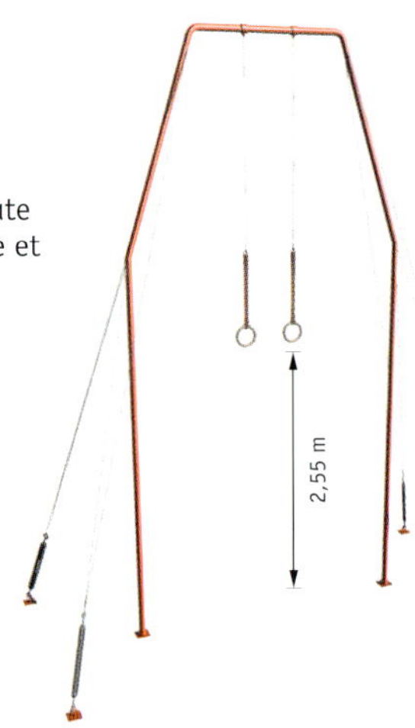

Anneaux
Ils sont en bois ou plastique. Les lanières sont en cuir ou d'un matériau similaire, et les montants sont en acier.

ÉQUIPEMENT

Les appareils ont beaucoup évolué, notamment grâce à l'utilisation de nouvelles matières. L'augmentation de l'effet élastique des tremplins, une plus grande souplesse des agrès et une meilleure absorption des chocs lors des réceptions accroissent les performances des athlètes.

Justaucorps
Il est porté par les femmes uniquement.

Aux appareils, les hommes portent un pantalon retenu sous le pied, type « Sokol », et des socquettes. Pour le saut et les exercices au sol, ils peuvent se présenter en short et pieds nus.

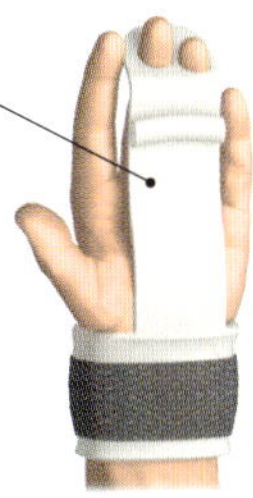

Maniques
Elles assurent une meilleure prise sur les appareils : grâce au bourrelet, la pince de la main est plus forte et demande moins d'effort.

Short
Il est porté par les hommes, principalement au sol et au saut de cheval.

Chaussons
Ils peuvent être utilisés ou non par les gymnastes dans l'épreuve de leur choix.

PROFIL DES GYMNASTES

- En général légers et de petite taille, les gymnastes ont une morphologie harmonieuse, car leur entraînement est l'un des plus complets. Souplesse, détente et puissance musculaire sont les éléments indispensables à un programme d'exercices quotidiens minimal de quatre heures, allié à des milliers de répétitions.
- Psychologiquement, une forte capacité de concentration et une grande résistance au stress sont indispensables, car les gymnastes ne disposent que de quelques secondes pour mettre à profit devant les juges le résultat d'innombrables heures d'entraînement. Malgré cela les athlètes sont souvent très jeunes lorsqu'ils participent à leur première compétition internationale. Une bonne relation avec leur entraîneur, une totale confiance réciproque sont des facteurs importants de réussite.

Mitsuo Tsukahara (JPN)
Champion du monde au cheval de saut en 1970 et champion du monde en équipe de 1966 à 1974, il est également médaillé d'or à la barre fixe de 1972 à 1976 et champion olympique en équipe de 1968 à 1976.

Lilia Podkopaieva (UKR)
Championne olympique au concours général et au sol en 1996, elle est aussi championne du monde 1995 au concours général et au saut de cheval, médaillée d'argent à la poutre et aux barres asymétriques en 1995.

Vitali Scherbo (BIÉ)
Dix fois champion du monde et six fois champion d'Europe, il remporte 6 médailles d'or aux J.O. de 1992, avant de devenir champion du monde au concours général en 1993.

Nadia Comaneci (ROU)
Elle entre dans la légende en remportant la première note parfaite de l'histoire de la gymnastique féminine, suivie de six autres, aux J.O. de Montréal en 1976. Ce record est toujours inégalé.

gymnastique rythmique

L'Australienne Lorraine Whitecombe, finaliste au neuvième championnat du monde de gymnastique rythmique au stade de Wembley (Grande-Bretagne) en 1979.

Mélange de gymnastique et de danse, la gymnastique rythmique est une discipline exclusivement féminine. Fruit de la recherche de naturel et de fluidité dans les gestes, elle naît au début du siècle en Allemagne et en Suède. Si la première compétition se déroule en 1948 en URSS, la discipline reste cependant dépendante de la gymnastique aux agrès jusqu'en 1956. Son aspect artistique la rend extrêmement populaire dans toute l'Europe de l'Est, et la Fédération internationale de gymnastique (FIG) la reconnaît en tant que sport indépendant en 1962. Le premier championnat du monde a lieu à Budapest en 1963, mais il faudra attendre 1970 pour que la Fédération publie enfin le premier « code de pointage de la gymnastique moderne ». Baptisée gymnastique rythmique sportive (GRS) en 1975, la discipline revient aujourd'hui à son appellation d'origine : gymnastique rythmique. Elle figure au programme des Jeux olympiques depuis 1984.

DÉROULEMENT DE LA COMPÉTITION

La gymnastique rythmique se pratique avec 5 engins – corde, ballon, cerceau, ruban et massues – mais les compétitions internationales n'en utilisent que 4, choisis tous les 2 ans par la FIG. (Les massues ne figurent pas encore au programme olympique.) Au concours individuel et par équipe, les concurrentes se succèdent devant les juges, tandis qu'au concours des ensembles, 5 gymnastes évoluent ensemble sur le praticable. Au concours par équipe, l'équipe gagnante est déterminée grâce au cumul des meilleures notes obtenues par les athlètes. Seules les 30 meilleures gymnastes participent au concours individuel, où l'athlète la plus accomplie remporte le titre. Les 8 meilleures gymnastes à chaque engin sont qualifiées pour la finale par engin, qui couronne les spécialistes. Au concours des ensembles, chaque ensemble réalise un passage avec 5 engins identiques et un passage avec 2 types d'engins. Le concours général couronne l'ensemble obtenant la meilleure note globale, tandis que le concours des finales concerne les 8 meilleurs ensembles à chaque exercice.

La gymnaste présente son programme dans un temps compris entre 75 et 90 secondes. Elle choisit une musique instrumentale d'accompagnement. Au cours de son programme elle doit maintenir l'engin en mouvement constant en alternant l'usage des deux mains, par des manipulations qui lui sont spécifiques, et occuper tout l'espace disponible sur le praticable.

OFFICIELS

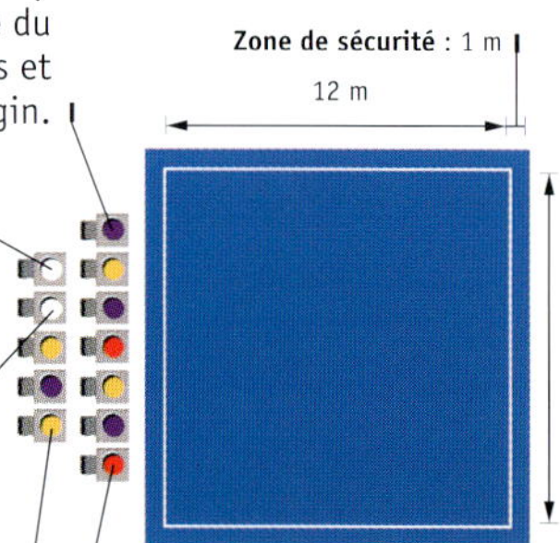

PRATICABLE

La hauteur du plafond doit être d'au moins 8 mètres pour permettre des lancers d'une amplitude suffisante.

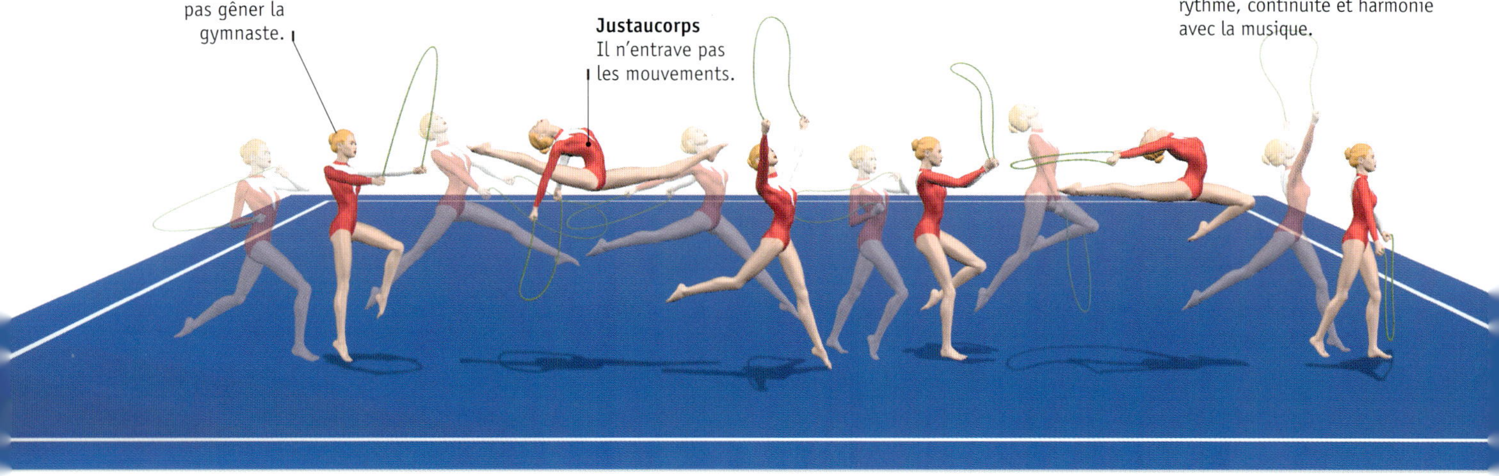

FIGURES

Quel que soit l'engin, les chorégraphies doivent contenir des figures fondamentales techniques corporelles.

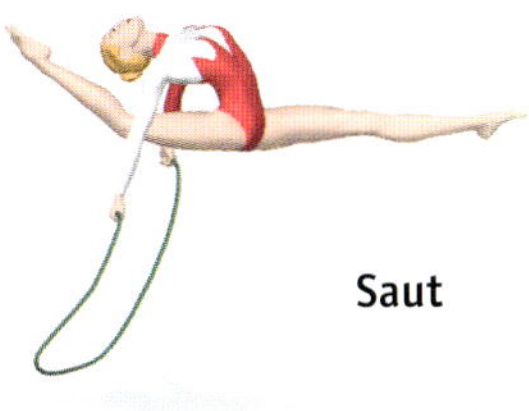
Saut

Pivot

Onde

Équilibre

ÉQUIPEMENT

L'expressivité fait partie intégrante de la gymnastique rythmique. Au barème des notations, tous les engins sont égaux : il revient donc aux gymnastes d'exploiter au mieux le registre particulier offert par chacun.

Initialement constitués de matériaux naturels (bois, caoutchouc, chanvre), les engins sont aujourd'hui faits pour la plupart de matériaux synthétiques.

Ruban
Il doit toujours rester en mouvement et jouer sur l'occupation de l'espace en respectant des dessins préétablis très précis.

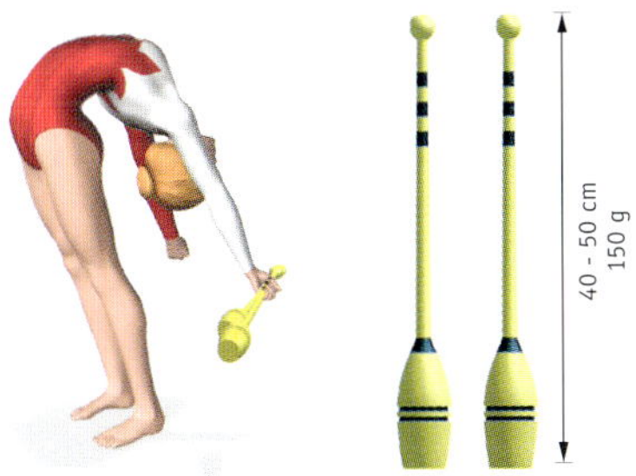

Massues
Avec les massues, l'accent est mis sur le rythme et la chorégraphie : rotations, lancers, mouvements asymétriques.

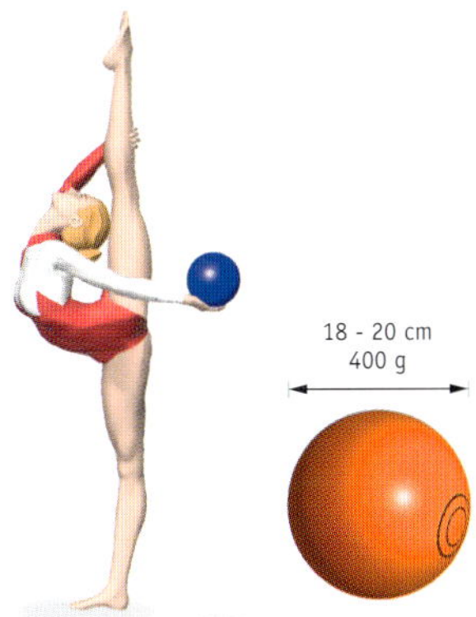

Ballon
Il permet de faire ressortir la souplesse et l'expression corporelle, la fluidité des roulés, les contrastes entre la force des lancers et la douceur des réceptions.

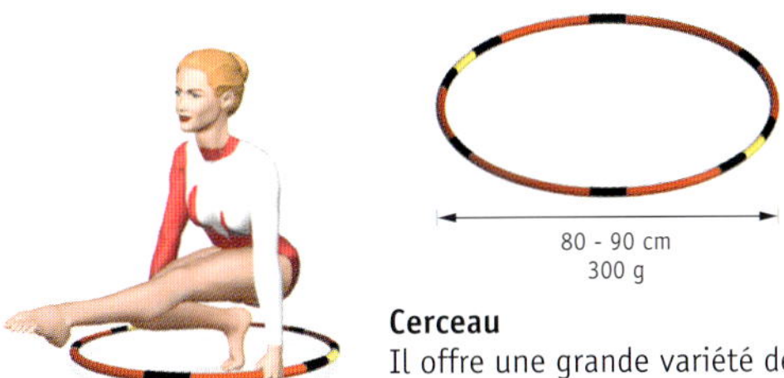

Cerceau
Il offre une grande variété de manipulations : rotations, lancers, roulés, passages au travers.

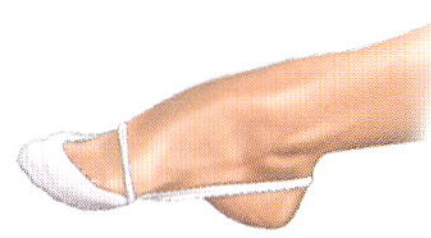

Chausson
Sans talon, il donne plus d'efficacité dans les tours et les réceptions des sauts.

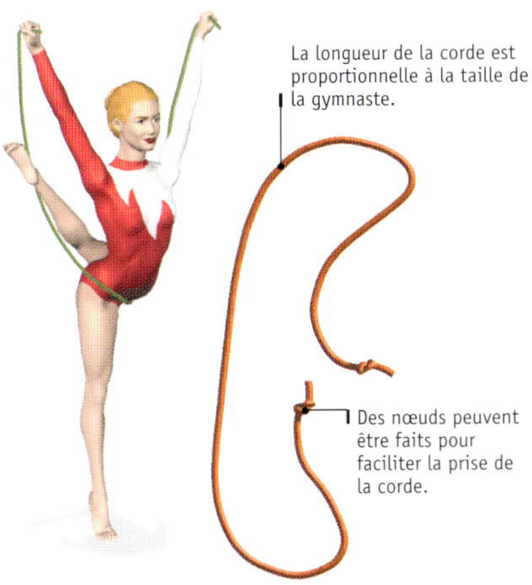

Corde
C'est l'exercice le plus exigeant sur le plan physique. Les principales figures réalisables sont les sauts et sautillés.

Ekaterina Serebrianskaya (UKR)
Médaillée d'or au concours général individuel aux J.O. d'Atlanta en 1996 ; elle a aussi remporté de nombreuses médailles d'or aux championnats du monde et aux championnats d'Europe.

Maria Petrova (BUL)
Championne d'Europe à Stuttgart (Allemagne), en 1992, et à Thessalonique (Grèce) en 1994. Championne du monde à Alicante (Espagne) en 1993, à Paris (France) en 1994 et à Vienne (Autriche) en 1995.

PROFIL DE LA GYMNASTE

- Il faut en moyenne 7 ans pour préparer une athlète de championnat.
- La gymnaste est souple, possède de bonnes notions de danse moderne et classique, et une musculature équilibrée. Un excellent contrôle musculaire est indispensable pour éliminer toutes les tensions qui réduisent l'amplitude et la fluidité des gestes.
- Chaque aspect de la discipline (maniement de l'engin, harmonie avec la musique et technique corporelle) peut être travaillé séparément, mais de nombreuses heures de pratique sont indispensables pour acquérir l'expressivité de l'ensemble.

aérobic sportive

Entraînement aérobic des services auxiliaires féminins de l'armée, en 1940, dans le comté de Kent en Angleterre.

Cinquième discipline officielle de la Fédération internationale de gymnastique (FIG), l'aérobic sportive désigne un exercice qui oxygène les tissus et modèle le corps dans un programme accompagné d'une musique. Le grand initiateur de cette discipline, Kenneth Cooper, était un médecin de l'armée américaine qui désirait mettre l'accent sur les exercices cardio-vasculaires de ses troupes plutôt que sur la musculation. Dès 1968, les principes de Cooper sont repris et promus, mais il faudra attendre la fin des années 80 pour que la discipline devienne un sport de compétition internationale, autant pour les hommes que les femmes. Très pratiquée en Europe, l'aérobic est également très populaire au Brésil dont les athlètes excellent autant en individuel qu'en couple et en trio. Les Roumains et les Bulgares sont toutefois reconnus pour leur qualité technique. Le premier championnat du monde tenu sous la direction de la Fédération internationale de gymnastique a lieu à Paris en 1995, et trente-quatre pays y participent. Depuis, championnats du monde et compétitions internationales se déroulent ponctuellement.

DÉROULEMENT DE LA COMPÉTITION

Sur une musique rythmée choisie par les athlètes, ceux-ci exécutent une chorégraphie de 1 min 45 s qui demande puissance, endurance, flexibilité et coordination. Les concurrents doivent effectuer douze éléments dont au moins un de chaque famille. Les éléments et la musique commencent et arrêtent en même temps. Les athlètes doivent allier rythme et déplacements en couvrant l'ensemble de la surface de compétition. De plus, l'expression, l'originalité et l'intensité de la présentation ajoutent au côté spectaculaire de la discipline. Les concurrents doivent être âgés d'au moins 18 ans et les catégories proposées sont individuelles (homme et femme), en couple et en trio. Les groupes de six seront ajoutés ultérieurement. Il y a deux jurys de concours : le groupe A, qui note les compétitions individuelles, et le groupe B qui supervise les chorégraphies des couples et des trios.

PODIUM

OFFICIELS

COMPÉTITIONS INDIVIDUELLES

Les juges artistiques, d'exécution et de difficulté décernent une note aux compétiteurs. La note officielle est calculée à partir des trois notes obtenues.

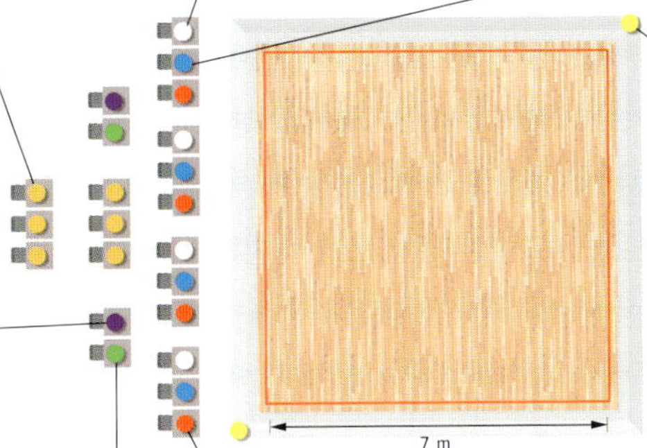

Juges artistiques (4)
Ils analysent la présentation et l'originalité de la chorégraphie. La musique occupe une grande place au niveau artistique.

Juges d'exécution (4)
Ils notent la coordination, l'habileté technique, la synchronisation et l'intensité de la chorégraphie.

Jury de contrôle et jury d'appel
Ils sont tous deux représentés par deux membres et un membre-président, nommés par la Commission des sports aérobics, qui supervisent la compétition.

Juges de ligne (2)
Ils s'assurent du respect des limites d'espace de la compétition.

Juges-arbitres (2)
Ils sont responsables des déductions de notation.

Juges de temps (2)
Ils chronomètrent la durée de la chorégraphie.

Juges de difficulté (4)
Ils évaluent le niveau de difficulté et l'exactitude des éléments effectués.

Yuriko Ito (JAP)
Elle remporte la première place aux championnats nationaux en 1994 et 1997. Toujours dans la catégorie individuelle, elle gagne la médaille d'or aux championnats du monde de Catane (Italie) en 1998 et de Hanovre (Allemagne) en 1999.

PROFIL DE L'ATHLÈTE

En général longilignes, les athlètes sont forts, souples, endurants, font preuve d'un excellent sens du rythme et d'une coordination infaillible. Les exercices cardio-vasculaires sont à la base de l'entraînement type des athlètes, mais ces derniers effectuent également plusieurs exercices de musculation car tous leurs muscles sont constamment sollicités.

TECHNIQUE

Le programme doit contenir des pas aérobics de base dont le fouetté de jambe, la fente, la marche, la course, le lever du genou, le battement jeté et le jumping jack, ainsi que des éléments de difficultés codifiées. Ces éléments sont regroupés en familles :

Force dynamique
Elle inclut les appuis faciaux, les chutes libres, les cercles, la forme A et le Wenson.

Force statique
Elle est essentiellement constituée des supports sur les mains.

Équilibre
Il regroupe des éléments de maintien.

Sauts
Ils rassemblent les enjambées, les ciseaux, les grands écarts sautés et les cabrioles.

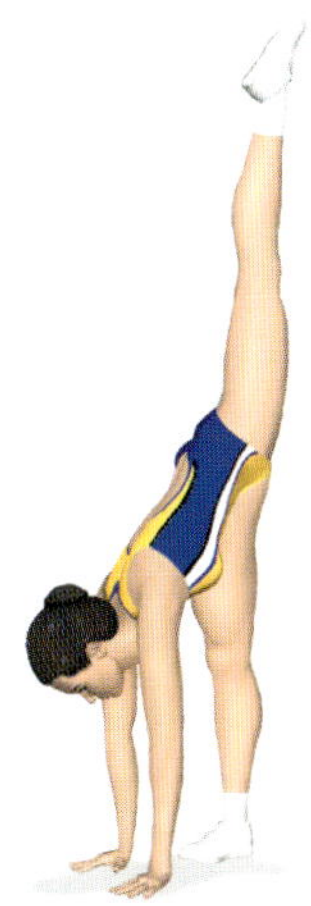

Souplesse
Elle regroupe les écarts et les éléments de grande amplitude.

ÉQUIPEMENT

Costume
Strictement réglementé, il se compose d'un maillot une pièce extensible et de collants couleur chair pour les femmes. Les hommes portent un maillot une pièce ou deux pièces en tissu extensible.

Chaussures
Elles doivent avant tout être souples et offrir support et absorption des chocs. La couleur blanche est la plus répandue, mais n'est pas réglementée.

trampoline

Le centre de trampolines extérieur de Jumpsville à East Meadow, New York, en 1955.

Inventé en 1936, par l'Américain George Nissen, professeur d'éducation physique, le trampoline doit pourtant son nom à deux trapézistes italiens, les Due Trampoline, qui rebondissaient sur le filet de protection après leur exhibition. Utilisé comme outil d'entraînement par les soldats américains pendant la Seconde Guerre mondiale, le trampoline devient une discipline sportive à part entière en 1948, lors du premier championnat des États-Unis. Avec la création de la Fédération internationale de trampoline (FIT) en 1964 a lieu à Londres le premier championnat du monde (individuel et synchronisé), ouvert tant aux hommes qu'aux femmes. Les épreuves de tumbling et de double mini-trampoline se sont ajoutées à la compétition depuis 1976. L'aspect spectaculaire des évolutions aux trois appareils est très apprécié du public. Sous l'autorité de la Fédération internationale de gymnastique (FIG) depuis 1999, le trampoline est au programme des Jeux olympiques de Sydney en 2000.

DÉROULEMENT DE LA COMPÉTITION

Les athlètes exécutent un enchaînement de figures aériennes tout en gardant une maîtrise totale de leurs rebonds. Au trampoline individuel tout comme au synchronisé, les concurrents s'affrontent en 3 séries de 10 figures. Dans le concours synchronisé, 2 trampolinistes exécutent en même temps les mêmes figures, recherchant un ensemble parfait. Lors d'une série, il est interdit de refaire deux fois les mêmes figures. Seuls les 10 meilleurs concurrents participent à la série finale. Dans toutes les épreuves (trampoline, tumbling, double mini trampoline), sept juges et un juge-arbitre notent les athlètes sur 10 points. Ils tiennent compte de la qualité d'exécution et du niveau de difficulté. Les athlètes sont souvent spécialisés dans l'une ou l'autre des épreuves présentées.

Le Rudolph
C'est une figure comportant un salto et une vrille et demie. Les figures complexes nécessitent des « plans de vol », que les champions doivent mémoriser parfaitement.

ÉVOLUTION DES PERFORMANCES

De nouvelles techniques ont permis récemment une nette évolution des performances. La vidéo et les recherches en biomécanique ont amélioré la compréhension des lois de déplacement du corps dans l'espace. Les neurosciences ont déterminé les repères visuels et les réflexes qui entrent en jeu lors d'un saut. Grâce à l'apport de ces connaissances, les trampolinistes présentent désormais en compétition des figures d'une grande difficulté.

TRAMPOLINE

Pareurs (4)
En cas de perte de contrôle, les pareurs limitent les risques de blessure en amortissant la chute des concurrents. Ils ne doivent pas leur parler pendant leur enchaînement, sous peine de pénalité.

Ressorts
La toile est tendue grâce à 120 ressorts.

Entraîneur
Il est autorisé à approcher un matelas d'appoint s'il le juge nécessaire.

DOUBLE MINI-TRAMPOLINE

Évolution du mini-trampoline, utilisé par les gymnastes pour l'entraînement, le double mini-trampoline est présent dans les compétitions internationales à côté du trampoline et du tumbling. Après une course d'élan, les sauteurs enchaînent 2 figures aériennes en rebondissant sur les 2 zones d'impulsion du mini trampoline, et terminent au sol en position fixe.

Sélectionnés à l'issue de 2 séries de 2 figures, les 10 finalistes présentent 2 nouvelles séries pour se départager.

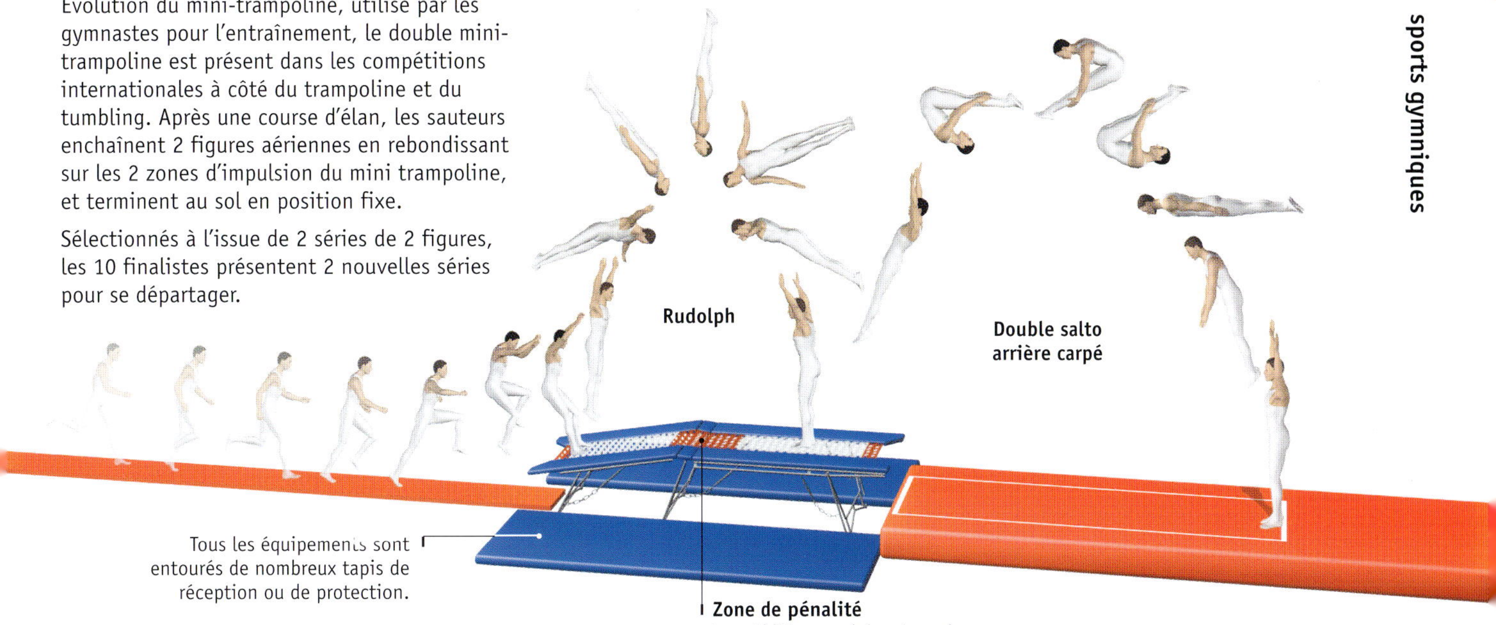

TUMBLING

Le tumbling emprunte autant à la gymnastique au sol qu'au trampoline. La discipline consiste à enchaîner très rapidement des mouvements acrobatiques sur une piste élastique. Des concours sont organisés dès les années 30, mais la première compétition internationale n'a lieu qu'en 1976. Depuis 1999, le tumbling s'est placé sous l'autorité de la Fédération internationale de gymnastique.

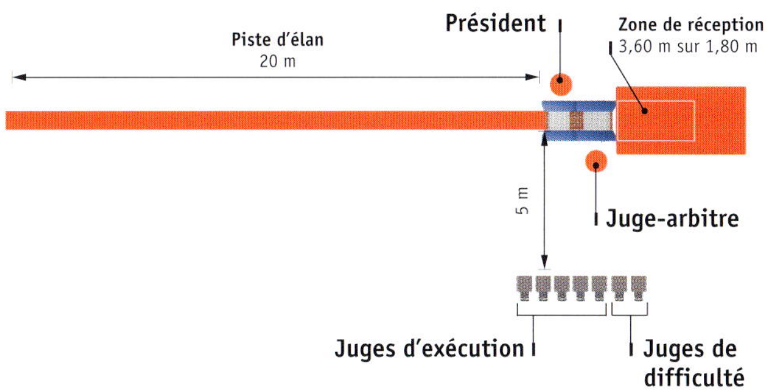

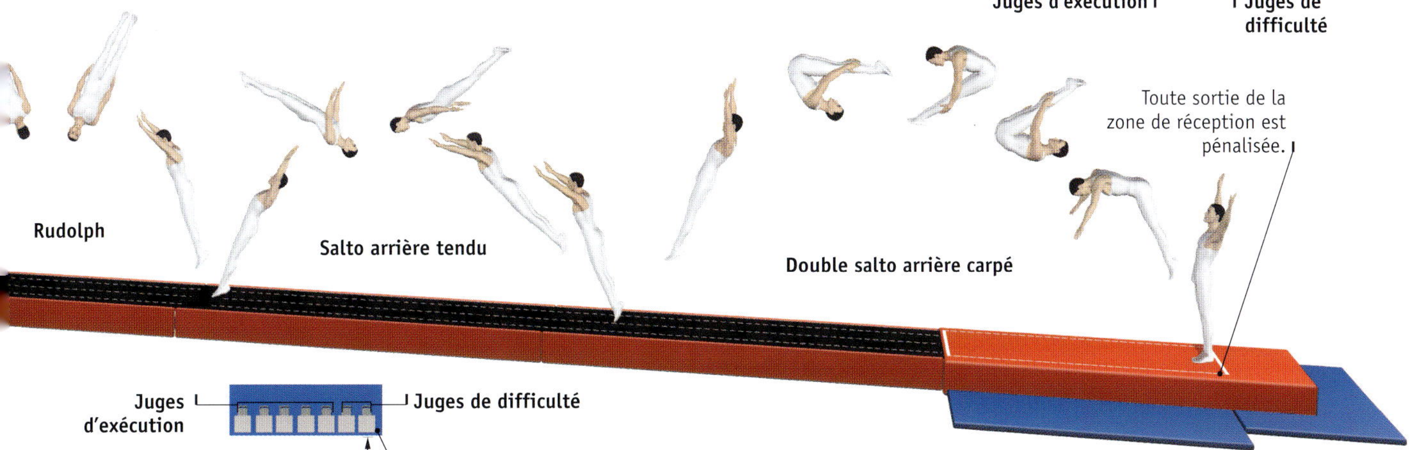

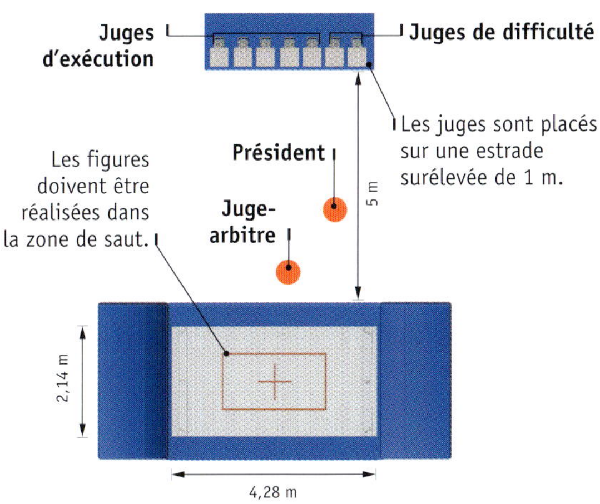

Piste de tumbling
La surface, plus élastique qu'avant, a permis de relever le niveau des difficultés. Les champions exécutent leurs enchaînements à une vitesse de 20 km/h.

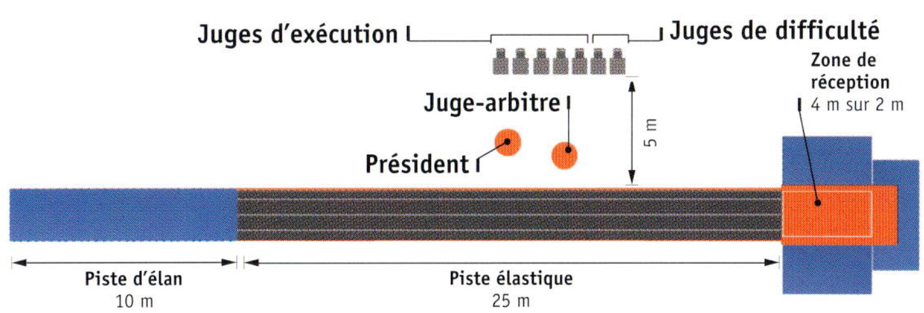

FIGURES

Les figures sont des combinaisons de saltos (rotations avant ou arrière) et de vrilles. Les saltos sont déclenchés lors de l'impulsion par un déplacement du centre de gravité. Les vrilles peuvent être déclenchées en l'air, ou à l'aide du contact avec le sol ou la toile. En l'air, replier ou tendre un bras crée un déséquilibre suffisant pour produire la rotation transversale. L'une des figures les plus difficiles actuellement réalisées est le « full full full » : triple salto arrière avec une vrille dans chaque salto.

Chaque figure peut être exécutée dans 3 positions différentes : tendue, carpée, groupée. Les bras doivent être tenus près du tronc. Les figures carpées ou tendues, plus difficiles à réaliser, rapportent plus de points.

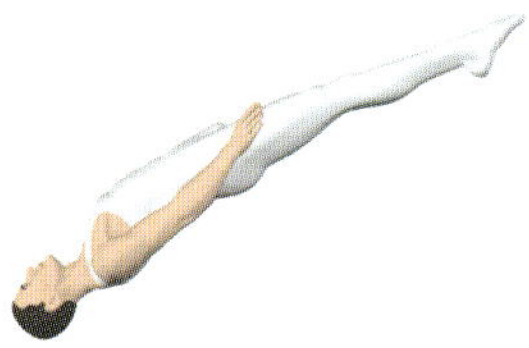

Tendue

Le gymnaste garde les jambes tendues dans l'axe des hanches.

Carpée

Le tronc et la tête doivent rester droits, les jambes et les pieds tendus.

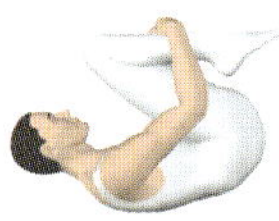

Groupée

Pieds et orteils sont tendus ; le corps doit demeurer compact.

À l'impulsion comme à la réception, les deux pieds doivent toucher la toile en même temps.

Salto arrière tendu

En montant et en descendant, le trampoliniste fixe son regard sur le cadre du trampoline pour corriger sa trajectoire.

JUGES

Dans les trois disciplines, les performances des compétiteurs sont jugées sur deux aspects complémentaires : réalisation de toutes les difficultés annoncées et perfection dans l'exécution des figures.

Président du panel des juges
Il supervise l'ensemble de la compétition (déroulement général et calcul des notes) et règle les litiges éventuels.

Juge-arbitre
Il vérifie que l'athlète respecte les zones limites.

Juges d'exécution
Au nombre de 5, ils contrôlent le maintien du centre, la régularité dans la hauteur des figures et le style général.

Juges de difficulté
Au nombre de 2, ils comptabilisent les saltos et les vrilles, et s'assurent qu'ils sont présentés dans la position annoncée (groupée, carpée, tendue).

- 90 degrés de rotation en salto valent 1/10 de point.
- 180 degrés de rotation en vrille valent 1/10 de point.
- 1/10 de point par salto est ajouté au total si la figure est réalisée carpée ou tendue.

ÉVOLUTION DES MATÉRIAUX

Au trampoline comme au tumbling, l'apparition des fibres synthétiques pour les toiles, et d'alliages de métaux très résistants pour les ressorts et les cadres, contribue à augmenter l'amplitude des rebonds. Les trampolinistes atteignent ainsi des hauteurs de 8 mètres, et les tumblers se propulsent à plus de 2,5 mètres, ce qui leur laisse le temps d'effectuer des figures plus complexes qu'auparavant.

PROFIL DU TRAMPOLINISTE

- Vivacité d'exécution, mémorisation des figures acrobatiques et sens de l'orientation spatiale exceptionnel sont indispensables.
- L'entraînement le plus utilisé est la *part-method*, qui consiste à apprendre les mouvements complexes par petites séquences. L'athlète trouve progressivement les points de repère nécessaires à la réalisation des multiples combinaisons de vrilles et de saltos.
- Les spécialistes du tumbling sont souvent d'anciens gymnastes, dont l'entraînement est axé sur la puissance musculaire : ils doivent fournir une forte impulsion pour atteindre de grandes vitesses horizontales.

Sports de force

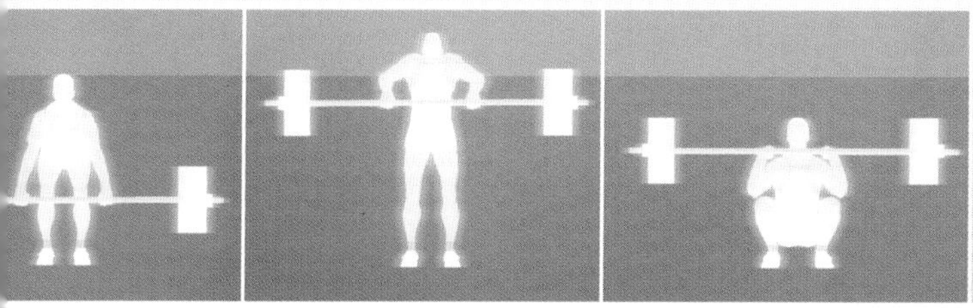

haltérophilie

Lever à un bras tel qu'il se pratiquait jusqu'en 1928.

L'haltérophilie est une discipline qui allie les qualités de force et de vitesse d'exécution et qui consiste à soulever une charge maximale à bout de bras. Bien que l'haltérophilie soit au programme des premiers J.O. de l'ère moderne, à Athènes en 1896, c'est en 1920 qu'elle prend véritablement sa place dans la famille olympique, lors des J.O. d'Anvers. Le sport, désormais régi par une fédération internationale, compte cinq levers et les classements se font par catégories de poids corporel. Les épreuves seront, en 1928, ramenées à trois, puis à deux depuis 1972, avec la suppression du développé. Les catégories de poids corporel ont subi maintes modifications depuis 1920, et sont aujourd'hui au nombre de 8 pour les hommes et de 7 pour les femmes. Il faut attendre 1987 pour que les premiers championnats du monde féminins d'haltérophilie aient lieu et l'an 2000 pour que l'haltérophilie féminine fasse son entrée au programme olympique. Ce sont des haltérophiles chinoises qui détiennent la plupart des records du monde homologués.

DÉROULEMENT DE LA COMPÉTITION

La compétition d'haltérophilie comprend, dans l'ordre, deux levers : l'arraché et l'épaulé-jeté. Les athlètes s'affrontent dans diverses catégories correspondant à leur poids corporel. Chaque athlète annonce son lever de départ et dispose de trois essais par lever seulement. Il choisit et annonce la charge à chaque essai, celle-ci devant être majorée d'au moins 2,5 kg après un essai réussi (0,5 kg minimum lors d'une tentative de record du monde). L'haltérophile dispose d'une minute entre l'appel de son nom et l'amorce du lever. Le vainqueur de la compétition est celui dont le total des deux levers est le plus élevé.

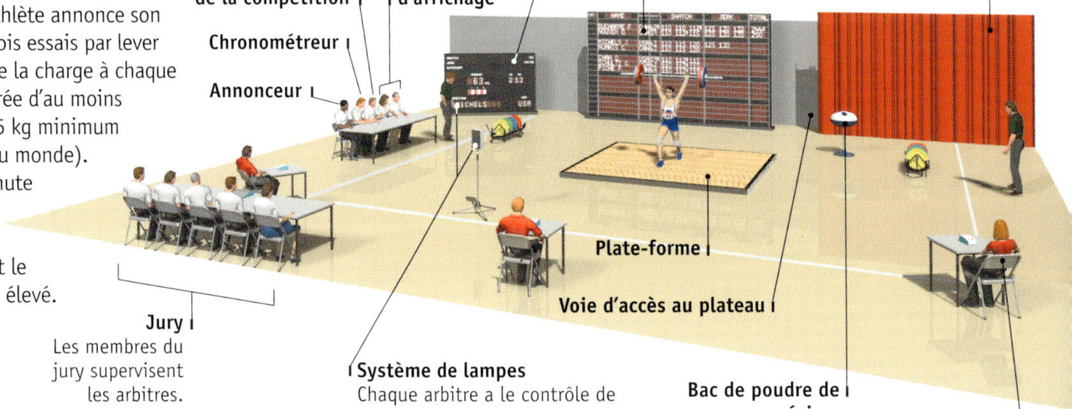

TECHNIQUES

Elles diffèrent quelque peu entre les deux levers, mais les actions musculaires de l'haltérophile sont pratiquement les mêmes pour l'arraché et l'épaulé-jeté. Toutefois, l'arraché est le lever le plus difficile des deux, puisque dès le soulevé de départ, l'haltérophile doit déplacer la charge à bout de bras, d'un mouvement continu, jusqu'à la hauteur maximale.

ARRACHÉ

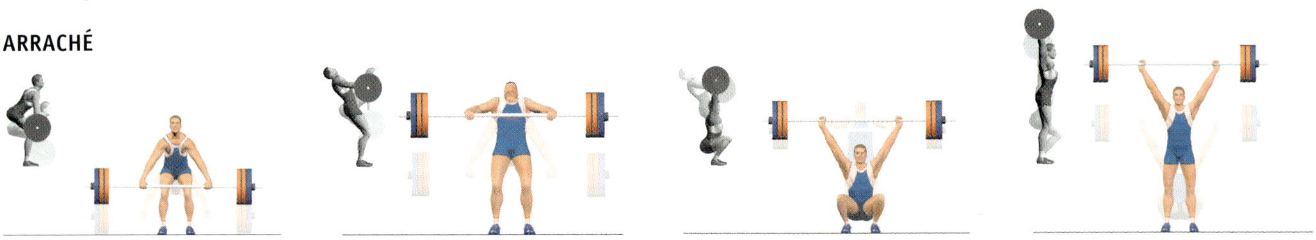

1. Soulevé de départ

Il est le résultat d'une force maximale destinée à amorcer le mouvement ascendant de la charge.

2. Tirade

La charge ainsi tirée vers le haut va permettre à l'haltérophile de se glisser sous la barre.

3. Passage sous la barre

Il a pour fonction d'amener l'haltère à un point de hauteur maximale.

4. Poussée finale

Elle doit permettre à l'haltérophile de verrouiller les points d'appui que sont les bras et de contrôler ainsi la charge au-dessus de la tête.

ÉQUIPEMENT

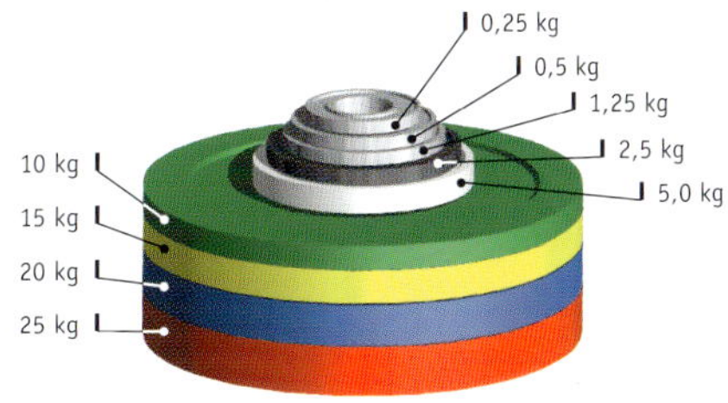

Vassili Alexeiev (URSS)
Consacré « l'homme le plus fort du monde », toutes catégories confondues, il élève le record olympique à 640 kg aux trois levers aux J.O. de Munich en 1972.

Naim Suleymanoglu (TUR)
Surnommé « l'hercule de poche », il soulève deux fois son poids à l'arraché et trois fois à l'épaulé-jeté. En 1996, il détenait 46 records du monde.

PROFIL DE L'HALTÉROPHILE

- Les muscles les plus sollicités, et donc les plus développés, sont les quadriceps, les trapèzes ainsi que les muscles de la région lombaire. Les cuisses sont massives, contrairement aux mollets. Certains muscles ne sont pas entraînés parce qu'ils sont inutiles aux levers, en l'occurrence les biceps et les pectoraux.
- L'effort phénoménal fourni par l'haltérophile peut provoquer une fréquence cardiaque de plus de 190 battements par minute.
- Les haltérophiles de l'élite internationale peuvent lever un total de plus de 25 tonnes en une seule séance d'entraînement.

Chaussures
Elles sont surélevées afin d'assurer à l'haltérophile la stabilité nécessaire à la réalisation de ses levers.

ÉPAULÉ -JETÉ

1. Soulevé de départ

L'effort fourni par l'haltérophile est le même que pour l'arraché. Toutefois, la prise sur la barre est moins large.

2. Tirade

La traction est principalement assurée par les muscles des cuisses et du dos.

3. Passage sous la barre

Il permet à l'athlète d'amener l'haltère à un point de contrôle afin de stabiliser le poids avant la poussée.

4. Poussée finale

La poussée des jambes permet à l'athlète de redresser son corps, tandis qu'il propulse la charge à bout de bras. Il stabilise alors la charge en verrouillant les épaules et prend équilibre en ramenant les pieds ensemble.

dynamophilie

Ed Coan (USA), champion national en 1983 et champion du monde en 1984.

Discipline de force pure ouverte aux hommes comme aux femmes, la dynamophilie consiste à soulever et à rester maître de la plus lourde charge possible, dans trois mouvements différents. Née au début des années 60 aux États-Unis, elle emprunte ses trois épreuves aux exercices pratiqués dans les gymnases par les culturistes. Lorsque l'International Powerlifting Federation (IPF) organise en 1970 le premier championnat du monde aux États-Unis, seules quelques nations du nord de l'Europe, et l'Angleterre, se présentent. Dans les années 80, la forte présence des athlètes soviétiques, et la création de la catégorie des plus de quarante ans contribuent grandement au rayonnement international de la discipline. La dynamophilie figure aujourd'hui au programme des Jeux mondiaux, consacrés tous les quatre ans aux sports non olympiques. En 1999, quelque 76 fédérations nationales sont regroupées sous l'égide de l'IPF.

DÉROULEMENT DE LA COMPÉTITION

Les concurrents effectuent chacun 9 essais : 3 flexions de jambes, 3 développés-couchés et 3 soulevés de terre, qui sont notés par 3 juges. Seul le meilleur essai figure au résultat, toute perte de contrôle de la charge étant sanctionnée. Un essai doit être validé par 2 juges et 3 essais non valables sont éliminatoires. Les concurrents déterminent la charge qu'ils vont tenter de soulever : le concurrent tentant la charge la plus faible passe le premier. En cas d'égalité dans une catégorie, le vainqueur désigné est l'athlète le plus léger à la pesée officielle. Si le poids des deux athlètes est identique, une nouvelle pesée, effectuée après l'épreuve, les départage.

La flexion de jambes (*squat*)

Le concurrent prend la charge, recule et se stabilise en position debout. Au signal du juge «*squat !*», il s'accroupit en maintenant la charge sur ses épaules. Sa hanche doit descendre au-dessous de l'articulation du genou. Son corps doit revenir en position de départ d'un seul mouvement continu et attendre le signal du juge «*rack !*», pour reposer la charge sur les supports. Le temps d'exécution n'est pas limité.

Le développé-couché (*bench press*)

Au signal du juge «*start !*» le concurrent, les bras tendus et les épaules bloquées en position, abaisse la barre au contact de son thorax. Il doit faire une pause et reprendre la position de départ avant de poser la charge sur les supports au signal du juge. Sa tête, ses épaules et ses fesses restent en permanence au contact du banc et ses pieds ne quittent pas le sol. Deux juges latéraux surveillent le contact avec le banc, tandis que les chargeurs assurent la sécurité du concurrent pendant l'essai et peuvent aider à lever et reposer la charge dans le support.

PROFIL DU DYNAMOPHILE

- Il existe 11 catégories de poids chez les hommes (de 52 à 125 kg et plus) et 10 chez les femmes (de 44 à 90 kg et plus). Les âges sont répartis en 4 classes, de 14 à 50 ans et plus. Une petite taille donne l'avantage de déplacer les charges à une hauteur moindre.
- 8 à 10 semaines avant une compétition, les exercices de musculation sont progressivement pratiqués en séries moins longues, avec des charges plus lourdes, pour augmenter la puissance sans entamer les réserves d'énergie. Les cuisses, les pectoraux, les deltoïdes, les triceps et les dorsaux sont très développés.

Le soulevé de terre (*deadlift*)

Le dynamophile doit amener la charge en position haute, puis la reposer au sol. Le mouvement peut être exécuté en position *sumo* – jambes écartées tendues – ou classique, jambes rapprochées. Au sommet du lever, le concurrent tient ses genoux droits et verrouillés, et ses épaules en retrait des hanches. Au signal du juge «*down !*» la charge est ramenée au sol sans perte de contrôle. La position des mains est inversée pour offrir une prise plus sûre.

Sports aquatiques

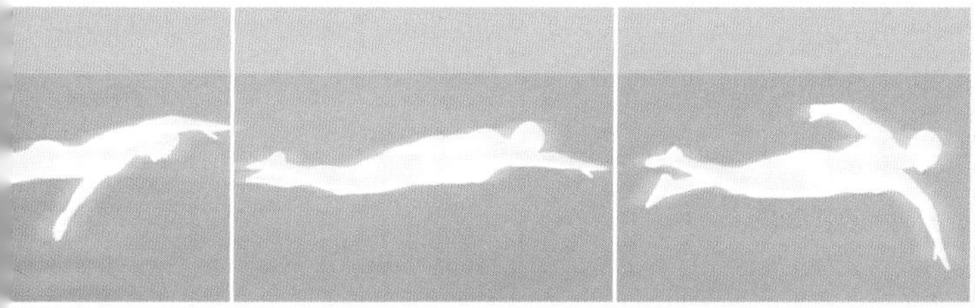

natation

Site des compétitions de natation des J.O. de 1920 à Anvers (Belgique).

On trouve plusieurs références à des compétitions de natation chez les historiens grecs et romains ainsi qu'au Japon où s'organisèrent, en 1603, les premières courses. Il faut cependant attendre 1837, à Londres, pour que des compétitions organisées par une société sportive aient lieu, et 1846, à Sydney, pour qu'un championnat sur une distance de 440 yards soit organisé. L'Association Metropolitan Swimming Club, fondée en 1869 à Londres, codifie cette même année les règles de compétition. La natation est présente aux premiers J.O. modernes, uniquement chez les hommes, sur trois distances : 100, 500 et 1200 m, nagées dans la mer; il faut attendre 1924 pour que les compétitions se tiennent en piscine. En 1908, la Fédération internationale de natation amateur (FINA), regroupant 10 nations, voit le jour et c'est aux J.O. de la même année qu'apparaissent les épreuves par style (dos, brasse et nage libre). Les premières compétitions féminines ont lieu dès 1912. Aujourd'hui, les principales compétitions demeurent les J.O. et les championnats du monde, créés en 1973. Les championnats du monde en bassin de 25 m sont organisés tous les deux ans depuis 1993.

DÉROULEMENT DE LA COMPÉTITION

Les participants doivent nager une distance définie en un minimum de temps. Les épreuves peuvent se dérouler en bassin de 25 ou de 50 m. Quatre styles de nage sont reconnus, tant chez les hommes que chez les femmes : la brasse, le dos, le papillon et la nage libre. Certaines épreuves combinent les quatre styles (quatre nages). Le but de la compétition demeure la course contre des adversaires et contre la montre. Au premier coup de sifflet du starter, les concurrents prennent position sur les plots de départ face à leur couloir respectif (ou les poignées pour le dos). Au deuxième signal (pistolet ou signal électronique), ils plongent dans le bassin. Aucun faux départ n'est toléré, sous peine de disqualification. Durant la course, les nageurs ne peuvent quitter leur couloir.

BASSIN OLYMPIQUE

Juge arbitre
Responsable du bon déroulement d'une compétition, il entérine les décisions prises par les autres juges et tranche en cas de litige.

Starter
Il a pleine autorité sur les nageurs à partir du moment où le juge arbitre lui en confie la responsabilité, et ce, jusqu'au début de la course.

Juges de nage (4)
Ils vérifient la régularité des mouvements de chaque nageur.

Juge de 15 m
Il veille à ce que la tête des nageurs soit hors de l'eau au passage de cette ligne.

Corde des faux départs
Elle est placée à 15 m du mur de départ. Lorsqu'un faux départ est constaté, un coup de pistolet identique au signal de départ indique aux nageurs qu'ils doivent regagner leur plot. Dans le même temps, la corde tombe dans l'eau.

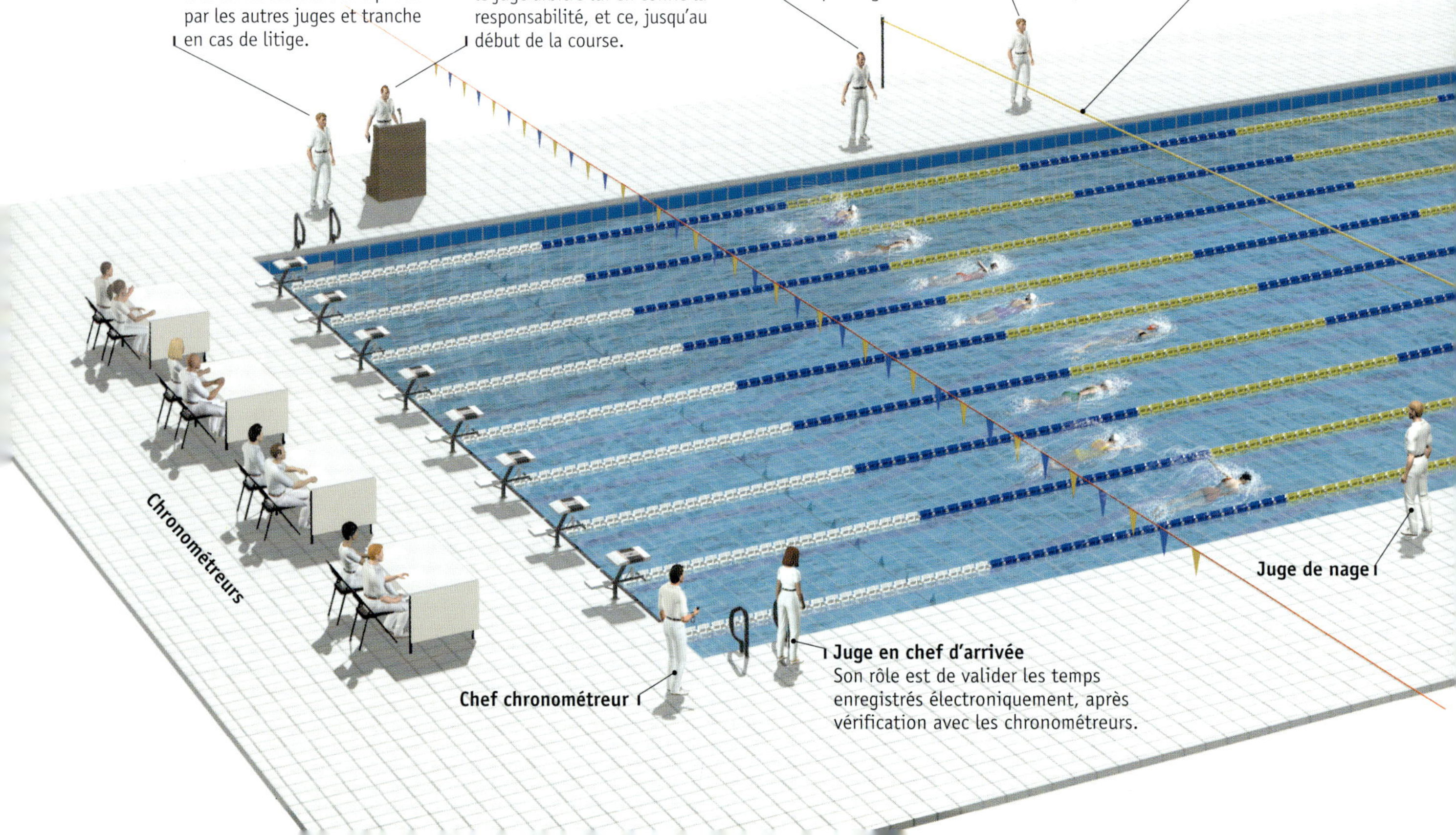

Juge en chef d'arrivée
Son rôle est de valider les temps enregistrés électroniquement, après vérification avec les chronométreurs.

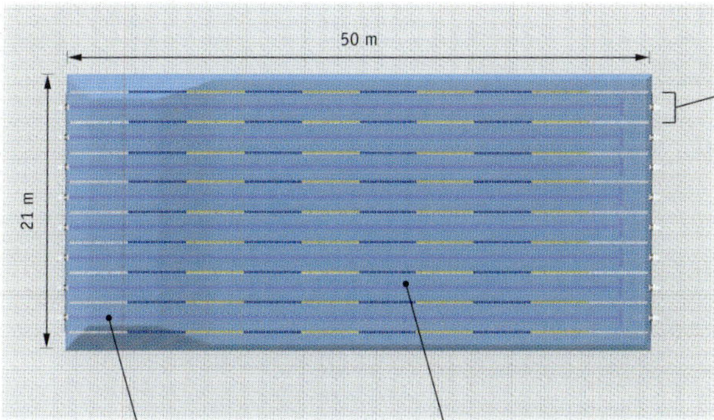

Couloir : 2,50 m

Lignes de couloir
Tracées au fond du bassin, au centre de chaque couloir.

Profondeur du bassin
Elle doit être uniforme lors des J.O. (1,80 m) mais peut varier lors des championnats du monde. L'eau doit demeurer à une température (24 °C) et un niveau constants.

TABLEAU INDICATEUR

Couloir

Type de compétition

Nom des nageurs

Temps réalisé

Chronomètre

Pays d'origine du nageur

Ordre d'arrivée des concurrents

Numéro de la compétition

Étape de la compétition
Identification de la série (séries éliminatoires, quart de finale, demi-finale).

Plaques électroniques de touche
Installées aux extrémités de chaque couloir, elles sont exactement distantes de 50 m. Leurs dimensions sont de 2,40 m x 0,90 m, et leur extrémité supérieure doit se trouver 30 cm au-dessus de la surface de l'eau. Reliées à une console programmée pour arrêter le chronomètre dès qu'un nageur les touche, elles sont suffisamment sensibles pour qu'une légère pression active le signal vers la console.

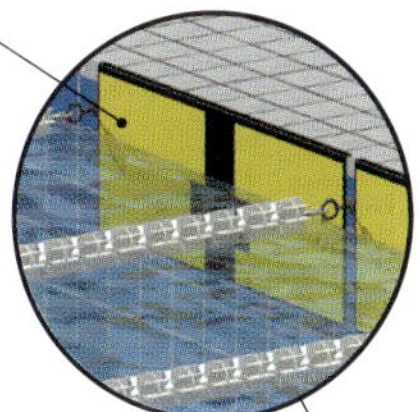

Drapeaux
À 5 m du mur et à 1,80 m au-dessus de l'eau, ils servent de repère visuel aux nageurs de dos, pour mieux évaluer la distance par rapport au mur.

Inspecteurs
Ils vérifient la régularité des virages.

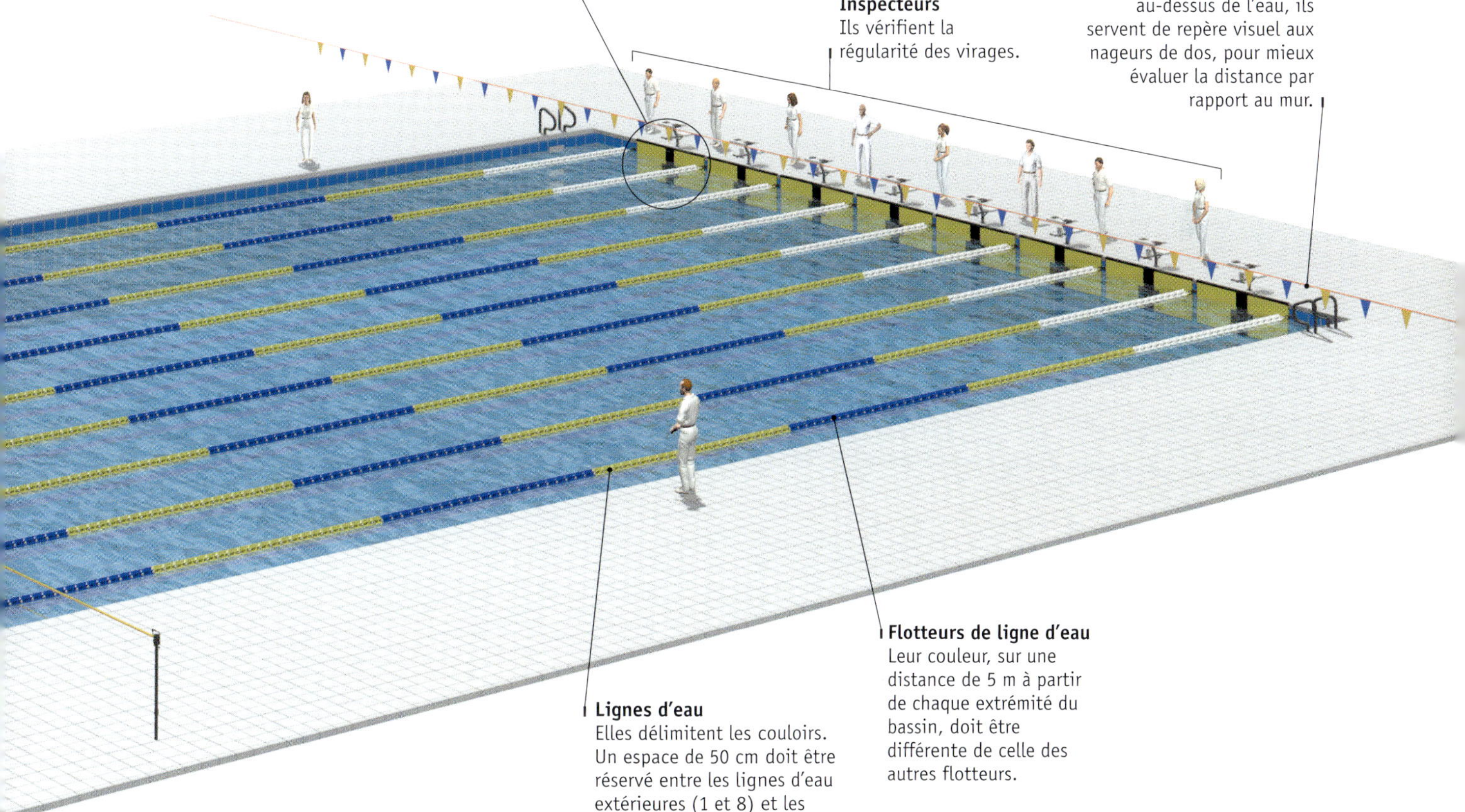

Flotteurs de ligne d'eau
Leur couleur, sur une distance de 5 m à partir de chaque extrémité du bassin, doit être différente de celle des autres flotteurs.

Lignes d'eau
Elles délimitent les couloirs. Un espace de 50 cm doit être réservé entre les lignes d'eau extérieures (1 et 8) et les murs du bassin.

LE CRAWL

D'origine hawaïenne, le crawl est créé dès 1893, mais ne sera introduit aux J.O. qu'en 1912. Considéré comme le « sprint » de la natation, il est l'épreuve de vitesse par excellence et la forme la plus courante de nage libre. Techniquement, dans une course de « nage libre », le concurrent peut utiliser n'importe quel style (sauf en « quatre nages »).

Départ – envol

Très concentré, le nageur est en apnée jusqu'au signal de départ, après lequel il s'élance, par une poussée maximale des membres inférieurs. Le corps est en complète extension.

Reprise de nage

Une fois sous l'eau, le nageur remonte vers la surface à l'aide d'un battement de jambes vigoureux.

LE DOS CRAWLÉ

Admis au programme des J.O. depuis 1900, la discipline apparaît à la fin du XIXe siècle, comme une variante du crawl, alors en plein développement. Elle est l'une des variantes les moins populaires, les nageurs n'étant pas habitués à ne pas voir leur but. La principale évolution du style survient au milieu du XXe siècle, quand les nageurs s'aperçoivent qu'ils gagnent en vitesse en courbant le bras lorsque celui-ci est sous l'eau (auparavant le bras demeurait tendu tout au long du cycle).

Départ

Les mains sont placées sur les étriers de départ et les pieds, en appui sur la paroi, doivent être entièrement sous l'eau. Au signal, les mains lâchent les étriers, et les jambes exercent une poussée vers le bassin.

Reprise de nage

Le nageur effectue des battements de pieds de type dauphin (mouvement ondulatoire) ou des battements alternatifs. Il ne doit en aucun cas dépasser 15 m de longueur sous l'eau.

LA BRASSE

Présente aux J.O. depuis 1908, la brasse est un style complexe qui demande la plus haute dépense énergétique en course ainsi qu'un synchronisme parfait entre les mouvements des membres supérieurs et inférieurs ; tous les mouvements doivent être simultanés. Si le nageur perd ce synchronisme, il est alors considéré comme nageant en « nage libre » et sera disqualifié.

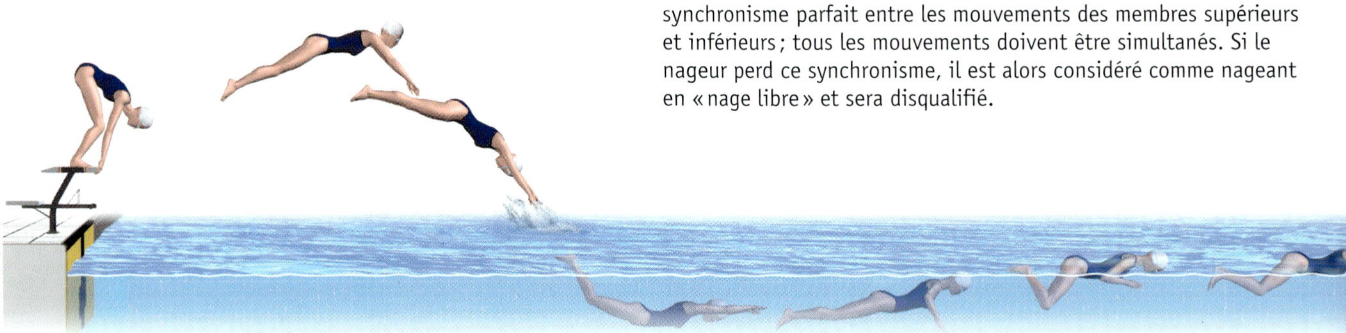

Départ – envol

Comme pour le crawl, le nageur est en apnée jusqu'au signal de départ ; il s'élance alors par une poussée maximale des membres inférieurs, le corps en complète extension.

Reprise de nage

Le corps doit rester parfaitement allongé, sur le ventre. Le nageur effectue une traction complète des bras avant d'effectuer sa poussée avec les jambes. Il n'a droit qu'à une traction complète sous l'eau lors des reprises de nage, après le départ et lors des virages.

COMPÉTITIONS

Les distances reconnues aux J.O. et aux championnats du monde sont :
- Hommes : 50, 100, 200, 400 et 1500 m individuels; relais 4 x 100 m, relais 4 x 200 m
- Femmes : 50, 100, 200, 400 et 800 m individuels; relais 4 x 100 m, relais 4 x 200 m

Championnats du monde : eau libre (longue distance en bassin, lac ou océan) : hommes et femmes : 5 et 25 km.
D'autres compétitions prennent également en compte le 800 m hommes et le 1500 m femmes.

Technique de propulsion

Les jambes, immergées, effectuent des battements alternatifs tandis que les bras, lancés alternativement vers l'avant, créent un mouvement de traction. Le nageur expire lorsque sa tête est dans l'eau.

Virage culbute

Le nageur se regroupe, plonge légèrement vers le fond du bassin et effectue sa culbute. Il peut toucher la paroi avec n'importe quelle partie du corps, mais utilise les pieds, en exerçant une poussée avec ces derniers afin de se redonner l'impulsion nécessaire jusqu'à la pleine extension.

COMPÉTITIONS

Les distances reconnues aux J.O. et aux championnats du monde sont :
- Hommes : 100 et 200 m individuels
- Femmes : 100 et 200 m individuels

D'autres compétitions ont récemment ajouté le 50 m individuel (hommes et femmes).

Technique de propulsion

Les bras sont projetés alternativement vers l'avant. Ils effectuent une traction entre 45 et 60 cm au-dessous du niveau de l'eau. Conjointement, les jambes, tendues, effectuent un mouvement de battement alternatif permettant la propulsion du nageur.

Virage culbute

Le nageur pivote latéralement sur lui-même pour se mettre en position ventrale et effectuer sa culbute. Comme au crawl, il peut toucher la paroi avec n'importe quelle partie du corps mais prend généralement appui sur la paroi avec les pieds. Les jambes effectuent une poussée vers l'avant. Le nageur doit être revenu en position dorsale avant que les pieds aient quitté le mur.

COMPÉTITIONS

Les distances reconnues aux J.O. et aux championnats du monde sont :
- Hommes : 100 et 200 m individuels
- Femmes : 100 et 200 m individuels

D'autres compétitions ont récemment ajouté le 50 m individuel (hommes et femmes).

Technique de propulsion

Les bras effectuent trois mouvements latéraux à la suite : un mouvement de « godille externe » (s'éloignant du corps), puis de « godille basse » (vers le fond du bassin), enfin de « godille interne » (revenant vers le corps). Les jambes fléchissent afin de propulser le nageur et reviennent au moment du recouvrement dans leur position initiale. Le mouvement des jambes est le plus propulsif (environ 70 %), comparativement aux autres styles (5 à 10 %).

Virage ouvert

Le nageur doit toucher la paroi du bassin, des deux mains, au-dessus ou au-dessous de l'eau avant de pivoter sur lui-même : les pieds s'appuient sur la paroi et les jambes exercent une poussée maximale qui propulse le nageur. Celui-ci doit avoir repris sa position horizontale avant que les pieds ne quittent leur contact avec la paroi.

LE PAPILLON

Longtemps connue sous le nom de « brasse-papillon », elle est considérée comme un style à part entière depuis les J.O. d'Helsinki, en 1952,

Départ – envol

Le nageur, en apnée jusqu'au signal de départ, s'élance par une poussée maximale des membres inférieurs, le corps en complète extension.

Reprise de nage

Le nageur est autorisé à effectuer ses premiers battements de jambes sous l'eau, sur une longueur de 15 m maximum.

LE QUATRE NAGES

Les athlètes doivent combiner les techniques de chaque style sur au moins 50 m (une longueur de bassin). C'est une épreuve qui allie technique, vitesse et endurance. Les quatre nages sont la brasse, le dos, le papillon et la nage libre, qui peut être n'importe quel style à l'exception des trois autres. Tous les nageurs utilisent le crawl.

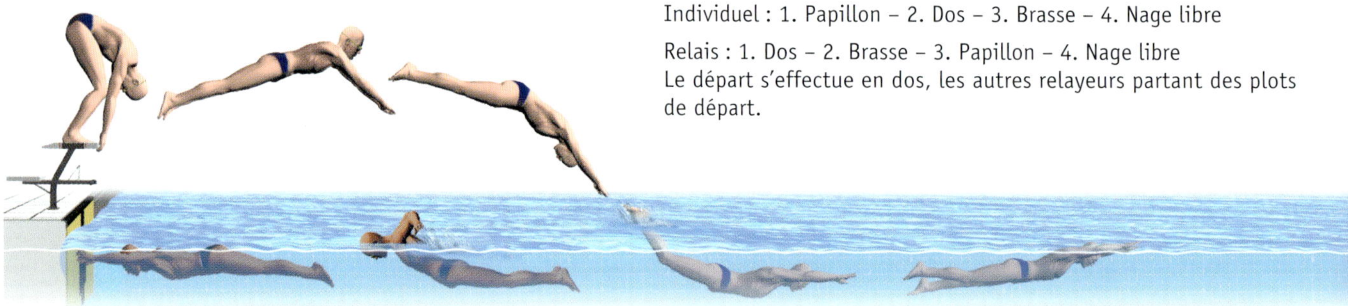

LE RELAIS QUATRE NAGES

La compétition de relais quatre nages met aux prises des équipes composées de spécialistes dans chacun des styles. Tous les spécialistes de nage libre utilisent le crawl.

L'ordre des nages est imposé et diffère selon que la course est individuelle ou en relais.

Individuel : 1. Papillon – 2. Dos – 3. Brasse – 4. Nage libre

Relais : 1. Dos – 2. Brasse – 3. Papillon – 4. Nage libre
Le départ s'effectue en dos, les autres relayeurs partant des plots de départ.

PROFIL DU NAGEUR

- Puissant et endurant, le nageur doit subir une intense préparation physique.
- L'entraînement comprend un volume fractionné à haute intensité (répétition de courtes distances) et peut nécessiter un développement parallèle de la puissance musculaire (membres supérieurs et inférieurs) lors de séances d'entraînement en salle avec résistances (poids, musculation). Avant toute compétition, l'athlète réduit graduellement le volume d'entraînement, tout en conservant des fractions d'effort à haute intensité. La diminution du niveau de fatigue qui s'ensuit est plus importante que la diminution de son niveau d'entraînement : l'athlète est alors en condition pour réaliser des performances de pointe.
- Deltoïdes, trapèzes, ischio-jambiers, grand dorsal sont généralement plus volumineux, alors que le bassin est plus étroit (résistance moindre). Une grande taille peut conférer une plus longue portée, au niveau des bras et des jambes.

COMPÉTITIONS

Les distances reconnues aux J.O. et aux championnats du monde sont :
- Hommes : 200 et 400 m individuels ; relais 4 x 100 m
- Femmes : 200 et 400 m individuels ; relais 4 x 100 m

Alexandre « Sasha » Popov (RUS)
Quadruple champion olympique et champion du monde du 50 m (1994), il est également champion du monde du 100 m en 1994 et 1998.

Mark Spitz (USA)
Champion olympique en équipe en 1968 et vedette des Jeux de 1972, il a amélioré 26 records du monde individuels et 25 records américains entre 1967 et 1972.

Jingyi Le (CHN)
Première nageuse de l'histoire à descendre sous les 25 s au 50 m, elle a été championne olympique en 1996 et quatre fois championne du monde.

Kristina Egerszegi (HUN)
La plus grande dossiste de la natation. Quintuple championne olympique et championne du monde, elle détient encore le record du monde du 200 m dos.

COMPÉTITIONS

Les distances reconnues aux J.O. et aux Championnats du monde sont :
- Hommes : 100 et 200 m individuels
- Femmes : 100 et 200 m individuels

D'autres compétitions ont récemment ajouté le 50 m individuel (hommes et femmes).

Technique de propulsion

Les bras, lancés simultanément vers l'avant puis ramenés en arrière, de façon symétrique, exercent une traction. Les épaules demeurent parallèles à la surface de l'eau, dans un axe horizontal. Les jambes effectuent des mouvements simultanés, complétant une ondulation entamée à partir des membres supérieurs. La respiration s'effectue à la fin de la poussée, lorsque les bras reviennent au-dessus de la tête.

Virage ouvert

L'athlète doit toucher la paroi du bassin des deux mains avant de pivoter sur lui-même. Ses pieds exercent une poussée sur la paroi et l'athlète peut effectuer plusieurs battements de jambes avant de revenir à la surface. Il doit cependant avoir repris sa position ventrale avant que ses pieds n'aient quitté la paroi du bassin.

ÉVOLUTION DU RECORD DU MONDE

Depuis 1991, il existe un tableau de records en bassin de 25 m (auparavant, uniquement en bassin de 50 m).

100 M DOS

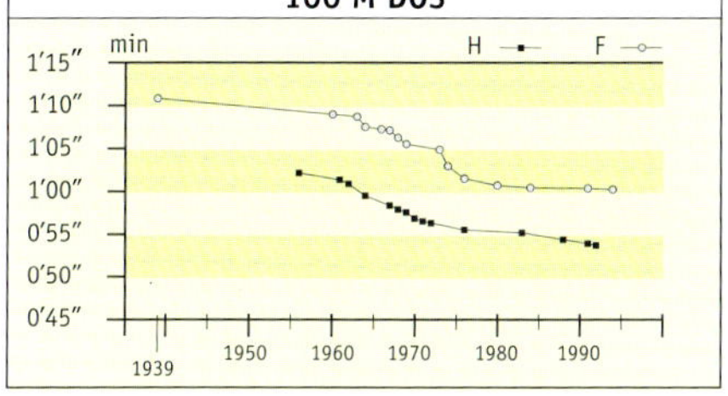

4 X 100 M QUATRE NAGES

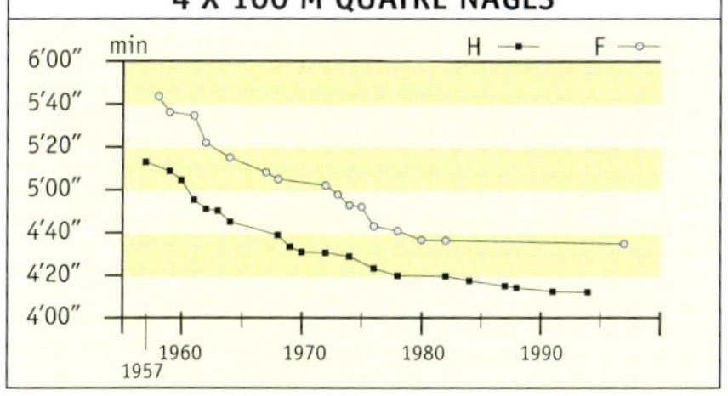

100 M BRASSE

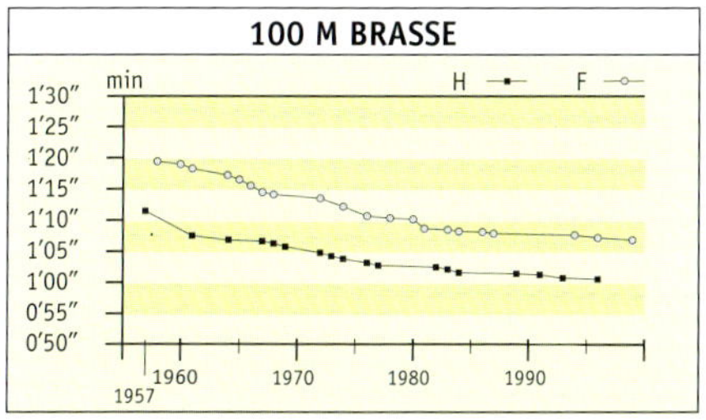

100 M PAPILLON

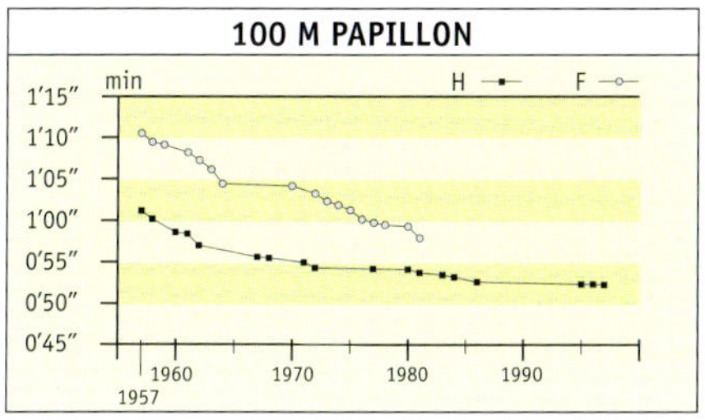

100 M NAGE LIBRE

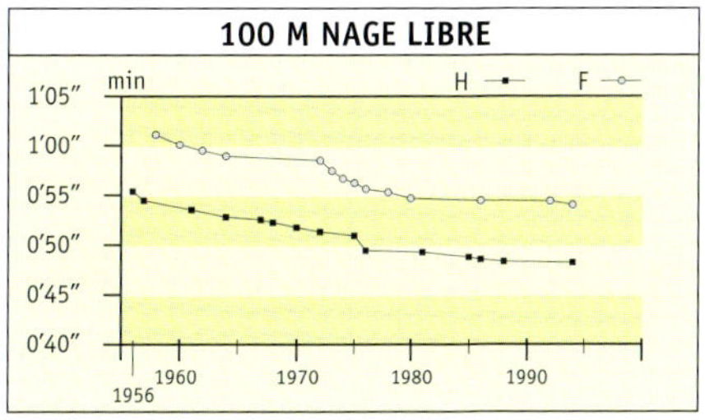

ÉQUIPEMENT

Les seuls équipements autorisés sont le maillot, le bonnet et les lunettes. Aucun concurrent n'est autorisé à utiliser ou porter sur lui un moyen quelconque d'augmenter sa vitesse, sa flottabilité ou son endurance.

Maillot

Plots de départ
Situés entre 50 et 75 cm au-dessus de l'eau, leur surface recouverte d'une matière antidérapante doit être d'au moins 50 x 50 cm.

Les nageurs s'épilent avant les grandes compétitions. L'épilation leur permet de mieux apprécier leurs mouvements dans l'eau et peut dans certains cas leur faire gagner un temps précieux.

Poignées ou étriers pour départs dos
Elles sont placées entre 30 et 60 cm au-dessus de la surface de l'eau.

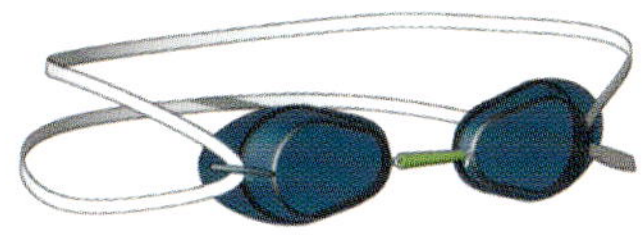

Lunettes profilées
Elles peuvent être adaptées à la structure osseuse de chaque nageur, lui offrant à la fois le maximum de confort et d'étanchéité, tout en diminuant la résistance de l'eau.

natation synchronisée

Entraînement de l'équipe du Jersey Swimming Club Dolphins à la piscine de Havre des Pas (Grande-Bretagne) en 1935.

Née de l'imagination de nageuses canadiennes en 1923, la natation synchronisée est une discipline sportive exclusivement féminine qui allie natation, danse et gymnastique. Le sport prend officiellement son nom actuel en 1934, mais il faudra attendre les J.O. d'Helsinki, en 1952, pour que l'équipe nationale américaine en donne une première démonstration. La même année, la Fédération internationale de natation amateur (FINA) reconnaît la discipline et l'intègre dans son programme officiel. L'aspect technique prend rapidement le pas sur le côté artistique avec l'avènement des premiers championnats du monde. La natation synchronisée fait son entrée dans l'arène olympique à Los Angeles, en 1984, avec des épreuves solo et duo. En 1996, seule la compétition par équipe est inscrite et en 2000, l'épreuve de duo est de nouveau au programme. Outre les J.O., les championnats du monde sont l'autre grand rendez-vous de la discipline. Ils existent depuis 1973 et ont lieu tous les trois ou quatre ans. Ils accueillent les trois types d'épreuves : solo, duo et équipe.

DÉROULEMENT DE LA COMPÉTITION

En compétition, les nageuses présentent deux programmes devant les juges, d'abord technique puis libre. Le premier comporte des éléments imposés à exécuter dans un ordre défini (six éléments pour le solo, sept pour le duo, huit pour l'épreuve par équipe), tandis que le second permet aux nageuses de présenter une composition artistique incluant des éléments techniques qu'elles choisissent, enchaînés sur une chorégraphie. Pour chaque programme, les nageuses reçoivent deux notes, une note technique et une note artistique, entre 0 et 10, graduées au dixième de point.

Les nageuses enchaînent diverses figures dans l'eau sur un accompagnement musical, selon trois types d'épreuves : le solo, le duo et l'épreuve par équipe formée de huit nageuses. Pour ces deux dernières épreuves, la synchronisation des nageuses doit être parfaite, tant sur la musique qu'entre elles.

Les compétitrices sont jugées à la fois sur leurs aptitudes techniques et physiques (qualité, précision, maîtrise des figures) et sur leur performance artistique (finesse, enchaînements, impression, création d'une image ou d'un thème).

BASSIN

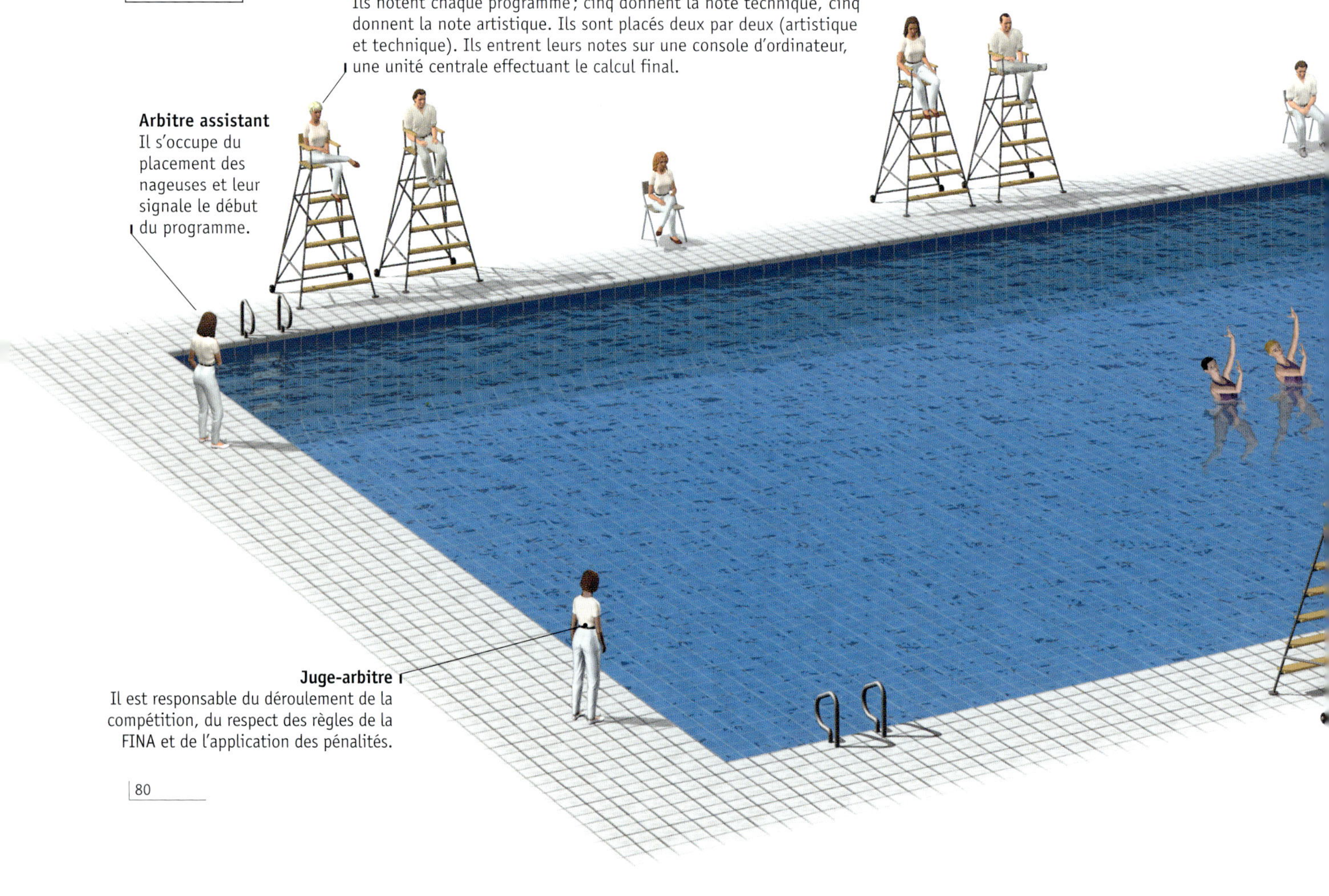

DÉCOMPTE DES POINTS

Programme technique
Les nageuses ont 2 min en solo, 2 min 20 s en duo et 2 min 50 s en équipe. Elles reçoivent une note technique qui compte pour 60 % et une note artistique pour 40 %.

Programme libre
Les nageuses ont 3 min 30 s en solo, 4 min en duo, 5 min en équipe. Un maximum de 10 s de « temps de plage » (travail au bord du bassin) est accordé. La note artistique vaut 60 %, la note technique 40 %.

Les deux notes sont assemblées : le programme technique vaut 35 % du résultat, le programme libre 65 %. Le total obtenu est la note finale. Des pénalités de 2 points sont infligées aux nageuses si elles n'effectuent pas les figures dans l'ordre établi dans le programme technique ou si elles prennent appui sur le rebord ou le fond du bassin, dans n'importe quel programme.

ÉQUIPEMENT

Les cheveux sont attachés ou montés avec de la gélatine alimentaire pour ne pas gêner les nageuses.

Maillot
Il ne doit comporter aucun accessoire supplémentaire.

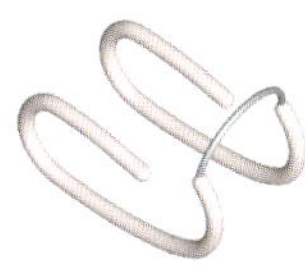

Pince-nez
C'est une broche de métal recouverte de plastique qui permet d'éviter la pénétration d'eau dans les sinus. De nombreuses nageuses lui préfèrent maintenant des « bouchons » de gélatine insérés dans les narines et épousant la forme des sinus.

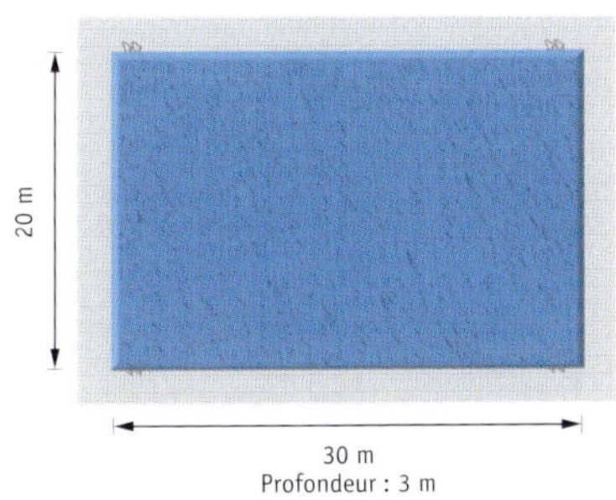

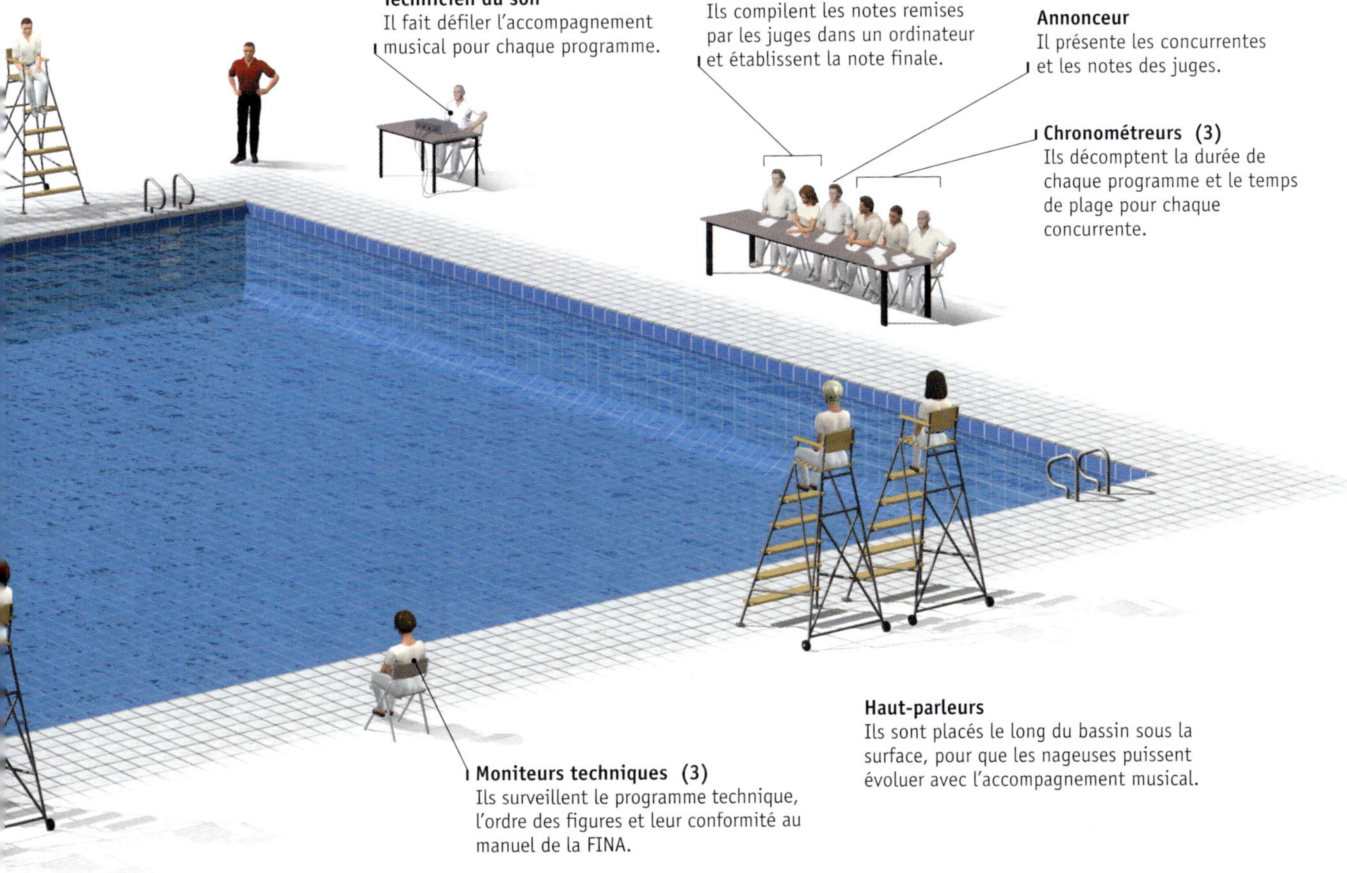

Technicien du son
Il fait défiler l'accompagnement musical pour chaque programme.

Assistants (2)
Ils compilent les notes remises par les juges dans un ordinateur et établissent la note finale.

Annonceur
Il présente les concurrentes et les notes des juges.

Chronométreurs (3)
Ils décomptent la durée de chaque programme et le temps de plage pour chaque concurrente.

Haut-parleurs
Ils sont placés le long du bassin sous la surface, pour que les nageuses puissent évoluer avec l'accompagnement musical.

Moniteurs techniques (3)
Ils surveillent le programme technique, l'ordre des figures et leur conformité au manuel de la FINA.

POSITIONS DE BASE ET FIGURES

C'est autour des positions de base (une vingtaine au total) que se construisent les figures et les enchaînements qui formeront l'ensemble d'un programme de base. Un programme est l'enchaînement de figures agrémentées de transitions permettant à la nageuse de se déplacer dans le bassin et de respirer entre deux figures, tout en présentant un travail chorégraphique particulier.

Barracuda

Position verticale
Le corps est en extension, perpendiculaire à la surface. Les jambes sont jointes, la tête en bas. La tête, les hanches et les chevilles doivent être alignées.

Promenade avant

Position cavalier ou château
La nageuse est en position de flottaison verticale, le corps est en extension. Le bas du dos est cambré, les hanches, épaules et tête alignées verticalement. Une jambe tend vers l'arrière, le plus proche possible de l'horizontale, le pied à la surface.

Promenade arrière

Position grand écart
Les jambes sont également ouvertes vers l'avant et l'arrière jusqu'à l'horizontale. Les pieds et les cuisses demeurent à la surface. Le tronc demeure perpendiculaire.

Position carpée avant
Le tronc effectue un mouvement d'inclinaison de 90°. Les jambes et les fesses demeurent horizontalement à la surface, le corps (tronc droit, dos plat, tête alignée) est perpendiculaire à la surface.

ENCHAÎNEMENT

Le programme présenté par la nageuse comporte diverses positions de base enchaînées pour former des figures. Lors du programme technique, les nageuses devront exécuter exactement les figures décrites dans le manuel de la FINA. Lors du programme libre, elles présentent des variations (hybrides) à partir de ces figures, sans les reproduire exactement.

La nageuse exécute un mouvement inspiré de la figure barracuda : de la position allongée sur le dos, elle élève les jambes à la verticale. Le corps est immergé pour prendre une position carpée arrière, suivie d'une poussée qui l'emmène en position verticale.

Elle effectue ensuite un groupé suivi d'une transition à la surface.

Cette transition, accompagnée d'un mouvement des bras, lui permet d'incorporer des éléments de création chorégraphique. La nageuse profite de cette transition pour se déplacer dans le bassin.

ÉPREUVES PAR ÉQUIPE

La synchronisation entre elles et sur la musique doit être parfaite. Durant le programme libre, elles n'ont pas à effectuer les mêmes figures simultanément. La difficulté des mouvements et les transitions sont les éléments les plus travaillés à l'entraînement.

PROFIL DES NAGEUSES

- L'entraînement est de sept à neuf heures par jour, six jours par semaine, réparties entre différents ateliers.
- La préparation est physique, technique, artistique et mentale :
  - physique : musculation (abdominaux, cou, trapèzes, et muscles du dos, des bras et des jambes), travail cardio-vasculaire (course à pied, longueurs de bassin avec des poids) et flexibilité ;
  - technique : maîtrise des figures et des enchaînements, mouvements du corps, séances aquatiques et travail sur des éléments « à risque » (plate-forme, portés) ;
  - artistique : formation en danse (jazz et classique), en gymnastique et chorégraphie. Les nageuses doivent aussi développer un sens musical qui leur permettra de suivre le rythme de l'accompagnement ;
  - mentale : visualisation, relaxation, activation et *land drill* (répétition à sec, hors de l'eau).
- Une nageuse atteint le haut niveau de compétition vers 15 ou 16 ans. Il est rare qu'une championne conserve ce niveau passé 28-29 ans.

Plate-forme

Les nageuses, sans jamais toucher le fond du bassin, se regroupent sous l'eau et montent la « plateforme ». Plus le temps de préparation est court, plus la figure est réussie. À l'issue de la figure, la plate-forme peut redescendre, ou la nageuse au sommet peut plonger. La plate-forme est l'une des formations les plus spectaculaires.

Sylvie Fréchette (CAN)
Elle a remporté la Coupe du monde en solo et a été championne olympique en solo en 1992.

Olga Sedakova (RUS)
Championne du monde 1998 en solo, duo et équipe. Championne d'Europe en solo et duo en 1991, en solo, duo et équipe en 1993, en solo et équipe en 1995 et 1997.

DUO

Le travail en duo demande une excellente coordination des deux nageuses, entre elles et sur l'accompagnement musical. En programme libre, elles ne sont pas obligées d'effectuer les mêmes gestes simultanément, tant que l'ensemble demeure homogène et artistique.

À la sortie de ce mouvement, elle enchaîne sur un mouvement inspiré de la figure Tour Eiffel promenade.

Durant cet enchaînement, elle inclut un hybride, une variation sur la figure originale (par exemple en pliant une jambe avant de prendre la position grand écart).

Elle reprend son enchaînement avec une sortie promenade avant et peut alors poursuivre avec une autre transition.

water-polo

L'équipe hongroise, médaillée d'or aux J.O. de Berlin en 1936. Depuis cette date, la Hongrie détient plusieurs titres olympiques et de championnats du monde.

Le water-polo est un sport de ballon qui se joue dans l'eau, entre deux équipes, et qui allie vitesse, endurance, précision et sens collectif. Vers 1840, un premier jeu de ballon dans l'eau voit le jour : des joueurs à cheval sur des tonneaux poussent un ballon à l'aide de pagaies vers un but. La ressemblance de ce jeu avec le polo à cheval est à l'origine du nom de water-polo. La première tentative de réglementation a lieu vers 1870. Entre 1880 et 1888, le water-polo prend sa forme presque définitive, mais c'est en 1908 que sera créée la Fédération internationale de natation (FINA), qui permet l'uniformisation des règles, bien que le water-polo masculin soit un sport olympique depuis 1900. Il faut attendre 1950 pour voir une évolution des règles. De physique, le jeu devient plus technique, fait appel à la vitesse, au sens collectif et à de bons nageurs. Le double arbitrage est introduit aux Jeux de Montréal (1976). Parallèlement aux J.O., la FINA organise des championnats du monde tous les quatre ans et une Coupe du monde tous les deux ans. Le water-polo féminin y est inclus (depuis 1979 pour la Coupe du monde ; depuis 1986 pour les championnats du monde). En démonstration depuis 1984 aux J.O., il fait son entrée officielle aux Jeux de Sydney, en 2000.

DÉROULEMENT D'UN MATCH

Chaque équipe dispose de treize joueurs : sept joueurs « actifs » et six remplaçants. Parmi les sept joueurs en jeu, l'un doit être le gardien de but. Le principe est de marquer plus de buts que l'adversaire dans un temps défini (quatre périodes de 7 minutes, en temps réel). Les joueurs doivent se maintenir dans l'eau, sans toucher le fond (sauf le gardien) ni prendre appui durant la rencontre. Au début de la partie et de chaque période de jeu, les joueurs sont alignés sur leur ligne de but. L'arbitre lance le ballon au milieu du bassin et les joueurs s'élancent pour en prendre possession. Après chaque but, les joueurs prennent position dans leur propre moitié de bassin. L'équipe contre laquelle le but a été marqué prend possession du ballon au centre du bassin. À l'exception du gardien de but, les joueurs ne peuvent ni se saisir du ballon à deux mains, ni le frapper du poing. Une équipe qui prend possession du ballon est obligée de tirer vers le but adverse dans les 35 secondes qui suivent la récupération de la balle. Si une rencontre nécessitant un résultat définitif se termine par un match nul, une prolongation (deux périodes de 3 minutes) a lieu.

BASSIN

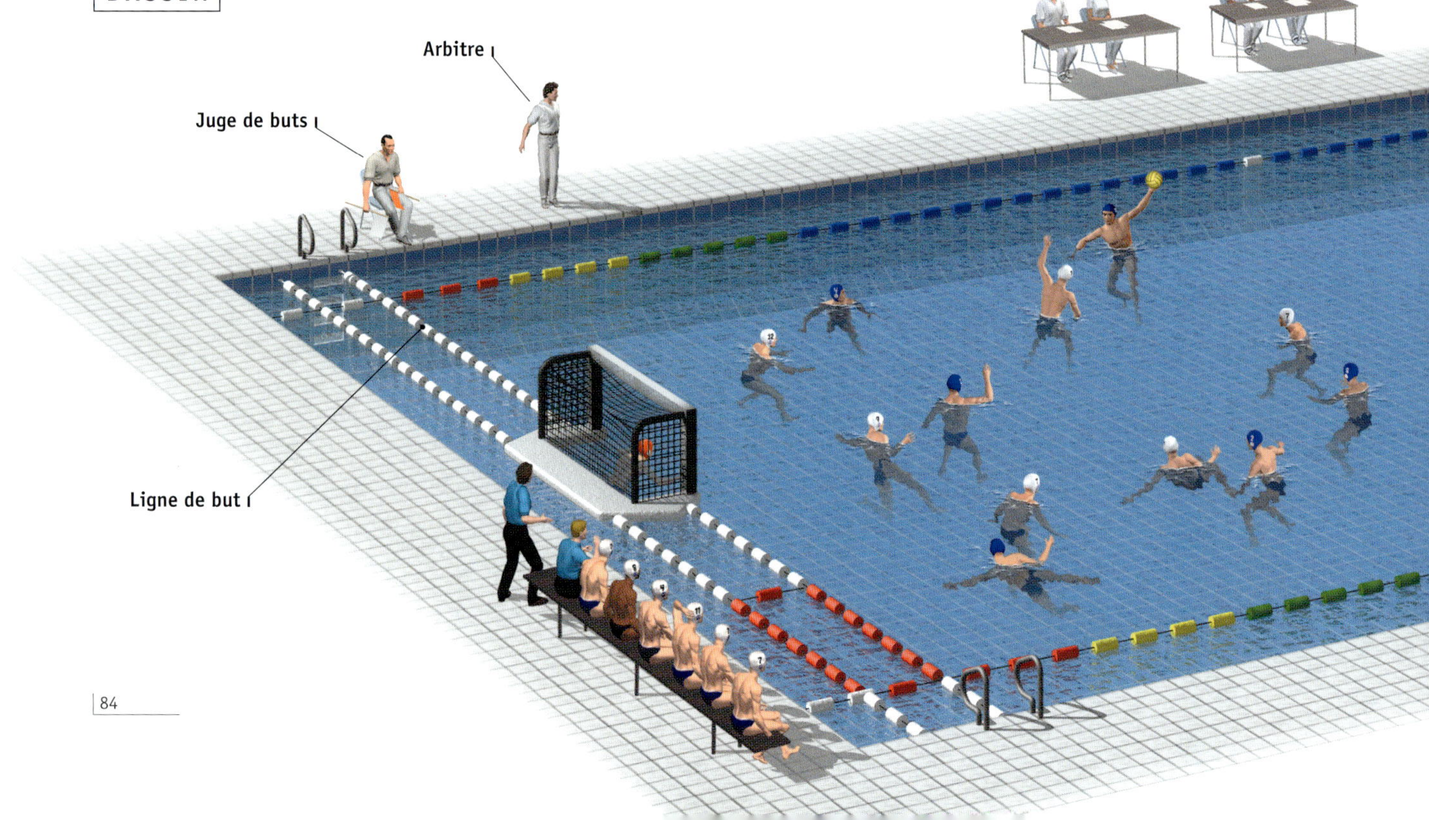

POSITION DES JOUEURS

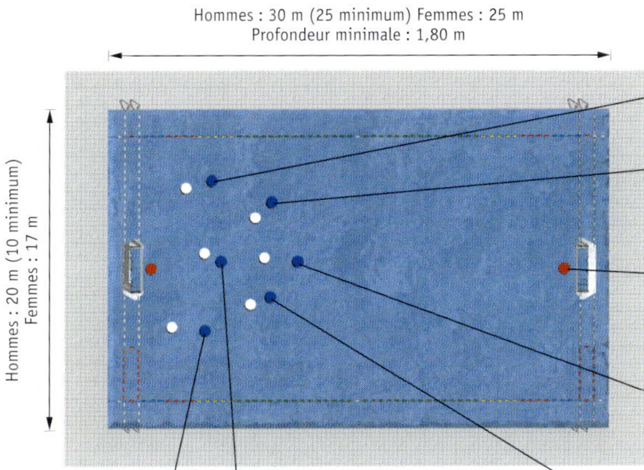

Ailier droit
Il passe la balle vers le joueur le mieux placé pour tirer au but (avant-centre ou défenseur) ou tire lui-même. En défense, il bloque l'arrière gauche adverse.

Arrière droit
Bloque l'ailier gauche adverse et participe aux mouvements offensifs.

Gardien
Empêche le ballon d'entrer dans le but et relance le jeu en phase d'attaque.

Arrière centre
Bloque l'avant-centre adverse et dirige les mouvements offensifs.

Ailier gauche
Ses qualités sont la précision des passes (vers l'avant-centre) et la vitesse. Il tire souvent au but. En défense, il bloque l'arrière droit adverse.

Avant-centre
Devant le but adverse il doit soit tirer au but, soit attirer un adversaire pour libérer des espaces pour ses partenaires. En défense, il bloque l'arrière centre adverse.

Arrière gauche
Bloque l'ailier droit adverse et participe aux mouvements offensifs.

Juges de buts (2)
Il indique la validité d'un but (le ballon doit avoir entièrement franchi la ligne de but). Il signale aussi les ballons sortis derrière la ligne de but (sorties de but ou corners).

Buts
En fibre de verre ou en plastique, ils sont maintenus sur l'eau soit par des câbles attachés au bord du bassin, soit fixés contre le bord dans le cas de petits bassins. Un espace d'au moins 30 centimètres doit être prévu entre les lignes de but et les bords du bassin.

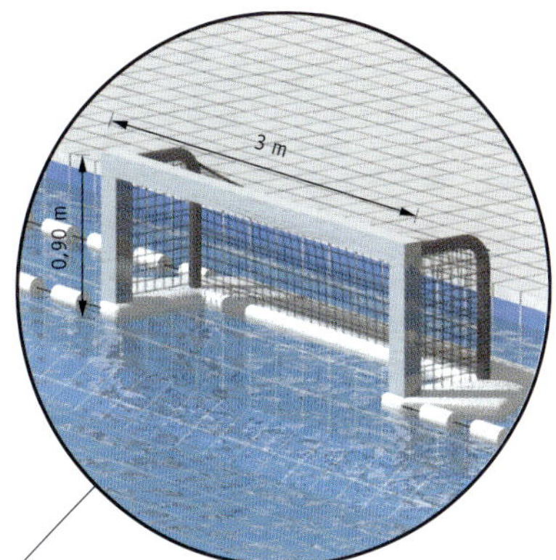

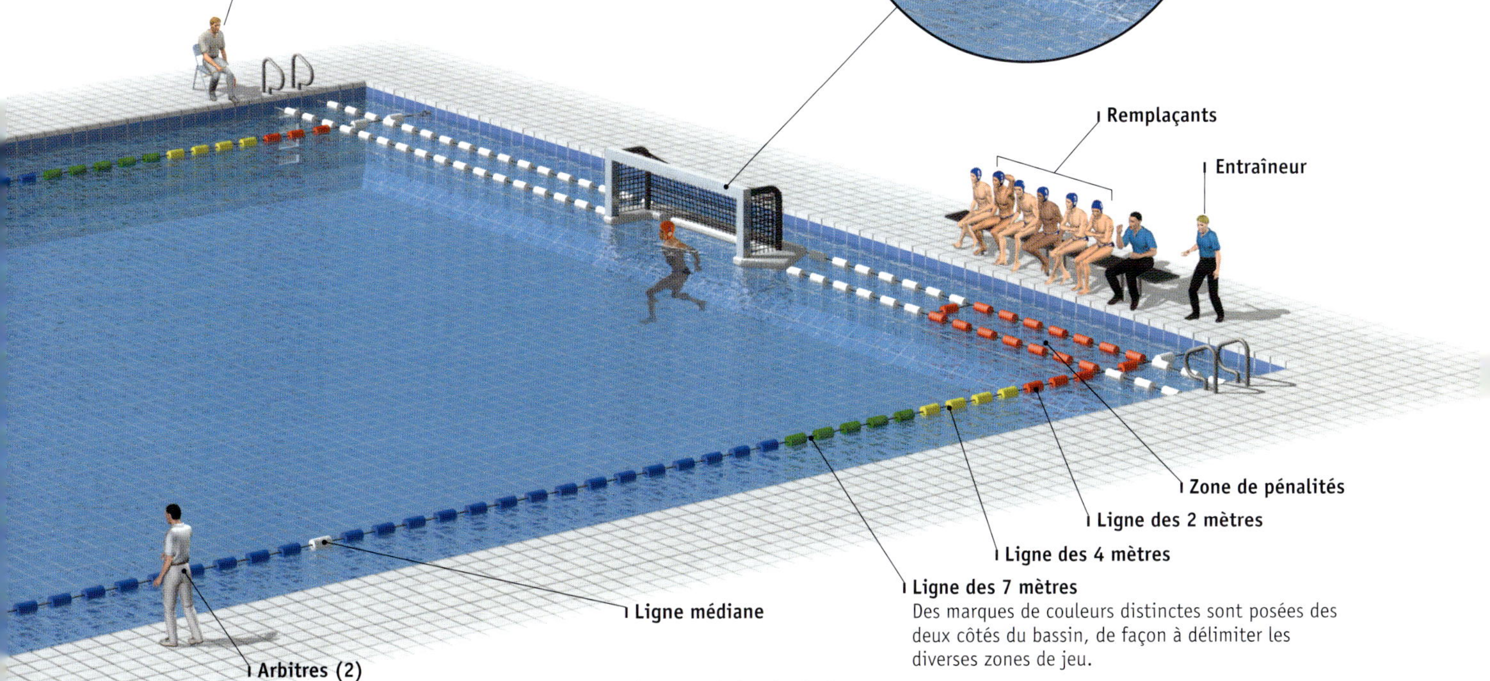

Remplaçants

Entraîneur

Zone de pénalités

Ligne des 2 mètres

Ligne des 4 mètres

Ligne des 7 mètres
Des marques de couleurs distinctes sont posées des deux côtés du bassin, de façon à délimiter les diverses zones de jeu.

Ligne médiane

Arbitres (2)
Un arbitre de chaque côté du bassin surveille la moitié de bassin située sur sa droite. Lorsqu'une faute est commise, il la signale par un coup de sifflet. D'un bras il indique l'endroit où le ballon doit être remis en jeu. De l'autre, il pointe dans le sens de l'attaque. Il indique le retour au jeu des joueurs expulsés à l'aide de drapeaux bleu ou blanc (selon la couleur de l'équipe).

TECHNIQUES ET TACTIQUES

Coup franc

C'est une remise en jeu au bénéfice de l'équipe contre laquelle la faute a été commise. Tous les joueurs doivent voir le ballon quitter la main du joueur effectuant la remise en jeu. Il est possible de lancer un coup franc directement au but en dehors de la zone des 7 mètres. À l'intérieur de cette zone, deux joueurs doivent toucher le ballon avant un tir au but. Un joueur peut effectuer le coup franc pour lui-même en dribblant le ballon.

Avantage numérique

Lors d'un avantage numérique consécutif à l'exclusion d'un joueur, l'équipe en attaque va placer quatre joueurs à la hauteur de la ligne des 2 mètres : deux face au but et deux sur les ailes. Les deux joueurs restants se postent à 5 mètres du but. Les deux joueurs d'aile sont généralement les meilleurs passeurs, tandis que les deux joueurs reculés sont les meilleurs lanceurs. L'équipe en défense place trois joueurs entre les quatre attaquants aux 2 mètres. Les deux joueurs restants s'installent face aux deux joueurs reculés pour tenter de bloquer leurs tirs.

Le dribble

Le joueur crée un espace entre ses bras dans lequel il fait progresser le ballon, le protégeant ainsi de son adversaire. Le joueur en possession peut aussi utiliser son corps comme écran entre le ballon et l'adversaire, tant qu'il n'effectue aucun geste volontaire dans le but d'écarter son adversaire.

Le penalty

Il résulte d'une faute grave commise par un défenseur dans sa zone des 4 mètres. Il peut être tiré par n'importe quel joueur de l'équipe attaquante, sauf le gardien. Au coup de sifflet de l'arbitre, le joueur lance le ballon vers le but, dans un mouvement continu. Si le ballon est renvoyé par le gardien ou un poteau, il est considéré en jeu et la partie continue.

TECHNIQUE POUR LE GARDIEN DE BUT

Il est souvent penché vers l'avant, près de la surface de l'eau, car il peut alors effectuer une rapide poussée avec ses bras, tout en levant le tronc pour se détendre et attraper le ballon. Les muscles des jambes et les abdominaux sont constamment sollicités. Lorsqu'un tir est dirigé vers lui, il tente de l'arrêter ou au moins de l'amortir en plaçant ses bras devant lui : le ballon retombe devant lui et il peut aussitôt s'en saisir et placer son équipe en attaque.

ÉQUIPEMENT

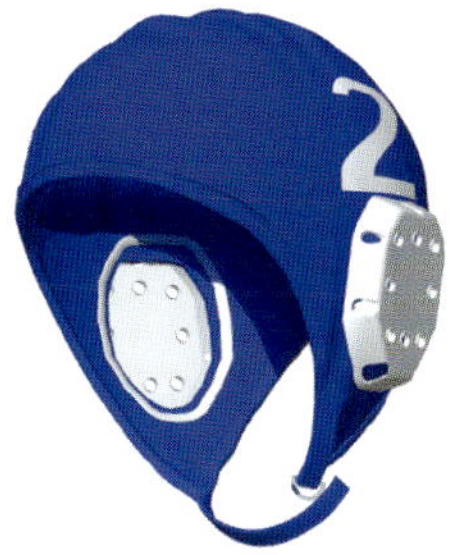

Bonnets
Une équipe porte des bonnets bleu foncé, l'autre des bonnets blancs, à l'exception des deux gardiens de but qui portent des bonnets rouges, afin d'être parfaitement identifiables. Ils sont numérotés des deux côtés. Le gardien porte le numéro 1, les autres joueurs prennent indifféremment les numéros 2 à 13. Les protège-oreilles sont souples.

Circonférence (hommes) : 68 - 71 cm
Circonférence (femmes) : 65 - 67 cm
Poids : 400 - 450 g

Ballon
Imperméable, il ne doit être enduit d'aucun corps gras.

FAUTES

Le water-polo sanctionne deux types de fautes (ordinaires et graves) qui peuvent entraîner diverses sanctions.

Les fautes ordinaires
Il s'agit de toute action qui transgresse les règles du jeu : non-respect des lignes de zone, conservation du ballon au-delà de la limite de temps permise, etc. Pour ces infractions, un coup franc est sifflé contre l'équipe fautive. Il sera joué à l'endroit où la faute a été commise (sauf dans la zone des 2 mètres, où il sera joué sur la ligne, à l'endroit le plus proche de la faute).

Les fautes graves
Toute action physique volontaire envers un adversaire ou un officiel et tout acte de mauvaise conduite ou d'anti-jeu sont considérés comme des fautes graves. Elles entraînent un coup franc ou un penalty selon l'endroit où elles ont été commises. Les fautes graves sont imputées au joueur comme fautes personnelles et entraînent une suspension de 20 secondes. Après trois fautes personnelles, le joueur est définitivement expulsé de la rencontre et ne pourra être remplacé avant 20 secondes, sauf si un but est marqué contre son équipe durant cette période.

PROFIL DU JOUEUR

- Le joueur de water-polo doit être en premier lieu un excellent nageur, endurant et en parfaite condition cardio-respiratoire. Les muscles les plus développés sont ceux du torse (tronc, abdominaux et épaules) pour le maniement du ballon et des jambes (le joueur doit continuellement effectuer des rétropédalages).
- L'entraînement s'effectue en trois parties : un échauffement musculaire (mollets, cuisses, tronc, abdominaux, bras et épaules) hors du bassin, un travail de natation (longueurs de bassin en crawl et dos crawlé, sans et avec le ballon) et des jeux de balle (passes, tirs). L'athlète développe également son endurance et sa musculation grâce à une série d'exercices en salle, de la course à pied et un maniement de *medecine-ball*.

Manuel Estiarte (ESP)
Champion olympique en 1996, médaillé d'argent en 1996 et champion du monde en 1998, c'est l'un des plus grands joueurs de l'histoire du water-polo.

Francesco Attolico (ITA)
Gardien de but champion olympique en 1992 et médaillé de bronze en 1996, il a été champion du monde en 1994 et d'Europe en 1993 et 1995.

JOUEUR

Il est toujours en mouvement dans l'eau. Lorsqu'il ne nage pas, il se maintient en position en rétropédalage (mouvements des jambes sous l'eau permettant au joueur de se maintenir à la surface). En possession du ballon, le bras s'étend vers l'arrière pour le protéger des adversaires. Le mouvement est accompagné d'une rotation du tronc et des épaules. Lorsque le joueur lance le ballon, le torse entier accompagne le mouvement.

plongée en apnée

Le légendaire Jacques Mayol (FRA) commence à pratiquer la plongée en apnée à 30 ans et devient, à 49 ans, le premier homme à franchir la barre des 100 mètres. Il bat son propre record sept ans plus tard, en 1983, en atteignant une profondeur de 105 mètres. En 1988, sa passion fait l'objet d'un film intitulé *Le Grand Bleu*.

L'apnée se définit comme la suspension temporaire de la respiration et le temps qu'un plongeur pourra passer en apnée dépend de son volume pulmonaire respiratoire. Les origines de la plongée en apnée remontent à la préhistoire. En effet, des coquillages retrouvés dans diverses fouilles et qui ne sont ramassés qu'à une certaine profondeur, démontreraient l'existence de plongeurs il y a 40000 ans. Au VIIIe siècle av. J.-C., Homère mentionne la plongée dans un texte, et les historiens militaires de l'Antiquité racontent les exploits de « plongeurs de bord » travaillant en apnée et s'attaquant aux flottes ennemies. Cette utilisation de plongeurs à des fins militaires s'est poursuivie jusqu'à l'époque contemporaine. On les retrouve dans les flottes espagnoles du XVIe siècle et la marine britannique a conservé ses plongeurs en apnée jusqu'au début du XXe siècle. Les applications pacifiques de la plongée en apnée consistaient à pêcher ou à récolter des perles, des éponges ou du corail, et elle était pratiquée dans trois zones du globe éloignées les unes des autres : l'est de la Méditerranée, le golfe Persique et la mer Jaune. Aujourd'hui, la plongée en apnée, ou plongée libre, est une activité sportive de plus en plus pratiquée tant par les hommes que par les femmes. L'Association internationale pour le développement de l'apnée (AIDA) a vu le jour en 1992 et organise un championnat du monde. La Confédération mondiale des activités subaquatiques (CMAS), pour sa part, se contente d'homologuer certains records.

ENJEU ET TYPES DE PLONGÉE

Avant de plonger, l'apnéiste doit se livrer à des mouvements respiratoires avant d'inspirer le maximum d'air respirable ; on parle d'hyperventilation modérée. Les dangers de l'apnée sont réels et peuvent se traduire par des pertes de conscience (syncopes) ou des barotraumatismes (pression exercée sur les cavités du corps comme les sinus, les oreilles ou même les dents). La remontée à la surface doit s'effectuer en état de détente maximale. L'AIDA reconnaît cinq disciplines : la plongée à poids constant, la plongée à poids variable, l'apnée statique, les parcours horizontaux (dynamique) et la plongée en immersion libre. Des records masculins et féminins sont établis dans chaque catégorie. Il existe par ailleurs trois disciplines de démonstration pour lesquelles l'AIDA dépêche des observateurs : le No Limits, l'apnée dynamique en mer et les apnées successives sur une heure.

PLONGÉE À POIDS CONSTANT

L'apnéiste descend la tête en bas le long d'un câble à la seule force des palmes. Le plongeur ne peut s'aider du câble lors de la remontée et il doit conserver le lest (ceinture de plomb) qu'il avait au départ. Il s'agit d'une technique très exigeante sur le plan physique.

PLONGÉE NO LIMITS

La technique consiste à descendre le plus profondément possible à l'aide d'un poids (une gueuse) et à remonter grâce à un ballon ou à une combinaison gonflable. C'est la technique qui a permis au Français Jacques Mayol d'être le premier à franchir la barre des 100 m sous l'eau en apnée. Ce type de plongée, qui s'effectue en position verticale, relève plus de l'expérimentation sur le corps humain que de la compétition sportive proprement dite. La course aux records de profondeur et la multiplication des accidents qui en ont résulté ont forcé la CMAS à cesser l'homologation de ces records et elle n'agit plus qu'à titre d'observateur.

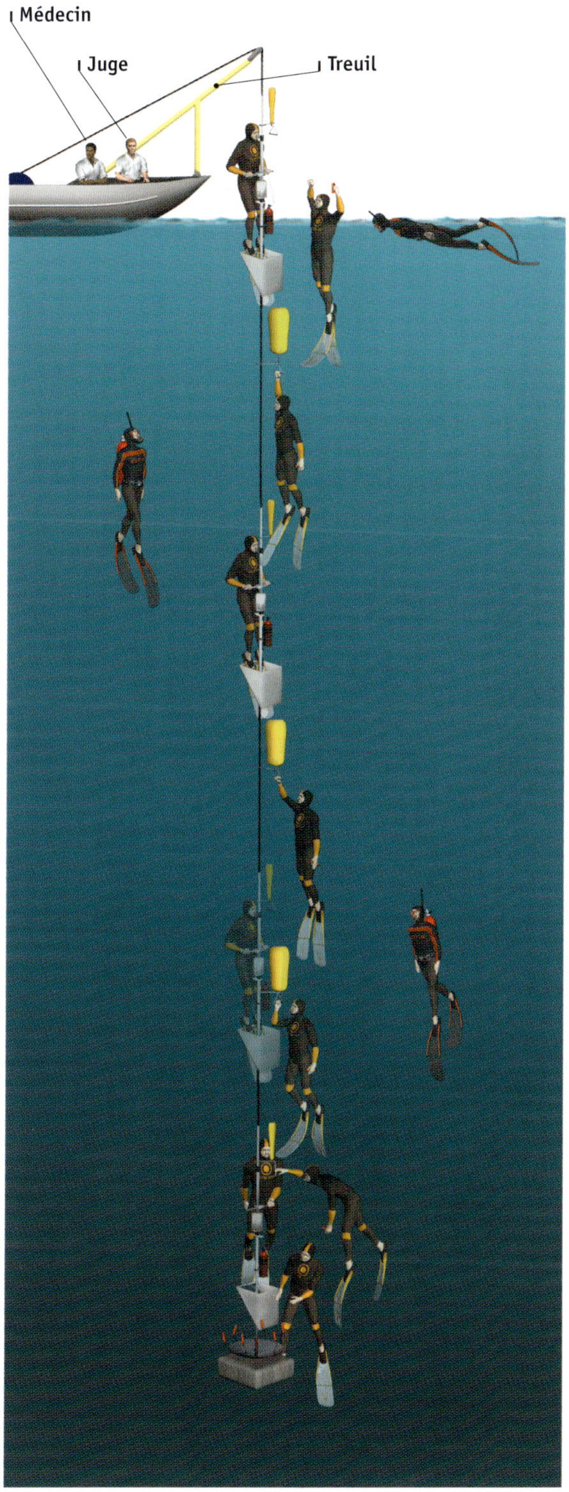

PLONGÉE STATIQUE OU DYNAMIQUE

En apnée statique, l'apnéiste s'immerge sans bouger à une faible profondeur et seul compte le temps total d'immersion sans respirer d'oxygène. L'apnée dynamique, avec ou sans palmes, consiste à s'immerger à faible profondeur et l'objectif est de parcourir la distance la plus longue, toujours sans respirer.

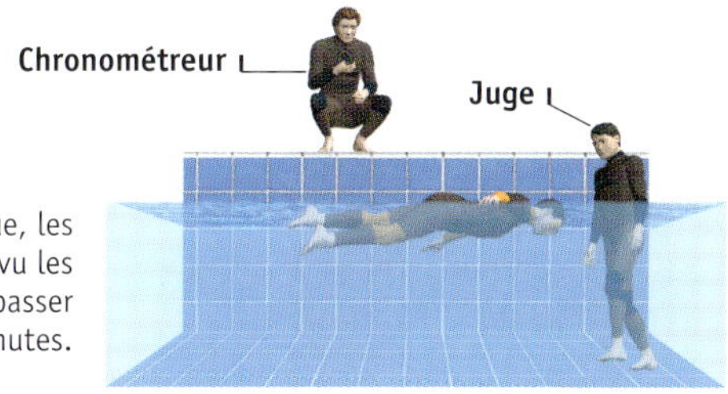

En apnée statique, les années 90 ont vu les records de durée dépasser les 6 minutes.

RECORDS

Le premier record de plongée en apnée remonte à 1949, lorsque l'Italien Raimundo Bucher atteint 30 m de fond avec une gueuse. On estimait à l'époque que la cage thoracique serait écrasée par la pression de l'eau passé 50 m. En novembre 1976, le Français Jacques Mayol franchit la barre fatidique des 100 m sous l'eau grâce à un entraînement basé sur la relaxation et le yoga. En octobre 1992, le Cubain Francisco Ferreras Rodriguez, dit « Pipin », descend à 120 m. Puis, en novembre 1996, « Pipin » atteint les 133 m avant d'être détrôné par l'Italien Umberto Pelizzari avec 150 m. Mais Pelizzari établit un nouveau record en octobre 1999 avec une plongée à 150 m. Chez les femmes, la Cubaine Deborah Andollo détient le record en poids variable (90 m) et la Française Audrey Mestre celui du No Limits (125 m).

ÉQUIPEMENT

Masque
À faible volume interne afin qu'il contienne le moins d'air possible.

Palmes
En carbone, elles doivent être adaptées à la technique et à la puissance musculaire de l'apnéiste.

Pince-nez

Ceinture de plomb

PROFIL DU PLONGEUR

- La plongée en apnée requiert un entraînement aussi bien physique que mental car l'apnéiste doit être à la fois relaxé et très concentré. Le plongeur doit maîtriser le plus longtemps possible les contractions du diaphragme qui entraînent le mouvement respiratoire. Plus qu'à la force ou à la puissance, l'apnéiste a donc recours à des techniques comme le yoga pour atteindre son but, et c'est aussi pourquoi les femmes excellent dans cette activité avec des records proches de ceux des hommes.
- L'entraînement des apnéistes vise à travailler l'endurance, la puissance et la résistance à la douleur. Il comprend généralement vélo, course à pied, natation, étirements et musculation.

plongeon

Plongeoir de Highgate au nord de Londres (Grande-Bretagne) utilisé pour le concours *King's Cup* en 1903.

Le plongeon, caractérisé par un saut dans l'eau à partir d'une plate-forme, remonte au IVe siècle avant notre ère. On le retrouve pratiqué par les Vikings douze siècles plus tard ainsi que par les Indiens du Mexique au XVIIIe siècle. Entre 1800 et 1840 des programmes de gymnastique sont élaborés en Allemagne et en Suède, comprenant des plongeons à partir de plates-formes. Les premières tentatives de codification et de réglementation de la discipline datent de la fin du XIXe siècle. Le sport se développe d'abord en Angleterre et en Australie avant de gagner les États-Unis et l'Europe continentale. Le plongeon est admis au programme des J.O. de Saint Louis en 1904 : une épreuve à la plate-forme de 10 mètres, réservée aux hommes. L'épreuve au tremplin de 3 mètres fait son apparition en 1908 et, cette même année, une table de coefficients des types de plongeons admis et de leur degré de difficulté est introduite. Les épreuves féminines apparaissent aux J.O. de 1912 (plate-forme) et 1920 (tremplin) et les premiers championnats du monde ont lieu en 1973. Outre les épreuves olympiques, ils incluent l'épreuve au tremplin de 1 mètre depuis 1991 chez les hommes et les femmes. Le plongeon synchronisé (3 mètres et 10 mètres) y est admis depuis 1995 et fait son apparition aux Jeux de 2000.

DÉROULEMENT DE LA COMPÉTITION

Le plongeon met à l'épreuve des qualités physiques et techniques. À partir d'une plate-forme ou d'un tremplin, le plongeur exécute le plus parfaitement possible une figure avant de toucher la surface de l'eau. Sa maîtrise des mouvements et l'aisance avec laquelle il effectue ces figures sont notées par des juges. La pénétration dans l'eau se fait avec un minimum d'éclaboussures. L'ordre et le détail de chaque saut sont indiqués aux officiels plusieurs heures avant le début de l'épreuve sur une feuille de pointage. Les sauts débutent au signal du juge-arbitre.

J.O. (hommes et femmes) : haut vol (plate-forme de 10 m) individuel et synchronisé et tremplin de 3 m, individuel et synchronisé.

Championnats du monde : épreuves individuelles au tremplin de 1 m, en plus des épreuves présentes aux J.O. Les plongeoirs de 5 et 7,50 m sont utilisés dans d'autres compétitions.

Les plongeurs doivent effectuer un nombre défini de sauts :

- haut vol : 10 (hommes), 9 (femmes)
- tremplin : 11 (hommes), 10 (femmes)

La compétition olympique se déroule en trois phases :

- des préliminaires regroupant tous les plongeurs engagés. À la plate-forme de 10 m, les hommes effectuent six sauts, les femmes cinq. Au tremplin de 3 m, les hommes effectuent six sauts, les femmes cinq. Pour tous ces sauts, le coefficient de difficulté est libre. Les 18 meilleurs passent au tour suivant :
- une demi-finale. À la plate-forme de 10 m, hommes et femmes effectuent quatre sauts. Au tremplin de 3 m, hommes et femmes effectuent cinq sauts. Un total maximal de coefficient est imposé pour toute la série de sauts. Les résultats sont ajoutés à ceux des préliminaires. Les 12 meilleurs sont qualifiés pour la finale.
- en finale, les résultats obtenus lors des préliminaires sont alors effacés. Les plongeurs effectuent le même nombre de sauts qu'en préliminaires, avec coefficient de difficulté libre. Les points obtenus sont ajoutés à ceux de la demi-finale pour obtenir le résultat final. Pour chaque série, les plongeurs doivent choisir un saut dans chaque groupe de plongeon.

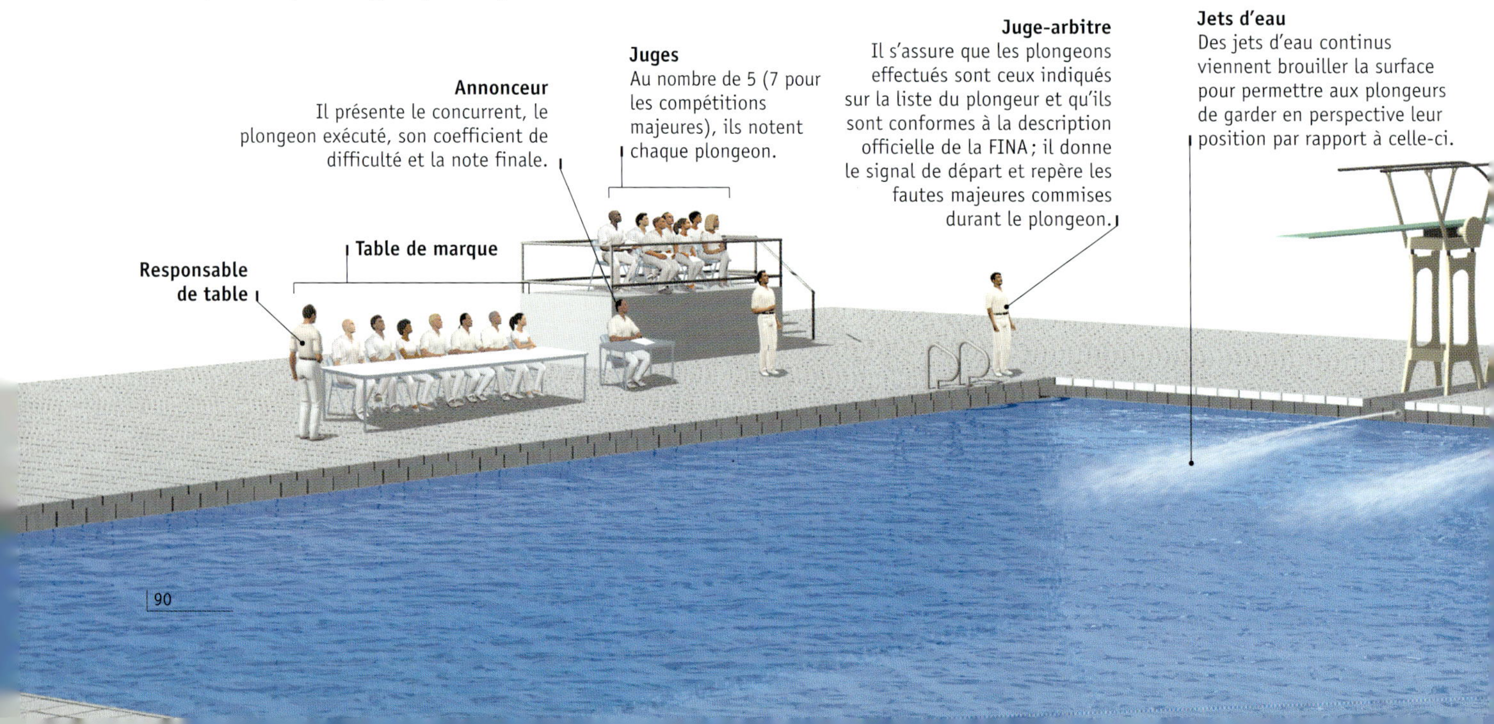

DÉCOMPTE DES POINTS

Une fois les notes attribuées, on enlève la plus haute et la plus basse. Les notes restantes sont additionnées et multipliées par le coefficient de difficulté. Si sept juges sont présents, le total des notes conservées sera divisé par cinq puis multiplié par trois pour obtenir un résultat comparable à celui des compétitions à cinq juges. Le calcul est effectué par ordinateur ; les officiels de la table de marque effectuent le calcul en cas de problème.

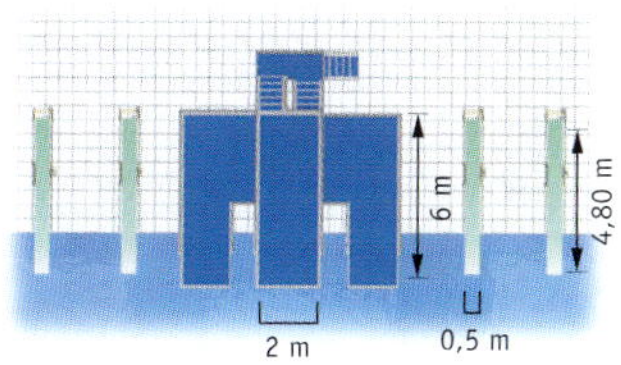

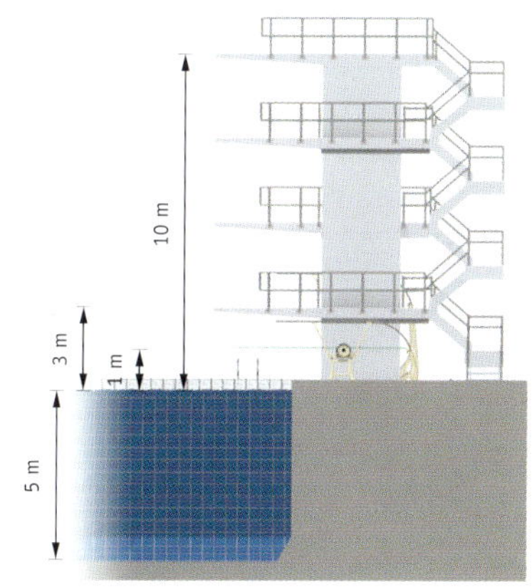

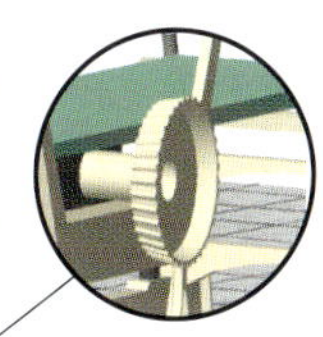

TECHNIQUE

Le manuel de la Fédération internationale de natation amateur recense 91 sauts en haut vol et 70 au tremplin de 3 m. C'est parmi ceux-ci que le plongeur doit choisir la série qu'il présentera lors d'une compétition. Les sauts sont répartis en cinq groupes aussi bien pour le haut vol que pour le tremplin. Un sixième groupe, en équilibre, n'est admis que pour les épreuves de haut vol.

À l'intérieur de chacun de ces six groupes, les plongeons se distinguent par leur forme : droit, carpé, groupé ou libre, la figure présentée, par exemple le nombre de sauts périlleux, et le type de pénétration dans l'eau (par la tête ou les pieds).

Certains plongeons comportent des sauts périlleux (rotation de 360 degrés du corps) et des demi-sauts (rotation de 180 degrés). Ils sont différenciés par le nombre de demi-sauts effectués (un, un et demi, deux, deux et demi) et par le nombre de demi-vrilles.

GROUPES DE PLONGEONS

1. Plongeon avant

2. Plongeon arrière

3. Plongeon renversé

4. Plongeon retourné

5. Plongeon avec vrilles (ou tire-bouchons)

6. Plongeon en équilibre

La position en équilibre sur les bras doit être tenue pendant cinq secondes.

POSITIONS DU CORPS

Quel que soit le type de saut choisi, la position du corps doit être élégante, souple et fluide. Le plongeur doit maîtriser chacun de ses mouvements. La position du corps doit être l'une des trois autorisées par les règlements de la FINA. Une quatrième position (libre) permet au plongeur d'effectuer une figure de son choix, qui doit cependant correspondre à une position existante.

Course d'élan

Une course d'élan est effectuée pour les plongeons de type avant et renversé : les deux pieds du plongeur doivent être en contact avec le tremplin (3 et 1 m) au moment de la détente, c'est-à-dire lorsque le plongeur pousse sur la planche pour s'élever. Pour les compétitions de haut vol, l'appel sur un seul pied est autorisé.

Carpé

Le corps doit être plié aux hanches. Les jambes demeurent allongées sans flexion des genoux. Les pieds sont serrés et les orteils en extension. Les bras peuvent être tendus vers les orteils, sur les côtés ou placés sous les cuisses ou les mollets.

Droit

La position des bras est optionnelle (tendus au-delà de la tête ou le long du corps). Le corps ne doit pas être plié ni aux genoux ni aux hanches. Les pieds sont serrés, jambes et orteils en extension.

Groupé

Le corps doit être groupé, plié aux genoux et aux hanches avec les genoux et les pieds serrés. Les mains doivent être sur les jambes et les orteils en extension.

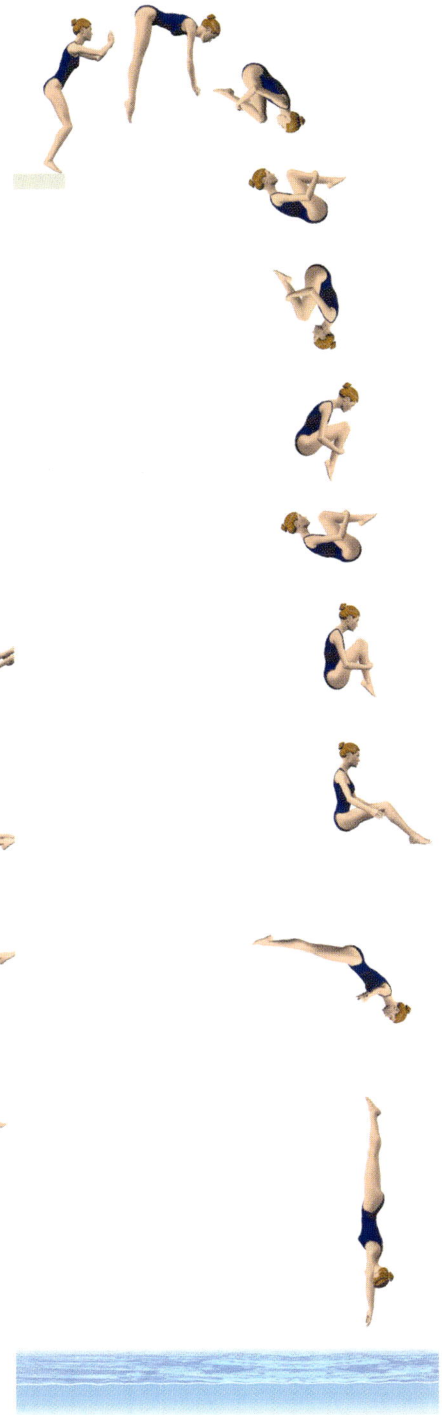

Plongeon renversé avec une vrille

Ce plongeon est présenté dans une série avec limite de coefficient de difficulté. Il met en valeur l'aisance dans le plongeon. Au début de sa rotation, le plongeur abaisse un bras pour entreprendre un mouvement de vrille du corps.

Saut périlleux avant avec une vrille

Ce saut qui exige du plongeur un contrôle parfait de sa séquence de mouvements, débute par une course d'élan. Au moment de la prise d'appel, le plongeur freine sa course et dirige lentement son corps en rotation.

Triple saut périlleux et demi avant groupé

La détente à partir de la plate-forme doit être suffisamment haute pour permettre l'enchaînement complet des mouvements.
Le plongeur doit bien s'orienter dans l'espace afin de pouvoir exécuter l'ouverture et l'entrée à l'eau.

PÉNÉTRATION DANS L'EAU

Par les pieds

Le corps doit demeurer en parfaite extension. Le plongeur fait particulièrement attention à ne plier chevilles, genoux, hanches ou épaules.

Par la tête

Les mains sont croisées et serrées. Au moment de la pénétration dans l'eau, le plongeur effectue un mouvement rapide des mains, poignets et bras, comme s'ils ouvraient un espace permettant au reste du corps de passer. Ce mouvement permet de réduire les éclaboussures.

PROFIL DU PLONGEUR

- L'impression technique (équilibre, maîtrise, aisance) entrant pour une grande part dans les notes attribuées, il est indispensable que le plongeur présente la silhouette la plus élégante et harmonieuse qui soit.
- Le travail de musculation porte sur des étirements et sur la puissance musculaire. Conjointement, le plongeur développe sa souplesse et ses capacités de propulsion grâce à des exercices de gymnastique au sol, au cours desquels il sollicite jambes, bras, dos et toutes ses articulations (chevilles, genoux, épaules, poignets). L'entraînement est complété par des séances de trampoline et de tremplin à sec (où le plongeur est retenu par des harnais) au cours desquelles l'athlète apprend à maîtriser son corps dans l'espace et se familiarise avec de nouveaux mouvements.
- Durant les séances, l'entraîneur active un compresseur qui libère un coussin de bulles d'air au fond du bassin. Celui-ci vient à la rencontre du plongeur lorsqu'il atteint la surface. Cette pratique permet au plongeur d'effectuer son saut en pleine confiance.
- Une carrière de haut niveau commence en général vers 14-16 ans, avec une pointe de performance vers 21-22 ans, et baisse à partir de 26 ans (un ou deux ans plus tard chez les femmes).

Fu Mingxia (CHINE)
Triple championne olympique : deux fois à la plateforme et une fois au tremplin en 1996.

Greg Louganis (USA)
Double champion olympique, à la plate-forme et au tremplin, en 1984 et 1988. Champion du monde à la plate-forme en 1978, 1982 et 1986 et au tremplin en 1982 et 1986. Il est le premier plongeur à obtenir une note parfaite (7 notes de 10 points) à la plate-forme.

PLONGEON SYNCHRONISÉ

Deux épreuves de plongeon synchronisé sont actuellement reconnues : en haut vol, sur plate-forme de 10 mètres, et au tremplin de 3 mètres. Deux plongeurs font équipe et doivent réaliser des figures simultanément. Les figures doivent être effectuées en harmonie et en même temps. Il est rare que les figures présentées par les deux plongeurs soient identiques, car la synchronisation des mouvements est extrêmement difficile à obtenir. Les figures sont les mêmes qu'aux épreuves individuelles. En haut vol, les plongeurs partent de la même plate-forme et se trouvent à un mètre minimum l'un de l'autre au moment du départ. Au tremplin, les plongeurs utilisent deux planches l'une à côté de l'autre. Les notes sont attribuées par neuf juges qui sont affectés soit à l'exécution soit à la synchronisation. Les premiers n'observent qu'un seul des deux plongeurs. Les seconds ne tiennent compte que de la synchronisation des plongeurs.

Sports nautiques

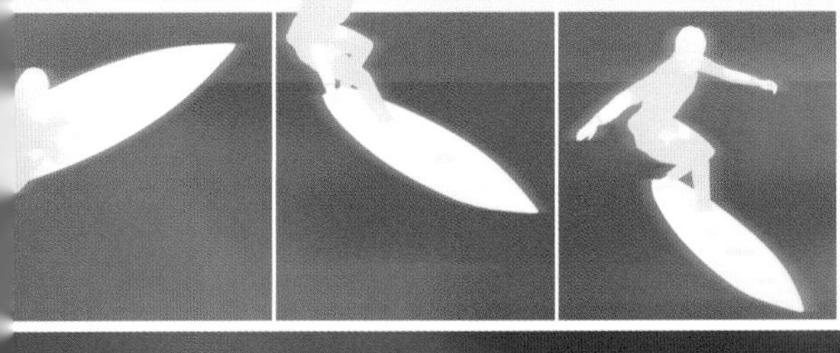

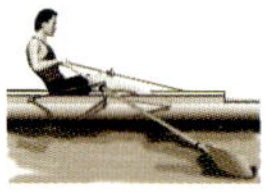

aviron

Scène de 1870 lors de la célèbre course entre Oxford et Cambridge.

En aviron, un ou plusieurs rameurs dans une embarcation spécialement conçue parcourent sur un plan d'eau une distance maximale de 2000 m dans un minimum de temps. Déjà dans l'Antiquité, Phéniciens, Grecs et Égyptiens participent à des courses de galères sur des plans d'eau naturels ou même artificiels dans les grandes arènes de Rome aménagées pour l'occasion. C'est en Angleterre, au XVIIIe siècle, que se développent les premières compétitions d'aviron moderne. Plus précisément, c'est en 1829, lors d'une épreuve opposant les étudiants de Cambridge et d'Oxford, que le coup d'envoi de l'aviron de compétition est donné. En 1839, toujours en Angleterre, apparaissent les célèbres régates royales de Henley. L'aviron gagne la France à la même période. Aux États-Unis, en 1852, une course similaire à celle des universités anglaises oppose Yale et Harvard. Pendant ce temps, cette discipline sportive continue son expansion européenne et, en 1892, la Fédération internationale des sociétés d'aviron (FISA) est mise sur pied. Les compétitions d'aviron sont au programme des premiers J.O. modernes de 1896. En 1976, les compétitions d'aviron féminines y sont admises, sauf aux épreuves de deux barré et de quatre sans barreur en pointe. Les championnats du monde pour hommes sont créés en 1962 et ceux pour femmes, en 1974. C'est la FISA qui chapeaute l'aviron et organise notamment les championnats internationaux.

DÉROULEMENT DE LA COMPÉTITION

Le parcours est en ligne droite et comporte au moins six couloirs et au plus huit. Il existe aussi des courses en rivières sur une distance de 4 à 6 km. Selon le nombre de participants, les épreuves de qualifications se déroulent en tiers, en quart et en demi-finale. Ceux qui réalisent les meilleurs temps lors des demi-finales ont le privilège de prendre le départ dans les couloirs du centre, qui permettent de mieux voir la progression des concurrents. Les J.O. comptent huit épreuves pour les hommes et six pour les femmes.

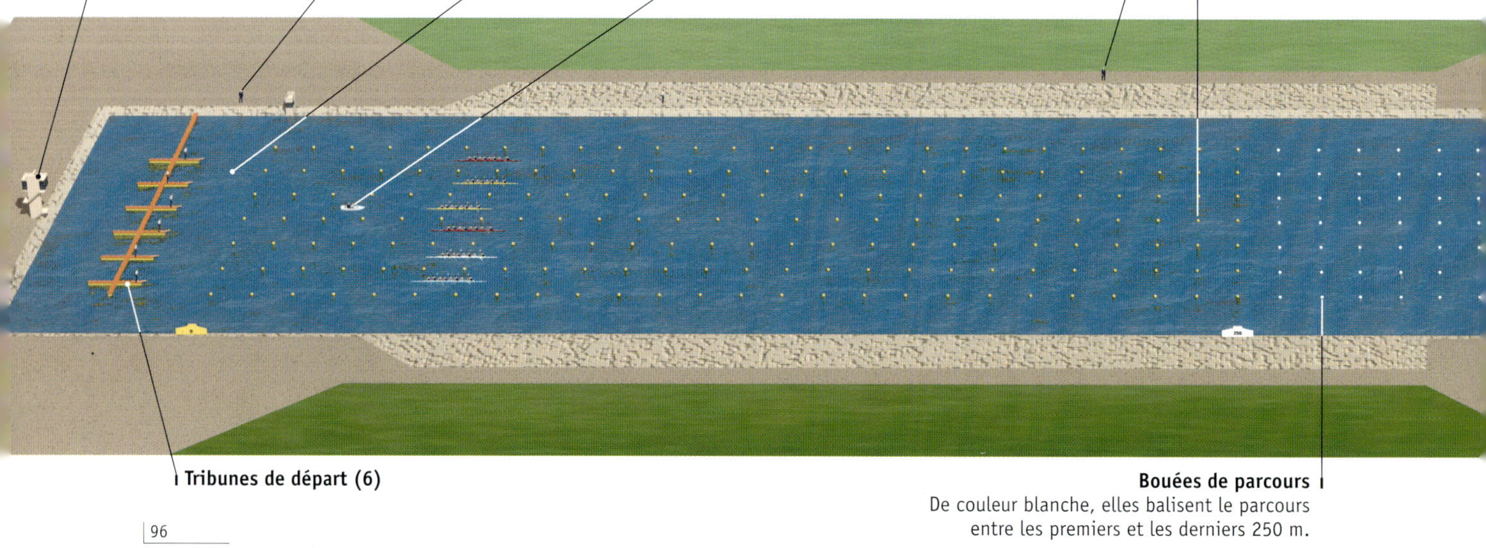

TECHNIQUE DE COUPLE

1. Amorce du mouvement

Penché vers l'avant, les genoux pliés et les bras tendus, le rameur crée le point d'appui dans l'eau grâce à sa rame qui lui permettra de se propulser.

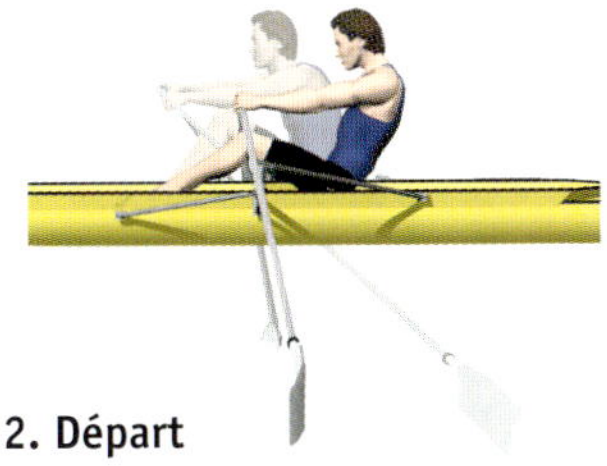

2. Départ

Au début du mouvement, la position du haut du corps ne change pas et tout le travail est effectué par les jambes. Une fois que les jambes ont commencé à pousser sur la barre de pieds, le corps bascule vers l'arrière tout en gardant le dos droit et les bras tendus. Par la suite, une fois que les mains ont passé l'axe des genoux, les bras sont rapidement ramenés vers le corps, donnant ainsi de la vitesse au bateau.

3. Inversion sur l'arrière

Le manche de la rame se déplace vers le bas, tirant ainsi la pelle hors de l'eau. Une fois la pelle sortie de l'eau, le rameur tourne la poignée, et la pelle redevient horizontale.

4. Récupération

L'aviron est hors de l'eau et le rameur entreprend la récupération en déplaçant ses mains loin de son corps et de ses genoux. Le corps suit les mains, le siège coulissant se déplace vers l'avant et le rameur est prêt à recommencer. Une séquence complète de ces mouvements se répète en moyenne 32 à 40 fois par minute en compétition sur une distance de 2000 m. Lors des entraînements, cette cadence se situe entre 18 et 20.

BASSIN

Il est idéalement à l'abri du vent et il ne doit pas y avoir de courant. Les courses ne doivent pas être perturbées par des vagues, et le rivage doit les absorber et non les retourner.

Couloirs
Au nombre de 6, ils sont situés à 5 m de chaque côté des limites extérieures du parcours.

Profondeur
D'un minimum de 3 m, elle doit être uniforme à la ligne de départ et à la ligne d'arrivée.

Balises
De couleur blanche, elles sont disposées tous les 500 m à l'extérieur du bassin.

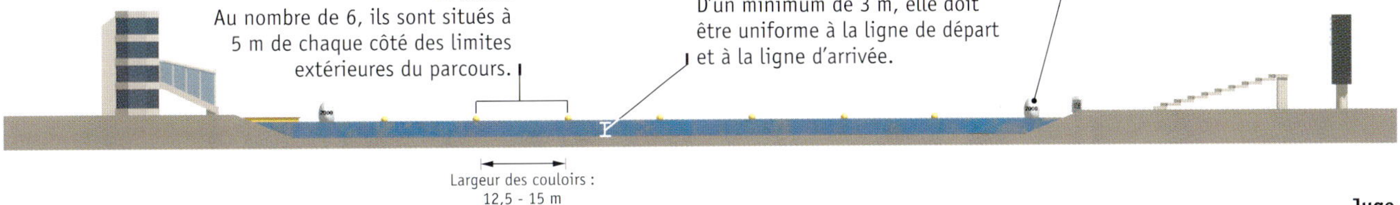

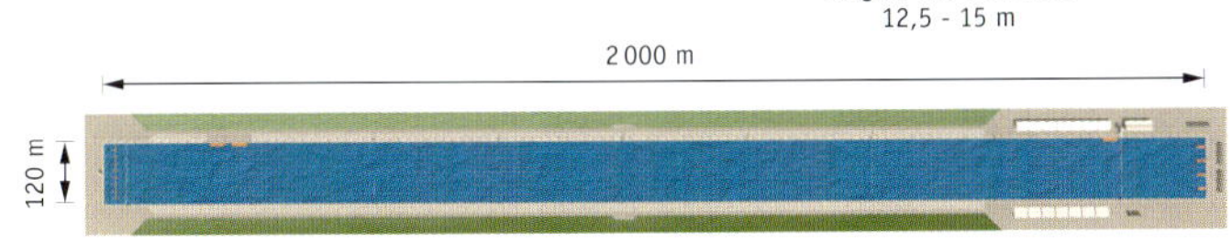

Bouées de la zone d'arrivée
Elles sont jaunes ou orange pour les derniers 250 m.

Tribunes
Elles sont à l'usage du grand public et des médias.

Ponton
Remise des médailles.

Juge à la ligne d'arrivée
Il fait respecter le bon ordre sur le ponton et est assisté par un personnel de soutien.

Juges à la photo-finish (2)
En cas de doute à la ligne d'arrivée, ils se servent de la photo-finish pour départager une ou plusieurs embarcations.

Juge
Il inspecte les embarcations avant leur mise à l'eau, vérifie si les chaussures sont bien attachées sur les cale-pieds, si le barreur a le poids requis et si des produits pouvant faciliter la glisse n'ont pas été utilisés. Il s'occupe aussi de la sécurité autour du ponton et dessus.

Ligne d'arrivée
Deux drapeaux rouges montés sur des bouées situées à 5 m en dehors des limites extérieures du parcours délimitent la ligne d'arrivée. Un équipage termine sa course lorsque l'avant de l'embarcation la franchit.

Zone d'enlevage
Ce sont les 250 derniers mètres où ont lieu les sprints.

Ligne d'arrivée

Tableau indicateur
Il affiche les résultats de la course.

Pontons (4)
Deux d'entre eux servent à la mise à l'eau des embarcations et les deux autres à leur sortie de l'eau.

TYPES D'EMBARCATIONS

Les embarcations sont dites de pointe lorsque les rameurs n'ont qu'un aviron en main et de couple, lorsque les rameurs ont un aviron dans chaque main. À part le skiff qui est mû par un seul rameur, les autres catégories d'embarcations comptent entre deux et huit rameurs et peuvent être guidées ou non par un barreur. Les embarcations peuvent être en bois, mais elles sont le plus souvent en carbone.

EMBARCATIONS DE COUPLE

Nom	Nombre de rameurs	Longueur	Poids
Skiff	1	8,2 m	14 kg H-F
Deux de couple sans barreur	2	10,4 m	27 kg H-F
Quatre de couple sans barreur	4	13,4 m	52 kg H-F
Quatre barré en couple	4	13,7 m	51 kg H-F
Huit barré en couple	8	19,9 m	96 kg H-F

EMBARCATIONS DE POINTE

Nom	Nombre de rameurs	Longueur	Poids
Deux sans barreur	2	10,4 m	27 kg H-F
Deux barré	2	10,4 m	32 kg H
Quatre sans barreur	4	13,4 m	50 kg H
Quatre barré	4	13,7 m	51 kg H-F
Huit barré	8	19,9 m	96 kg H-F

Skiff

Direction
Les athlètes dirigent leurs embarcations à l'aide des repères (bouées, signaux de l'arbitre, autres embarcations) et de leur connaissance du parcours.

Deux sans barreur

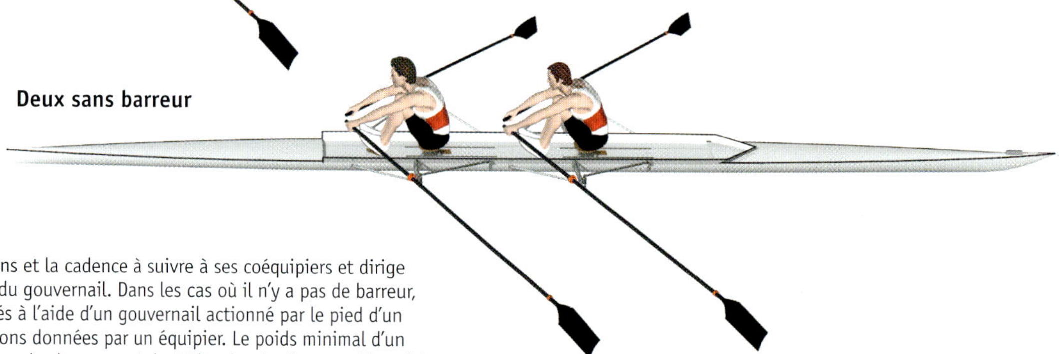

Barreur
Il donne les instructions et la cadence à suivre à ses coéquipiers et dirige l'embarcation à l'aide du gouvernail. Dans les cas où il n'y a pas de barreur, les bateaux sont dirigés à l'aide d'un gouvernail actionné par le pied d'un rameur et les instructions données par un équipier. Le poids minimal d'un barreur est de 55 kg chez les hommes et de 45 kg chez les femmes. Toutefois, un lest d'au plus 5 kilos est permis si le barreur n'a pas le poids requis.

Huit barré

Chef de nage
C'est l'équipier qui possède la meilleure technique. Il est assis devant le barreur et afin de maintenir le synchronisme, les autres rameurs suivent son rythme.

Quatre barré

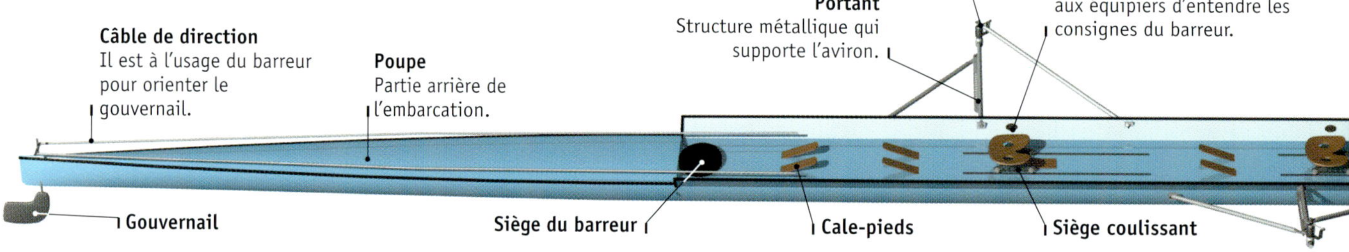

Dame de nage
Pièce d'équipement qui permet le maniement de l'aviron et sur laquelle repose le collier de la rame.

Haut-parleurs
Placés près de chaque siège coulissant, ils permettent aux équipiers d'entendre les consignes du barreur.

Portant
Structure métallique qui supporte l'aviron.

Câble de direction
Il est à l'usage du barreur pour orienter le gouvernail.

Poupe
Partie arrière de l'embarcation.

Gouvernail

Siège du barreur

Cale-pieds

Siège coulissant

ÉQUIPEMENT

Cale-pieds
Fixés au fond de l'embarcation, ils assurent la stabilité des pieds. Habituellement, les chaussures y sont attachées à l'avance.

Siège
Il coulisse sur deux rails, facilitant ainsi les mouvements et augmentant leur amplitude et leur efficacité.

Maillot
Il est aux couleurs du pays, de l'association ou du groupement sportif du concurrent.

Short

AVIRONS

À l'origine en bois, avec une pelle symétrique, ils sont aujourd'hui en carbone et la pelle est asymétrique afin de maximiser l'appui dans l'eau. Les avirons de pointe sont plus longs et leur pelle est plus large en raison de la puissance fournie par les deux bras.

1996

Aviron de pointe

Poignée en caoutchouc | **Collier** | **Manchon**

Pelles
Elles peuvent être peintes des deux côtés aux couleurs du pays ou de l'association sportive.

3,80 m

Aviron de couple

2,98 m

PROFIL DU RAMEUR

- La pratique de l'aviron est équivalente en termes d'exigences physiques à celle des sports comme le ski de fond ou le patinage de vitesse sur longue piste : ramer pendant environ 6 minutes sur 2 000 m demande d'énormes capacités aérobiques.
- Les muscles des jambes, du dos et des épaules sont particulièrement sollicités.
- L'aviron étant surtout un sport d'équipe, des qualités de synchronisation, d'équilibre, de dextérité, de puissance et de forme physique sont essentielles autant individuellement que collectivement.
- La pratique de l'aviron exige aussi de la concentration, de la motivation et beaucoup de dynamisme.

Marnie McBean (CAN)
Elle remporte, avec sa coéquipière Kathleen Heddle, trois titres olympiques, le deux sans barreuse en 1992, le deux de couple en 1996 et le huit en 1992. Elle est aussi médaillée de bronze en quatre de couple en 1996 et plusieurs fois championne du monde.

Steve Redgrave (G-B)
Unique rameur de l'histoire à obtenir quatre médailles d'or en quatre olympiades consécutives (1984 à 1996). Également titré champion du monde à sept reprises (1986, 87, 91, 93, 94, 95 et 97).

Brise-lames
Il empêche les vagues de pénétrer dans l'embarcation, et son extrémité est en bois ou en carbone.

Proue
Partie avant de l'embarcation.

Balle de proue
Elle est en plastique ou en caoutchouc blanc. Élément déterminant lors de la photo-finish, elle sert aussi de protection en cas d'éperonnage.

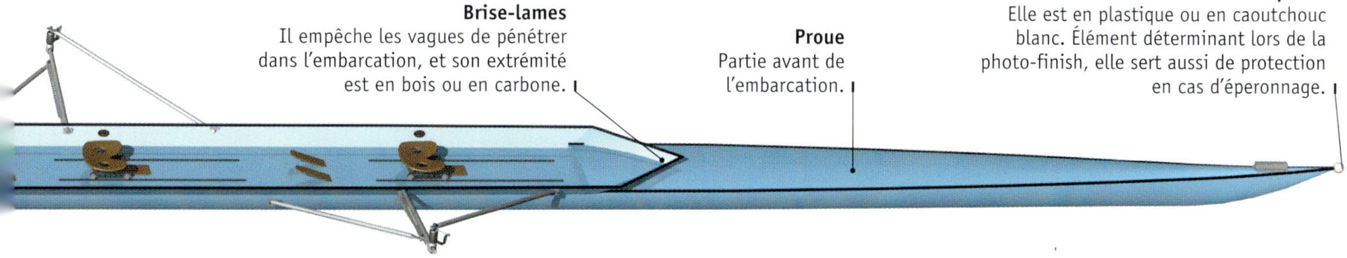

canoë-kayak, course en ligne

Les doubles champions olympiques Sergueï Chukhrai et Vladimir Parfenovitch (URSS) à Moscou en 1980 lors de l'épreuve du 1000 m K2 et 500 m K2.

Le canoë et le kayak voient le jour chez les populations autochtones du Canada et du Groenland, il y a plus de 6000 ans. À l'époque, ces embarcations sont des moyens de transport sur les rivières, les lacs et les étendues d'eau polaires de ces immenses contrées. Au XIXe siècle, elles vont donner naissance à différentes disciplines sportives dont la course en ligne, une épreuve de vitesse en canoë ou en kayak en eaux calmes. En 1865, à Londres, est fondé le tout premier club de canoë et, en 1924, l'International Repraëtantschaft für kanuspart (IRK) est mise sur pied à Copenhague. La même année, la course en ligne devient un sport de démonstration sur la Seine aux J.O. de Paris et, en 1936, aux J.O. de Berlin, elle devient une discipline olympique à part entière. La course en ligne est la plus ancienne des disciplines de canoë-kayak. En 1946, l'International Canoe Federation (ICF) est créée à Stockholm en remplacement de l'IRK. Cette discipline est ouverte aux hommes et aux femmes.

DÉROULEMENT DE LA COMPÉTITION

La course en ligne en canoë ou en kayak est une épreuve de vitesse contre la montre. Aux J.O., les compétitions se déroulent sur 500 et 1000 m pour les hommes et sur 500 m pour les femmes. Aux championnats du monde, une catégorie de course supplémentaire est ajoutée, le 200 m masculin et féminin. Les embarcations doivent être immobilisées dans les tribunes de départ et les étraves sont toutes alignées sur la ligne de départ. Si un concurrent brise sa pagaie à l'intérieur de la zone de départ de 25 m, un nouveau départ a lieu. Un tirage au sort détermine les positions de départ.

TACTIQUES

Dans les courses de 500 m et de 1000 m, les départs rapides sont importants, de même que le maintien de la cadence et la capacité de sprint. La ligne droite est la plus rapide.

BASSIN

Polyvalent, il est aménagé selon les distances à parcourir – 200, 500 et 1000 m – et les possibilités offertes par le pays hôte. Il compte neuf couloirs balisés par des bouées blanches en début de parcours et rouges dans les 200 derniers mètres. Une course est terminée lorsque les embarcations atteignent la fin des bouées rouges.

PROFIL DU CANOÉISTE ET DU KAYAKISTE

- La pratique du canoë-kayak en ligne demande une excellente capacité aérobique et de l'endurance musculaire.
- Les muscles des bras, des épaules et du dos sont particulièrement sollicités.
- Ce sport exige aussi de la puissance, de l'agilité, de la coordination, de la motivation et de la combativité.
- Un entraînement d'au moins 10 ans est nécessaire pour devenir compétitif à l'échelle internationale.

Caroline Brunet (CAN)
Médaillée d'argent en 1996 à Atlanta, elle remporte trois médailles d'or aux championnats du monde en 1997 en 200, 500 et 1000 m en K1. Aux championnats du monde de 1998, elle reçoit l'or et l'argent et, en 1999, trois médailles d'or et une d'argent.

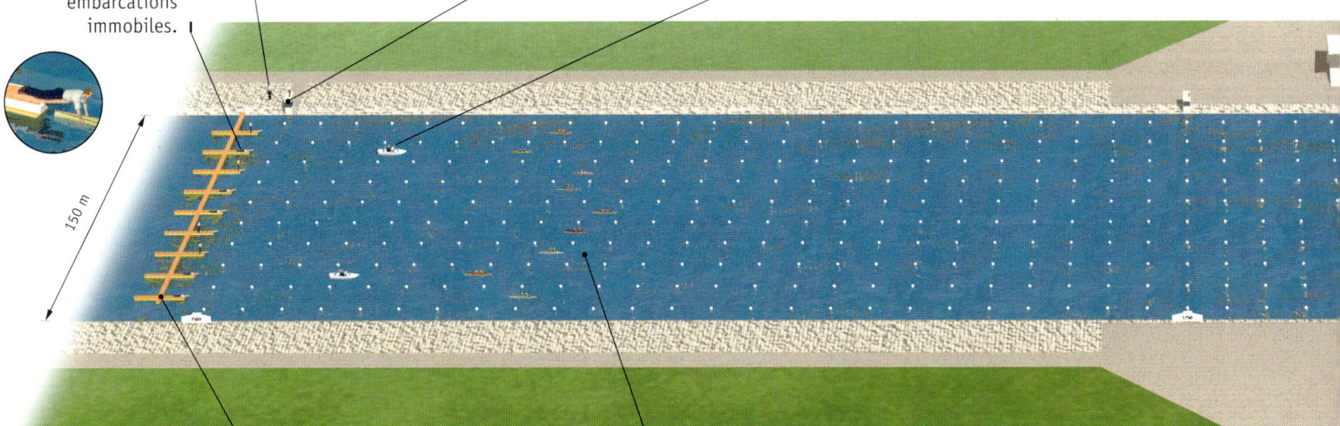

ÉQUIPEMENT

En compétition et souvent de manière usuelle, on nomme les différents types de canoë et de kayak par leur première lettre suivie du chiffre indiquant le nombre de passagers. Ainsi, K2 désigne un kayak biplace, C1 un canoë monoplace, etc.

CANOË C1

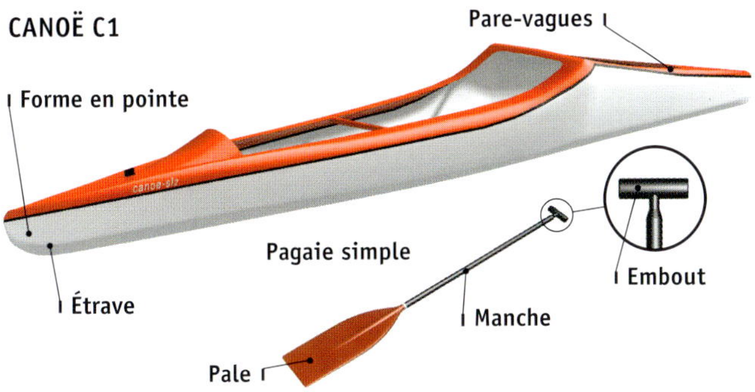

KAYAK K1

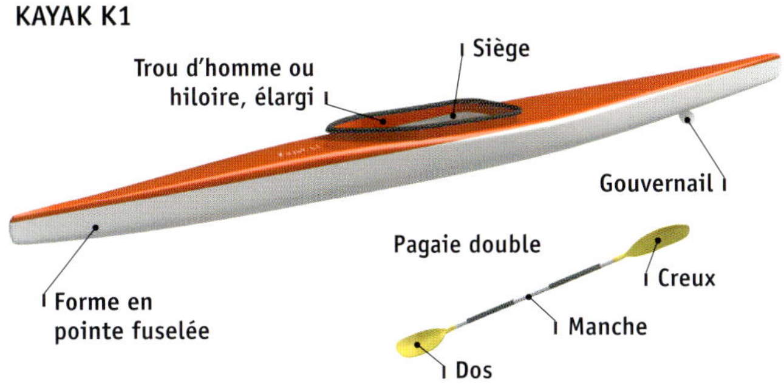

DIMENSIONS DES CANOËS DE COURSE EN LIGNE

Classe	Longueur maximale	Largeur minimale	Poids minimal
C1	5,20 m	75 cm	16 kg
C2	6,50 m	75 cm	20 kg

DIMENSIONS DES KAYAKS DE COURSE EN LIGNE

Classe	Longueur maximale	Largeur minimale	Poids minimal
K1	5,20 m	51 cm	12 kg
K2	6,50 m	55 cm	18 kg
K4	11 m	60 cm	30 kg

TECHNIQUE D'ATTAQUE EN CANOË

1. Attaque

Les deux bras tendus et la pale hors de l'eau, le canoéiste se prépare à donner le coup d'envoi.

2. Phase d'appui

La pale est immergée complètement à la verticale et le concurrent la ramène vers lui.

3. Redressement et dégagé

Lorsque la traction est terminée, l'athlète redresse le dos et simultanément relève la pagaie hors de l'eau.

4. Retour à l'attaque

Le canoéiste est prêt pour une deuxième séquence.

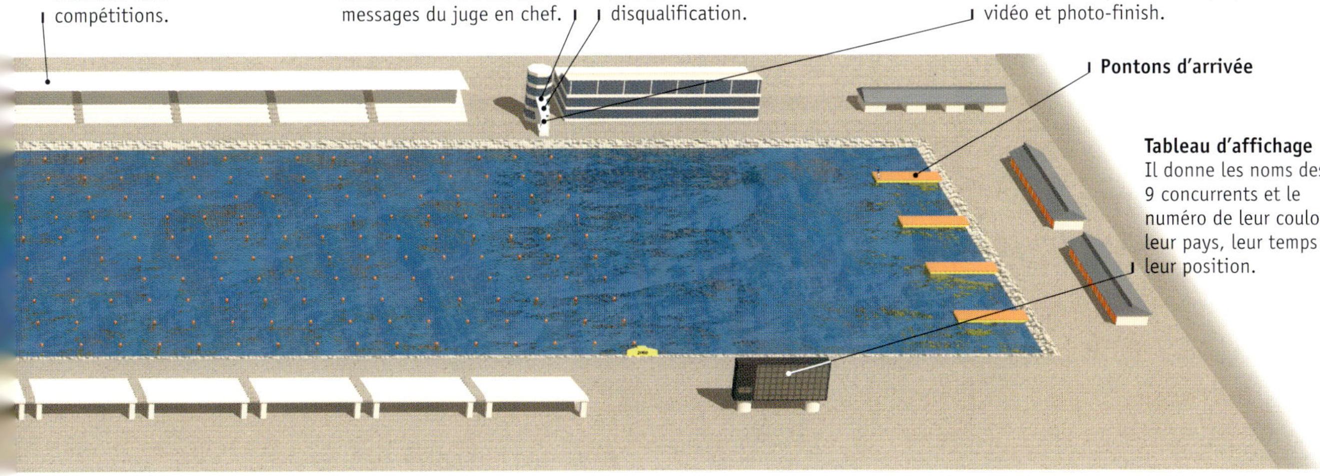

canoë-kayak, eaux vives

Scott Strausbaugh et Joe Jacobi (USA), médaillés d'or aux J.O. de Barcelone.

Il y a quelques centaines d'années, les autochtones du Canada devaient effectuer de fréquentes descentes de rivières en canoë à des fins utilitaires. Aujourd'hui, la course en slalom en eaux vives est à la fois une épreuve de vitesse et d'adresse au cours de laquelle il faut franchir plusieurs portes dont quelques-unes à contre-courant. La course en slalom, telle qu'on la connaît, est récente et fait son apparition aux J.O. de Munich en 1972. Par la suite, elle est absente des Jeux pendant vingt ans et revient aux J.O. de Barcelone en 1992. À nouveau présente à Atlanta en 1996, elle est aussi au programme olympique à Sydney en 2000 où les compétitions de canoë-kayak en eaux vives sont ouvertes aux hommes en C1 et en C2 et aux hommes et aux femmes en K1.

DÉROULEMENT DE LA COMPÉTITION

Le slalom – une spécialité en eaux vives – se pratique en catégories individuelles et en équipes en K1, en C1 et en C2 pour hommes et en K1 pour femmes. Chaque compétiteur doit passer dans les portes – sans les toucher avec la pale, le bateau ou son corps – dans l'ordre de numérotation et le sens indiqués. Il y a deux manières de franchir les portes : en descente et en remontée. Généralement, une épreuve comprend deux manches et le résultat cumulatif est retenu pour le classement. Si un concurrent touche une porte, il reçoit 2 secondes de pénalité; s'il franchit une porte à l'envers ou s'il la rate complètement, il reçoit 50 secondes de pénalité. Les départs sont déterminés par tirage au sort et ont lieu à 1 minute d'intervalle.

PLAN D'EAU

Naturel ou artificiel, on y retrouve de 20 à 25 portes suspendues et numérotées incluant au moins 6 portes à franchir en remontée.

Parcours
300 à 600 m

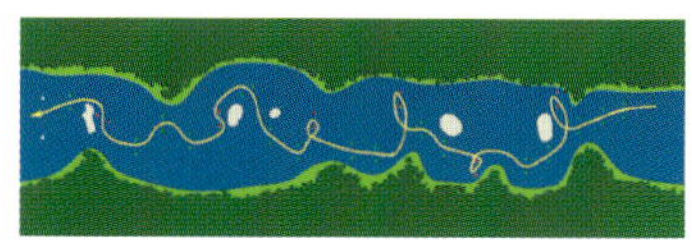

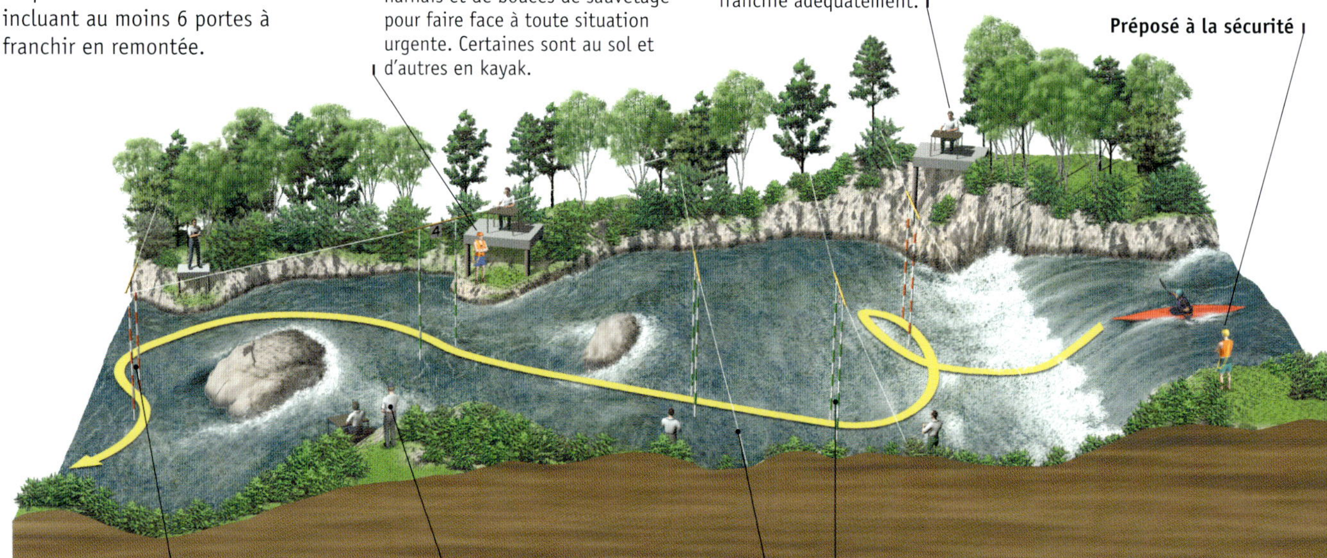

Personnel de sécurité
C'est une équipe de 7 à 8 personnes chargées de la sécurité des athlètes. Elles sont équipées de câbles, de harnais et de bouées de sauvetage pour faire face à toute situation urgente. Certaines sont au sol et d'autres en kayak.

Juge de portes
Un juge par porte s'assure qu'elle est franchie adéquatement.

Préposé à la sécurité

Porte en remontée
Leurs perches sont rouges.

Arbitre en chef
Il est responsable de toutes les décisions finales et veille à la cohésion entre les différents officiels.

Portes du parcours
Elles sont maintenues par le haut par des fils traversant le plan d'eau. La base d'une porte est à 15 cm au-dessus de l'eau.

Portes en descente
Leurs perches sont vertes.

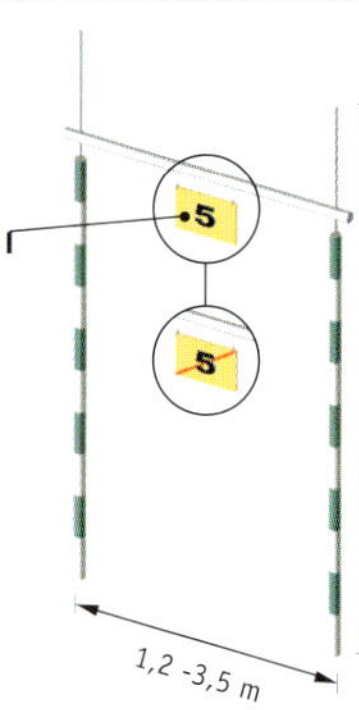

Panneau numéroté
Jaune ou blanc, il indique aux concurrents l'ordre et la direction dans lesquels les portes doivent être franchies. Une barre rouge en diagonale indique un sens interdit.

Autres officiels
Le juge de départ vérifie si le kayakiste est prêt et donne le signal de départ à l'aide d'un dispositif électronique. Les inspecteurs des embarcations, situés près de la ligne de départ, vérifient la conformité et la sécurité des embarcations : poids, longueur et présence du gilet de sauvetage. Ils apposent un autocollant sur l'embarcation pour certifier son inspection. Les chronométreurs, quant à eux, mesurent les temps de chaque concurrent.

TECHNIQUES ET TACTIQUES

Il importe autant que possible de prendre connaissance du parcours avant la course à partir du rivage et de planifier une tactique pour chaque porte. Il peut aussi être avantageux d'observer les techniques utilisées par les autres concurrents. Enfin, il est préférable d'utiliser des manœuvres qui augmentent et maintiennent la vitesse.

PROPULSION EN KAYAK

1. Attaque

Le kayakiste se prépare à planter sa pagaie dans l'eau.

2. Appui

La qualité de l'appui détermine la qualité de la traction.

3. Traction

La pagaie est presque verticale et l'embarcation est propulsée vers l'avant.

4. Transition

Rapidement, la pale est sortie de l'eau et l'attaque s'effectue de l'autre côté.

ÉQUIPEMENT

Le canoë se pratique avec une pagaie simple et en position à genoux, tandis que le kayak se dirige avec une pagaie double et en position assise.

DIMENSIONS DES EMBARCATIONS DE SLALOM

Embarcations	Longueur maximale	Largeur minimale	Poids maximal
K1	4 m	60 cm	9 kg
C1	4 m	70 cm	10 kg
C2	4,58 m	80 cm	15 kg

CANOË

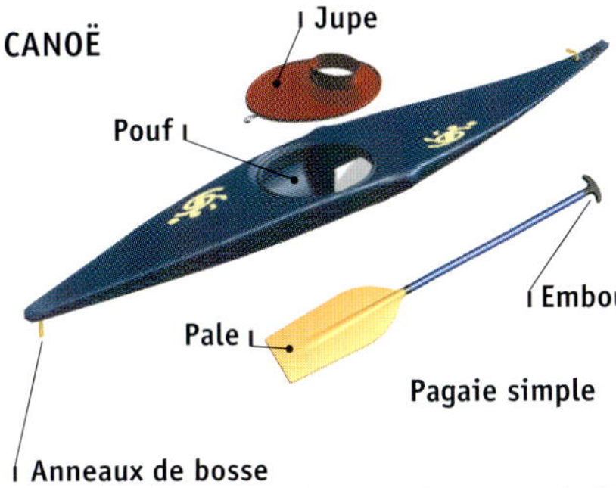

KAYAK

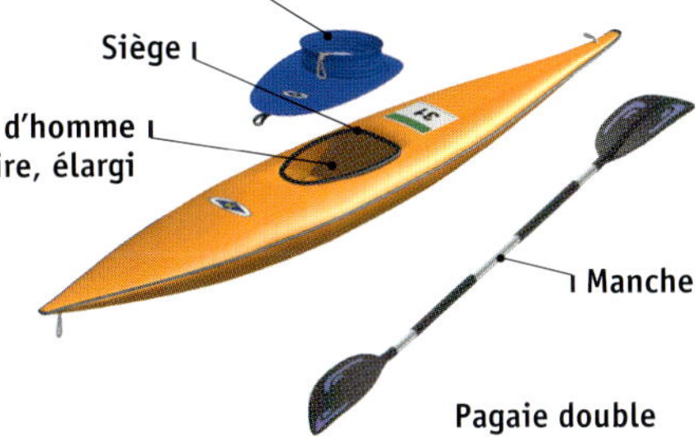

Richard Fox (G-B)
Ce grand slalomeur gagne 5 fois le titre de champion du monde en K1 en 1981, 1983, 1985, 1989 et 1993.

PROFIL DU CANOÉISTE ET DU KAYAKISTE

- Outre les indispensables connaissances techniques, les athlètes doivent avoir des qualités de force, de puissance et d'agilité.
- L'entraînement approprié hors de l'eau consiste à courir et à lever des poids, ce qui permet de maintenir l'endurance cardio-vasculaire et la puissance musculaire. Sur l'eau, l'entraînement sur longue distance favorise l'endurance musculaire, celui sur distance moyenne permet d'améliorer la vitesse et la cadence, et celui sur courte distance développe l'effort intensif à cadence maximale.

voile

Le Français Éric Tabarly est une véritable légende de la voile. Il a remporté, entre autres, la Transat en solitaire en 1964 et 1976 et le Fastnet en 1967 et a battu en 1980 le record de traversée de l'Atlantique en 10 j 5 h 14 min 20 s. Il gagne la Route du Café en 1997 avant de disparaître en mer d'Irlande en 1998.

Les compétitions de voile sont variées, regroupent plusieurs classes d'embarcation et ont lieu sur toutes les mers, quelles que soient les conditions météorologiques. Au IVe siècle avant notre ère, les Égyptiens utilisent la force du vent pour propulser leurs radeaux de papyrus sur le Nil et les Polynésiens se servent du balancier de leurs pirogues à voile – les ancêtres des multicoques actuels – pour aller plus vite. Dans l'Antiquité, les Romains, les Phéniciens, les Grecs, les Chinois ou les Vikings contribuent à l'amélioration et à l'expansion de la voile et, plus tard, les Espagnols, les Portugais, les Français et les Anglais font de même. En 1660 a lieu en Angleterre la première régate opposant les bateaux du duc de York à ceux de Charles II. En 1749, en Grande-Bretagne, le prince de Galles crée un trophée pour une course entre voiliers dans l'estuaire de la Tamise et, dès 1851, se tient la Coupe des Cent-Guinées. Un bateau américain remporte la victoire, donnant ainsi naissance à la célèbre Coupe America (America's Cup). Au XIXe siècle, la voile est définitivement détrônée par la vapeur. Toutefois, des navigateurs tels que Slocum, Chichester, Moitessier ou Tabarly contribuent par leurs exploits à en restaurer la popularité et la voile est aujourd'hui à la fois une activité récréative et un sport de haut niveau, présent aux J.O. depuis 1896. Les compétitions sont établies et régies par l'International Sailing Federation (ISAF).

DÉROULEMENT DE LA COMPÉTITION

Il existe trois grandes catégories de compétition en voile : les régates sur parcours de type olympique, les courses océaniques et les matchs racings, qui sont des épreuves à un contre un. Même si les embarcations et les parcours diffèrent, l'objectif demeure le même dans toutes les courses : terminer premier devant l'adversaire. Les compétitions s'adressent aux hommes et aux femmes sauf certaines catégories particulières aux J.O. En haute mer, les règlements internationaux pour prévenir les abordages en mer sont en vigueur de même que les règlements de la compétition. Aux J.O., il y a neuf classes d'embarcations et les voiliers doivent effectuer le parcours olympique. Celui-ci a la forme d'un triangle et sa longueur tient compte des particularités du plan d'eau, de la direction du vent et des conditions météorologiques de même que du nombre de voiliers participants. Il est délimité par des bouées qui doivent être contournées dans un ordre précis et permet à l'équipage, composé généralement d'un barreur qui dirige le voilier et d'équipiers, de naviguer au louvoyage, au largue et par vent arrière. La distance entre les bouées varie en fonction du type de voiliers en compétition.

Le Soling

Ce quillard est le plus grand des voiliers olympiques et figure au programme olympique depuis 1972.

Longueur : 8,20 m
Surface de la grand-voile : 13,60 m²
Foc : 8,10 m²
Équipage : trois hommes, trois femmes ou mixte
Barreur : de 75 à 100 kg
Équipiers : de 85 à 110 kg

Le Star

Ce quillard est inscrit aux J.O. depuis 1932.

Longueur : 6,92 m
Surface de la grand-voile : 22,35 m²
Foc : 6,50 m²
Équipage : deux hommes, deux femmes ou mixte
Barreur : 75 à 100 kg
Équipier : 95 à 135 kg

Le Tornado

Seul multicoque inscrit aux J.O. depuis 1976, ce catamaran est le plus rapide des voiliers olympiques.

Longueur : 6,09 m
Surface de la grand-voile : 16,87 m²
Foc : 5,20 m²
Équipage : deux hommes, deux femmes ou mixte
Barreur : de 60 à 70 kg
Équipier : de 60 à 70 kg

Le 49er (« Fortyniner »)

Ce dériveur qui participe aux J.O. en 2000 pour la première fois doit son nom à sa longueur.

Longueur : 4,99 m
Surface de la grand-voile : 15 m²
Foc : 6 m²
Équipage : deux hommes, deux femmes ou mixte
Barreur : de 63 à 75 kg
Équipier : de 63 à 75 kg

Le Finn

Ce dériveur est inscrit aux J.O. depuis 1952.

Longueur : 4,50 m
Surface de la grand-voile : 10 m^2
Équipage : un homme
Concurrent : de 70 à 100 kg

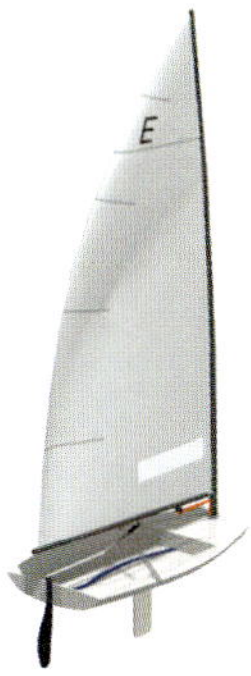

L'Europe

Léger et rapide, ce petit dériveur utilisé par les femmes en classe olympique figure au programme des J.O. depuis 1992.

Longueur : 3,35 m
Surface de la grand-voile : 7 m^2
Équipage : une femme
Concurrente : de 45 à 63 kg

Le Laser

Dériveur rapide, il est parmi les plus populaires au monde et est inscrit aux J.O. depuis 1996.

Longueur : 4,23 m
Surface de la grand-voile : 7,06 m^2
Équipage : un homme
Concurrent : de 70 à 90 kg

Planche à voile de classe Mistral

Pratiquée tant par les hommes que par les femmes, la planche à voile est inscrite aux J.O. depuis 1984.

Longueur : 3,70 m
Surface de la grand-voile : 7,40 m^2
Équipage : un homme ou une femme
Véliplanchiste : de 50 à 70 kg

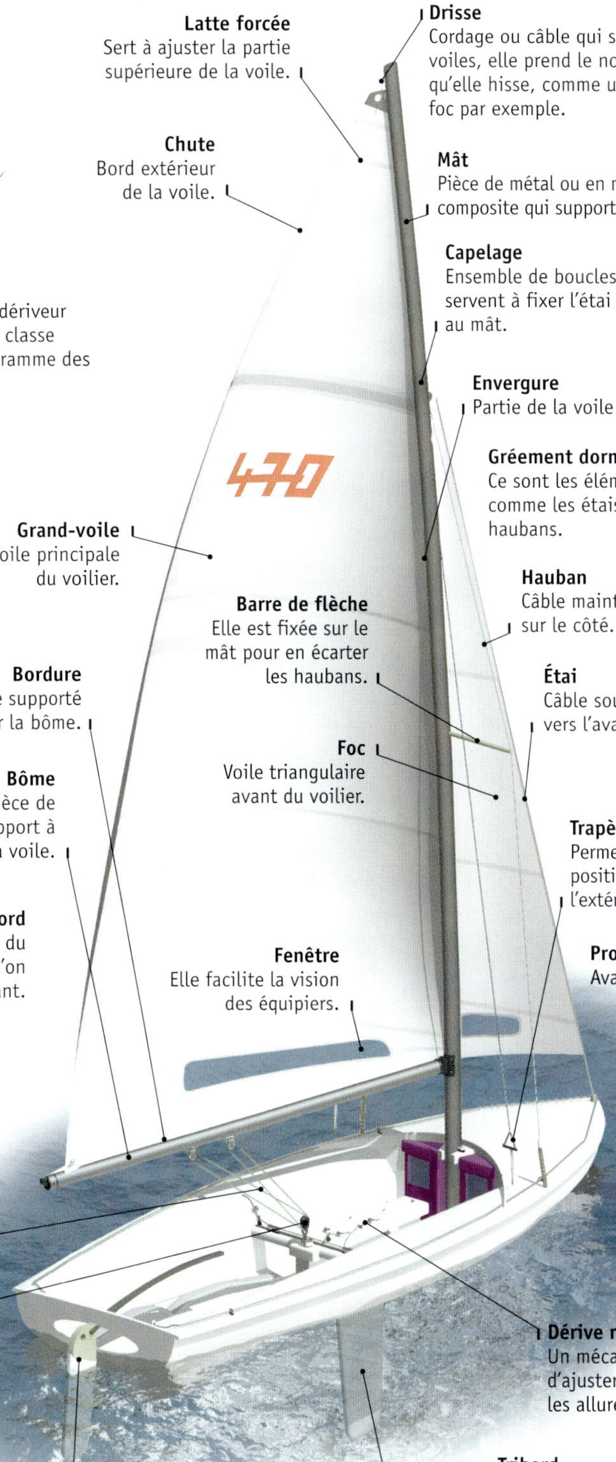

Latte forcée
Sert à ajuster la partie supérieure de la voile.

Chute
Bord extérieur de la voile.

Grand-voile
Voile principale du voilier.

Bordure
Côté de la voile supporté par la bôme.

Bôme
Espar (longue pièce de métal) servant de support à la bordure de la voile.

Bâbord
Côté gauche du bateau lorsqu'on regarde vers l'avant.

Gréement courant
Éléments mobiles comme les écoutes et le palan.

Écoute
Cordage servant à orienter la voile.

Chariot d'écoute
Accastillage (petit équipement de pont) installé sur un rail soutenant une poulie et servant à guider les cordages.

Poupe
Arrière du voilier.

Gouvernail
Composé de la barre et du safran, c'est un mécanisme qui sert à diriger le voilier.

Barre de flèche
Elle est fixée sur le mât pour en écarter les haubans.

Foc
Voile triangulaire avant du voilier.

Fenêtre
Elle facilite la vision des équipiers.

Dérive
Stabilise le bateau et l'empêche de dériver sur l'eau.

Drisse
Cordage ou câble qui sert à hisser les voiles, elle prend le nom de la voile qu'elle hisse, comme une drisse de foc par exemple.

Mât
Pièce de métal ou en matériau composite qui supporte les voiles.

Capelage
Ensemble de boucles de fixation qui servent à fixer l'étai et les haubans au mât.

Envergure
Partie de la voile fixée au mât.

Gréement dormant
Ce sont les éléments fixes comme les étais ou les haubans.

Hauban
Câble maintenant le mât sur le côté.

Étai
Câble soutenant le mât vers l'avant.

Trapèze
Permet de se mettre en position de rappel à l'extérieur du bateau.

Proue
Avant du voilier.

Dérive réglable
Un mécanisme permet d'ajuster la dérive selon les allures.

Tribord
Côté droit du bateau lorsqu'on regarde vers l'avant.

Le 470

Ce dériveur tient son nom de sa longueur de 4,70 m. Il a ouvert la compétition olympique aux femmes aux J.O. de 1988.

Longueur : 4,70 m
Surface de la grand-voile : 9,88 m^2
Foc : 3,76 m^2
Équipage : deux hommes ou deux femmes
Barreur : de 50 à 70 kg
Équipier : de 50 à 70 kg

PARCOURS OLYMPIQUE

C'est le parcours le plus fréquemment utilisé lors de régates pour voiliers de toutes catégories. La distance entre les bouées varie selon les classes de voiliers. La longueur du parcours dépend des classes et du nombre de voiliers, des spécificités du plan d'eau et des conditions météorologiques. De plus, le parcours est délimité par des bouées qui doivent être contournées dans un ordre précis et permet à l'équipage de naviguer au louvoyage, au largue et par vent arrière. La durée des courses varie de 45 min à 1 h 30.

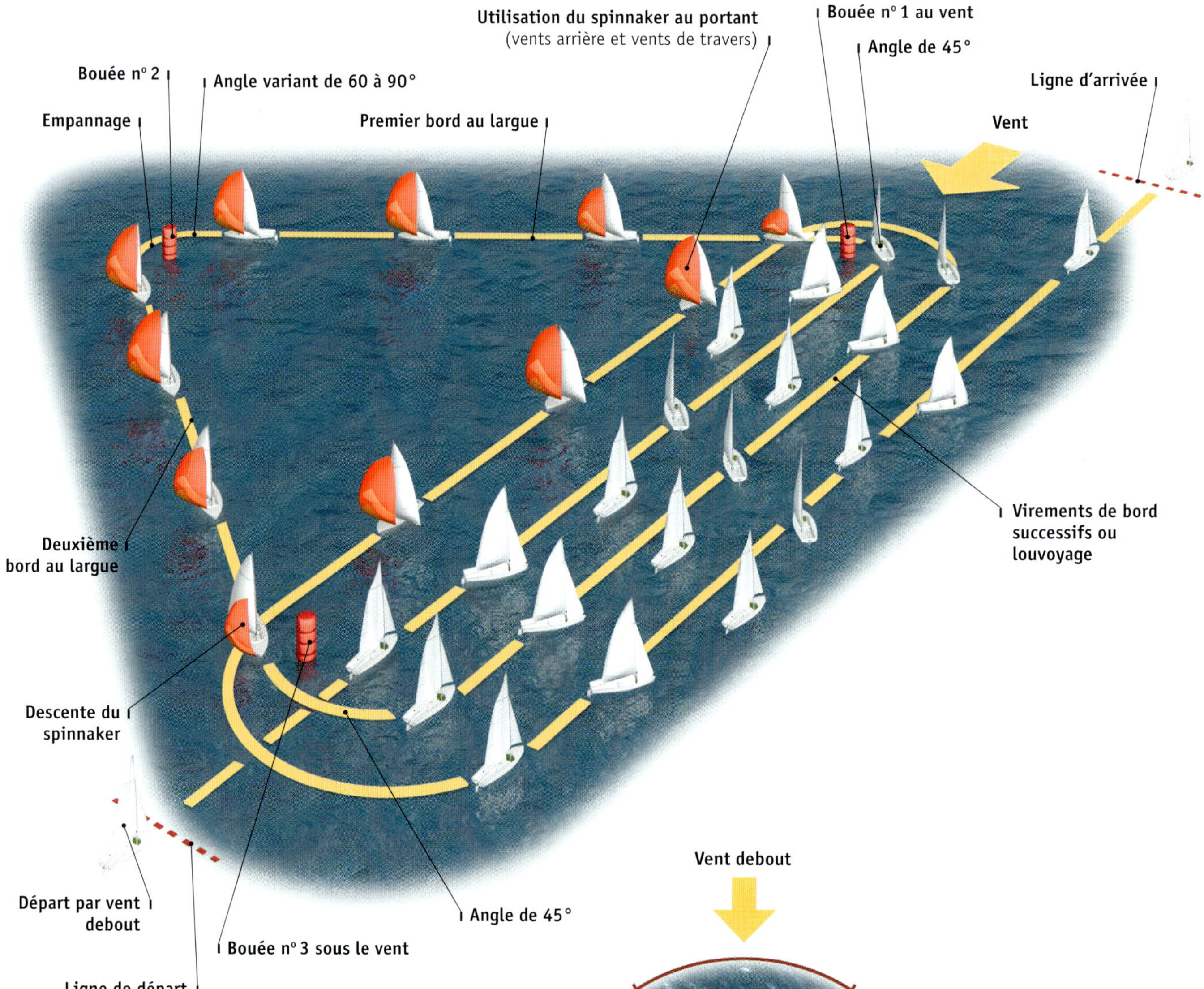

DIRECTION DU VENT

La route suivie par un voilier par rapport à la direction du vent détermine son allure. Les différentes allures se nomment : au près, au petit largue, par vent de travers, au largue, au grand largue et par vent arrière. Quant aux amures, elles expriment de quel bord du bateau vient le vent.

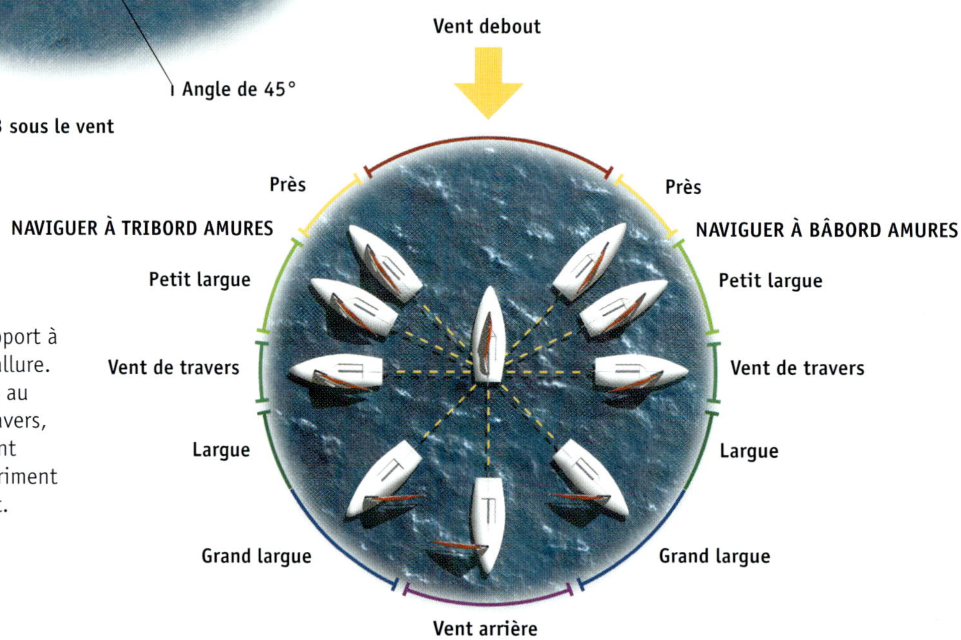

TYPES DE COQUES

Les multicoques – catamarans et trimarans – sont plus rapides que les monocoques. Toutefois, leur maniement est plus difficile, ils chavirent plus facilement et leurs coques sont plus difficiles à redresser.

Monocoque

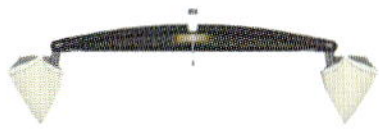

Catamaran

Trimaran

DÉRIVE ET QUILLE

Elles ont essentiellement le même rôle : stabiliser le voilier et l'empêcher de dériver. Cependant, la quille est fixe et lestée et la dérive est amovible. Sur un dériveur, c'est le poids de l'équipage qui fait office de lest.

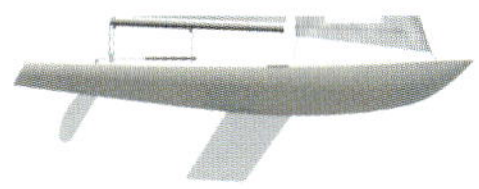

Quillard

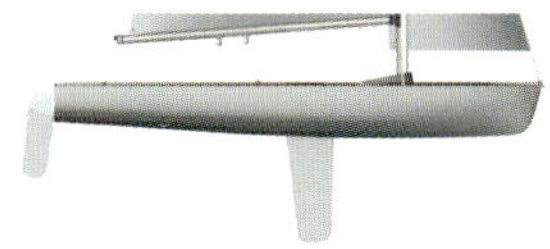

Dériveur

TECHNIQUES DE NAVIGATION

Les compétitions de navigation à voile exigent la maîtrise de techniques de navigation telles que le louvoyage, l'empannage ou la position de rappel. Le louvoyage consiste à naviguer en zigzag en faisant passer les voiles d'un côté à l'autre lorsque le vent vient de l'avant du voilier tandis que l'empannage consiste à virer de bord lorsque le vent vient par l'arrière du voilier. Cette dernière technique exige une bonne maîtrise de la navigation et nécessite un déplacement de la voile d'environ 160° d'un côté à l'autre.

LOUVOYAGE

1. Le voilier navigue, au près, à bâbord amures et les équipiers assis face à la grand-voile sont prêts pour le virement de bord. **2.** Le barreur pousse la barre sous le vent et l'étrave du bateau est ramenée le plus possible face au vent. **3.** L'équipier libère l'écoute sous le vent à tribord et la grand-voile commence à battre et le foc faseye. **4.** Le bateau abat et la bôme a changé de côté. **5.** La barre est ramenée dans l'axe ; le foc et la grand-voile sont correctement bordés. Le voilier navigue maintenant, au près, à tribord amures.

EMPANNAGE

1. Le voilier navigue à bâbord amures au portant. Les équipiers face à la grand-voile sont prêts à empanner. **2.** Le barreur se déplace au centre, a toujours le contrôle de l'écoute de la grand-voile et la borde énergiquement. Le bateau s'engage dans le lit du vent. **3.** Le barreur se prépare au passage de la bôme et l'équipier se déplace au centre du bateau. Le foc faseye et la grand-voile se déplace rapidement vers l'autre bord. **4.** L'équipier équilibre le bateau au passage de la bôme et le barreur centre la barre. **5.** Le barreur et l'équipier s'assoient du côté du vent. L'empannage est terminé et le bateau navigue à tribord amures.

POSITIONS DE RAPPEL

Il s'agit pour l'équipage de se porter à l'extérieur du bateau afin de contrer la gîte du bateau par temps fort. Il y a deux positions : le rappel et le trapèze qui demande que le navigateur soit accroché à un harnais.

Rappel

Le navigateur est en position de rappel lorsqu'il s'assoit à l'extérieur du plat-bord.

Trapèze

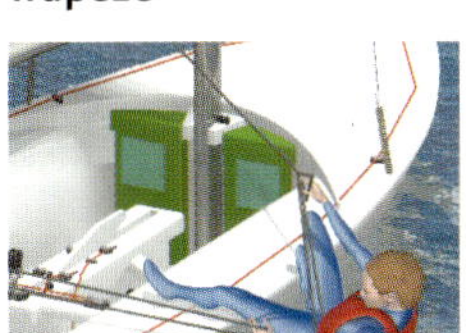

1. En partant de la position de rappel, le navigateur place son pied sur le plat-bord et bascule à l'extérieur en maintenant son corps à angle droit.

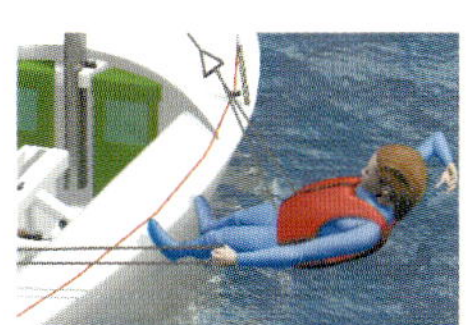

2. Lorsque les deux pieds sont sur le plat-bord, le navigateur lâche la poignée et se déporte de façon maximale. Il est en position de trapèze.

COURSES TRANSOCÉANIQUES

EN SOLITAIRE

L'Europe 1 - Star

Anciennement dénommée Ostar (Observer Singlehanded Transatlantic Race), elle est la doyenne des courses transocéaniques en solitaire. Le départ s'effectue à Plymouth (Grande-Bretagne) et l'arrivée à Newport (Rhode Island, États-Unis). Cette course de 3000 milles nautiques (5555 km) existe depuis 1960 et se déroule tous les quatre ans.

La Route du Rhum

Considérée comme l'une des plus belles courses en solitaire, elle se déroule tous les quatre ans depuis 1978. Le départ est donné à Saint-Malo (France) et la course se termine à Pointe-à-Pitre, en Guadeloupe. Ouverte aux monocoques et aux multicoques, son trajet est de 3700 milles nautiques (6852 km).

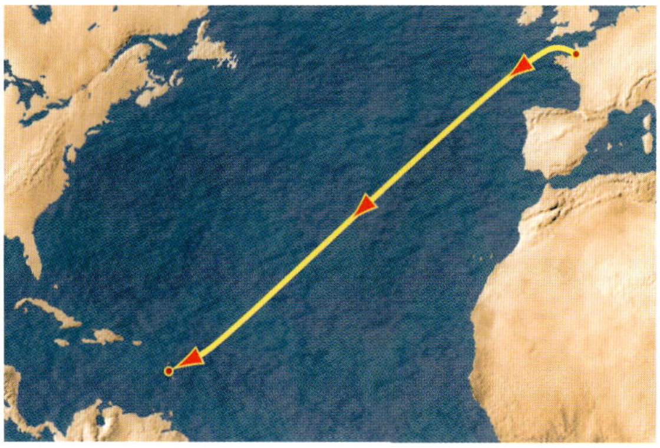

Route du Rhum

EN ÉQUIPAGE

La Mini-Transat

Épreuve avec escale qui se déroule tous les deux ans depuis 1977, elle relie Concarneau (France) à Ténériffe (Espagne) sur une distance de 1370 milles nautiques (2537 km), puis Ténériffe à Fort-de-France, en Martinique sur une distance de 2700 milles nautiques (5000 km). Sa particularité tient à la jauge des voiliers qui doit être la même pour tous, soit une longueur de 6,50 m et une largeur de 3 m. La hauteur du mât doit être de 14 m et le tirant d'eau de 2 m. C'est une compétition qui requiert de l'audace et une grande maîtrise technique.

La Transat Québec-Saint-Malo

Créée en 1984, elle se déroule tous les quatre ans, de Québec (Canada) à Saint-Malo (France). Lors de cette épreuve en équipage de 2900 milles nautiques (5370 km), les voiliers doivent affronter le fleuve Saint-Laurent et son golfe avant de traverser l'Atlantique. Cette course, la seule transatlantique d'ouest en est, est de type open, donc ouverte aux voiliers de différentes tailles, multicoques ou monocoques.

La Transat Jacques Vabre

Connue sous l'ancien nom de Route du Café, cette course se déroule tous les quatre ans depuis 1993. Elle relie Le Havre (France) à Carthagène (Colombie) et est ouverte aux monocoques et aux multicoques de 13,72 à 18,29 m. La distance est de 4420 milles nautiques (8185 km) pour les monocoques et de 5 520 milles nautiques (10 222 km) pour les multicoques.

RÉGATES

Elles ont généralement lieu sur un plan d'eau ou en mer près des côtes, et leur parcours est délimité par trois bouées. Il n'y a pas de couloirs et les départs sont toujours spectaculaires : le premier voilier qui passe la bouée de départ a un avantage certain pour l'issue de la course. Les trajets de même que l'emplacement des sites de régates sont conçus afin que les compétiteurs puissent mettre en pratique les techniques de navigation les plus courantes.

La Coupe America

La plus célèbre des régates est une épreuve en équipage où chaque voilier compte 16 équipiers. La compétition débute par des éliminatoires entre pays participants pour désigner un opposant au tenant du titre (la Louis Vuitton Cup). Les deux finalistes s'affrontent alors dans une série d'au moins cinq courses, le vainqueur étant celui qui, le premier, s'adjuge cinq manches. Les régates ont lieu sur le plan d'eau du tenant du titre. Les autres régates les plus connues sont les compétitions olympiques.

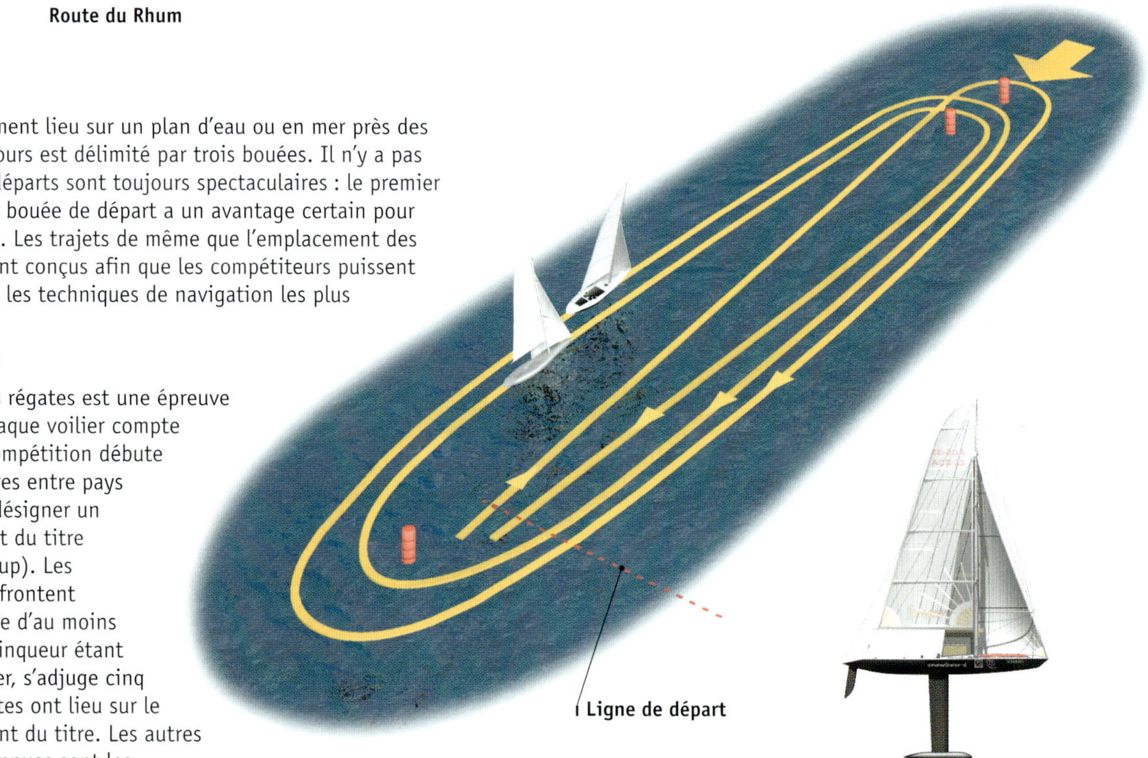

Parcours de la Coupe America

Le parcours de 18,5 milles nautiques (34 km) comprend 3 bords de près et 3 bords de portants. La plus grande distance en ligne droite est de 3 milles nautiques.

Cette régate a donné naissance à une nouvelle classe de bateaux : l'International America's Cup Class ou Class America, des sloops de 22 m environ.

COURSES AUTOUR DU MONDE

La Volvo Race ou Whitbread

Créée en 1973, c'est la plus ancienne course autour du monde en équipage. Cette épreuve totalise environ 31 600 milles nautiques (58 523 km) et se déroule en neuf étapes, auxquelles participent des voiliers W60, spécialement conçus pour cette course. Ces bateaux, dont la longueur est de 18,30 m et la largeur de 5,25 m, peuvent supporter 500 m² de toile au portant. Le départ de la course a lieu à Southampton (Grande-Bretagne) et le retour à La Rochelle (France).

Le Vendée Globe

Course autour du monde en solitaire, son départ et son arrivée s'effectuent aux Sables-d'Olonne (France). Les participants doivent contourner l'Antarctique et franchir le cap Horn. Cette course d'environ 25 000 milles nautiques (46 300 km) s'effectue sans assistance et sans escale sur des monocoques de 18,29 m maximum. Toutefois le GPS est autorisé.

Florence Arthaud (FRA)
Une des premières femmes à se démarquer dans la voile, elle établit, en 1990, un nouveau record de traversée de l'Atlantique en solitaire en 9 j 21 h 42 min. La même année, elle gagne la Route du Rhum en établissant un nouveau record.

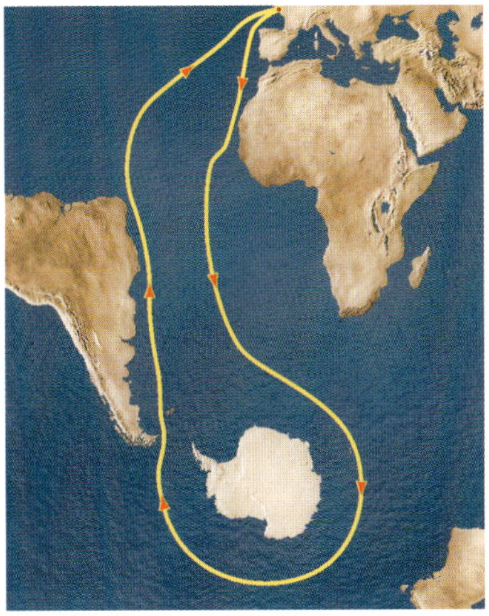

Vendée Globe

Dennis Conner (USA)
Ce vainqueur de la Coupe America en 1980, 1987 et 1988 est aussi médaillé de bronze aux J.O. de 1976.

ADMIRAL'S CUP

Il s'agit de six courses se déroulant en mer d'Irlande, dans la Manche et dans le sud-ouest de l'Angleterre : deux parcours olympiques, deux parcours côtiers et deux courses au large. L'épreuve la plus difficile est le Fastnet, à la pointe de l'Irlande, en raison des conditions climatiques qui y règnent. Ces courses sont organisées tous les deux ans, depuis 1957, par le Royal Ocean Racing Club (RORC) et réunissent des équipes de nombreux pays.

PROFIL DU NAVIGATEUR

- Courageux et aventuriers, les navigateurs sont aussi des intuitifs habitués à composer avec les éléments.
- Ils doivent être en excellente forme physique et avoir une bonne santé pour affronter les changements de température, les manœuvres difficiles, les nuits de sommeil brèves pour les navigateurs océaniques, le contact fréquent avec l'eau froide, le soleil et le vent.
- Le navigateur, toutes catégories confondues, possède d'excellents réflexes, est audacieux et volontaire.

ÉQUIPEMENT

Sécurité

Toutes les embarcations doivent être munies d'équipements de sécurité. On retrouve, entre autres, des fusées de différentes couleurs, des balises de détresse émettant un signal pouvant être capté par un satellite, des bouées et des gilets de sauvetage et une embarcation gonflable dans certains cas.

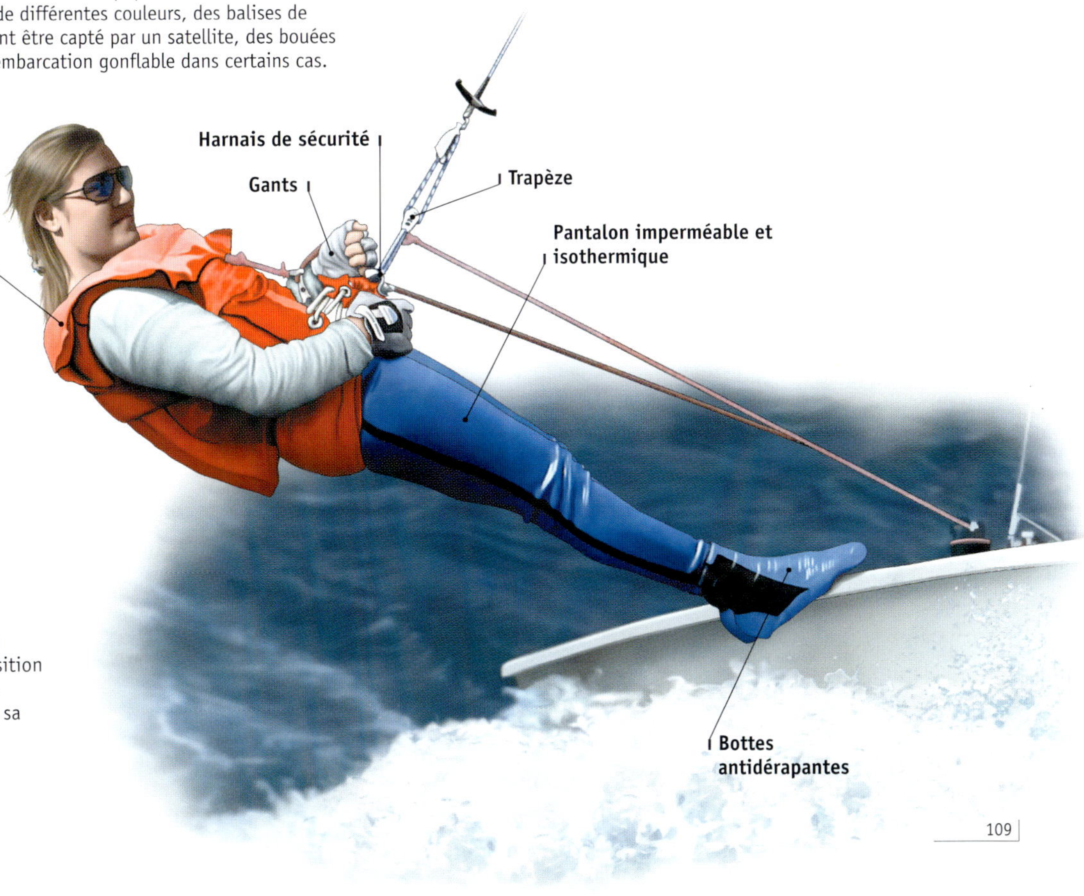

GPS (*Global Positioning System*)
Ce système permet d'établir la position d'un navire par liaison satellitaire partout dans le monde à l'aide de sa latitude et de sa longitude.

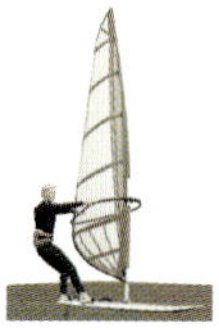

planche à voile

Originaire de Californie, l'Américain Robby Naish a gagné son premier championnat du monde en 1976 à l'âge de 13 ans.

Sport nautique et de glisse, la planche à voile fait appel à un ensemble de techniques de vitesse et de voltige. Les véliplanchistes, soumis aux conditions météorologiques, doivent apprendre à identifier la nature des vents de même que le comportement des vagues. Plusieurs personnes en revendiquant la paternité, on ne sait pas précisément qui a inventé ce nouveau sport. Une chose est cependant sûre, deux Américains, Hoyle Schweitzer et James Drake, en déposent le brevet en 1968. L'évolution du matériel donne naissance dans les années 80 à un nouveau type de planche plus polyvalente et plus accessible : le funboard, une planche plus courte et plus maniable. Les premières compétitions de planche à voile ont lieu dans les années 70 et les premiers championnats du monde de funboard sont organisés en 1986. Pratiquée par plus de quinze millions de personnes dans le monde, la planche à voile devient une discipline olympique en 1984, aux J.O. de Los Angeles. Toutefois, ce n'est qu'en 1992, aux J.O. de Barcelone, qu'apparaît la première épreuve féminine.

DÉROULEMENT DE LA COMPÉTITION

Il y a trois types de compétitions : les courses avec bouées, c'est-à-dire longue distance, slalom et autres parcours, ouvertes à tous les types de planches, les compétitions vagues et freestyle, et les parcours olympiques où le matériel est strictement réglementé. Les courses de vitesse sont moins fréquentes.

Course avec bouées de longue distance

Elle peut se faire d'un point A à un point B ou en aller-retour et dure de 2 à 4 heures. Idéalement, la vitesse du vent dépasse 15 nœuds. Le vainqueur est celui qui franchit le premier la ligne d'arrivée.

Course avec bouées : slalom et autres parcours

Le départ a lieu soit sur la plage soit dans l'eau. Les concurrents participent à des séries éliminatoires jusqu'en finale, où le gagnant est celui qui franchit le premier la ligne d'arrivée. Les concurrents contournent les bouées le plus rapidement possible en effectuant des empannages pour le slalom, tandis que pour les autres parcours, les concurrents contournent les bouées en effectuant des empannages mais aussi des virements de bord. Contrairement au slalom où les concurrents naviguent uniquement au grand largue, les autres parcours impliquent aussi la remontée au près. Le nombre de tours et de bouées varie d'une compétition à l'autre et la durée d'une course slalom est de 5 à 10 minutes tandis que les courses sur les autres parcours durent entre 20 et 30 minutes.

Vagues et freestyle

Les compétitions vagues se déroulent exclusivement en mer – présence de vagues déferlantes – et durent de 10 à 15 minutes. Les vagues idéales atteignent deux mètres ou plus de haut et les vents, 14 nœuds. Les concurrents doivent réaliser le plus grand nombre de manœuvres de surf, de changements de bords avec figures (transitions) et de sauts. Quant au freestyle, les compétitions se déroulent sur un lac, en mer ou encore sur un plan d'eau artificiel. Le véliplanchiste doit effectuer – sans arrêt – le plus de transitions, de manœuvres, de figures d'enchaînements possible dans une période de 10 à 15 minutes. Trois à cinq juges décernent une note de 0 à 10 selon les critères esthétiques et techniques des figures.

Parcours olympique

Il est marqué aux extrémités par 2 à 4 bouées. Au départ, tous les coureurs s'élancent en même temps et le vainqueur est celui qui obtient les meilleures positions au cours de manches dont le nombre varie de 3 à 12. Les coureurs utilisent tous le même type de planche, c'est-à-dire la Mistral One Design. Six nœuds de vent minimum sont nécessaires à la tenue d'une course. Chaque manche dure entre 20 et 60 minutes selon l'intensité du vent. Les coureurs peuvent utiliser la technique du pumping (mouvement de la voile) qui permet d'augmenter la vitesse de la planche par vent faible.

Vitesse

Il n'y a pas de signal de départ : la course s'effectue sur un parcours à l'intérieur duquel on chronomètre le temps et évalue la vitesse moyenne sur une portion de 500 m. Le gagnant est celui qui obtient le meilleur temps.

MANŒUVRES

Le jibe

C'est un empannage dynamique dont le but est de virer de bord par vent arrière sans perdre de vitesse. Le véliplanchiste réalise un virement de bord dans le sens du vent. Le corps incliné vers l'intérieur du virage, il fléchit les genoux puis, avec la jambe arrière, crée une impulsion sur les rails de la planche. Au moment où la voile change d'amure, le véliplanchiste récupère celle-ci rapidement afin de conserver la vitesse de navigation et, simultanément, inverse la position des pieds de l'avant vers l'arrière et de l'arrière vers l'avant.

Le speed loop (freestyle)

Le véliplanchiste doit atteindre un maximum de vitesse. Pour entamer la rotation de la planche, l'athlète tire vigoureusement sur le wishbone avec la main. Simultanément, il transfère le poids de son corps vers l'avant et, à l'aide de sa jambe arrière fixée solidement au cale-pied, il soulève abruptement la planche au-dessous de ses fesses. Pour maximiser la fluidité de la rotation, le corps doit être regroupé. Pour compléter le mouvement circulaire, il pose son regard au-dessus de son épaule arrière, ce qui a pour effet de compléter le mouvement de rotation.

TYPES DE PLANCHES À VOILE

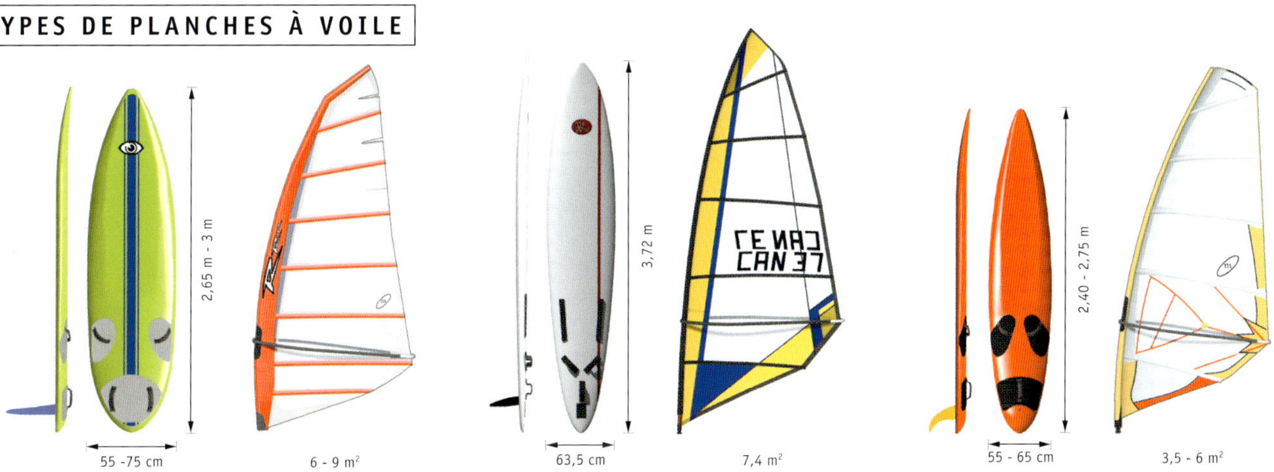

Course, slalom

Le flotteur slalom est axé sur la vitesse et l'aptitude au planning.

Olympique

Le flotteur est long et volumineux. Il est conçu pour être utilisé dans des conditions de vent très variées.

Vague

Le flotteur est résistant, léger, court et maniable. Ce type de planche se caractérise par sa manœuvrabilité et son contrôle par grand vent.

PROFIL DU VÉLIPLANCHISTE

- Sans être musculairement très exigeante, la planche à voile demande toutefois un effort des membres supérieurs (bras et avant-bras) et inférieurs (jambes). De plus, les athlètes légers et de grande taille ont plus de facilité à s'éloigner de la voile et à la contrôler.
- Un solide programme de musculation et d'étirement des membres supérieurs et inférieurs est essentiel.

Björn Dunkerbeck (DAN)
Un champion hors du commun qui, en 1999, avait déjà récolté 12 titres de champion du monde.

surf océanique

L'Hawaïen Duke Kahanamoku, médaillé d'or du 100 mètres nage libre aux J.O. de 1912 et 1920, fut aussi l'ambassadeur du surf dans le monde. Il est à l'origine de l'essor du sport à Hawaï, dès 1910, puis en Australie à partir de 1915.

C'est dans le récit de son voyage à Hawaï, en 1779, que le capitaine Cook mentionne des nageurs qui se rendent au large et reviennent vers le rivage en chevauchant les vagues sur une planche en bois. Pratique ancestrale, le surf est interdit au XVIIIe siècle par les missionnaires chrétiens qui y voient un rite païen peu compatible avec leurs enseignements. Il ne réapparaît que vers 1900 sur les plages d'Hawaï. En 1907, l'Outrigger Canoe Club, qui est à l'origine de l'essor du surf contemporain, est fondé à Waikiki, sur l'île Hawaï. Il faut toutefois attendre les années 1950 et 1960 – et l'apparition de planches légères faites de nouveaux matériaux – pour que le sport s'exporte, notamment en Californie, véritable patrie du surf moderne. L'International Surfing Federation (ISF) voit le jour pendant les premiers championnats du monde d'Australie, en 1964, suivis en 1970 des premiers championnats du monde professionnels. En 1976, l'ISF change son nom pour l'International Surfing Association (ISA). Les World Surfing Games, bisannuels depuis 1980 et organisés par l'ISA, côtoient les World Qualifying Series et le World Championship Tour, gérés tous deux par l'Association of Surfing Professionnals (ASP) qui regroupe les meilleurs professionnels mondiaux, hommes et femmes.

COUPES ET CHAMPIONNATS

Les World Surfing Games de l'ISA comportent un concours par équipes nationales et un concours individuel, ouverts aux professionnels depuis 1998. Quatre disciplines sont au programme : le longboard (planches longues), le shortboard (planches courtes), le bodyboard et le kneeboard (surf à genoux). Une épreuve sur grosses vagues (Big Waves World Championship) se déroule sur des vagues hautes de 9 à 18 m, dans la catégorie shortboard uniquement. Le circuit de surf professionnel, sous l'égide de l'Association des surfeurs professionnels (ASP), regroupe quant à lui le « World Competitive Tour » (WCT), ainsi que les « World Qualifying Series » (WQS), qui sont des championnats individuels de shortboard uniquement. Les seize meilleurs surfeurs à l'issue des WQS remplacent les seize derniers au classement du WCT, qui regroupe ainsi les quarante-quatre meilleurs surfeurs mondiaux dans l'année en cours. Le circuit comprend une cinquantaine d'épreuves se déroulant sur les cinq continents, cotées sur une échelle de 1 à 5 étoiles, rapportant de 500 à 2 500 points au classement annuel. Les classements sont déterminés en fin d'année sur les huit meilleurs résultats des concurrents : une victoire dans une épreuve cotée 5 étoiles peut donc être déterminante pour le classement général.

DÉROULEMENT DE LA COMPÉTITION

Les concurrents tentent de rester le plus longtemps possible sur les vagues, et d'exploiter au mieux les possibilités qu'elles offrent en effectuant des manœuvres. Lors des WQS, quatre surfeurs concourent en même temps (deux lors des WCT) dans des séries (*heats*) à élimination directe d'une durée de 20 minutes, au cours desquelles ils sont jugés sur leurs 3 ou 4 meilleures vagues selon l'appréciation du directeur de compétition et des 4 ou 5 juges. Ils sont évalués selon 4 critères : qualité des manœuvres, situation sur la vague, niveau de difficulté de la vague choisie et durée de tenue sur celle-ci. Cinq minutes avant la fin de la ronde, un drapeau jaune est hissé pour avertir les concurrents de la fin de l'épreuve. Les deux premiers de chaque ronde passent au tour suivant, tandis que les deux derniers sont éliminés. La finale dure entre 20 et 30 minutes selon les conditions de vagues.

Démarrage sur la vague (*take-off*)

Le surfeur est allongé, les mains sur le bord de la planche à la hauteur des épaules. Il s'aide des bras pour ramener ses jambes sous son corps dans l'axe de la planche. Ses mains lâchent prise et il se redresse, jambes légèrement fléchies et genoux tournés vers l'extérieur. Après ce départ il effectue généralement un virage au pied de la vague (*bottom-turn*) qui lui permet de prendre la vitesse nécessaire pour effectuer des manœuvres.

Floater

Après une ascension rapide de la vague, le surfeur se penche en arrière. L'avant de la planche tourne rapidement. Lorsque le changement de direction est effectué, il transfère son poids sur le pied arrière pour laisser la vague entrer sous la planche.

Cut-back

Au sommet de la vague, le surfeur transfère son poids sur les talons en s'inclinant vers l'arrière, tandis que le haut de son corps anticipe légèrement le virage. En fin de courbe, il revient frapper l'écume pour reprendre la vague. Le cut-back peut être réalisé face à la vague ou dos à la vague.

ÉQUIPEMENT

PLANCHE

Au début du siècle, les planches étaient faites entièrement en bois et pesaient de 50 à 70 kg. Les matériaux de synthèse (polystyrène, fibre de verre ou fibres époxy) apparus dans les années 60 ont permis de fabriquer des planches beaucoup plus maniables, pesant moins d'un kilo. Leur profil (découpe), déterminant leur comportement sur l'eau, peut être très finement adapté au type de vagues rencontrées ainsi qu'au style du surfeur.

Longboard
Bien plus lourd et long que le shortboard, le longboard est très stable et change difficilement de trajectoire. Aujourd'hui utilisé par les débutants, il fait néanmoins l'objet d'un championnat du monde au sein de l'ISA.

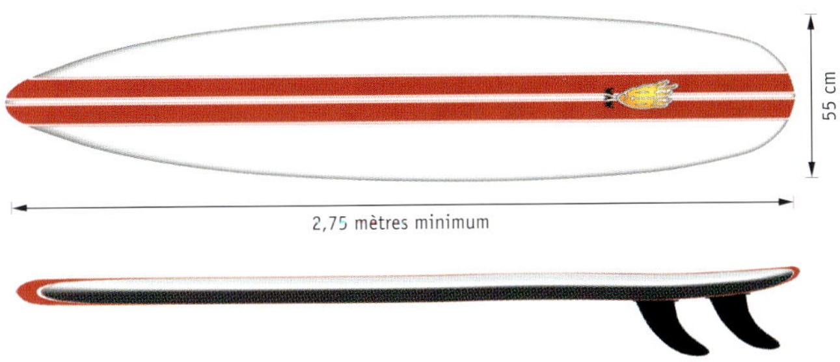

Shortboard
C'est la planche des surfeurs de niveau international. Elle est légère et profilée pour permettre les manœuvres et changements de trajectoires les plus rapides. Une planche plus longue, le gun, est utilisée sur les très grosses vagues, afin d'obtenir plus de stabilité à grande vitesse dans les virages, au pied de la vague notamment.

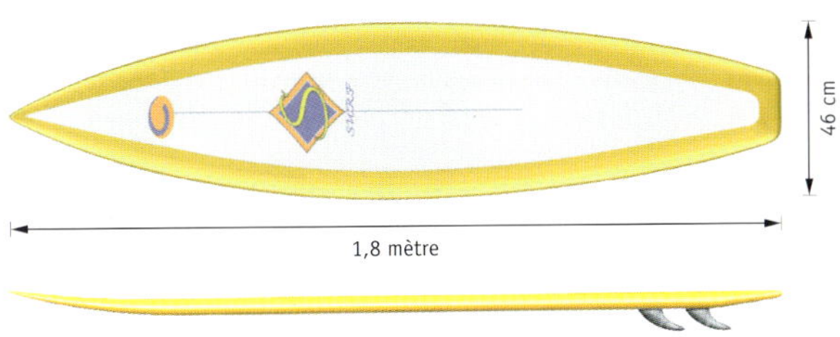

Combinaison
Elle est isothermique, généralement en néoprène, et laisse pénétrer une fine pellicule d'eau qui prend la température du corps. Elle peut être intégrale, ou à jambes courtes, avec et sans manches, en été. Des chaussons de néoprène sont parfois utilisés, dans les eaux très froides ou pour protéger les pieds du corail et des roches blessantes.

Leash
C'est un cordon attaché à la cheville du surfeur par un bracelet à fermeture velcro, et relié à la planche ; il lui permet d'éviter de la perdre en cas de chute. La longueur du cordon peut être adaptée au type de vagues rencontrées.

Chausson

Cire
Étalée sur le dessus de la planche, elle procure aux pieds du surfeur une bonne adhérence. Elle est changée régulièrement. Certains surfeurs préfèrent utiliser des protections antidérapantes collées sur la planche.

Bodyboard
Utilisé au départ comme moyen d'apprentissage du surf, le bodyboard a élaboré ses propres techniques et dispose aujourd'hui de compétitions internationales au sein de l'ISA et de sa propre structure (Global Organization of Bodyboarders). Les bodyboarders affrontent les vagues couchés sur leur planche, faite de mousse rigide, et chaussés de palmes de plongée.

Tenue d'été
Il n'existe pas de combinaison typique d'été. Un short et un gilet léger en lycra protègent du soleil et de l'irritation causée par le contact de la planche.

PROFIL DU SURFEUR

- Outre une connaissance parfaite de l'océan et des vagues, indispensable en compétition pour tirer le meilleur parti des éléments, les surfeurs ont une condition physique excellente et sont des nageurs exceptionnels : ils doivent parfois se rendre loin du rivage, et les chutes dans les grosses vagues peuvent se révéler très dangereuses.
- Une capacité d'observation très précise des conditions particulières à l'endroit de la compétition, une solide technique de franchissement des vagues qui ne sont pas surfées, ainsi que les réflexes décisifs en situation d'urgence font partie de leurs compétences.

Kelly Slater (USA)
Originaire de Cocoa Beach, en Floride, il est champion du monde en 1992 et de 1994 à 1998. À vingt ans, il détrône l'Australien Mark Richards et devient le plus jeune champion du monde de toute l'histoire du surf.

ski nautique

Le Mexicain Alfredo Mendoza est quintuple champion du monde dans les années 50, à deux reprises en saut et en combiné, et une fois en slalom.

Le ski nautique est un sport de glisse dans lequel les concurrents, tirés par un bateau, évoluent sur l'eau au moyen d'un ou deux skis. Spectacle, loisir et sport de haut niveau, la discipline, qui fait appel à des techniques de coordination, d'anticipation et d'équilibre, est issue d'un croisement entre le surf et le ski. Le tout premier brevet de fabrication est déposé en 1925 par l'Américain Fred Waller et le premier championnat d'Europe est organisé par la Fédération française de ski nautique en 1947. En 1949, le premier championnat du monde se déroule à Juan-les-Pins, en France. Quant aux J.O., la Fédération internationale de ski nautique (FISN) aspire à une participation officielle aux Jeux de 2004, à Athènes, en Grèce. Dans la catégorie hommes et femmes, quatre épreuves sont actuellement répertoriées au niveau des compétitions internationales, soit le saut, le slalom, les figures et le wakeboard. Les championnats du monde ont lieu tous les deux ans.

DÉROULEMENT DES COMPÉTITIONS

Lors des compétitions de ski nautique, des épreuves éliminatoires sont organisées selon le nombre de participants inscrits. Habituellement et si les conditions climatiques le permettent, l'épreuve de slalom ouvre la compétition. Elle est suivie des figures, et l'épreuve de saut vient terminer le combiné. L'ordre des participants est décidé en fonction des performances antérieures des athlètes, les meilleurs partant en dernier. Les parcours étant généralement standards d'une compétition à l'autre, les skieurs n'ont pas à faire de repérage. Les compétitions de wakeboard sont, quant à elles, organisées à part.

SAUT

Le concurrent doit, à partir d'un tremplin, réaliser le saut le plus long. Les skieurs bénéficient de trois essais. La vitesse maximale du bateau de traction est de 51 km/h pour les femmes et 57 km/h pour les hommes. Outre la longueur du saut, les critères de performance du skieur sont : la vitesse d'arrivée au tremplin, la position du corps dans les airs et la réception. Un saut est homologué après que le concurrent a franchi 100 m en position de skieur. Chez les hommes, la longueur d'un saut peut dépasser 65 m et chez les femmes, 45 m.

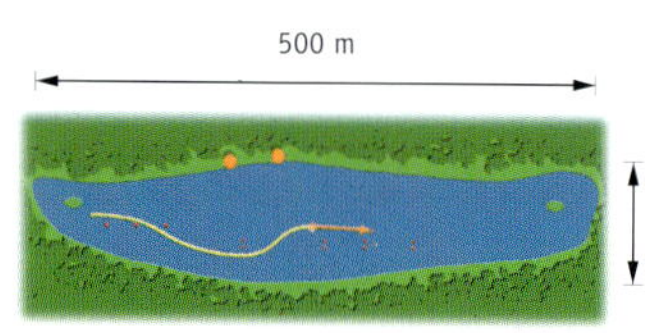

BASSIN
Il doit être calme, sans vagues et abrité des vents.

Tremplin
C'est un plan incliné rectangulaire monté sur un flotteur.

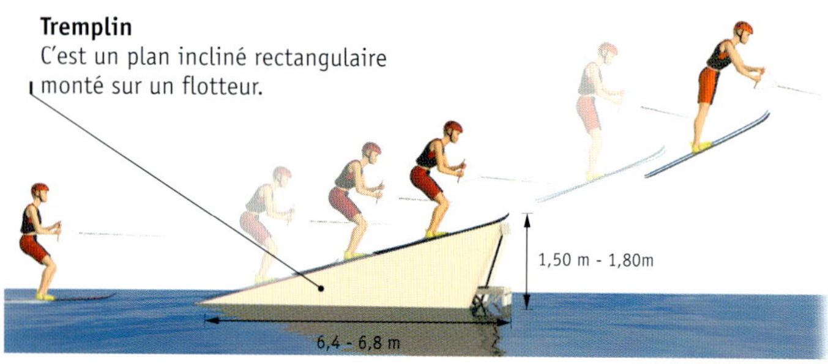

Officiels
L'épreuve est supervisée par un juge en chef, et deux juges placés au bord de l'eau. Le point de chute est mesuré par ordinateur et filmé en vidéo.

Avant de franchir le tremplin, le skieur maximise sa vitesse d'accélération en tournant ses épaules à l'opposé du bateau et en avançant le bassin. Les genoux fléchis amoindrissent la pression provoquée par l'inclinaison du tremplin. Au moment de l'envol, le skieur projette ses hanches vers la partie avant des skis. La corde tendue du palonnier, le regard au-dessus de l'horizon, de même que la position des mains près du bassin assurent l'équilibre et la stabilité du skieur. La réception s'effectue genoux pliés, le corps et les skis inclinés vers l'arrière.

SLALOM

Pratiqué dans le même bassin que pour le saut, le slalom est une course qui se caractérise par une succession de virages à haute vitesse sur un seul ski au cours desquels les skieurs doivent contourner six bouées. À la suite d'un passage réussi, le skieur refait le parcours en sens inverse et la vitesse du bateau est augmentée de 3 km/h. Après avoir atteint la vitesse maximale, 55 km/h pour les femmes et 58 km/h pour les hommes, la longueur de la corde est réduite, ce qui augmente la difficulté technique du parcours, le skieur ayant moins de jeu et devant donc réagir plus rapidement. La vitesse de départ est au choix du skieur et la longueur initiale de la corde est de 18,25 m. Des éliminatoires jusqu'à la finale, les concurrents récoltent des points selon le nombre de bouées contournées, le gagnant étant celui qui a contourné le nombre maximal de bouées avec la corde la plus courte, en respectant les différents paliers de vitesse.

Officiels

Quatre juges, placés dans une tour à 3 m au-dessus de l'eau, ainsi qu'un juge en chef, veillent au bon déroulement de l'épreuve. Un autre juge est installé dans le bateau.

Prise de virage

Le corps incliné vers l'intérieur du virage, le skieur résiste à la traction du bateau pour accélérer. Une fois le sillage traversé, le skieur doit effectuer un changement de carre afin d'amorcer son virage. À la sortie du virage, le corps est perpendiculaire à la trajectoire souhaitée.

Bouées (6)

Sphériques et souples, elles doivent être fluorescentes.

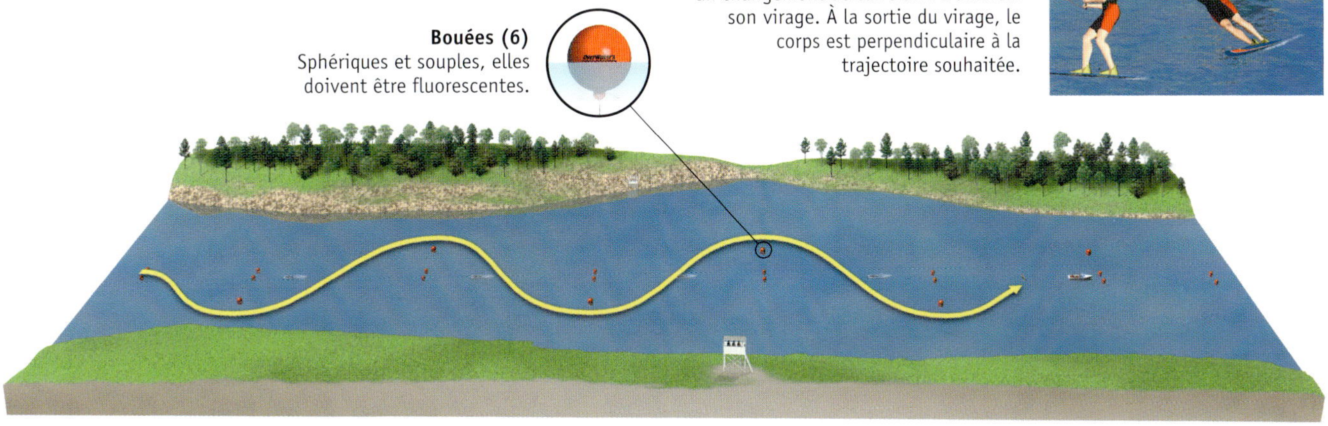

FIGURES

À l'intérieur de deux passages de 20 secondes chacun, le skieur doit réaliser le plus grand nombre de figures et d'enchaînements. En compétition, le concurrent ne peut répéter une figure plus d'une fois. Avant le départ, le skieur doit obligatoirement remettre au jury une « feuille de parcours » qui indique les figures qu'il réalisera ainsi que l'ordre dans lequel il les présentera. La vitesse du bateau de même que la longueur de la corde sont au choix du skieur. Le skieur est noté sur la réalisation des figures, l'esthétisme important peu.

Officiels

Cinq juges placés dans une tour à 3 m au-dessus de l'eau ainsi qu'un juge en chef sont chargés de la supervision de l'épreuve de figures.

WAKEBOARD

À l'intérieur de deux passages de 25 secondes chacun, le concurrent doit réaliser un enchaînement de cinq figures. En compétition, les sauts de base sont les sauts périlleux avec ou sans vrilles. Le skieur peut, en fin de parcours, réaliser une figure supplémentaire. En cas d'échec, il ne sera pas pénalisé mais dans le cas contraire, il peut influencer les juges. Le vainqueur est celui qui combine le mieux l'esthétique, le style ainsi que la fluidité et la difficulté technique des figures.

Saut périlleux arrière (*Backroll*)

Le skieur doit amorcer un virage à bonne distance du sillage afin d'accumuler le maximum de vitesse. Une fois sur la crête de la vague, le concurrent lance sa planche vers le haut et amorce ainsi sa rotation. À l'atterrissage, le skieur doit regarder vers l'embarcation de façon à arrêter sa rotation et ainsi maîtriser son équilibre.

ÉQUIPEMENT

Corde
Généralement fabriquée en polypropylène, son diamètre est de 6 mm. Sa longueur maximale dépend du type d'épreuve : 18,25 m pour le slalom, 23 m pour le saut, 15 m pour les figures et 18 m pour le wakeboard.

Bateau
Sa longueur doit être de 5 à 6,4 m et sa largeur de 1,85 à 2,50 m. Il est muni de larges rétroviseurs ainsi que de compteurs de vitesse et il doit être équipé d'un mât placé entre 65 cm et 1,20 m au-dessus de l'eau, qui sert à attacher la corde de traction.

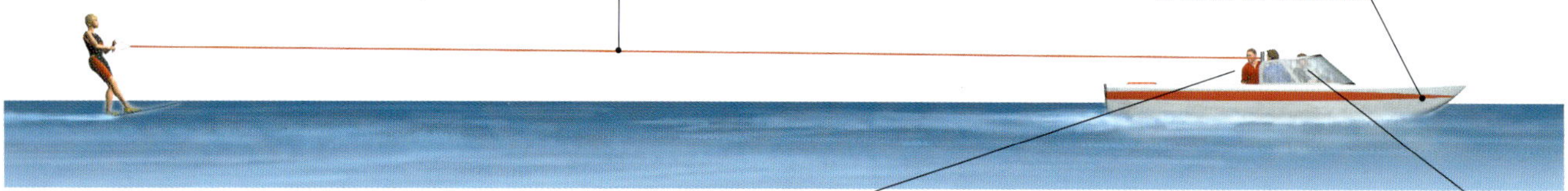

Juge
Accompagné d'un chronométreur, il peut exiger un nouveau départ si la vitesse ou le parcours du bateau ne sont pas conformes au règlement.

Pilote
Choisi par l'organisateur ou le directeur de la compétition, il conduit pour tous les participants et n'a pas de lien avec eux. La précision des trajectoires et la régularité de la vitesse du bateau sont sous sa responsabilité. Le type de pilotage varie selon la discipline.

TYPES DE SKIS

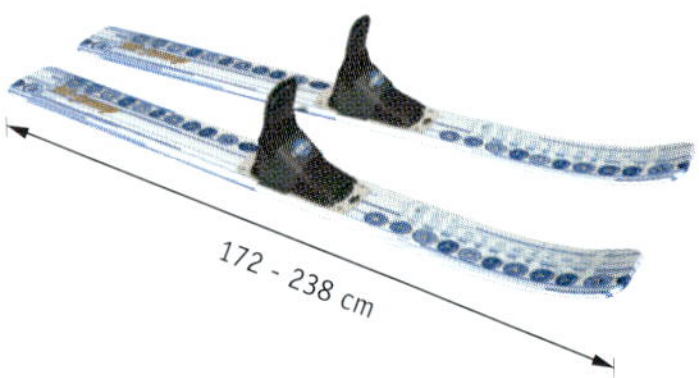

Skis de saut
Ils sont en fibre de verre, carbone, kevlar et aluminium alvéolé.

Dérive

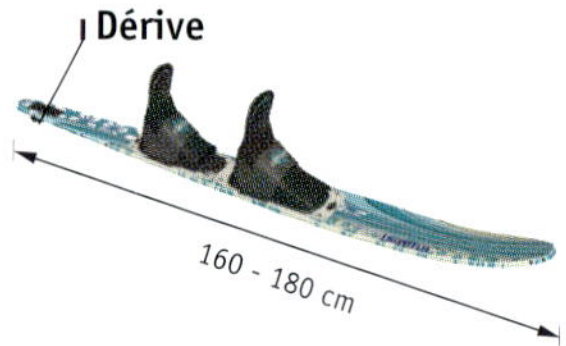

Ski de slalom
Il possède des carres tranchantes et est équipé d'une dérive profilée et d'une partie arrière effilée et arrondie.

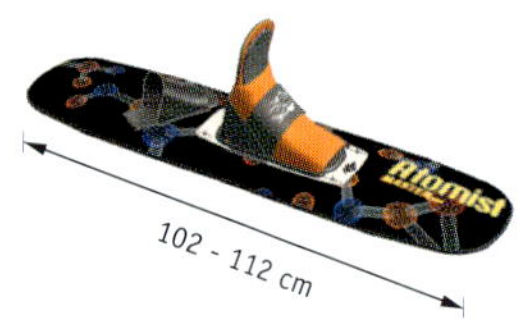

Ski de figures
Il possède des carres biseautées ainsi qu'une semelle lisse.

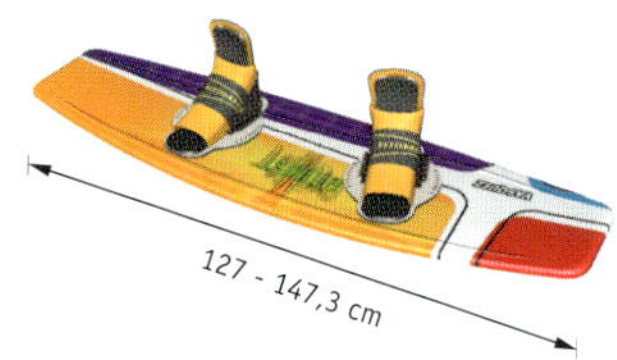

Planche de wakeboard
Les carres effilées ainsi que des rainures situées sous la planche accroissent son adhérence à l'eau. Un ou plusieurs ailerons peuvent être installés sous les deux extrémités de la planche. Ces derniers permettent de stabiliser la planche sur l'eau.

Casque pour le saut

TYPES DE PALONNIERS

Selon la discipline, la forme du palonnier diffère. Ils sont munis d'une poignée caoutchoutée qui sert de prise aux skieurs.

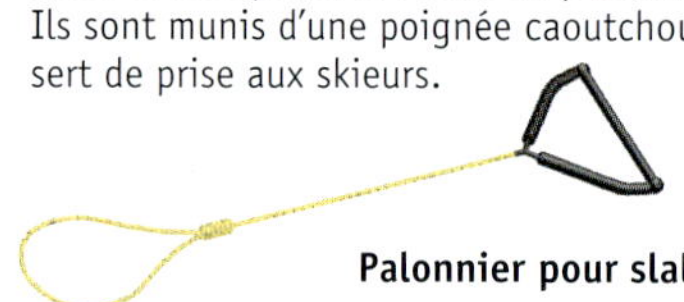

Palonnier pour slalom

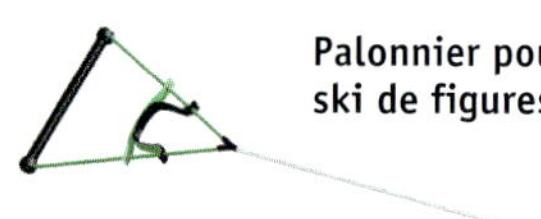

Palonnier pour ski de figures

Gants
Ils offrent au skieur une meilleure prise du palonnier.

Gilet de sécurité

Combinaison en néoprène

Fixations
Elles sont en caoutchouc et maintiennent le pied sans trop le retenir, de manière à pouvoir le dégager facilement du ski en cas de chute.

Carre
Angle de la semelle du ski.

PROFIL DU SKIEUR
• L'entraînement pour une carrière de haut niveau débute dès l'âge de cinq ans et est axé principalement sur la coordination des mouvements, le développement de la force et la puissance musculaire. Les skieurs exécutent des sauts au trampoline et des séries d'exercices en salle de musculation. Les muscles sollicités sont : les biceps, les pectoraux, les muscles dorsaux, les trapèzes et les quadriceps.

Jaret Llewellyn (CAN)
Champion du monde de saut en 1997 (65,4 m) et en 1999 (66,6m).

Patrice Martin (FRA)
À l'âge de 14 ans, en 1978, il devient champion d'Europe en figures. Il détient dix titres individuels de champion du monde : figures en 1979, 1985, 1987 et 1991, et combiné en 1989, 1991, 1993, 1995, 1997 et 1999. Il établit un record en devenant quintuple vainqueur du Masters américain.

Sports équestres

sports équestres

Le Grec Xénophon, auteur du premier traité d'équitation,*De l'art équestre*, en 400 avant J.-C. La plupart des principes énoncés dans son œuvre sont encore appliqués aujourd'hui.

Dans la préhistoire, les chevaux étaient élevés pour leur viande, mais les premiers à les avoir montés seraient les nomades des steppes d'Asie, il y a 5500 à 6000 ans. L'emploi du cheval dans les activités fondamentales des peuples – la guerre, le transport et la chasse – s'impose pendant des siècles, et les progrès de l'équipement – selles et étriers, mors, fers, etc. – donnent progressivement naissance, en Europe et en Orient, à des techniques très élaborées de combat rapproché à cheval. Au XIVe siècle, l'Europe s'attache à l'académisme et à l'aspect militaire de cet art équestre, tandis que l'Angleterre s'oriente également vers une équitation sportive où courses et chasse prédominent. Sur le continent américain, les chevaux n'apparaissent que vers 1500, avec les conquistadors espagnols, et deviennent rapidement, de l'Argentine aux États-Unis, les partenaires des colons aussi bien que des autochtones. Au XIXe siècle, lorsque les moteurs remplacent le cheval au travail comme à la guerre, la dimension sportive de l'équitation, souvent issue des traditions militaires, apparaît tout naturellement. Aujourd'hui, le succès des courses et des compétitions équestres auprès du public permet de financer l'élevage et de préserver la diversité des races de chevaux.

CHEVAUX

Pour produire des chevaux parfaitement adaptés aux tâches auxquelles ils sont destinés, les meilleurs éléments, étalons ou juments, sont sélectionnés d'après leurs résultats en compétition. Cette pratique est née vers le XVIIe siècle, lorsque le roi Charles II d'Angleterre créa le pur-sang anglais pour la course de vitesse. Depuis, environ 200 autres races ont été créées et répertoriées de façon précise dans des stud-books (livres généalogiques), pour leurs aptitudes et leurs caractéristiques physiques. Le selle français, le hunter anglais et le hanovrien allemand, reconnus pour leurs aptitudes exceptionnelles au saut d'obstacles et au dressage, sont issus de croisements entre des pur-sang arabes et anglais, et des races locales. Le trotteur français, le standardbred américain, et le trotteur orlov, spécialistes des disciplines attelées, doivent leur origine aux pur-sang anglais et arabes.

Le pur-sang arabe

C'est l'une des races les plus anciennes, vraisemblablement d'origine asiatique, contrairement à son nom. Ses qualités générales – vitesse, endurance, proportions physiques parfaites – sont toujours très appréciées pour l'amélioration des autres races.

Le pur-sang anglais

Né du croisement de trois étalons pur-sang arabes : godolphin arabian, darley arabian et beyerley turk avec des juments anglaises, il est le roi incontesté de la vitesse. On compte une part de pur-sang anglais dans la presque totalité des races d'aujourd'hui.

ALLURES

Les allures naturelles sont prises par tous les chevaux de façon instinctive : le pas, le trot et le galop sont les trois allures naturelles les plus utilisées en compétition. Certaines allures, l'amble notamment, sont apprises par dressage.

Le pas

C'est une allure lente, marchée, à quatre temps, c'est-à-dire que les quatre sabots du cheval touchent le sol chacun à son tour.

Le trot

Il s'agit d'une allure intermédiaire et symétrique à deux temps, séparés par un temps de suspension, c'est-à-dire que les sabots touchent le sol deux par deux : antérieur droit-postérieur gauche ; antérieur gauche-postérieur droit. Le trot de compétition est nettement plus allongé que le trot naturel.

Le galop

C'est une allure rapide et dissymétrique à trois temps, séparés par un temps de suspension, au cours duquel aucun des sabots du cheval ne touche le sol. Il a fallu attendre l'invention de la photographie pour la décomposer correctement.

VITESSES EN COURSE

Allures	Vitesse moyenne
Galop	60 km/h
Amble	52 km/h
Trot	50 km/h

TECHNIQUE ET ÉQUIPEMENT

Excepté sa voix, et l'orientation du poids de son corps, le cavalier dispose de deux types « d'aides » pour contrôler et diriger sa monture : ses jambes, qui agissent sur les flancs du cheval pour donner l'impulsion en avant, et ses mains qui, reliées à la bouche par les rênes et le mors, le retiennent et le dirigent.

HARNACHEMENT

Il s'agit de l'équipement nécessaire pour que le cheval soit monté, dont les deux éléments essentiels sont le bridage (brides, rênes et mors) et la selle. La compétition ayant produit des styles d'équitation très différents, les harnachements se sont spécialisés. À chaque type de selle correspond généralement un bridage adapté.

FERRURES

Généralisé au Moyen Âge, le ferrage des chevaux offre aujourd'hui une grande variété de solutions selon le terrain et le type d'activité. En équitation sportive, une bonne ferrure peut être déterminante, et confère au maréchal-ferrant un rôle de premier plan.

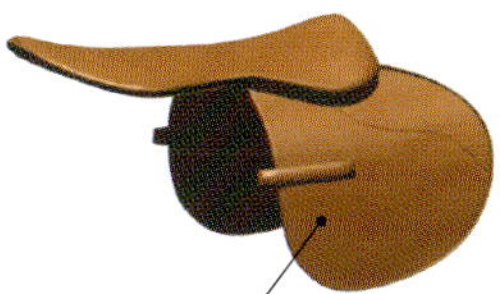

Selle de course

Plate et très légère, son pommeau reculé, ses étriers hauts ainsi que la position du jockey donnent une grande liberté de mouvement au cheval. Les rênes tenues courtes procurent une action directe et forte au cavalier.

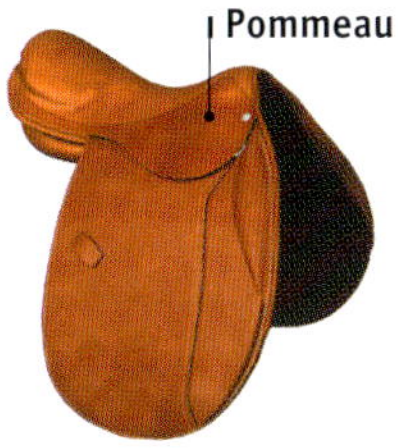

Selle de saut d'obstacles

Elle est dessinée pour la monte en suspension ; le siège est légèrement creusé, les quartiers larges donnent un bon appui au genou, tandis que le cavalier reste en équilibre dans les étriers. Les rênes sont tenues longues pour accompagner l'extension de l'encolure du cheval lors des sauts.

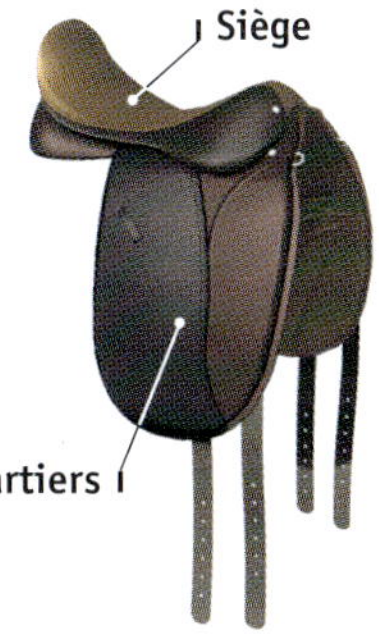

Selle de dressage

Elle offre une bonne assise dans un siège creux, ses quartiers longs et droits sont souples pour transmettre les plus légères pressions de jambe au cheval. Le bridage utilise l'action conjointe du filet et du mors de bride pour donner beaucoup de possibilités de nuances au cavalier.

La **voltige** trouve ses sources dans les acrobaties des cavaliers cosaques, et plus récemment dans le travail effectué au cirque avec les chevaux. Les athlètes doivent effectuer une série de figures aux trois allures du cheval, seuls ou en couple. Les principaux objectifs sont l'équilibre et l'harmonie avec les mouvements de la monture.

L'**endurance** consiste à parcourir avec le même cheval des distances de 20 à 160 km, à une vitesse imposée variant de 12 à 17 km/h. Des contrôles vétérinaires permettent de s'assurer que les chevaux restent en parfaite condition physique du début à la fin de l'épreuve. Les cavaliers mettent pied à terre dans les passages difficiles pour le cheval.

Fers de saut d'obstacles

Ils peuvent être équipés de crampons ou de patins en caoutchouc amovibles suivant la nature du terrain.

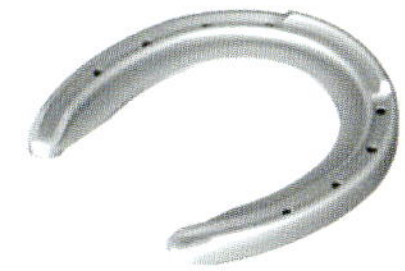

Fers de course

Ils sont légers – généralement en aluminium – et rainurés.

BRIDE DOUBLE UTILISÉE EN DRESSAGE

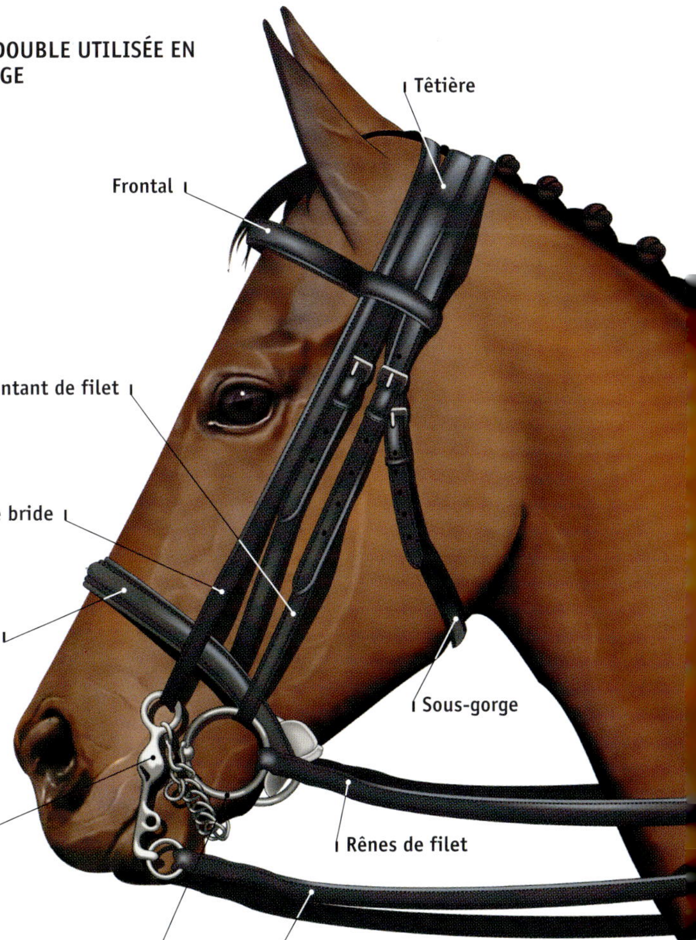

équitation - dressage

Le « père de l'équitation française », François Robichon de la Guérinière (1688-1751), révolutionne l'art équestre au XVIIIe siècle. Les principes de cet écuyer de Louis XV sont encore pratiqués à l'École espagnole de Vienne.

Lors du concours de dressage, c'est l'obéissance librement consentie du cheval aux plus légères sollicitations de son cavalier, et la pureté d'exécution des mouvements qui mènent à la victoire. C'est avec les mêmes objectifs que Xénophon a écrit le premier manuel d'équitation connu, en 400 av. J.-C. Il s'adressait aux cavaliers grecs, dont la survie au combat était directement liée à la rapidité de réaction de leurs montures. Au Moyen Âge, les subtilités du dressage disparaissent sous le poids considérable des armures des chevaliers et c'est avec l'apparition des armes à feu que les combats redeviennent rapides et acrobatiques : l'art équestre, de nouveau indispensable, atteint son apogée au XVIIIe siècle. Le dressage ne s'est détaché que récemment de ses origines militaires, quand la cavalerie, au début de notre siècle, a dû céder la place aux engins motorisés. Devenu compétition individuelle olympique en 1912, il n'a cessé de se développer. La Fédération équestre internationale (FEI) sanctionne aujourd'hui de nombreux concours internationaux, qui attirent des foules de connaisseurs dans le monde entier.

DÉROULEMENT DE LA COMPÉTITION

Cavaliers et cavalières concourent ensemble. Au concours par équipe, l'ordre de passage des nations est tiré au sort, ainsi que l'ordre dans lequel les 4 cavaliers de chaque équipe présenteront leur épreuve – la « reprise » de type Grand Prix – devant les juges. Après une présentation, seuls les 3 meilleurs résultats sur les 4 équipiers servent à déterminer l'équipe qui remporte le concours. Au concours individuel, l'ordre de passage des concurrents est tiré au sort. Le vainqueur du concours est le cavalier ayant obtenu le meilleur pointage, calculé après 3 reprises présentées dans l'ordre suivant : Grand Prix, Grand Prix Spécial et Kür.

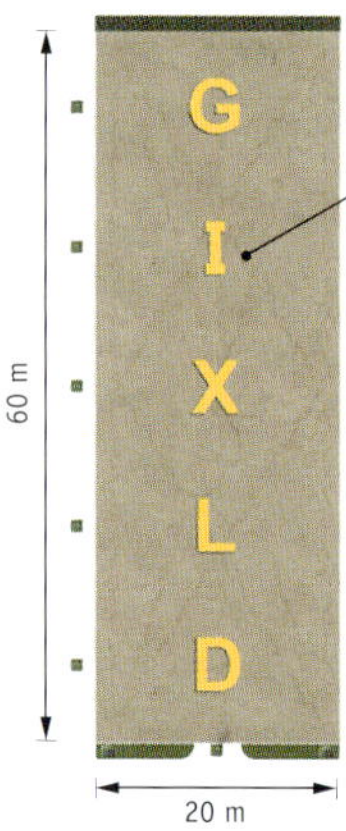

ATTRIBUTION DES POINTS

Cinq juges, dont un juge en chef, évaluent les prestations des concurrents. Ils notent chaque figure sur 10 points. Les mouvements et figures sont enchaînés aux trois allures naturelles du cheval : le pas, le trot et le galop. Le cheval doit répondre aux moindres sollicitations avec une légèreté telle que le cavalier semble ne rien faire. La régularité de l'allure et la précision de l'exécution sont des éléments importants.

CARRIÈRE

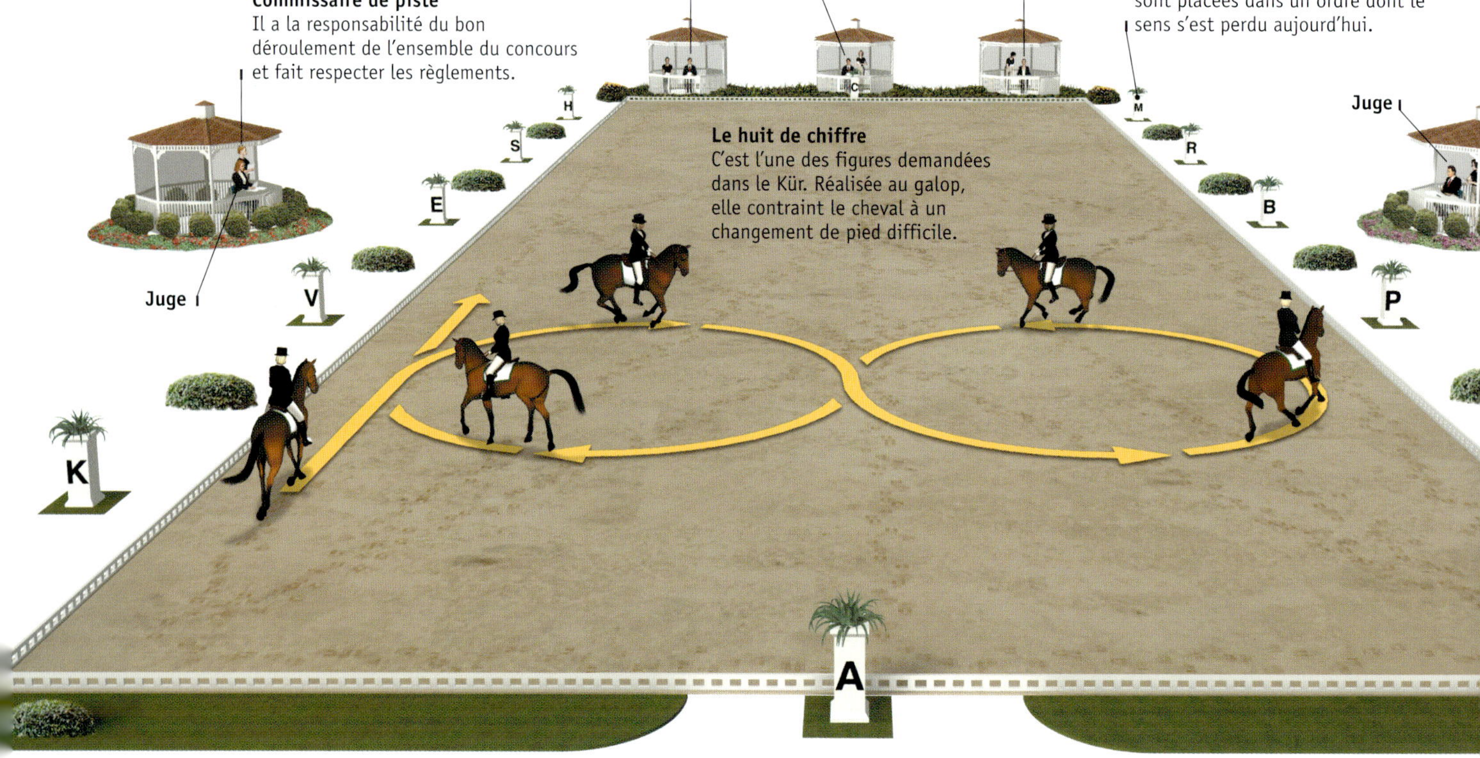

TECHNIQUE

LE RASSEMBLER

Le rassembler est le résultat de la recherche d'une attitude parfaite. Le cheval doit réduire l'écart entre ses membres pour obtenir une meilleure répartition de ses points d'appui. Base indispensable pour atteindre la mobilité et la légèreté recherchées en compétition, c'est aussi la position idéale pour porter le cavalier, quelle que soit l'équitation pratiquée.

Cheval non rassemblé

Les postérieurs en retrait font porter l'essentiel du poids sur les membres antérieurs.

Cheval rassemblé

L'équilibre parfait est atteint lorsque les membres postérieurs « s'engagent » sous le poids du cheval.

LES FIGURES PRINCIPALES

Le piaffer

Le cheval donne l'impression de trotter sur place. Le mouvement est très cadencé, et les membres sont levés haut.

L'appuyer

Le cheval se déplace en avant et de côté, ce qui l'oblige à croiser les jambes.

Le passage

Le passage se fait au trot : les appuis au sol sont écourtés, tandis que les temps de suspension sont étendus. L'ensemble doit être exécuté parfaitement rassemblé, avec des membres élevés.

REPRISES

La FEI reconnaît une vingtaine de reprises de haut niveau, contenant jusqu'à 35 mouvements à exécuter de mémoire, dans un temps compris entre 5 et 7 min 30 s. Les chorégraphies sont écrites par la FEI et changées périodiquement. Les éléments composant une reprise (appuyer, piaffer, passages et pirouettes, changements de pied au temps et aux 2 temps) sont combinés et enchaînés de façon précise et réalisés à des endroits déterminés de la carrière, et dans des dimensions variant selon la chorégraphie prévue pour la reprise.

Reprise	Chorégraphie	Musique
Grand Prix	imposée	non
Grand Prix Spécial	imposée, de difficulté supérieure au Grand Prix	non
Kür	libre avec figures imposées	oui

ENCHAÎNEMENTS DE NIVEAU INTERNATIONAL

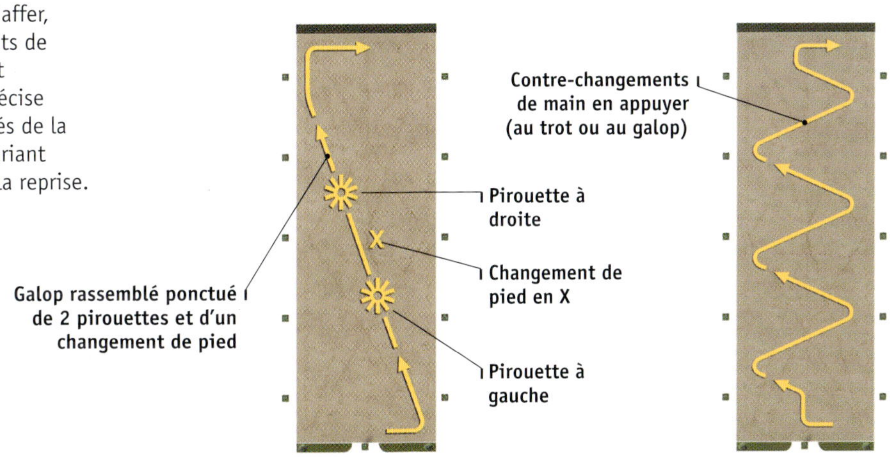

LES ÉCOLES

Les officiers de cavalerie perfectionnaient leur art équestre dans des hautes écoles. Certaines, sous la direction d'écuyers exceptionnels tels que Pignatelli à Naples dès le XVIe siècle, ou la Guérinière à Versailles, en 1730, avaient une influence capitale et recevaient des élèves de l'Europe entière. Jusqu'en 1920, le prestige militaire était étroitement lié aux écoles de cavalerie. Les écoles encore en activité aujourd'hui, parmi lesquelles l'École espagnole de Vienne et le Cadre Noir de Saumur, notamment, perpétuent la tradition de l'équitation académique en présentant leurs reprises au public dans le monde entier.

ÉQUIPEMENT

La tenue du cavalier et le harnachement du cheval sont strictement réglementés. L'usage de la cravache, les guêtres et protections diverses sur les jambes des chevaux sont interdits.

PROFIL DU CAVALIER ET DE SA MONTURE

- Le cavalier doit savoir convaincre sa monture, et non lui imposer ses objectifs. La patience, l'autorité, les capacités de concentration et d'écoute de l'animal sont extrêmement sollicitées. La plupart des cavaliers établissent eux-mêmes leur plan de travail. Un entraîneur au sol, dont l'angle de vue est différent, aide à diriger l'exécution des figures. L'expérience, acquise avec l'âge, est un avantage.
- On ne peut atteindre le meilleur niveau qu'avec un cheval doué et équilibré psychologiquement. Le dressage de haute école commence vers 5 ans, lorsque le débourrage (dressage de base) est totalement assimilé. Une gymnastique quotidienne d'assouplissement conduit progressivement au rassembler, puis à l'étude des figures.
- Certains pur-sang, croisés avec des races allemandes moins nerveuses, se révèlent très doués. D'une manière générale, les nombreuses races de chevaux de sport développées en Europe dominent la discipline.

Reiner Klimke (ALL)
Sa longue carrière s'étend des J.O. de 1964 jusqu'aux années 1980. Il a été 2 fois champion du monde individuel, en 1974 et en 1982.

Nicole Uphoff (ALL)
Quadruple championne olympique de dressage (individuel et par équipe) en 1988 et 1992. Championne du monde en 1990 (individuel et par équipe) et 1994 (par équipe). Quatre fois championne d'Europe entre 1989 et 1995 ; toujours avec le même cheval : Rembrandt.

équitation - saut d'obstacles

Au concours hippique, la technique du cavalier est le complément indispensable à la force musculaire du cheval pour franchir les obstacles – sans les toucher et le plus rapidement possible. Cette forme d'équitation sportive est née au milieu du XIXe siècle, lors des chevauchées de chasse dans la campagne anglaise, où les obstacles naturels – haies, fossés et murets – abondaient. Les officiers de la cavalerie britannique, considérant l'exercice comme un bon entraînement, l'ont adopté, donnant l'exemple aux autres cavaleries européennes. La première compétition internationale de saut a lieu aux J.O. de Paris en 1900. Jusqu'après 1945, l'influence de l'armée sur le saut d'obstacles est restée très forte: certaines épreuves n'étaient ouvertes qu'aux militaires. Depuis le premier championnat du monde en 1953, où les concurrents doivent s'échanger les chevaux, en passant par 1974, lorsque cavaliers et cavalières sont autorisés à concourir ensemble, c'est de la Fédération équestre internationale (FEI) que dépend l'évolution des concours hippiques. Le Concours olympique, épreuve de clôture des Jeux d'été, est l'une des épreuves les plus attendues du grand public. La Coupe du monde, le championnat du monde et la Coupe des nations, autres rencontres prestigieuses, se disputent à la suite de circuits nationaux de Grands Prix, servant d'épreuves de qualification.

Alberto Valdes, membre de l'équipe mexicaine gagnante de la renommée compétition Prix des Nations au stade de Wembley (Grande-Bretagne) en 1948.

DÉROULEMENT DU CONCOURS

Une vitesse minimum de 350 à 400 m/min est imposée. La longueur des parcours, aujourd'hui conçus par des dessinateurs spécialisés, est comprise entre 700 m et 1000 m. Ils sont composés de 12 à 15 obstacles dont au moins 3 combinaisons. Les cavaliers peuvent reconnaître le parcours à pied une fois avant le concours. Les épreuves internationales sont jugées d'après les barèmes A et C:

- **Barème A:** le parcours doit être effectué en temps limité. Les fautes (chutes de barres, refus ou dérobade du cheval, chute du cheval ou du cavalier) sont traduites en points de pénalité. Un dépassement du temps limite coûte 1/4 de point par seconde de retard.
- **Barème C:** il est souvent utilisé au premier tour de qualification. Le parcours est chronométré, et les concurrents n'ont pas de temps limite à respecter. Les fautes sont traduites en secondes de pénalité, et ajoutées au chronométrage du parcours.

TECHNIQUE DE SAUT

Depuis toujours, on sautait en restant assis au fond de la selle et en se penchant en arrière. C'était à la fois difficile pour le cavalier et très gênant pour le cheval. En 1904 un militaire italien, Federico Caprilli, mit au point «l'équitation naturelle»: en appui souple sur les étriers et penché vers l'encolure, le cavalier peut participer activement à l'équilibre du cheval pendant les différentes phases du saut. Cette méthode inédite était en complète contradiction avec tous les principes de l'équitation classique de l'époque. Elle s'est révélée si efficace qu'elle finit par être adoptée par tous, et est encore utilisée aujourd'hui en compétition.

1. Régler la cadence d'approche

Pour exploiter au mieux les capacités de son cheval, le cavalier donne ou retient l'impulsion avec précision, à l'approche des obstacles, afin de déterminer où il prendra son appel.

2. Contrôler l'équilibre

Le poids du buste du cavalier est déterminant dans l'équilibre du cheval. Par ses variations de position, il cherche à ne pas gêner l'impulsion et la courbe de saut de sa monture.

3. Garder le calme jusqu'à l'arrivée

Le parcours se fait au galop, une allure qui a tendance à exciter les chevaux. Pour qu'ils abordent les obstacles sans précipitation, l'autorité et la maîtrise du cavalier ne doivent jamais être relâchées.

PARCOURS

Le départ et l'arrivée sont signalés par un fanion rouge et un fanion blanc. Les fanions blancs sont toujours sur la gauche, les fanions rouges sur la droite. Ils indiquent les points de passage obligatoire et les limites des obstacles. Ceux-ci sont numérotés dans l'ordre où ils doivent être franchis et peuvent être composés d'un à trois éléments.

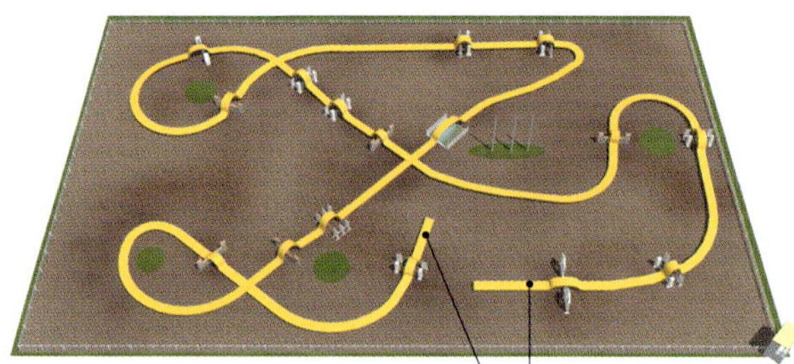

PROFIL DU CAVALIER ET DE SA MONTURE

- Si certains attribuent 70% du mérite d'une victoire au cheval, le saut d'obstacles laisse tout de même une grande part à l'influence du cavalier. L'animal doit être en confiance, et comprendre très clairement ce qu'attend son maître pour fournir des efforts généreux. Cette entente subtile n'est jamais acquise définitivement: elle doit être confirmée et entretenue quotidiennement, par des exercices variés sur tous types d'obstacles.
- Les chevaux sont doués pour le saut, mais la compétition nécessite une solide expérience, acquise en 4 années de dressage progressif. Ils sont à leur meilleur niveau entre 9 et 15 ans. Au débourrage (dressage préliminaire), on utilise souvent l'exemple d'un cheval expérimenté pour convaincre les plus craintifs de franchir les obstacles. Avant le début de saison, leurs capacités pulmonaires et musculaires, très sollicitées en compétition, sont entretenues par des séances de galop (pour le souffle) et de trot soutenu (pour les muscles propulseurs).

Gail Greenough (CAN)
Elle est la première femme à remporter le titre de championne du monde, en 1986, avec son cheval Mister T.

Hans Gunther Winkler (ALL)
Il a remporté 5 médailles d'or aux J.O. de 1956 à 1976, en montant notamment Halla et Trophy (6 Jeux successifs, un record de longévité).

Pierre Jonquères d'Oriola (FRA)
Il est le premier civil à remporter le titre olympique individuel, avec Ali Baba (Helsinki, 1952). Jusqu'à ce jour, il est le seul à l'avoir remporté une 2e fois (à Tokyo en 1964) avec Lutteur B.

Commissaire de piste
Chargé de faire respecter le règlement général, il surveille aussi son application sur le terrain dans le tracé du parcours (hauteur et nombre d'obstacles, intervalles entre les obstacles). Pendant le concours, il contrôle les entrées et sorties du parcours, et vérifie que les obstacles renversés sont remontés correctement.

Obstacle frontal
C'est l'élément vertical d'un obstacle que voit le cheval. Il doit être soutenu par des ailes ou des piliers exclusivement. La barre la plus haute (barre de hauteur) est toujours une barre simple ou une palanque.

Rivière
Un juge surveille la prise d'appel et la réception du cheval : il y a faute si l'eau jaillit ou s'il touche la latte délimitant la fin de la rivière. Renverser la petite haie d'appel n'est pas une faute.

Largeur: 4,15 - 4,75 m

Jury
Il est composé de 4 juges de saut dont un président, nommé ou approuvé, suivant la compétition, par le CIO ou la FEI. Les juges calculent les pénalités des concurrents selon leurs parcours et le barème déterminé.

Juge de saut de rivière

Oxers
Ils sont composés de 2 éléments verticaux de hauteur égale (oxer carré) ou différente (oxer montant). Leur largeur ne doit pas dépasser leur hauteur.

Équipe médicale
Elle se tient prête à intervenir, en cas de blessure d'un cavalier.

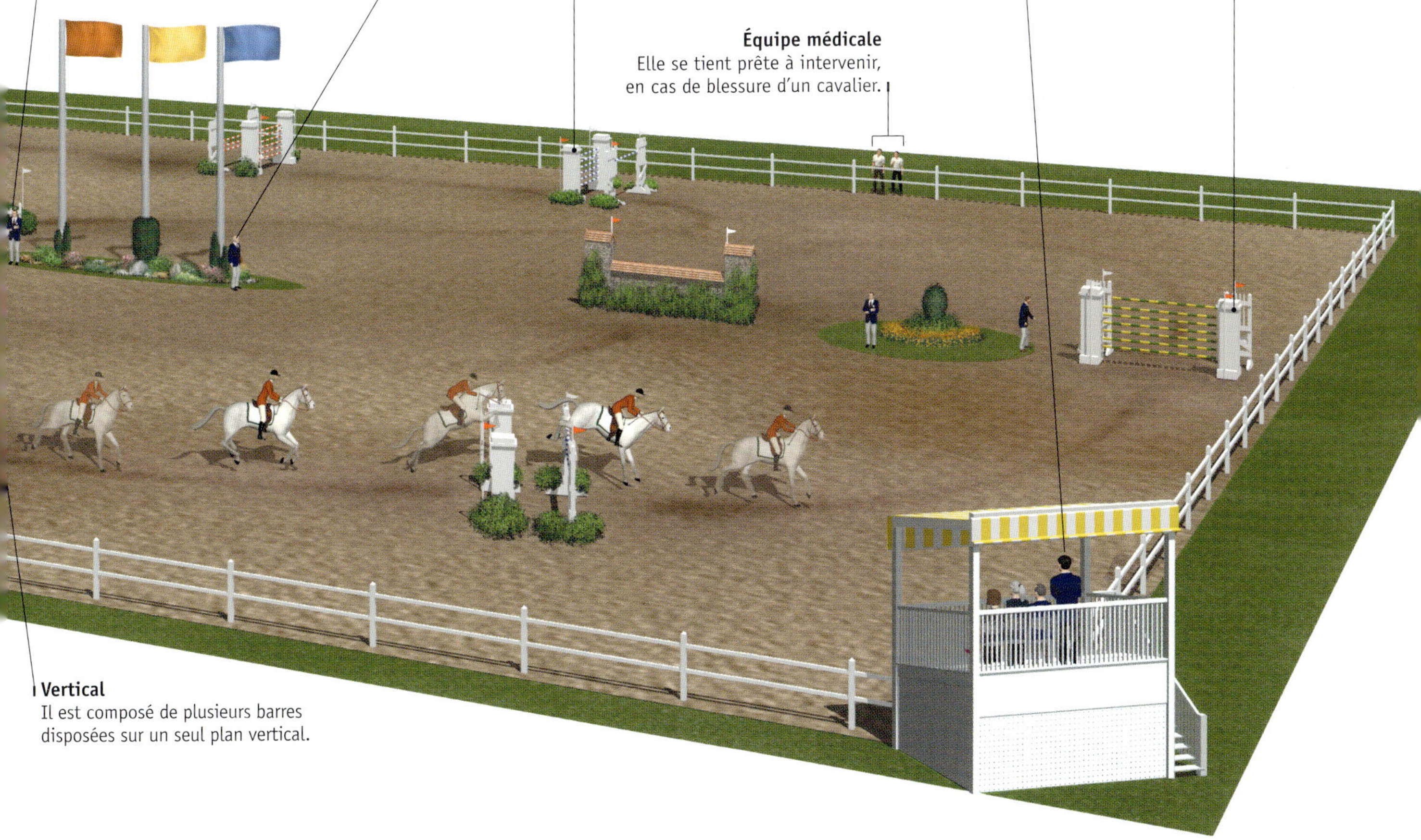

Vertical
Il est composé de plusieurs barres disposées sur un seul plan vertical.

concours complet

Saut de Greylag et de son cavalier Brigadier Bolton aux célèbres concours complets de Badminton en 1952.

Le concours complet consacre les plus polyvalents : le même couple cavalier-cheval doit accomplir successivement une reprise de dressage, un parcours d'endurance et un parcours de concours hippique, un jour étant consacré à chaque épreuve. La discipline est née du championnat de France du Cheval d'Armes, créé en 1902 par l'armée française pour tester les aptitudes de sa cavalerie. Elle apparaît en 1912 aux Jeux olympiques de Stockholm, et prend sa forme actuelle aux J.O. de Paris en 1924, mais on l'appellera « la militaire » jusqu'en 1949, lorsque le duc de Beaufort crée le concours de Badminton, ouvert aux civils. D'autres concours annuels prestigieux voient ensuite le jour à Burghley en Angleterre, Punchestown en Irlande, Boekelo en Hollande, Luhmülen en Allemagne et Lexington (Kentucky) aux États-Unis. Très techniques et spectaculaires, le championnat d'Europe annuel, ainsi que le championnat du monde et le Concours des Jeux olympiques, qui ont lieu en alternance tous les deux ans, sont suivis sur place par de très nombreux spectateurs. L'Américaine Helen Dupont est la première femme à avoir participé au concours complet lors des Jeux de Tokyo, en 1964. De nombreuses cavalières figurent aujourd'hui au palmarès international.

DÉROULEMENT DE LA COMPÉTITION

Hommes et femmes concourent ensemble. Chacune des épreuves est jugée individuellement, avec des coefficients différents. Sur un total de 16 points de coefficient, 3 points s'appliquent au dressage, 12 à l'endurance et 1 au saut d'obstacles. Les fautes en dressage, les fautes et le temps en endurance et au concours hippique sont pénalisés. Le résultat est déterminé par calcul des points de pénalité accumulés dans les trois épreuves, le gagnant étant celui dont le pointage est le moins élevé sur l'ensemble de la compétition. Le concours individuel et le concours par équipe sont courus en même temps : 4 cavaliers sont désignés à l'avance par leur pays pour former une équipe. Les résultats individuels des 3 meilleurs composent le résultat de l'équipe.

Premier jour : dressage

La première épreuve, le dressage, a pour but de démontrer l'obéissance du cheval et l'entente cavalier-monture. Les 17 mouvements exécutés de mémoire, en 8 min environ, n'exigent pas le même niveau qu'une reprise de dressage pur. Les séries de changements de pied, les pirouettes au galop, les piaffers et les passages en sont exclus.

Deuxième jour : endurance

L'épreuve est éprouvante physiquement et psychologiquement pour les chevaux comme pour le cavalier. La technique et le courage devant l'obstacle doivent être irréprochables : la moindre erreur peut être lourde de conséquences. Les deux équipiers sont totalement complémentaires, et il arrive que le cheval rattrape des fautes du cavalier. Le parcours comporte quatre phases distinctes (A,B,C,D). Chacune doit être parcourue dans un temps réglementaire, déterminé suivant sa longueur. À l'issue de la phase C, 10 minutes de halte obligatoire au contrôle vétérinaire – vérification de la fréquence cardiaque et de l'absence de traumatismes aux jambes – permettent de juger si le cheval est en état de supporter l'effort du parcours de cross-country.

Troisième jour : concours hippique

Le concours de saut d'obstacles est la dernière épreuve. Après une inspection vétérinaire très stricte, il commence dans l'ordre inverse du classement (les mieux placés à l'issue des résultats des 2 jours passent en dernier). De difficulté moyenne (environ 12 obstacles d'une hauteur maximale de 1,20 m), il est conçu pour démontrer la capacité de récupération et de concentration des chevaux, après l'effort important du 2e jour.

ENDURANCE : PARCOURS DE CROSS-COUNTRY

PHASES DU PARCOURS D'ENDURANCE

Phase	Allure	Caractéristiques	Durée
A- Parcours sur route et piste	Petit galop ou trot vitesse 220 m/min (13,2 km/h)	Longueur de 4 400 m à 5 500 m	De 20 à 25 min
B- Course de steeple-chase	Galop vitesse 690 m/min (41,4 km/h)	8 à 10 haies de 1,40 m de haut 4 m de large sur 3 105 m	4 min 30 s
C- Parcours sur route et piste	Petit galop ou trot vitesse 220 m/min (13,2 km/h)	Longueur de 7 700 m à 9 900 m	De 35 à 45 min
D- Parcours de cross-country	Galop vitesse 570 m/min (34,2 km/h)	Longueur de 7 410 m à 7 980 m 45 obstacles	De 13 à 14 min

TACTIQUE

Le concours complet privilégie la sûreté et l'endurance. Cependant, lors de l'épreuve d'endurance, une avance acquise à la fin d'une phase peut être utilisée comme temps de récupération supplémentaire, et les parcours de cross-country d'aujourd'hui proposent souvent, par endroits, deux options : un tracé plus rapide mais plus risqué, l'autre moins risqué mais nettement plus long. Le niveau actuel étant très élevé, une mauvaise performance dans l'une des trois épreuves compromet beaucoup le résultat final. Une bonne prestation au dressage est un avantage décisif mais les écarts les plus grands se creusent à l'épreuve d'endurance.

PROFIL DU CAVALIER ET DE SA MONTURE

- Il n'est pas rare que des cavaliers restent au meilleur niveau pendant vingt ans (entre 20 et 40 ans). Parmi les plus endurants : l'Italien Mauro Checcoli (champion olympique en 1964, et concurrent aux J.O. en 1984), et l'Américain Mike Plumb (6 fois cavalier olympique).
- Le cavalier entraîne lui-même sa monture, pour développer sa confiance, élément essentiel de la réussite. Ce n'est qu'après 2 à 3 ans qu'on découvre si un cheval est réellement doué : il doit maîtriser 3 disciplines qui lui demandent des qualités et des aptitudes diverses.
- Outre le travail quotidien propre à chaque épreuve, la condition physique du cheval est maintenue par un programme similaire à celui des athlètes. Les muscles et le souffle, plus importants que la vitesse pure, sont développés, entre autres, par des galops réguliers et lents en montée.
- L'expérience montre que les chevaux champions sont de gabarits et de races très différents. Les concours sont trop éprouvants physiquement pour qu'un cheval en coure plus de 3 par an. Cela conduit la plupart des cavaliers de niveau international à avoir deux montures au point, et plusieurs en cours de préparation.

Mark Todd (N-Z)
Double champion olympique (1984 et 1988) en compagnie du même cheval, Charisma, il est aussi vainqueur du concours de Badminton en 1980, 1994 et 1996. Grâce à ses performances, il a aidé la Nouvelle-Zélande à se frayer un chemin en tant que première nation en sports équestres.

Mary King (G-B)
Membre de l'équipe championne du monde en 1994 et d'Europe en 1995, elle remporte à plusieurs reprises la première place aux championnats Open d'Angleterre et d'Écosse ainsi qu'aux célèbres concours de Badminton en 1992 et Chantilly en 1997.

Obstacles
Ils sont fixes, et signalés par des fanions numérotés. Le cheval ne les découvre qu'au moment de les franchir : il doit se laisser conduire en toute confiance. En dehors de la zone de pénalité qui les entoure (10 m sur les côtés, 20 m après), les chutes, refus ou dérobades ne sont pas comptabilisés. Les obstacles clos ou semi-clos doivent être démontables en partie, afin qu'un cheval blessé puisse en être évacué rapidement.

Juges de saut
Ils surveillent chaque obstacle, en vérifient les franchissements et communiquent leurs observations, par talkie-walkie, aux commissaires chargés du pointage des concurrents.

Protections
Lors de l'épreuve d'endurance, le casque avec mentonnière est obligatoire pour les cavaliers. La plupart d'entre eux portent des protections dorsales : les chutes peuvent être très dangereuses. Les jambes des chevaux sont souvent enduites de graisse pour limiter les blessures en cas de contact avec un obstacle.

courses - turf

Le légendaire jockey américain Tod Sloan, décédé en 1933, a offert aux sports équestres un style de conduite, le « monkey crouch », qui consiste à chevaucher à l'aide de courts étriers.

Au turf, course la plus rapide pratiquée en équitation, le jockey et son cheval doivent s'entendre parfaitement s'ils veulent franchir la ligne d'arrivée avant leurs concurrents. Cette complicité exceptionnelle est née il y a longtemps : des courses rituelles avaient lieu en Chine dès la préhistoire, et les J.O. de la Grèce antique, outre la course de chars, comportaient une épreuve avec chevaux montés. Mais il faut attendre le début du XVIIe siècle pour que le premier hippodrome voie le jour à Newmarket, en Angleterre. Avec l'apparition des pur-sang anglais, les courses de galop prennent leur véritable essor : le Jockey Club est créé en 1750 et préside à la réglementation des nombreux prix, dont le Derby d'Epsom et la Gold Cup d'Ascot qui attirent les foules. Ces deux courses sont toujours parmi les plus prestigieuses aujourd'hui, avec le prix de l'Arc de triomphe à Paris et le Derby du Kentucky aux États-Unis.

DÉROULEMENT DE LA COURSE

Les chevaux prennent place dans les stalles de départ selon un ordre tiré au sort. Le juge au départ peut donner le départ de la course lorsqu'il le désire, au besoin sans attendre un cheval difficile ou mal placé. Pour que tous les concurrents aient une chance égale d'accéder au podium, les meilleurs chevaux doivent porter, en plus de leur cavalier, un poids supplémentaire allant jusqu'à 5 kg. Ce handicap est déterminé par des spécialistes capables d'estimer et de comparer les performances de chacun des chevaux engagés. Les juges de course contrôlent l'ordre de passage des chevaux devant le poteau d'arrivée. Si le peloton est très groupé, on utilise la photo pour déterminer le vainqueur. En cas de défaillance de l'appareil, la décision des juges de course est sans appel.

Stalles de départ
Elles sont utilisées principalement pour les courses de galop. L'ouverture simultanée de toutes les portes empêche qu'un cheval ne parte avant les autres.

LES PARIS

Aujourd'hui l'équitation est devenue un loisir. C'est grâce à l'argent des paris que les éleveurs produisent des chevaux de race. Les paris déterminent la cote des chevaux prenant le départ d'une course. Plus un cheval est joué, plus sa cote est faible. Moins il a de chances de gagner, plus sa cote est haute. Un cheval joué à 2 contre 1 rapporte deux fois la mise de départ.

HIPPODROME

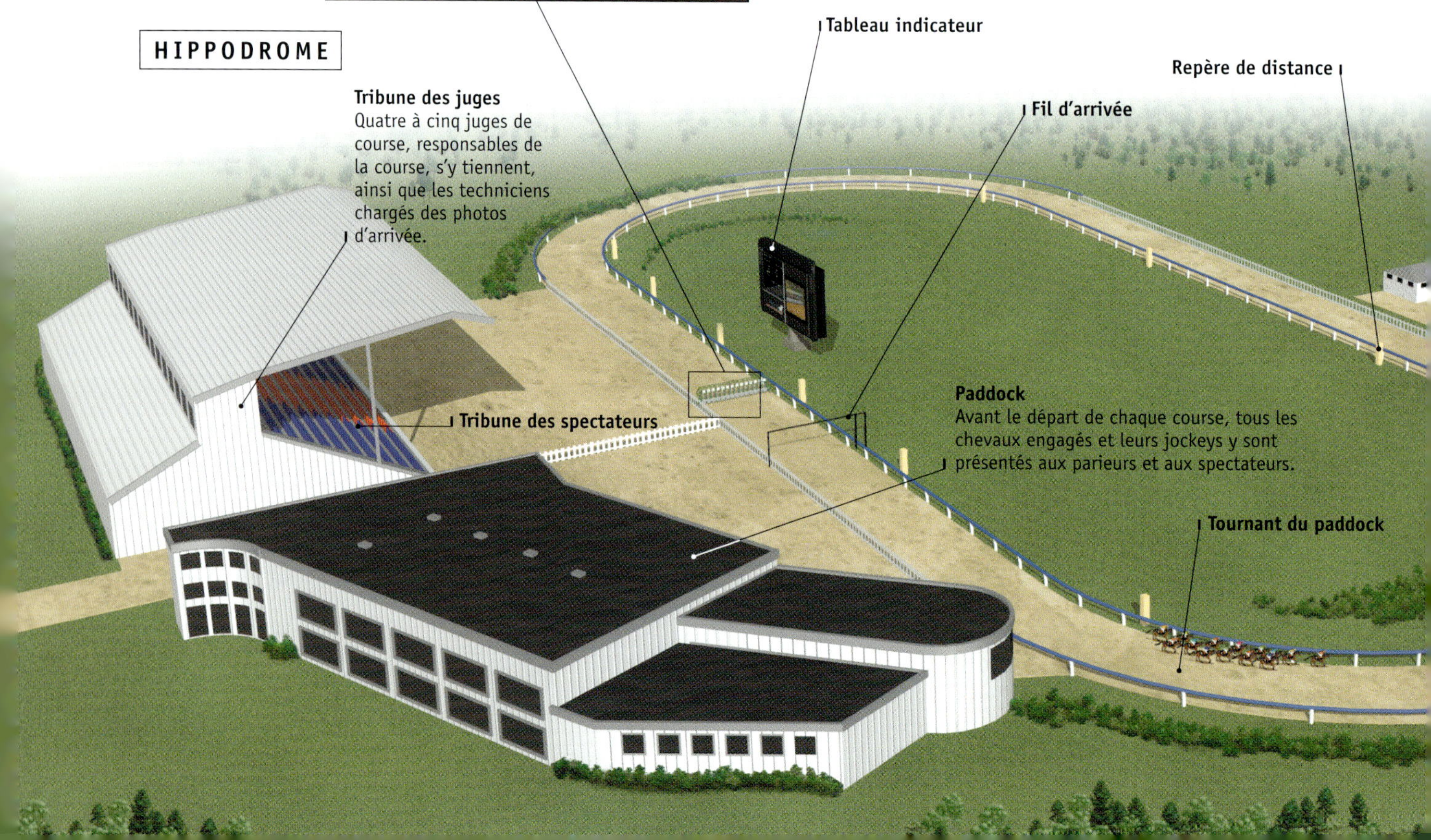

TYPE DE COURSE	ÂGE DES CHEVAUX	DISTANCE	NOMBRE D'OBSTACLES	EXEMPLE
galop plat	2 ans	1 200 - 1 600 m	aucun	Grand Critérium de Longchamp (France)
galop plat	3 ans	2 000 m	aucun	Derby du Kentucky (États-Unis)
haies	3-4 ans	2 500 - 5 000 m	8 - 15	Auteuil (France)
steeple-chase	4 ans	environ 7 200 m	30	Grand National de Liverpool (Grande-Bretagne)

TACTIQUE

En course le jockey est seul juge : il doit pouvoir adapter sa tactique à l'attitude de sa monture. Savoir profiter au mieux du train (allure) que le cheval donne, le placer correctement dans le peloton, l'amener à fournir le plus gros effort au bon moment sont les trois clés d'une victoire. Ne pas se laisser enfermer dans le peloton permet de choisir le terrain où l'on veut courir la dernière ligne droite. Dans les virages (intérieur de la piste), la corde est la place la plus convoitée.

ÉQUIPEMENT

POSITION DU JOCKEY

La monte actuelle (rênes et étriers courts, corps penché sur l'encolure) est venue d'un jockey américain – Tod Sloan – à la fin du XIXe siècle. D'abord critiquée, voire ridiculisée, elle a été adoptée rapidement par l'ensemble des jockeys à la suite des excellents résultats obtenus en course.

Lester Piggot (G-B)
Jockey le plus populaire de l'Angleterre, il remporte les championnats nationaux à 11 reprises. Entre 1954 et 1983, il remporte 9 fois le prestigieux Derby national. Il se retire du circuit professionnel des sports équestres en 1995.

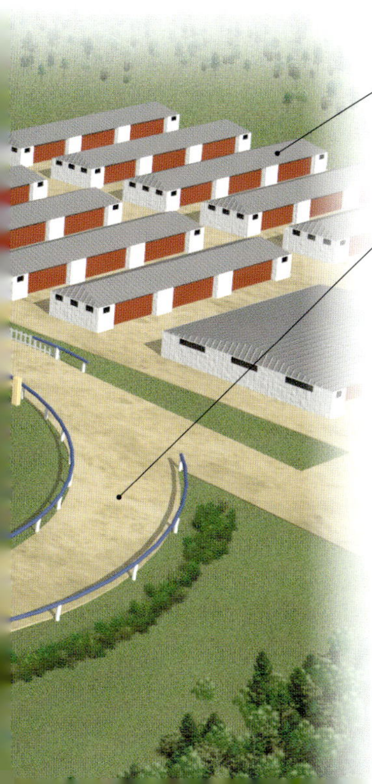

PROFIL DU JOCKEY ET DE SA MONTURE

- Leur poids idéal étant de 50 kg, la carrière de jockey n'est ouverte qu'aux petits gabarits. La plupart débutent comme garçons d'écurie. Ils soignent et montent les chevaux à l'entraînement, puis participent à des courses d'enjeu modeste. Les meilleurs obtiennent leur licence professionnelle en 40 courses environ.
- Pour les yearlings (chevaux d'un an), l'entraînement quotidien est essentiellement fait de galops courts et très rapides. À trois ou quatre ans, ils ont acquis leur vitesse maximale et travaillent l'endurance, généralement en vue d'une reconversion des courses de plat vers le steeple-chase.
- La carrière d'un champion est plus courte (15 à 20 courses, souvent toutes remportées) que celle d'un cheval moyen (50 à 70 courses).

Pat Day (USA)
Grand gagnant de l'Eclipse Award en 1984, 1986, 1987 et 1991, il remporte également la médaille d'or à dix reprises lors du célèbre Breeder's Cup Championship, dont une dans la catégorie turf en 1987 alors qu'il chevauchait Theatrical (IRL).

courses - trot et amble

Compétition de trot lors du Richmond Horse Show de 1935.

Les courses de trot se disputent sur piste, avec un attelage léger à deux roues, le vainqueur étant le cheval qui franchit le premier la ligne d'arrivée – sans avoir changé d'allure. Les premières courses de trotteurs étaient un passe-temps de fermiers, dont les chevaux utilisaient très souvent le trot ou l'amble. Elles se sont développées simultanément aux États-Unis et en Europe dès le XIXe siècle mais rapidement, les États-Unis ont suivi leur propre évolution : l'amble y est plus couru que le trot, sur des pistes différentes. La Société du cheval français, créée en 1864, et la United States Trotting Association ont donné au trot ses structures professionnelles. L'invention du pari mutuel a été déterminante : les épreuves comme le Roosevelt International aux États-Unis ou le prix d'Amérique en France attirent aujourd'hui des dizaines de milliers de spectateurs et téléspectateurs. Les chevaux qui les remportent deviennent légendaires et font la fortune de leurs propriétaires.

DÉROULEMENT DE LA COURSE

La position des concurrents au départ est déterminée par leurs résultats aux courses précédentes. Afin que chaque concurrent ait les mêmes chances, un handicap est imposé aux meilleurs chevaux : lors des départs lancés, derrière la barrière mobile, ils sont placés à l'extérieur de la piste. Lors des départs arrêtés, ils ont une distance supplémentaire à couvrir, pouvant aller jusqu'à 100 mètres dans certains cas. Les concurrents effectuent généralement un tour de piste. Sur certains hippodromes courts, les courses peuvent comporter 2 tours. Pour déceler les fautes d'allure, la course est filmée et suivie en voiture par un juge aux allures, éventuellement assisté de plusieurs commissaires. En cas d'arrivée groupée, la photo aide les juges de course à déterminer quel cheval a franchi la ligne d'arrivée le premier.

FAUTES

Les fautes pénalisées concernent l'allure (trot ou amble) des chevaux, ou le comportement en course. Les fautes d'allure sont éliminatoires en Europe, et sanctionnées sur le continent américain (le cheval fautif est rétrogradé derrière son suivant). Un cheval qui en déséquilibre un autre en course est éliminé en Europe, alors qu'il est rétrogradé derrière le cheval qu'il a gêné aux États-Unis et peut terminer la course s'il se dirige vers le bord de la piste et reprend une allure correcte.

TACTIQUE

L'essentiel de la tactique est de retenir le cheval, afin qu'il fournisse son plus gros effort au bon moment dans la course. Ensuite, l'art du conducteur consiste à lui laisser étendre sa foulée au maximum sans le déséquilibrer ni lui faire perdre l'allure.

HIPPODROME

ALLURES

Alors que seul le trot est pratiqué en Europe, dans des courses montées ou attelées, le continent américain se consacre exclusivement aux trotteurs et ambleurs attelés. Le trot et l'amble sont des allures rapides à deux temps. Une bonne répartition du poids des fers sous les sabots des trotteurs allonge les foulées et peut faire gagner des secondes précieuses. Les chevaux ambleurs sont plus faciles à entraîner que les trotteurs : des entraves pour ambleurs, inventées aux États-Unis en 1885, rendent la faute d'allure pratiquement impossible.

Trot

Un sabot gauche et un sabot droit se posent ensemble au sol. Le trot de compétition est beaucoup plus allongé que le trot naturel.

Amble

Le cheval déplace, en alternance, ses deux membres de droite puis ses deux membres de gauche. L'amble est plus rapide que le trot.

Greyhound (USA)
Hongre des années 30, il est peut-être le plus grand trotteur de tous les temps. Grâce à sa foulée de 6 m, il a établi 25 records du monde de 1934 à 1940, dont certains tiennent encore.

Bret Hanover (USA)
Standardbred des années 60, il a remporté 62 de ses 68 courses, et établi 9 records du monde à l'amble. Élu à 3 reprises (1964 à 1966) Cheval de l'année, il a aussi remporté la Triple Couronne en 1965.

COURSES PRESTIGIEUSES

Le Roosevelt International de New York, le prix d'Amérique à Vincennes, en France, ou le Trot mondial à Montréal au Canada, notamment, sont des grands rendez-vous ouverts aux chevaux de tous âges et de toutes nationalités, et l'occasion d'enjeux très importants. La compétition très forte entre les trotteurs français et américains s'y exprime largement. Consécration suprême réservée aux chevaux américains, la Triple Couronne est accordée aux trotteurs et ambleurs qui remportent dans la même année trois courses prestigieuses : Le Yonkers Trot, l'Hambletonian, et le Kentucky Futurity pour les trotteurs ; le Messenger Stakes, le Cane Futurity et le Little Brown Jug pour les ambleurs.

ÉQUIPEMENT

Guides
En course, on bouche fréquemment les oreilles des chevaux pour qu'ils ne soient pas influencés par les autres. Privé des aides vocales, le conducteur ne dispose plus que des guides pour communiquer avec l'animal.

Tige de tête
Fixée à la muserolle, elle relève la tête des chevaux, ce qui les aide à garder le trot.

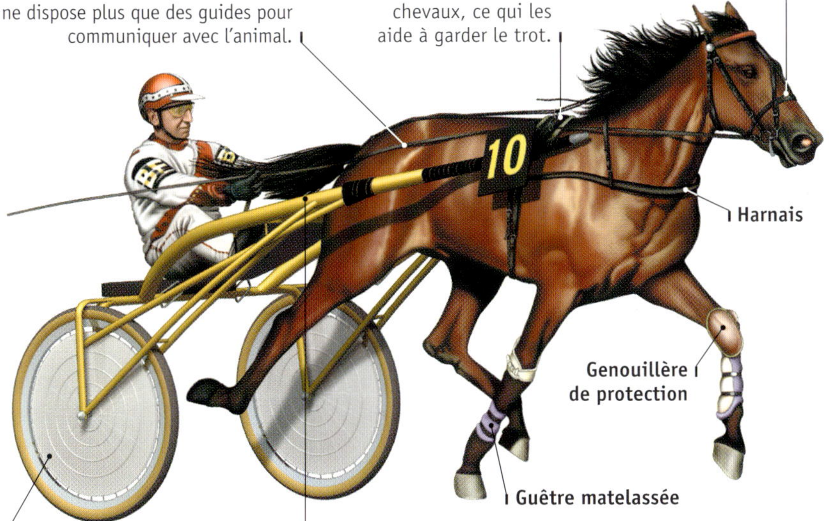

Roue
Son diamètre est standardisé. Les rayons sont recouverts de disques plastiques, pour la sécurité des chevaux et l'aérodynamisme.

Sulky
Sa forme actuelle, apparue vers 1892 aux États-Unis, est restée pratiquement inchangée jusqu'aux années 70, lorsque le bois des cadres a été remplacé par l'aluminium. La largeur et l'écartement des bras sont ajustés à chaque cheval. Un sulky de course pèse environ 15 kilos. Les sulkys d'entraînement sont plus lourds : environ 25 kilos.

PROFIL DU CONDUCTEUR ET DE SON CHEVAL

- Certains conducteurs sont aussi entraîneurs. Si l'âge moyen au plus haut niveau se situe entre 30 et 40 ans, les professionnels qui prennent part à des courses importantes jusqu'à 60 ans ne sont pas exceptionnels.
- Le trot exige du cheval discipline et contrôle de soi : il doit apprendre à allonger ses foulées au maximum sans céder à l'instinct de prendre le galop. Avant d'être attelé, il est accoutumé progressivement à l'allure puis au port du harnais. Ensuite, un plan précis et personnalisé d'exercices chronométrés lui permet d'améliorer sa vitesse étape par étape.
- Les chevaux américains et européens sont préparés en vue d'objectifs distincts : la vitesse sur distances courtes, avec des chevaux très jeunes, est privilégiée en Amérique, tandis que l'Europe (principalement la France, la Russie et la Scandinavie) préfère l'endurance, et des chevaux capables de carrières plus longues. Des deux côtés de l'Atlantique, toutefois, un cheval ne peut plus courir passé 14 ans.
- On rétrécit le champ de vision des chevaux craintifs avec des œillères, afin qu'ils aient moins d'occasions de s'effrayer.

polo

La plus vieille illustration connue du polo, inspirée par le *Chah-namè* de Ferdowsi, ouvrage traitant de l'histoire des rois de Perse.

Sur un terrain plat, deux équipes à cheval se disputent une balle pour l'envoyer dans le but adverse à l'aide d'un maillet. Le principe de ce jeu est selon toute vraisemblance né en Perse vers 600 avant J.-C. Les rois et reines d'Asie et d'Asie Mineure s'y amusaient avec leur cour. L'ayant découvert dans les années 1850 dans l'Himalaya, les Anglais le pratiquent avec la noblesse indienne et fondent le premier club de polo – du mot tibétain *pu-lu* – à Silchar en 1859, avant de l'implanter en Angleterre. Introduit en Argentine par des colons, et en 1876 aux États-Unis par le milliardaire James Gordon Bennett, le polo connaît un nouvel essor. Le club de Hurlingham, à Londres, édicte les premiers règlements. L'Angleterre, qui rejoint le circuit mondial en 1886, remporte la première médaille d'or olympique en 1920. L'Argentine, pour sa part, gagne non seulement l'or à deux reprises, en 1924 et 1936, mais également la première Coupe des Amériques. La Fédération internationale de polo (FIP), fondée en 1983 et basée à Beverley Hills, en Californie, organise la Coupe du monde dont les matches attirent chaque année des milliers de spectateurs.

DÉROULEMENT D'UN MATCH

Une rencontre oppose 2 équipes de 4 joueurs. Elle débute lorsque l'arbitre lance la balle au milieu des adversaires, alignés de part et d'autre du T central. Entre les six chukkas (reprises) de 7 min chacune constituant le match, des pauses de 3 à 5 min permettent aux joueurs de changer de poney (ils peuvent aussi le faire en cours de reprise). Un point est marqué lorsque la balle passe entre les poteaux du but adverse, et les deux équipes changent de camp, mais le jeu continue sans temps d'arrêt. Il n'est interrompu que si un joueur reste étendu à terre. Créés pour donner une chance égale à chaque équipe, des handicaps sont attribués aux joueurs par des commissions nationales, sur une échelle allant de -2 à +10. Un handicap de 4 permet de disputer des matches internationaux. Le handicap d'une équipe est la somme des handicaps de ses membres. Une équipe à 30 de handicap contre une équipe à 40 de handicap commence la rencontre avec 10 buts d'avance.

Horloge
Son cadran ne dépasse pas 7 minutes, la longueur d'une chukka (reprise).

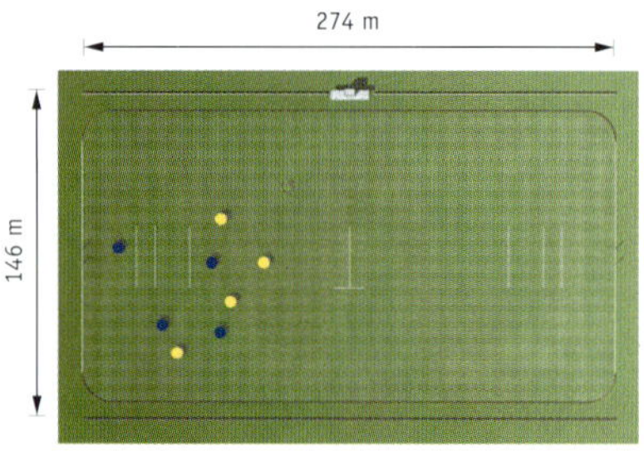

TERRAIN

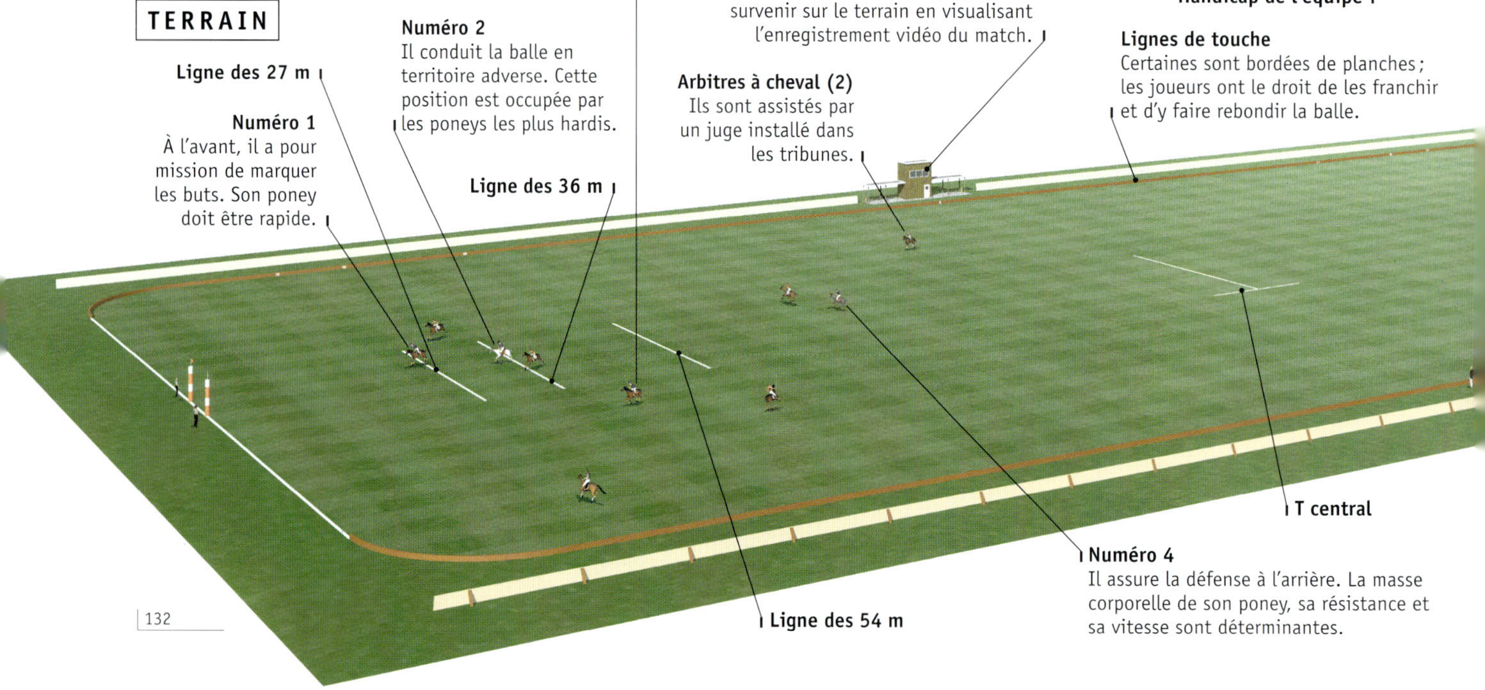

ÉQUIPEMENT

Cheval de bois
Même au plus haut niveau, les joueurs perfectionnent leurs frappes au cheval de bois.

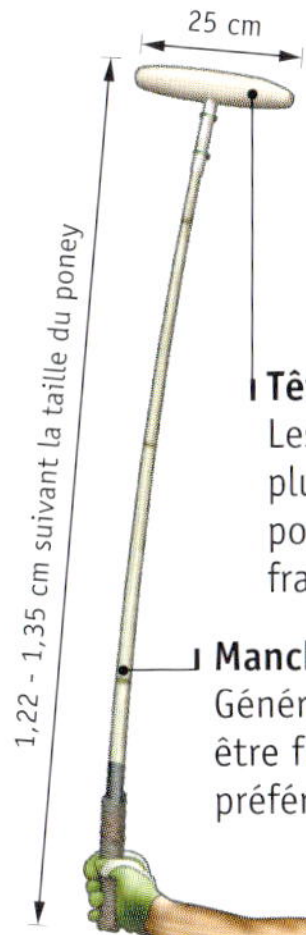

Maillet
Que le joueur soit droitier ou non, il est obligatoirement tenu de la main droite.

Tête de maillet
Les formes cigare ou jodhpur sont les plus utilisées. Certaines sont biseautées pour aider à ne pas heurter le gazon en frappant la balle.

Manche
Généralement en bambou, il peut être flexible ou rigide, suivant les préférences des joueurs.

Balle
Elle est en racine de saule ou en plastique.

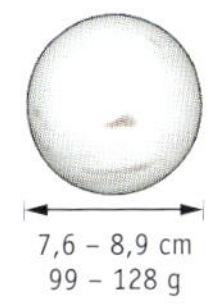

Casque
Il est généralement pourvu d'une grille de protection.

Selle
Elle est équipée d'une sur-sangle passant sur le siège, offrant une sécurité supplémentaire en cas de défaillance de la sangle principale, très sollicitée.

Crinière
Elle est rasée pour éviter que les mains ou le maillet ne s'y emmêlent.

Muserolle

Queue
Elle est tressée, repliée et tenue par une bande autocollante pour éviter que les maillets ne s'y accrochent.

Martingale
Pour éviter les coups de tête lors des arrêts brusques, la martingale fixe bouclée à la muserolle empêche le poney de relever l'encolure.

Genouillères
Les boucles ne doivent pas risquer de blesser un poney ou un cavalier.

Bottes

Protections
Des guêtres ou des bandes de feutre enroulées protègent les canons (jambes) des coups de maillet et des chocs.

Cloches
Elles protègent le paturon (surface externe du sabot).

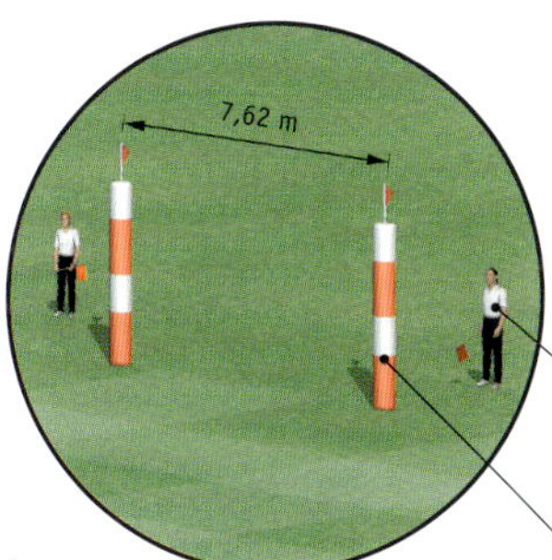

Juges de but (2)
En l'absence de barre transversale, ils déterminent si la hauteur des tirs ne dépasse pas celle des poteaux de buts.

Poteaux de buts
Ils sont flexibles et recouverts de lattes de bois pour éviter les blessures. Les joueurs ont le droit de passer au milieu.

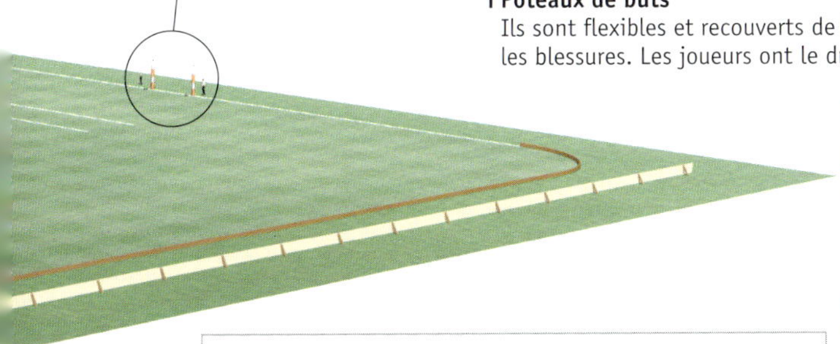

CALENDRIER DES CONCOURS INTERNATIONAUX

Open d'Argentine	Palermo, Buenos Aires	Novembre
World Cup	Palm Beach, Floride	Avril
Gold Cup	Cowdray Park, Angleterre	Juillet
International de Windsor Park	Angleterre	Juillet
Championnat mondial de polo	Deauville, France	Août

Memo Gracida (USA)
D'origine mexicaine, il fait partie de l'élite (15 dans le monde) qui détient un handicap de 10. Il a remporté le prestigieux US Open à 14 reprises et, en 1988, il a remporté la Gold Cup et la Sterling Cup au sein de l'équipe Isla Carroll.

PROFIL DU CAVALIER ET DE SA MONTURE

- Les joueurs professionnels voyagent d'équipe en équipe, parfois pour des contrats d'un seul match. Pour se maintenir à un haut niveau, la recherche et l'acquisition de poneys de qualité sont leur préoccupation constante.
- De l'avis des cavaliers, les poneys de polo représentent 75 % du succès d'un match. Ils n'ont pas peur du contact parfois violent avec les autres chevaux et acceptent les acrobaties de leur cavalier avec calme. Leurs arrêts, démarrages et volte-face fulgurants sont plus importants que la vitesse pure.
- Les poulains sont initiés au jeu à partir de quatre ans. En deux ans, ils acquièrent l'obéissance réflexe aux ordres, apprennent à placer leur cavalier en bonne position pour frapper, ne le gênent pas dans ses coups par des galops irréguliers, et ont compris que l'objectif d'une course est d'être le premier à atteindre la balle.

TACTIQUES ET TECHNIQUES

Le polo est trop rapide et imprévisible pour qu'on puisse établir des tactiques à l'avance. L'observation des qualités des joueurs, et surtout des poneys adverses, est essentielle. On essaie d'utiliser ses meilleures montures lors de la 4e ou la 6e chukka, les plus cruciales pour l'issue de la partie. Un principe fondamental du polo est la ligne de balle, dont l'objectif est d'éviter les accidents : le joueur qui suit la trajectoire de la balle qu'il vient de frapper, et celui qui est le plus proche de la balle après qu'elle a été frappée, ont priorité sur les autres joueurs. Leurs adversaires n'ont pas le droit de leur couper la route.

Coups droits et revers

Ils sont frappés vers l'avant, l'arrière ou en diagonale. Il s'agit d'un coup droit si la balle est située à droite du poney, et d'un revers si elle se trouve à sa gauche. Un bon frappeur est capable de couvrir toute la distance du terrain (274 m) en 2 coups. Se dresser sur les étriers ajoute de la puissance au tir.

Coups perpendiculaires

Ils sont frappés sous l'encolure du poney, ou derrière sa queue. Le plus difficile à réaliser se frappe sous le ventre, on l'appelle le « coup du millionnaire ».

Accrochage du maillet

Il n'est autorisé que lorsque l'adversaire est sur le point de frapper la balle, pour dévier ou empêcher son tir. Accrocher le maillet au-dessus du niveau de l'épaule ou par-devant les jambes du cheval est considéré comme une faute qui donne lieu à un coup franc.

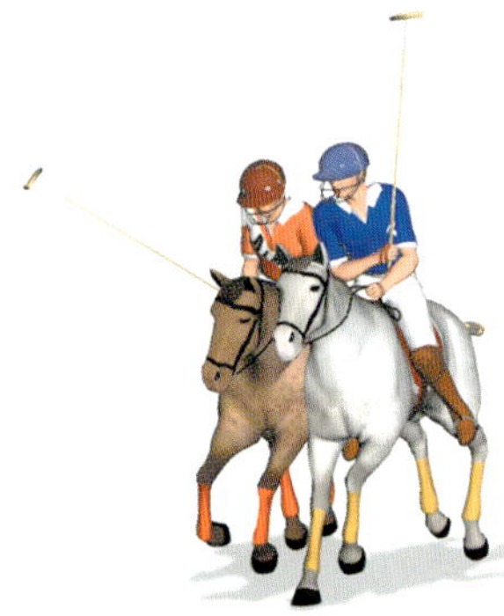

Marquage

Bousculer l'adversaire, pour essayer de le faire sortir de la « ligne de balle », doit se faire avec un angle inférieur à 45°.

Coups francs et penaltys

Les coups francs peuvent être tirés des lignes de 27, 36 et 54 mètres, selon la gravité de la faute commise, sur décision des arbitres. Seuls les coups francs tirés de 54 m admettent une intervention de l'équipe fautive. Lorsqu'une faute d'un défenseur empêche un attaquant de marquer un but, l'arbitre peut accorder un penalty : après un galop d'élan, la balle est frappée de la ligne des 27 m, sans possibilité d'intervention de l'équipe fautive.

Mises en jeu

Au début d'une partie, les deux équipes étant alignées de part et d'autre du T central, un arbitre lance la balle sur la ligne. Lorsque la balle franchit une ligne de touche, les équipes s'alignent à 4,60 m de l'endroit où elle est sortie. Lorsqu'elle sort en fond de terrain, c'est un défenseur qui la remet en jeu du même endroit. Les attaquants doivent se tenir à une distance de 27 m. Les défenseurs se placent où ils le veulent.

Sports de précision et d'adresse

tir

Équipe suédoise en tir libre, médaillée d'or aux J.O. de Stockholm, en 1912.

Les premières armes à feu apparaissent à la fin du XVe siècle, mais ce n'est qu'au XIXe siècle que le tir devient un véritable sport. Pour toutes les disciplines, le principe demeure le même : toucher une cible fixe ou mobile à l'aide d'une arme. Au début du XIXe siècle, en Angleterre, le club des Old Hats met au point un système de tir sur cible mobile, mais c'est en 1836 que l'évolution technologique popularise le tir, avec l'invention du système de barillet par Colt. Aussitôt, une première codification des règles du tir voit le jour, suivie par la création, en Suisse, des premières sociétés de tir. Vers 1860, les pigeons vivants servant jusqu'alors de cibles, sont remplacés par des pigeons d'argile propulsés par des lanceurs mécaniques. Le tir est présent aux premiers J.O. modernes d'Athènes en 1896, dans trois disciplines réservées aux hommes. Il faut attendre 1984 pour voir plusieurs disciplines de tir féminin devenir olympiques. En 1907, l'Union internationale de tir (UIT) est mise sur pied et elle conserve son nom jusqu'en 1998, où elle devient l'International Shooting Sport Federation (ISSF). Les championnats du monde ont lieu tous les quatre ans en alternance avec les J.O. Les épreuves de tir se divisent en trois grandes catégories : le tir au fusil, à la carabine et au pistolet.

TIR AU FUSIL

Dans cette discipline, le tireur armé d'un fusil chargé de cartouches tente d'atteindre et de détruire en plein vol des plateaux en argile, ou pigeons d'argile. Le nombre de lanceurs et de cibles, de même que le mode de lancement et le nombre de coups par cible varient selon les disciplines : fosse olympique, skeet et double trap. Durant la compétition, les tireurs occupent successivement chacun des postes de tir. Le tireur donne à haute voix l'ordre de lancer (« *Pull!* ») et un micro placé à ses pieds transmet électroniquement l'ordre aux dispositifs de lancement, automatiques ou manuels.

AIRE DE TIR

FOSSE OLYMPIQUE

Quinze appareils de lancement sont répartis par groupes de trois. Ils sont actionnés par neuf grilles de lancement différentes qui dirigent l'angle et la vitesse des plateaux. La compétition se joue sur 125 plateaux pour les hommes (5 séances de 25 réparties sur deux jours) et 75 pour les femmes (3 séances de 25). Une finale réunit les six meilleurs tireurs qui s'affrontent au cours d'une série de 25 plateaux. Les cinq tireurs présents sur le pas de tir se succèdent après chaque série. Les points sont comptabilisés par plateau détruit (un point par plateau).

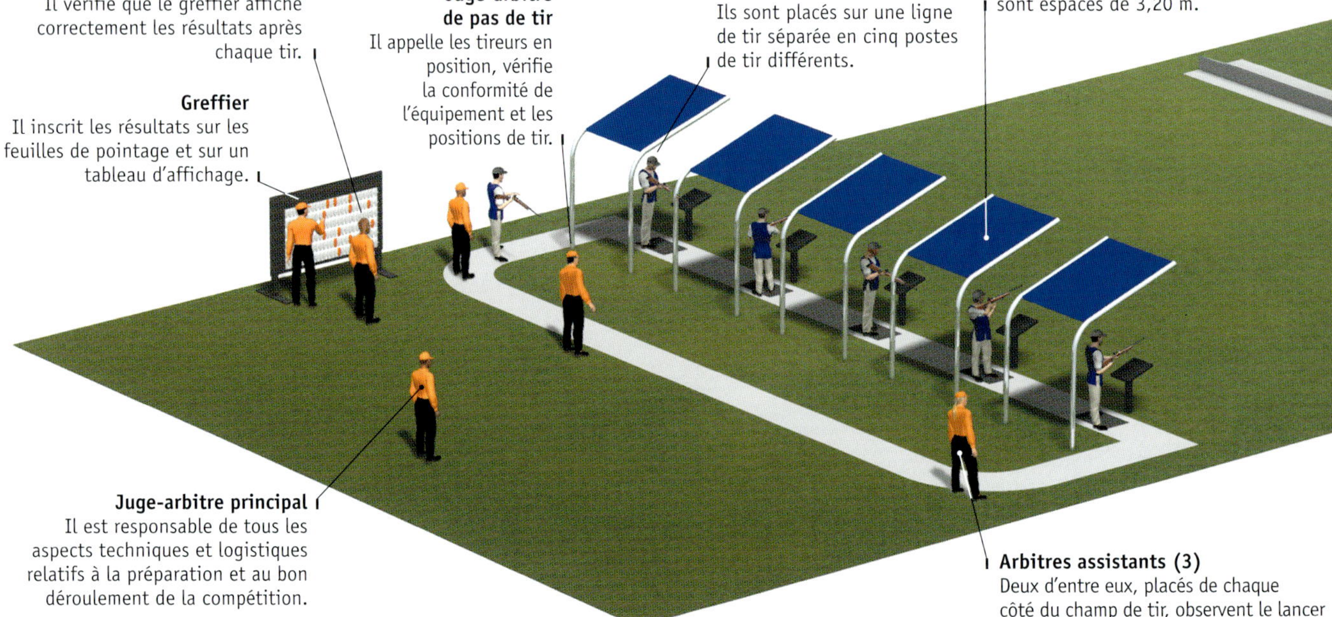

SKEET

Le terrain forme un arc de cercle sur lequel sont répartis sept postes de tir. Les plateaux sont lancés en même temps des deux lanceurs situés aux extrémités de l'arc de cercle. Les trajectoires peuvent varier. Le tireur a deux cartouches pour tenter de briser les deux plateaux. Il ne peut tirer deux fois sur le même plateau. Le nombre de plateaux et de séries est le même que pour la fosse olympique.

DOUBLE TRAP

Trois lanceurs projettent deux plateaux selon des angles et une hauteur que le tireur connaît à l'avance. La compétition se joue sur un total de 150 plateaux pour les hommes (trois séries de 50 plateaux lancés deux par deux) ou 120 pour les femmes (trois fois 40). Une finale réunit les six meilleurs tireurs qui s'affrontent sur une série de 50 plateaux pour les hommes et 40 pour les femmes.

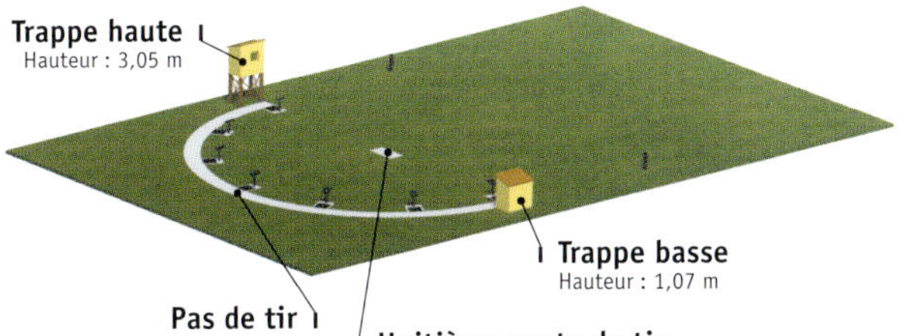

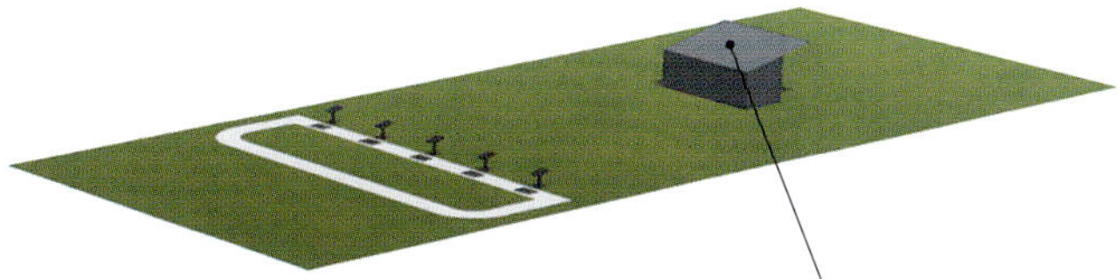

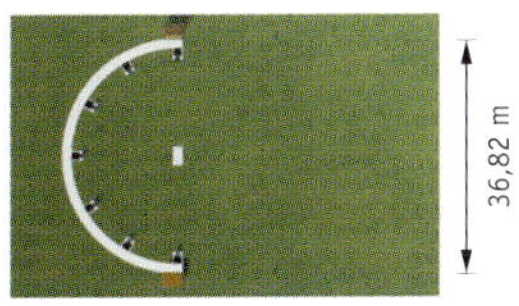

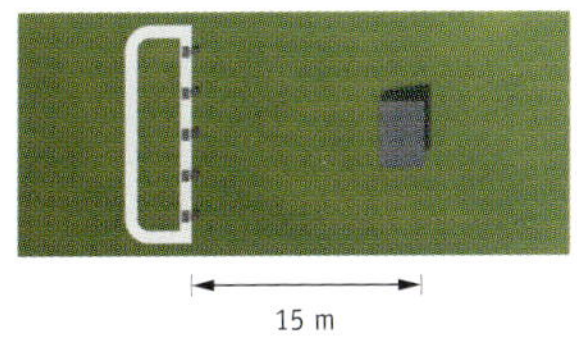

ÉQUIPEMENT

FUSIL CALIBRE 12 À CANONS SUPERPOSÉS

Chargé de deux cartouches, il permet au tireur de tirer les deux coups par cible auxquels il a droit.

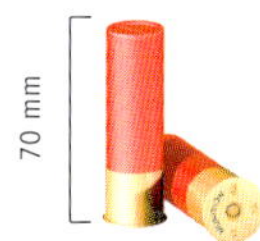

Cartouches calibre 12
Elles sont chargées à la chevrotine (24 g de plombs).

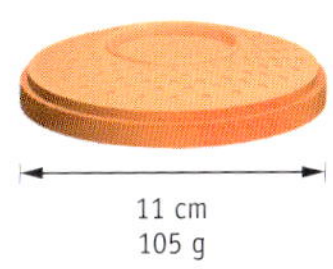

Pigeon ou plateau
Il est en composé d'argile. En fosse olympique, sa vitesse peut atteindre 105 km/h.

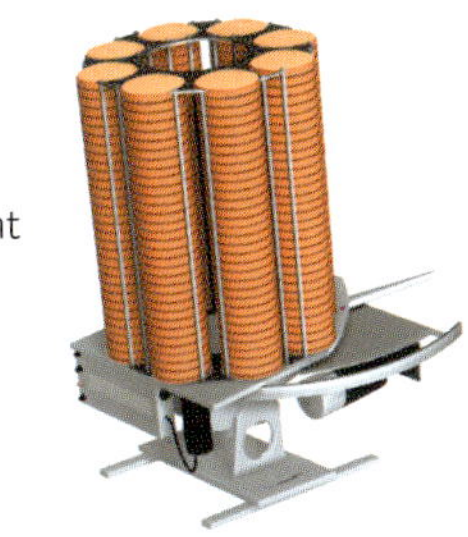

Lanceurs de plateaux automatiques
Ils sont activés automatiquement ou manuellement par un préposé (*puller*) qui doit être en mesure de voir et d'entendre clairement les tireurs. Ils peuvent contenir jusqu'à 700 pigeons.

Fosse de tir
Face aux tireurs, la fosse de tir est une tranchée profonde de 2 m à 2,10 m. Elle abrite 15 lanceurs, trois par poste de tir, qui projettent les plateaux à des hauteurs, des vitesses et des angles différents et inconnus du tireur.

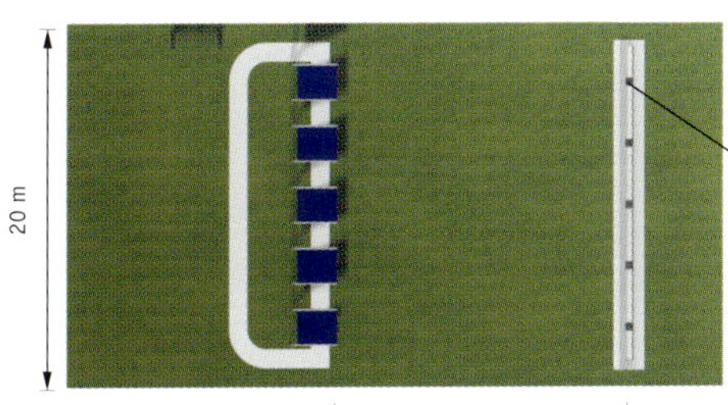

Positions de tir sur plateaux
Pour aider l'arbitre à contrôler la position du fusil lors des épreuves de skeet, une bande de 25 à 30 cm de long et 2 à 3 cm de large doit être apposée de manière permanente sur le côté droit (à gauche pour les gauchers) juste au-dessus de la hanche. Le bas de la crosse du fusil doit reposer sur cette bande jusqu'à ce que la cible apparaisse. Le tireur peut utiliser une casquette à visière pour se protéger du soleil. Lors des épreuves de double trap, le tireur se tient en joue avant la projection des plateaux.

TIR À LA CARABINE

Il consiste à placer le plus grand nombre de projectiles le plus près possible du centre de la cible. Le tir à la carabine est divisé en catégories selon le calibre utilisé. Dans toutes ces épreuves, les tireurs doivent respecter des règles de distance, de temps, de position ou de calibre des armes.

Pour les armes de calibre 5,6 mm (22 long rifle) et pour la carabine à air de calibre 4,5 mm, les disciplines varient selon la distance (10 et 50 m), le nombre de coups (40, 60 ou 120) et la position (debout, à genoux ou couchée).

- Carabine de sport (femmes) 3 x 20 : à 50 m de la cible, la tireuse doit effectuer 60 tirs en un temps maximum de 2 h 30 : 20 coups en position couchée, 20 debout et 20 à genoux.
- Carabine libre (hommes) 3 x 40 : à 50 m de la cible, le tireur effectue 120 coups : 40 en position couchée en 1 heure, 40 debout en 1 h 30, 40 à genoux en 1 h 15.
- Carabine libre position couchée : à 50 m, le tireur a 1 h 30 pour tirer 60 coups dans la même position.
- Carabine à air (à 10 m) en position debout : le tireur utilise une carabine à CO_2 ou à air comprimé, calibre 4,5 mm. Il tire 60 fois en 1 h 45 (40 fois en 1 h 15 pour les femmes).
- Carabine à air comprimé (à 10 m) sur cible mobile (hommes) : le tireur effectue 60 coups, 30 de précision et 30 de vitesse. En précision, la cible est visible 5 secondes et en vitesse, 2,5 secondes. Les tireurs utilisent un télescope réglementaire.

POSITIONS

Couchée

Allongé sur le sol ou sur un tapis réglementaire fourni par les organisateurs de la compétition, le tireur ne doit soutenir l'arme qu'avec les deux mains et une épaule, mais peut appuyer sa joue contre la crosse pour la visée. Il peut utiliser une courroie reliant le haut du bras support à la carabine. Celle-ci ne peut toucher aucune autre surface. Au-delà du coude, les avant-bras ne peuvent être en contact avec le sol et doivent demeurer au moins dans un angle de 30° par rapport à celui-ci.

À genoux

Trois points de contact avec le sol sont autorisés : pied gauche, pointe du pied droit et genou droit (dans le cas d'un tireur droitier). La carabine doit être tenue à deux mains, appuyée sur l'épaule droite. Le tireur peut utiliser une courroie comme dans la position couchée. Le coude gauche ne peut être à plus de 10 cm en avant du genou. Le tireur peut utiliser un coussin sous le cou-de-pied droit, mais ne peut alors incliner ce pied à plus de 45° sous lui.

Debout

Le tireur se tient droit sur ses jambes, les deux pieds au sol et sans aucun autre appui. Les mains, l'épaule et la joue de visée peuvent maintenir la carabine, qui est appuyée sur l'épaule de visée. L'autre bras est libre. Le bras servant de support (le gauche pour un droitier) repose le long du torse et le coude est solidement appuyé sur la hanche.

ÉQUIPEMENT

Selon les disciplines, l'arme est de petit (5,6 mm, type 22 long rifle) ou gros (max. 8 mm) calibre. Le poids total de l'arme ne peut dépasser 8 kg. Les appareils de visée sont admis dans la mesure où il ne s'agit pas de lentilles grossissantes. En carabine libre, le tireur adapte son arme selon ses besoins, en augmentant la longueur ou la hauteur de la crosse ou en augmentant la longueur du canon par des tubes prolongateurs dans une limite autorisée. La tenue vestimentaire est strictement réglementée, que ce soit pour la veste, le gant en cuir, le pantalon, les chaussures et même la ceinture, qui ne doit comporter aucun élément pouvant servir d'appui.

CARABINE 22 (5,6 MM)

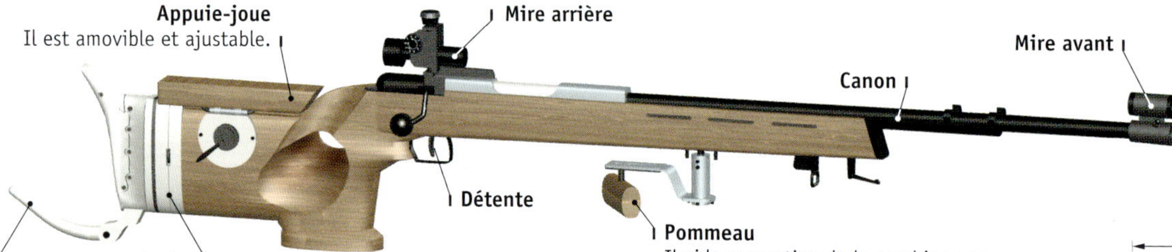

Appuie-joue
Il est amovible et ajustable.

Mire arrière

Mire avant

Canon

Détente

Pommeau
Il aide au soutien de la carabine par la main placée en avant. Il ne peut dépasser 200 mm de hauteur.

Crochet
Il tient la carabine sous l'épaule et assure une meilleure stabilité.

Crosse

Plaques de couche
Ce sont des éléments amovibles qui permettent d'augmenter la longueur ou la hauteur de la crosse à la taille du tireur.

Cartouches de calibre 5,6 mm (22 long rifle)

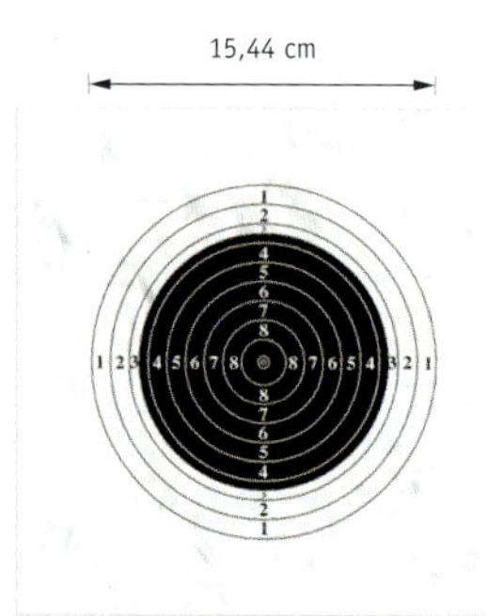

Cible carabine 50 m

Carabine à air comprimé

TIR AU PISTOLET

Comme pour le tir à la carabine, le but de la discipline est de placer le plus grand nombre de projectiles le plus près possible du centre de la cible. La plupart des compétitions se disputent avec des pistolets de calibre 5,6 mm (sauf pour le pistolet à percussion centrale pour les hommes et le pistolet 10 m à air). Seule la position debout est permise et les compétitions varient selon le nombre de coups et la distance. L'arme doit être tenue à bout de bras, d'une seule main.

- Pistolet standard (hommes seulement) 3 x 20 : à 25 m de la cible, le tireur effectue 60 coups répartis en 3 séries de 20. Durant la première série, il tire 4 fois 5 coups en 150 secondes. Durant la deuxième, 4 fois 5 coups en 20 secondes. Durant la troisième, 4 fois 5 coups en 10 secondes.
- Pistolet libre (hommes seulement) 6 x 10 : à 50 m de la cible, le tireur doit placer 60 coups (6 séries de 10) en 2 heures. Chaque série doit être effectuée en 15 min maximum.
- Pistolet vitesse (hommes seulement) 2 x 30 : le tireur fait face à 5 cibles pivotantes à 25 m. Il doit placer 60 coups en 2 séries de 30 avec un temps limite. Chacune des séries se compose de : 2 fois 5 coups tirés en 8 secondes ; 2 fois 5 coups en 6 secondes ; et 2 fois 5 coups en 4 secondes. À l'intérieur de chaque groupe de 5 coups, le tireur vise chacune des 5 cibles.
- Pistolet à air comprimé 10 mètres (hommes et femmes) : les femmes doivent placer 40 coups en 1 heure 15, et les hommes, 60 coups en 1 heure 45.
- Pistolet sport pour les femmes ou pistolet à percussion centrale pour les hommes 2 x 30 : le tireur utilise un pistolet de gros calibre (8 mm ou 9,65 mm, et 5,66 mm pour les femmes). Il tire d'abord 30 coups de « précision » : 6 séries de 5 balles en 6 minutes. Puis 30 coups de « vitesse » : 6 séries de 5 balles en 3 secondes. La cible s'efface durant 7 secondes après chaque coup.

POSITIONS

Table réglementaire
Le tireur doit y déposer ses munitions ainsi que son arme avant le début de l'épreuve.

Position de départ

Elle est obligatoire avant chaque tir pour les épreuves de pistolet vitesse. L'arme doit être tenue à un angle de 45 degrés en avant du corps.

Technique de tir

Les jambes sont écartées et les épaules droites. La main libre ne doit pas être pendante et doit être accrochée à la ceinture ou à une poche.

Lunettes
Le port de lunettes de protection résistantes est exigé.

Protections auditives
Elles sont obligatoires pour les tireurs ainsi que pour les officiels situés près du pas de tir.

CIBLES

La taille des cibles varie selon l'arme, le calibre et la distance de tir. Elles sont faites de cercles concentriques numérotés.

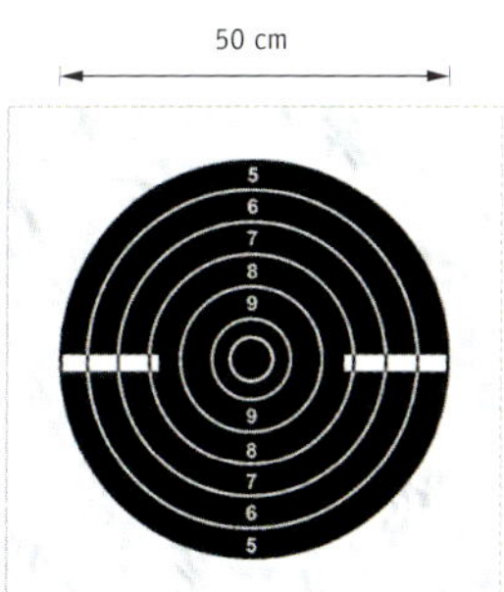

Pistolet vitesse 25 m

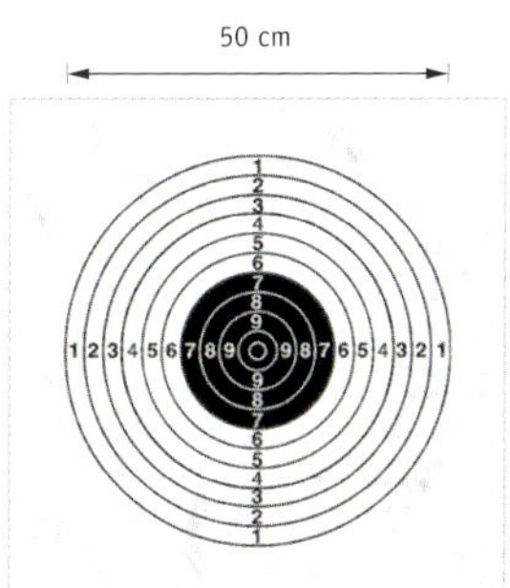

Pistolet précision 25 et 50 m

ÉQUIPEMENT

Pour toutes les disciplines, l'arme doit être tenue à une main, la crosse ne peut être prolongée de façon à être supportée au-delà de la main. De même, le poignet doit être complètement libre au moment du tir. Les pistolets sont chargés d'une balle ou d'un plomb à la fois. Les lentilles de visée, viseurs optiques ou miroirs sont interdits.

PISTOLET 8 MM

Repose-éminence hypothénar
C'est une extension placée à l'avant ou sur le côté de la poignée du pistolet et qui empêche la main de glisser.

PISTOLET À AIR COMPRIMÉ

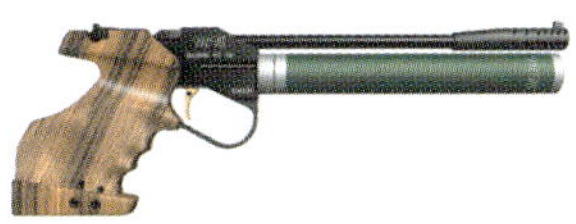

PISTOLET 22

Lunettes de vue ou télescope de repérage
Ils sont autorisés, mais le télescope ne doit pas être fixé sur l'arme ni utilisé lors du tir.

Tenue pour le tir au pistolet
Aucun équipement permettant de soutenir ou d'immobiliser une quelconque partie du corps n'est autorisé, y compris les chaussures, qui ne doivent pas maintenir la cheville.

PROFIL DU TIREUR

- Quelle que soit la discipline pratiquée, le tir demande avant tout une capacité de concentration exceptionnelle. Le tireur répète précisément les mêmes gestes un grand nombre de fois sans changer le moindre mouvement et doit par conséquent maîtriser chaque mouvement de son corps. Instinctivement, le tireur appuiera sur la détente entre deux battements de cœur, ces derniers pouvant nuire à la précision du tir.
- Une bonne forme physique, entretenue par des exercices d'échauffement et d'assouplissement des poignets, bras, épaules et dos, qui vont être les plus sollicités par le poids de l'arme, est indispensable. Des exercices de relaxation afin de maîtriser parfaitement le souffle, le rythme cardiaque et d'évacuer la tension nerveuse sont également nécessaires.

tir à l'arc

Archery at Hatfield par Gorborild, 1792.

Qu'il s'agisse de chasse, de guerre ou de loisir, le tir à l'arc répond à une seule règle : l'archer doit placer ses flèches dans une cible distante. D'abord arme de chasse, l'arc ne devient arme de guerre que 3 000 ans avant J.-C. et le demeure jusqu'à la Renaissance où il est bientôt dépassé par les premières armes à feu. Au XIXe siècle, les anciennes Compagnies d'archers du Moyen Âge reviennent à la mode : il ne s'agit plus alors de se battre, mais de défiler et de démontrer son adresse face à une cible. Le tir à l'arc devient peu à peu une véritable discipline sportive, essentiellement pratiquée dans le nord de la France. C'est d'ailleurs là que naît, en 1928, la Fédération française de tir à l'arc, qui donnera naissance, trois ans plus tard, à la Fédération internationale de tir à l'arc (FITA) en Pologne. Malgré une brève apparition aux J.O. (1900 chez les hommes, 1904 chez les femmes), le tir à l'arc ne devient vraiment populaire qu'après 1960 et fera officiellement son retour aux Jeux en 1972 tant pour les hommes que pour les femmes. Seul le tir à l'arc classique est toutefois admis aux J.O. et fait l'objet de quatre concours : hommes, femmes, en individuel ou par équipes de trois. Les championnats du monde ont lieu quant à eux tous les deux ans depuis 1975.

DÉROULEMENT DE LA COMPÉTITION

L'archer doit placer ses flèches le plus près possible du centre d'une cible située à une distance donnée. Plusieurs disciplines sont reconnues par la FITA, chacune avec ses propres règlements concernant la distance, le nombre de flèches, le type de cible ou l'équipement. Lors des compétitions olympiques et aux championnats du monde, les archers tirent d'abord un total de 144 flèches à quatre distances en commençant par la plus éloignée, pour un maximum de 1 440 points.

Les 64 meilleurs archers concourent ensuite par groupes sur trois séries de 6 flèches. Les huit meilleurs parviennent en phase finale, où ils s'affrontent un contre un en tirant quatre séries de 3 flèches. La finale pour l'or met aux prises deux tireurs sur quatre séries de 3 flèches tirées en alternance. Toutes les séries s'effectuent à 70 mètres. Le temps est marqué par des feux de couleur et des avertisseurs sonores.

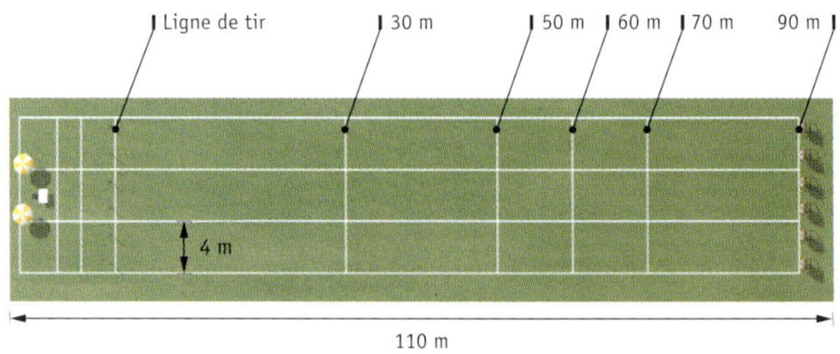

Zone de sécurité
Pour éviter tout accident, les spectateurs ne peuvent s'approcher à moins de 10 m de la ligne de tir et 20 m des lignes de côté.

TERRAIN

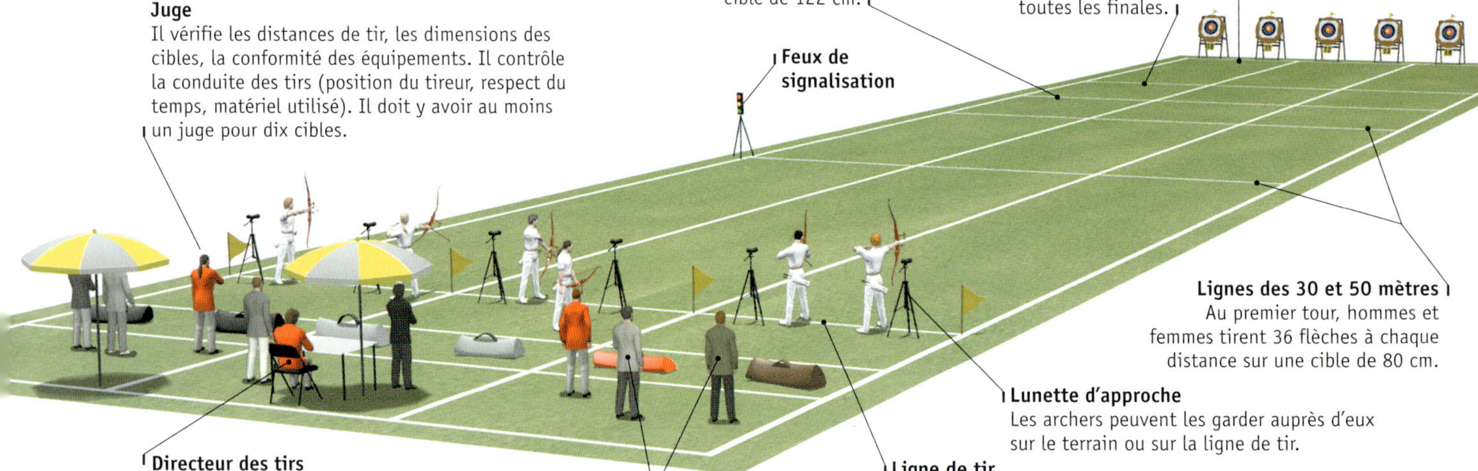

Juge
Il vérifie les distances de tir, les dimensions des cibles, la conformité des équipements. Il contrôle la conduite des tirs (position du tireur, respect du temps, matériel utilisé). Il doit y avoir au moins un juge pour dix cibles.

Ligne des 60 mètres
Au premier tour, les femmes tirent 36 flèches sur une cible de 122 cm.

Ligne des 70 mètres
Au premier tour, hommes et femmes tirent 36 flèches sur une cible de 122 cm. Cette distance est utilisée pour toutes les finales.

Ligne des 90 mètres
Au premier tour, les compétiteurs masculins seulement tirent 36 flèches sur une cible de 122 cm.

Feux de signalisation

Lignes des 30 et 50 mètres
Au premier tour, hommes et femmes tirent 36 flèches à chaque distance sur une cible de 80 cm.

Lunette d'approche
Les archers peuvent les garder auprès d'eux sur le terrain ou sur la ligne de tir.

Ligne de tir
Au moment du tir, les archers doivent avoir les pieds de part et d'autre de la ligne.

Directeur des tirs
Il contrôle le déroulement de la compétition, sa conformité aux règlements de la FITA et tranche tout litige pouvant survenir. Il donne les signaux sonores et contrôle le temps de tir.

Marqueurs
Sous la surveillance des juges, un marqueur est délégué pour chaque cible. Il effectue le premier pointage après chaque volée de 3 flèches (à 50 et 30 mètres) ou chaque volée de 6 flèches (à 90, 70 et 60 mètres). Ils valident les cartes de pointage remplies par les archers.

TECHNIQUE

L'archer exerce un contrôle parfait de ses mouvements au point de répéter automatiquement chacun des gestes de la séquence de tir. Entre la prise en main de l'arc et le suivi du tir, il s'écoule entre 15 et 20 secondes durant lesquelles l'archer fait totalement abstraction de ce qui l'entoure et se concentre sur sa séquence.

1. Préparation avant le tir **2. Placement de la flèche sur l'arc** **3. Mise en position avec visée** **4. Décoche** **5. Suivi du tir**

CIBLES

La cible est composée de 10 cercles concentriques numérotés de 1 (extérieur) à 10 (centre). Une marque centrale (10 X) permet de départager des tireurs qui termineraient à égalité.

Inclinaison arrière : 15 degrés par rapport à la verticale

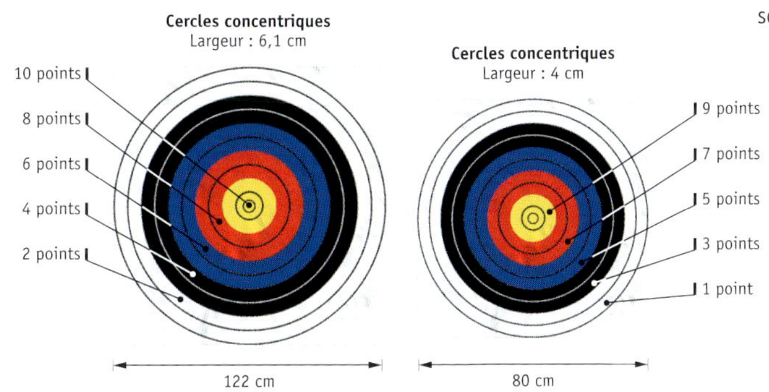

FEUX ET SIGNAUX

Rouge
Accompagné de deux signaux sonores : les archers doivent prendre place sur la ligne de tir.

Accompagné de trois signaux sonores : la limite de temps est écoulée et le tir est terminé.

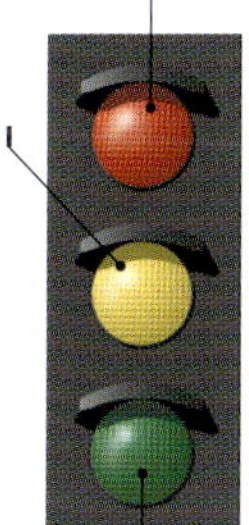

Orange
Sans signal sonore : il ne reste que trente secondes pour terminer la volée de flèches.

Vert
Accompagné d'un signal sonore : le tir peut commencer.

AUTRES DISCIPLINES

Tir en campagne

Tous les types d'arcs sont autorisés et les appareils de visée sont interdits. Les archers suivent un parcours composé de 24 cibles, dont 12 sont à distance connue à l'avance et 12 à distance inconnue. Pour chaque cible, l'archer peut utiliser trois flèches. Les cibles sont marquées de zones à 1, 2, 3, 4, 5 et 5+ points et mesurent entre 20 et 80 centimètres (le 5+ permet de départager des tireurs à égalité). Les archers ne peuvent tirer que parvenus à une butte de tir située face à chaque cible à une distance variant de 5 à 60 m. La compétition comprend une phase éliminatoire et une finale, tant en individuel que par équipes.

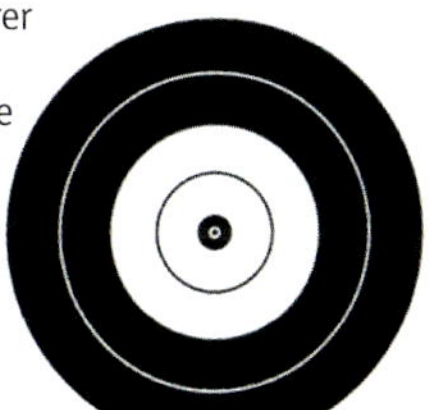

Tir nature (sur cible animalière)

L'archer est placé en condition de chasse réelle, sur un parcours naturel accidenté. Les cibles (21 ou 42 selon le parcours) représentent des animaux, généralement en trois dimensions, et sont marquées de deux zones (tué ou blessé). Pour chaque cible, l'archer doit tirer deux flèches à partir de deux buttes de tir différentes en l'espace de 30 secondes. Les points sont attribués d'abord pour la première flèche (tué 20, blessé 15) puis la deuxième (tué 15, blessé 10).

Tir Beursault

Le Beursault se rapproche du tir traditionnel tel que pratiqué au Moyen Âge. La discipline se pratique sur un jeu d'arc : un couloir de 50 m de long avec une cible à chaque extrémité. Les cibles mesurent 45 cm et sont divisées en cinq zones. L'archer tire une flèche par cible en effectuant l'aller-retour entre les deux cibles jusqu'à ce qu'il ait tiré 40 flèches. Chaque flèche qui atteint la cible est appelée honneur. Le classement se fait au nombre d'honneurs, puis, seulement en cas d'égalité, au nombre de points.

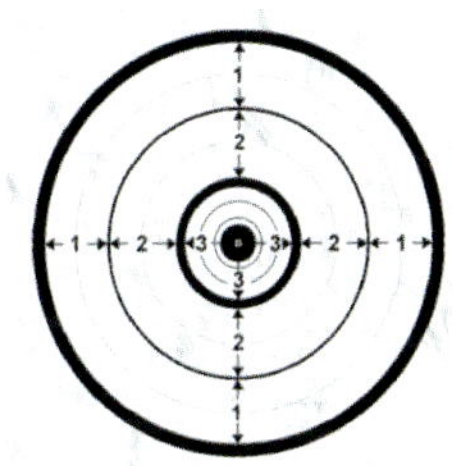

ÉQUIPEMENT

FLÈCHE

Il n'y a pas de limite pour la longueur des flèches tant qu'elles demeurent dans la limite de poids requise, c'est-à-dire un maximum de 28 g. Les archers choisissent la longueur qui leur convient le mieux. En général, l'empennage se trouve à 2,5 cm de l'encoche.

Pointe
Elle sert de poids avant réglable selon la puissance de l'arc.

Encoche
Elle s'enfonce sur la corde.

Empennage
En matériau synthétique, il sert de correcteur pour ramener la flèche le plus vite possible dans sa trajectoire rectiligne.

Fût
En fibre de carbone ou en alliage carbone aluminium, il doit être le plus léger possible et offrir le moins de prise au vent.

LES ARCS

Trois catégories d'arcs sont utilisées selon les compétitions : l'arc classique, lors des tournois olympiques, l'arc à poulie, désormais accepté aux championnats du monde, et l'arc droit, utilisé sur courte distance (tir nature et chasse). La principale différence entre les arcs est la puissance, qui est la force de traction imprimée à la flèche lorsque l'arc est bandé. Un arc puissant demande un plus grand effort physique.

Arc droit

Fait d'un seul bloc, généralement en bois d'if, sa puissance (jusqu'à 50 kg) en fait une arme moins précise.

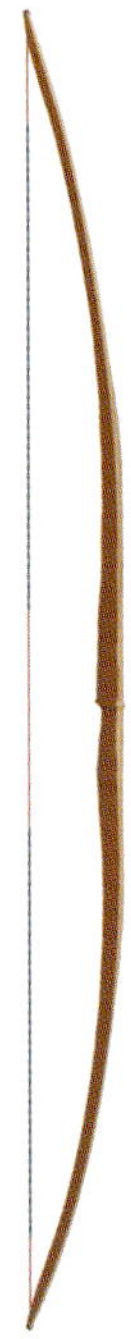

Arc à poulies

Formé de plusieurs pièces faites de divers matériaux, sa caractéristique est la présence de poulies, qui décuplent la pression exercée au moment du tir. L'archer peut donc tirer avec un arc plus puissant (17 à 30 kg) et moins se fatiguer durant la visée.

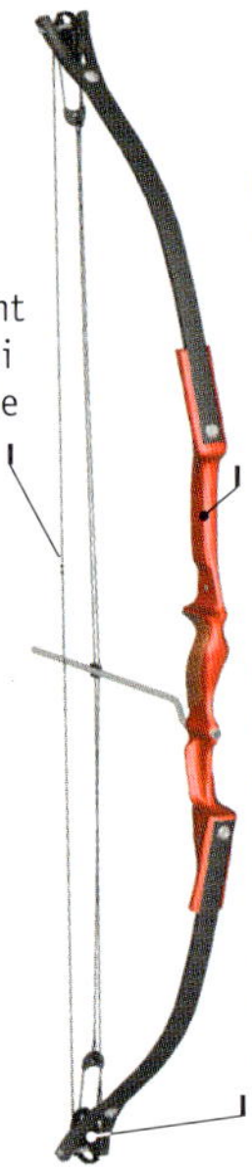

Point d'encochage
Repère constant sur la corde qui reçoit l'encoche de la flèche.

Poignée
En aluminium, magnésium ou alliage léger, elle est exactement adaptée à la main de l'archer.

Poulies
Elles absorbent une partie du choc subi par la flèche au moment de la décoche et permettent de gagner en précision. Elles permettent de diminuer la force de tension sur l'arc.

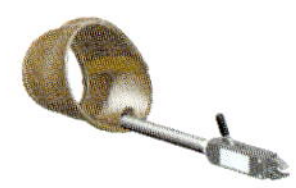

Déclencheur
Fixé sur la corde de l'arc à poulies, il fait office de gâchette.

Arc classique (olympique)

Agrémenté de nombreux accessoires en compétition ; sa puissance peut dépasser 25 kg. Il n'existe aucune restriction de poids ou de taille, considérant qu'il ne doit jamais toucher le sol durant la séquence de tir.

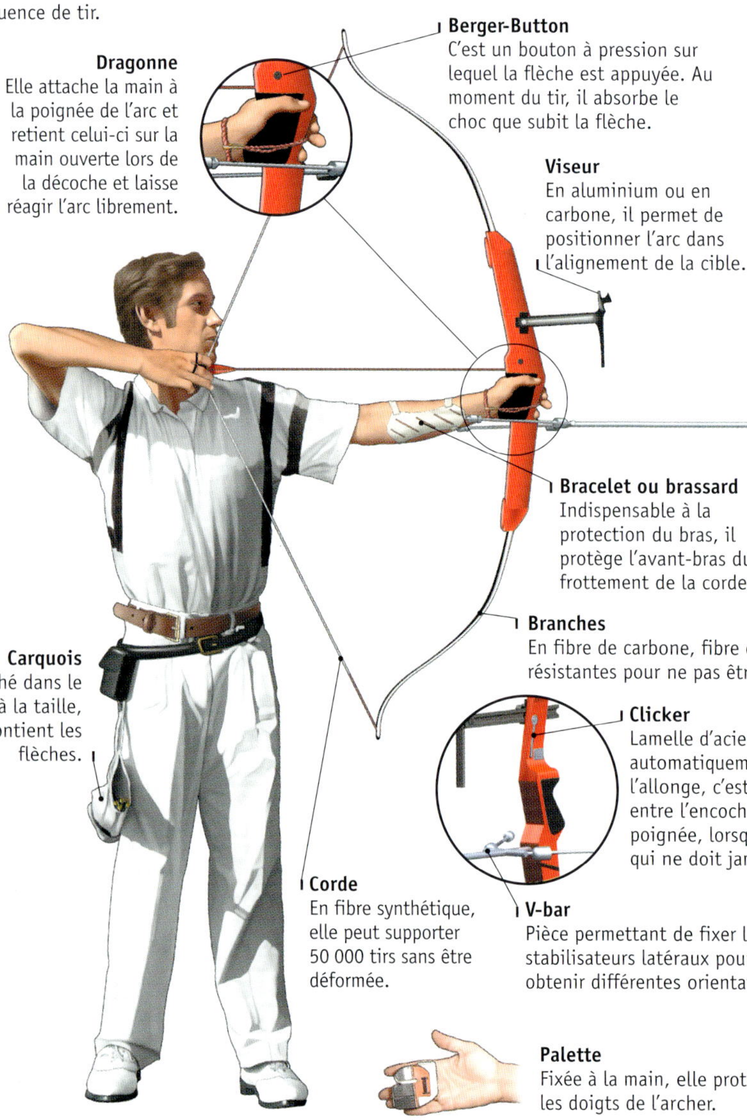

Dragonne
Elle attache la main à la poignée de l'arc et retient celui-ci sur la main ouverte lors de la décoche et laisse réagir l'arc librement.

Berger-Button
C'est un bouton à pression sur lequel la flèche est appuyée. Au moment du tir, il absorbe le choc que subit la flèche.

Viseur
En aluminium ou en carbone, il permet de positionner l'arc dans l'alignement de la cible.

Bracelet ou brassard
Indispensable à la protection du bras, il protège l'avant-bras du frottement de la corde.

Stabilisateur
Le plus souvent en carbone, il sert de contrepoids à la secousse créée par la corde au moment de la décoche en absorbant ses vibrations. Il comporte un poids réglable à son extrémité.

Branches
En fibre de carbone, fibre de verre et bois, elles sont à la fois souples et résistantes pour ne pas être déformées par la succession des tirs.

Carquois
Attaché dans le dos ou à la taille, il contient les flèches.

Clicker
Lamelle d'acier qui permet de régler automatiquement la mesure de l'allonge, c'est-à-dire la distance entre l'encoche de la flèche et la poignée, lorsque l'arc est en tension, qui ne doit jamais varier.

Corde
En fibre synthétique, elle peut supporter 50 000 tirs sans être déformée.

V-bar
Pièce permettant de fixer les stabilisateurs latéraux pour obtenir différentes orientations.

Palette
Fixée à la main, elle protège les doigts de l'archer.

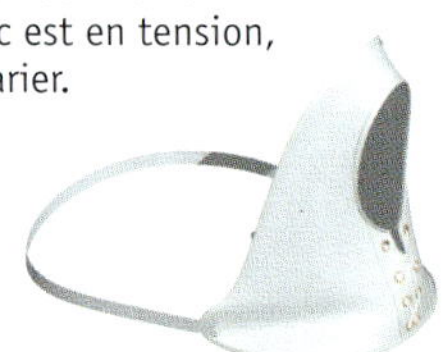

Plastron
En plastique souple, il sert à plaquer les vêtements près du corps et protège la poitrine du frottement de la corde.

Jay Barrs (USA)
Champion du monde à deux reprises (1990 et 1992) en tir campagne, il a également obtenu la médaille d'or en individuel aux J.O. de Séoul en 1988.

billard

Les origines du billard demeurent floues. Né en Chine selon certains, rapporté en Europe par des croisés revenus du Proche-Orient sous le nom de palle-mall pour d'autres, inventé sous une forme ou une autre en France, en Italie, en Angleterre ou en Espagne... La première table de billard aurait été construite en France en 1469 pour le roi Louis XI. Auparavant, le jeu avait lieu sur le sol et s'apparentait davantage au jeu de boules, même si la « villorta » espagnole utilisait déjà un bâton (appelé *bilorta*, devenue ensuite *billarda*, puis billard) pour faire passer une boule entre deux poteaux. Au milieu du XIXe siècle, suivant qu'il est joué en France, en Angleterre ou aux États-Unis, le billard présente plusieurs formes : avec ou sans poches, et avec trois, quatre ou quinze billes. Le premier championnat du monde a lieu en 1873 et rapidement, plusieurs variantes du jeu vont se développer : snooker, billard américain, billard anglais. Les championnats du monde de billard (classique, américain et snooker) ont lieu tous les ans.

Louis XIV et sa cour jouant au billard en 1694 à Versailles. Le Roi-Soleil avait pour ce jeu un véritable engouement, jeu dont ses médecins lui recommandaient d'ailleurs la pratique pour faciliter la digestion. Aussi faisait-il presque chaque soir une partie avec ses courtisans.

DÉROULEMENT D'UNE COMPÉTITION

Le joueur doit, à l'aide d'une canne de bois appelée queue de billard, frapper une bille et l'envoyer au contact d'autres billes sur la table de jeu. Selon les disciplines, les billes ainsi frappées doivent soit entrer dans des poches réparties autour de la table de jeu, soit encore progresser vers un autre endroit du tapis afin de pouvoir être frappées au coup suivant. Les parties sont disputées en points. Chaque joueur marque des points s'il réussit à faire entrer une bille dans une poche, ou s'il effectue le carambolage prévu au billard classique. Le joueur continue sa série tant qu'il marque des points. S'il manque son coup, il laisse alors son tour à l'adversaire. Les compétitions peuvent avoir lieu en individuel ou par équipes de deux, où les joueurs alternent leurs séries.

BILLARD CLASSIQUE

L'aire de jeu est une surface rectangulaire, horizontale et plane, sans poches. On y joue avec trois billes de même diamètre, une rouge et deux blanches. L'une des billes blanches est marquée de deux points noirs pour la différencier. Ces deux billes blanches sont celles des joueurs, chaque joueur ne frappant que la sienne. Le jeu consiste, pour chaque joueur, à frapper sa bille de façon qu'elle aille toucher les deux autres. Les deux contacts donnent un point et le joueur continue sa série. À chaque nouveau coup, le joueur doit frapper les billes selon leur position à l'issue du coup précédent. Si le joueur manque son coup, le jeu passe à son adversaire. Une partie peut se jouer selon un nombre de points déterminé (de 50 à 500 selon les compétitions), ou bien en reprises : il y a reprise chaque fois que le jeu passe à l'adversaire.

Le billard classique connaît plusieurs variantes : le jeu libre, dans lequel les carambolages peuvent avoir lieu dans n'importe quelle partie de l'aire de jeu ; le jeu de cadres, qui se joue sur une table identique, mais avec des lignes tracées à la craie coupant la table en six ou neuf zones ; le jeu de bandes, où un carambolage n'est réussi que si la bille de queue rebondit une fois (jeu par une bande) ou trois fois (jeu par trois bandes) sur une ou plusieurs bandes du tapis. Le billard anglais, quant à lui, se joue avec trois billes marquées comme au billard classique. La table comprend six poches (quatre dans les coins et deux au milieu de chaque longueur). Les joueurs marquent des points en réussissant le carambolage des billes cibles ou en faisant entrer les billes dans les poches.

Table de billard classique

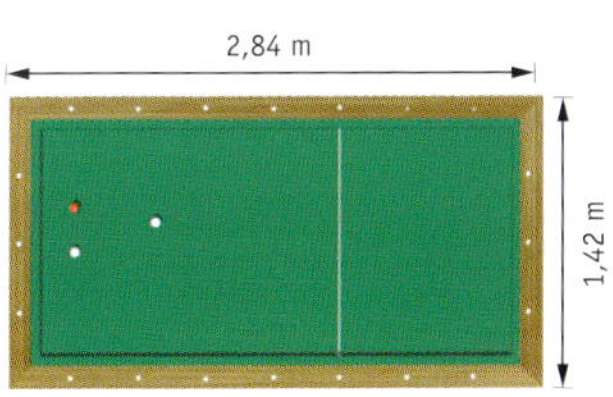

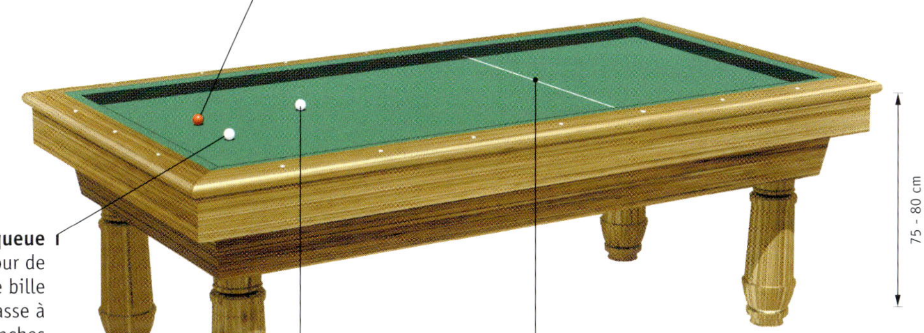

Bille rouge
C'est une cible que les joueurs doivent toucher pour qu'un carambolage soit réussi. Il est interdit de toucher la bille rouge avec la queue.

Bille blanche de queue
C'est la bille du joueur actif. Durant son tour de jeu, un joueur ne peut toucher que cette bille avec la queue. Lorsque le tour passe à l'adversaire, le rôle des deux billes blanches est inversé (la bille de queue de l'un est la bille de visée de l'autre).

Bille blanche de visée
Durant son tour, un joueur utilise la bille de l'adversaire comme cible pour réussir un carambolage.

Corde avant
C'est au milieu de cette ligne qu'est placée la bille blanche de visée lors du coup de départ. La bille blanche de queue doit se trouver à moins de 15 cm de celle-ci.

SNOOKER

Une partie se joue avec 22 boules, l'objectif étant d'empocher une boule rouge, en alternance avec une boule de couleur, à l'aide de la boule de jeu (blanche). Les boules de couleur ainsi rentrées sont aussitôt replacées sur l'aire de jeu, à leur emplacement d'origine. Lorsque toutes les boules rouges ont été empochées, les joueurs doivent faire entrer les boules de couleur dans l'ordre croissant de leur valeur. Outre les points marqués à chaque empochage, les joueurs totalisent des points de pénalité selon les fautes commises, qui sont débités de leur total. Les pénalisations vont de quatre à sept points et sanctionnent des fautes comme empocher la boule de choc, ne toucher aucune boule ou frapper une boule injouable (comme une boule de couleur à la place d'une rouge).

Il y a snooker contre un joueur lorsqu'une boule qu'il ne doit pas toucher se trouve entre la boule de choc et la boule qu'il doit jouer. Dans ce cas, il doit essayer son coup et sera pénalisé s'il manque la boule visée ou s'il touche d'abord une autre boule. Pour remporter une partie, un joueur tentera de mettre son adversaire en position de snooker le plus grand nombre de fois, afin qu'il concède des points de pénalité. Le vainqueur est le joueur qui totalise le plus de points lorsque la boule noire est empochée de façon réglementaire pour une dernière fois.

Table de snooker

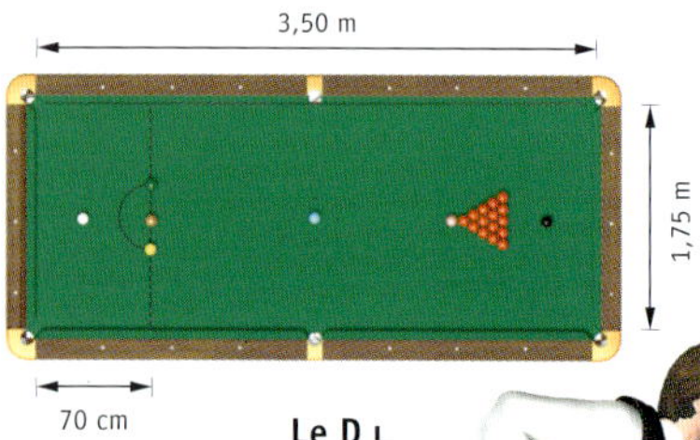

Le D
C'est un arc de cercle tracé à partir de la ligne de départ à l'intérieur du quartier. Lorsque la boule blanche est empochée par erreur ou en début de partie, le coup de départ est effectué dans cette zone.

Ligne de départ
Elle est tracée sur la largeur de la table et sert de repère en début de partie.

Boule de choc
Seule boule que les joueurs peuvent toucher avec la queue, c'est la boule blanche utilisée pour frapper les autres boules sur le tapis et les faire entrer dans les poches.

Boules rouges
En début de partie, elles sont disposées en triangle, la pointe se trouvant à mi-distance entre la ligne médiane et la bande supérieure.

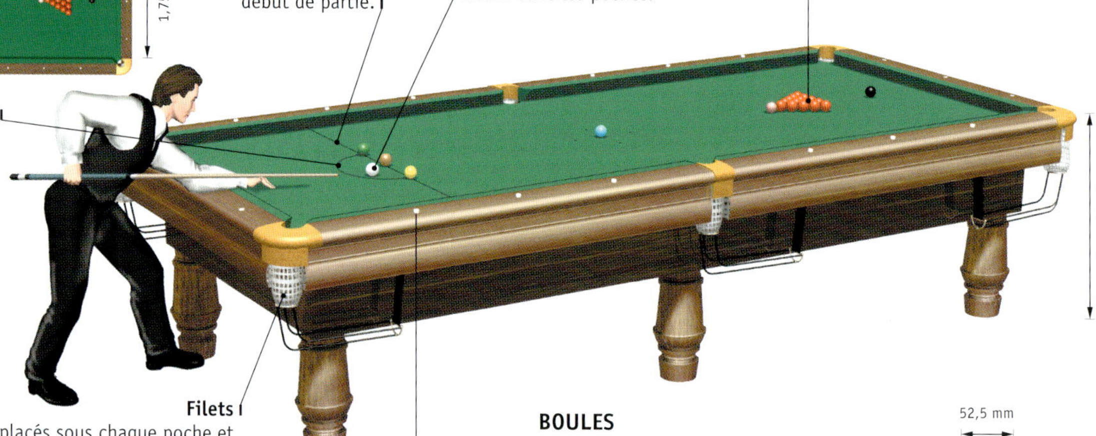

Filets
Ils sont placés sous chaque poche et permettent de ressortir et replacer sur la table de jeu les boules empochées.

Mouches
Elles sont placées sur l'axe longitudinal de la table et indiquent l'emplacement de chaque boule de couleur. Les deux boules de couleur restantes sont placées aux extrémités du D.

BOULES

PRISES

Pont fermé

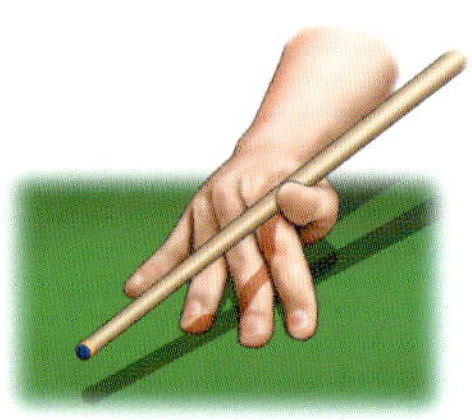

Pont ouvert

TABLEAU DE MARQUE

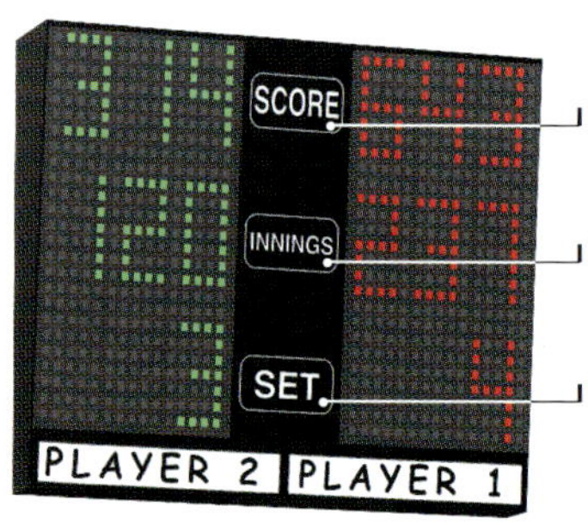

RÈGLES COMMUNES

Certaines règles sont communes aux différentes disciplines du billard. Elles concernent les fautes que les joueurs peuvent commettre durant la partie. Ces fautes terminent dans chaque cas la manche du joueur fautif. Les plus communes sont le « queutage » (aussi appelé double touche, lorsque le « procédé » se trouve encore en contact avec la bille blanche au moment où celle-ci touche une autre bille ou une bande), la « fausse queue » (ou fausse touche, quand la bille blanche est touchée par une autre partie de la queue que le « procédé »), les billes quittant l'aire de jeu, ou les billes jouées avant qu'elles ne soient totalement à l'arrêt. Les joueurs doivent en outre avoir toujours un pied en contact avec le sol.

BILLARD AMÉRICAIN

Il existe plusieurs variantes du billard américain. Toutes sont jouées cependant sur une table identique et avec le même nombre de billes (1 bille de tir et 15 billes de but, numérotées). Dans certaines variantes, l'objectif peut être d'empocher les 15 billes dans l'ordre de numérotation, ou encore de les empocher selon une certaine séquence.

La variante la plus connue du billard américain est appelée «jeu du 8 américain». Les billes sont réparties en deux groupes distincts de sept (rouges et jaunes, ou pleines et cerclées, ou numérotées de 1 à 7 et de 9 à 15). La bille 8 (noire) n'appartient à aucun groupe.

Le joueur qui commence la partie frappe la blanche en direction des autres billes. S'il en empoche une, il choisit son camp, c'est-à-dire le groupe de billes qu'il souhaite empocher et continue à jouer.

S'il n'empoche pas, la table est ouverte et le choix passe à son adversaire. Pour pouvoir empocher une bille autrement qu'au coup de départ, un joueur doit désigner une bille particulière ainsi que la poche visée. Il a le droit d'empocher une bille adverse, tant que la blanche frappe en premier une de ses billes. Les ricochets ou le nombre de bandes n'ont pas à être annoncés. Tant qu'il empoche une de ses billes, le joueur continue sa manche.

Lorsqu'un joueur a empoché toutes ses billes, il doit alors empocher la noire (numéro 8) en annonçant la poche visée. S'il y parvient, il gagne la manche. Une partie se joue en plusieurs manches (de 3 à 17 selon les compétitions).

Une partie est perdue : lorsque la bille noire est empochée en cours de partie (avant que toutes les billes d'un camp soient empochées) ; si la noire sort de la surface de jeu ; si la noire est empochée à la suite d'une faute commise ; si la noire est empochée ailleurs que dans la poche annoncée ; si la blanche est empochée ou sort de l'aire de jeu en jouant sur la noire.

Table de billard américain

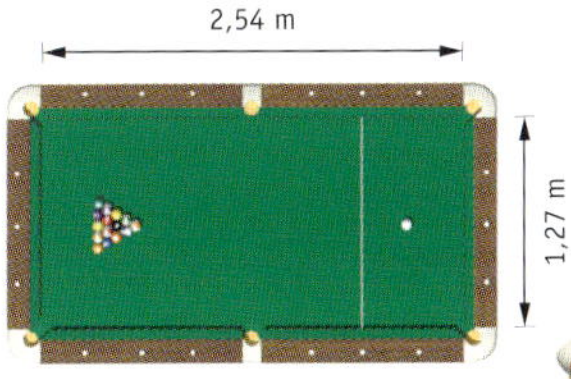

Triangle
En début de partie, les 14 billes de couleur ainsi que la noire (ou numéro 8) sont placées à l'aide d'un triangle de bois (la noire au centre de la formation).

Zone de départ
C'est l'endroit où doit être placée la bille blanche en début de partie.

Nobuaki Kobayashi (JAP)
Onze fois vice-champion du monde de billard classique, deux fois champion du monde individuel et deux fois champion du monde par équipe de billard classique.

Raymond Ceulemans (BEL)
Le plus grand champion du monde de billard classique, il a remporté à 23 reprises le titre de champion du monde de billard classique, spécialité «trois bandes».

Steve Davis (G-B)
Premier grand champion international de snooker, avec six titres de champion du monde.

ÉQUIPEMENT

Triangle
Il permet de placer les billes à un endroit déterminé avant le premier coup.

Billes
Autrefois en ivoire, elles sont désormais faites d'un mélange de composition (plastique, fibre de verre, résine) qui les rend plus résistantes aux chocs. Elles pèsent entre 156 et 170 g et leur diamètre est de 57 mm.

Bleu
C'est un petit cube de craie sur lequel chaque joueur frotte le «procédé» de sa queue de billard et qui lui permet de ne pas glisser au contact de la bille.

QUEUE DE BILLARD
Instrument de propulsion de la boule, tenu par le joueur. C'est un morceau de bois effilé à un bout, composé de six parties. Les joueurs ont le choix du diamètre, de la longueur et du poids de leur queue (en général entre 500 et 600 g).

Râteau
Baguette munie d'un petit chevalet en métal qui permet de tenir la queue lorsque la bille est trop éloignée du joueur.

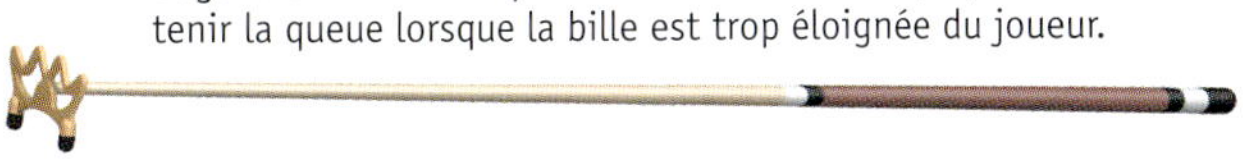

Flèche
Les doigts de la main ne tenant pas le fût sont placés autour de la flèche et permettent de diriger les mouvements de la queue.

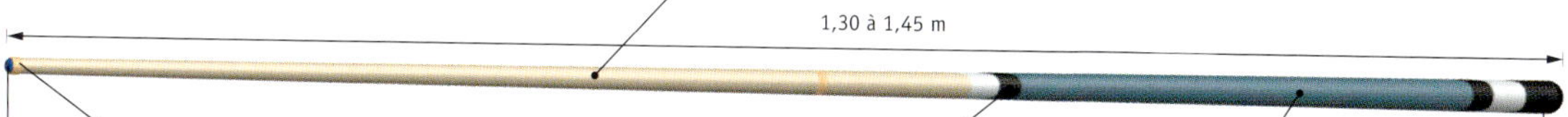

Virole
Élément de plastique dur entre la flèche et le «procédé», à l'extrémité de la queue.

Procédé
Rondelle de cuir installée contre la virole, qui couvre le petit bout de la flèche. C'est le seul élément autorisé à toucher une bille.

Joint
Il est situé entre le fût et la flèche pour les queues démontables.

Fût
C'est la partie épaisse de la queue de billard. Son diamètre est laissé au choix des joueurs, car il doit être parfaitement adapté à sa main .

Talon
Pièce de caoutchouc fixée à la plus large extrémité de la queue et qui sert à la protéger des chocs.

boulingrin

Partie de boulingrin au XIVe siècle.

D'origine britannique, le boulingrin (de l'anglais *bowling-green*, littéralement « gazon pour jouer aux boules ») est un sport de boules très populaire outre-Manche, l'équivalent du bocce pour les Italiens et de la pétanque pour les Français. L'Écosse et l'Angleterre sont les pays qui se démarquent par leurs joueurs exceptionnels. Le plus vieux terrain de boulingrin connu, situé à Southampton en Angleterre, est en activité depuis 1299. Au début du XVIIe siècle, ce jeu de boules fait son entrée aux États-Unis, en 1730 au Canada et en 1844 en Australie. Aujourd'hui, le boulingrin est standardisé par le World Bowling Board, et il est présent aux Jeux du Commonwealth. Les catégories féminines ne sont présentes que depuis 1982.

DÉROULEMENT DE LA COMPÉTITION

Tout comme au bocce, à la pétanque ou au curling, l'objectif du jeu est de lancer la boule le plus près possible de la cible. Le cochonnet est lancé entre 21 mètres du tapis de départ et 2 mètres du fossé frontal. Les joueurs, portant les couleurs de leur équipe, lancent tour à tour leurs boules vers le cochonnet. Le joueur qui lance sa boule le plus près du but remporte le point. Quand tous les joueurs ont lancé leurs boules, un bout se finit.

Il y a quatre catégories au boulingrin : le un contre un où le gagnant doit recueillir 25 points. La paire, où l'équipe gagnante est celle qui a le plus de points à la fin du vingt et unième bout dans les pays européens et dix-huitième dans les pays américains. Dans ces deux catégories, les joueurs disposent de quatre boules. En trio, chaque participant a trois boules et la partie se termine au dix-huitième bout. En équipe de quatre, le nombre de boules est réduit à deux et il y a également 21 ou 18 bouts. Quelle que soit la catégorie, les parties ont une durée moyenne de trois heures et demie.

TECHNIQUE DU LANCER

ÉQUIPEMENT

Soulier
De couleur uniforme (blanc, brun ou noir), il est doté d'une semelle lisse et sans talon.

Cochonnet
Il est en bois ou en lignite.

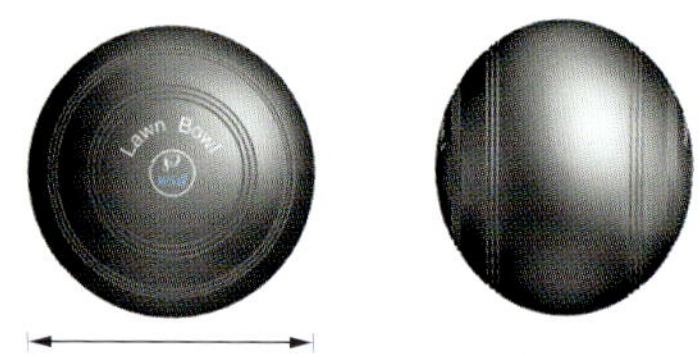

Boule
Les nouveaux modèles sont en lignite, la boule classique est en bois, en caoutchouc ou un mélange des deux. Elle n'est pas totalement sphérique, son degré d'inclinaison et la marque de son fabricant doivent apparaître sur les deux côtés les plus plats.

TERRAIN

En pelouse ou en matière synthétique, les terrains extérieurs mesurent de 37 à 40 mètres et sont divisés en plusieurs couloirs de 5,5 à 5,8 m. Les terrains intérieurs sont généralement plus petits, leurs dimensions sont fixées par les organisateurs des compétitions.

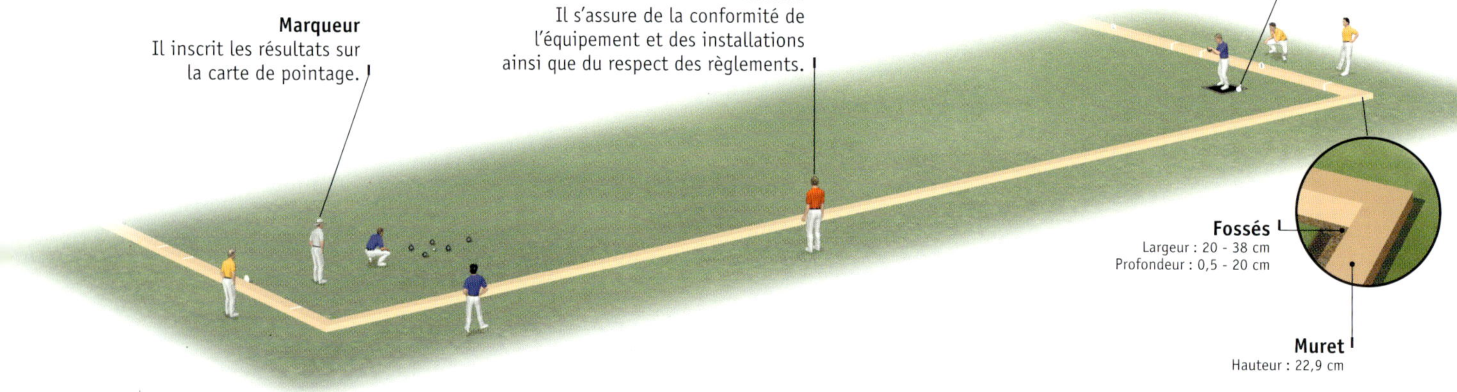

pétanque

Originaire de La Ciotat, petite ville du Midi, la pétanque est inventée en juin 1910 par Jules Le Noir, joueur invétéré de parties de jeu de boules provençal. La position des pieds dans ce jeu est à l'origine du nom : les pieds tanqués, c'est-à-dire les pieds joints, devient *piedtanque* puis pétanque. Jusqu'à la fin de la Deuxième Guerre mondiale, on ne pratique la pétanque qu'au sud de la France, de Marseille à la Côte d'Azur. Puis, les vacanciers du nord et du sud ramènent ce sport chez eux et les Français expatriés l'implantent ailleurs. Aujourd'hui, la pétanque est populaire en Europe, en Afrique francophone, en Amérique du Nord et en Asie, notamment en Thaïlande où elle est le sport national. Certains adeptes, hommes et femmes, pratiquent ce sport comme loisir et d'autres disputent des compétitions internationales.

La légende dit que jadis les joueurs déchus embrassaient, en guise de consolation, les fesses d'une jeune femme aux mœurs légères, Fanny, serveuse à proximité d'un club de pétanque. Depuis, la tradition veut que les perdants qui n'ont marqué aucun point embrassent la représentation des fesses de Fanny (peinture, sculpture, moulage...).

DÉROULEMENT D'UNE PARTIE

Il existe trois catégories de compétitions de pétanque : le tête-à-tête (un contre un), la doublette (équipe de deux), où chaque joueur possède trois boules, la triplette (équipe de trois), où les joueurs ne disposent que de deux boules.

Il y a deux manières de lancer : pointer et tirer. Un joueur qui pointe lance sa boule dans le but d'approcher le plus près possible du cochonnet et un joueur qui tire tente de déloger une boule de l'équipe adverse.

En tête-à-tête ou en équipe, le déroulement de la partie est le même. On tire au sort qui lance le cochonnet. Celui qui gagne trace un cercle de 35 à 50 centimètres où se place le lanceur. Un membre de son équipe lance le cochonnet à une distance de 6 à 10 mètres, lance ensuite une boule le plus près possible du cochonnet. Un joueur de l'autre équipe prend sa place dans le cercle et pointe ou tire à son tour. La boule suivante est jouée par l'équipe qui ne possède pas la boule la plus près du cochonnet et il en est de même jusqu'à ce qu'une équipe ait lancé toutes ses boules. L'autre équipe joue alors ses boules restantes. Le calcul des points a lieu quand toutes les boules ont été lancées. Chaque boule qu'un joueur place plus près du cochonnet que la meilleure boule de l'adversaire remporte un point. On ramasse les boules, une mène se termine. Celui qui a remporté les points trace le cercle à l'endroit où était le cochonnet, le lance à nouveau et une autre mène commence. La partie se termine lorsqu'un joueur, ou une équipe, amasse 13 points.

ÉQUIPEMENT

7,1 - 8,0 cm
650 - 800 g

Boule
Elle est exclusivement fabriquée en acier et la marque du fabricant ainsi que le poids doivent être gravés sur la boule.

2,5 - 3,5 cm

Cochonnet
Il est uniquement fait en bois.

Instrument de mesure
« Tirette » à tige télescopique.

POSITIONS DE BASE

Il y a trois positions de base pour lancer le cochonnet et la boule : accroupie, genoux fléchis et debout. Le choix de la position dépend de la portée et des caractéristiques que le joueur veut donner à son lancer.

TERRAIN

Les parties peuvent être jouées sur l'herbe, la terre ou le sable mais les terrains de compétition sont standardisés.

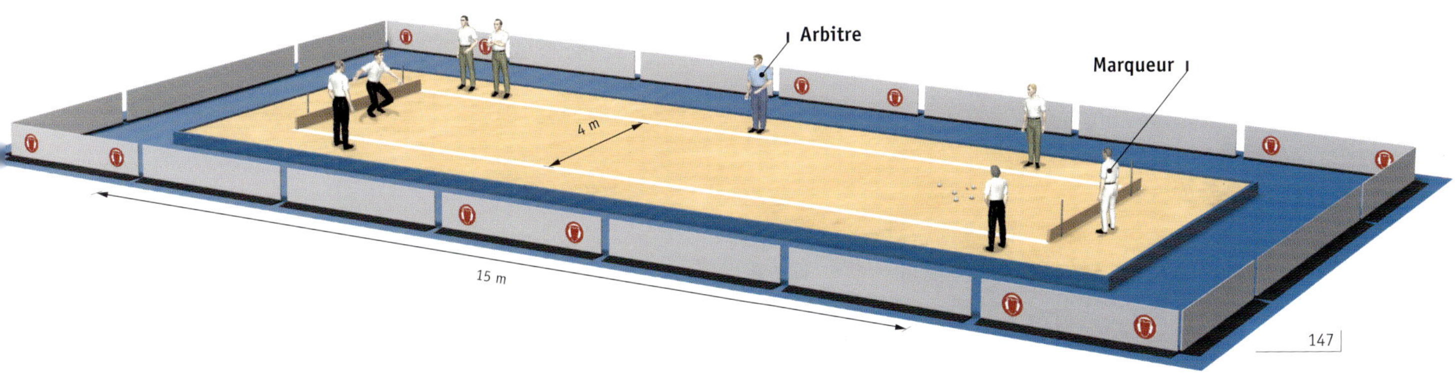

bowling

Site du tournoi de l'American Bowling Congress disputé en 1905.

Le principe d'un jeu dans lequel les participants doivent faire tomber des quilles à l'aide d'une boule se retrouve dans l'Égypte ancienne et à Rome. C'est toutefois au Moyen Âge que la pratique de ce sport se répand en Europe. Ainsi, en Allemagne et aux Pays-Bas, le jeu de quilles accompagnait souvent les fêtes religieuses et ce sont d'ailleurs les émigrants hollandais qui introduisent ce sport aux États-Unis au XVIIe siècle. Au début du XIXe siècle, le nombre de quilles passe de neuf à dix, et les premières tentatives de réglementation ont lieu avec la création de l'American Bowling Congress (ABC) en 1895. Les premiers championnats sont organisés en 1901 pour les hommes et en 1916 pour les femmes. Le bowling se développe essentiellement aux États-Unis qui le réintroduisent d'ailleurs en Europe après la Deuxième Guerre mondiale. La Fédération internationale des quilleurs (FIQ), créée en 1952, met sur pied les premiers championnats du monde pour hommes en 1954. Ils ont lieu tous les quatre ans depuis 1963, date à laquelle les femmes ont également commencer à y participer.

DÉROULEMENT DE LA COMPÉTITION

Le joueur doit faire tomber les dix quilles qui lui font face à l'aide d'une boule. S'il n'y parvient pas du premier coup, il doit faire tomber les quilles restantes avec une deuxième boule. Une partie se joue sur dix carreaux ou *frames* de dix quilles. Le décompte de points se fait au total de quilles renversées. Pour les neuf premiers carreaux, les joueurs lancent deux boules à chaque jeu, sauf s'ils renversent toutes les quilles à la première boule. On parle alors d'un abat ou *strike*. Au dixième carreau, un joueur réussissant un abat bénéficiera de deux boules supplémentaires, les quilles ayant été remises en position. Un joueur obtenant une réserve ou « spare » (toutes les quilles renversées en deux lancers) aura droit à une boule supplémentaire.

COUPES ET CHAMPIONNATS

Outre les championnats du monde (simples, trios et équipes de cinq), le bowling professionnel compte plusieurs tournois majeurs, dont les plus importants sont l'US Open, disputé tous les ans depuis 1941 (1949 chez les femmes), le Masters masculin, depuis 1951 et le Queens féminin depuis 1961.

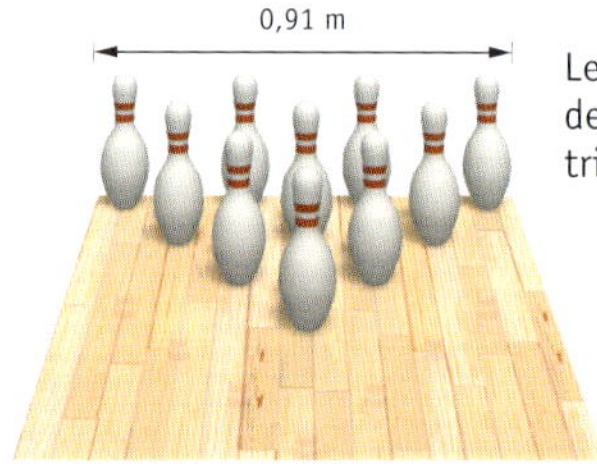

Les quilles sont disposées de façon à former un triangle équilatéral.

Ligne de faute
Elle indique la limite que ne doit pas franchir le lanceur au bout de sa course d'élan.

Ligne de flèches
Elle sert de repère pour le lanceur.

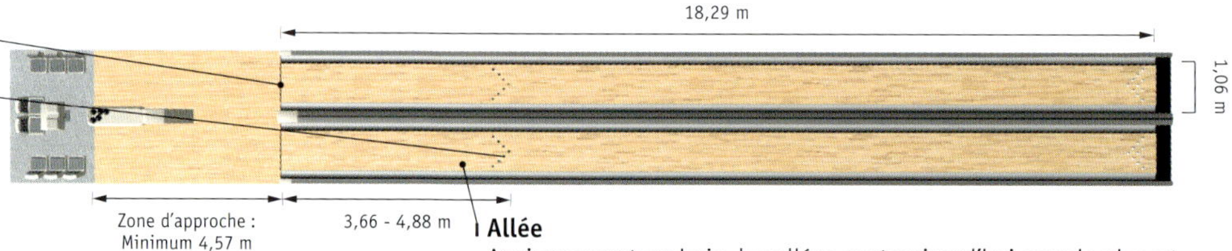

Allée
Anciennement en bois, les allées sont aujourd'hui pour la plupart revêtues d'un matériau synthétique. Elles sont frottées à l'huile tous les jours afin de diminuer la friction de la boule et donner de l'accélération à celle-ci. Les normes d'huilage sont régies par l'ABC.

LANCER

L'approche est le geste le plus important du bowling. Elle se fait en quatre ou cinq pas d'élan, commençant lentement puis accélérant jusqu'au lancer. Chaque pas est accompagné d'un mouvement des bras, pour préparer la boule et maintenir l'équilibre du corps.

Premier pas

Le pied droit (dans le cas d'un lanceur droitier) avance légèrement. Les deux mains tiennent la boule en avant du corps.

Deuxième pas

Le pied gauche se porte en avant, tandis que la main gauche lâche la boule et sert de balancier.

Troisième pas

Le joueur fléchit les genoux pour accélérer le mouvement. Son bras gauche est en balancier pour conserver l'équilibre.

Quatrième pas

Le joueur projette son bras droit vers l'avant pour libérer la boule. Les doigts donnent une dernière impulsion au moment où le pied gauche achève sa glissade.

ÉQUIPEMENT

Quilles

En bois, généralement d'érable, elles sont revêtues d'une couche plastique. Leur centre de gravité est calculé de manière à ce qu'elles tombent dès qu'elles sont inclinées au-delà de 8 degrés.

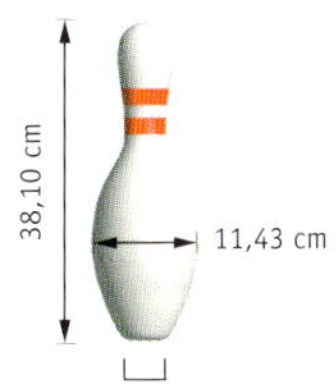

Boules

Faites de plastique et de fibre de verre, elles doivent correspondre à trois critères précis : équilibre, dureté et poids. Une balance spéciale est utilisée pour calculer l'équilibre de la boule, tandis qu'un duromètre sert à vérifier la dureté des matériaux utilisés.

Trois trous assurent la prise des doigts (pouce, majeur et annulaire). La profondeur des trous peut être conventionnelle (deux phalanges dans les trous du majeur et de l'annulaire) ou *finger-tip* (une seule phalange).

Chaussures

Les joueurs professionnels utilisent deux types de semelles : un lanceur droitier utilisera une semelle en cuir sous son pied gauche (pour faciliter le glissement) et en caoutchouc sous le pied droit (pour le freinage).

Dick Weber (USA)
Légende du bowling, il est le seul à avoir remporté des victoires au long des cinq décennies de sa carrière, des années 1950 aux années 1990. Détenteur du record de victoires avec Don Carter à l'US Open, il a également été nommé « bowler de l'année » en 1961, 1963 et 1965.

MARQUAGE DES POINTS

Chaque quille renversée compte pour un point. Mais lorsque le joueur renverse toutes les quilles du carreau en un ou deux coups, des bonifications interviennent.

Abat
Le joueur a fait tomber toutes les quilles du premier coup. L'abat est indiqué d'une croix, mais le calcul de points est suspendu jusqu'au carreau suivant : le score obtenu dans celui-ci sera ajouté aux dix points de l'abat du premier carreau.

Troisième abat
Les 10 points sont ajoutés au total du premier carreau (10+10+10=30). Il faut attendre le carreau suivant pour reporter les points au carreau 2.

Réserve
Les dix quilles du carreau 5 sont renversées en deux lancers (8 puis 2). Le joueur marque dix points, mais le total est laissé en suspens jusqu'à la première boule du carreau suivant.

Abat
Comme au carreau 1, il faut attendre les 2 lancers suivants pour inscrire les points.

Carreau ouvert
Les quilles ne sont pas toutes tombées en 2 lancers. Le joueur a fait tomber 9 quilles à son premier lancer. Le total est ajouté à la réserve du carreau 8 (10+9=19). Le carreau 9 n'est pas complété, il ne marque que 9 points.

Numéro du carreau

1	2	3	4	5	6	7	8	9	10
⊠	⊠	⊠	7 2	8 /	F 9	⊠	7 /	9 -	⊠ ⊠ 8
30	57	76	85	95	104	124	143	152	180

Total
Le total parfait pour une partie (10 carreaux plus deux boules supplémentaires, soit 12 abats possibles) est de 300 points.

Doublé
Le joueur a deux abats consécutifs. Les points sont à nouveau laissés en suspens jusqu'à la première boule du carreau suivant.

7 quilles renversées au premier lancer : le total s'ajoute au compte du deuxième carreau (10+10+7=27). Au deuxième lancer le joueur ne fait tomber que 2 quilles. Le total sur ce carreau (9) est d'abord rajouté à l'abat du carreau 3 (10+9=19). Le carreau 4 n'étant pas complété, il ne compte que 9 points.

Faute au premier lancer
Le joueur compte 10 points pour la réserve du carreau 5 et aucun point boni pour ce premier lancer. Au deuxième lancer, il renverse 9 quilles. Ce chiffre sera porté dans le carreau 6.

Réserve
Les 10 points de la réserve sont rajoutés à l'abat du carreau 7 (10+10=20). Le total du carreau 8 sera calculé après le premier lancer du carreau 9.

Abat au dixième carreau
Il donne deux boules supplémentaires. Le joueur réussit un abat puis fait tomber 8 quilles. Le total (10+10+8=28) est ajouté pour le carreau 10.

curling

Joueurs du sud et du nord de la rivière Forth s'affrontant lors d'une partie au Grand Caledonian Curling Club, à Linlithgow en Écosse (1853).

Le curling met aux prises deux équipes qui font glisser des pierres sur une surface glacée en direction d'une cible. Le jeu puise ses origines sur les étangs gelés d'Écosse, où il y aurait été introduit par des immigrants flamands au XVIe ou XVIIe siècle. C'est à Perth, où est installé le musée du Curling, que naissent les premières règles du jeu, vers 1716. Il faut attendre plus de deux siècles pour qu'une véritable codification ait enfin lieu, en 1838, et que le Grand Caledonian Curling Club soit créé. Le premier grand tournoi se tient à Édimbourg en 1847 et la discipline s'exporte au Canada dès le XVIIIe siècle. Le sport est présenté en démonstration aux Jeux de Chamonix en 1924, mais n'y fait qu'une brève apparition. La Fédération internationale de curling naît en 1966 – et se nomme depuis 1991 Fédération mondiale de curling (WCF). Les premiers championnats du monde sont créés en 1959 pour les hommes et 1979 pour les femmes et se déroulent tous les ans. De nouveau en démonstration en 1988 et 1992, le curling n'est présent aux J.O. que depuis 1998.

DÉROULEMENT DE LA COMPÉTITION

L'objectif est de placer une ou plusieurs pierres le plus près possible du centre de la cible, tout en empêchant l'adversaire d'y parvenir. Les deux équipes tirent au sort l'ordre de lancer. Le capitaine de l'équipe lanceuse prend place dans la maison et indique au lanceur où faire glisser sa première pierre. Le lanceur doit relâcher la pierre avant qu'elle ne franchisse la première ligne de jeu. Les deux partenaires restants vont alors aider à contrôler la trajectoire de la pierre en frottant la glace à l'aide de leur brosse. La seconde équipe joue à son tour; les deux équipes alternent ainsi jusqu'à la fin de la manche. Une partie se joue en dix manches. Durant chaque manche, chaque joueur lance deux pierres. Une équipe est composée de quatre personnes : le capitaine, le vice-capitaine et deux autres joueurs appelés « premier » et « deuxième ». Les points sont alors comptabilisés et l'équipe ayant marqué commence la manche suivante, qui démarre dans le sens opposé de la première et ainsi de suite, en aller-retour d'une maison à l'autre.

PISTE

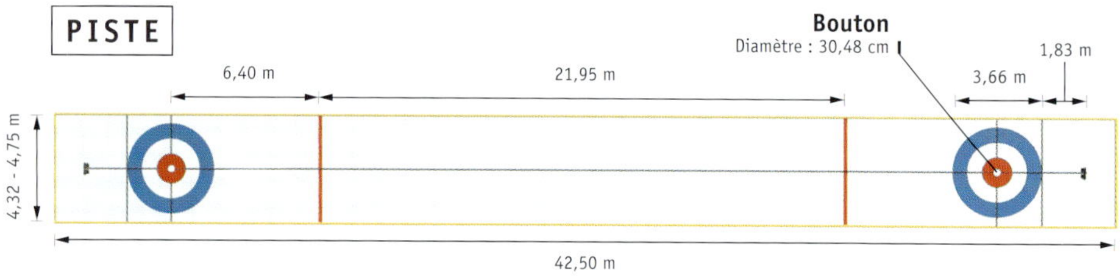

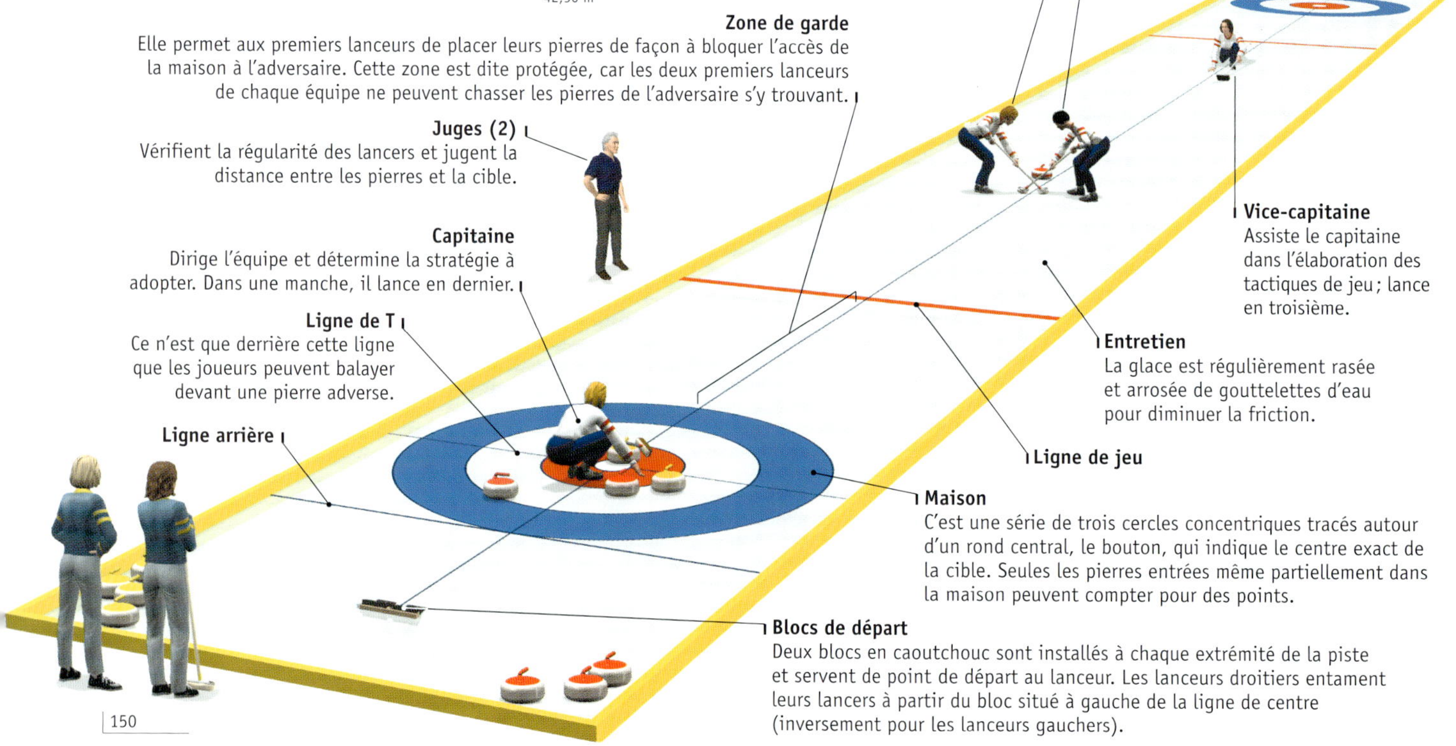

DÉCOMPTE DES POINTS

L'équipe possédant la pierre la plus proche du rond central remporte la manche.

Pour chaque pierre qu'elle possède plus proche du point central que les pierres adverses, elle marque un point. En cas d'égalité à l'issue des dix manches, une ou plusieurs manches supplémentaires sont disputées, jusqu'à la désignation d'un vainqueur.

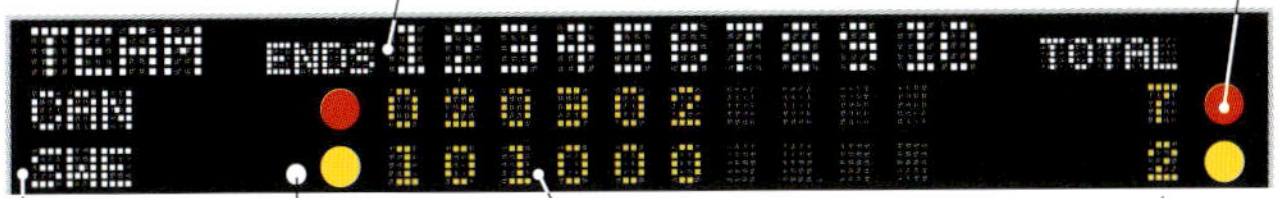

TECHNIQUES

Lancer

Le lanceur donne une première impulsion pour briser l'inertie. Elle est suivie d'un élan arrière pour accentuer la vitesse au moment du transfert de poids survenant lors de l'élan avant. Le lanceur glisse avec la pierre et la lâche en imprimant une légère rotation grâce à un mouvement du poignet qui donne à la pierre l'effet voulu pour suivre la trajectoire choisie.

Brossage

Les deux brosseurs agissent sur la vitesse de la pierre en corrigeant ou en amplifiant son mouvement vers la cible. Ils sont dirigés par le capitaine (ou vice-capitaine) qui vérifie si la pierre respecte l'alignement sur la trajectoire prévue.

ÉQUIPEMENT

Pierre

Elle est faite essentiellement de granit, taillée jusqu'à devenir circulaire, polie puis équilibrée. Une poignée de plastique est ensuite fixée dessus pour assurer la maîtrise au moment du lancer.

Chaussures

Elles doivent être basses pour ne pas serrer la cheville du lanceur. La chaussure du pied d'appui (gauche pour un lanceur droitier, droite pour un lanceur gaucher) est munie d'une semelle glissante, l'autre est munie d'une semelle antidérapante en gomme.

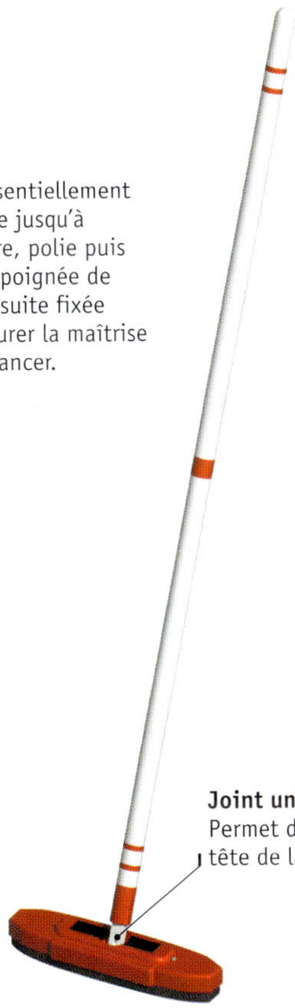

Brosse

Son frottement sur la glace la fait fondre, réduisant ainsi la friction entre glace et pierre. La pierre peut ainsi glisser plus loin sur la piste. De la même façon, le frottement réduit la courbure de la trajectoire de la pierre. Ainsi, une pierre brossée aura une trajectoire plus droite et pourra parcourir une plus longue distance. Avec un frottement moindre, la pierre ira moins loin mais l'effet de rotation sera plus prononcé. La brosse synthétique est la plus généralement utilisée, car elle ne perd pas ses crins sur la glace.

Joint universel
Permet d'orienter la tête de la brosse.

Sandra Schmirler (CAN)
Capitaine de l'équipe canadienne, championne olympique en 1998, elle est aussi championne du monde en 1993, 1994 et 1997.

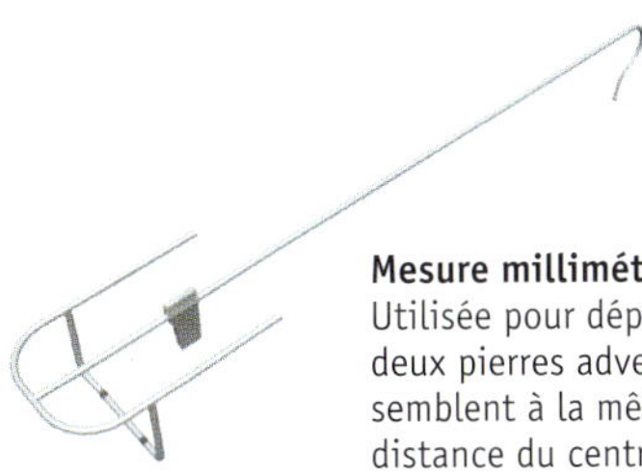

Mesure millimétrique

Utilisée pour départager deux pierres adverses qui semblent à la même distance du centre de la cible.

golf

L'ancien parcours de Saint Andrews (Écosse) comptait à l'origine 22 trous. En 1764, la Society of St. Andrews Golfers, qui deviendra par la suite le Royal and Ancient Golf Club, en réduit le nombre à 18. Cette innovation s'est par la suite étendue au monde entier. Lorsque la douzième édition de l'Open Championship y eut lieu en 1873, le parcours de Saint Andrews comptait déjà 500 ans d'existence.

Si l'on trouve déjà trace sous l'Empire romain d'un jeu disputé avec un bâton recourbé et une balle de plumes, le golf serait en fait né d'un jeu auquel se livraient les bergers écossais dès le XIVe siècle. Il s'agissait de frapper, à l'aide d'un bâton en bois, des pierres de petit calibre pour les projeter vers une destination précise. Au début du XVe siècle, des étudiants de Saint Andrews, près de Dundee, en Écosse, s'intéressent à la discipline et utilisent des cannes et de vraies balles. La naissance du Royal and Ancient Golf Club of Saint Andrews et la publication des premières règles du jeu en 1754 en développent la popularité. Le golf gagne toute l'Angleterre avant de s'étendre à ses colonies dans le monde entier et le Royal and Ancient devient la principale autorité, avec ses quelque 1 800 membres qui veillent au respect des règles et en modifient certaines à l'occasion. L'Open Championship d'Angleterre est la première grande compétition officielle en 1860, vite rattrapée par l'US Open en 1895 et la création de l'US PGA (Professional Golfers' Association), en 1916, marque la naissance du golf professionnel. Si les premières compétitions féminines datent de 1893, l'US Open féminin est quant à lui créé en 1946, et le Ladies PGA en 1955.

DÉROULEMENT D'UN TOURNOI

Le golf est un sport de précision, dans lequel un joueur doit frapper une balle à l'aide d'un bâton le long d'un parcours composé de 18 trous, comportant chacun un point de départ et un trou d'arrivée où la balle doit pénétrer. L'objectif du joueur est d'effectuer l'ensemble des 18 trous en un minimum de coups. Les principales compétitions de golf se disputent sur un total de quatre rondes (72 trous) que les joueurs disputent en quatre jours. Cette formule demande aux joueurs une constance exceptionnelle durant toute la compétition et récompense celui qui surmonte le mieux les difficultés techniques du parcours.

Deux types de compétition sont généralement reconnus :

- Les compétitions par trous (*Match Play*), qui mettent aux prises deux joueurs ou deux équipes sur un nombre déterminé de trous (18, 36, 54 ou 72). Un trou est remporté par le joueur ou l'équipe qui le complète en un minimum de coups.
- Les compétitions par coups (*Stroke Play*), qui se disputent individuellement ou en équipe sur un nombre déterminé de trous (18, 36, 54 ou 72). L'objectif est d'effectuer la totalité des trous dans le moins de coups possible.

À l'intérieur de ces types de compétition, plusieurs formules sont applicables :

- En simple, chaque joueur est seul, soit face à tous les autres joueurs (dans une compétition par coups) soit face à un adversaire (dans une compétition par trous).
- En double, une équipe composée de deux joueurs affronte ses adversaires. Les compétitions par équipes peuvent être de trois sortes. En « foursome », chaque équipe ne met qu'une balle en jeu, les joueurs de la même équipe la frappant à tour de rôle. En « greensome », chaque joueur de chaque équipe met une balle en jeu. Au deuxième coup, chaque équipe ne conserve que sa balle la mieux placée, et la jouera à tour de rôle. En « quatre balles - meilleure balle », chaque joueur joue sa propre balle. À la fin du trou, on ne prend en compte que la meilleure balle de chaque équipe.

PARCOURS

C'est une aire de jeu comprenant 18 trous tracés dans un environnement naturel. Dessiné par un architecte, chaque terrain de golf possède ses propres caractéristiques. Hormis certaines zones aménagées pour le besoin du jeu, le parcours prend en compte les obstacles naturels, qui agrémentent chaque trou et les différencient les uns des autres. La longueur de chaque trou varie de 91 à 549 m (100 à 600 verges).

Trou
Il doit avoir un diamètre de 10,8 cm et une profondeur de 10 cm au minimum. Un drapeau amovible, permettant de le repérer à distance, est installé à son centre. Un joueur ne termine un trou que lorsque la balle est arrêtée à l'intérieur du trou.

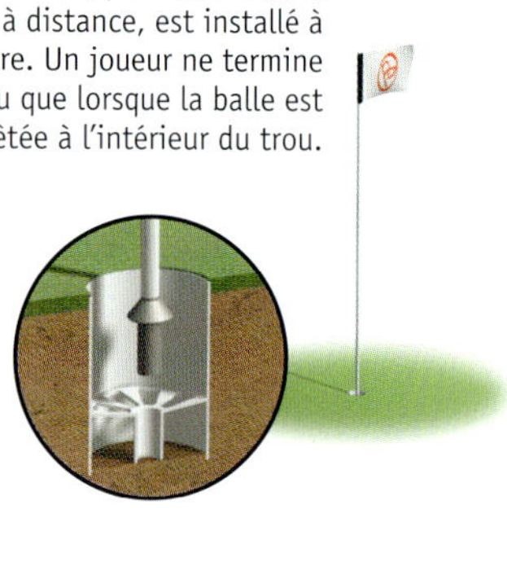

Obstacles d'eau
Ce sont des mares, des rivières, ou des plans d'eau artificiels. Ils peuvent être situés le long de l'allée ou la traverser. Si le joueur y envoie la balle, il doit la jouer d'où elle se trouve. Si la balle est injouable, il devra laisser tomber (*dropper*) une nouvelle balle, à un endroit qui ne soit pas plus proche du drapeau que le point d'entrée dans l'eau de son ancienne balle. Cette mise en jeu d'une nouvelle balle lui coûte un point de pénalité.

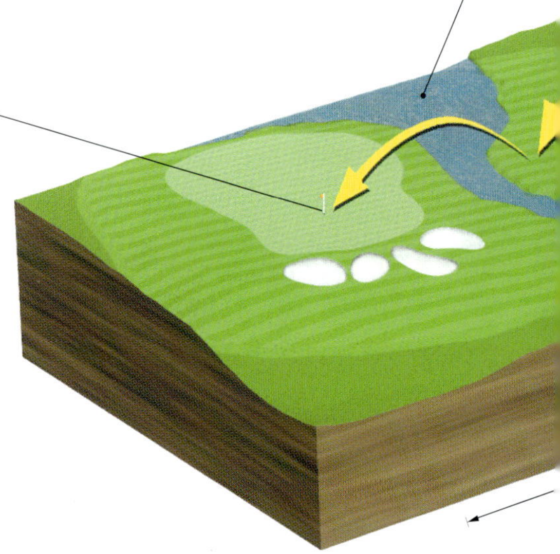

LES NORMALES

Selon la distance et les difficultés d'un parcours, un nombre de coups pour achever chaque trou est déterminé et sert de référence : c'est la normale (*par*). Lors d'une compétition par coups, le total de chaque joueur est comparé à la normale du parcours, c'est-à-dire le nombre de coups normalement nécessaire pour le compléter, généralement de 70 à 72. Les trous d'un parcours sont répartis en normale 3, normale 4 ou normale 5. Lorsqu'un joueur joue un coup sous la normale, il réussit un oiselet (*birdie*). On nomme aigle (*eagle*) un trou réalisé deux coups sous la normale et albatros (*double eagle*) un trou réussi en trois coups de moins que la normale.

NORMALE 3

Sur un trou de normale 3, le joueur doit tenter d'amener la balle au plus près du trou, dès le premier coup, afin de terminer avec deux coups roulés. Les normales 3 sont souvent les trous les plus redoutés des joueurs.

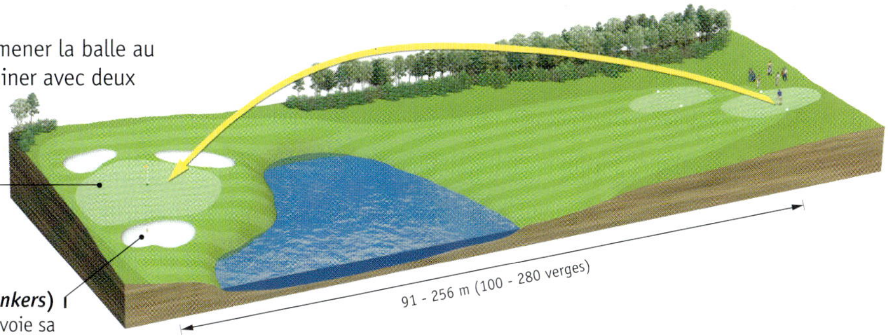

Vert (*green*)
C'est sur cette surface d'herbe parfaitement entretenue et rase qu'est situé le trou dans lequel les joueurs doivent faire pénétrer la balle.

Fosses de sable (*bunkers*)
Elles sont situées en bordure du vert. Si le joueur y envoie sa balle, il devra la jouer à l'endroit où elle s'est arrêtée, sans modifier l'état de la fosse (aplanir le sable ou effacer des traces) avant d'exécuter son coup. Il ne peut non plus toucher le sable avec son bâton avant de frapper la balle.

Allée (*fairway*)
C'est la plus grande partie du tracé d'un trou. Elle est large de 23 à 55 m (25 à 60 verges) et représente le chemin à suivre. La difficulté d'un trou dépend de la longueur et du tracé de la piste. L'allée doit être parfaitement reconnaissable et se différencier de l'environnement naturel par la hauteur à laquelle l'herbe est tondue.

NORMALE 4

Sur un trou de normale 4, le joueur tente de placer correctement sa balle afin d'atteindre le vert dès le deuxième coup, et tenter de réussir un oiselet (*birdie*).

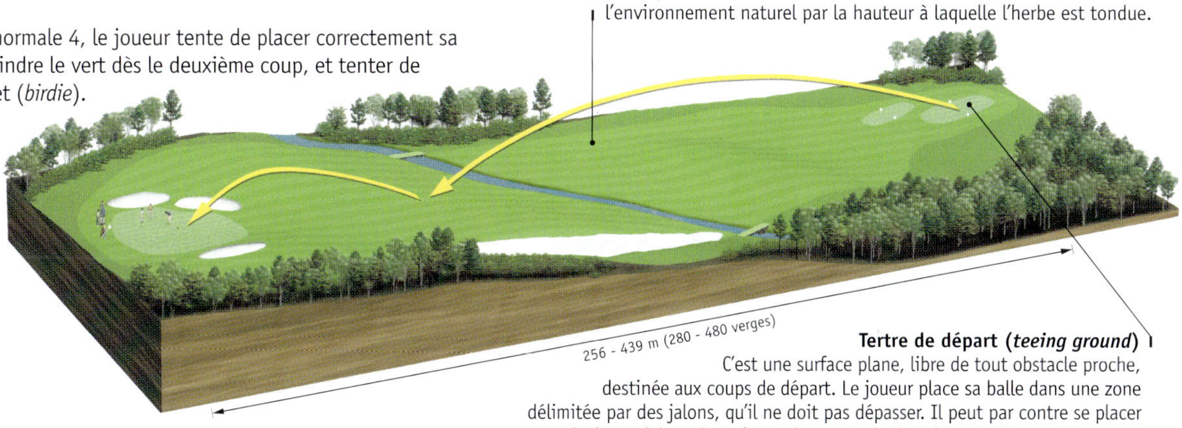

Tertre de départ (*teeing ground*)
C'est une surface plane, libre de tout obstacle proche, destinée aux coups de départ. Le joueur place sa balle dans une zone délimitée par des jalons, qu'il ne doit pas dépasser. Il peut par contre se placer en retrait de ces jalons, jusqu'à une longueur de deux bâtons. Sur un même trou, plusieurs tertres de départ sont aménagés. Ils sont situés selon le niveau des joueurs qu'ils accueillent : professionnels hommes et femmes, ou amateurs.

NORMALE 5

La compétition est généralement forte sur un trou de normale 5 : les meilleurs joueurs tentent de réaliser un excellent coup de départ, suivi d'un long coup d'approche, pour conclure sur un aigle (*eagle*) ou un oiselet (*birdie*).

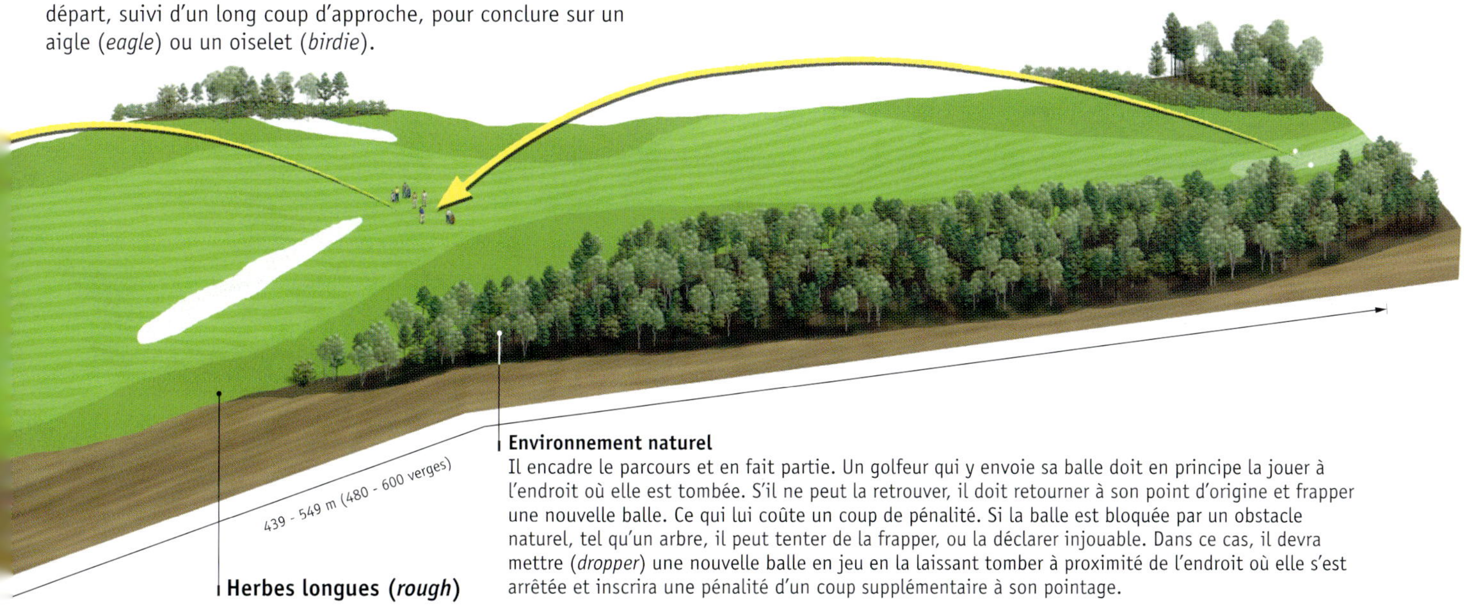

Environnement naturel
Il encadre le parcours et en fait partie. Un golfeur qui y envoie sa balle doit en principe la jouer à l'endroit où elle est tombée. S'il ne peut la retrouver, il doit retourner à son point d'origine et frapper une nouvelle balle. Ce qui lui coûte un coup de pénalité. Si la balle est bloquée par un obstacle naturel, tel qu'un arbre, il peut tenter de la frapper, ou la déclarer injouable. Dans ce cas, il devra mettre (*dropper*) une nouvelle balle en jeu en la laissant tomber à proximité de l'endroit où elle s'est arrêtée et inscrira une pénalité d'un coup supplémentaire à son pointage.

Herbes longues (*rough*)

COUPES ET CHAMPIONNATS

Le classement mondial des joueurs est établi sur un cycle de deux ans sous l'égide de l'International Federation of PGA Tours. Chaque joueur accumule des points pendant un minimum de 40 tournois, lors des 4 championnats majeurs et des circuits professionnels masculins – Professional Golfers' Association (PGA) – répartis sur le globe (Europe, États-Unis, Afrique du Sud, Asie et hémisphère Sud). Les quatre compétitions majeures qui forment le Grand Chelem sont : le Masters (à Augusta, États-Unis, depuis 1934), l'Omnium des États-Unis ou US Open (depuis 1895, disputé sur des parcours différents chaque année), l'Omnium britannique ou British Open (depuis 1860, disputé en Écosse ou en Angleterre – une dizaine de parcours sont susceptibles d'accueillir cette épreuve) et l'US PGA (depuis 1916, aux États-Unis sur des parcours différents).

Une compétition de prestige, la Coupe Ryder, met aux prises sur trois jours une équipe des États-Unis et une équipe européenne. L'épreuve se dispute tous les deux ans depuis 1927, en alternance entre États-Unis et Europe. Enfin, une Coupe du monde par équipes de trois, la Coupe Dunhill, a lieu tous les ans depuis 1953. Le circuit professionnel féminin est composé d'une quarantaine de tournois disputés au cours de l'année. Il comporte 4 compétitions majeures, l'US Open (depuis 1946), le championnat Ladies PGA (depuis 1955), le championnat Nabisco (depuis 1972) et la Classique du Maurier (depuis 1984). Depuis 1990, une équipe professionnelle américaine affronte une équipe européenne tous les deux ans, pour la Coupe Solheim.

TECHNIQUES

En tout temps, le golfeur doit adapter sa technique au terrain sur lequel il joue, et tenir compte des conditions climatiques – vent, pluie, et humidité du terrain notamment – qui jouent un rôle important sur la trajectoire de la balle.

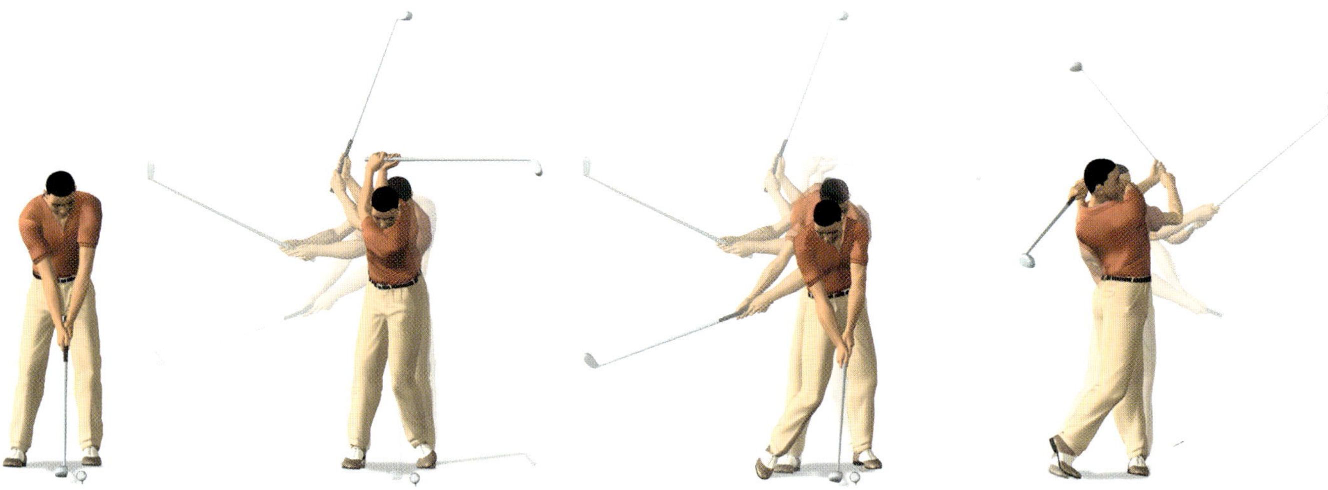

Bois, fers longs et intermédiaires

Le coup de départ et le 2e coup, généralement long, sont déterminants pour la réussite du trou. Le joueur recherche la fluidité dans le mouvement, de l'élan à la frappe, et jusque dans l'accompagnement du coup.

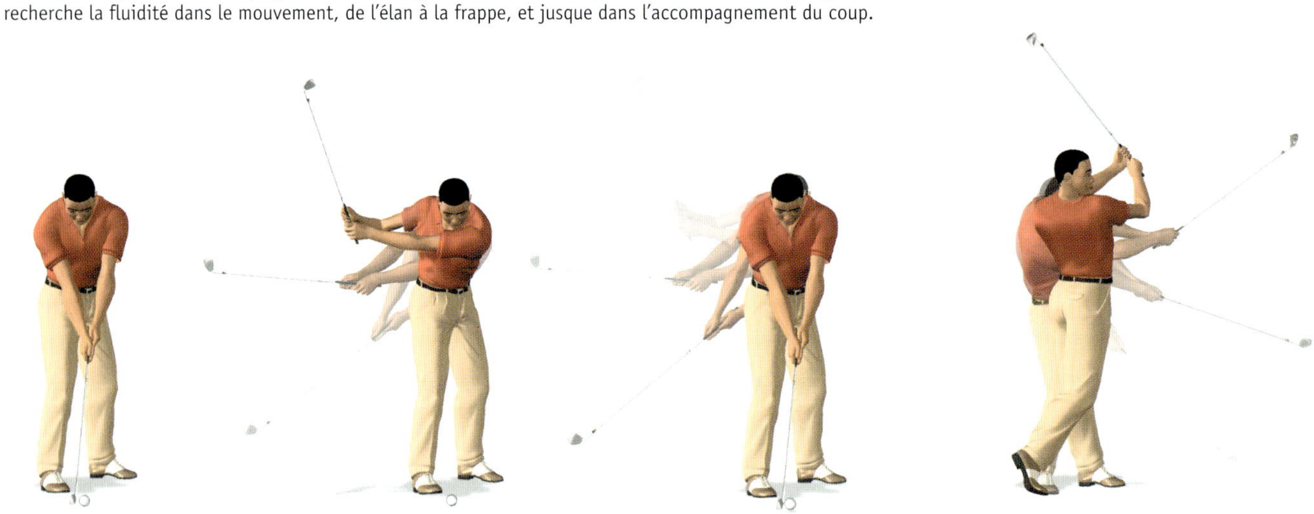

Fers courts et cocheurs

Lorsqu'il s'est rapproché du vert, le joueur doit savoir évaluer la distance qui lui reste à couvrir et utiliser le fer approprié. Il frappe la balle vers la cible en effectuant un coup d'approche lobé ou roulé.

Sortie de fosse de sable

La fosse de sable n'est pas toujours considérée comme un obstacle. Dans certains cas, elle est même préférée aux herbes hautes, car la réaction de la balle sur une surface de sable est beaucoup plus prévisible. Utilisant généralement un cocheur de sable (*sand wedge*), le joueur frappe derrière la balle, dans le sable, sans entrer directement en contact avec elle.

Prise base-ball

Prise superposée

Prise entrecroisée

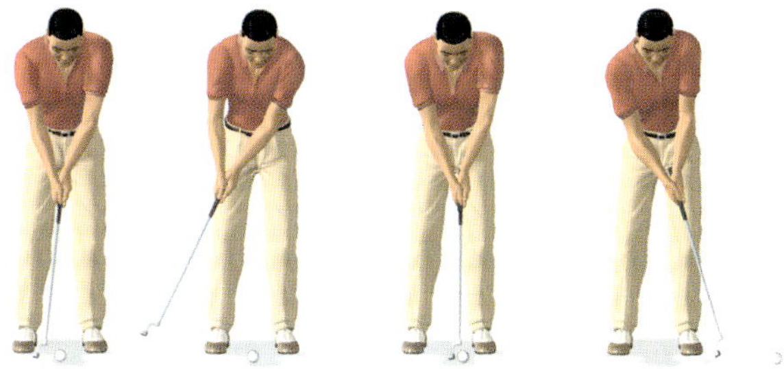

Coup roulé - fer droit

Tous les verts d'un parcours offrent une qualité de surface similaire, mais ne garantissent pas une vitesse totalement identique aux balles. Pour aider les golfeurs à prévoir leur trajectoire, chaque vert est coté d'après une échelle appelée *stemp meter*. Cette échelle permet de calculer la vitesse que peut atteindre la balle sur le vert. Pour le coup final la lecture du vert est capitale et se fait sous plusieurs angles : le joueur analyse la trajectoire de la balle vers le trou, puis du trou vers la balle. Le coup lui-même doit être effectué dans un mouvement de pendule, sans retenue.

PRISES

Le golfeur doit tenter de trouver la prise (*grip*) la plus confortable. Celle-ci doit créer le minimum de tension dans les mains et lui permettre de gagner en souplesse et en précision.

ÉQUIPEMENT

CLUBS

Plusieurs types de clubs sont nécessaires au cours d'un parcours. Selon la distance qui lui reste à couvrir et la situation à laquelle il fait face, le joueur choisit un club aux caractéristiques appropriées.

L'évolution des matériaux - les premiers clubs étaient entièrement en bois - et le perfectionnement de l'équipement, augmentant la précision des coups et la distance parcourue par la balle, ont nettement contribué à l'amélioration des performances. La dureté des balles ne cessant d'augmenter, l'emploi d'essences de bois plus résistantes s'est imposé progressivement avant de céder la place aux matériaux de synthèse. Aujourd'hui, l'acier, le graphite, le titane ou les alliages ont remplacé le bois autant pour la tête que pour le manche du club.

Bois

Utilisés pour des coups de longue distance, les bois sont numérotés de 1 à 7, voire 9, selon leur puissance. Le bois 1 (*driver*) est le plus souvent utilisé pour les coups de départ.

Bois 1
6 - 12°
210 - 265 m
(230 - 290 verges)

Bois 3
13 - 16°
192 - 219 m
(210 - 240 verges)

Bois 5
19 - 21°
183 - 201 m
(200 - 220 verges)

Fers

Utilisés pour des coups d'approche en direction du vert, les fers sont numérotés de 1 à 9 selon l'inclinaison de la tête, faite en acier. Les fers 1 à 4, dont les têtes sont les moins inclinées, sont utilisés sur les longues distances, tandis que les fers 8 et 9, à la tête plus inclinée, sont utilisés sur les courtes distances à proximité du vert.

Fers longs

Fer 2
17 - 19°
169 - 197 m
(185 - 215 verges)

Fer 3
20 - 22°
165 - 187 m
(180 - 205 verges)

Fer 4
22 - 24°
160 - 183 m
(175 - 200 verges)

Fers intermédiaires

Fer 5
26 - 28°
151 - 178 m
(165 - 195 verges)

Fer 6
30 - 32°
142 - 165 m
(155 - 180 verges)

Fer 7
34 - 36°
128 - 155 m
(140 - 170 verges)

Fers courts

Fer 8
38 - 40°
123 - 142 m
(135 - 155 verges)

Fer 9
42 - 44°
119 - 133 m
(130 - 145 verges)

Cocheurs

Ils sont utilisés dans les circonstances spéciales. Leur manche est plus court que celui des fers et offre un meilleur contrôle de la trajectoire de la balle. Faite en acier, leur face large et inclinée permet des coups d'approche précis. On s'approche du vert avec un cocheur d'allée *(pitching wedge)*, tandis que le cocheur de sable *(sand wedge)* permet de sortir des fosses de sable, en donnant à la balle une trajectoire ascendante en forme de parabole. Le cocheur d'approche *(lob wedge)* est quant à lui utilisé pour des coups difficiles dans une fosse de sable comme dans l'herbe haute autour du vert.

Cocheur d'allée
47 - 52°
110 - 119 m
(120 - 130 verges)

Cocheur de sable
54 - 58°
moins de 91 m (100 verges)

Cocheur d'approche
60 - 64°
moins de 46 m (50 verges)

Fer droit *(putter)*

Club à face droite et pleine utilisé pour les coups roulés sur le vert, lorsque le joueur doit diriger la balle avec le maximum de précision.

Fer droit
3-4°
sur le vert

Tiger Woods (USA)
Gagnant de l'US Junior Amateur en 1991, 1992 et 1993, il remporte également l'US Amateur en 1994, 1995 et 1996, rejoignant ainsi le légendaire Bobby Jones. Vainqueur de plus de 15 tournois professionnels, dont le Masters de 1997, il devient numéro 1 en 1998. Il égale Ben Hogan avec 6 victoires consécutives remportées à la fin de 1999 et au début de 2000.

BALLE

D'abord faite de plumes recouvertes d'une enveloppe de cuir, puis en gutta-percha (substance extraite du latex), la balle est aujourd'hui constituée d'un noyau solide ou liquide recouvert d'une gaine plastique. Sa surface est recouverte d'alvéoles qui permettent à la fois de la stabiliser lorsqu'elle est en vol et de la contrôler lors de la frappe.

Tee
En bois ou en plastique, ce petit support est utilisé pour surélever la balle sur le coup de départ.

Début du XVIIe siècle
Balle en plumes

1848
Balle en gutta-percha

1898
Balle en gutta-percha avec un noyau en caoutchouc

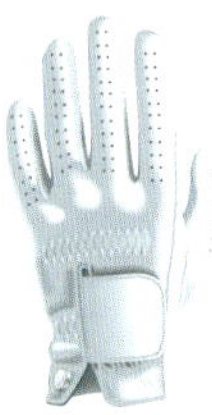

Gant
Facultatif, il est porté sur une seule main pour assurer une meilleure prise du club.

Chaussures
Faites en cuir, elles sont munies de crampons mous ou en métal fixés sous la semelle.

PROFIL DU GOLFEUR

- Les qualités psychologiques du joueur sont déterminantes. Le bon golfeur doit savoir gérer ses émotions, rester calme et confiant en tout temps. Sa capacité de concentration est primordiale. Coordination des mouvements et des membres, constance, précision, adresse et calcul font partie des aptitudes que doit absolument posséder le joueur de golf.
- Les joueurs exceptionnels font preuve d'une habileté extrême et parviennent à jouer jusqu'à 7 ou 8 coups sous la normale. Parmi les nombreux facteurs qui font d'eux des champions, il faut parler de la qualité et de la force de leur swing. Tiger Woods frappe la balle sur une distance moyenne de 286 mètres et sa balle peut atteindre une vitesse de 200 km/h.

Gene Sarazen (USA)
Inventeur du cocheur de sable, il est l'un des joueurs les plus influents de l'histoire du golf. Vainqueur du Masters en 1935, de l'US Open en 1922 et 1932, du British Open en 1932, de l'US PGA en 1922, 1923 et 1933, il est l'un des quatre golfeurs à avoir remporté les quatre tournois du Grand Chelem.

Jack Nicklaus (USA)
Capitaine et vainqueur de la Ryder Cup en 1983, avec plus de 70 victoires sur le circuit professionnel entre 1962 et 1986, l'« Ours doré » est le champion le plus célèbre. Parmi ses titres majeurs, l'US Open en 1962, 1967, 1972 et 1980, le British Open en 1966, 1970 et 1978, l'US PGA en 1963, 1971, 1973, 1975 et 1980 et le Masters en 1963, 1965, 1966, 1972, 1975 et 1986.

Nancy Lopez (USA)
Championne du monde amateur en 1977 et professionnelle l'année suivante, elle a remporté 48 victoires sur le circuit professionnel, dont le LPGA en 1978, 1985 et 1989. Elle a également été élue meilleure joueuse de l'année en 1978, 1979, 1985 et 1988.

Severiano Ballesteros (ESP)
Un des plus grands joueurs des années 1980, il est le plus jeune joueur, en 1979, à avoir gagné le British Open qu'il a également remporté en 1984 et 1988. Parmi ses 72 victoires en carrière, figurent le Masters de 1980 et 1983, la Coupe du monde de 1976 et 1977 puis la Ryder Cup de 1985, 1987 et 1989.

Greg Norman (AUS)
Surnommé « le grand requin blanc », il a remporté le British Open en 1986 et 1993, ses seuls titres du Grand Chelem. Avec plus de 75 victoires sur les circuits professionnels, il est l'une des grandes vedettes du golf dans les années 90.

Sac de golf
Au niveau professionnel, il est transporté par un cadet, qui donne au joueur les différents clubs dont il a besoin. Un joueur ne peut utiliser plus de 14 clubs différents lors d'une compétition : il les sélectionne dans la large gamme de clubs existants, en fonction du parcours. Il arrive que le golfeur soit conseillé par son cadet sur certains coups.

Sports multiples

triathlon

Départ de natation du célèbre Ironman d'Hawaï en 1993.

Le triathlon consiste à enchaîner trois épreuves d'endurance au cours de la même compétition : natation, cyclisme et course à pied. Issu de tests de survie pratiqués par des maîtres nageurs aux États-Unis vers 1974, il est né d'un défi entre des soldats américains basés à Hawaï : enchaîner les épreuves les plus longues disputées sur l'île. Couru depuis 1978 – en 12 heures la première fois –, l'Ironman d'Hawaï est l'une des références internationales, avec le triathlon de Nice. Depuis l'année 1982, lorsque l'Américaine Julie Moss épuisée s'écroule devant les caméras de télévision, une meilleure préparation a considérablement réduit les risques d'accidents et permis une évolution très nette des performances. Le triathlon connaît aujourd'hui une popularité incontestable, puisque les différentes épreuves organisées par l'International Triathlon Union (ITU), créée en 1989, et les fédérations nationales dans le monde regroupent annuellement environ un million de participants. Le succès du triathlon a entraîné l'apparition de nombreux dérivés : le triathlon des neiges (ski de fond, cyclisme et course à pied), le duathlon des neiges (ski de fond et course à pied) et l'aquathlon (natation et course à pied). Le triathlon fait son entrée dans l'arène olympique en 2000 à Sydney.

DÉROULEMENT DE LA COMPÉTITION

Le principe du triathlon est très simple : le chronomètre part au moment de la première épreuve (natation) et s'arrête lorsque les concurrents franchissent la ligne d'arrivée de la dernière épreuve (course à pied). Les ravitaillements sont autorisés – ainsi que l'assistance aux cyclistes – lors des Ironman, mais strictement interdits dans les épreuves classiques.

Les transitions entre deux épreuves doivent être rapides. Elles sont soigneusement préparées et répétées. Lors des classiques, les meilleurs triathlètes les effectuent en 8 à 10 secondes.

TYPES D'ÉPREUVES

Épreuves	natation	cyclisme	course à pied	durée moyenne
Classique	1,5 km	40 km	10 km	moins de 2 h
Sprint	750 m	20 km	5 km	env. 1 h 15
Demi-triathlon	1,9 km	90 km	21 km	de 4 h 30 à 5 h
Triathlon (Ironman)	3,8 km	180 km	42,195 km	env. 9 h

IRONMAN D'HAWAÏ

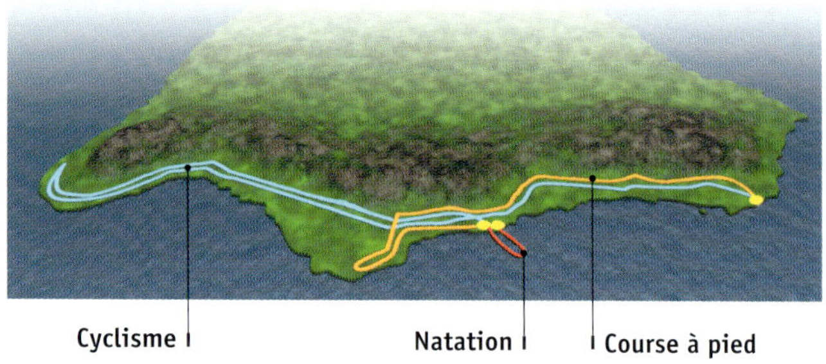

Qualification

Les épreuves olympiques sont de type « classique ». Les athlètes se qualifient pour les J.O. grâce à un cumul de points acquis lors d'épreuves qualificatives, sur une période de 2 ans.

1. NATATION

L'épreuve se déroule habituellement en eau vive. Aucun style de nage n'est imposé, mais la majorité des concurrents utilisent le crawl. Suivant la température de l'eau, une combinaison de néoprène peut être indispensable. Elle doit être assez ajustée pour ne pas augmenter la résistance de l'athlète à l'eau. Les nageurs respirent une fois tous les 2 ou 3 mouvements de bras. Ils sont autorisés à marquer un temps d'arrêt en s'accrochant à une bouée ou à une barque fixe, mais ne peuvent l'utiliser pour se propulser.

Entraînement

La pénétration de la main dans l'eau, la position de la tête et du corps, et l'impulsion sont améliorées en exercices séparés. Afin de mieux sentir les défauts de mouvement et de solliciter plus efficacement la musculature, le triathlète fixe des plaquettes à ses mains ou entrave ses jambes.

2. CYCLISME

L'épreuve se déroule généralement sur route. Outre la régularité du pédalage et la recherche d'une bonne position aérodynamique, la tactique joue un rôle important : savoir profiter du sillage des autres concurrents peut être déterminant. Ainsi, les athlètes peuvent atteindre une vitesse moyenne de 45 km/h dans les classiques. Ils doivent se munir du matériel nécessaire, et effectuer leurs réparations seuls s'il y a lieu. L'hydratation des concurrents est essentielle : des ravitaillements sont prévus à cet effet le long du parcours.

Entraînement

Pour acquérir une impulsion régulière pendant tout le tour de pédalier, les triathlètes effectuent des parcours avec moyeu rigide (sans roue libre), ou en pédalant d'une seule jambe sur terrain plat.

3. COURSE À PIED

La course sollicite les ultimes réserves d'énergie et d'endurance. Les coureurs savent utiliser les alternances de tension et de détente musculaire dans une économie de mouvements maximale. Le buste droit, le regard fixé devant soi, les épaules souples et les bras bougeant parallèlement au corps facilitent la respiration et le travail des jambes. La longueur de la foulée influence directement le positionnement du centre de gravité du coureur, et la fatigue qui en résulte.

Entraînement

Des exercices contrastés – courir en sautant, en montée et en descente, bondir sur la plante du pied, accentuer les levers de genoux – sont pratiqués sur 50 à 100 m avant retour à une course normale, pour mieux percevoir les mouvements et les corriger.

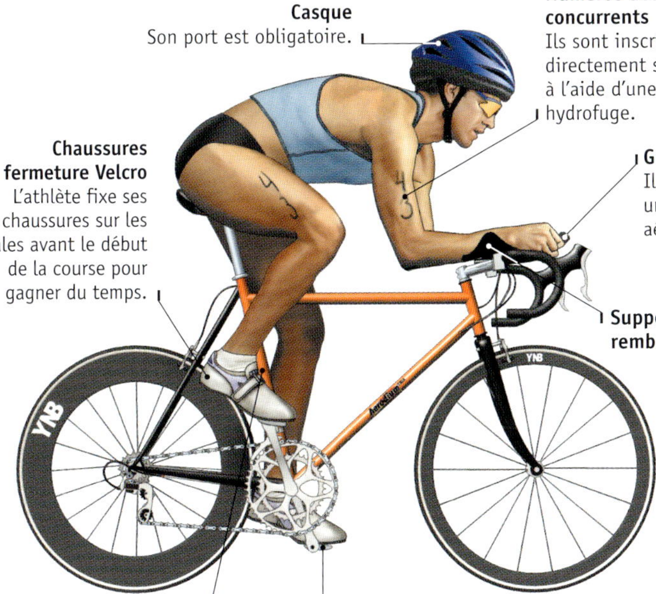

PROFIL DU TRIATHLÈTE

- Il comporte deux aspects : l'entraînement à l'endurance, et l'acquisition de gestes techniques parfaits dans les trois disciplines (un mouvement parfait réduit la fatigue et augmente la durée de la performance avec la même dépense d'énergie).
- Les séries de travail courtes et intenses (85 à 100 % des capacités maximales), en alternance avec des phases d'effort réduit, améliorent l'endurance plus que toute autre méthode. En outre, le fractionnement permet de travailler à une intensité supérieure à celle de l'entraînement continu. Le rythme élevé des classiques (format olympique) ou des sprints réclame un entraînement particulier. Les athlètes performants en demi-triathlon ou triathlon y participent rarement.
- À haut niveau, 2 à 3 séances par jour sont nécessaires. Les meilleures performances sont atteintes après 10 à 12 ans de pratique. L'âge moyen des champions se situe entre 25 et 30 ans.
- Un changement des conditions climatiques peut modifier rapidement l'aspect des épreuves. Certains triathlètes se préparent aux circonstances exceptionnelles en pratiquant la natation sur grosses vagues, le cyclisme par grand vent, ou la course à pied en terrain accidenté.

Mark Allen (USA)
Premier champion du monde en 1989, et triple vainqueur de la Coupe du monde, il totalise 10 victoires au triathlon de Nice, et 6 à l'Ironman d'Hawaï.

Paula Newby-Fraser (ZIM)
Détentrice du record de l'Ironman de Hawaï depuis 1992 (8 h 55 min 24 s), elle l'a remporté à 8 reprises entre 1986 et 1996. Elle a également gagné 4 fois le triathlon de Nice.

pentathlon moderne

Victoire de Johan Oxenstierna (SUÈ) aux J.O. de Los Angeles en 1932.

Combinaison de sports totalement différents, le pentathlon moderne s'inspire de l'aventure d'un officier napoléonien, chargé de traverser les lignes ennemies pour transmettre un message à ses troupes. Fidèle à l'esprit du pentathle antique, le concours moderne est né en 1912 aux J.O. de Stockholm, sous l'influence directe de Pierre de Coubertin. Les 5 épreuves – tir au pistolet, escrime, natation, équitation et course à pied – font appel à un ensemble de qualités proches de sa vision d'un « homme complet ». Si la domination des Suédois, des Russes et des Hongrois reste incontestée jusque dans les années 80, l'Italie et la France, notamment, occupent aujourd'hui régulièrement les podiums. Les femmes participent aux championnats du monde depuis 1981 et concourent aux J.O. de Sydney en 2000.

DÉROULEMENT DE LA COMPÉTITION

Les 5 épreuves des concours internationaux se déroulent en 1 jour. Une performance de référence, qui vaut 1 000 points de pentathlon, est préétablie pour chaque épreuve. Le classement des concurrents s'établit par rapport à cette référence : un résultat inférieur est pénalisé, un résultat supérieur récompensé. À la fin du concours hippique, les points de pentathlon sont convertis en secondes de handicap. De cette manière, le gagnant de la course à pied est assuré de remporter le concours.

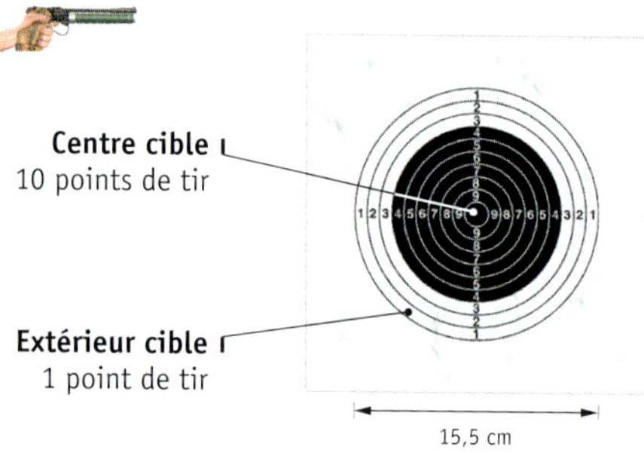

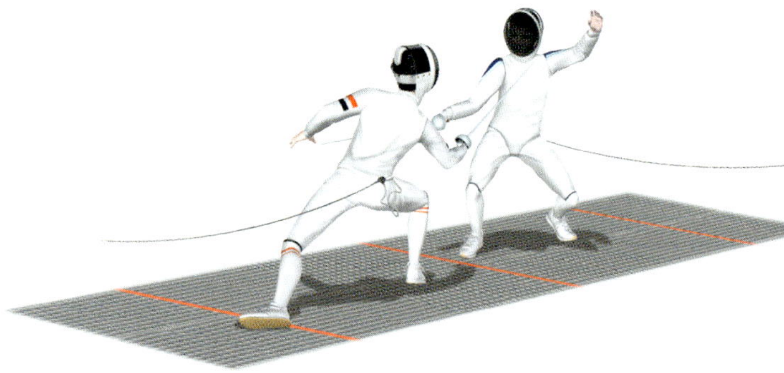

1. TIR AU PISTOLET

L'épreuve consiste en une série de 20 tirs sur cible fixe, à 10 mètres. Un temps maximum de 40 secondes est alloué pour chaque tir. L'arme utilisée est un pistolet à air comprimé ou à cartouche de gaz. La performance de référence (1 000 points de pentathlon) est fixée à 172 points de tir obtenus en 20 tirs. Chaque point de tir – au-dessus ou au-dessous de 172 – vaut 12 points de pentathlon : un total de 173 représente donc 1 012 points de pentathlon, un total de 171, 988 points. Le tir au pistolet demande de la concentration, de la relaxation et un contrôle du souffle indispensable à la précision des tirs. Tout système aidant à stabiliser le bras ou le poignet est interdit.

2. ESCRIME

L'arme utilisée est l'épée et chaque concurrent rencontre tous les autres. Les assauts durent une minute maximum et prennent fin dès la première touche. Un combat sans touche est considéré comme une défaite pour les deux adversaires. La performance de référence (1 000 points de pentathlon) correspond à 70 % de victoires sur le total des assauts. La valeur en points d'une victoire est déterminée par un calcul, basé sur le nombre de participants à l'épreuve. La courte durée des assauts réduit la phase d'observation à sa plus simple expression. Les feintes de pied ou d'épée et les fausses attaques, pour forcer l'adversaire à se découvrir, sont privilégiées. Toute partie du corps de l'adversaire est valable pour effectuer une touche, mais la majorité s'effectue sur les poignets, aux pieds ou à la poitrine.

3. NATATION

Le 200 m nage libre (généralement le crawl) se déroule contre la montre. Les concurrents sont répartis en séries selon leur nombre et leurs performances passées. La performance de référence (1 000 points de pentathlon) est de 2 min 30 s pour les hommes et 2 min 40 s pour les femmes. Un temps inférieur équivaut à un gain de 1 point de pentathlon par dixième de seconde. Un temps supérieur provoque la perte de 1 point de pentathlon par dixième de seconde. L'athlète le plus rapide de chaque série nage dans la ligne du centre. Aucun point de bonification n'est accordé aux vainqueurs des séries : seul le temps de chaque concurrent est pris en compte.

4. CONCOURS HIPPIQUE

Le parcours, d'une longueur comprise entre 350 et 400 mètres, comporte 12 obstacles, dont au moins une combinaison double et une combinaison triple. Un parcours sans faute vaut 1100 points de pentathlon. Une chute de barre coûte 30 points, un refus ou une dérobade devant l'obstacle coûte 40 points, une chute du cheval ou du cavalier coûte 60 points. Au-delà du temps de référence, chaque seconde de dépassement retranche 3 points au score du cavalier. En cas d'égalité entre deux concurrents, le cavalier le plus rapide est déclaré vainqueur. Le concours hippique du pentathlon peut provoquer des bouleversements majeurs dans le classement du concours : chaque athlète doit effectuer son parcours sur un cheval qu'il n'a jamais monté, tiré au sort parmi plusieurs autres montures. Les cavaliers sont autorisés, pendant les 20 minutes d'échauffement réglementaire, à franchir 5 obstacles pour se familiariser avec les réactions du cheval.

5. COURSE À PIED

L'épreuve est un cross-country de 3000 mètres. Le concurrent le mieux classé à l'issue des 4 épreuves précédentes prend le départ le premier. Les athlètes suivants prennent le départ à des intervalles correspondant à leur classement en nombre de points : 4 points de pentathlon correspondent à 1 seconde. De cette façon, le premier qui franchit la ligne d'arrivée remporte le concours.

Numéro du coureur
Il correspond à sa position de départ.

Pavel Lednev (URSS)
Champion du monde de 1973 à 1975 et en 1978. Médaillé aux J.O. de 1968 à 1980 sans interruption.

COUPES ET CHAMPIONNATS

Jusqu'en 1948, le pentathlon moderne était administré par le Comité olympique. Avec la création de l'Union internationale du pentathlon moderne (UIPM), la même année, les épreuves internationales se sont diversifiées :

- Le championnat du monde, annuel depuis 1949 à l'exception des années olympiques, regroupe en finale les 32 meilleurs athlètes issus de 4 groupes de demi-finales.
- Le championnat du monde de relais par équipes regroupe 16 équipes de 3 athlètes présélectionnés en séries. Chaque membre d'une équipe effectue 10 tirs au pistolet, 100 m en nage libre, 15 combats à l'épée (il s'oppose à un concurrent de chaque autre équipe), 1500 m de course à pied et un parcours hippique de 8 obstacles.
- La Coupe du monde, annuelle depuis 1990, réunit 32 athlètes sélectionnés d'après leurs 3 meilleurs résultats dans les séries éliminatoires.
- Le Pentathlon World Tour propose depuis 1998 une formule inspirée du pentathle antique : les athlètes s'opposent 2 par 2 en «face à face», au cours de 5 épreuves adaptées, enchaînées sans pause durant 20 à 25 minutes. Seul le gagnant d'un face à face participe au tour suivant jusqu'à la finale.

PROFIL DU PENTATHLÈTE

- Le pentathlon demande des aptitudes et capacités multiples. Des gabarits très différents obtiennent de bons résultats. L'aspect psychologique de la discipline (force de concentration et attitude positive) est déterminant.
- Les meilleures performances sont atteintes à partir de 28 ans. L'expérience acquise en compétition aide à compenser la baisse des capacités physiques – en nage ou course à pied – par une plus grande maîtrise des disciplines techniques.

course d'orientation

Un instructeur et un étudiant de l'Aberdovey Outward Bound School (G-B) pendant un exercice d'orientation en 1949.

Course contre la montre en forêt sur un parcours balisé par des postes de contrôle, la course d'orientation (*orienteering*) est à l'origine un exercice militaire, introduit en 1895 par l'armée suédoise. Devenue dans les années 10 un loisir pour les passionnés d'athlétisme et de nature, elle s'étend rapidement dans le reste de l'Europe, atteint l'Amérique puis l'Asie. Les nations qui pratiquent le sport se regroupent en 1961 pour former la Fédération internationale de course d'orientation (IOF), et le premier championnat du monde a lieu en Finlande dès 1966. Depuis, plus de trente pays y participent tous les deux ans, en alternance avec les séries de la coupe du monde. Plus de huit cent mille orienteurs confirmés, hommes et femmes, sont aujourd'hui dispersés dans une cinquantaine de pays, mais les Scandinaves restent les maîtres incontestés de la discipline, puisqu'ils raflent entre 1966 et 1995 quelque 162 médailles sur les 220 remises lors de championnats.

DÉROULEMENT DE LA COMPÉTITION

Quelle que soit l'envergure de la compétition, aucun participant ne connaît le lieu de son déroulement et n'en possède la carte. À partir du point de ralliement donné, les concurrents sont amenés au point de départ qu'ils quittent un à un à intervalle régulier, après avoir pris possession de la carte topographique de la région. Ils doivent atteindre les postes de contrôle dans l'ordre donné par les organisateurs, à l'aide de la carte et de la boussole, en traçant leur propre itinéraire. Ces postes sont pourvus d'un équipement qui permet aux participants de prouver leur passage à la balise. Le vainqueur est celui qui termine la course dans le temps le plus court. Le nombre d'officiels varie selon le terrain choisi, l'ampleur de la compétition et le type de poste de contrôle utilisé. Toutefois, un juge et un chronométreur sont obligatoirement présents au poste de départ et au poste d'arrivée. D'autres officiels sont parfois camouflés à des endroits stratégiques où il y a risque de fraude. La course d'orientation comprend plusieurs variantes et se pratique également en relais, en vélo tout-terrain, en ski de fond, et en course de plusieurs jours (raid d'orientation). Dans les compétitions professionnelles, les distances et les durées sont variables : 10 à 20 km en 90 minutes pour les hommes et 7 à 15 km en 75 minutes pour les femmes.

MATÉRIEL ET ÉQUIPEMENT

Poste de contrôle
Il existe deux types de contrôle, matérialisés par des balises. Le plus ancien, et encore le plus utilisé, est une fiche de contrôle qui est perforée ou tamponnée à l'effigie particulière du poste découvert. La technologie a permis un mode plus efficace : les coureurs sont équipés d'une carte à puce qu'ils valident aux postes reliés à un ordinateur. Les organisateurs peuvent ainsi s'assurer du bon déroulement de la compétition et connaître l'heure de passage de chaque compétiteur aux balises.

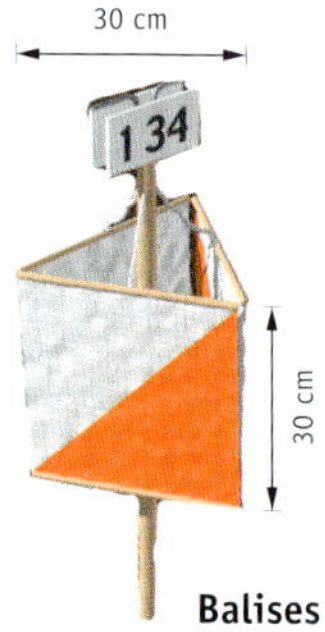

Balises
Elles indiquent l'endroit où se trouvent les postes de contrôle.

Tenue vestimentaire
Un survêtement léger en tissu résistant qui évacue la chaleur et la sudation est nécessaire. Des chaussures particulières sont requises. Légères, imperméables, et résistantes, elles sont munies de crampons en caoutchouc et en métal.

Chaussures

Boussole
Complémentaire de la carte, la boussole à pouce est la plus utilisée, suivie par la boussole à plaquette à capsule mobile. Elles sont remplies de liquide pour amortir les rotations de l'aiguille qui pointe toujours le nord.

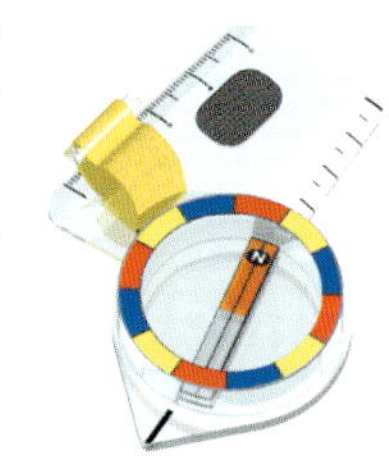

Carte topographique
Élément de base de la course, elle sert à se situer sur le terrain et à y identifier tous les éléments. Elle peut être à l'échelle de 1/5 000 (initiation et entraînement), 1/10 000 ou 1/15 000 (compétition). Les symboles sont standardisés à travers le monde en différentes couleurs.

Hydrographie
Reliefs
Éléments rocheux et construction
Végétation avec niveaux de difficultés

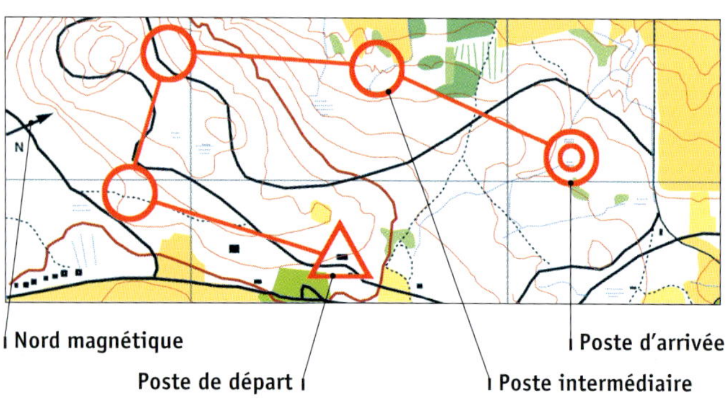

PROFIL DU COUREUR

- Les compétiteurs de haut niveau suivent un entraînement rigoureux qui allie musculation et exercices cardio-vasculaires afin de pouvoir soutenir une course intensive. Autre caractéristique importante : savoir lire correctement et rapidement la carte du parcours sans ralentir la course, une technique qui demande beaucoup d'habileté et qui ne s'acquiert qu'avec l'expérience.

Jörgen Maartenssen (SUÈ)
Gagnant des championnats du monde en 1991 et 1995, et du championnat des maîtres en 2000.

Sports de glace

hockey sur glace

Les Canadiens de Montréal en 1958-1959. Vingt-quatre fois vainqueurs de la coupe Stanley, ils sont la seule équipe à l'avoir remportée cinq années consécutives, de 1956 à 1960.

Le hockey sur glace naît au Canada vers le milieu du XIXe siècle. Le principe du jeu est simple : deux équipes s'affrontent sur une patinoire et essaient de marquer des buts dans le filet de l'équipe adverse à l'aide d'un palet et de crosses. La première partie dont on a gardé le souvenir a lieu à Kingston en 1855. Vingt-quatre ans plus tard, des étudiants de l'Université McGill à Montréal codifient le hockey selon des règles et plusieurs clubs et ligues voient le jour un peu partout au Canada. Le sport évolue rapidement et la Ligue nationale de hockey (LNH) naît en 1917. Dès sa première année d'existence, cinq équipes s'affrontent au cours d'un calendrier de 22 matches. Aujourd'hui, la LNH, première ligue professionnelle en Amérique du Nord, en continuel essor, est composée de 30 équipes canadiennes et américaines. Le hockey masculin devient une discipline olympique en 1920 et le hockey féminin en 1998. Des championnats du monde de hockey amateur ont lieu annuellement depuis 1930. Ce sport compte des adeptes dans une trentaine de pays, principalement en Amérique du Nord, en Scandinavie et en Russie.

DÉROULEMENT D'UN MATCH

Chaque équipe est composée d'au moins vingt joueurs. Lors d'un match, six joueurs seulement par équipe évoluent sur la glace. Les changements de joueurs ont lieu presque toutes les minutes. Une partie de hockey se déroule en trois périodes (ou tiers-temps) de 20 minutes de jeu réel entrecoupées de pauses de 15 minutes. Les arrêts de jeu étant nombreux – hors-jeu, punitions, joueur blessé, etc. –, un match dure en moyenne 2 à 3 heures. Les équipes changent d'extrémité à chaque période. Lorsqu'une équipe joue en infériorité numérique, elle doit avoir au moins quatre joueurs, en incluant le gardien, sur la glace. En cas d'égalité à la fin d'un match, la partie peut être prolongée pour une période allant de 5 à 20 minutes, ou encore être déclarée nulle. S'il y a toujours égalité, au hockey international, les deux équipes désignent alors 5 joueurs qui, en alternance d'équipe, tentent de marquer un but à partir du rond central. Au hockey professionnel, il existe une période de prolongation qui peut durer 5 minutes et la ou les périodes cessent au premier but. Lors des séries éliminatoires de la LNH, la période de prolongation dure 20 minutes.

PATINOIRE

ENGAGEMENT

Lors du début d'un match, d'une nouvelle période ou lorsqu'un but est marqué, l'engagement est effectué au point central dans le cercle central. Durant la partie, la remise en jeu se fait sur un des huit autres points, le plus près possible de l'endroit où un des officiels a signalé une infraction. Ces huit points reliés par quatre lignes fictives forment un rectangle appelé zone d'engagement.

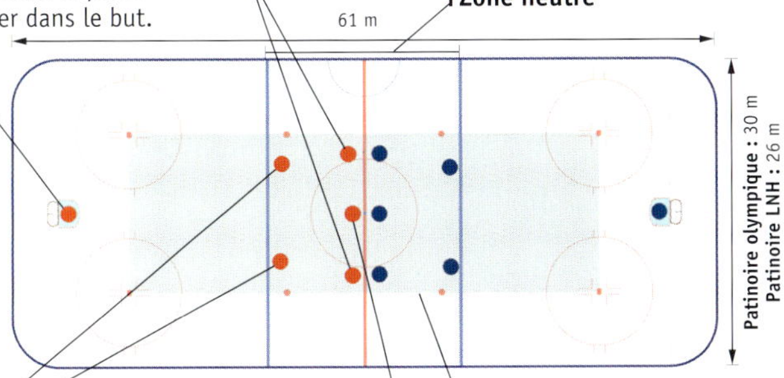

PANNEAU INDICATEUR

Suspendu au-dessus de la patinoire, il affiche les informations relatives au déroulement du match : pointage, pénalités, reprises de jeu, etc.

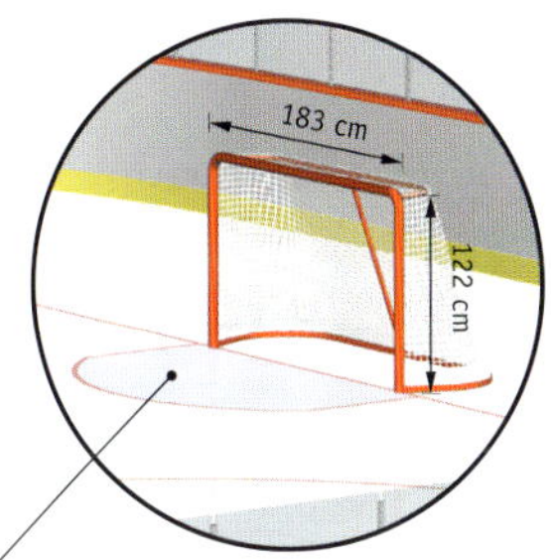

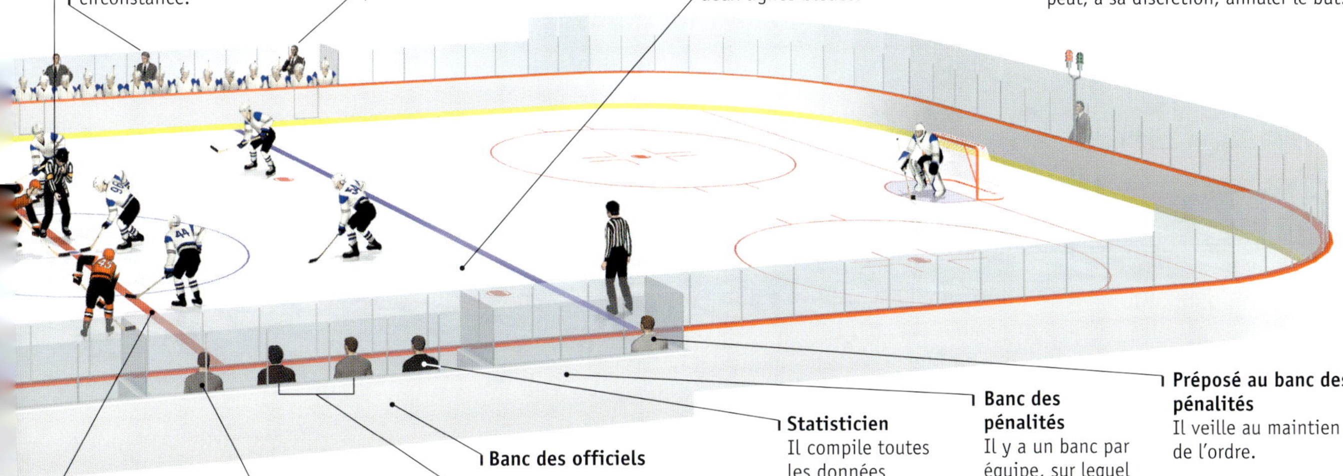

TECHNIQUES ET TACTIQUES

Jeu de stratégie à la fois offensif et défensif, le hockey est une succession d'échanges rapides du palet entre tous les joueurs. Les divers lancers et passes sont autant de techniques et de tactiques pour marquer ou éviter un but, relayer le palet à un coéquipier, l'enlever à un adversaire, effectuer un dégagement ou mettre en place des attaques.

LES LANCERS

Les principaux types de lancers au hockey sont – par ordre de puissance – le lancer frappé, le lancer balayé, le lancer du poignet et le lancer du revers. Les tirs s'effectuent en mouvement ou sur place.

Lancer frappé (ou *slapshot*)

Le joueur, n'étant pas en contact immédiat avec le palet, prend un élan arrière pour donner de la puissance à ce lancer, qui est toutefois moins précis que les autres.

Lancer balayé

Le joueur pousse le palet vers l'avant et, au moment opportun – la crosse de hockey étant toujours en contact avec la glace –, il accroît la pression sur le palet. Ce mouvement est aussi utilisé pour les passes.

Lancer du poignet

Particulièrement précis, rapide et efficace devant les filets, il est aussi utilisé pour les longues passes.

Lancer du revers

Il exige une certaine dextérité en raison de l'inclinaison de la palette de la crosse de hockey. Il est généralement craint par le gardien qui peut difficilement anticiper la trajectoire que prend le palet. Quoique moins utilisé aujourd'hui, c'est aussi un des mouvements pour exécuter une passe.

LES PASSES

Elles permettent de contrôler le palet à des fins offensives ou défensives pour maîtriser le jeu.

Passer le palet par la bande

Cela permet d'envoyer le palet à un joueur qui ne pourrait normalement recevoir une passe directe.

Dévier le palet

Un joueur offensif peut marquer un but en faisant dévier le palet dirigé vers lui par un coéquipier.

Harponner le palet

Le gardien prive un autre joueur du palet en s'agenouillant sur la glace et en projetant énergiquement sa crosse vers l'avant. Cette technique est utilisée par tous les joueurs indépendamment de la position jouée.

AVANTAGE NUMÉRIQUE

L'objectif de l'avantage numérique est de marquer un but lorsqu'une équipe adverse joue en désavantage numérique à la suite d'une punition. L'entraîneur utilise ses meilleurs marqueurs qui, dès la remise en jeu, s'efforcent de prendre le contrôle du palet et de la zone défensive de l'équipe adverse. Les joueurs font ensuite circuler le palet jusqu'au moment où une ouverture se présente. Le joueur alors en possession du palet tente de marquer le but. Un avantage numérique peut durer le temps d'une punition (2, 4 ou 5 min) ou, en certaines occasions, se terminer lorsqu'il y a but.

HORS-JEU

Les cinq lignes qui traversent la patinoire sur sa largeur permettent de réglementer le jeu. Les infractions relatives aux lignes sont les hors-jeu et les dégagements interdits. Lors d'un hors-jeu, le juge de ligne arrête le jeu et détermine l'endroit pour la nouvelle remise en jeu : dans la zone neutre au point d'engagement le plus près de l'endroit où le palet a traversé la ligne.

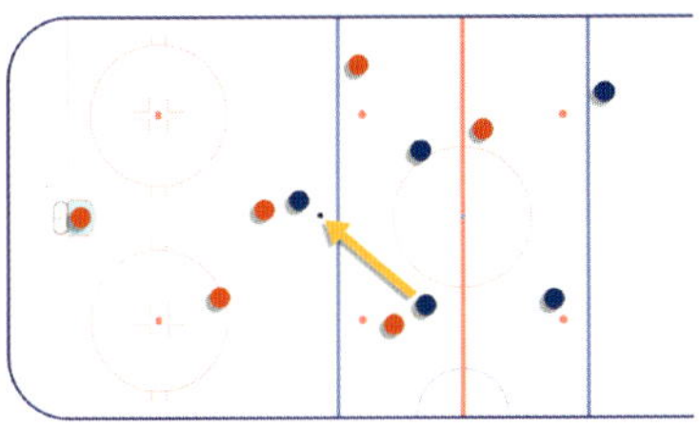

Aucun joueur d'une équipe attaquante ne peut traverser la ligne bleue dans la zone adverse avant le palet. Les deux patins d'un joueur attaquant doivent être complètement dans la zone adverse avant le palet pour qu'il y ait hors-jeu. Le juge de ligne qui signale un hors-jeu peut l'annuler et permettre au jeu de continuer si aucun joueur de l'équipe fautive ne touche au palet et que tous les joueurs sortent de la zone défensive adverse.

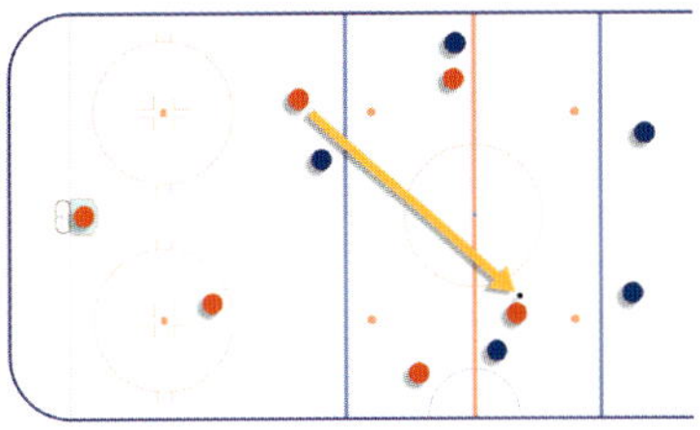

Un hors-jeu est aussi signalé lorsqu'un joueur passe le palet à un coéquipier qui est deux lignes plus loin.

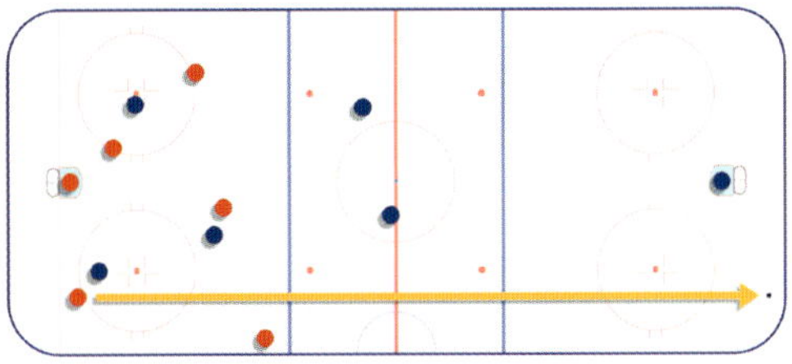

Un dégagement est interdit lorsqu'un joueur, se trouvant derrière la ligne médiane, dégage le palet jusque derrière la ligne de buts de l'équipe adverse (toutefois le dégagement est permis s'il est fait par une équipe en infériorité numérique). De plus, il ne peut y avoir de dégagement si un joueur de l'équipe adverse touche au palet ou si le palet franchit la zone de but avant d'atteindre la ligne de but.

SIGNES DES OFFICIELS

Utilisés par les arbitres et les juges de ligne, ils indiquent une pénalité ou un manquement au règlement. Toutefois, le jeu se poursuit jusqu'au moment où l'équipe pénalisée touche au palet. Les pénalités sont nombreuses au hockey et entraînent, la plupart du temps, l'expulsion du ou des joueurs impliqués pour une période variant de 2 à 10 minutes. Les pénalités peuvent parfois conduire à l'exclusion du match et dans certains cas graves, amener une suspension de plusieurs matches. La durée d'une pénalité est comptée en temps réel de jeu. Quant aux manquements au règlement, il s'agit la plupart du temps de hors-jeu ou de dégagement interdit.

Pénalité à retardement

L'arbitre signale une pénalité et arrête le jeu lorsqu'un joueur de l'équipe fautive touche au palet.

Accrochage

Il signale qu'un joueur en a accroché un autre avec la crosse, le genou, le pied, le bras ou les mains dans l'intention de le faire trébucher.

Double échec

Il signale la mise en échec d'un adversaire à l'aide de la crosse tenue à deux mains.

Cinglage

Il signale qu'un joueur en a frappé un autre avec la crosse.

But marqué

But refusé

ÉQUIPEMENT

HOCKEYEUR

Au hockey amateur, la visière ou le protecteur facial et le protège-cou sont maintenant des pièces d'équipement obligatoires.

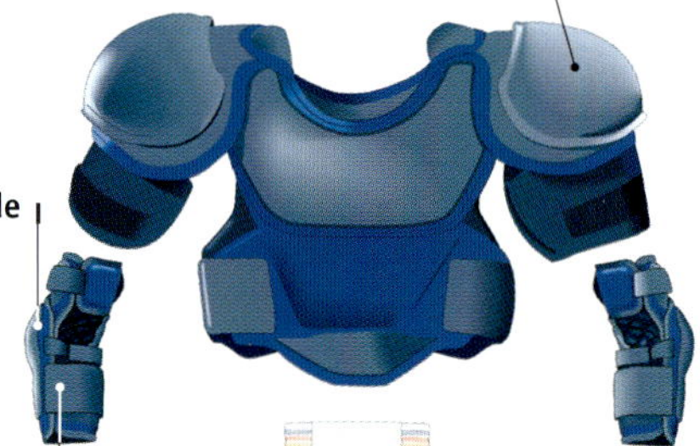

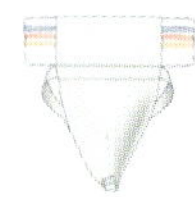

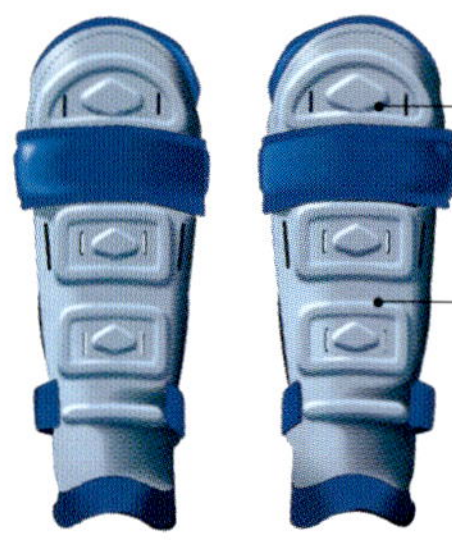

Crosses
À l'origine fabriquées en bois et tout d'une pièce, elles possèdent aujourd'hui des manches en aluminium, en bois ou en matériaux composites comme le graphite ou le kevlar. Les palettes, jusqu'alors droites, sont maintenant inclinées et composées de bois ou de différents matériaux composites excluant l'aluminium. Ces changements ont permis d'augmenter la vitesse de déplacement du palet et d'en favoriser le contrôle.

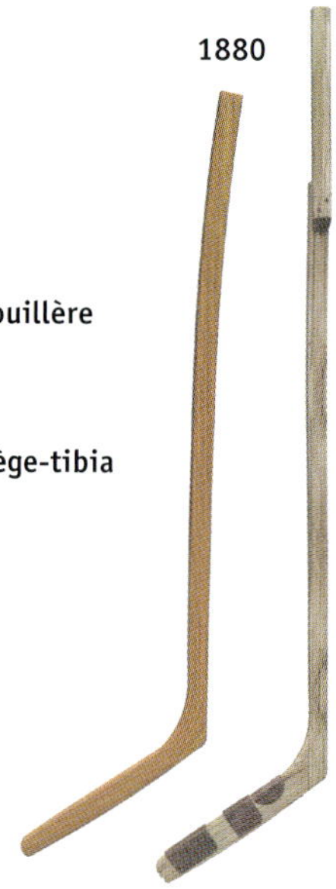

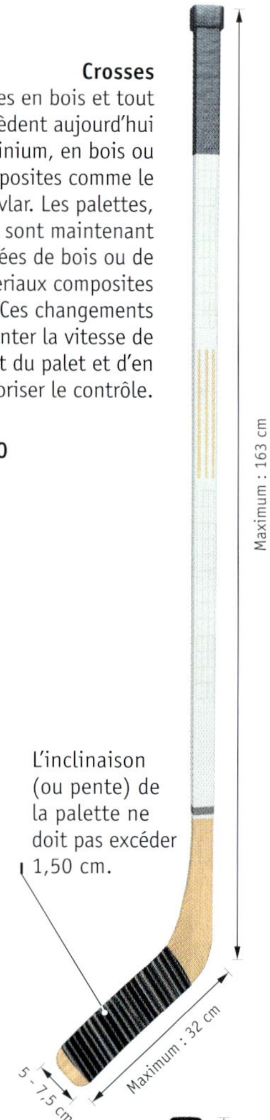

Patins
De la simple lame de métal attachée à des chaussures jusqu'au patin moulé d'aujourd'hui, l'évolution des patins à glace est constante : plus de confort, de protection, de légèreté et de vitesse pour le patineur. Les lames sont recourbées aux extrémités afin de faciliter les virages.

GARDIEN DE BUT

Jambière de gardien de but
Ces dernières années, son poids a diminué de beaucoup, augmentant ainsi la souplesse et la vitesse du gardien de but.

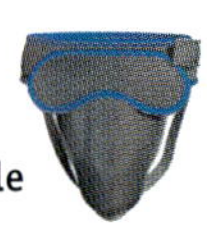

Patin de gardien de but
Il a des protections renforcées sur les côtés. La lame est droite jusqu'aux extrémités, plus basse et plus longue pour assurer une meilleure stabilité au gardien.

Palet (ou rondelle)
En caoutchouc dur et de couleur noire, son poids peut varier de 156 à 170 g. Les palets sont réfrigérés avant un match dans les circuits majeurs afin d'en faciliter le maniement et de diminuer les conséquences de leur impact sur les joueurs.

Crosse de gardien

PROFIL DU HOCKEYEUR

- Jeu rude, le hockey exige une excellente condition physique mais il demande aussi beaucoup de stratégie. Il est également le plus rapide des sports d'équipe : un joueur peut atteindre des vitesses de pointe de 60 km/h et le palet 200 km/h. Cependant, les joueurs s'épuisent rapidement et sont remplacés après un temps de jeu assez court, variant de 45 secondes à 2 minutes.
- Certaines qualités sont essentielles au hockeyeur, en particulier son endurance physique, sa capacité aérobique, sa force et sa résistance musculaire ainsi que ses facilités de perception, de décision et de contrôle du mouvement.
- Entre autres exercices physiques nécessaires, les hockeyeurs font de la course à pied afin d'améliorer leur vitesse et leur endurance, du cyclisme pour accroître la force de leurs jambes, du patin à glace ou du patin à roues alignées pour maintenir les réflexes, des exercices sur tapis roulant et de la musculation sur des appareils de résistance, et pratiquent les lancers.
- Avant un match, les joueurs effectuent des exercices d'assouplissement afin d'aider les muscles à se détendre et de prévenir toute blessure, élongation ou déchirement musculaire. Ils répètent leurs techniques de jeu et les tâches qui leur sont attribuées.

CHAMPIONNATS PROFESSIONNELS

Coupe Stanley	Gagnants	Équipe adverse
1999	Les Stars de Dallas	Les Sabres de Buffalo
1998	Les Red Wings de Détroit	Les Capitals de Washington
1997	Les Red Wings de Détroit	Les Flyers de Philadelphie
1996	L'Avalanche du Colorado	Les Panthers de Floride

Wayne Gretzky (CAN)
« The Great One » égalise ou dépasse plus de 60 records de la LNH et est considéré comme le plus grand joueur de tous les temps avant de prendre sa retraite en avril 1999.

Gordie Howe (CAN)
Surnommé M. Hockey, il joue pendant 32 ans pour les Red Wings de Detroit de même que pour les Whalers d'Hartford et se retire à l'âge de 52 ans. Il est choisi 6 fois meilleur joueur de la LNH et détient longtemps le record du plus grand nombre de points marqués, soit 1850.

Bobby Orr (CAN)
Il est le premier défenseur de l'histoire de la LNH à remporter le titre de meilleur marqueur en 1970 et en 1975. Il récolte 915 points en 657 matchs et est élu au Temple de la renommée du hockey en 1979.

Maurice « Le Rocket » Richard (CAN)
Il est le premier joueur de la LNH à marquer 50 buts en 50 parties. Il joue 18 ans pour les Canadiens de Montréal et le trophée du meilleur marqueur de la LNH porte son nom depuis 1999.

Vladislav Tretiak (URSS)
Premier joueur soviétique à être admis au Temple de la renommée du hockey, il est considéré comme un des meilleurs gardiens de but de tous les temps et popularise, entre autres, le style papillon.

Jaromir Jagr (RÉP TCH)
Premier Européen à recevoir le titre de meilleur marqueur de la LNH en 1995, 1998 et 1999. Il est un des piliers des Penguins de Pittsburgh de la LNH et aide son équipe à gagner la Coupe Stanley en 1991 et 1992.

COUPES ET CHAMPIONNATS

La Coupe Stanley est don de Lord Stanley of Preston, sixième gouverneur général du Canada. La coupe d'origine est beaucoup plus petite que celle d'aujourd'hui. Elle a été allongée afin de permettre l'inscription chaque année des champions de la LNH. C'est le plus ancien trophée décerné à une équipe de sport professionnel en Amérique du Nord.

Coupe Stanley à l'origine

CHAMPIONNATS AMATEURS

Championnat du monde (hommes)

	OR	ARGENT	BRONZE
1999	RÉP TCH	FIN	SUÈ
1998	SUÈ	FIN	RÉP TCH
1997	CAN	SUÈ	RÉP TCH
1996	RÉP TCH	CAN	USA

Championnat du monde (femmes)

	OR	ARGENT	BRONZE
1999	CAN	USA	FIN
1997	CAN	USA	FIN
1994	CAN	USA	FIN
1992	CAN	USA	FIN
1990	CAN	USA	FIN

OLYMPIQUES

Jeux olympiques (hommes depuis les débuts)

	OR	ARGENT	BRONZE
Sapporo-1972	URSS	USA	TCH
Innsbruck-1976	URSS	TCH	ALL
Lake Placid-1980	USA	URSS	SUÈ
Sarajevo-1984	URSS	TCH	SUÈ
Calgary-1988	URSS	FIN	SUÈ
Albertville-1992	CEI	CAN	RÉP TCH
Lillehammer-1994	SUÈ	CAN	FIN
Nagano-1998	RÉP TCH	RUS	FIN

Jeux olympiques (femmes depuis les débuts)

	OR	ARGENT	BRONZE
Nagano-1998	USA	CAN	FIN

bandy

Le Bury Fen Bandy Club (Grande-Bretagne) a été l'équipe dominante des débuts de la discipline, ici en 1891.

Bien que l'on retrouve dès l'Antiquité, en Égypte notamment, des représentations de jeux comportant des crosses et une balle, le bandy « moderne » apparaît au XVIIIe siècle à Bury Fen, en Angleterre, avec la création du Bury Fen Bandy Club. Ce sport, où deux équipes s'affrontent sur une patinoire et essaient de marquer des buts dans les filets de l'équipe adverse à l'aide d'une crosse à lame courbée et d'une petite balle, fait l'objet d'un premier match entre deux clubs londoniens en 1875. Les règlements sont édictés lors de la fondation, en 1891, de la National Bandy Association, en Angleterre. À l'époque, le bandy est régulièrement associé aux clubs de football, puisqu'il se joue sur un terrain ayant les mêmes dimensions qu'un terrain de football et que les règles de jeu présentent de nombreuses similarités. Le premier club suédois voit le jour en 1895 et le bandy se répand alors en Hollande et en Irlande avant de gagner l'Allemagne, la Suisse, la Russie, et les autres pays scandinaves. La pratique du bandy prend sa forme définitive en 1955 lors de la fondation de la Fédération internationale de bandy (IBF). Aujourd'hui, ce sport est aussi pratiqué au Canada, aux États-Unis, dans les pays Baltes, en Hongrie, en Biélorussie et au Kazakhstan. Des championnats du monde se déroulent tous les deux ans (chaque année impaire) depuis 1957.

DÉROULEMENT DE LA COMPÉTITION

Chaque équipe se compose de 15 joueurs (11 joueurs actifs et 4 remplaçants) dont deux gardiens de but. Tout comme au football, une partie de bandy se déroule en deux périodes de 45 minutes entrecoupées d'une pause de 10 minutes à l'issue de laquelle les équipes changent de côté. En cas d'égalité, lors des championnats, il peut y avoir jusqu'à deux périodes de prolongation de 15 minutes. Contrairement au hockey, il y a très peu de contacts physiques au bandy. C'est un sport tout en vitesse et en stratégie qui s'inspire du football, avec coups francs et coups de coin (*corners*). Au début de la rencontre, on tire à pile ou face l'équipe qui effectuera la mise en jeu (*stroke off*). Elle a lieu, ainsi qu'à chaque nouvelle période, au centre de la patinoire : le joueur désigné pousse la balle dans le camp adverse. Il ne peut plus la retoucher tant qu'elle n'a pas été touchée par un autre joueur. Les joueurs de chaque équipe doivent demeurer dans leur zone et aucun ne peut s'approcher de la balle à moins de 5 m tant que la partie n'a pas commencé. L'équipe gagnante est celle qui a marqué le plus de buts dans le filet adverse à la fin du match.

PATINOIRE

Compte tenu de sa dimension, elle est en plein air la plupart du temps. Il existe toutefois des patinoires intérieures.

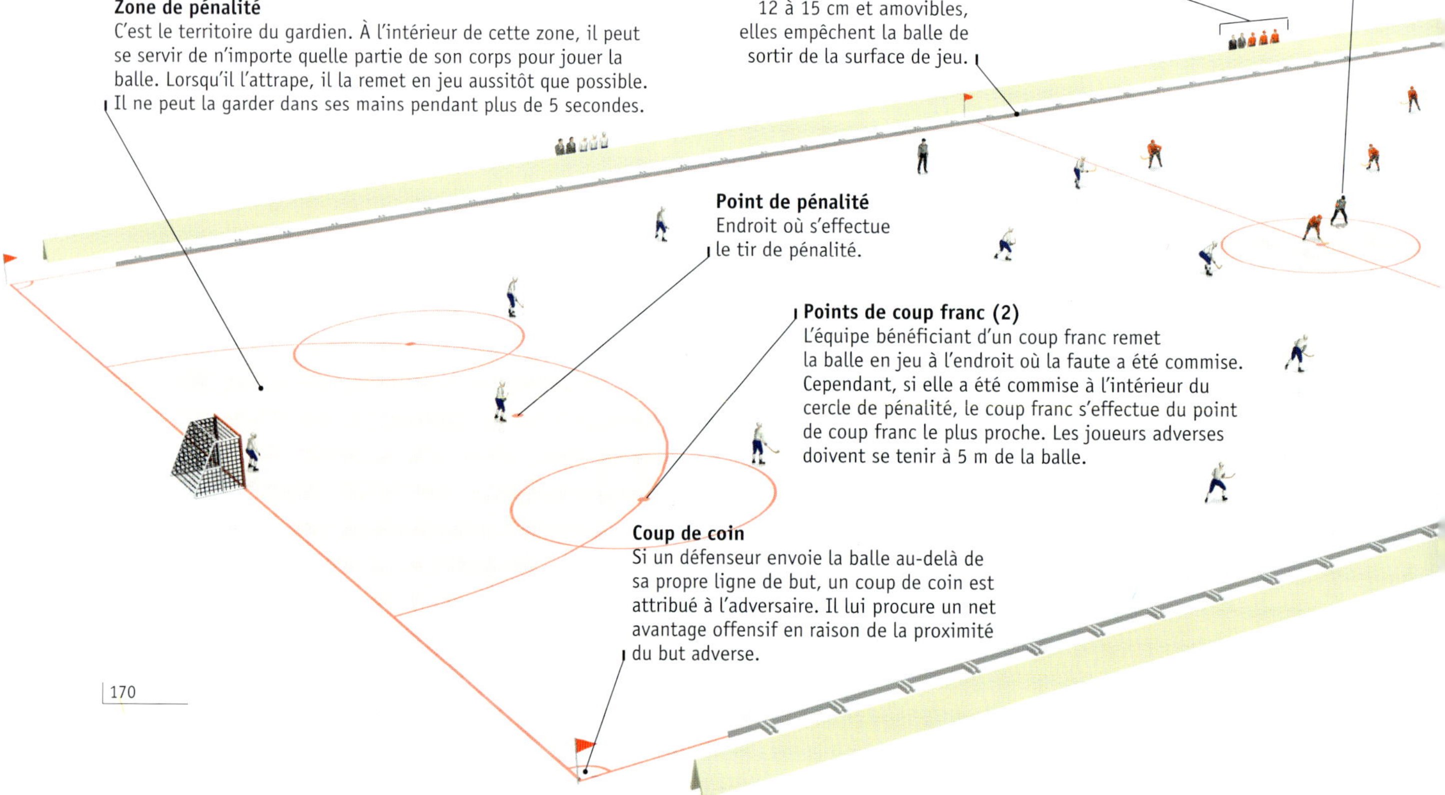

TECHNIQUE

LANCERS

En raison de la dimension de la patinoire et de la dureté de la balle, les lancers et les passes sont souvent spectaculaires. Il y en a plusieurs types dont le lancer frappé.

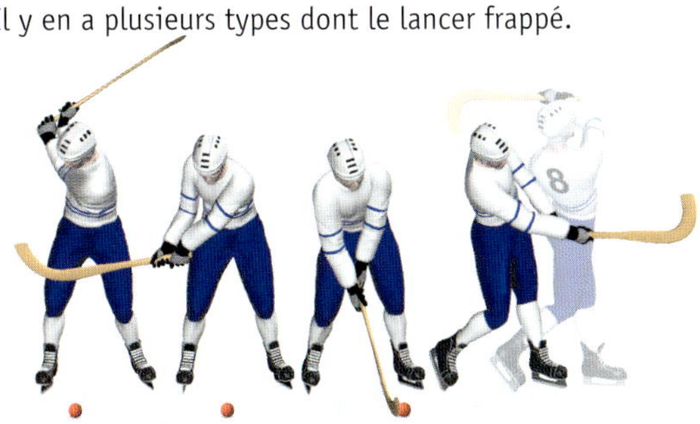

Lancer frappé

Le joueur n'étant pas en contact avec la balle, soulève la crosse vers l'arrière afin de donner de la force au lancer. Il frappe la balle fermement en effectuant une demi-rotation de son corps. Ce lancer est puissant et rapide.

ÉQUIPEMENT

Beaucoup de pièces d'équipement ressemblent à celles utilisées au hockey. Toutefois, elles sont plus légères en raison de l'absence de contacts physiques sévères. La balle, la crosse et les gants sont différents. Le gardien porte des jambières plus larges et des gants rembourrés. Généralement, les joueurs utilisent des patins dont la lame plus longue est similaire à celle des patins de vitesse.

Balle

Faite en plastique et de couleur orange, elle a sensiblement le même format qu'une balle de tennis et est moins dure qu'un palet de hockey.

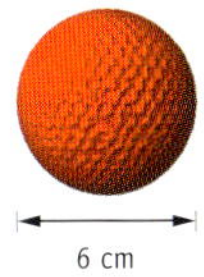

Crosse

AIRE DE JEU

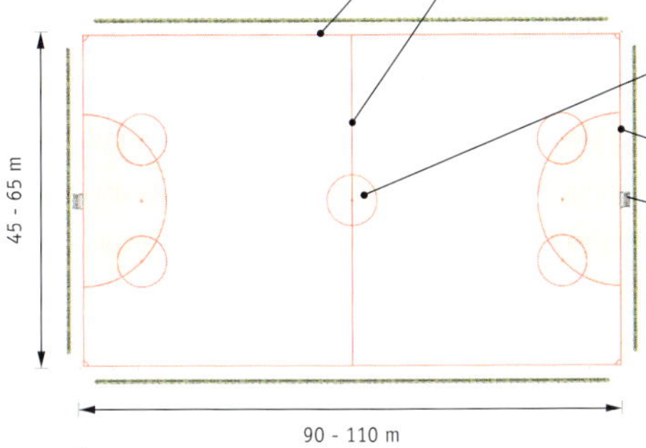

Ligne de touche

Ligne médiane

Cercle de mise au jeu

Ligne de but

Buts
hauteur : 2,10 m
largeur : 3,50 m
profondeur : 2 m

PROFIL DU JOUEUR
• Jeu rapide, le bandy demande beaucoup de stratégie et exige une excellente condition physique. • Le joueur a une excellente capacité aérobique, des jambes puissantes et une bonne résistance musculaire. • Il est capable de réagir vite, de suivre l'ensemble du jeu et de prendre des décisions rapidement.

Libero
Placé au plus profond de la zone défensive, c'est le meneur des joueurs défensifs. Il veille à la cohérence de leur jeu avec celui des autres joueurs.

Gardien de but
Son travail de défense est capital. Il joue aussi un rôle offensif important lorsque vient le moment de remettre la balle à ses coéquipiers. Il peut représenter 50 % du succès de l'équipe. Il joue sans crosse et il peut arrêter ou lancer la balle avec ses mains.

Drapeau de coin
Repère visuel placé à chaque coin, il détermine l'endroit où ont lieu les coups de coin.

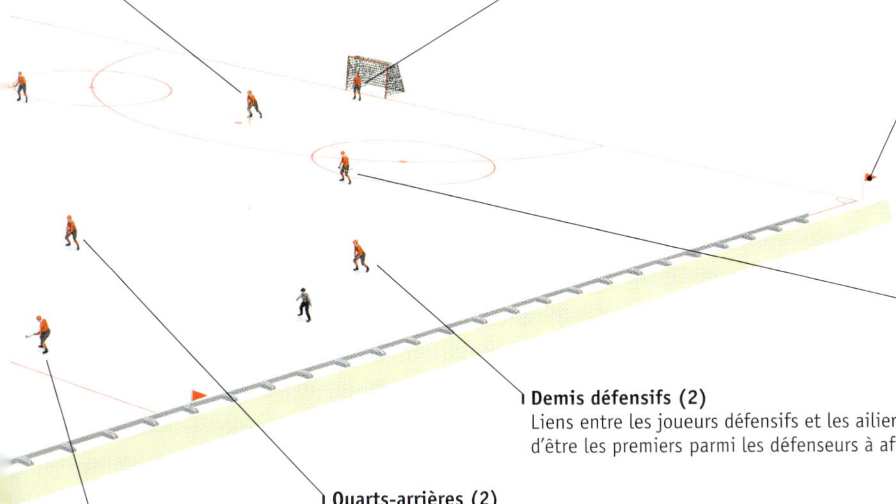

Défensifs-arrières (2)
Ils ont la responsabilité de bloquer les adversaires avant qu'ils n'entrent dans la zone de pénalité. Ils doivent être bien au fait de l'évolution du jeu et des positions occupées par chacun.

Demis défensifs (2)
Liens entre les joueurs défensifs et les ailiers, ils ont comme première responsabilité d'être les premiers parmi les défenseurs à affronter les ailiers de l'équipe adverse.

Quarts-arrières (2)
Avec les demis défensifs, ils catalysent le travail offensif de l'équipe. Leur responsabilité est de recevoir les passes de leurs coéquipiers et, avec l'aide des ailiers et des demis défensifs, de produire une attaque.

Ailiers (3)
Le travail de ces joueurs d'avant est de marquer des buts. Ils sont constamment en mouvement, avec ou sans la balle, et se tiennent prêts à recevoir les passes de leurs coéquipiers.

bobsleigh

Équipe britannique aux Jeux olympiques de Garmisch-Partenkirchen, en 1936.

Le bobsleigh, de l'anglais *bob*, se balancer, et *sleigh*, traîneau, est un sport relativement récent même si les activités de glisse sur neige ou sur glace – toboggan, traîneau, luge, ski, etc. – existent depuis fort longtemps dans les pays nordiques. À sa création, vers la fin du XIXe siècle, l'engin se compose de deux crestas – ancien traîneau de compétition – reliés par une planche. Le cresta avant, muni d'une roue de conduite, sert alors à diriger le véhicule. Le bobsleigh devient rapidement populaire et les premières compétitions sont organisées dans les rues de Saint-Moritz, en Suisse, en 1898. La première piste est construite à Saint-Moritz en 1902. La configuration des pistes évolue et la simple ligne droite est abandonnée au profit de pistes sinueuses. Le bobsleigh, quant à lui, passe du bois au métal et à la fibre de verre, et devient un engin aérodynamique. Au début des années 50, le lestage est introduit afin de diminuer l'avantage « naturel » des équipages lourds. La Fédération internationale de bobsleigh et de tobogganing (FIBT) est fondée à Paris en 1923 et ce sport devient une discipline olympique en 1924 à Chamonix. Les femmes sont admises aux J.O. de 2002, à Salt Lake City. Des championnats du monde se déroulent chaque année excepté l'année olympique : une participation aux J.O. équivaut en effet à une participation aux championnats du monde. Le bobsleigh se pratique aussi sur route glacée et ce sport, très populaire en Europe, a ses championnats du monde et sa Coupe du monde.

DÉROULEMENT DE LA COMPÉTITION

Le bobsleigh se pratique à deux ou à quatre équipiers. Le pilote donne les consignes au départ et dirige l'engin. Après l'arrivée, le freineur contrôle et actionne le frein, d'abord par de légères pressions, et ensuite par une pression ferme. La vitesse se situe généralement entre 120 et 135 km/h avec des pointes qui peuvent atteindre 150 km/h. Un tirage au sort détermine l'ordre de départ. Les bobsleighs qui partent en premier sont avantagés en raison de la qualité de la glace. Après le signal du starter, la lumière rouge s'éteint et la verte s'allume, et le temps est mesuré à partir du moment où la partie avant du bobsleigh passe devant les cellules de départ. Les concurrents ont 60 secondes pour atteindre les cellules de départ.

PISTE

Les pistes d'aujourd'hui sont réalisées à partir d'une structure de béton recouverte de glace réfrigérée artificiellement à l'ammoniaque. La piste comprend obligatoirement une plate-forme de départ, des lignes droites, des courbes, des virages, au moins un labyrinthe et une rampe de décélération.

Les caractéristiques de la piste, le rôle des officiels et la réglementation relative à la température des patins sont identiques au skeleton.

TECHNIQUE POUR LE BOBSLEIGH À QUATRE

1. Départ

Après avoir pris position près de leur bobsleigh, les équipiers – pilote, intermédiaires et freineur – donnent l'élan initial.

2. Poussée

Ils poussent le bobsleigh en courant sur une distance moyenne de 50 m afin de lui donner la puissance nécessaire à la course.

3. Embarquement

Tout en courant et en poussant le bobsleigh, les équipiers y prennent place avant le premier virage. Le pilote embarque en premier, viennent ensuite les intermédiaires et enfin le freineur. Chacun rentre sa poignée de départ.

ÉQUIPEMENT

Le bobsleigh se compose de deux parties sur patins reliées par une plate-forme semi-flexible sur laquelle les équipiers prennent place. Des poignées reliées à un système de poulies permettent de diriger le véhicule équipé de freins et recouvert d'un habitacle profilé en fibre de verre sur lequel des lests sont vissés le cas échéant. Les équipiers sont vêtus d'une combinaison monopièce ou deux pièces en lycra qui s'apparente à la tenue de ski nordique.

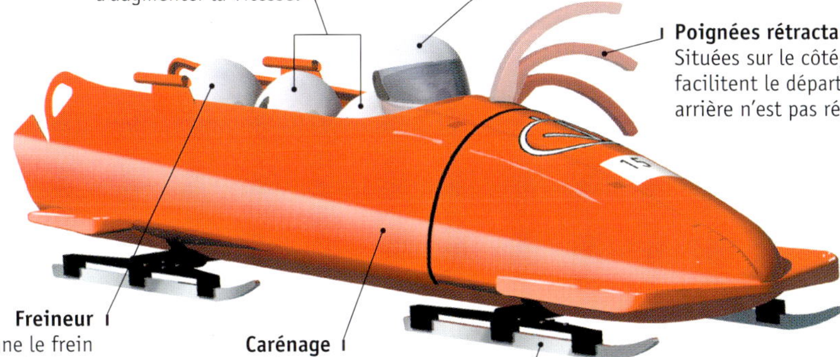

Casque
Il est du même type que celui utilisé par les pilotes de course en Formule 1.

Chaussures
Elles sont munies de crampons au bout de la semelle afin de faciliter la prise du pied sur la glace lors des départs.

BOBSLEIGH À DEUX

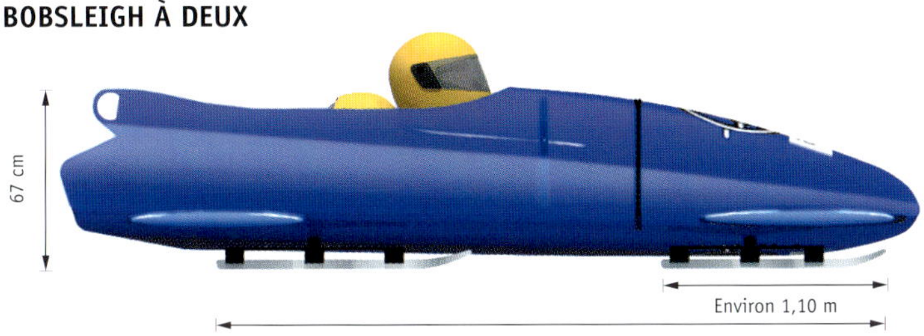

Poids maximum incluant les équipiers, l'engin et le lest : 390 kg

BOBSLEIGH À QUATRE

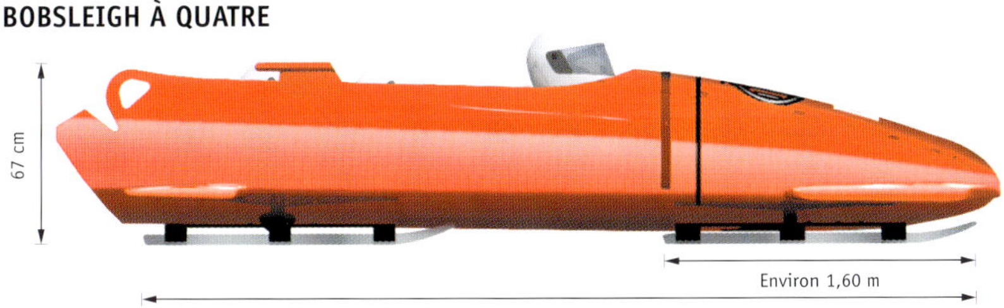

Poids maximum incluant les équipiers, l'engin et le lest : 630 kg

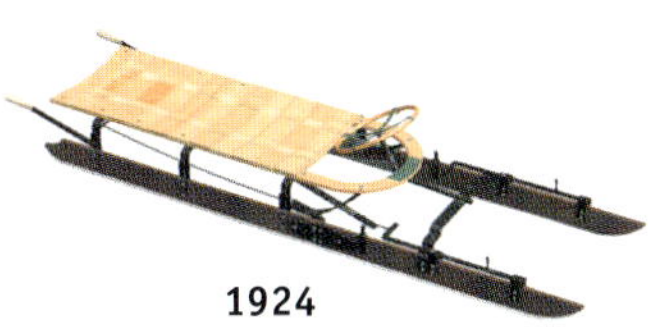

1924

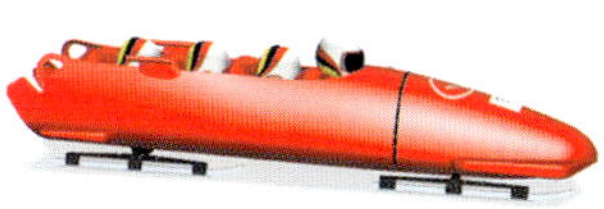

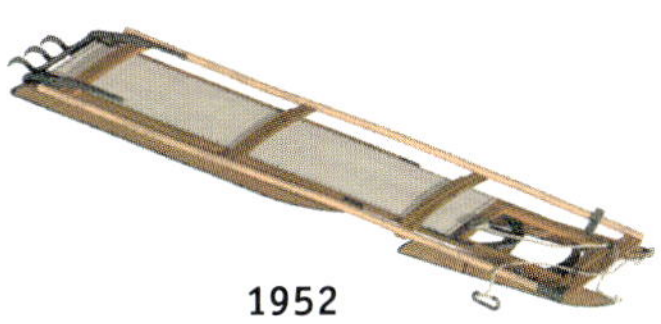

1952

4. Position de descente

Les équipiers adoptent la position assise, la tête penchée vers l'avant, à l'exception du pilote, afin de réduire la résistance de l'air, et demeurent ainsi jusqu'à l'arrivée. Agrippés aux poignées de maintien, ils sont immobiles dans les lignes droites et se déplacent de gauche à droite dans les virages afin d'accroître la vitesse. Pour arrêter l'engin, le freineur actionne un levier.

PROFIL DU BOBEUR

- Outre la puissance musculaire, la détente, la résistance, le sens de l'équilibre et la rapidité des réflexes, l'athlète doit faire preuve d'audace et de sang-froid.
- L'entraînement comprend de la musculation, particulièrement pour les jambes, et des exercices comme le saut à la corde ou les sauts de haies. Les athlètes doivent aussi travailler des sprints sur des distances de 30, 50 et 100 m et pratiquer le lancer du poids qui augmente le volume musculaire du torse et des jambes.
- À haute vitesse et dans les virages, un équipage est soumis à une force de gravité pouvant représenter 4 fois ou plus son poids.

L'équipe jamaïquaine de bobsleigh
Elle voit le jour dans un pays qui ne connaît pas la neige et participe aux J.O. de 1988, 1992,1994 et 1998. La ténacité de cette équipe a contribué à faire connaître davantage le bobsleigh partout dans le monde et à intéresser les sprinters à ce sport. L'épopée de cette équipe a inspiré un film.

Christoph Langen (ALL)
Il est l'un des meilleurs athlètes de l'histoire du bobsleigh. En 1996, il réussit l'exploit d'être à la fois champion du monde et d'Europe sur bobsleigh à quatre et sur bobsleigh à deux.

skeleton

Épreuve de cresta (ancêtre du skeleton) en 1908 à Saint-Moritz, en Suisse.

Adaptation d'un autre sport de glisse, le cresta, apparu en Suisse en 1892, le skeleton (ou « luge canadienne ») consiste à glisser à haute vitesse couché à plat ventre sur un traîneau. C'est en 1905 que le cresta se pratique pour la première fois hors des frontières helvétiques, en Autriche où, un an plus tard, se tiendront les premiers championnats. La Fédération internationale de bobsleigh et de tobogganing (FIBT) voit le jour en 1923 et le sport est reconnu comme discipline olympique. Il faudra cependant attendre 1928 pour que la première médaille d'or soit gagnée par l'Américain Jennison Heaton. Absent des J.O. pendant vingt ans, le cresta n'y sera de retour qu'en 1948 à Saint-Moritz. Le skeleton quant à lui ne devient populaire que dans les années 50 et 60. L'engin, à ses débuts, est un simple châssis métallique, dont la structure évoque lointainement celle d'un squelette – à l'origine de ce nom pour le moins déroutant : skeleton. Aujourd'hui, une vingtaine de pays participent aux championnats du monde et les épreuves sont ouvertes aux femmes depuis 1996. La discipline est inscrite pour la première fois aux J.O. d'hiver de 2002 à Salt Lake City, aux États-Unis.

DÉROULEMENT DE LA COMPÉTITION

L'ordre de départ des concurrents est déterminé par tirage au sort. Le starter donne le signal de départ, la lumière rouge s'éteint et la verte s'allume ; le temps est mesuré à partir du moment où la partie avant du skeleton passe devant les cellules photoélectriques de départ. Les concurrents disposent de 30 secondes pour atteindre les cellules. Les skeletons qui partent en premier sont avantagés en raison de la qualité de la glace. La vitesse peut atteindre 135 km/h.

TECHNIQUE

1. Départ

Prenant appui sur la base de départ, le coureur, tenant les poignées du skeleton, se donne un élan maximal, sans que ses talons touchent le sol, sur une distance de plus ou moins 50 m. Cet instant est crucial, car il détermine l'accélération de l'engin.

2. Embarquement

Afin de prendre place sur le skeleton, le coureur soulève ses jambes pendant une fraction de seconde et s'y laisse retomber. Ce geste doit être précis, sinon il y a risque de déséquilibre et de perte de contrôle du skeleton.

ÉQUIPEMENT

Les seules protections requises sont celles pour les coudes. Toutefois, certains athlètes protègent les endroits les plus fréquemment exposés avec du rembourrage sous leur combinaison. La conception du skeleton permet d'absorber un bon nombre de chocs.

SKELETON

Il est fabriqué en acier ou en fibre de verre. Le poids combiné de l'athlète et du skeleton ne doit pas excéder 115 kg chez les hommes et 92 kg chez les femmes : si ces poids sont plus élevés, l'engin ne doit pas excéder son poids minimal.

Température des patins

En raison de l'avantage que procure un patin chaud, la température est vérifiée au moment du départ et ne doit pas excéder la température du patin témoin de 4 °C (pour le bobsleigh et le skeleton) et de 5 °C (pour la luge). La température du patin témoin est prise 1 heure avant une course et par la suite toutes les 30 minutes. Un tableau affiche la température ambiante, celle du patin et celle de la glace.

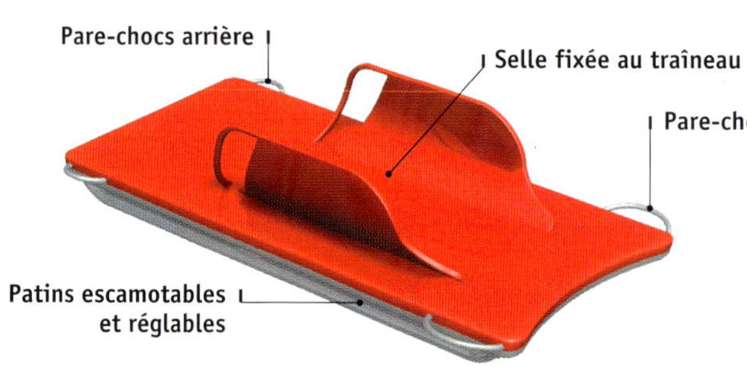

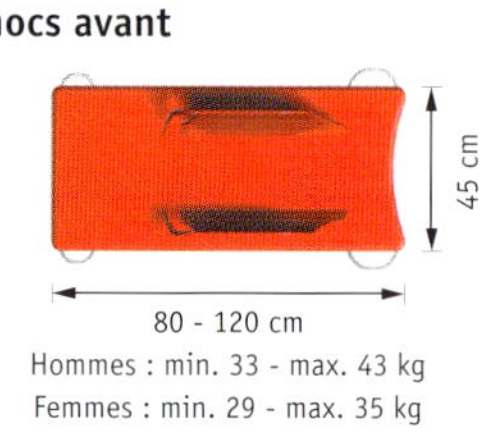

PISTE

Le skeleton est un sport individuel qui se pratique sur les pistes de bobsleigh et luge, et cela a sûrement contribué au regain de popularité de ce sport. Les pistes sont des structures de béton recouvertes d'une couche de glace artificielle. Elles comportent de nombreux virages et mesurent en moyenne 1 500 m et 1,40 m de largeur. La déclivité est comprise entre 8 et 15 % selon les endroits.

OFFICIELS

Directeur de course

Il s'assure du bon déroulement de la compétition et constitue le lien entre la piste, qu'il inspecte régulièrement, et le jury.

Délégué technique

Il vérifie les équipements, les installations et les engins au départ. Si nécessaire, il appuie les membres du jury dans leur décision.

Jury

Sous la responsabilité d'un président, il se compose de 4 à 6 membres qui veillent au bon fonctionnement des zones de départ et d'arrivée, contrôlent la température des patins au départ et le poids des engins et des concurrents à l'arrivée. Le président, quant à lui, s'assure que les règlements sont appliqués, supervise le tirage au sort, prend (en collaboration avec les membres) les décisions concernant la météo et gère les réclamations ou litiges.

Chronométreur

Basé sur la tour de contrôle, il chronomètre le temps des concurrents à l'aide d'un ordinateur qui recueille les informations transmises par des cellules photoélectriques. Ces cellules sont installées à la zone de départ, tout au long du parcours et à la zone d'arrivée. Les différents temps sont affichés sur écran géant à l'intention du public. Des caméras vidéo placées le long du parcours permettent de suivre le déroulement de la course.

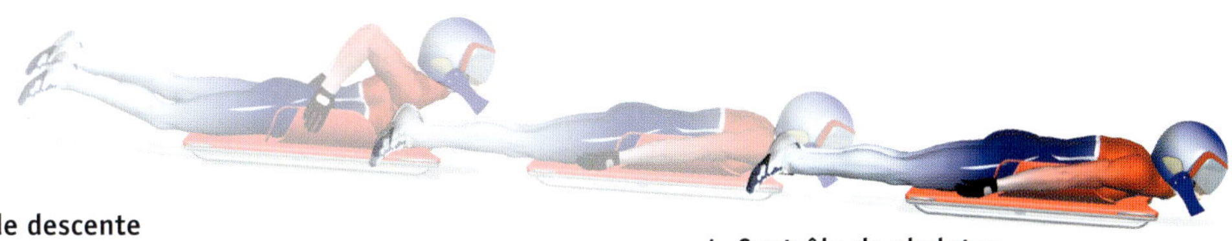

3. Position de descente

Le coureur se positionne adéquatement en vue des manœuvres de contrôle qu'il effectuera lors la descente.

4. Contrôle du skeleton

Le coureur effectue un très léger transfert de poids en déplaçant son corps vers la gauche ou vers la droite afin de se diriger ou d'accélérer la descente. Après l'arrivée, il se sert de ses pieds à l'occasion pour freiner.

Casque

Identique au casque utilisé en ski alpin, il peut toutefois être équipé d'un complément de protection, une visière fabriquée et ajoutée par les concurrents et d'une mentonnière.

Chaussures

Munies de huit crampons de 7 mm chacun au bout de la semelle afin de faciliter les départs, elles sont identiques aux chaussures des sprinters de 100 m.

Alain Wicki (SUI)
Champion national en 1988 et champion du monde en 1989, il figure au premier rang au classement général de la Coupe du monde en 1989.

PROFIL DE L'ATHLÈTE

- L'athlète a des jambes très puissantes et est capable de donner une impulsion maximale dans un court laps de temps.
- La pratique de la relaxation est essentielle afin d'être capable, avant l'épreuve, de visualiser le parcours et la descente.
- En skeleton, l'athlète peut être soumis, pendant une fraction de seconde, à une force de 4 G ou plus – équivalente à 4 fois ou plus son poids – dans un virage accentué.

luge

Darasz et Zukowski, équipe polonaise aux Jeux d'hiver d'Innsbruck (Autriche) en 1964.

Épreuves de vitesse sur piste glacée, les compétitions de luge ont une histoire relativement récente. C'est au XIXe siècle qu'apparaît en Norvège un type de traîneau s'apparentant aux luges d'enfants d'aujourd'hui. Le 12 février 1883, une première course officielle, réunissant 21 concurrents de six pays, a lieu entre les villages suisses de Davos et de Klosters. En 1913, le Club international de luge est fondé à Dresde, en Allemagne et une piste y est aménagée. Les premiers championnats d'Europe ont lieu en 1914. Le sport de la luge se joint à la Fédération internationale de bobsleigh et de toboganning en 1935 et, dès 1945, la luge devient, en particulier sous l'influence de l'Allemagne, une discipline sportive majeure. En 1955, apparaissent les premiers championnats du monde sur piste artificielle, qui se déroulent chaque année (sauf l'année olympique). La Fédération internationale de luge (FIL) est créée deux ans plus tard, en janvier 1957. Discipline olympique depuis les J.O. d'Innsbruck de 1964, la discipline est ouverte aux hommes et aux femmes.

DÉROULEMENT DE LA COMPÉTITION

Les compétitions, qui se déroulent sur des pistes artificielles ou naturelles, peuvent être simples (hommes et femmes) ou doubles (hommes et femmes). Les vitesses en luge sur piste artificielle varient de 120 à 145 km/h. Les courses sont des épreuves contre la montre et le meilleur temps réalisé l'emporte : chaque coureur effectue de 2 à 4 descentes et c'est le total des manches (descentes) qui désigne le vainqueur. Un tirage au sort détermine l'ordre de départ. Le starter donne le signal de départ, la lumière verte s'allume et le temps est mesuré à partir du moment où la partie avant de la luge passe devant les cellules de départ. Les concurrents disposent de 30 secondes en descente simple (45 secondes en double) pour atteindre les cellules de départ. La distance pour les simples hommes est de 1 000 m minimum et de 1 300 m maximum, et celle pour les femmes, de même que pour les doubles, varie de 800 à 1 050 m. La luge est le seul sport olympique d'hiver où les temps sont calculés en millièmes de secondes.

PISTES

Naturelles ou artificielles, les pistes mesurent en moyenne 1,5 km, comprennent plusieurs virages (à droite, à gauche, en S ou en épingle) et sont recouvertes d'une mince couche de glace. Chaque piste artificielle a une ligne théorique calculée, toutefois cette ligne idéale n'est pas visible. La piste naturelle, quant à elle, est en fait une route ou un chemin glacé et sinueux, sans parois relevées. La luge sur piste naturelle compte de nombreux adeptes, particulièrement en Europe centrale, où ont lieu des compétitions nationales et internationales.

Les caractéristiques de la piste, le rôle des officiels et la réglementation relative à la température des patins sont identiques au skeleton.

TECHNIQUES

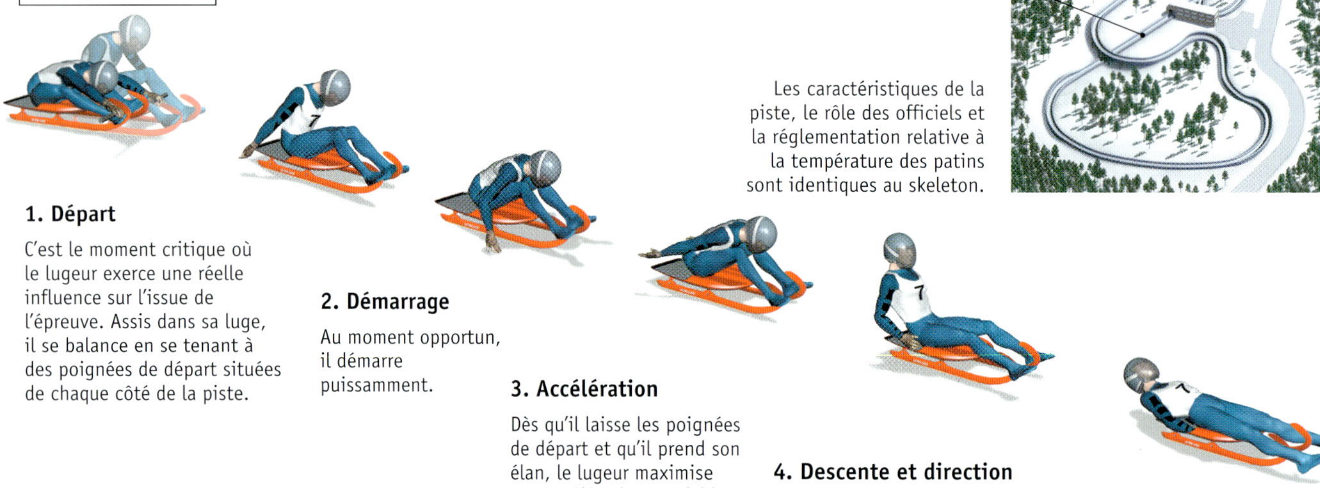

1. Départ

C'est le moment critique où le lugeur exerce une réelle influence sur l'issue de l'épreuve. Assis dans sa luge, il se balance en se tenant à des poignées de départ situées de chaque côté de la piste.

2. Démarrage

Au moment opportun, il démarre puissamment.

3. Accélération

Dès qu'il laisse les poignées de départ et qu'il prend son élan, le lugeur maximise son accélération en s'aidant de gants munis de crampons. Les mains tiennent alors les poignées tout au long de la course.

4. Descente et direction

Le lugeur se couche sur le dos afin de réduire la résistance de l'air et d'être le plus rapide possible. Il se dirige en transférant légèrement son poids au moyen d'un roulement de tête, d'épaules ou encore des deux, mais peut aussi exécuter une légère pression sur les lugerons. Ces différents mouvements, associés à la gravité subie par la luge, accroissent la vitesse.

ÉQUIPEMENT

LA LUGE

C'est un traîneau profilé pesant 23 kg en format monoplace et 27 kg en format biplace. Un poids maximal de 90,5 kg incluant le lugeur, le vêtement et le lest est imposé. Si un athlète pèse plus de 90 kg, il n'est pas autorisé à porter de lest. La longueur de la luge peut varier selon les catégories et les athlètes, toutefois un règlement détermine un maximum et un minimum entre les pontages. Le carénage peut atteindre 170 mm de haut et 550 mm de large.

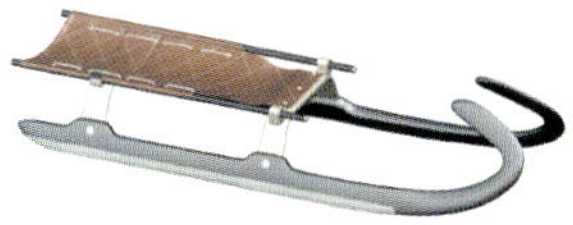

Fin des années 1950

Luge simple

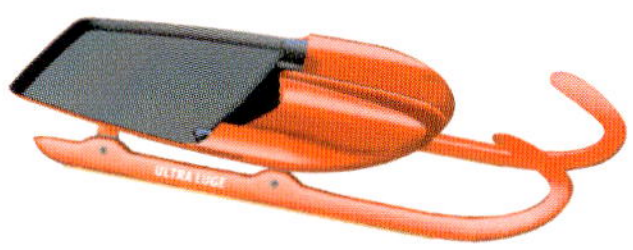

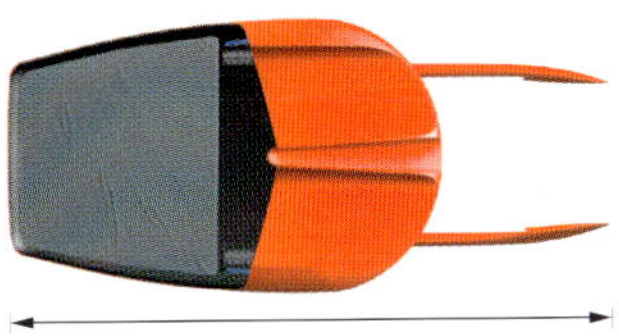

En moyenne 1,45 m

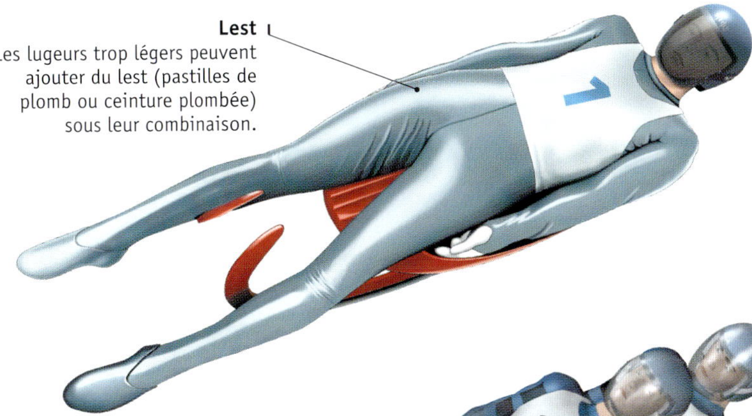

Lest
Les lugeurs trop légers peuvent ajouter du lest (pastilles de plomb ou ceinture plombée) sous leur combinaison.

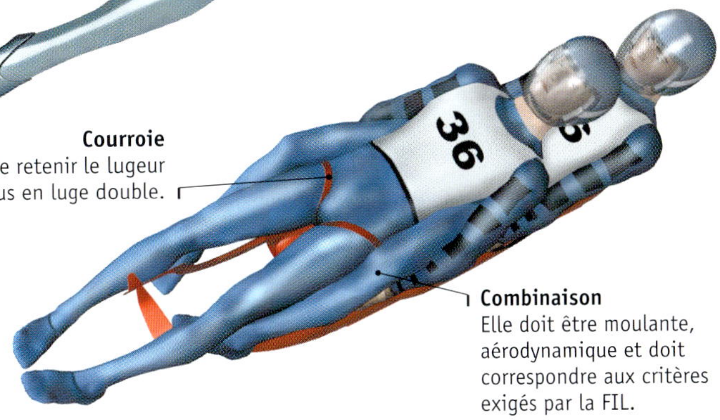

Courroie
Elle permet de retenir le lugeur du dessus en luge double.

Combinaison
Elle doit être moulante, aérodynamique et doit correspondre aux critères exigés par la FIL.

Luge double

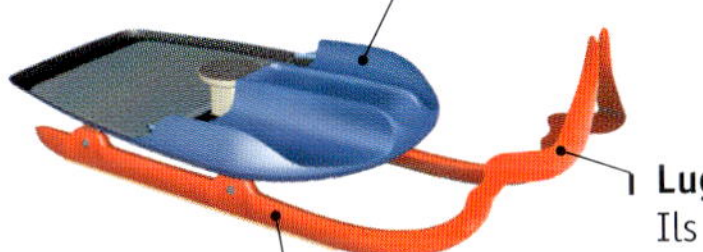

Carénage

Patins

Lugerons
Ils sont munis de lames métalliques et recourbés vers le haut à leur extrémité avant.

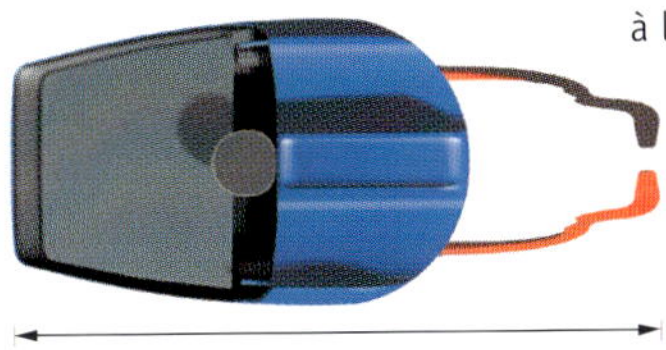

En moyenne 1,75 m

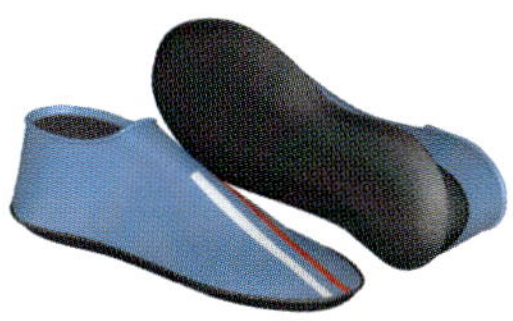

Chaussures
Elles sont aérodynamiques et à semelles lisses.

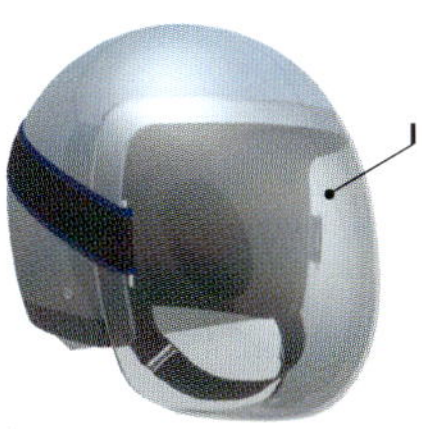

Visière

Casque
Profilé, il est conçu spécialement pour les lugeurs.

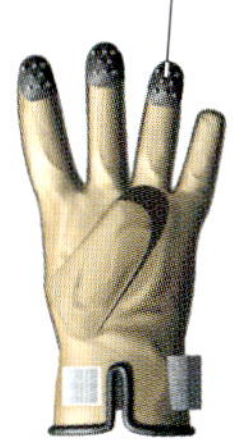

Crampons

Gants
Ils sont munis de crampons, d'une longueur maximum de 4 mm, sur trois doigts ou aux jointures afin de donner plus d'efficacité aux tractions manuelles lors du départ.

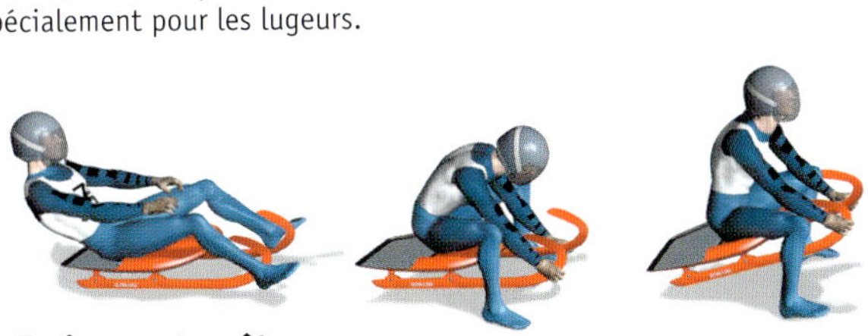

5. Freinage et arrêt

Lorsque vient le moment de freiner, le lugeur se soulève et place ses pieds – qui continuent à glisser – à l'extérieur comme point d'appui. En soulevant les lugerons, il occasionne une pression de la partie arrière des patins sur la glace, ce qui ralentit et arrête la luge.

PROFIL DU LUGEUR

- Les lugeurs sont des athlètes très résistants physiquement et psychologiquement, et ils ont des réflexes supérieurs à la moyenne. Lors d'une course, le haut de leur corps (abdominaux, thorax et cou) est particulièrement sollicité de même que les pieds qui agissent sur les lugerons.
- De plus, ils doivent affronter des vitesses pouvant aller jusqu'à 145 km/h dans un véhicule sans carénage ni dispositif de freinage d'urgence.

Susi Erdmann (GER)
Trois fois championne du monde en 1989, 1991 et 1997, elle remporte également la Coupe du monde en 1991 ainsi qu'une médaille d'argent aux J.O. de 1994.

Georg Hackl (GER)
C'est l'athlète le plus médaillé de l'histoire de la luge. Médaillé d'or aux J.O. de 1992, 1994 et 1998, il est champion du monde en 1989, 1990 et 1997.

patinage artistique

L'Américaine Peggy Fleming, médaillée d'or aux J.O. de Grenoble (France) en 1968, également championne du monde de 1966 à 1968.

À la fois impressionnant et risqué, le patinage artistique est aussi l'un des sports les plus élégants qui soient. Réussir des figures, des pirouettes et des sauts difficiles, patiner avec harmonie et souplesse, danser en rythme sur une musique choisie, tels sont les enjeux du patinage artistique et de la danse sur glace. Dès le milieu du XIXe siècle, le patinage connaît un véritable succès comme activité de loisir et sport structuré : patinoires et clubs de patineurs fleurissent sur les cinq continents. Dès 1842, le Skating Club of London voit le jour en Angleterre, tandis qu'aux États-Unis est créé le New York Skating Club en 1860. Dans les années 1860, la discipline est révolutionnée par un Américain qui y intègre la danse. Vingt-quatre ans plus tard, l'Union internationale de patinage (ISU) est créée et les premiers championnats du monde ont lieu en 1896 pour les hommes et en 1906 pour les femmes. La discipline devient olympique à Londres en 1908. Le patinage artistique tel qu'on le connaît aujourd'hui prend forme au début des années 50. La télédiffusion de compétitions et de spectacles aidant, il devient de plus en plus populaire et rejoint un vaste public.

DÉROULEMENT DE LA COMPÉTITION

Le patinage artistique est scindé en trois disciplines : le patinage individuel, par couple et la danse sur glace. Le patinage individuel inclut deux épreuves : un programme technique, dit court, et un programme libre ou long. Le programme technique dure 2 min 40 s et se compose de huit éléments techniques obligatoires reliés par des pas de liaison. Les patineurs choisissent eux-mêmes la musique. Le programme libre dure 4 minutes pour les dames et 4 min 30 s pour les hommes. Les concurrents y sont jugés sur leur technique, la valeur artistique des figures, le synchronisme avec la musique, l'originalité du choix musical et la qualité d'exécution. Le patinage en couple comprend un programme technique avec des mouvements imposés et déterminés et un programme libre. Individuellement ou en couple, les patineurs doivent effectuer un certain nombre d'éléments techniques, de pirouettes, de sauts imposés et libres ou de spirales.

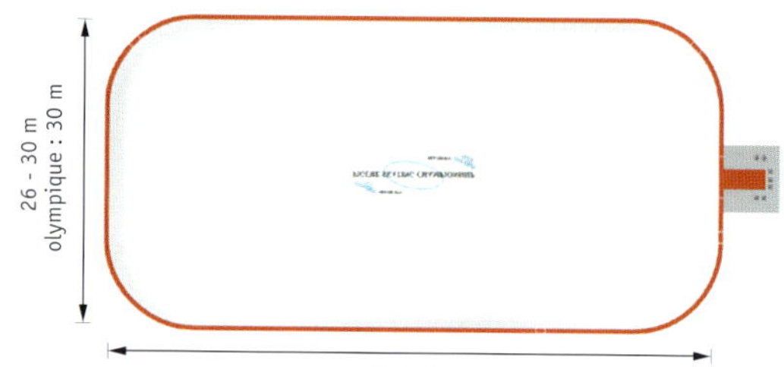

PATINOIRE

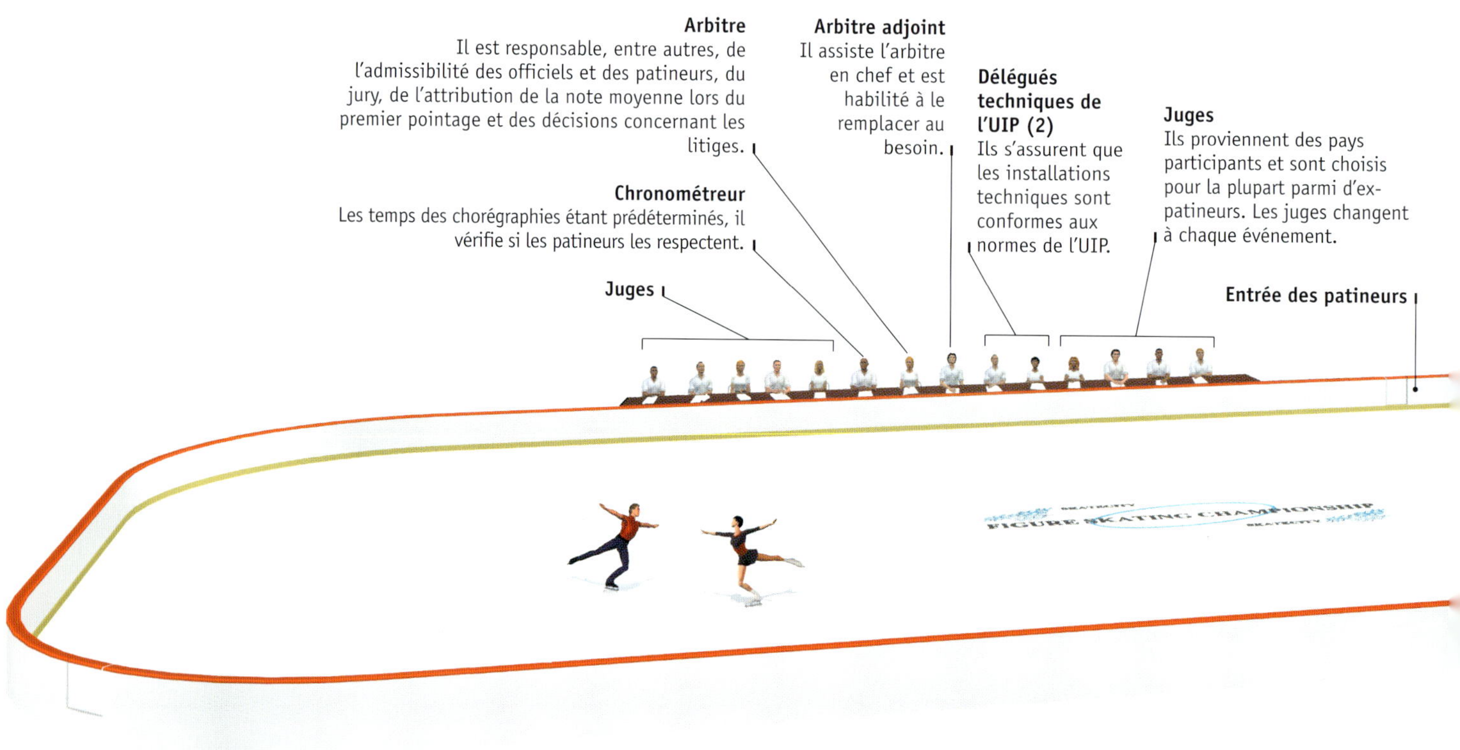

TECHNIQUES

Qu'il s'agisse de pas, de sauts, d'enchaînements, de spirales ou de pirouettes, l'apprentissage de ces différentes techniques est très exigeant en raison de la précision demandée, de la mémorisation des différentes figures et de la concentration nécessaire en tout temps.

Les éléments techniques obligatoires

Lors des programmes courts, les patineurs effectuent des éléments obligatoires, une combinaison de sauts avec un triple saut. Chez les hommes, il y a huit passages obligatoires dont deux séries de pas, trois pirouettes dans deux positions différentes, un double axel, un triple saut précédé de pas et une combinaison triple saut plus double ou triple axel. Chez les femmes, on retrouve une série de pas au choix, trois variétés de pirouettes, une séquence en arabesque, un double axel, un double ou triple saut précédé de petits pas et une combinaison de sauts triple, double, double-triple ou encore double-double. Enfin, chez les couples, le programme doit comporter huit éléments : une levée vrillée, un saut individuel, une pirouette individuelle avec changement de pied, une pirouette combinée en couple, une spirale de la mort et une séquence de pas en position arabesque.

SPIRALES

Les plus connues sont l'arabesque avant ou arrière, le pied dans la main et la spirale de la mort. Cette dernière est un élément technique imposé du patinage en couple. Dans le cas des spirales de la mort, elles comprennent deux positions, avant et arrière, la position de la patineuse déterminant la spirale. L'homme fait tournoyer vivement sa partenaire en la tenant par un bras. La patineuse est alors penchée en arrière, sa tête frôlant la glace à quelques centimètres. Le but de la spirale est d'amener la patineuse le plus bas possible, le dos parallèle à la glace.

Spirale de la mort arrière extérieure

DÉCOMPTE DES POINTS

Depuis 1988, lors des compétitions internationales, les juges sont tirés au sort parmi les diverses nations représentées. Ce système est en vigueur pour les championnats d'Europe et du monde. Deux séries de notes sont attribuées par neuf juges sur une échelle de 0 à 6 : la première évalue l'aspect technique et la seconde la présentation artistique. Une liste de déductions est distribuée aux juges avant chaque événement. Complémentaires des évaluations de base, elles permettent de préciser le pointage. Ainsi, par exemple, si des séquences de pas sont mal accomplies, on retranche de 0,1 à 0,3 point ; des combinaisons, des pirouettes ou des doubles axels mal effectués coûtent de 0,1 à 0,4 point au patineur et un élément oublié, 0,5 point.

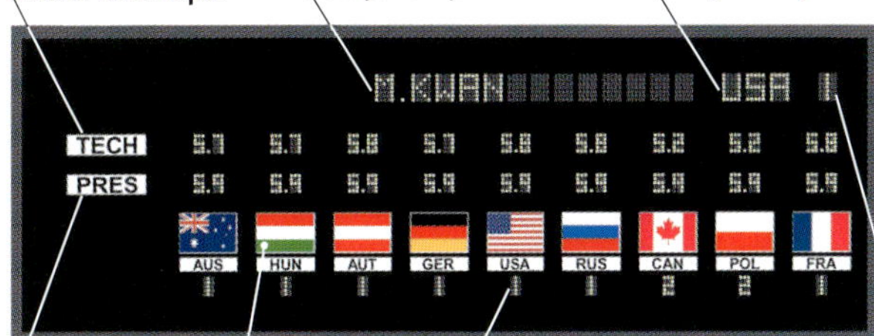

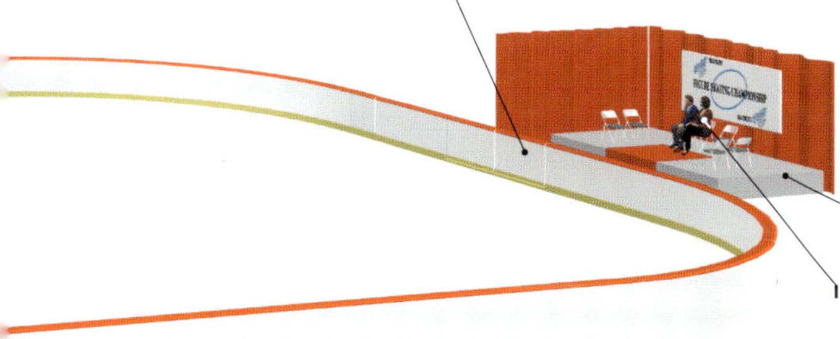

Barème de notes techniques et artistiques
0 : non exécuté
1 : mauvais
2 : faible
3 : moyen
4 : bien
5 : très bien
6 : parfait

PIROUETTES

Pour être réussie, une pirouette doit répondre à quatre critères : une grande vitesse, l'esthétisme de la ligne, l'équilibre et le centrage. Ces qualités doivent être présentes dans les différentes positions de base : pirouette debout, pirouette assise, pirouette cambrée et pirouette allongée. Enfin, on compte trois types de pirouettes : sur un pied, sautées et combinées.

La pirouette parapluie (*death drop*)

Probablement la plus spectaculaire, c'est une pirouette sautée allongée retombée assise arrière. Le patineur s'élève dehors avant mais retombe en position assise sur le pied droit.

SAUTS

Six sauts principaux, souvent exécutés en double ou en triple, font partie intégrante du patinage artistique. L'axel est considéré comme le plus difficile.

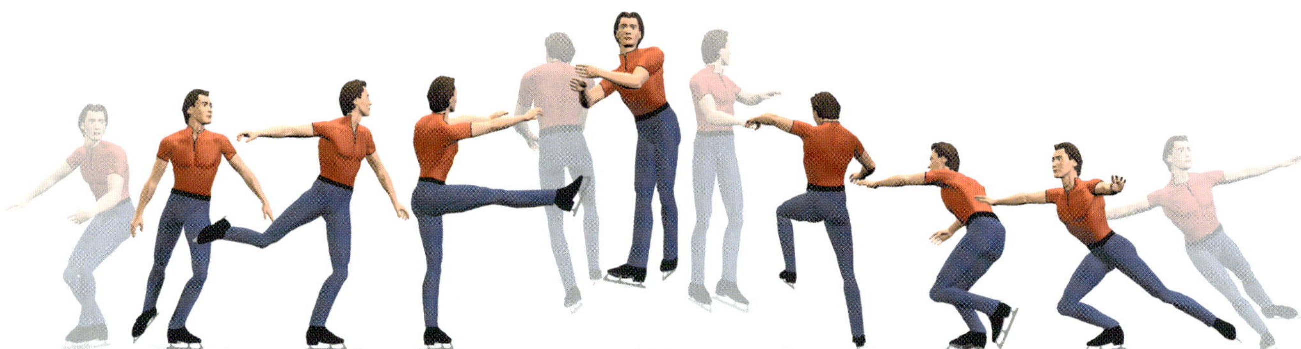

L'axel

Inventé par le Norvégien Axel Paulsen en 1882, c'est un saut qui réclame une grande précision et qui peut être exécuté en simple, en double et en triple. Il s'effectue avec appel avant.

Le salchow

Mis au point en 1909 par le Suédois Ulrich Salchow, dix fois champion du monde. Saut complexe, il demande de la précision et de l'équilibre. Il peut être simple, double ou triple. C'est un saut avec appel arrière.

Le flip

Il s'agit en fait d'un salchow piqué qui s'exécute sur une ligne droite. C'est un saut avec appel arrière.

Le lutz

Unique, spectaculaire et très exigeant sur le plan physique, le lutz a été inventé par l'Autrichien Alois Lutz en 1913. C'est un saut avec un appel arrière.

Le boucle piqué (*toe loop*)

Le boucle piqué est le plus simple des sauts piqués. C'est un saut avec appel arrière et réception dehors arrière sur le même pied.

ÉVOLUTION DE L'ÉQUIPEMENT

PATIN

1800

1940

Homme

1990

Femme

Bottine

Elle doit être confortable et ajustée pour soutenir la cheville, très sollicitée.

LAME

En acier, pour tous les niveaux et toutes les disciplines. Il existe deux types de lames : pour le programme libre et la danse sur glace.

Lame pour la danse sur glace
Le talon est plus court et les pointes moins accentuées.

Lame pour le programme libre
Plus courbée que la lame pour danse sur glace, ses pointes permettent d'effectuer plus aisément des sauts, des spirales et des pirouettes. Il est toutefois interdit d'utiliser les pointes pour un départ, celui-ci devant s'effectuer à plat sur la lame.

COSTUME

Confortable et esthétique, il est choisi par les concurrents. Il doit garder la chaleur du corps, sécher rapidement et avoir de bonnes qualités d'élasticité. Chez les femmes, une jupette obligatoire couvre les hanches et les fesses.

PROFIL DES PATINEURS

- Les caractéristiques essentielles des patineurs sont une grande souplesse, un excellent sens de l'équilibre, de la force physique, de la précision et de la créativité.
- L'entraînement comporte quatre volets : technique (pas, sauts, spirales et pirouettes), physique (endurance, souplesse et force), artistique (chorégraphie, recherche gestuelle) et psychologique (motivation, concentration, visualisation).
- La partenaire féminine doit être plus petite que son partenaire masculin pour des raisons esthétiques mais aussi physiques (force du partenaire).

Katarina Witt (ALL)
Médaillée d'or aux J.O. de 1984 et de 1988, elle est aussi quatre fois championne du monde. Avec Sonja Henie, elle est la seule à réussir deux fois le Grand Chelem en 1984 et en 1988.

Elvis Stojko (CAN)
Médaillé d'argent aux J.O. de 1994 et de 1998, champion du monde en 1994, 1995 et 1997. Premier patineur à réaliser la combinaison d'un quadruple saut suivi d'un triple saut en boucle piqué (7 tours au total).

Ekaterina Gordeyeva et Sergei Grinkov (URSS)
Quadruples champions du monde en 1986, 1987, 1989 et 1990, ils sont aussi champions olympiques en 1988 et en 1994.

Kurt Browning (CAN)
Premier patineur, en 1988, à effectuer un quadruple saut en compétition. Il est champion du monde en 1989, 1990, 1991 et 1993.

danse sur glace

L'évolution technique et chorégraphique de la danse sur glace ces dernières années lui a permis de rejoindre le réseau des compétitions officielles dont les J.O. en 1976. Intégrée au patinage artistique, elle est néanmoins une discipline olympique à part entière. Les acrobaties n'étant pas permises, la danse sur glace – qui ne se pratique qu'en couple – se différencie par sa dimension chorégraphique. Les patineurs doivent évoluer sans effort apparent et exécuter leurs mouvements avec harmonie et en parfait accord avec la musique choisie. Ils doivent aussi donner l'impression d'un véritable couple et non celle de deux patineurs individuels patinant ensemble. Cette discipline représente à la fois un défi sportif et artistique. Parallèlement à la danse sur glace, le patinage synchronisé, la plus jeune discipline du patinage, apparaît en 1957 et se développe au début des années 1970. Des équipes de 12 à 20 patineurs exécutent des chorégraphies à partir d'éléments prescrits. Les figures doivent être géométriques et la musique est choisie par les athlètes.

Jayne Torvill et Christopher Dean (G-B)
En 1984, ils révolutionnent la danse sur glace avec une magistrale prestation sur le *Boléro* de Ravel.

DÉROULEMENT DE LA COMPÉTITION

La danse sur glace comporte une épreuve imposée de deux danses, une danse originale sur un thème musical imposé et une danse libre de 4 minutes sur un thème musical choisi par les patineurs.

LISTE DES ÉPREUVES

Danses imposées

Au nombre de deux, elles sont choisies parmi les 18 danses reconnues par l'UIP. Composées de pas et de séries de pas qui en forment le schéma précis, elles sont exécutées sur une musique qui en détermine le rythme et l'allure.

L'essentiel est de respecter la mesure, l'expression musicale et le placement. Les danses imposées sont la base de la danse sur glace et leur exécution lors des compétitions représente 20 % du classement final.

Danse originale

C'est une épreuve où le type de danse, son rythme et les tempos sont choisis par l'UIP. L'information est publiée deux ans à l'avance par l'UIP. Toutefois, la chorégraphie et la musique sont au choix du couple. L'épreuve dure 2 minutes. Lors des compétitions internationales, la danse originale – aussi appelée de création – compte pour 30 % au classement.

Danse libre

C'est une suite de pas sur une musique au choix du couple. L'épreuve dure 4 min 30 s et elle représente 50 % de la note lors des compétitions internationales.

Les danses imposées reconnues par l'UIP

Fox-trot
Rocker fox-trot
Kilian
Yankee-polka
Quick-step
Paso doble
Rumba
Pas de quatorze
Harris tango
Tango argentin
Tango romantica
Blues
Valse européenne
Valse américaine
Valse Westminster
Valse viennoise
Valse starlight
Valse Ravensburger

Isabelle et Paul Duchesnay (FRA)
Champions du monde en 1991, ils innovent par l'originalité et l'audace de leur chorégraphie en danse sur glace.

PROFIL DES PATINEURS

- Les deux partenaires doivent montrer des aptitudes identiques et complémentaires. Il est essentiel que leurs styles respectifs soient semblables, qu'ils aient le sens du rythme ainsi qu'une parfaite synchronisation et qu'ils maîtrisent les mêmes bases techniques. Puissance, souplesse, équilibre et coordination sont essentiels.

patinage de vitesse

Épreuve de patinage de vitesse aux J.O. d'hiver de Chamonix en 1924.

Le patinage de vitesse se pratique sur longue piste et sur courte piste de façon individuelle ou en équipe. Moyen de locomotion dans les pays nordiques dès le XIIe siècle, le patinage de vitesse voit le jour en Hollande à la fin du XVIe siècle, sur les canaux gelés. Mais si ce pays est considéré comme le berceau légitime de la discipline, la première compétition officielle a eu lieu à Hambourg, en Allemagne, en 1889 et les premiers championnats du monde en 1893. Les patineurs concourent à l'époque sur des distances de 500 m, 1500 m, 5000 m et 10000 m. En 1905, le patinage de vitesse sur courte piste apparaît au Canada et aux États-Unis. La première compétition nord-américaine de cette discipline, spectaculaire en raison de la dimension réduite de la piste, a lieu en 1909. Durant les années 20 et 30, les foules se pressent au Madison Square Garden à New York pour applaudir les adeptes de la courte piste. Il faudra toutefois attendre 1992 pour que la discipline devienne olympique, contrairement au patinage de vitesse sur longue piste qui fait son entrée dans l'arène des J.O. dès 1924 pour les hommes et 1960 pour les femmes.

DÉROULEMENT DES COMPÉTITIONS SUR LONGUE PISTE

Il y a deux grandes catégories de courses : le sprint pour hommes et femmes sur des distances de 500 et 1000 m et la catégorie toutes distances où les hommes courent sur des distances de 500, 1500, 5000 et 10000 m et les femmes, sur des distances de 500, 1500, 3000 et 5000 m. Deux patineurs prennent le départ et courent contre la montre. Les temps réalisés par les athlètes sont ramenés sur une échelle de 500 m et transformés en points. L'objectif des coureurs est de récolter le moins de points possible, le total déterminant le classement. Les patineurs n'ont pas le droit de patiner à l'intérieur des cônes délimitant un virage. Les patineurs sur longue piste peuvent atteindre des vitesses de pointe de 60 km/h.

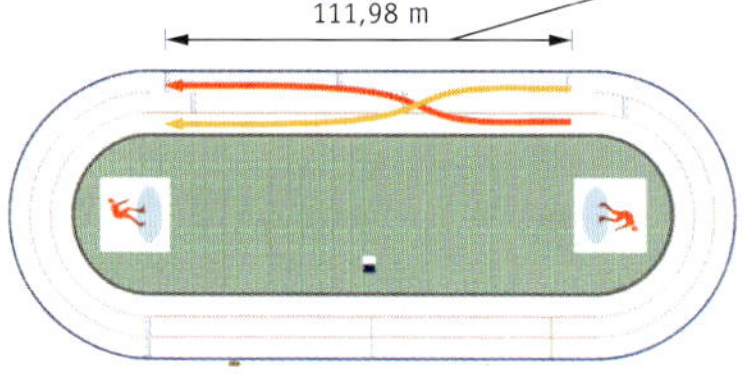

PATINOIRES

LONGUE PISTE

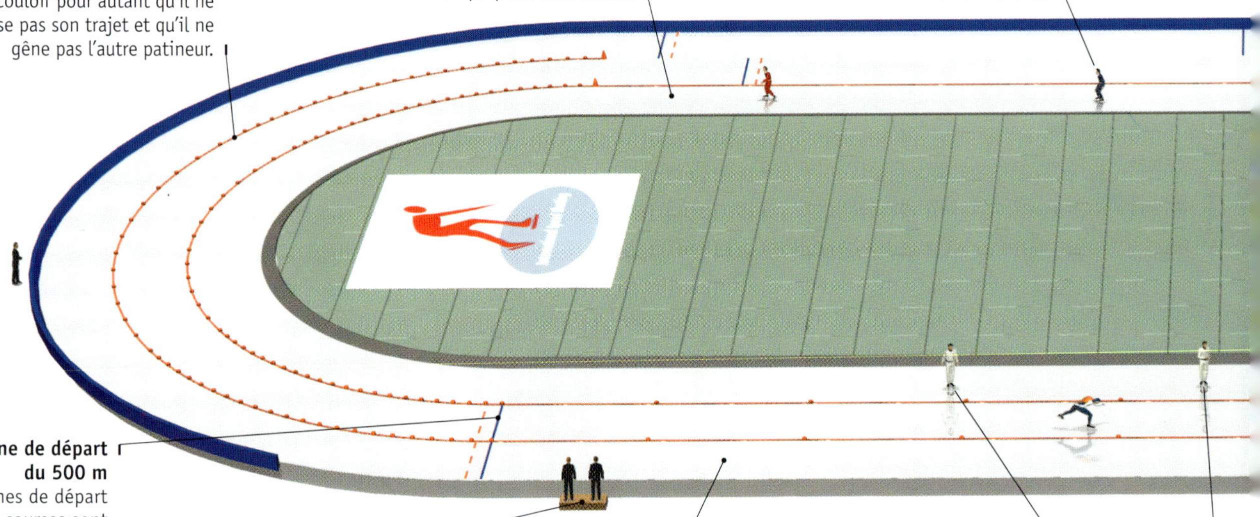

DÉROULEMENT DES COMPÉTITIONS SUR COURTE PISTE

Il existe deux catégories de courses : individuelle et en relais par équipe de 4 participants. En programme individuel, 4 à 6 patineurs prennent le départ en même temps – les athlètes concourent les uns contre les autres –, le vainqueur étant celui qui a effectué le meilleur temps dans la finale. Les patineurs doivent dépasser leurs concurrents avec netteté sans obliger celui qui est dépassé à ralentir et sont pénalisés s'ils passent à l'intérieur des cônes, mais pas s'ils les déplacent. Le patineur de tête ne doit pas gêner d'autres concurrents en se servant de ses bras et de son corps pour bloquer le passage. Les patineurs sur courte piste peuvent atteindre des vitesses de 50 km/h. Les distances pour les hommes et les femmes sont les mêmes : 500 m, 1 000 m, 1 500 m et 3 000 m, sauf en relais, où les femmes courent sur une distance de 3 000 m et les hommes, de 5 000 m.

Patinoire olympique

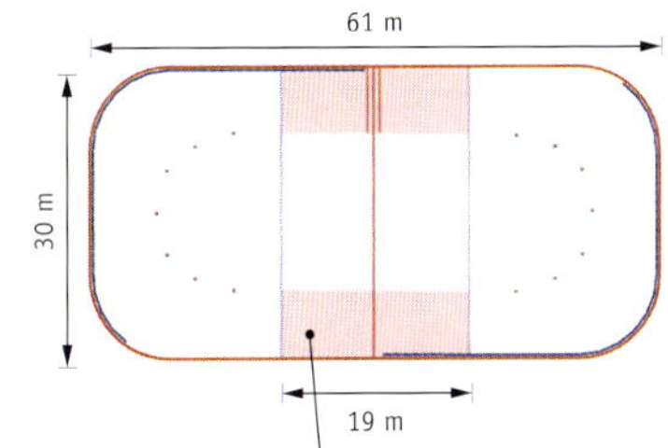

Zones de relais (4)
Tout au long de la course, le relais peut s'effectuer dans une des quatre zones situées entre les lignes bleues. Toutefois, à 3 tours de la fin, il doit s'effectuer avant la ligne rouge.

COURTE PISTE

Arbitres adjoints (4)
Ils gèrent le déroulement de la course et notent les infractions. Deux sont en patins au centre de la piste et deux sont placés à chaque extrémité à l'extérieur de la patinoire.

Juge de départ
Il donne le signal avec un pistolet. L'arbitre ne peut modifier ses décisions concernant un faux départ ou tout autre événement relatif au départ.

Juges à la ligne d'arrivée et préposés à la photo-finish
Ils s'assurent du bon fonctionnement du chronomètre électronique et peuvent l'effectuer manuellement si nécessaire.

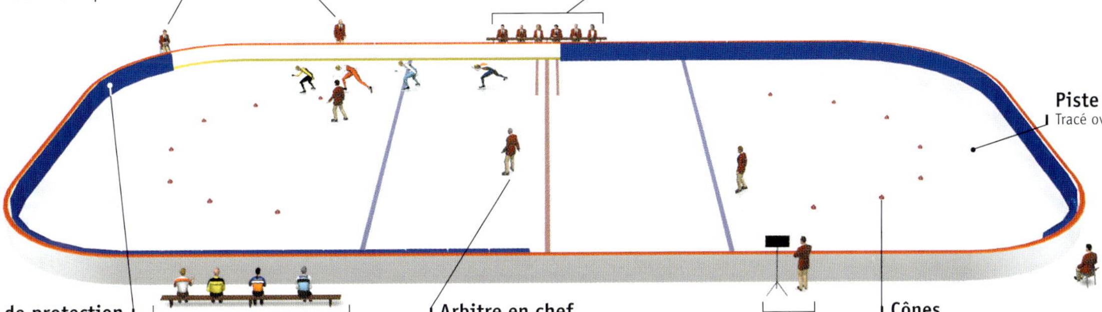

Piste
Tracé ovale 111,12 m

Matelas de protection
De la hauteur de la bande, ils sont fabriqués en styromousse et recouverts de vinyle.

Entraîneurs
Ils donnent à leurs patineurs les instructions pendant la course.

Arbitre en chef
Il supervise le travail des arbitres adjoints et est responsable de l'application des règlements.

Responsable du décompte des tours
Il signale aux patineurs le nombre de tours à faire à l'aide d'un compte-tours.

Cônes
Ils identifient le tracé de la piste, puisqu'il n'y a pas de ligne de démarcation sur la patinoire de courte piste. En caoutchouc ou en matière plastique, ils ne sont pas fixés sur la glace afin de ne pas l'endommager.

Juges assistants (2)
Ils s'assurent que les changements de couloir sont effectués correctement.

Entraîneurs (2)
Ils élaborent le plan de course et indiquent le temps aux patineurs.

Matelas de protection
D'une hauteur de 75 cm et de forme triangulaire, ils sont en styromousse recouverte de cuir.

Juges de piste (2)
Ils s'assurent que les concurrents sont dans le bon couloir, qu'ils ne créent pas d'obstructions et qu'ils effectuent le virage correctement.

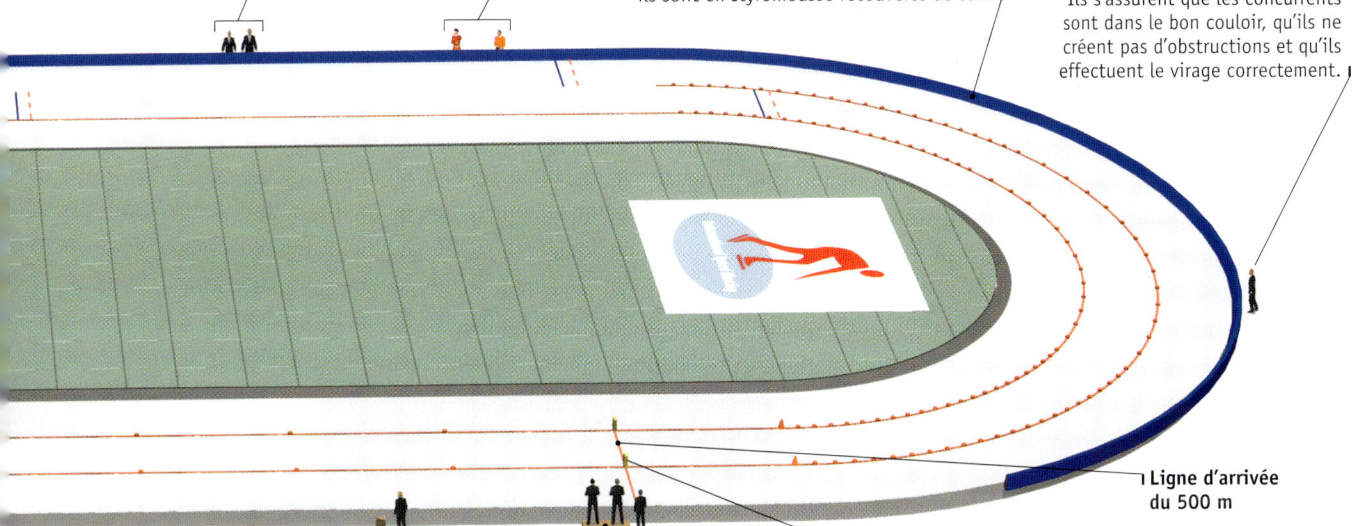

Ligne d'arrivée du 500 m

Responsable du décompte des tours
Il signale aux patineurs le nombre de tours à faire à l'aide d'un compte-tours.

Chronométreurs (2)
Placés à la ligne d'arrivée, ils s'assurent du bon fonctionnement du chronomètre électronique et effectuent le chronométrage manuellement si nécessaire.

Juge à la ligne d'arrivée
Il s'assure que l'arrivée est réglementaire.

Chronomètre électronique
Doté d'un faisceau lumineux, il enregistre le moment où les patineurs franchissent la ligne d'arrivée.

TECHNIQUES SUR LONGUE PISTE

DÉPART

Les patineurs s'efforcent d'avoir une poussée initiale la plus puissante possible. Au sprint, le coup de patin, la glisse et la concentration sont des atouts techniques importants. Dans ce type de course, le départ le plus avantageux est celui à l'intérieur parce qu'il se termine à l'extérieur. Par ailleurs, sur toutes distances, le patineur doit garder de l'énergie en réserve et il doit être bien au fait du nombre de secondes qu'exige chaque tour.

POSITIONS DE BASE

Le patineur se propulse en poussant alternativement d'un patin sur l'autre. En ligne droite sur des distances de plus de 3 000 m, l'athlète garde le bras derrière le dos afin de diminuer la résistance de l'air. Au sprint, il balance les deux bras au départ et à l'arrivée.

Ligne droite

La poussée longue, caractérisée par des enjambées longues et puissantes, est utilisée en ligne droite.

Courbe

Les pas croisés facilitent les passages dans les courbes tout en permettant de lutter contre la force centrifuge. C'est un point technique difficile à maîtriser.

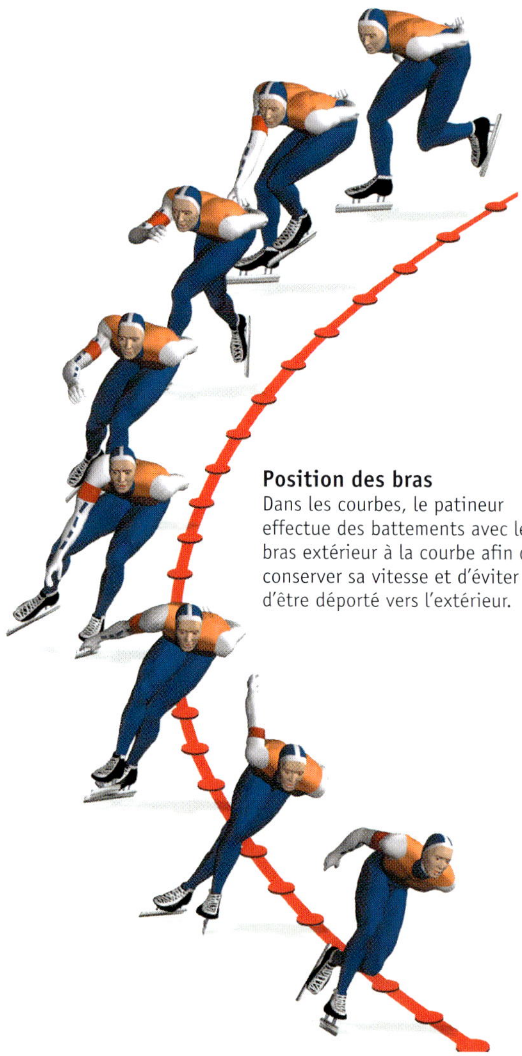

Position des bras

Dans les courbes, le patineur effectue des battements avec le bras extérieur à la courbe afin de conserver sa vitesse et d'éviter d'être déporté vers l'extérieur.

Poussée longue

La longueur de la poussée, le balancement des bras, l'ouverture des hanches et l'orientation des épaules sont autant de facteurs qui contribuent à l'efficacité du coureur.

TECHNIQUES SUR COURTE PISTE

Différents types de pas doivent être maîtrisés : les pas de départ, la foulée et les pas croisés.

DÉPART

Les pas de départ sont des pas courus et c'est à ce moment que l'impulsion est donnée.

POSITION DE BASE

La maîtrise des techniques reliées à la position de base permet au patineur d'aborder les virages à haute vitesse. Le tronc du patineur est penché vers l'avant et ses genoux sont légèrement fléchis. Cette position favorise la répartition du poids, une extension complète lors du mouvement de poussée et abaisse le centre de gravité.

Ligne droite

Le patineur s'efforce de garder sa position de base.

Courbe

Lorsqu'ils courent sur courte piste, les patineurs sont penchés de telle sorte que leurs genoux sont tout près de leur estomac, et dans les virages, ils sont près de la glace avec un angle prononcé.

Position des bras

Les patineurs ont le droit de toucher la piste avec leur main. Ce geste leur permet de retrouver leur équilibre dans une courbe. Toutefois, ce geste doit être bref, car il nuit à la vitesse des patineurs.

RELAIS

Les courses de relais sont réalisées sur des distances de 3 000 m pour les femmes et de 5 000 m pour les hommes. On y retrouve 4 équipes de 4 patineurs et le nombre de tours disputés est de 27 ou 45 selon le type de course. Pour compléter un échange, un patineur doit toucher un coéquipier – n'importe où sur la piste – et le contact se fait généralement sous forme de poussée.

ÉQUIPEMENT

En longue piste, les patineurs portent une combinaison avec capuchon. En courte piste, les risques de chutes étant élevés, les athlètes utilisent des protections pour les parties du corps les plus exposées.

LONGUE PISTE

Combinaison intégrale
Avec capuchon, elle permet de diminuer le plus possible la résistance de l'air.

COURTE PISTE

Casque protecteur

Protège-cou avec bavette

Gants
Fabriqués en cuir, ils permettent de diminuer les risques de coupures.

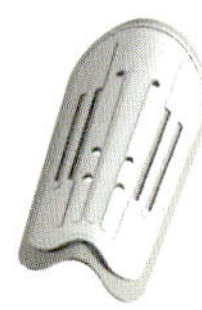

Protège-tibia

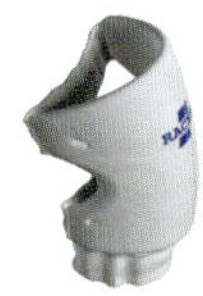

Genouillère

PATIN KLAP

42 - 46 cm

Lame
Largeur : 1 mm

La lame est droite, centrée et se détache du talon, permettant ainsi un plus long contact avec la glace de même qu'une amélioration de la poussée. Le patin klap, tout en augmentant la vitesse, aide aussi les patineurs en fin de course alors que la fatigue est plus présente et qu'ils ont tendance à piquer le devant de la lame en fin de poussée.

PATIN DE COURTE PISTE

Jusqu'à 46 cm

Lame
Largeur : 1,2 - 1,4 mm

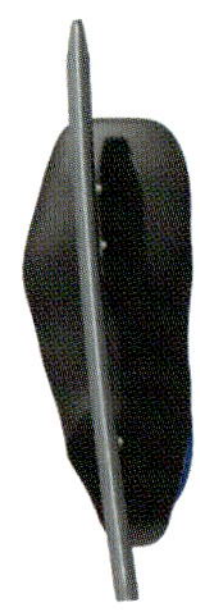

La lame est courbée dans le sens du virage, placée en diagonale sur la semelle et décentrée.

PROFIL DU PATINEUR

- C'est entre 15 et 20 ans qu'un patineur choisit la longue ou la courte piste. Toutefois, certains athlètes poursuivent une carrière dans les deux disciplines, ce qui est très exigeant. L'âge maximal de pratique de la discipline en compétition de haut niveau se situe autour de 30 ans.
- Sur courte piste, les patineurs sont agiles et doivent être capables d'effectuer des départs explosifs.
- Sur longue piste, ils possèdent une grande force physique, des jambes puissantes ainsi qu'une puissance aérobie et une capacité anaérobie.
- Les principaux muscles sont les quadriceps et les muscles fessiers.

Johann Olav Koss (NOR)
Quatre fois champion olympique en 1992 et en 1994, année où il bat le record du monde, il a également été champion du monde à trois reprises : en 1990, 1991 et 1994.

Marc Gagnon (CAN)
Champion du monde sur courte piste à plusieurs reprises, il remporte le relais olympique en 1998.

Eric Heiden (USA)
Champion du monde en 1977, 1978 et 1979, il a aussi remporté cinq médailles d'or aux J.O. de 1980 (500, 1 000, 1 500, 5 000 et 10 000 m).

Karin Enke-Kania (RDA)
Championne du monde de sprint de 1980 à 1987, elle est aussi championne du monde toutes distances en 1982, 1984, 1986, 1987 et 1988.

Sports de neige

ski alpin

Champion du monde en 1956, l'Autrichien Anton Sailer a été le premier homme à récolter trois titres olympiques (descente, slalom et slalom géant) en 1956.

Attribuées aux Scandinaves, les origines du ski remonteraient à environ 4 500 ans. Avant de devenir le loisir de prédilection des classes aisées, le ski était avant tout un moyen de transport économique et efficace, parfaitement adapté aux conditions climatiques des pays nordiques et à leur relief montagneux. C'est vraisemblablement dans la première moitié du XVIIIe siècle que le ski s'est développé en tant que sport. En 1888, le voyage en skis de fond au Groenland de l'explorateur norvégien Fridtjof Nansen inspire des montagnards français, suisses, allemands et autrichiens qui importent des skis de Scandinavie et popularisent le sport dans leur pays respectif. Toutefois, les techniques de ski de fond ne conviennent pas aux terrains montagneux, et, à la fin du XIXe siècle, elles sont adaptées dans les Alpes donnant ainsi naissance au ski alpin. La Fédération internationale de ski (FIS) est fondée en 1924 et elle commence à organiser des compétitions de ski alpin dès 1931. En 1936, le combiné (descente et slalom) est introduit aux Jeux d'hiver pour les hommes et les femmes, puis en 1948, à Saint-Moritz la descente et le slalom sont admis comme disciplines séparées. Le slalom géant fait quant à lui son apparition aux J.O. d'Oslo en 1952 (hommes et femmes) et enfin, le slalom géant (hommes et femmes) est présenté pour la première fois aux Jeux de Calgary, en 1988. Une Coupe du monde annuelle est créée en 1967 et comporte une vingtaine d'épreuves. Les meilleurs participants se disputent ensuite le championnat du monde tous les deux ans.

DÉROULEMENT DES COMPÉTITIONS

Les épreuves sont des courses contre la montre à départs échelonnés : les skieurs effectuent une descente chacun leur tour, et tentent de franchir la ligne d'arrivée en un minimum de temps en respectant le tracé établi. Toute sortie du parcours est éliminatoire. Les quatre disciplines se répartissent en trois catégories :

- les épreuves de vitesse, courues en une seule manche, regroupent la descente – vitesse pure – et le super-géant (ou super-G) – vitesse sur piste de descente raccourcie et comprenant plus de portes.
- les épreuves techniques regroupent le slalom géant (ou géant) et le slalom (ou slalom spécial). Elles sont courues en deux manches et le classement final est obtenu en additionnant les temps des deux manches.
- les épreuves combinées qui consistent à obtenir un résultat d'ensemble sur plusieurs épreuves (généralement une descente et un slalom).

TRACÉS DES DIFFÉRENTES ÉPREUVES

Chronomètre
Il est déclenché par une baguette pivotante qui frappe les tibias du concurrent lorsqu'il s'élance.

Départ
Après le signal du juge de départ, le concurrent a, selon les disciplines, 5 à 10 secondes pour s'élancer. Il donne une vigoureuse impulsion en prenant appui sur ses bâtons plantés en dehors de la porte de départ. Les premiers mètres sont consacrés à prendre le maximum d'élan en pas de patineur, tout en poussant sur les bâtons.

Ligne d'arrivée
Les épreuves sont chronométrées au centième de seconde. Les écarts de temps entre les concurrents sont très faibles.

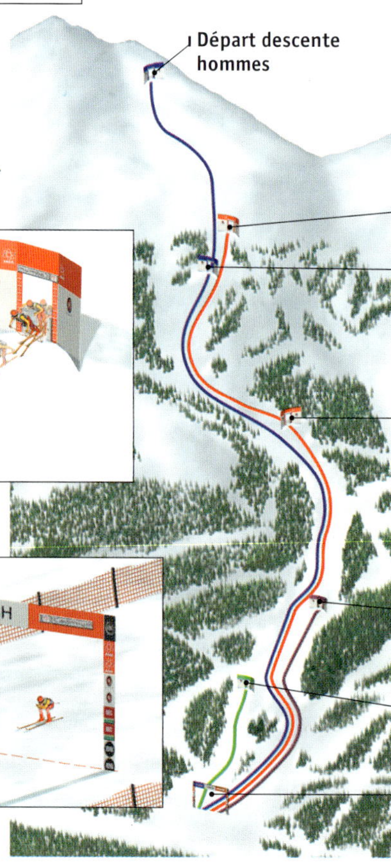

Officiels
Chaque épreuve est coordonnée par un comité d'organisation et arbitrée par un jury de compétition composé de techniciens prenant en charge les divers aspects réglementaires d'une compétition. La tour de chronométrage et le tableau d'affichage sont situés au pied des pistes.

ÉPREUVES DE VITESSE

DESCENTE

Très spectaculaire, c'est l'épreuve reine du ski alpin. La piste présente une forte pente, avec de grandes lignes droites et de longs virages rapides. Les skieurs, qui disposent de trois jours d'essai pour reconnaître et apprendre le tracé, dévalent la pente à plus de 120 km/h (les vitesses maximales avoisinent 140 km/h). La dénivellation de la piste est comprise entre 500 et 1 000 m pour les hommes et entre 500 et 700 m pour les femmes, et la largeur des portes doit être d'au moins 8 m.

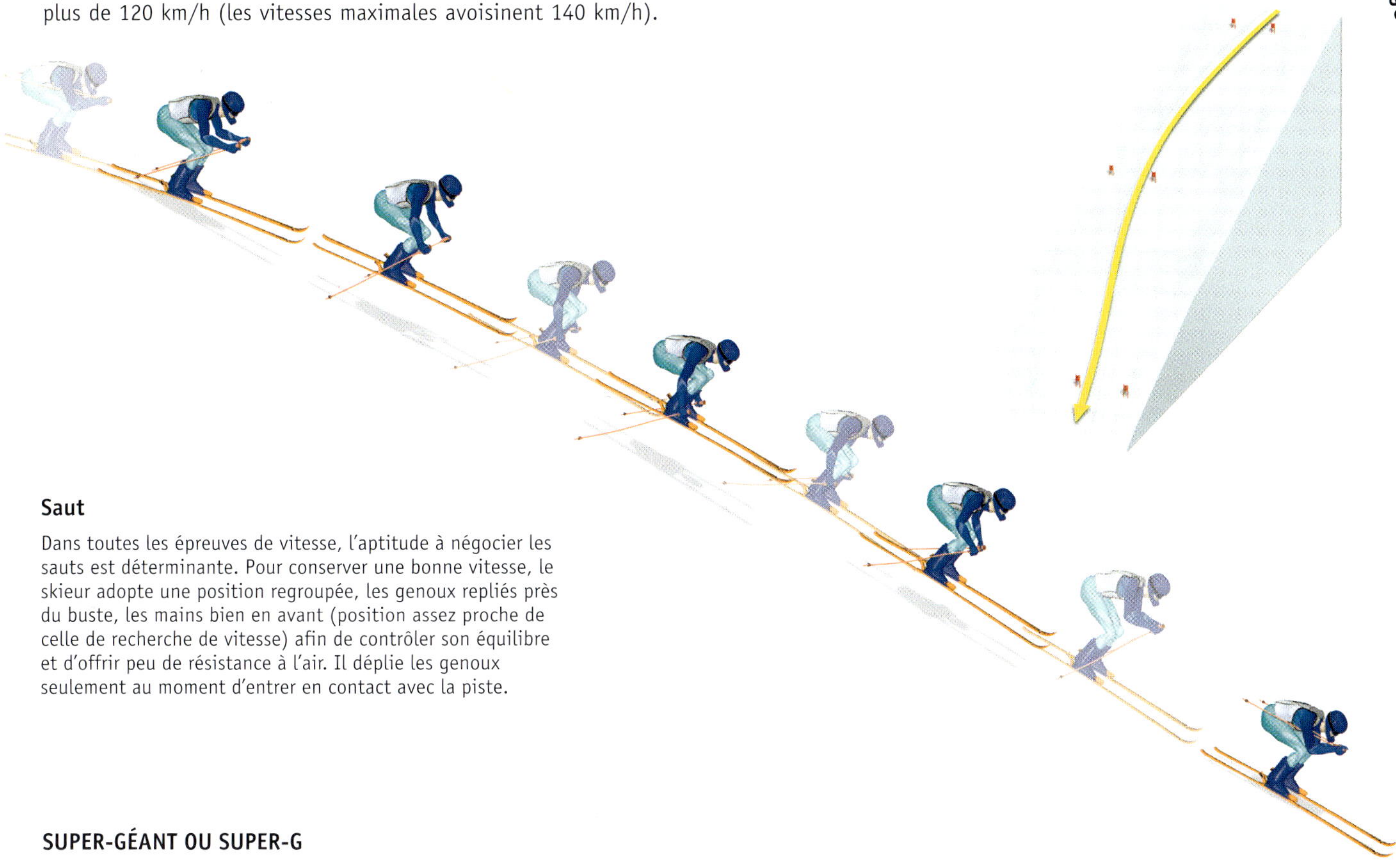

Saut

Dans toutes les épreuves de vitesse, l'aptitude à négocier les sauts est déterminante. Pour conserver une bonne vitesse, le skieur adopte une position regroupée, les genoux repliés près du buste, les mains bien en avant (position assez proche de celle de recherche de vitesse) afin de contrôler son équilibre et d'offrir peu de résistance à l'air. Il déplie les genoux seulement au moment d'entrer en contact avec la piste.

SUPER-GÉANT OU SUPER-G

Discipline récente qui combine la vitesse de la descente à la technique du géant, les épreuves de super-G se disputent habituellement sur la piste de descente. Le tracé est raccourci de quelques centaines de mètres et des portes sont ajoutées pour obtenir un minimum de 35 changements de direction (30 pour les femmes), sans compter les portes de départ et d'arrivée. Les portes sont d'une largeur de 6 à 8 mètres, placées à au moins 25 mètres d'intervalle pour les portes ouvertes et 15 mètres pour les portes fermées. Les coureurs découvrent le parcours le jour même de la course.

Position de recherche de vitesse ou schuss

On l'appelle aussi la position de l'œuf. Le skieur adopte une position aérodynamique (genoux fléchis, mains bien en avant, coudes collés au corps et dos arrondi) de façon à offrir le minimum de résistance à l'air. Elle est principalement utilisée dans les épreuves de vitesse (descente et super-G) et lors des portions droites d'un géant.

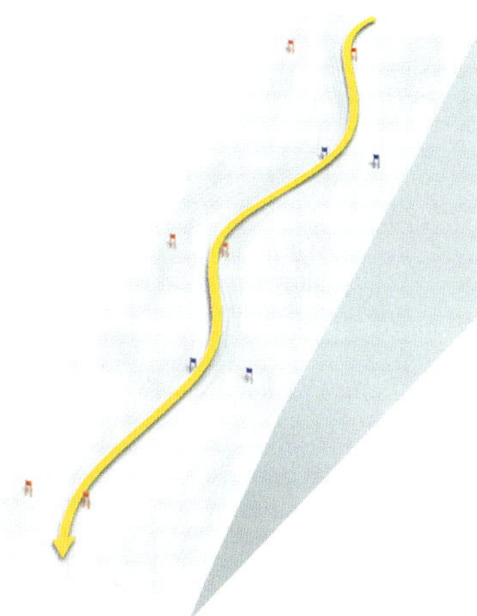

ÉPREUVES TECHNIQUES

SLALOM OU SLALOM SPÉCIAL

Les piquets de slalom dessinent un tracé serré adapté au terrain, qui contraint les skieurs à enchaîner rapidement les virages, et à entrer en contact avec les piquets pour garder la meilleure trajectoire. Le tracé est composé de portes (rouges et bleues) horizontales (ouvertes) et verticales (fermées), de 2 à 3 chicanes (suite rapprochée de 3 à 5 portes fermées), ainsi que d'au moins 4 portes verticales doubles. Les skieurs doivent franchir toutes les portes en respectant l'alternance des teintes (rouge et bleu). Un parcours comprend de 55 à 75 portes pour les hommes et de 45 à 65 pour les femmes. L'espacement minimal entre deux portes ne doit pas être inférieur à 0,75 m.

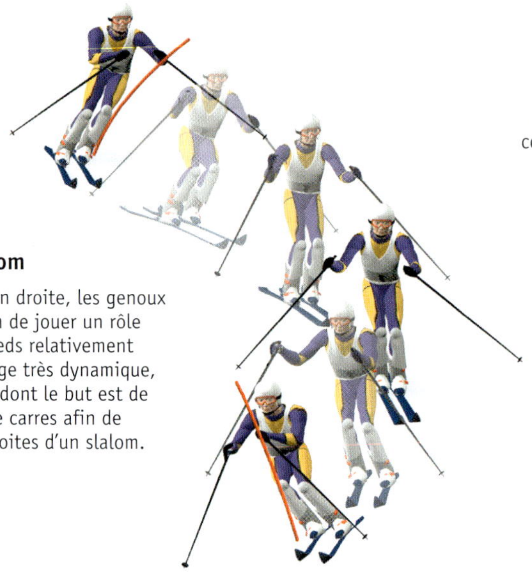

Virage de type slalom

Il s'effectue en position droite, les genoux légèrement fléchis afin de jouer un rôle d'amortisseur et les pieds relativement « collés ». C'est un virage très dynamique, avec peu d'amplitude, dont le but est de changer rapidement de carres afin de négocier les portes étroites d'un slalom.

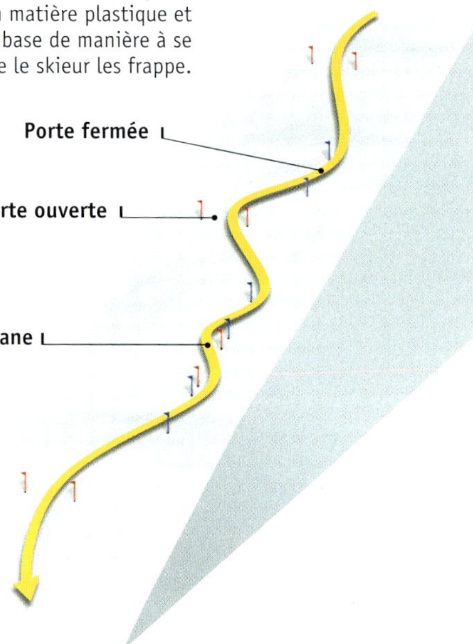

GÉANT OU SLALOM GÉANT

Couru sur une pente moins prononcée qu'un slalom, le slalom géant comporte aussi moins de portes. Le tracé, dont les courbes sont plus longues, présente des enchaînements rapides qui font appel aux qualités techniques des skieurs : finesse du contact ski-neige et sens de la bonne trajectoire notamment. Le nombre de portes, qui doivent être espacées d'au moins 10 mètres, est établi selon le dénivelé de la piste, et leur largeur se situe entre quatre et huit mètres. Elles sont piquetées de façon à être visibles rapidement et facilement, même à grande vitesse.

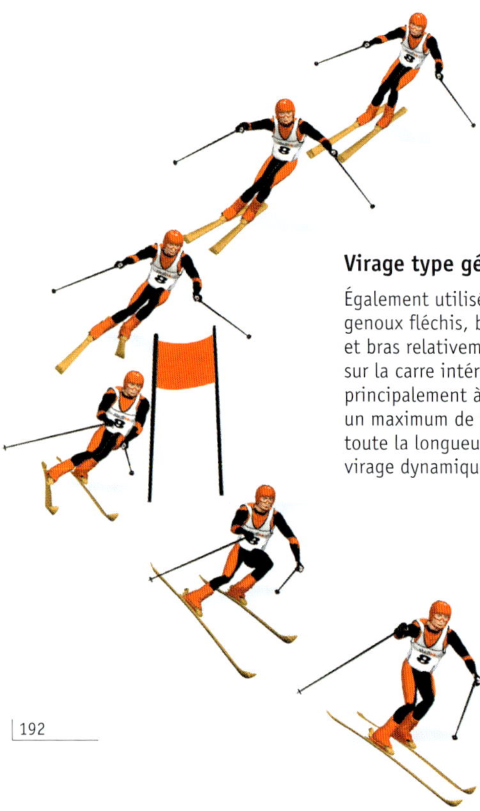

Virage type géant

Également utilisé en descente et en super-G, il s'effectue genoux fléchis, buste légèrement incliné vers l'avant, pieds et bras relativement écartés. Toute la pression s'effectue sur la carre intérieure du ski extérieur. Le ski intérieur sert principalement à garder l'équilibre. Le but est de conserver un maximum de vitesse dans les virages. Le skieur utilise toute la longueur de la carre des skis pour effectuer un virage dynamique à grand rayon (« carving »).

ÉQUIPEMENT

SLALOM

Casque avec mentonnière
Il sert avant tout à protéger la tête des skieurs des éventuels chocs avec les piquets.

Bâtons
Ils sont droits, en aluminium ou fibres composites, légers et rigides. Leur poignée en forme de coque sert à repousser les piquets au moment de franchir la porte.

Combinaison
Certains slalomeurs descendent encore en pantalon fuseau et chandail de laine, mais la plupart ont adopté la combinaison.

Protège-tibias
Comme les poignées des bâtons, ils repoussent les piquets de slalom.

Lunettes
L'emploi de verres filtrants peut s'avérer capital lorsque les conditions météorologiques – notamment par temps couvert – rendent la perception du relief de la piste très difficile.

Bottes
Faites d'un mélange de matières plastiques et composites, elles bloquent la cheville et solidarisent le pied avec le tibia. De cette façon, le skieur bénéficie de toute la force de sa jambe pour transmettre ses « instructions » au ski (inclinaison, direction, etc.). Les modèles de compétition sont très rigides en torsion latérale et en flexion frontale, pour un meilleur contrôle des carres et une grande précision de réaction aux impulsions du pied. L'inclinaison vers l'avant, qui détermine la position du skieur, est réglable. Au talon et à la pointe, la semelle comporte une empreinte permettant l'emboîtement dans la fixation.

DESCENTE, GÉANT OU SUPER GÉANT

Casque
Porté par la plupart des skieurs, toutes disciplines confondues, il est obligatoire pour les épreuves de vitesse.

Les bâtons
Ils servent principalement à déclencher le virage et contribuent à l'équilibre. Ils sont courbés, et offrent ainsi moins de résistance à l'air lorsque le skieur prend la position de recherche de vitesse. En aluminium ou en fibres composites, ils sont à la fois légers et rigides.

Combinaison
En fibres synthétiques et très ajustée, elle offre un bon coefficient de pénétration dans l'air tout en laissant au skieur une grande liberté de mouvement.

Alberto Tomba (ITA)
Surnommé « La Bomba » en référence à son style flamboyant, tout en puissance et en agressivité. Champion olympique de slalom en 1988 et de géant en 1988 et 1992. Il est aussi champion du monde de slalom et de géant en 1996. Vainqueur au classement général de la Coupe du monde en 1995, il totalise 50 victoires en Coupe du monde (35 en slalom et 15 en géant).

Ingemar Stenmark (SUÈ)
Le plus grand slalomeur de tous les temps : cinq fois champion du monde (slalom : 1978, 1980 et 1982 - géant : 1978, 1980) ; champion olympique de slalom et de géant (1980). Il détient le record absolu du nombre de victoires en Coupe du monde (86), remportées entre 1975 et 1984.

ÉQUIPEMENT

Skis

Un ski se compose de trois parties : le talon, le patin et la spatule. Son comportement sur la neige dépend de sa longueur, de sa largeur et de sa coupe (différences de largeur entre la spatule, le patin et le talon). Un ski long (super-G, descente) est plus stable mais moins maniable qu'un ski de slalom, au patin étroit permettant des changements de carres rapides. L'apparition des skis paraboliques à coupe prononcée, au début des années 90, marque un progrès considérable. La spatule et le talon, beaucoup plus larges que le patin, augmentent la surface de contact avec la neige, permettant de raccourcir les skis pour gagner en maniabilité sans perdre de stabilité. La largeur accrue de la spatule facilite le déclenchement des virages, tandis que la largeur accrue du talon permet des sorties de virages plus dynamiques.

Fixations
Lien entre le ski et la botte, elles sont dotées d'un système de déclenchement qui désolidarise le skieur de ses skis lorsque les pressions exercées sont trop fortes (notamment en cas de chute), afin d'éviter les blessures. Les fixations sont réglables selon le poids du skieur et l'épreuve à laquelle il participe.

Noyau
C'est le cœur du ski, dont la composition détermine sa flexibilité et sa nervosité. Il s'agit généralement d'un mélange de différentes essences de bois, de fibres composites ou d'une combinaison des deux matériaux. Des systèmes de contrôle des vibrations ou de la torsion, propres à chaque manufacturier, sont aussi intégrés au noyau.

Cap
Revêtement supérieur, réalisé dans un mélange de fibres composites. En dehors de ses fonctions esthétiques, il contribue à la rigidité du ski.

Butée avant
Elle pivote en cas de torsion de la jambe du skieur.

Butée arrière
Elle s'ouvre en cas de basculement vers l'avant.

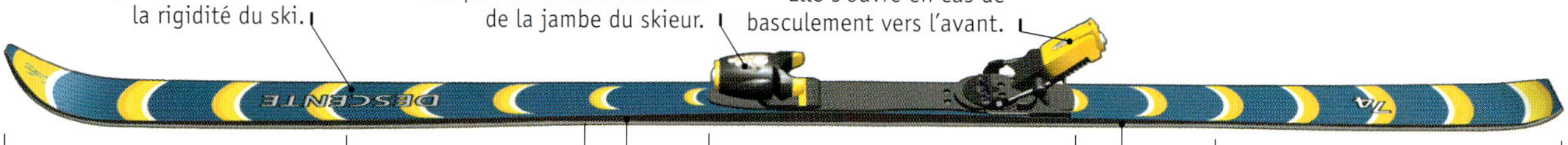

Spatule

Patin

Talon

Semelle
On l'appelle aussi base. Elle est en matière synthétique et polie afin d'éliminer tout micro-relief pouvant freiner la glisse. On lui applique également des cires correspondant aux conditions de neige (température, humidité) qui existent le jour de la compétition.

Champs
Perpendiculaires à la semelle, ils recouvrent l'épaisseur du ski, assurent sa résistance à la torsion et servent de support aux carres.

Carres
Les carres permettent au ski de « mordre » dans la neige et de tourner. Ce sont des lames métalliques insérées de chaque côté de la semelle. On les affûte régulièrement afin d'obtenir une accroche maximale.

Slalom
La forme dissymétrique des spatules est destinée à repousser les piquets vers l'extérieur en cas d'accrochage.

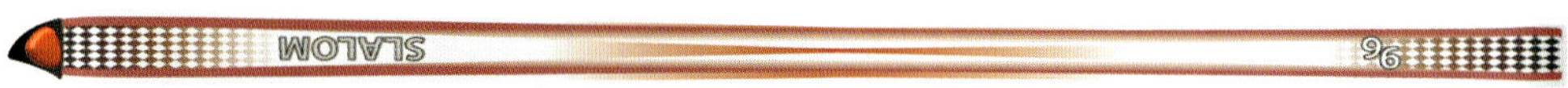

Longueur moyenne : 180 - 195 cm

Slalom G

Longueur moyenne : 190 - 203 cm

Descente et super-G

Longueur moyenne : 208 - 215 cm

PROFIL DES SKIEURS

- Au milieu des années 1980, les Norvégiens, conscients de l'importance croissante que prenait la condition physique dans le ski moderne, ont développé des techniques d'entraînement basées sur la musculation (notamment pour améliorer la puissance des jambes et obtenir un meilleur contrôle dans les virages rapides). Le trampoline (pour l'équilibre et le contrôle de la position du corps dans les airs pendant les sauts), la bicyclette et la course à pied (pour l'endurance) sont aussi pratiqués. D'autre part le yoga, les arts martiaux, les massages ainsi que certains jeux vidéo aident à améliorer la concentration, les réflexes et la confiance en soi. La plupart des équipes nationales sont entourées de spécialistes médicaux dont des psychologues.
- La concentration joue également un rôle de premier plan dans la préparation des skieurs. Avant de prendre le départ d'une course, ils « visualisent » le parcours, les yeux fermés, et le négocient en imagination en mimant les gestes qu'ils auront à faire. Ils profitent de leur connaissance préalable de la piste (grâce aux essais qui leur sont accordés) pour assimiler parfaitement le parcours et réagir de façon presque instinctive.

Pirmin Zurbriggen (SUI)
Champion du monde en descente et en combiné en 1985, il est également quadruple vainqueur de la Coupe du monde au classement général (1984, 1987, 1988 et 1990).

Jean-Claude Killy (FRA)
Il est, avec l'Autrichien Anton Sailer, le seul skieur à avoir remporté trois médailles d'or dans les trois disciplines au programme des J.O. de Grenoble en 1968 (descente, slalom et géant). Champion du monde de descente et du combiné en 1966, il remporte également le classement général de la Coupe du monde en 1967 et 1968.

Vreni Schneider (SUI)
Championne olympique de slalom en 1988 et 1994 et de géant en 1988. Elle est également championne du monde de géant en 1987 et 1989, et de slalom en 1991. Elle est victorieuse au classement général de la Coupe du monde en 1989 (avec 14 victoires en une saison, un record absolu), en 1994 et en 1995. Elle gagne 6 fois la Coupe du monde de slalom et 11 fois celle de géant.

ski acrobatique

Les trois disciplines du ski acrobatique – bosses, saut et acroski – combinent étroitement les aspects artistique et athlétique dans des épreuves spectaculaires. C'est en Autriche, en 1905, qu'un gymnaste nommé Mathias Zdarsky tente des pas de skis s'apparentant au ballet. Le Norvégien Stein Eriksen, vers 1952, exécute des figures aériennes à partir de tremplins de neige, au cours de spectacles. Ce n'est toutefois qu'en 1970 que le style « Hot-Dog », regroupant la descente de bosses, les sauts et le ballet, voit le jour dans les massifs montagneux de Californie. Darryl Bowie, John Johnston et Michel Daigle, notamment, en sont reconnus comme les inventeurs. Après une première Coupe d'Europe en 1973, douze pays se réunissent pour constituer un circuit international et, en 1979, la Fédération internationale de ski (FIS) accorde sa reconnaissance à la discipline. C'est en 1981 que se dispute la première Coupe du monde, et le premier championnat du monde, en 1986 à Tignes, a lieu sous l'égide de la FIS. L'épreuve de bosses apparaît en 1992 aux Jeux d'Albertville, suivie en 1994 du saut aux J.O. de Lillehammer, en Norvège.

Introduction du saut à skis aux Jeux olympiques de Lillehammer en 1994.

DÉROULEMENT D'UNE DESCENTE DE BOSSES

L'épreuve est une descente sur piste rectiligne à forte pente, parsemée de bosses que le skieur doit utiliser pour virer, tout en étant le plus rapide possible. Deux sauts sont intégrés à la descente, réalisés grâce à des bosses d'envol. Chaque saut doit être de catégorie différente. L'épreuve individuelle se court en une manche qualificative et une finale. Lors de l'épreuve « parallèle » (courue aux championnats du monde et en Coupe du monde), deux skieurs prennent le départ en même temps. Le meilleur des deux, selon les mêmes critères que ceux de l'épreuve individuelle, se qualifie pour le tour suivant. L'élimination successive des coureurs détermine le vainqueur.

TECHNIQUE

L'enchaînement des virages et des sauts doit toujours être fluide. Les manœuvres exécutées en saut sont de deux types :

- répertoire de positions fixes (prises skis groupés ou écartés, de face ou de côté) ;
- rotations horizontales (de 360 à 720 degrés).

Certaines manœuvres combinent une position et une rotation. La plupart des concurrents exécutent 3 à 4 manœuvres différentes en un seul saut (2 pour les femmes).

ATTRIBUTION DES POINTS

Les notes sont attribuées par sept juges selon les trois critères suivants : qualité des virages sur 5 points (rectitude de la ligne de descente, utilisation des bosses, souplesse et position du skieur), qualité des sauts sur 2,5 points (difficulté, amplitude et exécution) et vitesse sur 2,5 points (par rapport à un temps de base). En épreuve parallèle, le retard du deuxième skieur est converti en points que l'on déduit de ensuite de son total.

Virages

Le skieur cherche à rester en contact permanent avec la piste. Son buste reste droit et aligné face à la pente tandis que ses genoux, très mobiles, absorbent les chocs et donnent la direction.

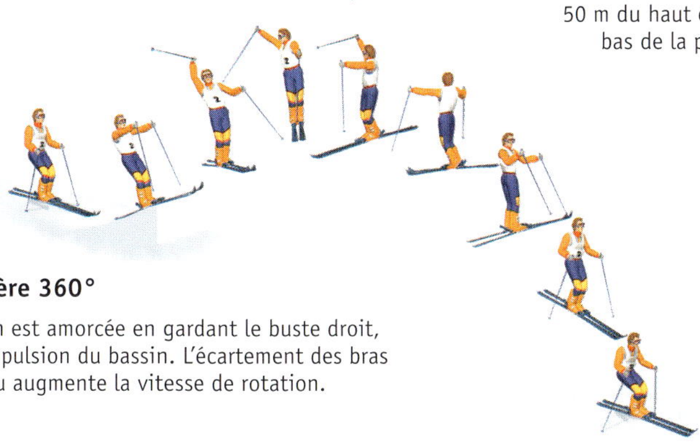

Hélicoptère 360°

La rotation est amorcée en gardant le buste droit, par une impulsion du bassin. L'écartement des bras diminue ou augmente la vitesse de rotation.

PISTE

Sa pente est comprise entre 28 et 32 degrés.

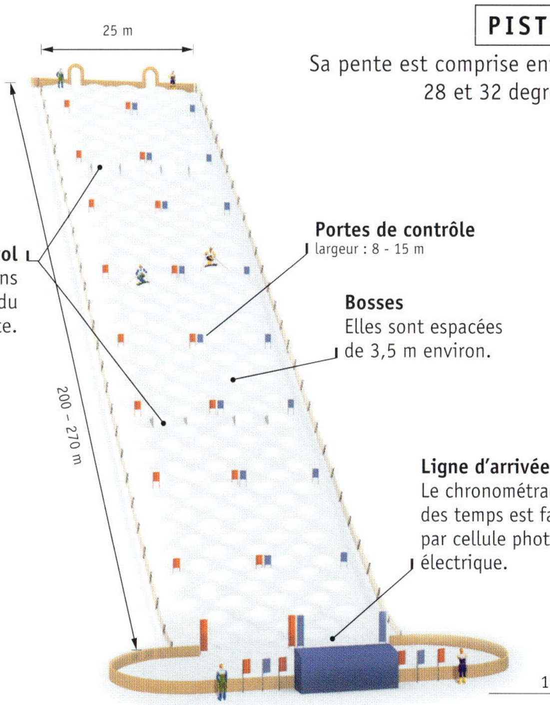

Bosses d'envol
Situées à au moins 50 m du haut et du bas de la piste.

Portes de contrôle
largeur : 8 - 15 m

Bosses
Elles sont espacées de 3,5 m environ.

Ligne d'arrivée
Le chronométrage des temps est fait par cellule photo-électrique.

DÉROULEMENT D'UNE COMPÉTITION DE SAUTS

Les skieurs s'élancent sur un tremplin de neige pour exécuter des figures aériennes. Les épreuves comportent une manche de qualification et une finale. Deux sauts différents doivent être exécutés dans chaque manche. Le concurrent doit présenter à l'avance un « plan de vol » décrivant ses sauts et indiquant le tremplin utilisé. Un maximum de 3 sauts périlleux (saltos) et de 5 positions pour les sauts droits sont autorisés. Les manœuvres inédites (figures jamais encore réalisées) doivent être proposées à l'avance par écrit au comité officiel chargé de leur attribuer un degré de difficulté.

Tremplins

Ils sont faits de neige, à l'aide d'outils spéciaux, par des sculpteurs accrédités par la FIS (généralement des sauteurs). Garantir un bon tracé et une qualité de neige optimale le jour du concours demande une solide expérience.

AIRE DE SAUT

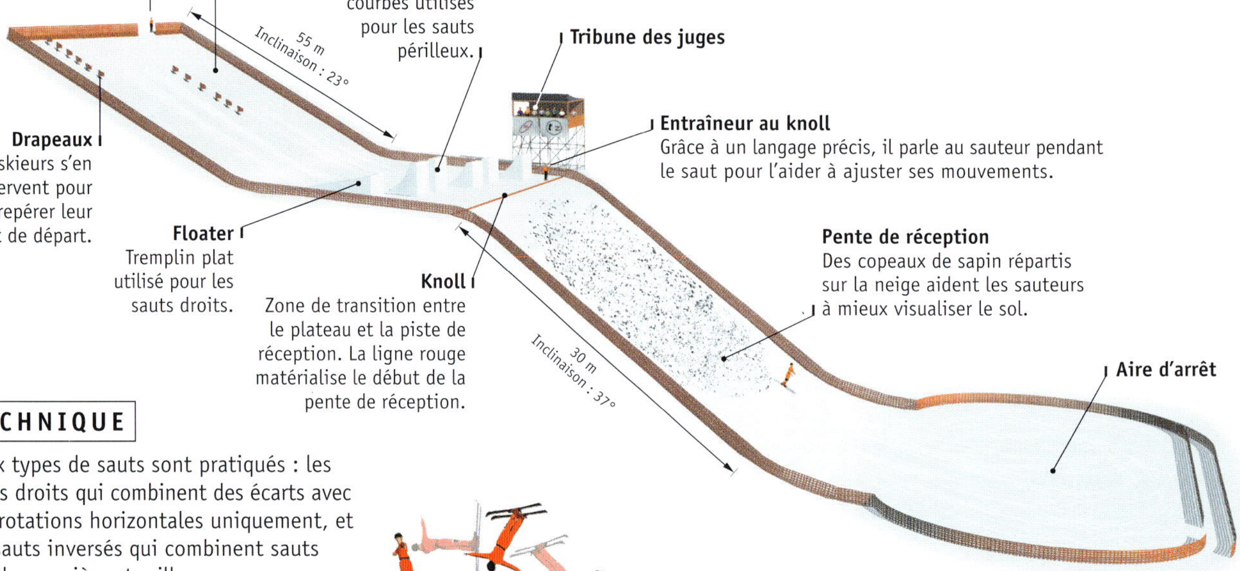

TECHNIQUE

Deux types de sauts sont pratiqués : les sauts droits qui combinent des écarts avec des rotations horizontales uniquement, et les sauts inversés qui combinent sauts périlleux arrière et vrilles.

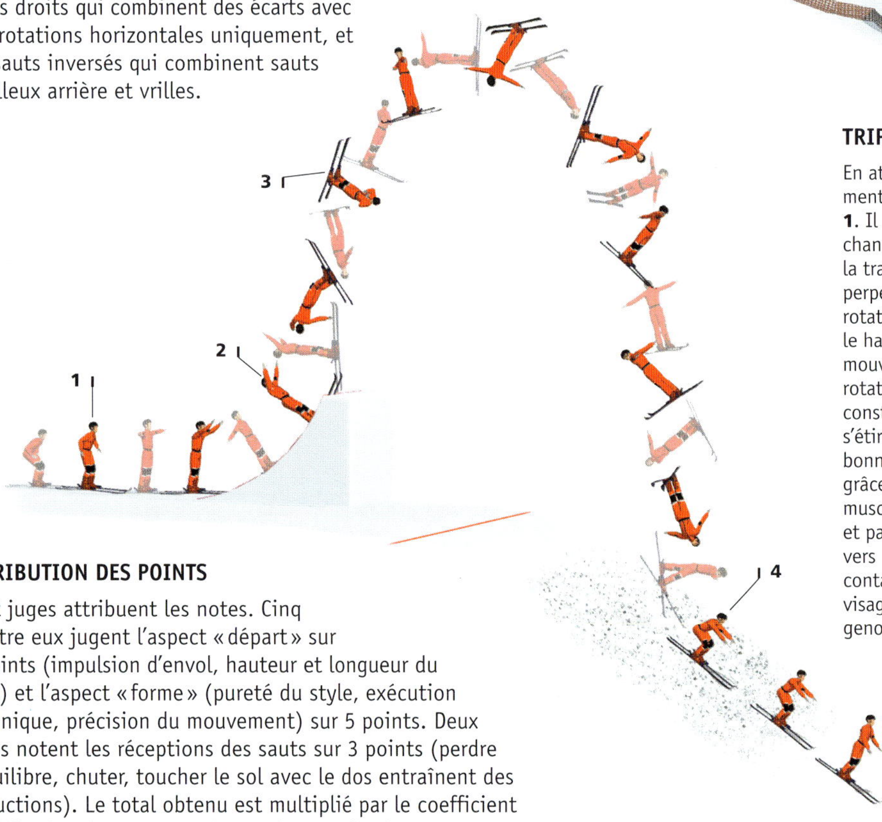

TRIPLE SALTO ARRIÈRE AVEC 4 VRILLES

En attendant le signal officiel, le skieur révise mentalement la manœuvre qu'il va exécuter. **1.** Il fléchit légèrement les genoux pour amortir le changement d'inclinaison entre la piste d'envol et la transition. **2.** Le skieur reste très droit et perpendiculaire au tremplin. À l'envol, il amorce la rotation en salto par un mouvement de bras vers le haut, et une inclinaison vers l'arrière. **3.** Les mouvements de bras amorcent ou arrêtent la rotation en vrille. L'athlète reste en contact visuel constant avec le sol afin d'ajuster sa rotation (en s'étirant ou en se rapetissant), pour s'assurer une bonne réception. Il maintient la position tendue grâce à ses abdominaux, ses cuisses et ses muscles fessiers. **4.** Bras vers l'avant, skis écartés et parallèles à la largeur de ses épaules, regardant vers le bas de la pente, le skieur amortit le contact avec ses jambes. Pour éviter un choc au visage lors des réceptions difficiles, il tient ses genoux écartés.

ATTRIBUTION DES POINTS

Sept juges attribuent les notes. Cinq d'entre eux jugent l'aspect « départ » sur 2 points (impulsion d'envol, hauteur et longueur du saut) et l'aspect « forme » (pureté du style, exécution technique, précision du mouvement) sur 5 points. Deux juges notent les réceptions des sauts sur 3 points (perdre l'équilibre, chuter, toucher le sol avec le dos entraînent des déductions). Le total obtenu est multiplié par le coefficient de difficulté du saut pour donner la note finale.

DÉROULEMENT D'UNE COMPÉTITION D'ACROSKI

L'acroski est un enchaînement de figures acrobatiques et de pas exécutés en musique, à l'aide des skis et des bâtons, sur une aire plane en pente régulière. La musique est au choix du compétiteur, de même que la chorégraphie qu'il présente. Les enchaînements sont basés sur les mouvements fondamentaux suivants : valses, sauts et sauts périlleux. Des pas de liaison permettent d'enchaîner les différents mouvements en les intégrant à une chorégraphie originale.

AIRE D'ACROSKI

La pente doit être non accidentée et bien damée, sans ondulations. Les skieurs commencent généralement leur enchaînement par le haut et terminent en bas près des clôtures pour exploiter toute la surface disponible.

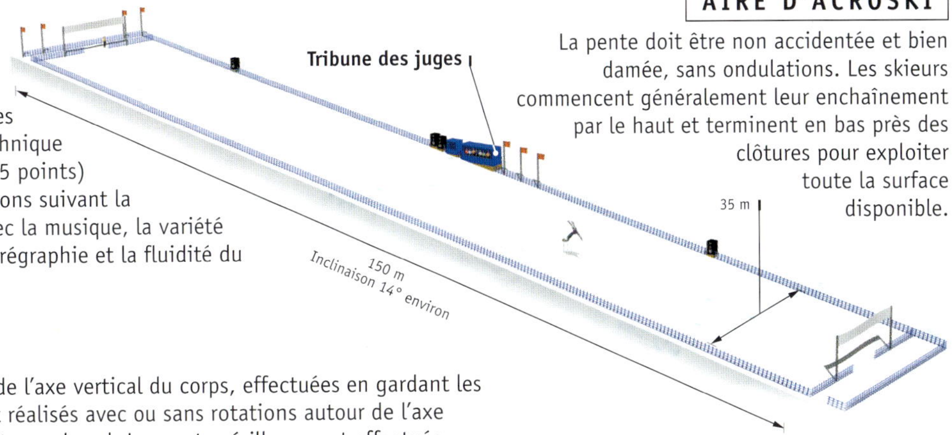

ATTRIBUTION DES POINTS

Les performances des concurrents sont notées par sept juges sur 2 critères distincts : le mérite technique (5 points) et l'impression artistique (5 points) auxquels sont appliquées des déductions suivant la qualité de l'exécution. L'harmonie avec la musique, la variété dans les sauts, la créativité de la chorégraphie et la fluidité du mouvement sont déterminants.

TECHNIQUE

Les valses sont des rotations autour de l'axe vertical du corps, effectuées en gardant les skis au contact du sol. Les sauts sont réalisés avec ou sans rotations autour de l'axe vertical du corps, skis hors de contact avec le sol. Les sauts périlleux sont effectués avec ou sans l'aide des bâtons, les pieds du skieur passant par-dessus sa tête.

Saut périlleux avant

Lorsqu'ils sont réalisés avec appui sur les bâtons, les sauts périlleux avant peuvent comporter une phase d'équilibre, avant retour au sol.

ÉQUIPEMENT

Skis de saut et bosses

Les skis de saut et de bosses sont similaires. D'une longueur minimale de 190 cm pour les hommes et 180 cm pour les femmes, ils ont une spatule souple et un talon nerveux, une semelle sans rainure et une coupe droite facilitant l'amorce de virage. Les sauteurs avancent leurs fixations de 4 cm environ pour obtenir plus de ressort au talon.

Skis d'acroski

Leur longueur minimum est établie à 81 % de la taille du skieur (env. 140 à 160 cm). Conçue pour pivoter facilement, leur semelle est convexe et sans rainure. Les talons sont recourbés pour permettre les pas et glissades à reculons.

Casque
Il est obligatoire pour l'épreuve de saut.

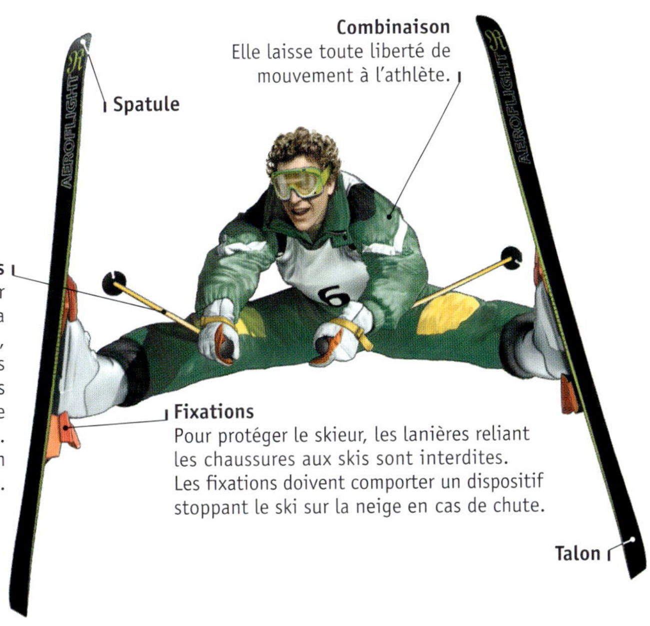

Bâtons
En acroski, leur longueur ne doit pas dépasser la taille du skieur. En bosses, ils sont plus courts (environ 60 cm de moins que la taille du skieur) que dans d'autres disciplines. Les sauteurs ne s'en servent pas.

PROFIL DU SKIEUR ACROBATIQUE

- Sa taille moyenne est de 1,72 m environ. La descente et les sauts demandent souplesse, détente, flexion et endurance, alliés à une solide maîtrise technique. L'entraînement est conçu pour obtenir la meilleure forme physique au mois de novembre, début de la saison des compétitions.
- L'entraînement au trampoline peut se faire skis aux pieds. Pour travailler à la fois la détente et l'orientation spatiale dans l'exécution des figures aériennes, les sauts au tremplin dans l'eau sont pratiqués de mai à octobre.
- Le travail en altitude (atmosphère raréfiée) pratiqué lors des camps de ski d'été est très efficace pour augmenter la capacité cardio-vasculaire. Capitale dans l'épreuve des bosses, elle aide aussi les athlètes à supporter les décalages horaires ainsi que les variations brutales d'altitude pendant la saison des compétitions.

Jean-Luc Brassard (CAN)
Spécialiste en ski de bosses, il fait son entrée dans le circuit professionnel de ski acrobatique en 1991 et remporte la première place du Grand Prix de la Coupe du monde (1993, 1996 et 1997), du championnat du monde (1993 et 1997) et du championnat du Canada (1993 et 1995). Il est également médaillé d'or aux J.O. de Lillehammer.

Nicolas Fontaine (CAN)
Vice-champion olympique à Albertville en 1992 lorsque la discipline était en démonstration, il remporte en 1997 le championnat du monde ainsi que la Coupe du monde de ski acrobatique dans la catégorie des sauts.

ski de vitesse

Michael Prufer (FRA), médaillé d'or à l'occasion de la démonstration de la discipline aux J.O. d'Albertville, en 1992.

Le ski de vitesse, ou kilomètre lancé (KL), est un sport de glisse dont les origines, si elles sont liées à l'histoire du ski lui-même, remonteraient à 1898, alors qu'un Californien dénommé Tommy Todd aurait dévalé une piste à plus de 130 km/h... Le premier record officiel homologué date de 1931 et il a été réalisé par un Italien, Leo Gasperi, dont la vitesse de 136,600 km/h a été enregistrée, sous contrôle de la Fédération internationale de ski (FIS), à Saint-Moritz, en Suisse. Dès les années 60, le kilomètre lancé devient un sport professionnel, sanctionné par la FIS. Spectacle autant que sport, le kilomètre lancé est très populaire en France, en Italie et en Autriche et gagne un public grandissant en Amérique du Nord.

DÉROULEMENT DE LA COMPÉTITION

Elle est ouverte aux hommes et aux femmes, âgés de 16 ans au moins. Pour être admis à une épreuve de Coupe du monde Pro, les concurrents doivent avoir déjà atteint 180 km/h (170 km/h pour les femmes) dans une épreuve officielle précédente. Il existe trois catégories : hommes, femmes et production (descentes avec matériel de ski alpin). Le premier jour est consacré à un « run » (descente) d'entraînement obligatoire, suivi de deux manches de sélection. Les concurrents prennent le départ de la première manche suivant leur numéro de dossard. Les départs s'échelonnent ensuite selon les temps réalisés, le coureur le plus lent précédant les autres. Le jury décide à l'avance du nombre d'éliminations (performances les plus lentes) qui seront effectuées après chaque manche. La finale a lieu en une seule descente, lorsque vingt-cinq kaélistes (cinq pour les femmes) de chaque catégorie restent en lice. Un record du monde met fin à la compétition dans la catégorie concernée, quel que soit l'avancement de l'épreuve.

PISTES

Les plus rapides se trouvent en Europe, principalement en France. Les courses ont généralement lieu au mois de mars, afin que la préparation de la surface ne soit pas perturbée par les chutes de neige. Une dameuse, tractée jusqu'au sommet de la piste par treuil (en raison de la forte déclivité de la pente) égalise la neige. Les sillons créés par le damage sont ensuite effacés par des skieurs descendant la piste en dérapant sur le côté, jusqu'à obtenir une surface parfaitement plane. La pente comprend trois zones principales : zone d'accélération, de chronométrage et de ralentissement. Le dénivelé est proche de 450 m, pour une longueur de 1 200 m. En cas de mauvaise visibilité, de dégradation de la piste ou de vent supérieur à 15 km/h, l'épreuve en cours est reportée.

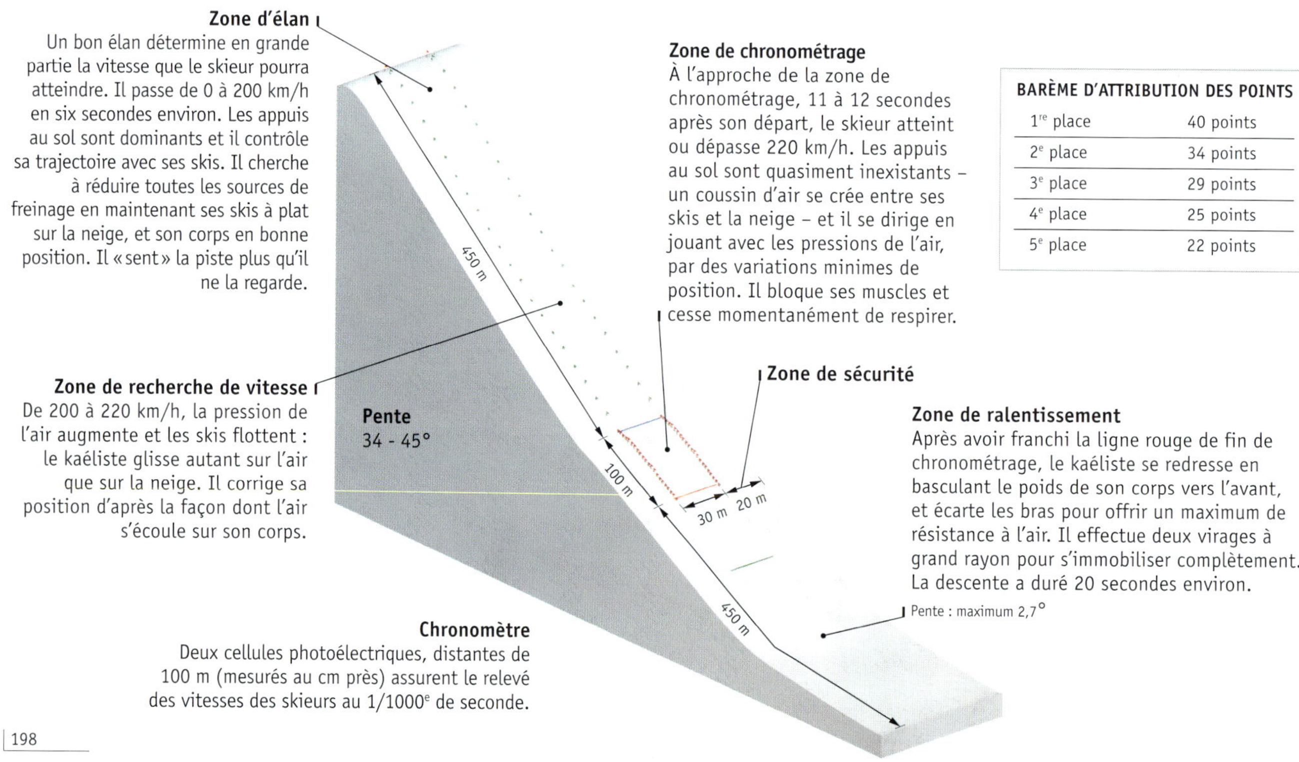

BARÈME D'ATTRIBUTION DES POINTS

1re place	40 points
2e place	34 points
3e place	29 points
4e place	25 points
5e place	22 points

LISTE DES ÉPREUVES

En plus des championnats nationaux ou européens, des tentatives de records et des épreuves de démonstration, les meilleurs kaélistes participent annuellement à la Coupe du monde Pro qui comporte de 4 à 6 rencontres, sur différentes pistes. Les participants accumulent des points à chaque course et celui qui en totalise le plus à la fin de la saison est déclaré champion du monde. La saison débute au mois de février, aux États-Unis, et se termine habituellement en Suède, au mois d'avril.

ÉQUIPEMENT

Plus le skieur est lourd, plus il va vite : certains kaélistes lestent leur casque ou leurs bâtons de petites billes de plomb. Cependant, afin d'assurer une compétition équitable, les poids des accessoires sont limités.

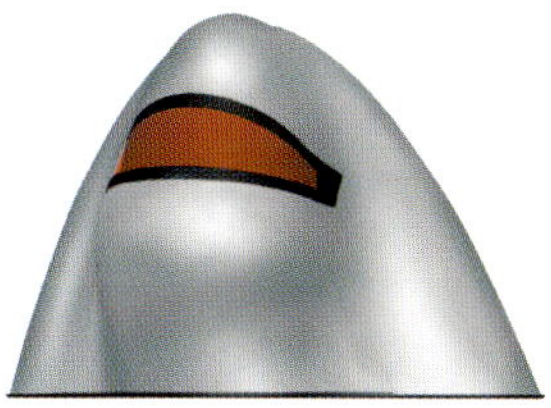

Poids maximal : 2 kg

Casque
Il améliore notablement l'aérodynamisme. Réalisé en fibre de verre ou en matériaux composites, il est adapté précisément à la morphologie du skieur. L'avant est parfois percé, pour éviter par ventilation la formation de buée. L'arrière est prédécoupé, afin de casser en cas de chute. L'ensemble doit passer dans un anneau de 40 cm de diamètre, dans tous les sens et toutes les positions pour être réglementaire.

Combinaison
Elle est souvent de couleur claire – moins sensible à l'effet du soleil – afin d'éviter qu'elle ne se détende en se réchauffant. Très moulante, elle est conçue en fibres synthétiques plastifiées assurant une pénétration dans l'air optimale. Sous la combinaison, des sous-vêtements couvrant les cuisses et les bras aux trois quarts, ainsi que des protections en mousse à haute densité recouvrant le dos doivent être portés. Leur épaisseur varie de 0,5 à 3 cm au plus.

Ailerons
Formés en mousse compressible, ils sont glissés sous la combinaison pour faciliter un écoulement de l'air sans turbulences autour de la jambe. La longueur entre l'avant de la jambe et le bord de fuite de l'aileron ne doit pas dépasser 30 cm.

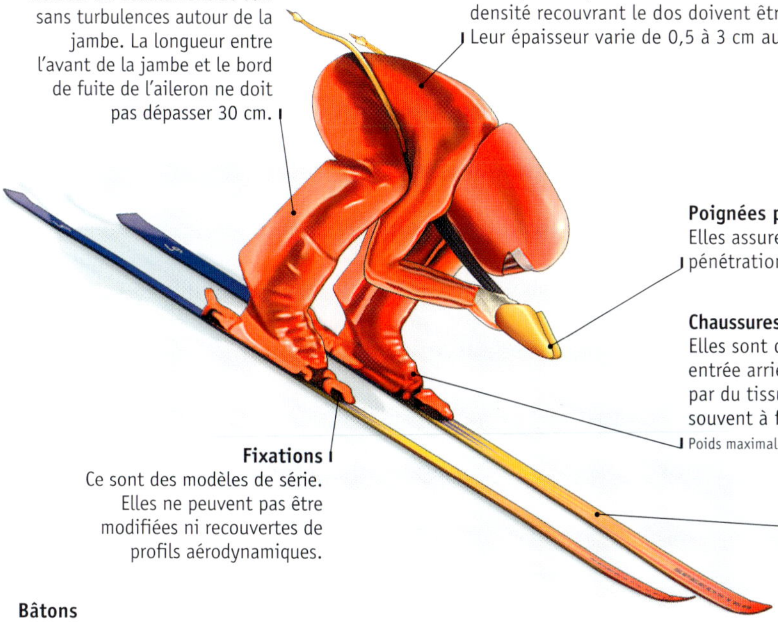

Poignées profilées
Elles assurent une meilleure pénétration dans l'air.

Chaussures
Elles sont de modèles courants, généralement à entrée arrière. Leur aérodynamisme est amélioré par du tissu ou du ruban adhésif, qui sert souvent à fixer le bas de la combinaison.
Poids maximal : 6 kg par paire

Fixations
Ce sont des modèles de série. Elles ne peuvent pas être modifiées ni recouvertes de profils aérodynamiques.

Skis
Leur longueur est obligatoirement comprise entre 2,20 et 2,40 mètres. La spatule est presque inexistante, et la semelle très épaisse. Les carres sont à peine affûtées pour éviter les prises de carres brutales, dangereuses à 200 km/h.

Poids maximal : 15 kg par paire avec les fixations.

Bâtons
L'emploi des bâtons est obligatoire. Leur forme n'est pas imposée, mais elle est étudiée pour ne pas créer de turbulences. Deux dessins sont utilisés : le dessin courbe, contournant les hanches, qui aide uniquement le skieur à s'équilibrer, et la forme en Z, qui lui permet de verrouiller sa position en prenant appui sur son bassin.

Poids maximal : 2 kg par paire

Forme courbe

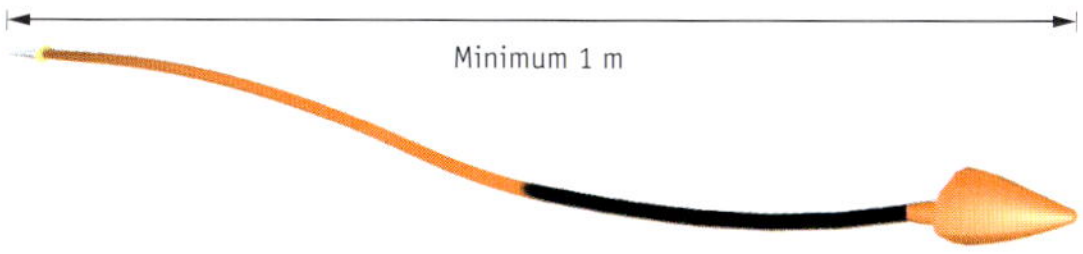

Forme en Z

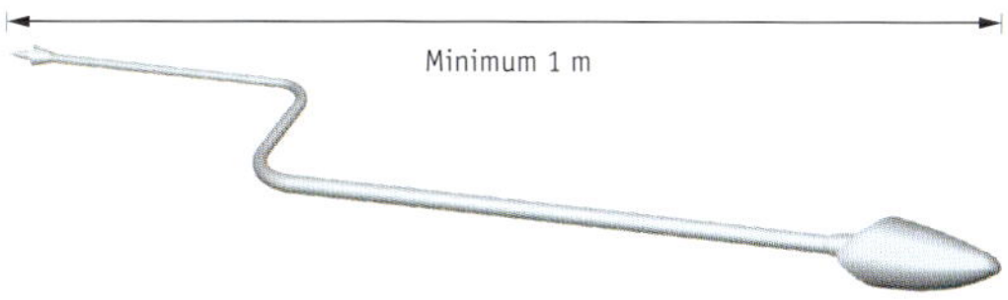

Les pistes homologuées

En dehors des pistes qui accueillent la Coupe du monde, d'autres existent en France (La Plagne), en Italie (Cervini), en Finlande (Salla), en Suède (Idre), en Suisse, aux États-Unis (Timberline, Mount Hood, Snowmass) et au Canada (Blackcomb, Whistler, Sun Peaks).

PROFIL DU KAÉLISTE

- Hors saison, l'entraînement physique doit être quotidien : musculation et course à pied (vitesse et endurance) en sont les principales composantes. La saison est quant à elle consacrée à la pratique.
- Certains skieurs ont recours à des préparateurs spécialisés pour commencer la période de compétition dans les meilleures conditions psychologiques.
- La recherche de performance en ski de vitesse est étroitement liée à l'évolution technologique du matériel : matières facilitant l'écoulement de l'air, amélioration des profils aérodynamiques du casque et des bâtons, travail de la position en soufflerie.

Philippe Billy (FRA)
Premier homme à avoir dépassé 230 km/h en km lancé, il établit un record du monde en 1997 en atteignant 243,902 km/h sur la piste de Vars.

Harry Egger (AUT)
Recordman du monde avec une vitesse de 248,105 km/h, établie le 2 mai 1999, sur la piste des Arcs.

saut à ski

Tremplin du championnat de saut à ski de Suède, à Falun, en 1954.

Le saut à ski consiste à franchir la plus grande distance possible dans les airs, grâce à l'élan pris sur un tremplin, dans un style précis noté par des juges. Lorsqu'il apparaît au XIXe siècle en Norvège, il n'est qu'un événement parmi ceux qui composent les carnavals d'hiver. Il est officiellement reconnu comme discipline sportive avec la création de la Coupe du roi, décernée en 1892 par la famille royale norvégienne au gagnant de la rencontre annuelle de Holmenkollen. L'émigration norvégienne vers l'Amérique du Nord a largement contribué à l'expansion du sport au niveau mondial. Régie par la Fédération internationale de ski (FIS) et figurant au programme des premiers Jeux d'hiver à Chamonix (France), en 1924, le saut à ski en est aujourd'hui encore l'une des épreuves les plus prestigieuses pour les publics du nord de l'Europe. Les femmes, si elles ne sont pas encore admises aux J.O., peuvent du moins participer aux épreuves de Coupe du monde.

DÉROULEMENT DE LA COMPÉTITION

Les sauteurs participent à trois concours : le concours individuel sur grand tremplin (120 m), sur tremplin normal (90 m) et la compétition par équipe sur grand tremplin (120 m). Aux concours individuels, chaque compétiteur saute deux fois. Des points lui sont attribués, suivant la longueur de ses sauts et le style dans lequel ils ont été exécutés. L'ordre de passage au premier saut est déterminé par tirage au sort. Au deuxième tour, le sauteur le moins bien classé saute le premier. Le concurrent ayant obtenu le total de points le plus élevé après deux sauts remporte l'épreuve.

L'addition des points obtenus grâce au style et à la distance constitue la note finale de l'athlète.

Cinq juges de style attribuent un maximum de 20 points de style, en tenant compte de la précision, du contrôle lors de l'envol, de la position en vol, de la réception et de la décélération. Les chutes sont déduites des points de style. La note la plus basse et la plus haute sont éliminées.

La distance des sauts est mesurée du point d'envol au point situé entre les deux pieds du sauteur lorsqu'il reprend contact avec le sol. Soixante points sont attribués lorsque le skieur atteint le point K du tremplin. Des points sont retranchés ou ajoutés à ce total selon que le saut est réalisé en deçà ou au-delà du point K. Au tremplin de 90 m, 1 m vaut 2 points. Au tremplin de 120 m, 1 m vaut 1,8 point.

LE POINT K

Il correspond à une longueur de saut idéale et théorique. Il matérialise un point de réception recommandé servant de référence, situé à l'endroit où débute l'incurvation de la piste vers sa partie plane. Un tremplin de 90 m possède un point K situé à 90 m de son extrémité, un tremplin de 120 m possède un point K situé à 120 m de son extrémité. Une épreuve de vol à ski, sur un tremplin dont le point K pourra être situé entre 170 et 185 mètres, remplacera l'épreuve sur tremplin normal aux Jeux d'hiver de 2002.

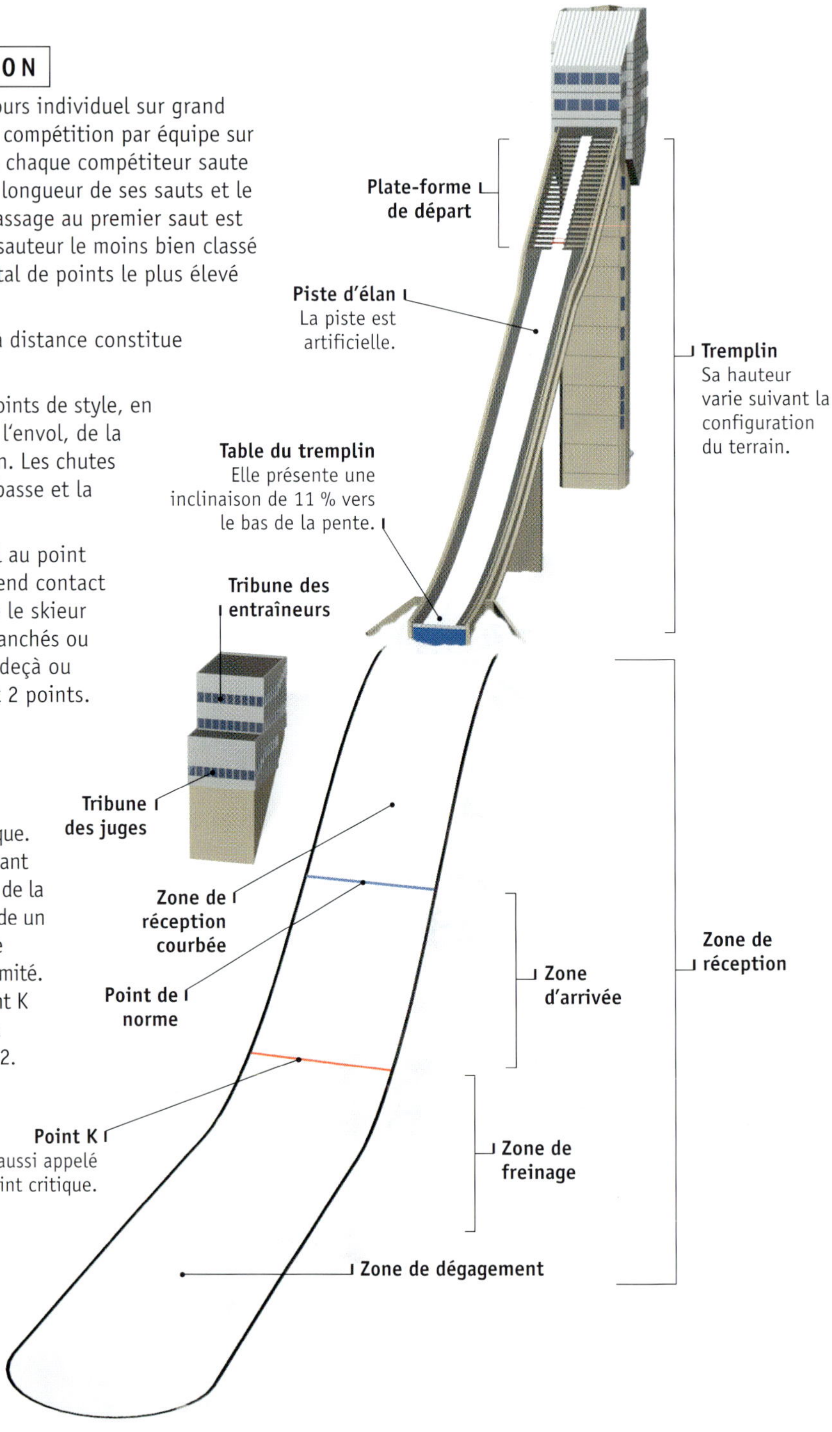

TECHNIQUE

Un saut dure de 5 à 8 secondes, prise d'élan et atterrissage compris. Pendant toute sa durée, le concurrent doit faire preuve d'équilibre et maintenir des positions stables : bras collés au corps, skis horizontaux et déployés en V pendant le vol, position « telemark » et trajectoire maîtrisée dès le contact avec le sol, jusqu'à l'arrêt complet en zone de dégagement. Des skis à des niveaux différents, des bras battant l'air pendant le vol pour maintenir l'équilibre, une préparation trop hâtive à l'atterrissage sont des fautes de style comptabilisées par les juges.

1. L'élan

Le sauteur recherche une position aérodynamique et la maintient jusqu'à la table du tremplin. Il l'atteint à une vitesse supérieure à 80 km/h sur le tremplin K90, (90 km/h sur le tremplin K120).

2. L'envol

C'est l'instant critique du saut : une impulsion hâtive ou tardive peut réduire de beaucoup la distance parcourue. Le sauteur doit se détendre au moment exact où il atteint l'extrémité de la table du tremplin. Son redressement est très rapide, et se poursuit avec un étirement de tout le corps vers l'avant.

3. Le vol

Le sauteur est penché vers l'avant de ses skis afin de parfaire son aérodynamisme. Ses skis sont déployés en V pour augmenter la portance et prolonger le vol. La durée de vol (hors prise d'élan et atterrissage) est comprise entre 2 et 3 secondes.

4. L'atterrissage

Le choc de la réception équivaut à 3 fois le poids du sauteur. La position « telemark » (une jambe légèrement avancée par rapport à l'autre) lui permet de l'absorber sur sa jambe avant, et de le redistribuer sur l'ensemble de son corps, avant de se stabiliser pour la décélération.

Espen Bredesen (NOR)
Champion du monde au grand tremplin en 1993, il devient champion olympique au petit tremplin chez lui, à Lillehammer en 1994. Cette même année, il est vainqueur de la Coupe du monde et détient un record dans l'histoire de la discipline avec un saut de 209 mètres à Planica, en Slovénie.

Matti Nykänen (FIN)
Récipiendaire en 1982 de la médaille d'or au championnat du monde et en 1984 champion olympique au grand tremplin, il accomplit, 4 ans plus tard, un exploit lors des J.O. en remportant trois titres : champion au grand tremplin, au petit tremplin et en équipes. Vainqueur de la Coupe du monde en 1986 et 1988.

PROFIL DU SKIEUR

- L'apprentissage des skieurs de niveau international commence à l'âge de 5 ans environ : l'expérience, acquise en sautant sur des tremplins de plus en plus grands, est la meilleure forme d'entraînement.
- La musculature puissante des jambes aide à donner une meilleure impulsion au moment de l'envol : pour l'acquérir, certains skieurs remontent la piste à pied après chaque saut d'entrainement.
- Le travail technique – perfectionnement du départ et synchronisme de l'impulsion d'envol, positionnement en vol, réception – est souvent pratiqué sur des tremplins plus petits, pour favoriser une meilleure concentration.
- En été, les sauteurs s'entraînent sur les mêmes sites qu'en hiver. Recouverts de tapis de nylon et arrosés constamment, ils offrent des conditions de glisse et de sécurité équivalentes ou supérieures à la neige.

ÉQUIPEMENT

Combinaison de saut
Elle est en tissu synthétique doublé de mousse. Son épaisseur maximale est passée de 12 à 8 mm, ce qui diminue la résistance au vent d'environ 30 %, et réduit la longueur des sauts. Avant chaque concours, les combinaisons sont soigneusement contrôlées par les officiels.

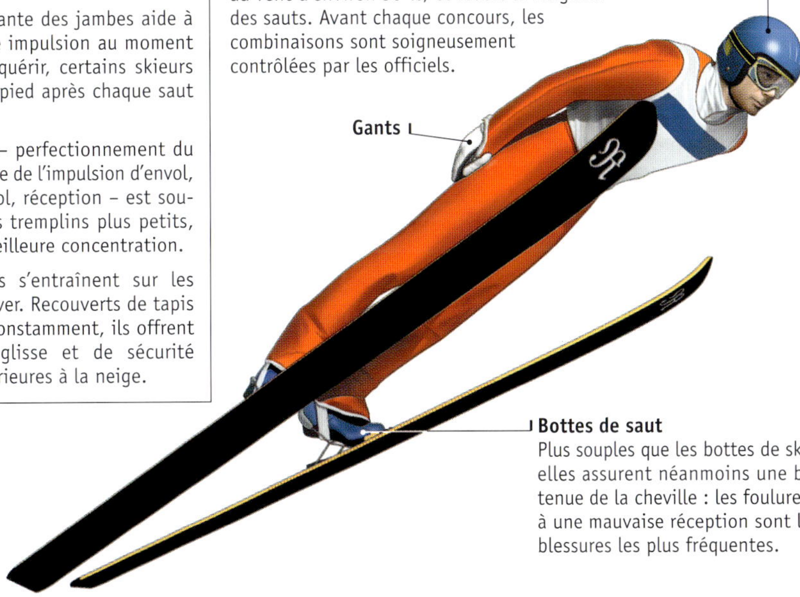

Casque de protection

Gants

Bottes de saut
Plus souples que les bottes de ski alpin, elles assurent néanmoins une bonne tenue de la cheville : les foulures dues à une mauvaise réception sont les blessures les plus fréquentes.

Skis
Plus longs et plus larges que des skis alpins, leur longueur maximale ne peut dépasser la taille du skieur de plus de 80 cm, pour un poids maximal de 7,27 kg. Ils sont généralement faits en bois et en fibre de verre. Leur semelle est dépourvue de carres, mais comporte 5 rainures longitudinales qui apportent une meilleure stabilité aux trajectoires. Suivant la qualité de la neige, les skieurs appliquent des farts (cires destinées à améliorer le glissement) pour augmenter leur vitesse d'arrivée sur la table du tremplin.

Fixations
La distance qui les sépare de la spatule ne peut être supérieure à 57 % de la longueur totale du ski. Elles laissent les talons du skieur libres, afin qu'il puisse se pencher en avant en vol, à la recherche d'un angle optimal avec ses skis.

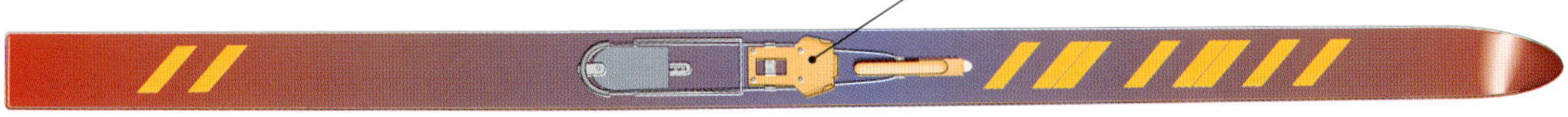

ski de fond

Vainqueur (ALL) à la ligne d'arrivée de l'épreuve de ski nordique des J.O. de Garmisch-Partenkirchen en 1936.

L'objectif des compétitions de ski de fond est de parcourir à ski une distance imposée en un minimum de temps. L'origine du ski de fond remonte au moins au IIIe millénaire avant J.-C. et c'est en Scandinavie que l'on a retrouvé les tout premiers skis. Né de la nécessité de se déplacer sur des surfaces glacées ou enneigées avant de devenir un sport, le ski de fond est probablement la forme de ski la plus populaire au monde. Les premières compétitions de ski de fond ont lieu en Norvège au milieu du XIXe siècle, mais il faut attendre le début du XXe siècle pour qu'il soit reconnu comme discipline à part entière. Régi par la Fédération internationale de ski (FIS), le ski de fond figure au programme des premiers J.O. d'hiver en 1924 à Chamonix, mais les fondeuses devront toutefois patienter jusqu'en 1952 avant de pouvoir y participer.

DÉROULEMENT DE LA COMPÉTITION

On distingue de nos jours deux styles de ski de fond : le style classique et le style libre, qui sont tous deux présents au programme olympique. Toutefois, la discipline évolue et, tous les quatre ans, il y a alternance des styles aux J.O. d'hiver pour les diverses épreuves : classique, libre, poursuite/libre et relais. Une nouvelle épreuve, le sprint, a été ajoutée en 1995 en coupe du monde ainsi qu'au programme des J.O. de 2002. Un parcours de ski de fond doit inclure en parties égales montées, descentes et plats. La partie la plus facile doit se trouver au début du parcours et la plus difficile au milieu. Pour des parcours de moins de 30 km, la montée totale à effectuer doit être d'au moins 600 m et d'au plus 900 m pour les femmes, et d'au moins 900 m et d'au plus 1 200 m pour les hommes. Pour la plupart des épreuves, l'ordre des départs est tiré au sort et les concurrents partent à 30 secondes d'intervalle. Les skieurs doivent suivre un parcours tracé et jalonné par une série de points de contrôle. Pour les courses individuelles, les skis sont marqués avant le départ afin qu'on ne puisse pas en changer durant la course. Les compétitions se déroulent contre la montre, à l'exception des relais, de la deuxième partie de la poursuite et du sprint dans lesquels le gagnant est le premier à franchir la ligne d'arrivée.

TECHNIQUES POUR LE STYLE CLASSIQUE

Les skieurs ont recours à la technique traditionnelle du pas alternatif et de la double poussée sur une piste déjà tracée. Les skieurs se déplacent à une vitesse moyenne pouvant dépasser 25 km/h chez les meilleurs.

PAS ALTERNATIF

Les skis doivent demeurer parallèles et rester dans les traces, sauf dans les virages, et on n'utilise la montée en ciseau que lorsque l'inclinaison est trop prononcée.

1. Phase de poussée

Le mouvement commence par une extension rapide de la jambe, et la hanche suit le mouvement. Le dos se redresse, le corps est incliné vers l'avant et la cheville est fléchie. Il y a ensuite extension complète du bras et de la jambe opposés.

2. Phase de glisse

L'épaule et le bras sont tendus vers l'avant et le planté du bâton se fait du côté opposé à la jambe de propulsion. Le corps forme une ligne droite à la fin de la poussée et le poids se déplace sur le ski de retour dès que le deuxième pied passe devant.

3. Fin du mouvement

Les bras et les bâtons reviennent à la position originale.

DOUBLE POUSSÉE

Elle est employée sur les pentes faibles et les plats. Il s'agit d'un glissement simultané des deux jambes acquis par la seule impulsion des bras. Le mouvement débute par une extension du tronc vers le haut et l'avant qui précède le planté des bâtons. La poussée des bâtons est amorcée par une flexion du tronc suivie des bras, des avant-bras et des poignets. Le skieur se laisse tomber vers l'avant. Le tronc reste fléchi tant que la poussée des bâtons n'est pas terminée. Enfin, les bras sont rapidement ramenés vers l'avant.

TECHNIQUES POUR LE STYLE LIBRE

Le style libre permet d'utiliser tous les mouvements, y compris le pas alternatif. Il est cependant surtout devenu synonyme du pas de patineur ou *skating*, car c'est le pas le plus rapide. Le style libre a figuré pour la première fois aux Jeux olympiques d'hiver à Calgary en 1988. La vitesse moyenne des skieurs peut atteindre 30 km/h pour les meilleurs.

PAS DE PATINEUR

Le skieur se propulse avec les deux jambes à la façon d'un patineur. Il projette une jambe en avant en poussant sur l'autre mise de travers pour obtenir un meilleur appui. Il exerce ainsi une poussée latérale en s'appuyant sur la carre intérieure du ski sur lequel repose le poids de son corps. Plus le skieur va lentement, plus la propulsion est effectuée par le haut du corps.

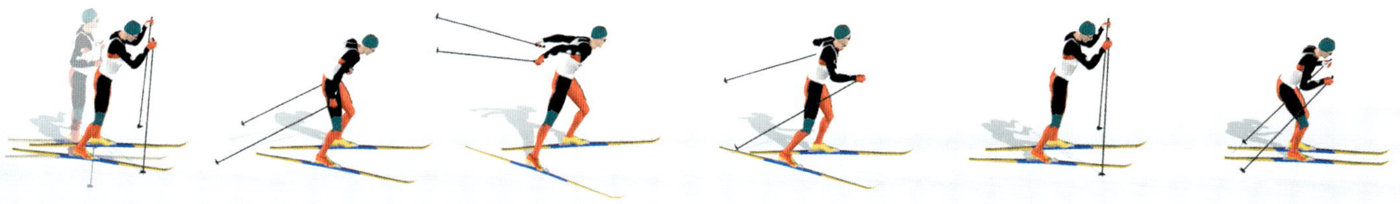

POURSUITE

La poursuite associe une course classique (10 km pour les hommes et 5 km pour les femmes) à une course de style libre (15 km pour les hommes et 10 km pour les femmes). Le classement de la course classique est utilisé pour déterminer l'ordre de départ de la deuxième course. Le premier concurrent qui franchit la ligne d'arrivée de la deuxième épreuve est le gagnant.

RELAIS

Des équipes de quatre skieurs s'affrontent sur un parcours de 4 x 10 km pour les hommes et 4 x 5 km pour les femmes. Les premiers relayeurs de chaque équipe partent en masse et en même temps. Les deux premières étapes sont effectuées en style classique et les deux suivantes en style libre. L'échange entre relayeurs doit avoir lieu dans une aire rectangulaire de 30 m de long et le skieur qui arrive doit toucher de la main son coéquipier. La première équipe à passer le fil d'arrivée remporte la course.

ARBITRAGE

Aux J.O. d'hiver, l'arbitrage est assuré par un jury composé de cinq membres : le délégué technique qui est président du jury, le chef d'épreuve, le chef de piste et deux autres membres désignés par la Fédération internationale de ski (FIS). Le jury veille à ce que l'organisation et le déroulement de la compétition soient conformes aux règles de la FIS. Les décisions du jury sont prises à la majorité des votes. Cinq minutes avant le début de la compétition, les officiels doivent avoir enlevé leurs skis et se tenir aux places qui leur sont assignées à côté du parcours.

ÉPREUVES AUX J.O.

Alternance des styles tous les quatre ans

	Hommes	Femmes
Classique	10 km 30 km	5 km 15 km
Libre	50 km	30 km
Poursuite	25 km	15 km
Relais	4 x 10 km	4 x 5 km
Sprint	1 500 m	1 500 m

ÉQUIPEMENT

Bonnet

Bâtons
En graphite et en kevlar, ils sont conçus pour allier rigidité et légèreté. Plus minces aux extrémités afin de rendre le mouvement de retour plus aisé et plus rapide, ils sont un peu plus longs pour le style libre.

Fixations
Elles doivent être installées de manière à ce que le poids du skieur repose à l'endroit qui lui assure le meilleur contact avec la neige.

Combinaison
En lycra, elle doit être moulante et légère, car le skieur en mouvement constant génère beaucoup de chaleur.

Yelena Valbe (RUS)
Détentrice de 14 médailles d'or de championnats du monde et de 41 victoires en coupe du monde, elle a remporté les cinq médailles d'or aux championnats du monde à Trondheim (Norvège) en 1997.

Bjorn Daehlie (NOR)
Plus grand médaillé aux olympiques d'hiver avec un total de 12 médailles dont 8 d'or, il détient plus de 40 victoires en Coupe du monde. Il est également premier à la Coupe du monde en 1993, 1994, 1996, 1997 et 1999 et deuxième en 1992 et 1995.

Fartage

Il désigne le fait d'appliquer du fart, une sorte de cire, sur la semelle des skis. En style classique, on appliquera à la spatule et au talon un fart améliorant la glisse, et au centre du ski où le pied repose, un fart favorisant l'adhérence du ski. En style libre, un fart glissant sera appliqué sur toute la semelle du ski. Pour obtenir ces résultats, il existe des types de fart adaptés à chaque qualité de neige.

SKIS

Légers et solides, ils sont souvent fabriqués en fibres de carbone tressées et de structure alvéolaire. On ne trouve plus de skis entièrement en bois, mais ce matériau est toujours utilisé en plus ou moins grande quantité car ses qualités mécaniques sont toujours adéquates. Les skis sont toujours plus grands que le skieur et plus le skieur est lourd, plus la cambrure doit être forte.

Style libre
Ils sont parfois plus larges en spatule afin de faciliter le mouvement de patinage, et les spatules sont moins relevées qu'en style classique. Sur de la neige dure, il est préférable d'utiliser des skis plus courts que pour de la neige molle.

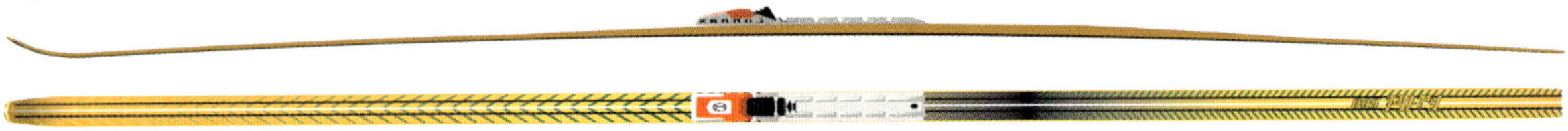

1,75 - 2 m

Style classique
La rigidité des skis est primordiale. Ils sont plus longs que pour le style libre afin de distribuer le poids du skieur de façon équilibrée.

Semelles des skis
Identiques pour les styles libre et classique, elles sont en plastique et graphite dont les qualités antistatiques permettent de mieux glisser.

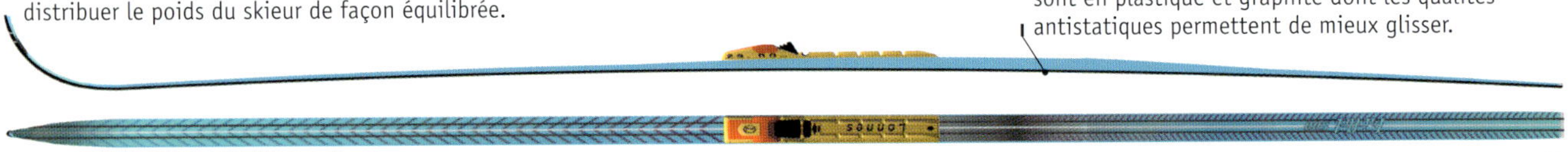

Jusqu'à 2,30 m

CHAUSSURES

Elles ne sont fixées aux skis qu'à l'avant.

Style libre
Elles permettent un bon maintien latéral et une bonne tenue de la cheville. La semelle est semi-rigide et une coque mobile enserre la cheville.

Style classique
Elles sont souples et assurent une bonne mobilité de la cheville.

PROFIL DU SKIEUR

- Le ski de fond est une discipline qui exige endurance et puissance musculaire puisque les skieurs sont appelés au cours des compétitions à parcourir des distances qui peuvent être importantes.
- L'entraînement estival du skieur de fond consiste à développer son endurance en pratiquant notamment de la course à pied, du cyclisme, du ski à roulettes et du ski sur glacier.
- Le ski de fond exige une maîtrise technique importante et bien développée. La préparation psychologique joue également un grand rôle. Les athlètes de haut niveau font tous preuve d'une grande résistance à l'effort.

surf des neiges

Sport à la popularité croissante, le surf des neiges ou *snowboard* consiste à glisser sur des surfaces enneigées au moyen d'une planche munie de fixations pour les pieds que l'on dirige à l'aide de flexions des genoux. Cette discipline voit le jour dans les années 60, lorsque l'Américain Sherwin Popper a l'idée de visser deux skis ensemble. La première compétition officielle a lieu en 1981, à Leadville au Colorado, et en 1989, l'International Snowboard Association (ISA) voit le jour avant de devenir l'International Snowboard Federation (ISF), en 1991. En 1995, le CIO en fait une discipline olympique et charge la Fédération internationale de ski (FIS) d'encadrer ce nouveau sport malgré l'existence de l'ISF. Le surf des neiges fait son apparition aux Jeux olympiques d'hiver en 1998 à Nagano, au Japon. En dehors des Jeux, la discipline fait l'objet d'une Coupe du monde, organisée pour la première fois en 1992, ainsi que d'un championnat du monde depuis 1994. Les compétitions sont ouvertes aux femmes comme aux hommes.

Ross Rebagliati (CAN), médaillé d'or au premier slalom géant en surf des neiges de l'histoire des J.O., en 1998 à Nagano.

LISTE DES ÉPREUVES

On dénombre quatre types de pratique : le surf des neiges acrobatique (*freestyle*), le surf des neiges alpin, le freeride et le boardercross. Deux épreuves ont été présentées aux Jeux de Nagano : concours de half-pipe (masculin et féminin) et slaloms géants (masculin et féminin). Le slalom géant parallèle et le half-pipe seront les deux épreuves de surf des neiges aux J.O. de 2002 à Salt Lake City, aux États-Unis. En surf des neiges acrobatique, les surfeurs effectuent des figures acrobatiques spectaculaires dans des rampes de neige aménagées, appelées half-pipe. Le surf des neiges alpin, qui reprend les caractéristiques du ski alpin, regroupe quant à lui les épreuves de slalom, de slalom géant et de slalom parallèle ou duel. Elles se courent contre la montre et requièrent une grande préparation physique et mentale. Le freeride, pour sa part, se pratique hors piste et consiste à adapter son style au terrain. En boardercross, les surfeurs prennent le départ par groupes de quatre ou six pour un parcours avec bosses, virages relevés et tremplins.

DÉROULEMENT D'UNE COMPÉTITION DE HALF-PIPE

L'épreuve de half-pipe se déroule en musique et le surfeur doit réaliser plusieurs figures acrobatiques libres (sauts, rotations et mouvements aériens) dans un goulet de neige en descente, en glissant d'un bord à l'autre. Quatre à six juges, en plus d'un juge en chef, attribuent une note sur dix aux surfeurs en tenant compte chacun de l'un des critères suivants : manœuvres sans rotations, manœuvres avec rotations, amplitude et impression générale.

AIRE DE COMPÉTITION

Le half-pipe ressemble à un tuyau coupé dans sa longueur, d'où son appellation (*half pipe* signifie « demi-tube » en anglais).

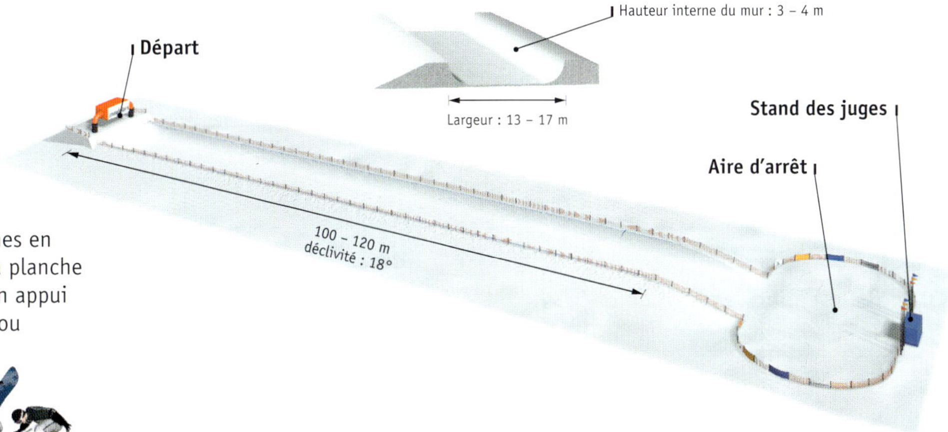

TECHNIQUES

Il existe de nombreuses figures aériennes en surf des neiges, souvent inspirées de la planche à roulettes, dont par exemple le saut en appui talons (*backside*), la vrille (*cork screw*) ou encore le MC Twist.

MC TWIST

Ce mouvement, inventé par Mike McGill au début des années 1980, totalise 540° de rotation autour de l'axe vertical et 360° autour de l'axe latéral. **1.** L'envol débute par une forte rotation de la tête et du torse en direction des pieds, combinée à un fléchissement du torse vers le talon de la planche. Le tout est suivi d'un fort redressement des jambes. **2.** Pendant la phase de vol, le corps est ramassé, la rotation de la tête et du torse vers le talon de la planche se poursuit et simultanément, la main avant agrippe la carre des orteils. **3.** Une fois la rotation complétée, le surfeur lâche sa planche et se redresse. Il se retrouve alors dans la bonne direction pour traverser de l'autre côté du half-pipe. La réception est amortie par un fléchissement des genoux.

DÉROULEMENT DU SLALOM GÉANT

La course est chronométrée en deux manches au cours desquelles le surfeur doit négocier son passage entre une série de portes triangulaires sans en oublier une seule. Une chute pendant la course ne signifie pas automatiquement la disqualification du surfeur, à moins qu'il n'ait raté une porte. Le parcours est conçu de façon symétrique pour que les surfeurs qui ont le pied gauche en avant (*regulars*) et ceux qui ont le pied droit en avant (*goofies*) partent à égalité. Les surfeurs étudient le tracé au cours de la période d'inspection avant la course. La distance entre les portes permet au surfeur de réaliser de longues courbes où il privilégie l'efficacité afin de réduire au maximum les mouvements inutiles et la perte de temps.

TECHNIQUE

Virage en appui talons

La concurrente, le dos perpendiculaire au sol, les hanches vers l'obstacle et le haut du corps vers l'extérieur, se penche très bas tout en répartissant la pression pour guider sa planche dans le virage. Elle écarte les bras pour obtenir un meilleur équilibre.

Virage en appui orteils

La surfeuse penche le torse vers le sol, fléchit les genoux et frôle le piquet intérieur pour effectuer son virage à très haute vitesse. Ses yeux fixent la prochaine porte pour bien anticiper le changement de carre et la courbe du virage.

PARCOURS DU SLALOM GÉANT PARALLÈLE

Inclus au programme des J.O. de 2002, il se déroule sur un parcours offrant un dénivelé de 120 à 250 m. Après les épreuves de qualification chronométrées, les 16 surfeurs (8 dans les épreuves féminines) ayant réalisé les meilleurs temps s'affrontent en duel pour les finales, où l'on procède par élimination.

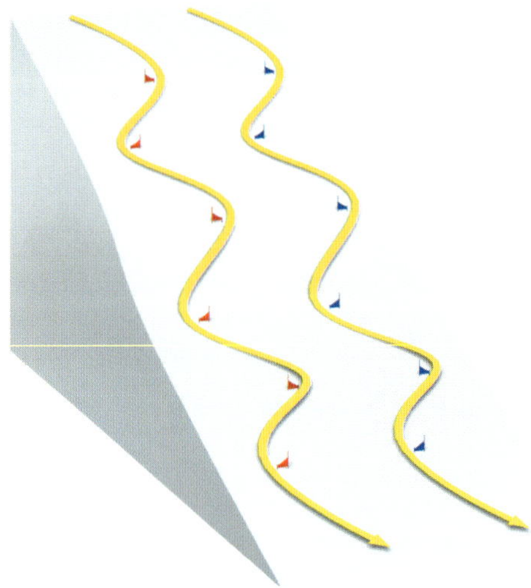

Porte

La distance entre chaque porte doit être comprise entre 7 et 15 m.

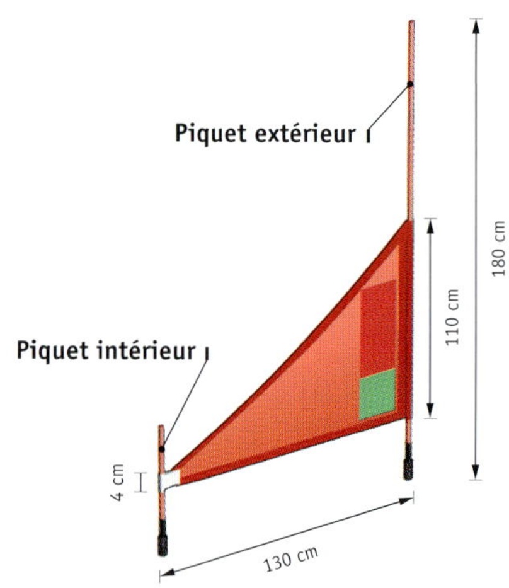

ÉQUIPEMENT

Les planches ont énormément évolué depuis les années 1980. Le surf des neiges a bénéficié des avancées technologiques réalisées en ski, notamment dans l'utilisation de matériaux plus performants. Les planches se différencient aujourd'hui par leur polyvalence et leur aptitude à évoluer sur piste ou hors-piste, sur neige dure ou poudreuse. Plus une planche est étroite, plus elle est rapide et plus elle est sensible au moindre appui pour effectuer un virage.

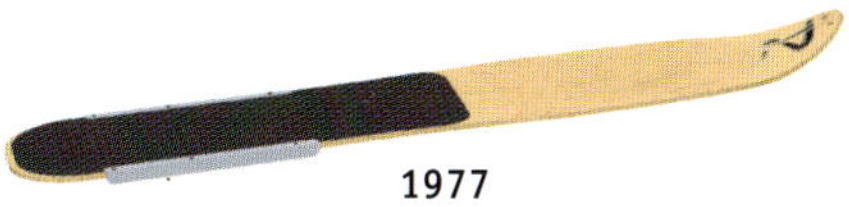

1977

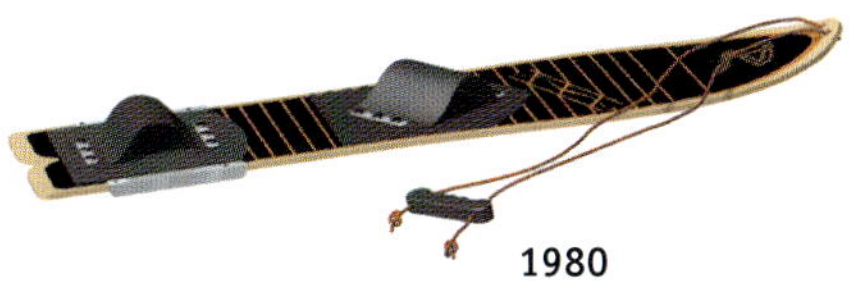

1980

Planche pour surf acrobatique

Utilisée pour l'épreuve de half-pipe, elle facilite les sauts et les atterrissages en douceur. Elle est munie d'une carre efficace de 120 cm. La spatule et le talon sont identiques pour permettre décollage et atterrissage dans les deux sens.

Planche pour surf alpin

Conçue pour atteindre de grandes vitesses, elle est étroite, rigide et sa spatule est peu relevée. Sa carre efficace peut atteindre 140 cm. Elle est utilisée avec des fixations à plaques et des bottes rigides pour obtenir un maximum de stabilité.

Karine Ruby (FRA)
Elle a remporté la Coupe du monde FIS en 1996, 1997 et 1998 au classement général et en slalom et slalom géant. Elle a également gagné la première médaille olympique en surf alpin.

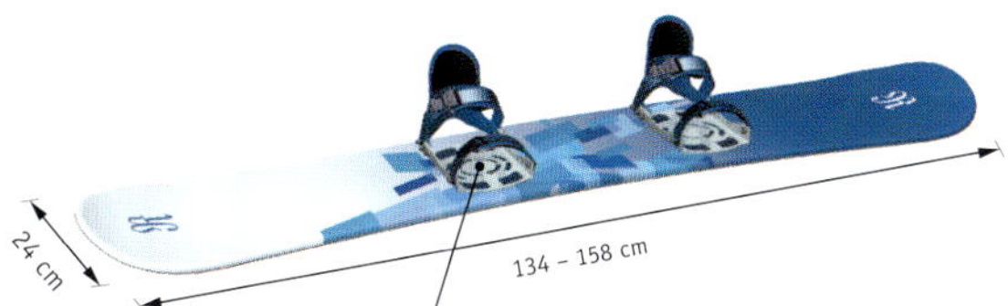

Fixation à coque
Utilisée avec des bottes souples pour les surfs de style acrobatique et tout terrain.

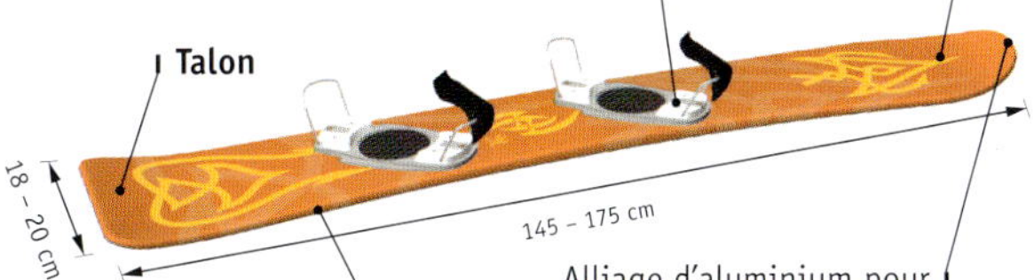

Fixation à plaque
Utilisée avec des bottes rigides pour le surf alpin.

Spatule

Talon

Alliage d'aluminium pour protéger les extrémités de la planche.

Carre
Bordure d'acier qui longe la semelle de la planche, à ne pas confondre avec la carre efficace qui est la partie de la planche en contact avec la neige. Plus la planche est longue, plus elle est stable à haute vitesse et plus elle a de l'adhérence dans les courbes.

Botte souple
Flexible et confortable, elle ralentit la transmission du mouvement corporel à la planche. Elle est destinée au surf des neiges acrobatique et au freeride.

Botte rigide
Idéale pour la précision et la performance, elle permet de transmettre immédiatement le mouvement corporel à la planche. Elle est utilisée dans les compétitions alpines.

Ross Powers (USA)
Actuellement premier au classement de la ISF en half-pipe, il a remporté à 17 ans la Coupe du monde en 1996 et en 1999. Il a également été médaillé de bronze aux J.O. de 1998.

Casque
Il est obligatoire pour les épreuves de vitesse.

Lunettes de ski

Gant

Combinaison
Elle est en fibres synthétiques et ajustée au corps.

Protège-tibia

PROFIL DU SURFEUR

- L'entraînement comporte des exercices sur trampoline, du patin à roues alignées, du skateboard et du ballon suisse. En surf alpin, les champions suivent un entraînement régulier proche de celui des skieurs : musculation, étirements, alimentation appropriée. L'entraînement commence l'été sur glacier et il est destiné à donner au surfeur puissance et tonus.
- Le surf des neiges correspond à un état mental privilégiant une grande liberté d'esprit et de mouvement, et l'intégration de cette discipline dans le paysage des sports d'hiver ne s'est pas faite facilement.

biathlon

Magnar Solberg (NOR), médaillé d'or aux J.O. de Grenoble (France) en 1968 pour avoir effectué un parcours de 20 km en 1 h 13 min 45,9 s. Il rééditera son exploit quatre ans plus tard, aux Jeux de Saporo.

Le biathlon associe une course de ski de fond de style libre à une compétition de tir de précision de petit calibre. Si des peintures rupestres vieilles de plus de 3000 ans représentent des chasseurs à skis armés d'arcs, c'est en 1767, à la frontière entre la Norvège et la Suède, que des patrouilleurs frontaliers se livrent aux premières courses. Sport de démonstration aux Jeux d'hiver à Chamonix en 1924, le biathlon est officiellement intégré à l'Union internationale de pentathlon moderne et biathlon (UIPMB) en 1956. Le premier championnat du monde a lieu à Saalfelden (Autriche) en 1958, avant l'admission du sport aux Jeux de Squaw Valley en 1960. Il reste une épreuve essentiellement réservée aux militaires jusqu'en 1978, lorsque l'adoption des carabines 22 long rifle, en réduisant le champ de tir à 50 m, facilite l'accès des civils à l'entraînement et à la compétition. La diversification des concours (individuels ou en relais) est couronnée par l'apparition des femmes aux championnats du monde en 1984, puis aux J.O. en 1992. L'International Biathlon Union (IBU) est fondée en 1993. Une nouvelle épreuve, la poursuite, intégrée aux championnats du monde et à la Coupe du monde en 1997, apparaîtra aux Jeux olympiques en 2002.

DÉROULEMENT DE LA COMPÉTITION

Chaque épreuve est un parcours de ski de fond chronométré, ponctué de phases de tir alternant les positions couché et debout, exécutées avec un nombre de cartouches limité. Les cibles sont soit touchées soit manquées. Chaque cible manquée entraîne des pénalités en temps, dont les concurrents s'acquittent de différentes façons selon les épreuves. Elles sont ajoutées au chronométrage du parcours à ski. Le vainqueur est le biathlonien (ou l'équipe) dont le temps final est le moins élevé. Le concours individuel et le sprint sont des épreuves à départs échelonnés : les concurrents se succèdent à 30 secondes ou 1 minute d'intervalle, dans un ordre tiré au sort. Au relais, les équipes sont composées de 4 biathloniens : tous les premiers équipiers partent ensemble, accomplissent leur parcours et passent le relais à l'équipier suivant en lui touchant le corps ou la carabine avec la main. Lors des poursuites, le vainqueur de l'épreuve de sprint précédente, parti le premier, est poursuivi par les autres concurrents, à des intervalles équivalents à l'avance qu'ils lui ont laissé prendre lors du concours de sprint.

INSTALLATIONS

Elles comportent un stand de tir assorti d'un parcours de pénalité (anneau ovale de 150 m) et plusieurs boucles de ski, permettant d'échelonner les phases de tir. Le total des montées d'un parcours de 10 km (sprint hommes) doit être de 300 à 450 m, et de 600 à 750 m sur 20 km (individuel hommes).

ÉPREUVE	DISTANCES ET PHASES DE TIRS	PÉNALITÉS
Individuel	20 km (15 km femmes) et 4 phases de tir	1 minute par cible manquée
Sprint	10 km (7,5 km femmes) et 2 phases de tir	1 parcours supplémentaire (150 m) par cible manquée
Relais	7,5 km et 2 phases de tir par équipier	1 parcours supplémentaire (150 m) par cible manquée
Poursuite	12,5 km (10 km femmes) et 4 phases de tir	1 parcours supplémentaire (150 m) par cible manquée
Départ en masse	15 km (12,5 km femmes) et 4 phases de tir	1 parcours supplémentaire (150 m) par cible manquée

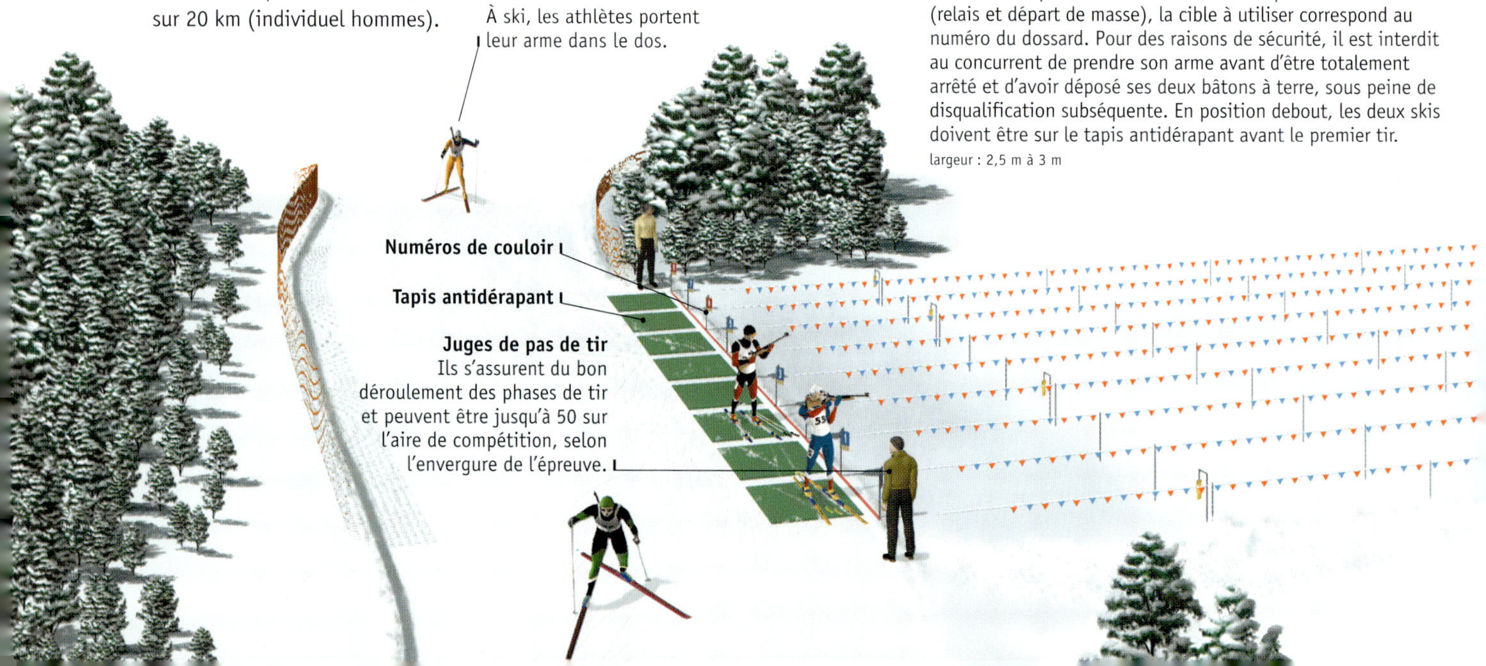

TECHNIQUE

Quelle que soit sa position, le biathlonien doit garder ses deux skis aux pieds et ne peut utiliser aucun support. La principale difficulté est de faire diminuer son rythme cardiaque afin de pouvoir viser correctement. Chaque coup de feu est tiré entre deux respirations pour assurer un maximum de stabilité. Les athlètes tentent de gagner du temps en limitant le nombre de respirations entre chaque tir.

TIR EN POSITION COUCHÉE

La carabine n'est en contact qu'avec les mains, l'épaule et la joue. La partie inférieure du poignet qui la supporte doit s'élever du sol de façon distincte. L'autre bras peut toucher le sol sur 10 cm au maximum entre le coude et le poignet. Une phase de tir dure de 25 à 35 secondes.

TIR EN POSITION DEBOUT

À l'arrivée au stand de tir, l'athlète doit diminuer la cadence pour reposer ses jambes et ses bras avant une phase de tir debout. La carabine est en contact avec les mains, la joue, l'épaule, ainsi que le pectoral. Une phase de tir dure de 30 à 35 secondes.

Gants
L'index droit (pour un tireur droitier) est souvent troué : les athlètes peuvent l'enlever pour sentir la détente lorsqu'ils tirent, et le remettre sans perdre de temps pour skier.

Skis
Leur longueur minimale doit être égale à la taille du concurrent moins 4 cm. Il n'y a aucune longueur maximale.

Bâtons
Leur longueur totale, pointe comprise, ne doit pas dépasser la taille du compétiteur.

PROFIL DU BIATHLONIEN

- Âgés de 25 à 30 ans en moyenne, les biathloniens ont une condition physique exceptionnelle : les sprints (10 km) sont courus en 23 min et les 20 km en 55 min environ. La précision des tirs étant liée à leur rythme cardiaque, ils augmentent leur vitesse de récupération, en développant au mieux leur endurance et leur capacité respiratoire.
- Les fortes déceptions pouvant survenir au champ de tir rendent l'aspect psychologique très important : de nombreux athlètes travaillent leur concentration avec des psychologues spécialisés.

ÉQUIPEMENT

Les skis et bâtons sont identiques à ceux utilisés en ski nordique. La carabine, de calibre 22, doit être chargée avec un chargeur (5 cartouches) ou manuellement (cartouches supplémentaires).

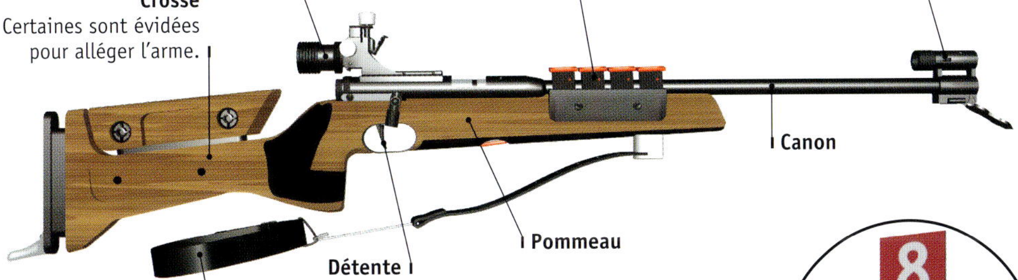

Crosse
Certaines sont évidées pour alléger l'arme.

Myriam Bédard (Can)
Championne du monde de biathlon au 7,5 km et médaillée d'argent au 15 km en 1993, elle devient également double championne olympique en 1994 à Lillehammer en remportant la victoire dans les deux catégories.

Cartouches

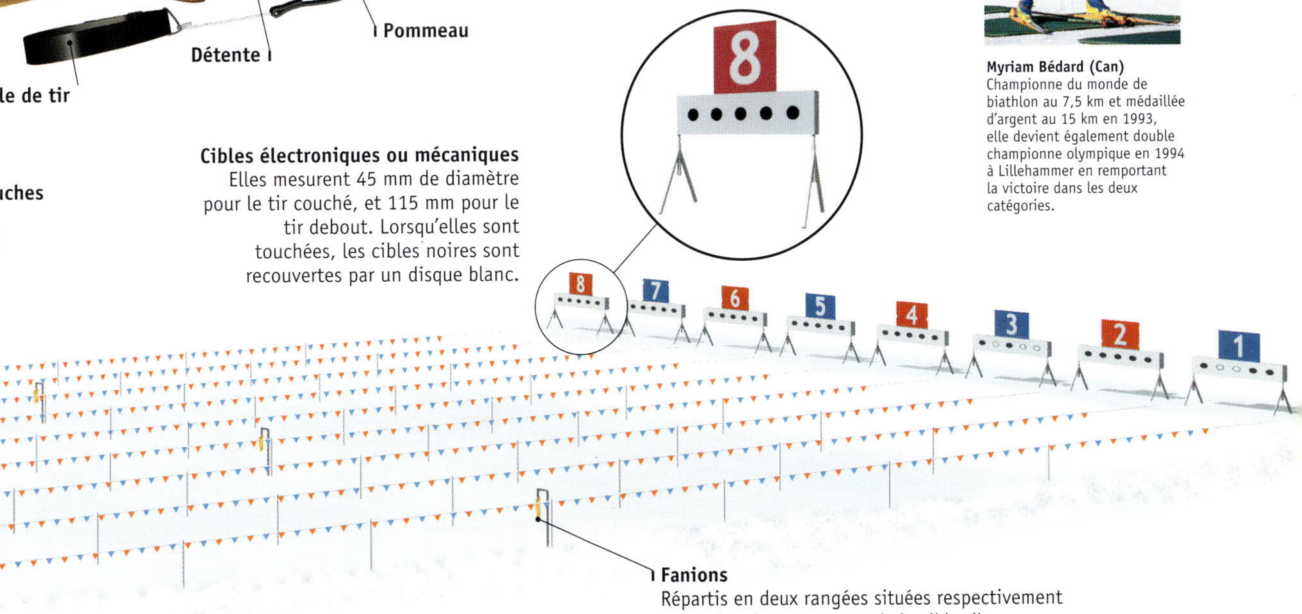

Cibles électroniques ou mécaniques
Elles mesurent 45 mm de diamètre pour le tir couché, et 115 mm pour le tir debout. Lorsqu'elles sont touchées, les cibles noires sont recouvertes par un disque blanc.

Fanions
Répartis en deux rangées situées respectivement à 5 m des tireurs et 20 m de la cible, ils indiquent la direction du vent, élément essentiel à la précision des tirs.

combiné nordique

Martin Crawford, capitaine de l'équipe américaine, en plein vol aux J.O. de Cortina d'Ampezzo (Italie), en 1956.

Discipline réservée aux hommes, le combiné nordique est une épreuve de saut jumelée à une épreuve de ski de fond qui apparaît en Norvège vers le milieu du XIXe siècle. Dans cette vaste contrée, le saut à ski et les grandes randonnées font partie du quotidien des militaires patrouillant aux frontières. À la suite d'une vieille querelle entre sauteurs et skieurs de fond, chacun prétendant que son sport est le plus exigeant, on régla le différend en créant le combiné nordique. Rejoignant un grand nombre d'adeptes, elle est parmi les disciplines d'origine aux premiers Jeux d'hiver à Chamonix, en 1924, et des championnats du monde ont lieu chaque année. Aux J.O. de Calgary, en 1988, on y ajoute une épreuve par équipe.

DÉROULEMENT DE LA COMPÉTITION

Les épreuves se déroulent sur deux jours. Le saut a lieu la première journée : les skieurs font trois sauts et les deux meilleurs résultats sont conservés. La course de ski de fond a lieu la deuxième journée : l'épreuve individuelle est de 15 km et l'épreuve en équipe est de quatre fois 5 km. Le gagnant du combiné nordique est celui qui obtient le meilleur résultat d'ensemble pour les deux épreuves.

SAUT EN INDIVIDUEL

La compétition a lieu sur un tremplin de 90 m. Les points sont attribués pour la distance et la technique : la distance est calculée selon le point K, situé à 90 m de l'extrémité du tremplin, à l'endroit où l'inclinaison de la pente prend fin. Un saut jusqu'au point K vaut 60 points : au-delà de cette zone, on accorde 1,6 point pour chaque mètre supplémentaire et en deçà de celle-ci, le saut est pénalisé de 1,6 point par mètre manquant. Les sauts sont généralement effectués les skis en position de V plutôt qu'en parallèle. Un sauteur peut atteindre des vitesses de 80 km/h durant les deux secondes que dure le saut. La réception s'effectue genoux pliés afin d'amortir un poids équivalant à trois fois celui du sauteur. La distance est mesurée à partir de la ligne de départ jusqu'au point central – entre les pieds – au moment de l'atterrissage. Cinq juges dans la tour, vingt juges sur la piste, un superviseur de distance, un juge de départ et un délégué technique s'assurent du bon déroulement de l'épreuve.

Saut en V

COURSE EN ÉQUIPE

Elle se déroule sur un parcours de 20 km et chaque membre de l'équipe (2 ou 4 skieurs) effectue une étape de 5 ou 10 km. Les départs s'échelonnent selon les points accumulés par chaque équipe lors des sauts, et les coéquipiers se relaient à un point précis. Aucun contact physique n'est nécessaire.

Kenji Ogiwara (JAP)
Il est le vainqueur de la Coupe du monde du combiné nordique en 1993, 1994 et 1995. Champion du monde à titre individuel en 1993 et 1997, et en équipe en 1993 et 1995, il est aussi champion olympique en équipe en 1992 et 1994.

COURSE DE FOND EN INDIVIDUEL

L'ordre de départ pour la course individuelle de 15 km est déterminé par les résultats de l'épreuve de saut selon la formule Gundersen, qui traduit les points de l'épreuve du saut en secondes. Utilisée dans les grandes compétitions depuis 1985, cette table permet au spectateur de suivre plus facilement la compétition, car le skieur qui prend les devants dans la course de ski de fond est aussi celui qui mène globalement dans la compétition. Par exemple, un skieur B est à 1,5 point du skieur A après les sauts : il partira donc 10 s après le skieur A. Tous les styles sont permis, mais la majorité des skieurs utilisent le style libre ou « pas de patineur » en opposition au style classique « skis dans les sillons ». Chaque skieur est chronométré au dixième de seconde. Un juge de départ, assisté de 2 officiels, d'un chronométreur en chef et d'une équipe de 2 à 10 chronométreurs veillent au bon déroulement de la course.

Style « pas de patineur »

PROFIL DU SKIEUR

- Les athlètes participant au combiné nordique possèdent les caractéristiques nécessaires à la pratique des deux disciplines. Les sauts exigent de l'audace, de la concentration, de la coordination et une excellente maîtrise des mouvements.
- La course de fond demande de l'endurance et de la puissance, particulièrement dans les jambes.
- Les sauteurs doivent avoir la capacité de « sentir » le vent et de composer avec sa direction et sa force.

Sports de montagne

escalade

L'escalade doit en grande partie sa médiatisation au Français Patrick Edlinger qui a popularisé ce sport au début des années 1980. Il a remporté la première compétition professionnelle, l'International Sport-Climbing, qui s'est tenue à Snowbird (États-Unis) en 1988.

Variante de l'alpinisme – une activité sur rochers, neige ou glace se déroulant essentiellement en altitude – l'escalade consiste à grimper, à mains nues et avec du matériel léger, de petits rochers, des parois rocheuses, des falaises de plusieurs centaines de mètres ou même des structures artificielles en salle. Apparue à la fin du XIXe siècle et pratiquée alors avec des moyens limités voire artisanaux, l'escalade se développe autour des grands centres d'alpinisme en Allemagne, en Angleterre, en Autriche, en France et en Italie. Deux styles se distinguent : l'escalade artificielle, où le matériel assure la progression et la sécurité des grimpeurs, et l'escalade libre où seule la sécurité est assurée par le matériel. L'escalade libre – la plus populaire – connaît à son tour différentes spécialités comme les activités sur bloc, en salle, en solo ou en sportif, c'est-à-dire sur des parois où le matériel de sécurité est déjà installé. L'évolution du matériel de sécurité, de l'équipement et des entraînements rend l'activité désormais plus accessible et plus populaire. Des falaises du parc Yosemite aux États-Unis, aux gorges du Verdon en France, en passant par l'Espagne et l'Australie, la pratique de l'escalade est aujourd'hui répandue dans le monde entier, et les compétitions sont ouvertes aux hommes et aux femmes. L'Union internationale des associations d'alpinisme (UIAA) regroupe les associations et fédérations nationales, et régit la discipline.

DÉROULEMENT DE LA COMPÉTITION

L'objectif est de grimper le plus haut et le plus vite possible. Il y a deux catégories de compétitions : classique et de vitesse.

- Lors des compétitions classiques, les voies sont aménagées pour être difficiles. L'ordre de départ se fait par tirage au sort et les grimpeurs ont entre 30 secondes et 1 minute pour examiner la voie. Ils ont ensuite 2 minutes pour commencer l'ascension. Les points sont alloués selon les prises, et les itinéraires sont conçus avec des difficultés variables et progressives.
- En vitesse, les grimpeurs sont chronométrés une première fois et ensuite réunis en paire : le plus rapide est jumelé avec le plus lent. Ils s'affrontent sur des parois identiques et le premier arrivé en haut gagne. Aussitôt qu'un concurrent atteint le haut, une lumière s'allume et désactive la seconde lumière afin qu'il n'y ait pas de confusion. Généralement, les compétitions se pratiquent en moulinette – poutre ou anneau permettant l'assurage et fixé au sommet – sur des structures artificielles d'escalade (SAE).

ENJEU

L'escalade libre, la plus populaire, est scindée en trois catégories :

- l'escalade sur bloc ou *bouldering* qui se pratique généralement sans corde sur des blocs de plus ou moins 5 m de haut ;
- l'escalade en moulinette, qui se pratique avec corde sur des parois de plus ou moins 25 m ;
- l'escalade en premier de cordée qui se présente sous deux formes : l'escalade sportive ou équipée, sur des parois de plus ou moins 100 m (pourvues de protections fixes préinstallées), et l'escalade en milieu naturel, sans limite de hauteur, sur des parois non équipées qui nécessitent la pose d'équipement de sécurité.

Les compétitions se déroulent sur des structures artificielles extérieures et intérieures. De plus en plus appréciées du public, elles sont de tout niveau : Coupe du monde annuelle et championnats du monde tous les deux ans.

TECHNIQUES EN ESCALADE LIBRE

Cordée

Elle se compose de deux grimpeurs ou plus reliés ensemble pour effectuer une ascension. C'est le grimpeur le plus expérimenté qui monte en tête de la cordée.

Premier de cordée en rocher de plus de 25 m

1. Le premier, assuré par son second, grimpe et installe les protections requises pour éviter une chute au sol.
2. Le premier installe le relais, s'autoassure, et reprend la corde restante à son second.
3. Le second, maintenant assuré du haut par le premier, récupère le relais et les protections en grimpant.

Descente en rappel

Cette technique permet de descendre en sécurité à l'aide d'une corde double, fixée à une paroi ou à un ancrage. Un descendeur, de préférence en forme de 8, favorise le glissement de la corde.

NŒUDS

Essentiels pour la sécurité et existant dans une grande variété, ils permettent de freiner, de s'autoassurer, de fixer une corde, etc.

Huit-doublé
Nœud d'encordement le plus utilisé, il est simple de fabrication et solide.

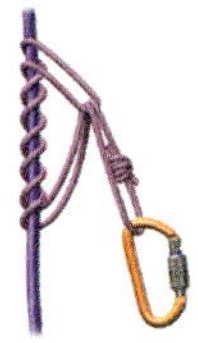

Machard tressé
Nœud d'autoassurage pour la descente en rappel.

Nœud de cabestan
Permet de s'autoassurer directement avec la corde.

TECHNIQUES D'ESCALADE EN MOULINETTE

Elle s'effectue sur rocher ou SAE de plus ou moins 25 m de haut. Les grimpeurs montent à tour de rôle. Énergie et équilibre sont à la base des mouvements d'escalade. La maîtrise des techniques de progression et des prises est essentielle pour des escalades efficaces et sécuritaires.

PRISES DE MAIN ET APPUIS DE PIED

Il existe une multitude de prises de main et d'appuis de pied. Parmi les prises de main les plus utilisées, on trouve le tendu, l'arqué, le semi-arqué, l'appui, le bac, le coincement et le pincement. Du côté des appuis de pied, il y a l'adhérence, le pointé, le gratonnage, la réglette, les carres internes et externes, les crochets et les coincements.

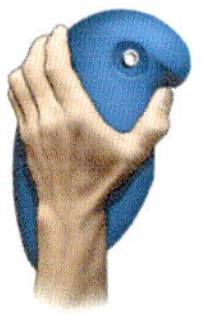

Le pincement

L'arqué

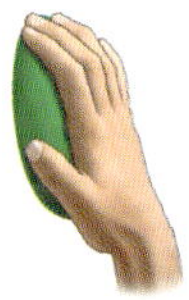

Le tendu

Carre interne

Poutre d'assurage
Elle soutient les cordes d'assurage au point d'encordement.

Chronométreurs
Ils font respecter les temps alloués. L'escalade d'une voie dure de 6 à 8 minutes et les grimpeurs ne doivent pas excéder ce temps.

Président du jury
Il supervise l'ensemble des activités de la compétition et prend les décisions en cas de litige. Il est, entre autres, assisté par un juge de catégorie qui est responsable de la compétition et de l'application des règlements. Enfin, des ouvreurs de voies préparent la voie et remplacent les prises brisées.

Juge de voie
Au pied du mur, il assure la sécurité et observe les manœuvres des athlètes. Les compétitions sont enregistrées sur cassettes vidéo.

Assureurs
Ils assurent les grimpeurs et veillent à ce qu'ils n'aient pas de contacts visuels avec ceux qui ont déjà grimpé pour ne pas échanger d'informations sur l'épreuve en cours.

ÉQUIPEMENT

Des cordes aux mousquetons en passant par les baudriers, les sangles ou la quincaillerie d'assurage, le matériel nécessaire à l'escalade est varié, sûr et léger.

Casque
Il protège principalement contre les chutes de pierres ou les chocs contre les parois rocheuses.

Pitons à fissure

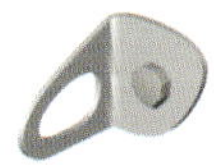

Pitons à expansion

Pitons
Ce sont des protections fixées à la paroi qui servent à l'assurage et à la progression. Il y a deux types de pitons : à fissure, dont les formes sont variables et qui requièrent un marteau, et à expansion ou plaquettes, qui demandent l'utilisation d'une perceuse.

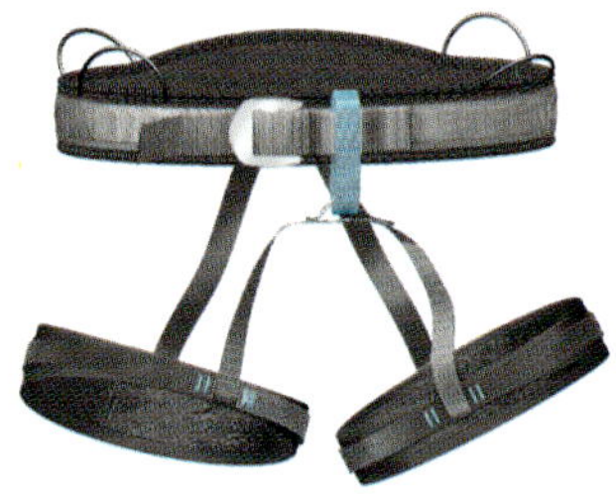

Baudrier-cuissard
Relié à la corde, il soutient les grimpeurs par les cuisses et le bassin.

Vêtements
Légers, résistants et de coupe simple, ils ne gênent pas les gestes du grimpeur.

Sangle
C'est une bande de nylon dont la largeur varie entre 10 et 25 mm aux extrémités de laquelle on joint des mousquetons afin d'en faire une dégaine.

Sac à magnésie
Il permet au grimpeur de porter sur lui cette poudre blanche qui élimine la transpiration des doigts et augmente l'adhérence des mains.

Dégaine
C'est une sangle de longueur variable avec des mousquetons à chacune de ses extrémités. Reliée à une protection (piton ou coinceur), on y mousquetonne la corde, limitant ainsi les chutes.

Chaussons
Existant dans une grande variété de modèles, ils doivent être adhérents pour sentir les prises. Selon l'usage et l'expérience des grimpeurs, ils sont rigides, souples ou très souples comme les ballerines et sont portés serrés pour plus d'efficacité.

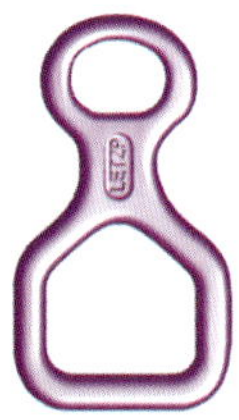

Descendeurs
Leur forme permet de ralentir et de freiner tout en protégeant la corde lors des descentes.

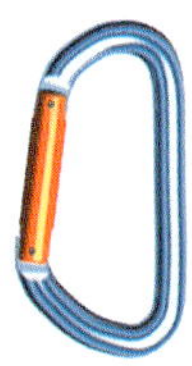

En D

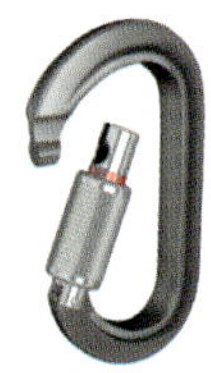

À vis

Mousquetons
Ce sont des dispositifs permettant de relier, par exemple, un coinceur et une corde. À la fois légers et résistants, il en existe différentes variétés et formes : en D ou ovale, en aluminium ou en acier.

Isabelle Patissier (FRA)
Gagnante de la Coupe du monde ainsi que du World Master Invitational en 1990 et 1991, années où elle remporte également le Master International d'escalade.

Cordes
Il existe une grande variété de diamètres (de 8 à 11 mm) et de longueurs (jusqu'à 60 m). Fabriquées en nylon, elles sont composées de deux parties : un centre tressé qui assure la résistance et une gaine tissée qui protège l'âme, c'est-à-dire le fil de la corde. Les cordes doivent être solides, souples, ne pas vriller facilement, avoir une bonne capacité d'absorption de l'énergie et bien résister au frottement.

Coinceur passif

Coinceurs
Les passifs existent dans une grande variété de formats et ont un câble d'acier à une extrémité. Les mécaniques, aussi appelés *friends*, sont munis d'un dispositif – une gâchette – permettant d'insérer les cames dans les fissures.

PROFIL DU GRIMPEUR

- Les qualités nécessaires au grimpeur sont la souplesse, la rapidité de perception et de coordination ainsi que la capacité d'improvisation. Toutes ces aptitudes permettent l'exécution des bons mouvements au moment opportun. De plus, les adeptes de la montagne sont capables de résister à la fatigue et au stress. Enfin, endurance, force physique et maîtrise de soi font aussi partie des qualités nécessaires à la pratique de la discipline.

Sports aériens

parachutisme

Membres de l'infanterie de l'armée américaine à l'entraînement de parachutisme en 1940. Hissés au sommet d'une tour de 38 m de haut, ils sont parachutés le long d'un câble.

Le parachutisme regroupe aujourd'hui sous une même appellation des techniques et des pratiques sportives très diverses, allant de la chute libre au vol à voile. Si Léonard de Vinci est généralement reconnu comme l'inventeur du principe du parachute, il faut attendre 1797 pour que le Français André-Jacques Garnerin l'applique en se laissant tomber d'un ballon avec un parachute ouvert équipé d'un panier. Le premier saut à partir d'un avion est réalisé aux États-Unis en 1912. Le parachutisme est d'abord utilisé à des fins militaires : moyen de sauvetage durant la guerre de 1914-1918, il devient un instrument d'invasion lors de la Deuxième Guerre. À la fin des années 40, en même temps que les techniques et l'équipement s'améliorent, les civils commencent à le pratiquer aux États-Unis et en Europe. Lorsqu'il est reconnu comme sport aéronautique par la Fédération aéronautique internationale (FAI), le Comité international du parachutisme (CIP) est créé. Les premiers championnats du monde, comportant notamment des épreuves de précision d'atterrissage, ont lieu en 1951. Le championnat du monde de vol relatif apparaît en 1975, suivi en 1986 du championnat du monde de voile contact. Créés en 1997, les World Air Games présentent des compétitions de style libre et de surf aérien. Le parapente, qui figure également au programme, lance la même année son propre championnat, la Paragliding World Cup.

DÉROULEMENT D'UNE COMPÉTITION DE PRÉCISION D'ATTERRISSAGE

Elle est ouverte aux hommes et aux femmes, dans leurs catégories respectives, et se pratique en équipes et en individuel. Les sauts sont effectués de 1 000 mètres. Les concurrents doivent venir poser le bout du pied ou le talon sur une pastille jaune de 3 cm de diamètre, ou s'en approcher le plus près possible. La pastille est placée au centre du carreau. L'ordre de passage des concurrents est établi par tirage au sort. Dans le cas d'une épreuve par équipes, les 4 équipiers sautent ensemble et ouvrent leur parachute à des hauteurs différentes pour se succéder à intervalles réguliers (20 à 30 secondes) sur la cible. Des juges de saut assistés d'instruments de mesure électroniques sont chargés de déterminer le point d'atterrissage exact de chaque concurrent. Les distances entre le point d'atterrissage et la pastille sont mesurées en centimètres, jusqu'à 16 cm. Après un nombre de sauts déterminé lors de chaque compétition, ces distances sont additionnées et le vainqueur est le parachutiste ou l'équipe dont le pointage est le moins élevé. Une variante de cette épreuve pratiquée en montagne, le paraski, combine six sauts de précision d'atterrissage et deux manches de slalom géant (ski alpin), le vainqueur étant le concurrent ayant obtenu les meilleurs résultats dans les deux disciplines.

ZONE DE SAUT

Un jury international composé de membres du CIP détermine le nombre de juges présents à terre et leur nationalité. Un maître de saut reste à bord de l'avion. Les communications radio entre la base et les parachutistes permettent à ces derniers de connaître les conditions atmosphériques au sol.

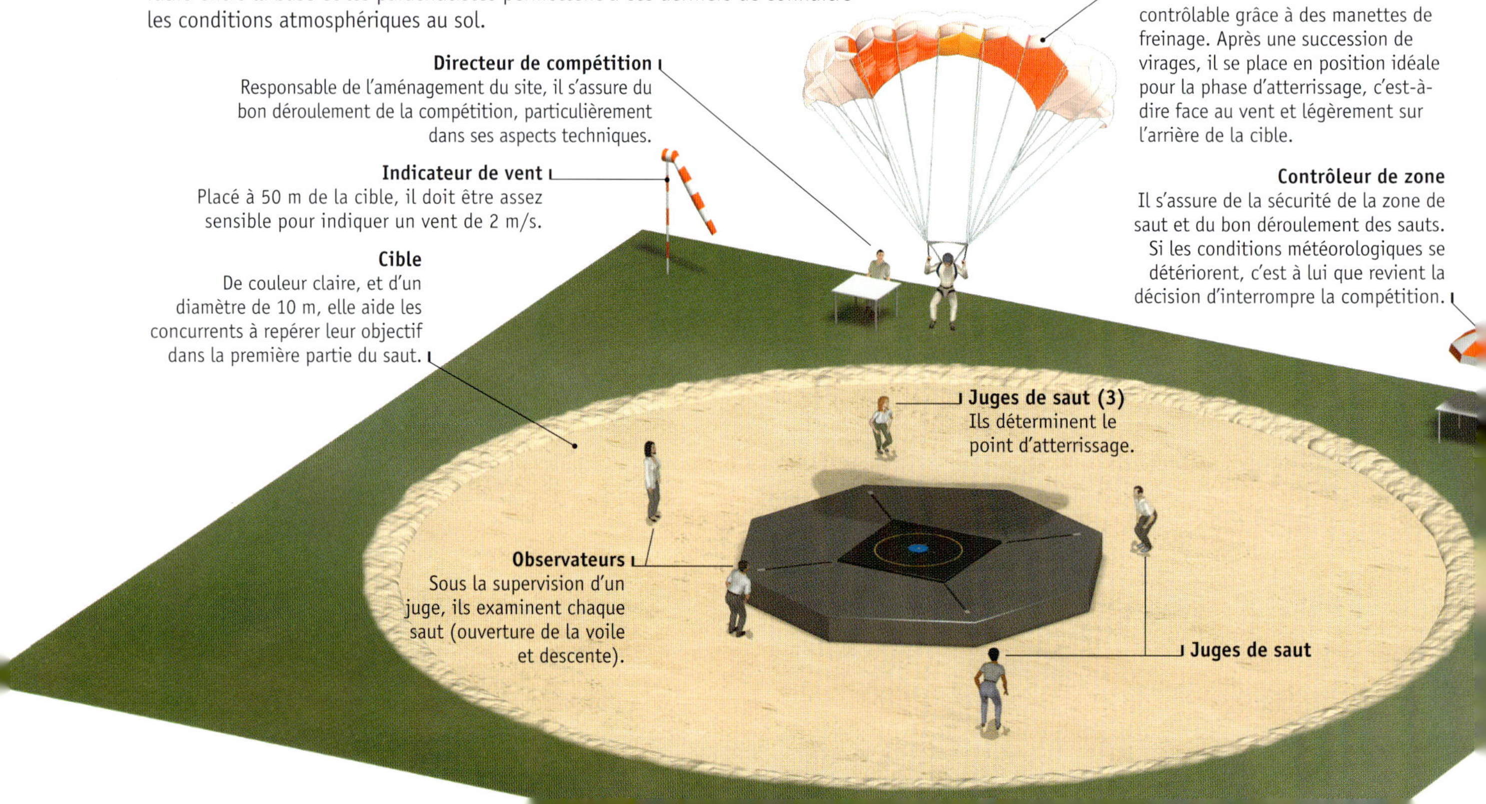

COMPÉTITIONS

Si l'épreuve de précision d'atterrissage est la plus ancienne, de nombreuses autres techniques de parachutisme sont aujourd'hui pratiquées en compétition au niveau international. Toutes sont ouvertes aux hommes et aux femmes.

Voltige individuelle

Sautant de 2 200 m, le parachutiste doit effectuer en chute libre un enchaînement de 6 figures imposées en un minimum de temps. Situées très précisément par rapport à trois axes de référence (vertical, horizontal et latéral), les figures se composent de tours à droite et à gauche ainsi que de sauts périlleux (saltos). Les défauts d'exécution sont pénalisés par ajout de secondes ou fractions de secondes au temps total.

Vol relatif

Des équipes de 4, 8 ou 16 parachutistes en chute libre réalisent une suite de figures imposées tirée au sort avant le début de chaque épreuve. Ils répètent l'enchaînement autant de fois que possible pendant le temps alloué (35 s pour les équipes de 4 et 50 s pour les équipes de 8). Les départs se font respectivement de 3 000 et 3 800 m).

Voile contact

Née de l'apparition des voiles carrées dans les années 1970, la discipline consiste, pour des équipes de 4 ou 8 parachutistes sautant de 2 000 m, à effectuer voile ouverte des regroupements ou des appontages sur les voiles de leurs coéquipiers à l'aide des pieds ou des mains. Il existe trois épreuves différentes :

- La séquence à 4 s'effectue dans un temps limité de 2 min 30, au cours desquelles les équipiers réalisent et répètent autant de fois qu'il leur est possible un cycle de 4 à 5 figures imposées tirées au sort.
- La rotation à 4 s'effectue dans un temps limité de 1 min 30, au cours duquel les équipiers réalisent un empilage à quatre et autant de rotations qu'il leur est possible. Lors d'une rotation, l'équipier du dessus se détache de la formation pour venir se placer sous l'équipier le plus bas. Un point est compté pour chaque empilage réussi.
- Le 8 formation consiste à réaliser le plus vite possible une figure à 8 équipiers, tirée au sort avant l'épreuve. Le chronomètre, déclenché lorsque le premier équipier quitte l'avion, est arrêté quand le dernier se raccroche à la formation.

Style libre (*freestyle*) et freefly

Les concurrents de style libre présentent en chute libre une chorégraphie composée de figures imposées et libres, semblables à celles de la gymnastique et du trampoline. Ils sont filmés par un partenaire dont le rôle est essentiel : le saut est jugé grâce au film. Outre la difficulté et l'exécution, l'aspect esthétique de la présentation ainsi que la qualité des images sont pris en compte. Le freefly est une chorégraphie en duo, comprenant généralement des figures non traditionnelles telles que rotations tête en bas, chute en position verticale ou assise.

Surf aérien (*skysurf*)

Discipline spectaculaire basée sur le même principe que le style libre, elle consiste à exécuter des figures en chute libre avec une planche de surf aérien. La portance de la planche sur l'air demande cependant une technique différente et permet des mouvements très rapides et plus amples.

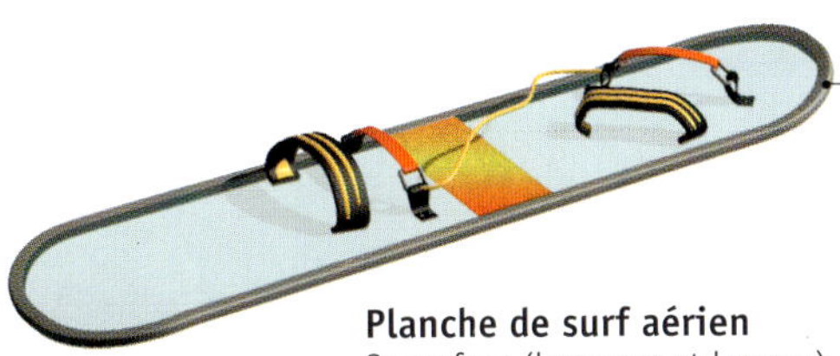

Protection
Fixée sur le pourtour de la planche, elle réduit les risques de blessure en cas de contact avec un autre sauteur.

Planche de surf aérien
Sa surface (longueur et largeur) est précisément adaptée au gabarit du sauteur. Le système d'attache comporte un dispositif fixé à sa hanche, lui permettant de larguer la planche en cas d'urgence (vrille incontrôlable, par exemple).

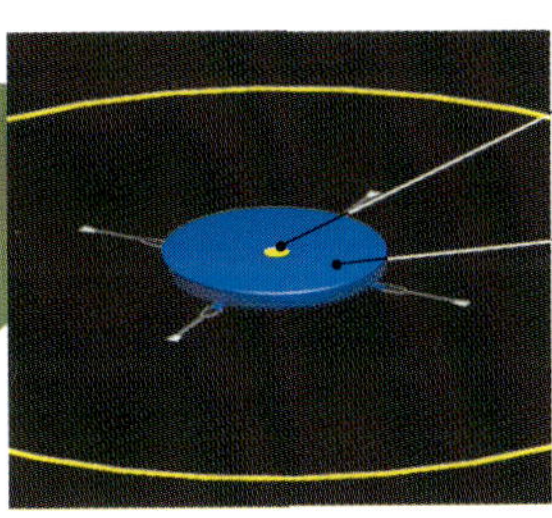

Pastille
diamètre : 3 cm

Carreau
Cible électronique.
diamètre : 16 cm

PARAPENTE
Le parapente est une voile profilée comme une aile de planeur, permettant de décoller d'une pente en montagne, ou d'une plaine à l'aide d'un treuil, et de prendre de l'altitude grâce aux courants aériens ascendants. Les compétitions sont généralement des parcours à effectuer le plus rapidement possible en photographiant au passage des repères existants ou des balises, sous un angle précis, pour preuve de son passage. Il existe notamment des épreuves contre la montre, des courses au but avec départ collectif et des concours de distance.

TECHNIQUE DE CHUTE LIBRE

En voltige comme en vol relatif, les parachutistes maîtrisent leur vitesse de déplacement et leur position dans les trois dimensions par des mouvements très précis.

SALTO ARRIÈRE

1. Le parachutiste adopte la position de base de la chute libre appelée « boîte » ou « au carré ».

2. Il place ensuite ses mains et ses bras vers l'avant et ramène ses jambes vers la taille.

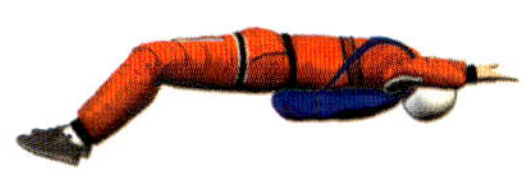

3. Ce mouvement déclenche une rotation sur l'axe latéral et le parachutiste se retrouve sur le dos.

4. Il continue sa rotation sur l'axe latéral en creusant les reins.

5. Il revient à la position initiale de la boîte. La rotation complète peut être réalisée en moins d'une demi-seconde.

ÉQUIPEMENT

PARACHUTE

Ses trois composantes essentielles sont la voilure principale, la voilure de réserve et le harnais.

Voilure principale
De forme rectangulaire, elle comporte le plus souvent de 7 à 9 caissons ou cellules et peut en compter jusqu'à 21. Les caissons sont divisés en deux par une membrane interne. L'air les gonfle et la voile acquiert les propriétés d'une aile d'avion.

Stabilisateurs
Ce sont des triangles de tissu de chaque côté de la voilure.

Extracteur
Parachute miniature permettant le déploiement de la voile principale.

Lunettes
Elles sont conseillées principalement pour la chute libre.

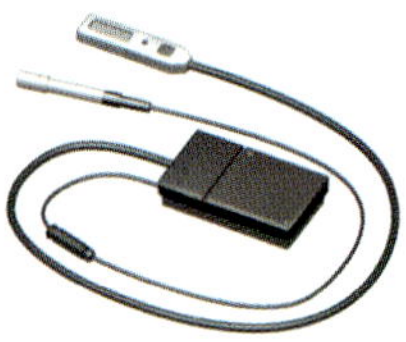

Dispositif d'activation automatique
Mécanique ou électronique, il déploie le parachute de réserve lorsque l'altitude de sécurité est dépassée.

Audio-altimètre
Préréglable, il émet un son pour avertir le parachutiste lorsqu'il atteint l'altitude de son choix.

Suspentes
Cordes qui relient le parachutiste à la voile.

Glisseur
Il sert à ralentir l'ouverture de la voilure.

Freins
Ensemble des suspentes et des manettes de contrôle qui permettent de diriger la voilure.

Harnais-conteneur
Le harnais relie le parachutiste à la voilure principale et à la voilure de réserve (généralement similaire à la voilure principale). Le conteneur est l'ensemble de sacs contenant les voilures, et permettant le bon déploiement de la voile.

Sangles
Elles sont de deux types : celles qui retiennent les jambes – cuissards – et celles qui retiennent le harnais au niveau des épaules.

Combinaison
Généralement monopièce, elle est conçue pour diminuer les risques d'accrochage avec l'équipement.

Altimètre
Il est essentiel en chute libre, afin que le parachutiste puisse contrôler à tout moment son altitude.

Camescope
Il est indispensable dans les compétitions de style libre et de surf aérien.

Casque
Il peut être en cuir ou en plastique. Bien que le casque en matière plastique offre une meilleure protection, le casque en cuir est très apprécié pour son confort.

PROFIL DU PARACHUTISTE

- Si chaque discipline fait appel à des compétences et des techniques très précises et différentes, quelle que soit l'épreuve, le parachutisme de compétition demande une connaissance parfaite des courants et des turbulences aériennes, une maîtrise totale de l'orientation dans l'espace ainsi qu'un entraînement rigoureux et complet permettant de faire face aux situations d'urgence.
- Les disciplines de chute libre – en particulier la voltige individuelle et le style libre – exigent des qualités et aptitudes physiques semblables à celles des gymnastes ou des plongeurs de niveau international.

Cheryl Stearns (USA)
Médaillée d'or aux championnats nationaux à 17 reprises en atterrissage de précision, elle est aussi trois fois championne au classement général mixte. Elle détient 29 records du monde dont quatre détenus simultanément. En 1974, elle est la première femme à se joindre aux Golden Knights, équipe d'élite en parachutisme de l'armée américaine. De plus, elle a remporté le prestigieux prix Leonardo da Vinci pour son incomparable performance.

Sports de balle

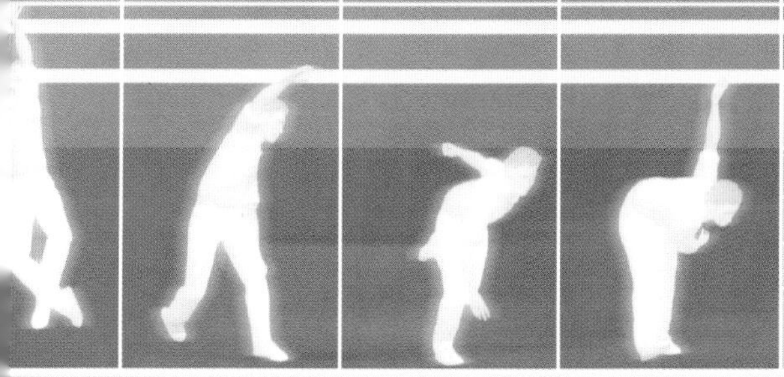

base-ball

Le joueur légendaire Babe Ruth (USA) a remporté sept fois les World Series : trois fois avec les Red Sox de Boston (1915, 1916 et 1918) et quatre fois avec les Yankees de New York (1923, 1927, 1928 et 1932). C'est l'un des premiers joueurs à avoir été admis au sein du Temple de la renommée *(Hall of Fame)*.

Le principe même de ce sport – frapper une balle à l'aide d'une batte et parcourir une certaine distance avant que la balle ne soit attrapée – remonte à quelque 2 000 ans avant notre ère, avec un jeu similaire pratiqué par les bergers égyptiens. Au cours des siècles, ce jeu va se développer en Europe et au Proche-Orient et connaître des formules variées. C'est à partir de celles-ci que le base-ball prend forme aux États-Unis. En 1839, le général Abner Doubleday invite ses soldats cantonnés à Cooperstown à pratiquer, pour se détendre, un jeu consistant à frapper une balle à l'aide d'un bâton et à couvrir un circuit composé de plusieurs buts. En 1845, Alexander Cartwright fonde le premier club, les Knickerbockers de New York. Les clubs professionnels apparaissent en 1871, et en 1876 la première ligue professionnelle, la Ligue nationale, voit le jour. Elle est concurrencée dès 1901 par la Ligue américaine. Deux ans plus tard, les vainqueurs de chaque ligue se retrouvent pour disputer un titre suprême : les World Series, créées par le journal *World* de New York. D'autres modifications (dont la distance entre lanceur et frappeur) surviennent en 1904, donnant naissance au base-ball moderne. Ce sport essentiellement masculin est officiellement accepté aux Jeux olympiques en 1992 et la Coupe du monde, qui regroupe des équipes nationales, a lieu depuis 1938 (tous les deux ans depuis 1974).

DÉROULEMENT D'UN MATCH

Une partie de base-ball met aux prises deux équipes de neuf joueurs et dure neuf manches ou *innings*. Chaque manche est divisée en deux, chaque équipe alternant phase offensive et phase défensive. L'objectif de l'équipe attaquante est de frapper la balle avec une batte et de marquer des points. L'équipe défensive lance la balle et doit empêcher la progression de l'équipe offensive vers les buts. Un point est inscrit lorsqu'un joueur en attaque revient à son point de départ, le marbre, après avoir touché successivement les trois autres buts.

TERRAIN

En herbe ou en revêtement artificiel, c'est l'espace situé entre deux lignes de jeux perpendiculaires qui se rejoignent au marbre.

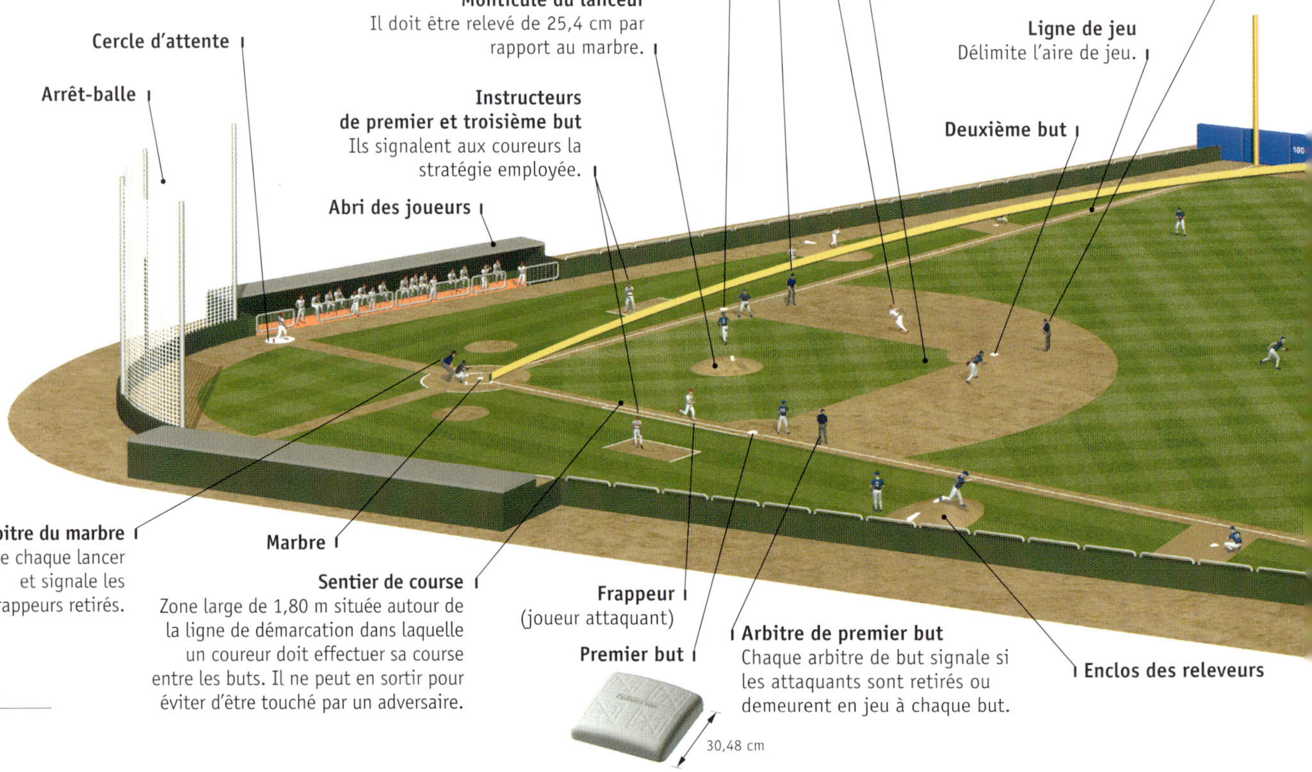

POSITION DES JOUEURS EN DÉFENSE

Chaque gérant d'équipe sélectionne 9 joueurs dans le groupe de 25 qui peuvent figurer sur la feuille de match. Il communique leurs noms et leur ordre de frappe à l'arbitre en chef et au gérant adverse. Ces neuf joueurs débuteront la partie. En phase offensive, ils se succèdent dans l'ordre établi pour frapper la balle. En phase défensive, ils prennent place à chaque poste qui leur est assigné. Chaque équipe doit désigner un lanceur qui, en phase défensive, met la balle en jeu en la lançant vers le frappeur adverse. La phase offensive d'une équipe s'achève lorsque trois de ses joueurs sont retirés dans la même manche. En phase offensive, les joueurs mettent en valeur leur adresse, leur précision et leur puissance dans la frappe des balles ainsi que leur vitesse et leur savoir-faire stratégique dans la progression d'un but à l'autre. En défense, ils excellent dans leur coordination, leur positionnement et leur vitesse d'exécution pour empêcher l'adversaire de marquer.

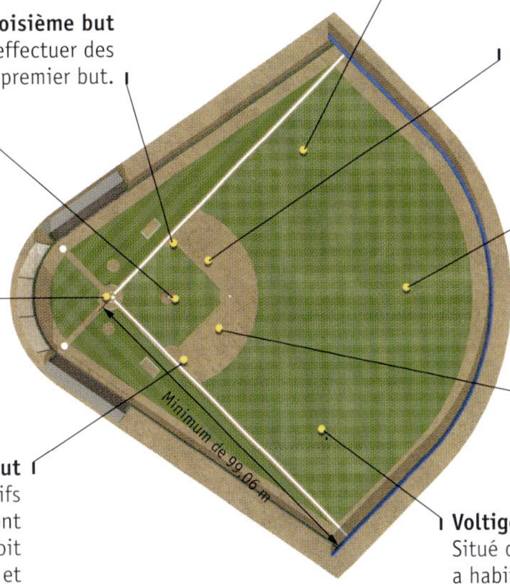

Joueur de troisième but
Joueur puissant capable d'effectuer des relais directs vers le premier but.

Lanceur
Met la balle en jeu pour déjouer les frappeurs et se déplace vers l'endroit où la balle sera renvoyée par ses partenaires.

Receveur
Indique au lanceur les types de lancers appropriés pour déjouer chaque frappeur. Surveille les attaquants sur les sentiers et protège le marbre.

Joueur de premier but
Il participe à la plupart des jeux défensifs puisqu'un grand nombre des retraits sont effectués au premier but. Agile, il doit attraper les balles qui lui sont relayées et les frappes qui passent près de lui.

Voltigeur gauche
Il couvre la partie de terrain située derrière le troisième but.

Arrêt-court
Prioritaire lorsque la balle se trouve dans l'avant-champ, il couvre une large portion du terrain et effectue ses relais vers le premier ou le deuxième but.

Voltigeur centre
C'est le joueur qui couvre le plus de terrain. Il peut voir les signaux du receveur et doit anticiper la frappe. Il contrôle tous les déplacements des voltigeurs dans le champ extérieur.

Joueur de deuxième but
Il possède les mêmes priorités que l'arrêt-court, tout en étant moins puissant. Il participe à de nombreux jeux défensifs.

Voltigeur droit
Situé derrière le premier but, le voltigeur a habituellement un excellent bras pour effectuer des relais au troisième but.

TABLEAU D'AFFICHAGE

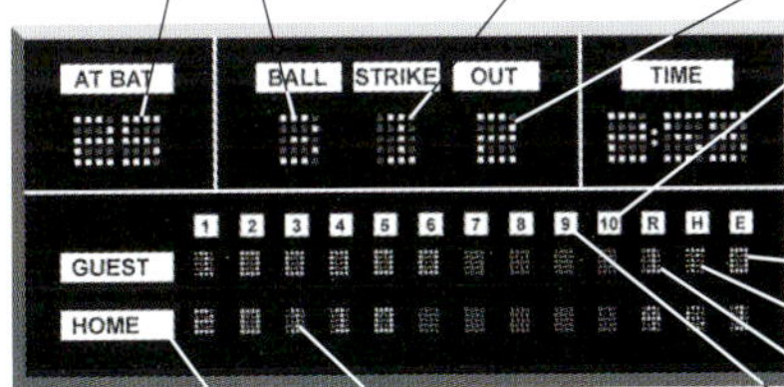

Numéro du joueur à la batte

Balles concédées par le lanceur

Prises contre le frappeur

Joueurs offensifs retirés durant la manche

Manches supplémentaires
Si les équipes sont à égalité après neuf manches, une ou plusieurs manches supplémentaires sont disputées jusqu'à ce que les équipes soient départagées à la fin d'une manche.

Nombre d'erreurs commises

Total des coups sûrs

Total des points

Numéro de la manche

Points inscrits par manche

Nom des équipes
L'équipe qui reçoit attaque toujours en dernier. Si elle mène en neuvième manche avant de passer en attaque, elle a gagné le match.

Coup de circuit (*home run*)
Lorsqu'un joueur frappe la balle et que celle-ci dépasse le périmètre du champ de jeu à l'intérieur des lignes de jeu, le frappeur est crédité d'un circuit. Puisqu'aucun défenseur ne peut aller chercher la balle, l'attaquant a le droit de franchir chacun des buts jusqu'au marbre et compte aussitôt un point. Si des coureurs sont sur les buts au moment du coup de circuit, ils peuvent aussi franchir les buts jusqu'au marbre et marquer un point chacun.

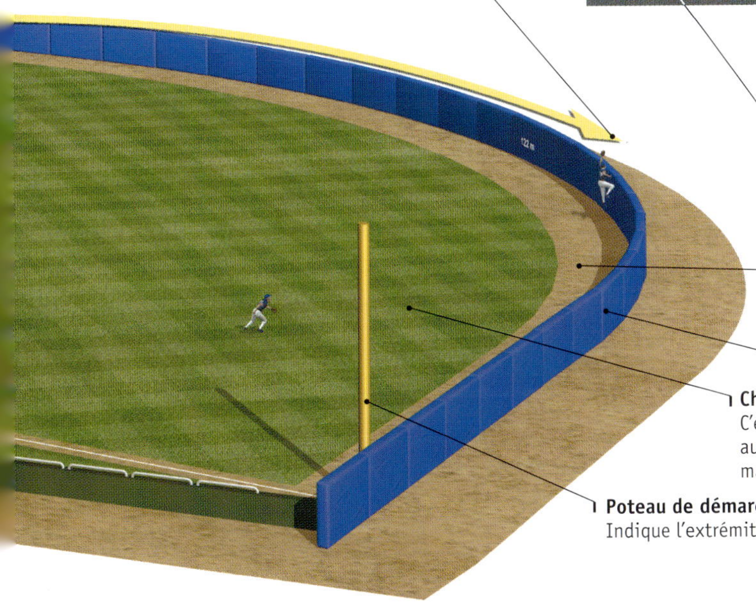

Piste d'avertissement
Elle indique aux défenseurs la proximité de la clôture.

Clôture

Champ extérieur
C'est la surface de jeu située entre les deux lignes de jeu et au-delà du champ intérieur. Le point le plus éloigné du marbre est de préférence situé à au moins 121,92 m.

Poteau de démarcation
Indique l'extrémité des lignes de jeu.

BALLES ET PRISES

Le frappeur juge le lancer et peux tenter ou non de frapper la balle. S'il décide de ne pas frapper la balle, deux situations peuvent se produire :

- S'il laisse passer un mauvais lancer, une balle est comptée au détriment du lanceur. Au bout de quatre balles, le frappeur se rend directement au premier but.
- S'il laisse passer un bon lancer, une prise est comptée au détriment du frappeur. Au bout de trois prises, le frappeur est retiré.

Si le frappeur tente de frapper la balle, trois situations peuvent se produire :

- S'il s'élance et manque la balle, une prise est comptée contre lui, que le lancer soit bon ou mauvais.
- S'il s'élance, frappe la balle et l'envoie en territoire hors-ligne, une prise est comptée contre lui, quel que soit le lancer, sauf s'il s'agit d'une troisième prise (éliminatoire), auquel cas le coup est considéré comme nul. Exception : s'il tente un amorti avec deux prises contre lui et envoie la balle hors-ligne, il est retiré.
- S'il s'élance et frappe la balle en direction du champ de jeu, la balle est alors en jeu et le frappeur doit essayer d'atteindre le premier but.

Zone de prise
Espace au-dessus du marbre, compris entre les genoux et la poitrine du frappeur.

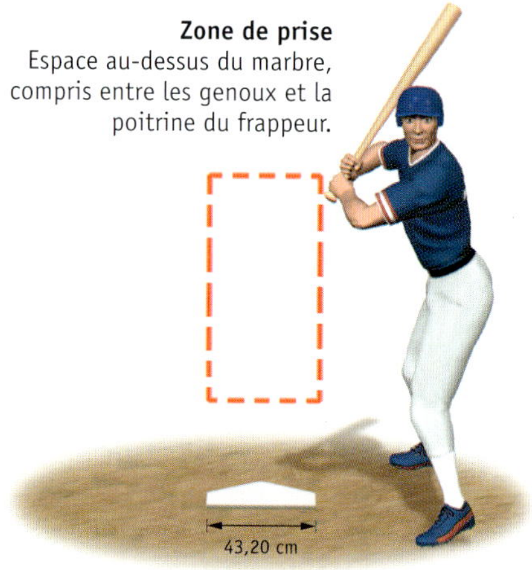

RETRAITS

Les retraits peuvent avoir lieu de quatre façons :

- lorsque trois prises sont comptées contre le frappeur ;
- lorsque le frappeur frappe la balle et que celle-ci est attrapée par un défenseur avant qu'elle n'ait touché le sol ;
- lorsqu'un joueur défensif en possession de la balle touche un joueur offensif alors que celui-ci n'est pas en contact avec un but ;
- lorsqu'un défenseur touche, balle en main, le but vers lequel un adversaire se dirige (cas de jeu forcé, le joueur attaquant étant obligé de se diriger vers le but suivant).

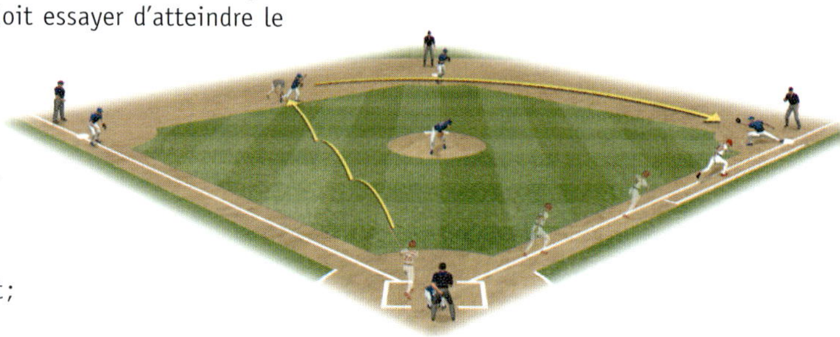

Retrait au champ intérieur

Le frappeur frappe un roulant, c'est-à-dire une balle frappée au sol, au joueur d'arrêt-court qui intercepte la balle et la relaie au joueur du premier but avant que le frappeur n'atteigne le but.

COUPS SÛRS

Un joueur qui frappe la balle vers le champ de jeu doit atteindre le premier but. Lorsqu'il le touche, il est considéré sauf (en jeu) si la balle n'a pas été attrapée en vol par un défenseur ou s'il parvient au premier but avant que la balle n'ait été renvoyée vers celui-ci. Un attaquant parvenant sur un but à l'issue de sa frappe est crédité d'un coup sûr. Le coup sûr peut permettre au frappeur de gagner le premier (simple), le deuxième (double) ou le troisième but (triple). Lorsqu'un joueur est parvenu sur un but, il devient coureur : il va devoir progresser vers le marbre en fonction des coups réalisés par ses partenaires frappeurs. Il peut aussi tenter de voler un but, en courant vers le but suivant lorsque le lanceur adverse effectue son lancer vers le marbre ou que le receveur laisse échapper la balle.

JEU DÉFENSIF DANS LE CHAMP INTÉRIEUR

Le défenseur se place sur la trajectoire de la balle, épaules droites et torse bombé pour donner le plus d'envergure au corps. Le gant est posé au sol, la main libre vient le protéger pour assurer le contrôle de la balle. La main libre passe ensuite à l'intérieur du gant et se saisit de la balle. Le joueur effectue une rotation du tronc pour assurer le relais vers un partenaire. Le mouvement doit s'effectuer du bas vers le haut.

TECHNIQUE DU LANCEUR

Pour réaliser son lancer, le lanceur prend d'abord position sur la plaque du lanceur puis envoie la balle vers le frappeur. Derrière celui-ci se trouve un joueur de l'équipe du lanceur, le receveur, qui doit attraper la balle pour achever la séquence de lancer.

1. Pas berceau

Le pied gauche part vers l'arrière et le pied droit est posé sur la plaque. Le poids du corps reste en arrière pour que le transfert soudain vers l'avant apporte le plus de puissance possible.

2. Pivot

Le joueur amorce sa phase de pivot autour de la jambe droite. La jambe gauche est levée à 90° et le lanceur tente de maintenir cette position jusqu'à ce qu'il trouve son équilibre.

3. Enjambée

Le pied gauche est lancé vers l'avant et prend appui sur le sol. le poids du corps est transféré sur ce pied. C'est la position de puissance du lanceur. La main tenant la balle est relevée au-dessus de la tête.

4. Lancer

Le bras tenant la balle est alors projeté en direction du frappeur et le lancer est effectué. Le lanceur continue de suivre son mouvement jusqu'à ce que son torse soit parallèle au sol, tandis qu'il effectue un pas rapide vers l'avant pour se mettre aussitôt en position défensive.

TYPES DE LANCERS

Pour déjouer les frappeurs adverses, le lanceur a recours à un certain nombre de lancers. Selon la position de ses doigts et le mouvement qu'il imprime à la balle, la trajectoire de celle-ci variera. Il existe une dizaine de lancers différents, chaque lanceur y apportant des touches personnelles.

Balle courbe

Deux doigts appuient sur la couture pour accentuer l'effet de rotation de la balle. Dès le lancer, elle prend un effet latéral et une trajectoire tombante.

Balle papillon (*knuckleball*)

La position des doigts empêche la balle d'avoir une rotation. La résistance à l'air, plus importante, rend sa trajectoire imprévisible.

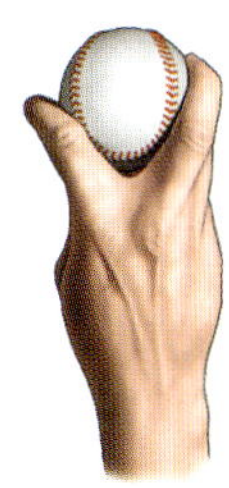

Balle fourchette

Balle rapide qui prend un effet soudain vers le bas avant d'atteindre le frappeur.

Balle rapide

Les deux doigts posés au sommet lui donnent une trajectoire rectiligne. C'est un lancer de puissance dont la caractéristique est la vélocité.

Changement de vitesse

Lancée comme une balle rapide à la différence que la balle est prise à pleine main, ce qui lui donne moins de vitesse tout en surprenant le frappeur qui s'attend à une balle rapide.

TECHNIQUE DU FRAPPEUR

Lors de la prise de la batte, les mains doivent être collées l'une à l'autre le long de la poignée. La batte est tenue avec la base des doigts et non avec la paume. Les doigts sont alignés au niveau des jointures.

1. Recul

Avant la frappe, le frappeur amorce une phase de recul à partir des épaules et des coudes, qui doivent être écartés. Le frappeur amène sa batte vers l'arrière, au-dessous des épaules, avec une légère rotation du tronc.

2. Élan

En même temps, le frappeur droitier lève le pied gauche, l'avance et le laisse retomber au moment de la frappe. Le poids du corps est transféré sur ce pied d'appui lorsque les bras propulsent la batte vers la balle.

3. Accompagnement

Une fois la balle frappée, le joueur continue son mouvement des bras pour accompagner son coup, jusqu'à ce qu'il se retrouve face au lanceur. Ce mouvement lui permet de se retrouver en position de course vers le premier but.

AMORTI

Pour surprendre la défense ou faire avancer un partenaire sur les sentiers, un frappeur peut choisir d'amortir la balle : il va pivoter tout en plaçant une main vers le haut de la batte. La balle doit rebondir juste devant lui tout en restant en jeu.

ÉQUIPEMENT

FRAPPEUR

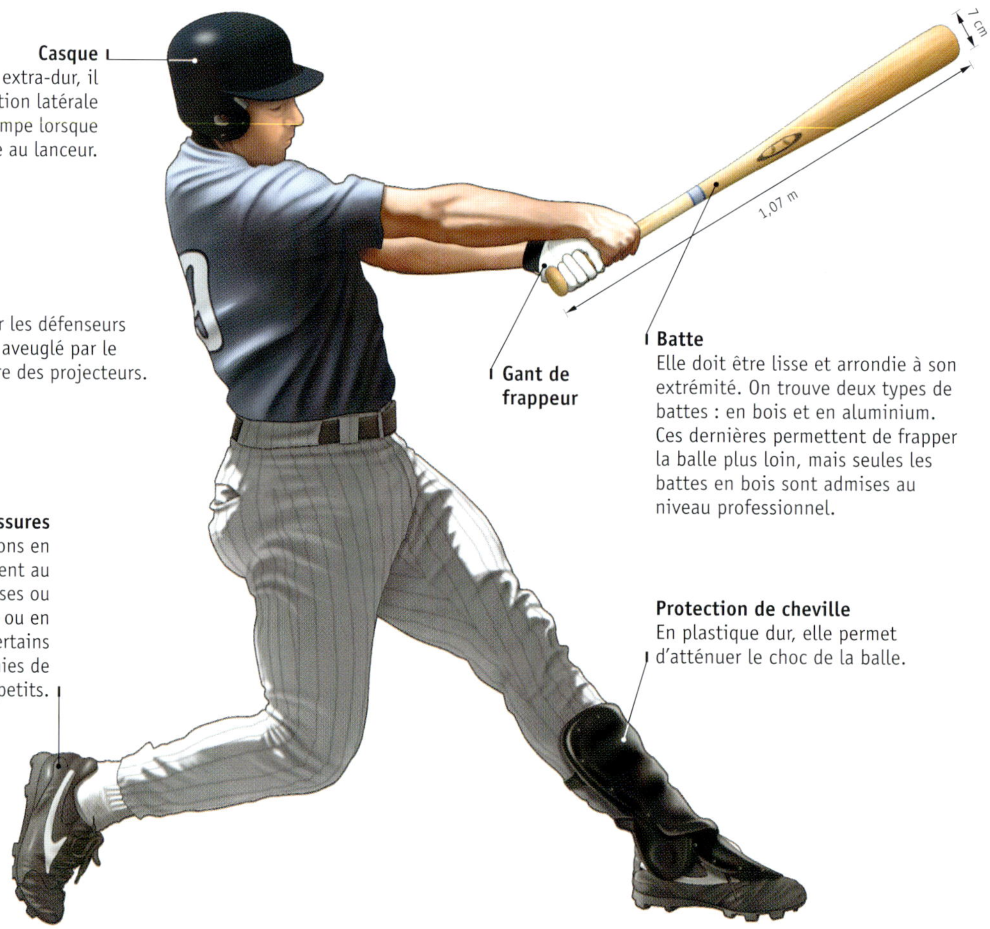

Casque
En plastique extra-dur, il comporte une protection latérale pour l'oreille et la tempe lorsque le frappeur fait face au lanceur.

Casquette
Elle est portée par les défenseurs pour éviter d'être aveuglé par le soleil ou la lumière des projecteurs.

Gant de frappeur

Batte
Elle doit être lisse et arrondie à son extrémité. On trouve deux types de battes : en bois et en aluminium. Ces dernières permettent de frapper la balle plus loin, mais seules les battes en bois sont admises au niveau professionnel.

Chaussures
En cuir, elles sont équipées de crampons en métal ou en plastique dur qui permettent au joueur de ne pas glisser lors de ses courses ou de ses appuis sur une surface en terre ou en herbe. Sur une surface synthétique, certains joueurs utilisent des chaussures munies de crampons en plastique plus petits.

Protection de cheville
En plastique dur, elle permet d'atténuer le choc de la balle.

RECEVEUR

Il doit être protégé des chocs qu'il subit en attrapant la balle envoyée par le lanceur. Les pièces de son équipement sont donc en plastique dur, à l'exception du plastron (qui est rembourré de façon à protéger le torse). Le casque traditionnel (avec grille amovible) fait place de plus en plus souvent à des casques d'une seule pièce semblables à ceux des gardiens de hockey.

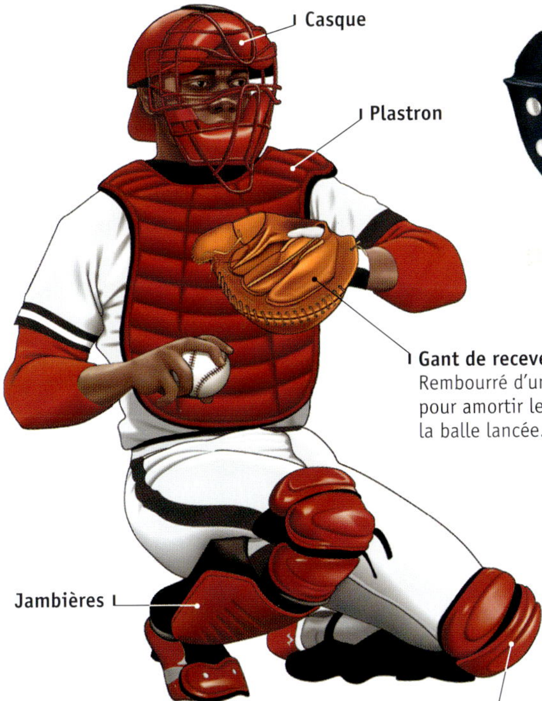

Balle
Elle est formée d'un fil de coton rouge enroulé autour d'un noyau de caoutchouc et de liège. Elle est ensuite recouverte de deux bandes de cuir de vache cousues ensemble.

Gant
En cuir, il permet au joueur d'attraper la balle. Selon la position du joueur sur le terrain, la taille des gants peut varier. Le gant du joueur de premier but a un panier, plus long que ceux des autres joueurs de champ intérieur, lui permettant d'attraper la balle plus loin. Les gants des joueurs de champ intérieur ont un panier plus court et d'une largeur maximale de 17,8 cm. Ils doivent être capables de sortir la balle rapidement du gant afin d'effectuer les relais. Les gants des voltigeurs ont un panier plus long que ceux du champ intérieur afin de faciliter la prise de la balle.

PROFIL DU JOUEUR

- La discipline exige une parfaite coordination des mouvements, d'excellents réflexes et un bon sens de l'anticipation.
- Les membres inférieurs (jambes, cuisses, genoux, chevilles) sont particulièrement sollicités tout au long d'une partie, aussi bien en attaque (appui au moment de la frappe, courses) qu'en défense (appuis lors des lancers et relais).
- Les bras (lancers et frappes), les épaules, les dorsaux et abdominaux font l'objet d'une attention particulière et doivent être entretenus régulièrement par des exercices de musculation et de poids et haltères avant la pratique même des frappes et des lancers.
- Pour les professionnels, qui jouent pratiquement tous les jours pendant six mois d'affilée, l'entraînement quotidien consiste en une séance d'échauffement, du jogging et des étirements, avant de passer à la pratique. Celle-ci consiste en lancers et en passes, suivis d'une séance de frappe.
- C'est avant le début de la saison que les joueurs effectuent l'essentiel de leur travail de préparation (musculation, capacités athlétiques).
- Les surfaces artificielles de plus en plus nombreuses sont plus dures pour les articulations (genoux, chevilles) en raison d'un phénomène de résonance. Ces dernières doivent être particulièrement échauffées.
- Un joueur arrive généralement au niveau professionnel vers 23 ans et, après deux ou trois ans passés dans les ligues mineures, il peut débuter dans le base-ball majeur. Les joueurs sont à leur meilleur vers 28-29 ans et une carrière peut se poursuivre jusqu'à 34-35 ans.

Cy Young (USA)
Avec 511 victoires en 23 ans, il demeure le plus grand lanceur, et le trophée décerné au meilleur lanceur de la saison porte son nom. En 1904, il lança trois parties légendaires : un match parfait (en retirant les 27 frappeurs adverses de suite) et trois matches sans coup sûr.

Hank Aaron (USA)
Il a frappé 755 circuits durant les 23 années de sa carrière (1954-1976), ce qui constitue un record encore inégalé. Il a aussi frappé 3 771 coups sûrs et inscrit 2 174 points avec les Braves d'Atlanta.

Sadaharu Oh (JAP)
Le meilleur joueur de l'histoire du base-ball japonais. En 22 ans de carrière avec les Tokyo Giants, il frappa 868 circuits et fut élu neuf fois meilleur joueur de l'année. Vainqueur de la Coupe intercontinentale en 1973.

Cal Ripken Jr (USA)
Il a battu le record de matches successifs avec 2 632 présences consécutives de 1982 à 1998. Élu deux fois meilleur joueur de l'année (1983 et 1991), il compte près de 400 coups de circuit et près de 3 000 coups sûrs. A remporté les World Series en 1983 avec Baltimore.

softball

Ligue féminine de softball, en 1944, arborant le nouvel uniforme. Cette tenue spécialement conçue pour les joueuses leur permet d'avoir plus de liberté de mouvements et de conserver une certaine féminité tout en pratiquant un sport masculin.

La pratique du softball remonte à la fin du XIXe siècle, lorsque des joueurs de base-ball décidèrent de poursuivre leur sport en dehors de la saison régulière, tant à l'extérieur qu'en salle. Des aménagements furent apportés aux règles du base-ball, concernant essentiellement les dimensions du terrain, de la balle et la technique du lancer. Depuis, ce sport a pris un essor exceptionnel, devenant, sous l'une ou l'autre de ses formes (balle rapide, balle lente ou balle orthodoxe), l'un des sports les plus pratiqués. Le softball est ainsi devenu l'une des rares disciplines ouvertes à des équipes mixtes, en dehors des grandes compétitions nationales et internationales. Le softball féminin (balle rapide) a été présenté en démonstration aux Jeux de 1996 à Atlanta et fait désormais partie du programme olympique. Les championnats du monde de balle rapide ont lieu tous les quatre ans. Le softball est régi depuis 1952 par la Fédération internationale de softball (ISF).

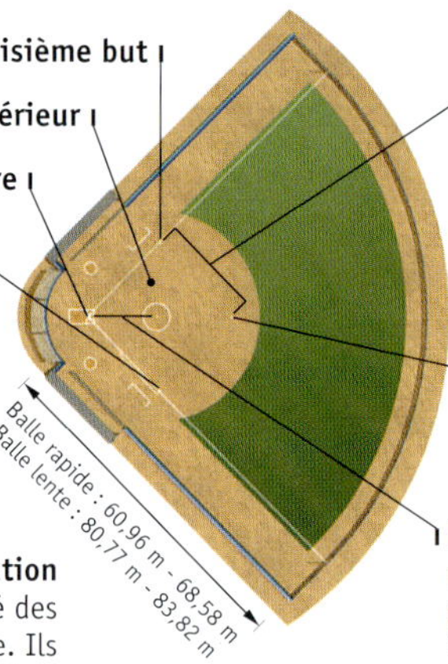

DÉROULEMENT D'UN MATCH

Le softball utilise la plupart des techniques et des objectifs du base-ball. Deux équipes de neuf joueurs s'affrontent, passant alternativement d'une phase d'attaque à une phase de défense. L'équipe en défense lance la balle de façon à empêcher le frappeur attaquant de la mettre en jeu. S'il y parvient, l'équipe en défense tente de l'empêcher de rejoindre les buts. L'attaquant, lui, doit toucher successivement et dans l'ordre les trois buts et revenir au marbre pour inscrire un point. Une partie se joue en sept manches.

TERRAIN

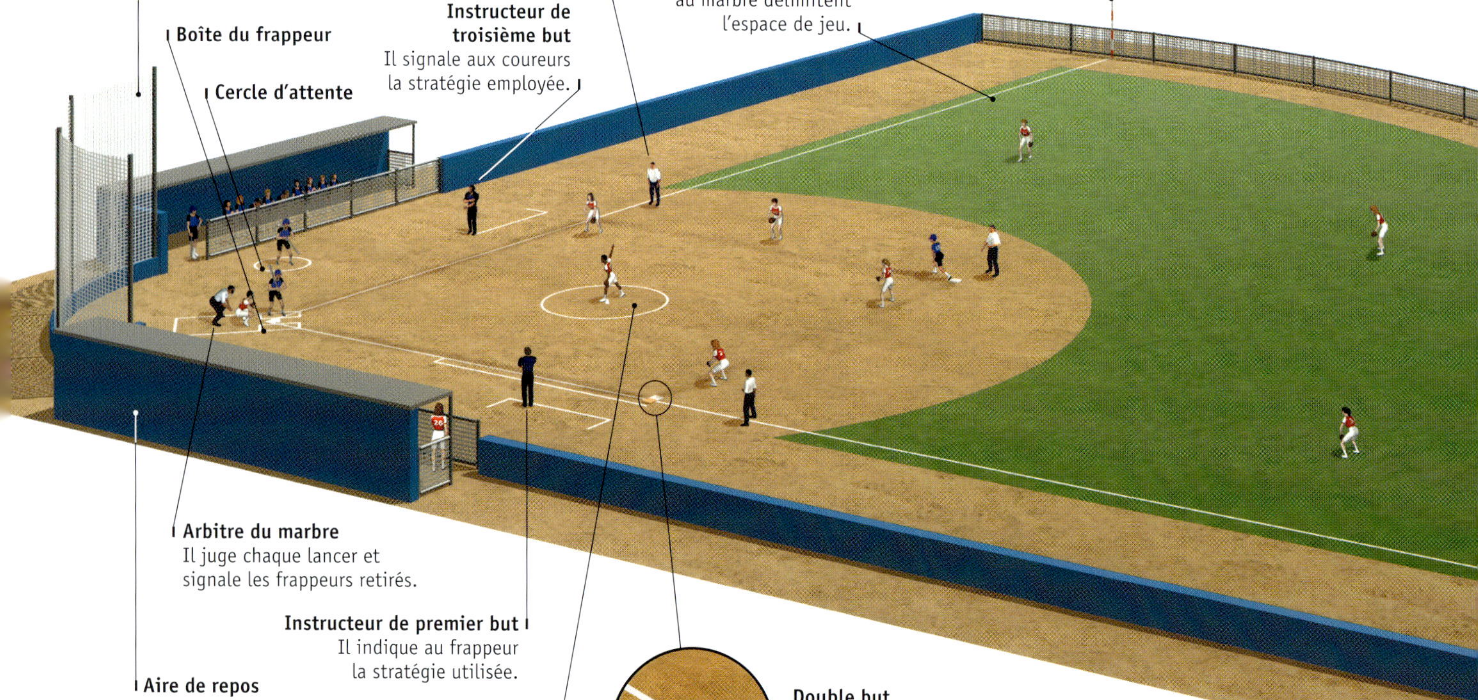

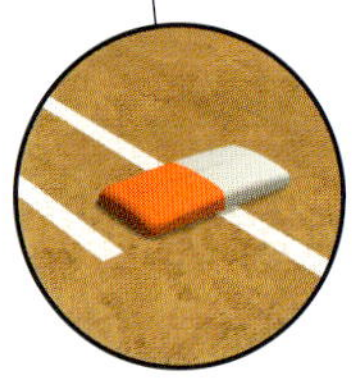

TECHNIQUES

Le softball est composé de trois disciplines différentes selon le type de lancer autorisé : balle rapide, balle lente ou bien balle orthodoxe. Le lanceur doit toujours se tenir sur la plaque du lanceur située au milieu du cercle.

Balle rapide

Le lanceur attend le signal du receveur. Ses deux pieds doivent être en contact avec la plaque du lanceur. Il marque ensuite une pause avant le début de la séquence de lancer. Son bras effectue un moulinet de l'avant vers l'arrière, à l'issue duquel il lance la balle par en dessous en la relâchant à hauteur de la hanche. La trajectoire de la balle doit être directe vers la zone de prise du frappeur.

Balle lente

Le lanceur peut avoir un pied ou les deux sur la plaque du lanceur. Il marque une pause avant le début de sa séquence de lancer. La balle doit être lancée par en dessous. Le lanceur peut exécuter n'importe quel genre d'élan, pourvu que la vitesse de la balle soit modérée et que la balle décrive un arc en direction du frappeur. Au cours de cet arc, la trajectoire doit atteindre une hauteur minimale de 1,81 m et maximale de 3,65 m. L'appréciation de la vitesse et de la trajectoire est entièrement laissée à l'arbitre du marbre. Le lanceur doit envoyer la balle directement au frappeur, son élan doit être continu sans changer le mouvement du bras.

Balle orthodoxe

Le lanceur doit attendre le signal du receveur avant d'entreprendre sa séquence de lancer. Il doit avoir au moins un pied en contact avec la plaque du lanceur. La balle doit se trouver dans l'une ou l'autre de ses mains, celles-ci étant séparées. Au moment où il relâche la balle, le lanceur ne peut faire plus d'un pas en avant en direction du frappeur. Le lanceur doit relâcher la balle sur le premier élan de son bras qui dépasse la hanche vers l'avant, sans plier le coude.

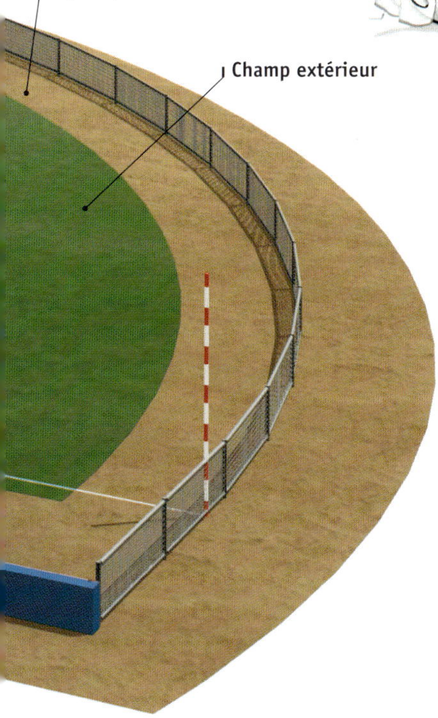

ÉQUIPEMENT

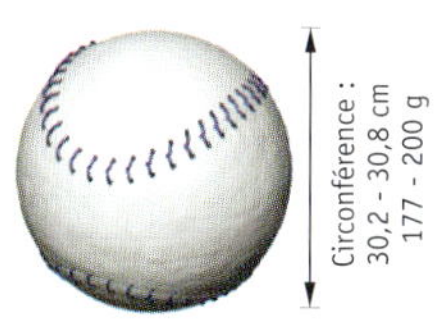

Balle

Elle est plus grosse qu'au base-ball, mais faite sur un modèle identique : un fil de nylon entourant un noyau de caoutchouc et de liège. L'ensemble est recouvert d'une épaisseur de latex sur laquelle deux bandes de cuir sont cousues ensemble.

Gants

Ils sont plus longs et plus larges que les gants de base-ball, puisqu'ils servent à attraper une balle plus grosse. Les receveurs et joueurs de premier but peuvent utiliser des gants plus longs et rembourrés.

Batte

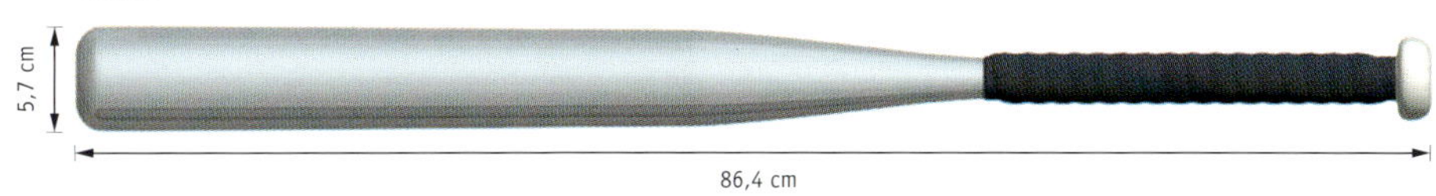

crosse

Guerrier sioux tenant un bâton de baggataway en 1830, une décennie avant que ce jeu soit popularisé au Canada.

La crosse est l'un des plus anciens sports de balle. Les joueurs se servent d'un bâton muni d'un filet pour attraper, transporter et lancer une balle dans le but de l'équipe adverse. Descendante du *baggataway*, pratiqué par les Indiens d'Amérique du Nord au XVe siècle, la crosse doit son nom aux premiers colons français, qui la nommèrent ainsi en référence aux crosses des évêques. Sport d'agilité et de technique, la crosse telle qu'elle est pratiquée aujourd'hui fait son apparition au Québec vers 1840. En 1867, les Canadiens mettent sur pied l'Association nationale de crosse (National Lacrosse Association), bientôt suivis par les Anglais en 1892. La Fédération internationale de crosse (ILF) organise des championnats du monde masculins tous les quatre ans depuis 1967 et les compétitions de crosse féminine sont pour leur part régies par la Fédération internationale des associations de crosse féminine (International Federation of Women's Lacrosse Association) depuis 1969. Sport olympique aux J.O. de Saint-Louis en 1904 et à ceux de Londres en 1908, la crosse est en démonstration aux J.O. de 1928, 1932 et 1948. Malgré de nombreux efforts pour la voir à nouveau présente aux Jeux olympiques, la crosse y a figuré pour la dernière fois, à Los Angeles, en 1984. Il existe aujourd'hui quatre formes de crosse : la crosse masculine ou internationale, la crosse féminine, l'inter-crosse et la crosse en enclos, qui se joue à l'intérieur.

DÉROULEMENT D'UN MATCH DE CROSSE INTERNATIONALE

En crosse internationale, chaque équipe est constituée de 10 joueurs et jusqu'à 13 remplaçants. La partie se divise en quarts de 25 minutes avec une mi-temps de 10 minutes. Les capitaines tirent à pile ou face le choix du camp. Avant chaque quart et après un but, l'arbitre en chef appelle deux équipiers adverses au centre du terrain pour la mise au jeu. Au coup de sifflet, les joueurs dans les zones d'ailier peuvent courir après la balle. Les autres joueurs doivent attendre qu'un joueur soit en possession de la balle, qu'elle soit hors terrain ou qu'elle soit dans la surface de but avant de commencer à jouer et à se déplacer sur le terrain. Les joueurs doivent utiliser leur crosse pour attraper, transporter et passer la balle. Ils peuvent aussi la faire rouler et la frapper du pied. Les mises en échec sont permises si l'adversaire a la balle ou qu'elle est libre à moins de 5 m de celui-ci. Les contacts physiques doivent se limiter au devant et au côté du corps, entre la ceinture et les épaules, et les deux mains doivent être sur la crosse. Si le pointage est égal à la fin du temps réglementaire, des périodes supplémentaires de 4 minutes sont allouées.

TERRAIN

Pour la crosse internationale qui se joue uniquement à l'extérieur, le terrain est en gazon ou en gazon synthétique.

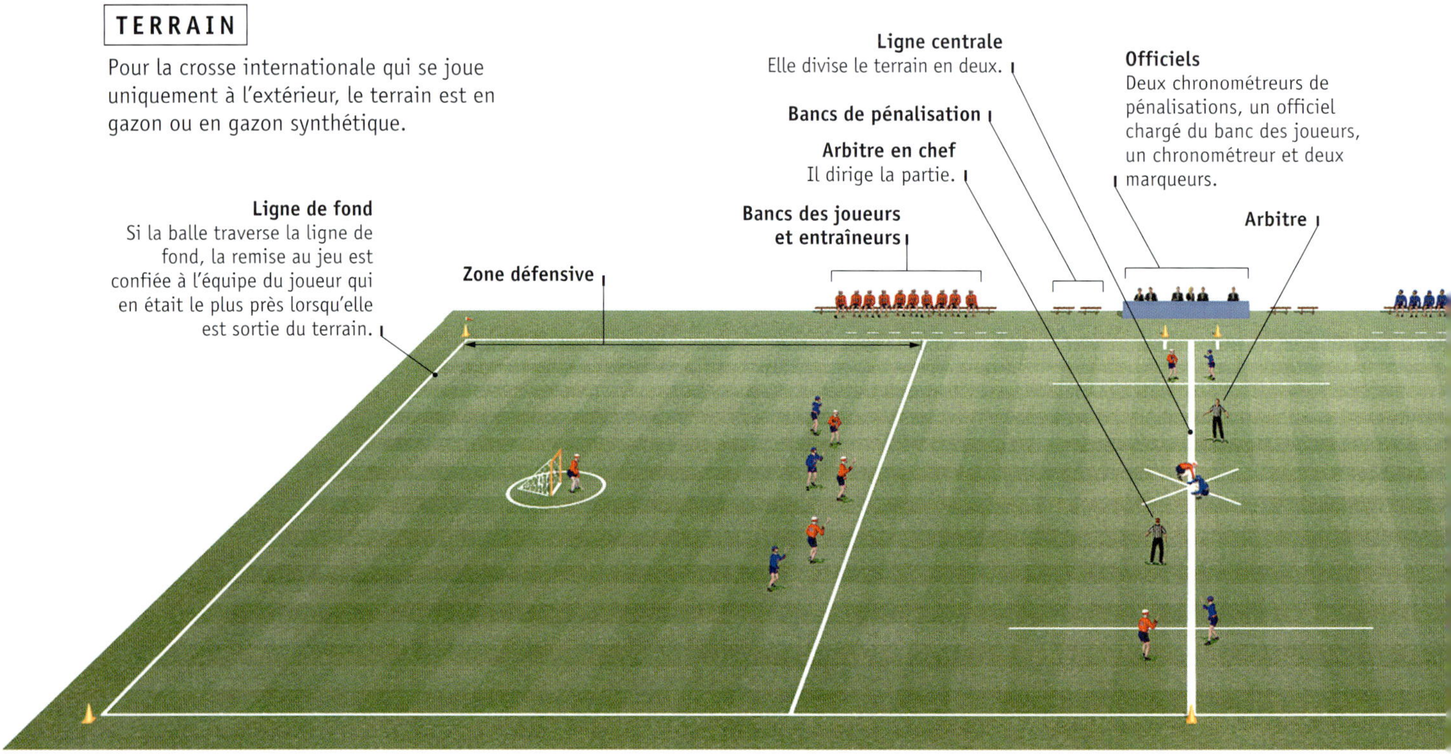

CROSSE FÉMININE ET VARIANTES

La crosse féminine qui se joue également à l'extérieur a les mêmes règles de base que son pendant masculin. Toutefois, le terrain gazonné mesure 64 mètres sur 110 mètres et il n'est pas délimité par des lignes de touche. L'équipe est constituée de douze joueuses. La mise au jeu est effectuée debout par deux joueuses qui se font face, crosses parallèles au sol. Les contacts physiques sont interdits mais les mises en échec visant à déloger la balle au moyen de la crosse sont permises si elles se font sans brutalité. Les femmes ne peuvent pas pousser la balle du pied. La partie dure deux périodes de 25 minutes avec une mi-temps de 10 minutes après laquelle les équipes changent de camp.

La crosse en enclos se joue généralement sur des patinoires de hockey en dehors de la saison des matchs. Il s'agit de la variante la plus rude de la crosse et les joueurs portent des protections adéquates. La partie est généralement divisée en trois périodes de 20 minutes. Depuis le début des années 80, en réaction à la nature violente du jeu, une nouvelle version est apparue : l'inter-crosse. Elle met l'accent sur quatre valeurs : le respect (aucun contact), le mouvement (les joueurs ont l'obligation de courir en tout temps), l'autonomie et la communication (un joueur ne peut garder la balle plus de 5 secondes). Les équipes sont mixtes, il n'y a pas de temps d'arrêt et le rôle de l'arbitre est réduit au minimum.

POSITIONS DES JOUEURS

Lors de la mise en jeu, en plus du joueur qui l'effectue au centre du terrain, le gardien de but et trois joueurs doivent se trouver dans la surface de but, trois joueurs dans la surface de but adverse et un joueur dans chaque zone d'ailier.

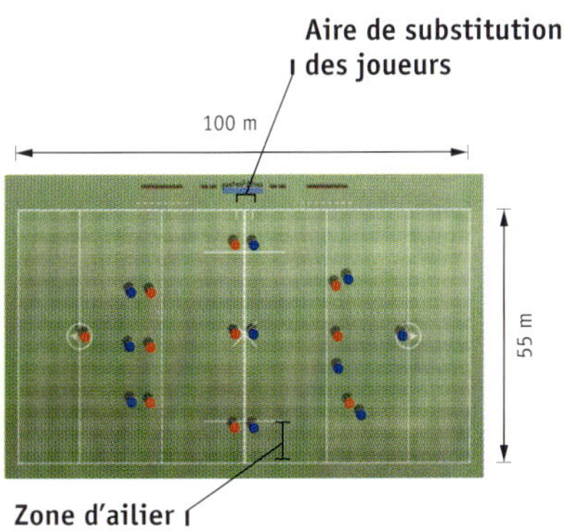

TECHNIQUES

Mise en jeu

Au coup de sifflet de l'arbitre, les deux joueurs tentent de s'emparer de la balle. Aucun autre joueur ne doit se trouver à moins de 4,55 m de la mise en jeu.

Lancer simple

Ramassage à la pelle

ÉQUIPEMENT

Tenue des joueurs
Elle est composée d'un short et d'un maillot aux couleurs de l'équipe. Pour les hommes, le port de gants rembourrés et d'un casque protecteur est obligatoire. L'utilisation du protège-menton et de protège-coudes est facultative. Les gardiens peuvent porter des genouillères et des protège-poitrines. À l'exception de protège-dents et parfois de gants et de protège-tibias, les femmes ne portent pas de protections.

Crosse
Elle est en bois, en aluminium ou en plastique et le filet est en cuir, en lin ou en nylon. Les attaquants ont une crosse plus courte que les défenseurs mais le cadre demeure sensiblement le même. Seule la crosse du gardien possède un cadre beaucoup plus large.

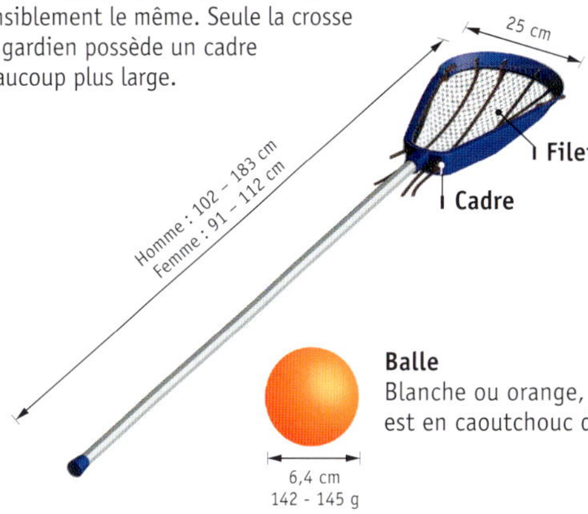

Balle
Blanche ou orange, elle est en caoutchouc dur.

Casque
Il est muni d'un masque et d'une mentonnière.

Lignes de touche et lignes de fond
Si un joueur avec la balle empiète ou dépasse une ligne de touche ou une ligne de fond, que sa crosse y touche ou la dépasse, la balle est hors terrain. Elle est remise au jeu au moyen d'un jet franc par le joueur de l'équipe adverse qui se trouvait le plus près de la balle lorsqu'elle est sortie du terrain.

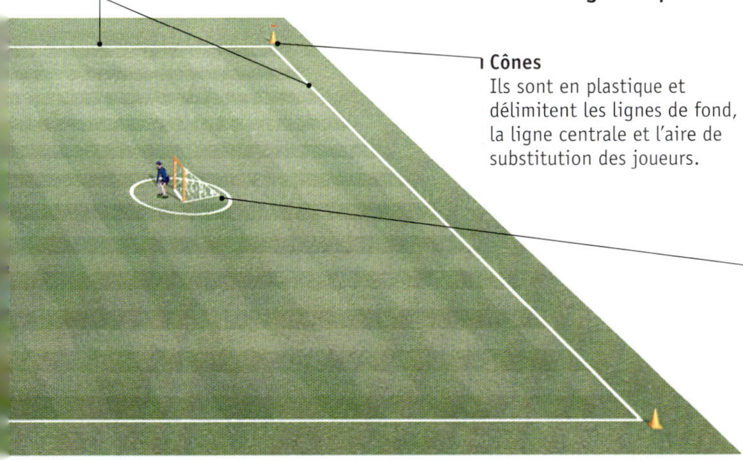

Cônes
Ils sont en plastique et délimitent les lignes de fond, la ligne centrale et l'aire de substitution des joueurs.

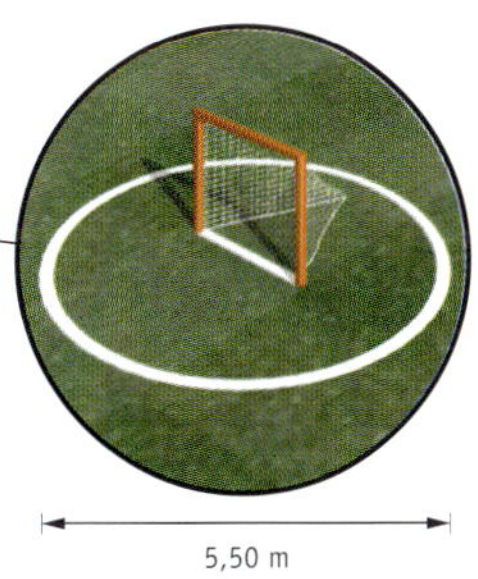

But
Un attaquant ne peut jamais s'y trouver. Un défenseur en possession de la balle a quatre secondes pour s'en débarrasser ou pour quitter le cercle.

cricket

W.G. – William Gilbert – Grace (G-B) est le plus grand joueur de l'histoire du cricket. Jouant pour le club anglais Gloucestershire, il a dominé la scène de 1865 à 1895. Membre du London County Club dès 1899, sa carrière se termine en 1908 à l'âge de 60 ans.

Le cricket est un sport de balle qui se joue avec une batte de bois et qui est pratiqué tant par les hommes que par les femmes. Au XIIIe siècle en Angleterre, le rounder, ancêtre du cricket, est déjà populaire à la cour d'Édouard Ier. Le premier grand match officiel oppose les comtés de Kent et de Middlesex en 1719 et les premiers règlements sont rédigés en 1744. Le Marylebone Cricket Club, fondé en 1787, devient et demeure aujourd'hui encore le club de référence en ce qui a trait au code éthique du cricket. La fondation de ce club marque la prise en charge du sport par les familles riches et nobles. Au cours de la première moitié du XXe siècle, le jeu se répand dans les autres pays du Commonwealth : Antilles britanniques en 1920, Nouvelle-Zélande et Inde en 1932. Depuis 1975, une Coupe du monde a lieu tous les quatre ans entre les neuf pays participants. La discipline est régie par l'International Cricket Council (ICC) qui organise tous les quatre ans l'ICC Trophy auquel participent les neuf pays de la Coupe du monde ainsi qu'une vingtaine d'autres nations. Les trois premières nations au classement final de l'ICC Trophy sont ensuite invitées à participer à la Coupe du monde aux côtés des neuf participants officiels. Bien que des femmes le pratiquent, le cricket est essentiellement un sport masculin au niveau professionnel.

DÉROULEMENT D'UN MATCH

Deux équipes de 11 joueurs et un remplaçant s'affrontent alternativement sur un champ, au milieu duquel une bande de terrain rectangulaire (la livrée) relie deux guichets devant lesquels les livreurs (lanceurs) et les batteurs sont placés. Le choix de la frappe ou du champ est déterminé à pile ou face par les capitaines qui ont auparavant désigné la position des joueurs. Au signal de l'arbitre, l'équipe du livreur se place dans le champ autour de la livrée pendant que les deux premiers batteurs de l'équipe adverse s'installent devant leur guichet. Pendant ce temps, leurs neuf coéquipiers attendent dans le clubhouse leur tour de battre. C'est le début d'un *inning* (tour de batte) qui se termine lorsque 10 des batteurs d'une équipe ont été mis hors course. Le livreur effectue son lancer vers un guichet pour renverser les barreaux et s'il réussit, le batteur est alors éliminé. Les batteurs doivent donc défendre leur guichet et tenter de frapper la balle hors de portée de leurs adversaires pour avoir le temps de courir d'un guichet à l'autre en se croisant (ce qu'on appelle un *partnership*). Les batteurs tentent chacun d'effectuer le plus grand nombre de courses (*runs*) possible avant le retour de la balle. Pendant ce temps, le reste de l'équipe du livreur occupant le champ cherche à arrêter les courses des batteurs en essayant de récupérer la balle frappée par le batteur le plus rapidement possible et en l'envoyant vers l'un des deux guichets pour le renverser, avant que les batteurs n'aient complété leur course. Le camp vainqueur est celui qui marque le plus grand nombre de points. Une série de lancers (minimum de 6) se nomme *over*. Chaque lanceur, une fois sa série de lancers terminée, permute avec un autre joueur de son équipe. Après une série de lancers, les joueurs de champ changent de côté. L'équipe gagnante est celle qui a effectué le plus de courses.

TERRAIN

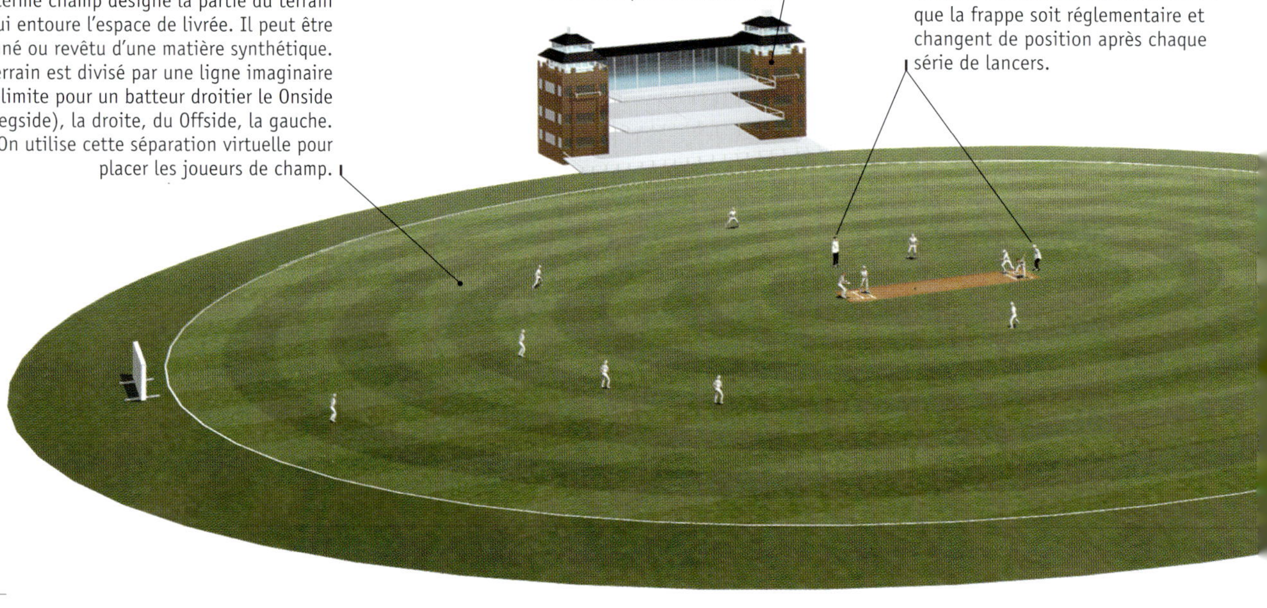

DURÉE D'UN MATCH

Elle varie selon le niveau de la partie. Généralement, deux éléments déterminés à l'avance sont pris en compte : le temps effectif de jeu ou le nombre de séries de lancers. Un test-match comprend deux tours de batte et ne peut durer plus de 5 jours, à raison de 8 à 10 heures par jour. Dans un test-match il est assez commun pour chaque équipe de marquer plus de 500 courses. La partie se termine si son résultat est atteint avant la limite prévue ou lorsqu'il y a match nul. Les test-matches ne peuvent être remis, quelles que soient les conditions météorologiques.

Depuis une trentaine d'années, les matches d'un jour ont été créés pour satisfaire un public avide de rencontres qui débutent et s'achèvent dans une même journée. Bien que décriée par les puristes, cette forme de cricket est de plus en plus populaire et lucrative. Des modifications majeures ont toutefois été apportées au règlement des matches d'un jour : un seul tour de batte par équipe et un nombre limité de séries de lancers, chaque lanceur ne pouvant livrer qu'un nombre limité d'*overs*.

POSITION DES JOUEURS

Il existe plus d'une trentaine de positions possibles sur le terrain. Le capitaine assigne à chaque joueur une position et doit user de stratégie pour bien couvrir l'espace selon les faiblesses et les forces du batteur en place. Le rôle des joueurs de champ consiste à attraper ou arrêter la balle frappée par le batteur. Ils peuvent le faire avec n'importe quelle partie du corps. Les remplaçants (un par équipe) ne peuvent frapper ou être à la livrée, leur rôle se limitant au champ. En cas de blessures ou de maladie, ils sont admis avec l'accord du capitaine adverse. Les positions clés se distribuent comme suit :

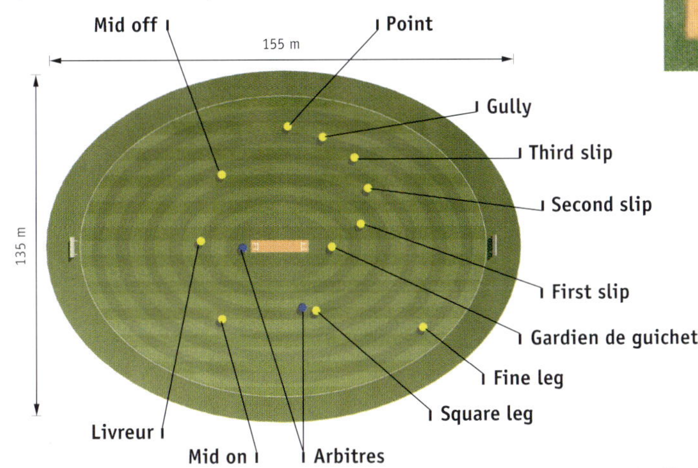

LIVRÉE
C'est l'espace rectangulaire en terre battue sur lequel s'affrontent le lanceur et le batteur. La plus grande partie de l'action pendant le match s'y déroule.

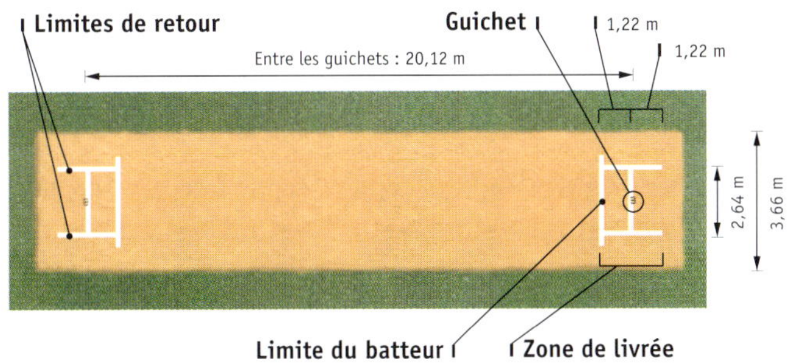

Les limites de retour et du batteur délimitent l'espace dans lequel la balle doit être frappée ou lancée. Il y a balle au large (*wide*) si elle est trop haute ou qu'elle passe à droite ou à gauche des limites de retour.

GUICHET

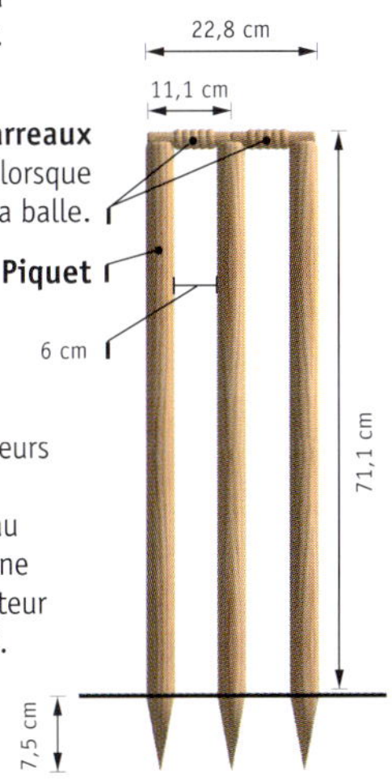

Barreaux
En équilibre, ils tombent lorsque le guichet est touché par la balle.

Batteur
Il n'est pas vraiment retiré tant qu'un joueur de l'équipe sur le champ n'a pas crié : *How's that ?* (comment est-ce ?) La question est adressée à l'arbitre et ce dernier lève alors le doigt, autorisant ainsi le retrait du batteur.

Gardien de guichet
Il est le seul joueur autorisé à se ganter. Les joueurs de champ doivent tenter de récupérer la balle manquée par le batteur et de l'envoyer ensuite au gardien de guichet pour renverser le guichet. Il ne peut s'avancer devant le guichet tant que le batteur n'a pas frappé la balle ou été touché par celle-ci.

Écrans
Ils permettent aux batteurs de suivre avec précision les mouvements de la balle.

Livreur
Il n'a pas le droit de plier le bras lorsqu'il projette la balle. Son pied avant doit être derrière la limite du batteur ou en contact avec celle-ci. Son pied arrière doit être à l'intérieur de l'espace délimité par les lignes de retour, sans quoi la balle est nulle.

TECHNIQUES

LANCEUR

Un lanceur rapide court en moyenne une vingtaine de pas avant de lancer la balle et emploie la vitesse ou une trajectoire courbée afin d'amener le batteur à faire un faux coup. Il peut également donner de l'effet à la balle. Habituellement, le lanceur cherche à confondre le batteur avec la direction et la longueur de la trajectoire de la balle. Un lanceur lent donnera à la balle un effet à gauche ou à droite pour amener le batteur à frapper avec force, donnant ainsi l'occasion à un joueur de champ d'attraper la balle avant qu'elle ne touche au sol, provoquant le retrait du batteur. La vitesse d'une livrée peut atteindre 165 km/h et plus.

BATTEUR

La balle peut être frappée dans toutes les directions. La surface plate de la batte permet au batteur de diriger la balle où bon lui semble. Le frappeur court avec sa batte et, pour marquer un point, il doit toucher le sol derrière la limite du batteur avec la batte ou n'importe quelle partie de son corps. Cent points marqués par le même batteur dans un seul tour de batte se nomment un century, 50 points, un half-century.

ARBITRAGE

L'arbitre a recours à différents signaux manuels pour que les marqueurs comprennent ses décisions instantanément.

No-ball

Il s'agit généralement d'une infraction lors de la livrée : lorsque l'un des pieds du livreur se retrouve à l'extérieur de la zone délimitée par la limite du batteur et les limites de retour.

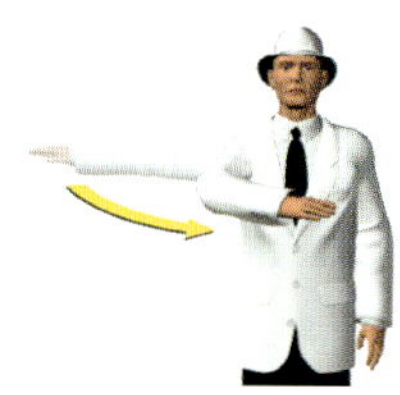

Boundary

Si la balle frappée par le batteur traverse les limites du champ après avoir rebondi à l'intérieur, 4 points sont accordés au batteur.

Over Boundary

Si la balle frappée par le batteur traverse les limites du champ sans avoir touché le sol, 6 points sont accordés au batteur.

BALLE EN JEU

Elle demeure en jeu même si elle frappe un arbitre, si un guichet est démoli (sauf lorsqu'un batteur doit être retiré), si une décision est inutilement contestée et également au moment où le livreur entame sa course. La balle est dite morte quand elle est dans les mains du livreur ou du gardien de guichet, si elle sort des limites du terrain, si elle se loge dans l'équipement du batteur ou de l'arbitre, quand le frappeur est retiré, en cas de blessure sérieuse, si le batteur n'est pas prêt ou si le livreur laisse tomber la balle par inadvertance.

ATTRIBUTION DES POINTS

Outre les courses, les points peuvent être marqués de plusieurs façons :

- quand une course est prise alors que la balle n'a pas touché la batte ou toute autre partie du corps du batteur (*bye*) ;
- quand la balle touche n'importe quelle partie du corps du batteur excepté ses mains, mais n'est pas volontairement déviée (*bye* de jambe) ;
- quand une balle est nulle, c'est-à-dire quand elle est livrée à bras cassé ou au dépassement de la limite. L'équipe de frappe gagne alors un point ;
- si la balle touche la frontière du champ ou la dépasse après avoir touché le sol, quatre points sont marqués ;
- si la balle est envoyée en dehors du champ sans avoir touché le sol, 6 points sont accordés au batteur.

Le batteur ne fait pas que des courses, son rôle est aussi de défendre son guichet. C'est pour cette raison que même s'il frappe la balle, il n'est pas tenu de courir. Cette disposition du règlement sert aux frappeurs lorsque la balle n'est pas frappée très loin.

On peut éliminer un batteur de différentes façons :

- si la balle lancée détruit en totalité ou en partie le guichet, et ce, même si elle a touché la batte ;
- lorsque la balle frappée est attrapée par un joueur de champ avant qu'elle ne touche le sol ;
- quand la jambe du batteur ou n'importe quelle partie de son corps empêche la balle de toucher le guichet ;
- s'il renverse lui-même son guichet en le heurtant ;
- s'il touche la balle de la main ;
- s'il gêne un adversaire qui tente de s'emparer de la balle ;
- s'il court vers un guichet et n'arrive pas à temps pour placer sa batte entre la limite du batteur et le guichet avant qu'un adversaire ne renverse celui-ci ;
- s'il est près de son guichet mais hors de la zone de livrée et que le gardien de guichet détruit lui-même le guichet.

COUPE DU MONDE

Disputée dans la formule match d'un jour, la Coupe du monde met aux prises l'Afrique du Sud, l'Angleterre, les Antilles britanniques, l'Australie, l'Inde, la Nouvelle-Zélande, le Pakistan, le Sri Lanka et le Zimbabwe, ainsi que les trois premières nations du classement de l'ICC Trophy. Ce dernier se déroule un an avant la Coupe du monde.

GAGNANTS DE LA COUPE DU MONDE

Année	Gagnant	Année	Gagnant
1975	Antilles britanniques	1992	Pakistan
1979	Antilles britanniques	1996	Sri Lanka
1983	Inde	1999	Australie
1987	Australie		

ÉQUIPEMENT DU BATTEUR

Tenue
Les joueurs doivent être tout de blanc ou de crème vêtus pour les test-matches et en couleur pour les parties d'un jour.

Chaussures
Les crampons sont autorisés ainsi que les semelles en caoutchouc.

Balle
Très dure, elle est recouverte de cuir rouge avec des coutures.
Circonférence : 22,4 – 22,9 cm

Batte
En bois de saule, elle comporte une poignée en caoutchouc. Le côté plat est utilisé pour frapper la balle.

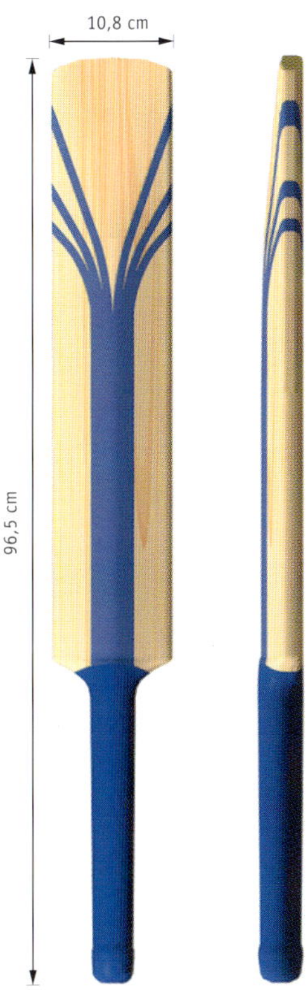

PROFIL DU JOUEUR

- On exige des joueurs un comportement digne de gentlemen. Ces derniers s'entraînent dans des espaces semblables à la livrée mais entourés de filets. Des camps d'entraînement sont également organisés pour les équipes présentes au niveau international.
- Le cricket d'un jour a grandement amélioré la forme physique de ses joueurs. Les cricketeurs d'aujourd'hui sont des athlètes de grand calibre.

Sachin Tendulkar (IND)
En 1989, à 16 ans, il devient le Test-Player le plus jeune de l'histoire de l'Inde. À 19 ans, il est le joueur le plus jeune à compléter 1 000 courses et un mois avant son 21e anniversaire, il dépasse le cap des 2 000 courses. Il est promu capitaine de l'équipe indienne à 23 ans.

Don Bradman (AUS)
Au cours de sa carrière, (1927-1949), il a cumulé 6 996 courses et 29 centuries et a terminé sa carrière avec une moyenne de 99,94 courses par match. Il demeure le meilleur batteur en test-match. Figure légendaire du cricket australien et mondial, ses prouesses lui valent de devenir *Sir* Don Bradman.

hockey sur gazon

Jeunes femmes jouant au hockey sur gazon en Angleterre à la fin du XIXe siècle.

La pratique de sports similaires au hockey remonte à près de 2 000 ans avant notre ère. Perses, Égyptiens, Grecs ou Romains ont tous laissé des traces d'une activité consistant à se disputer une balle à l'aide de crosses. Ce sport évolue dans la plupart des pays d'Europe et d'Orient, sous des formes différentes ; dans certains endroits, le jeu se pratique à cheval, et deviendra le polo ; dans d'autres, on joue sur la glace. C'est en Angleterre et en Écosse, où le shinty (sport gaélique disputé par deux équipes de douze joueurs, sur un terrain de plus de 150 m de long) est fort populaire depuis la fin du XVIIe siècle, qu'apparaît la première codification du hockey sur gazon moderne. Le Blackheath de Londres est le premier club fondé en 1861 et précède les premières compétitions officielles de quelques années. La discipline apparaît aux J.O. de 1908 chez les hommes ; les femmes n'y sont conviées que depuis 1980. La Fédération internationale de hockey (FIH) naît en 1924, fondée par sept pays européens. Elle compte aujourd'hui 119 pays membres. Outre les J.O., la Coupe du monde (créée en 1971 pour les hommes et en 1978 pour les femmes) est la principale compétition. Elle se déroule tous les quatre ans.

DÉROULEMENT D'UN MATCH

Le hockey sur gazon utilise des règles et des systèmes de jeu proches du football. Deux équipes de 11 joueurs s'affrontent en deux périodes de 35 minutes chacune, séparées par une mi-temps de 5 à 10 minutes. Elles doivent diriger la balle à l'aide de crosses dans les filets de l'adversaire, chaque but valant un point. L'équipe qui marque le plus de buts à l'issue du temps de jeu remporte la partie. Un seul gardien de but est admis par équipe ; chaque équipe dispose de cinq remplaçants susceptibles d'entrer en jeu à n'importe quel moment de la partie, exception faite des coups de coin de pénalité. Au coup d'envoi sifflé par l'arbitre, les joueurs doivent jouer la balle avec la partie plate de la crosse, ou avec la partie du manche dans le prolongement de cette partie plate. Un joueur ne peut prendre part au jeu s'il ne tient pas sa propre crosse en main et ne doit pas utiliser sa crosse pour jouer la balle lorsque celle-ci est placée plus haut que son épaule. Lors d'une mise en jeu, la balle est située au centre du terrain et tous les joueurs doivent se trouver dans leur propre moitié de terrain. Au signal de l'arbitre, l'équipe en possession de la balle la met en jeu avec une passe dans n'importe quelle direction. Aucun joueur adverse ne peut se trouver à moins de 4,55 m de la balle avant que celle-ci ne soit jouée.

TERRAIN

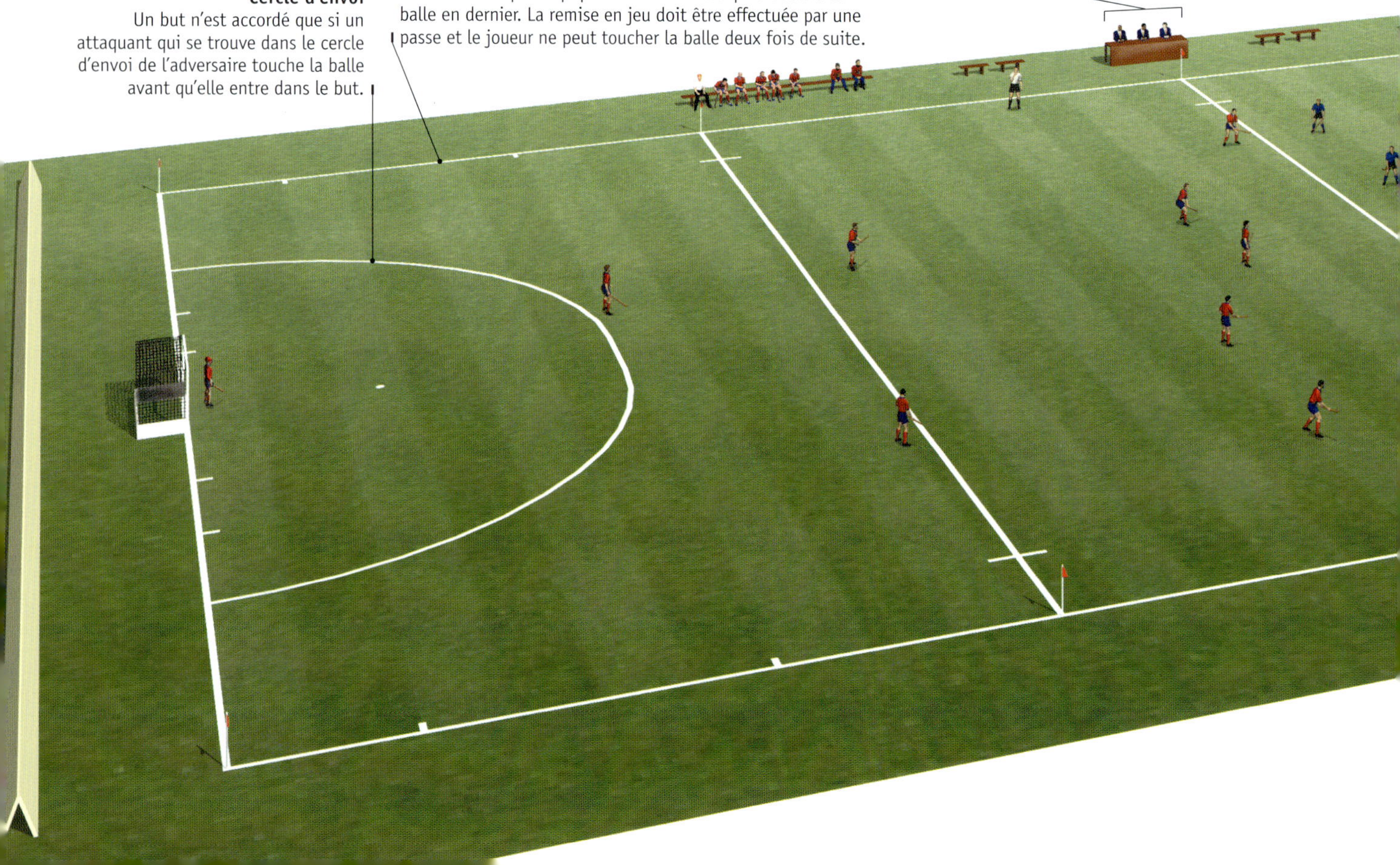

POSITION DES JOUEURS

La tactique de jeu repose sur l'équilibre en attaque et en défense. Les équipes utilisent plusieurs schémas de jeu en fonction des qualités personnelles des joueurs ou les faiblesses de l'adversaire. Le système tactique le plus régulièrement employé est le 5-3-2-1 (cinq attaquants, dont les inters, trois demis, deux défenseurs et un gardien).

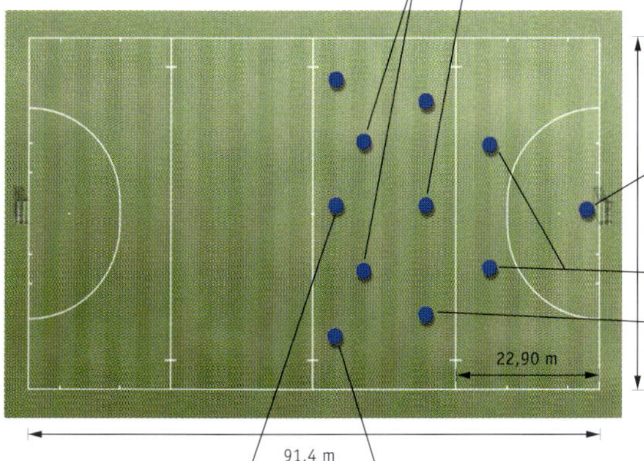

Inters droit et gauche
Ce sont les fabricants du jeu offensif. Ils récupèrent des passes de leurs défenseurs ou demis et créent les mouvements offensifs vers les ailiers ou l'avant-centre.

Demi-centre
C'est le pivot de l'équipe, capable de recevoir et de passer la balle dans toutes les directions. Défensivement, il marque l'avant-centre adverse.

Gardien
Il doit arrêter les tirs au but adverse. Seul joueur à pouvoir toucher la balle avec son corps, il ne peut cependant l'immobiliser ni la prendre en main.

Arrières droit et gauche
Leur responsabilité est avant tout de marquer les deux inters adverses et de les empêcher de créer des situations d'attaque. Quand ils récupèrent la balle, ils doivent savoir rapidement la relancer vers un partenaire et créer une séquence offensive.

Demis droit et gauche
Ils doivent contrôler le milieu de terrain avec les inters. Ils tentent de reprendre la balle à l'adversaire avant que celui-ci se crée une occasion de but et relancent le jeu vers les inters ou les avants. En défense, ils marquent les ailiers adverses.

Avant-centre
Il doit se tenir proche du cercle d'envoi adverse et tenter de marquer des buts. En défense, il gêne la progression des arrières adverses.

Ailiers droit et gauche
Ils se tiennent dans la moitié de terrain de l'adversaire, souvent écartés vers les lignes de touche. Ils doivent souvent éliminer un adversaire avant de passer la balle vers l'avant-centre.

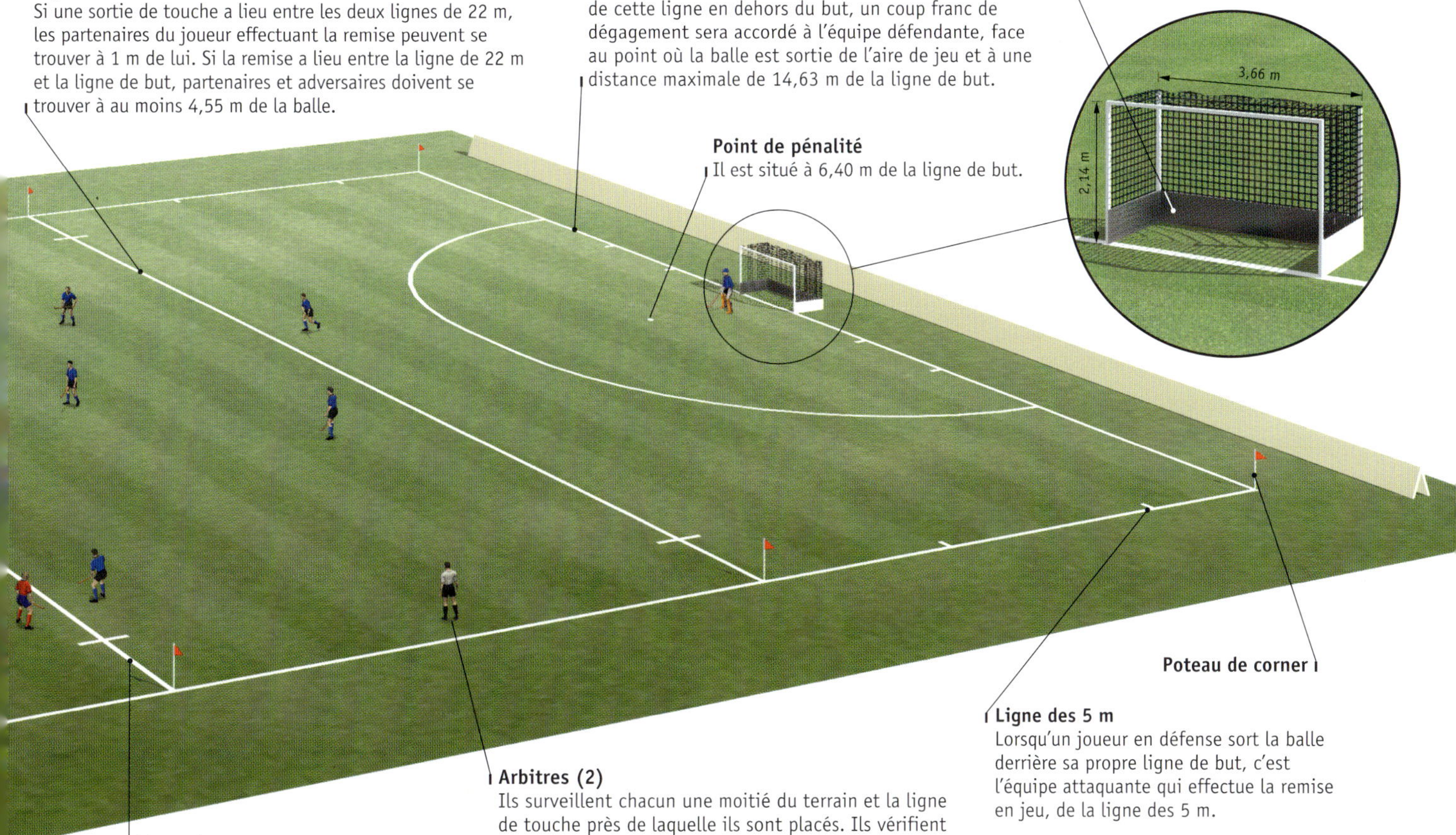

Planche de fond
En bois, elle est dressée à l'intérieur du but, le long des filets. Elle mesure 45 cm de haut.

Ligne de but
Lorsque la balle est envoyée par un attaquant au-delà de cette ligne en dehors du but, un coup franc de dégagement sera accordé à l'équipe défendante, face au point où la balle est sortie de l'aire de jeu et à une distance maximale de 14,63 m de la ligne de but.

Ligne des 22 m
Si une sortie de touche a lieu entre les deux lignes de 22 m, les partenaires du joueur effectuant la remise peuvent se trouver à 1 m de lui. Si la remise a lieu entre la ligne de 22 m et la ligne de but, partenaires et adversaires doivent se trouver à au moins 4,55 m de la balle.

Point de pénalité
Il est situé à 6,40 m de la ligne de but.

Poteau de corner

Ligne des 5 m
Lorsqu'un joueur en défense sort la balle derrière sa propre ligne de but, c'est l'équipe attaquante qui effectue la remise en jeu, de la ligne des 5 m.

Arbitres (2)
Ils surveillent chacun une moitié du terrain et la ligne de touche près de laquelle ils sont placés. Ils vérifient l'application des règles et peuvent sanctionner les joueurs d'un avertissement (carton vert), d'une expulsion temporaire de 5 minutes au moins (carton jaune) ou d'une exclusion (carton rouge).

Ligne de centre
C'est au milieu de cette ligne qu'ont lieu les remises en jeu, au début de chaque mi-temps et après chaque but.

TECHNIQUES

La maîtrise de la balle avec la crosse est l'élément le plus important du jeu, qu'il s'agisse de passer la balle à un partenaire, d'éliminer un adversaire ou de tirer au but.

Balle poussée (*Push*)

Elle est utilisée lorsque la balle doit couvrir une courte distance ou pour s'en débarrasser rapidement. La main droite, placée bas sur la crosse, pousse celle-ci tandis que la main gauche ramène la crosse vers le corps.

Frappe directe (*Hit*)

C'est une frappe puissante utilisée pour une passe longue ou un tir au but. Le joueur prend son élan en relevant la crosse puis frappe la balle sèchement. Le corps accompagne le mouvement.

Cuillère (*Flick*)

C'est une technique utilisée pour un tir au but ou dans le cas d'un coup de pénalité. Le mouvement est similaire à la poussée, mais le joueur se relève et accompagne la balle vers le haut plutôt que vers l'avant. La balle doit être prise le plus bas possible pour créer un mouvement ascendant.

COUP DE COIN DE PÉNALITÉ (PETIT CORNER)

Un coup de coin de pénalité peut être accordé dans trois cas : lorsque la balle est envoyée intentionnellement par un défenseur derrière sa propre ligne de but, lorsqu'un défenseur commet une faute volontaire dans la zone des 22 m mais en dehors du cercle d'envoi, et lorsqu'un défenseur commet une faute involontaire à l'intérieur de son cercle d'envoi. Le coup de coin de pénalité est joué par l'équipe attaquante à partir d'un point situé à 9,14 m du plus proche poteau de but.

1. Lors de la remise en jeu, tous les attaquants doivent se trouver à l'extérieur du cercle d'envoi. Cinq défenseurs (généralement quatre joueurs de champ et le gardien) doivent demeurer derrière la ligne de but tant que la balle n'a pas été jouée. Tous les autres défenseurs se tiennent au-delà de la ligne médiane. Aucun joueur ne peut se tenir à moins de 4,55 m de la balle.

2. Le joueur qui effectue la remise en jeu envoie la balle à un partenaire situé en dehors du cercle. Celui-ci doit arrêter la balle avant de la réintroduire dans le cercle. Lorsque la balle pénètre à nouveau dans le cercle, l'équipe attaquante peut tirer au but à sa guise, par une balle levée, un relais avec un autre joueur, ou un tir direct. Dans ce dernier cas, la trajectoire doit amener directement la balle à frapper la planche de fond du but. Si elle entre dans le but au-dessus de la planche, une remise en jeu est accordée à l'équipe en défense, dans son cercle d'envoi.

COUP DE PÉNALITÉ (PENALTY)

Un coup de pénalité est accordé dans deux cas : lorsqu'un défenseur commet une faute volontaire à l'intérieur de son cercle d'envoi et lorsqu'un défenseur commet une faute involontaire empêchant qu'un but soit marqué. Le joueur devant tirer le coup de pénalité place la balle au point de pénalité ; le gardien doit être sur sa ligne de but.

Tous les autres joueurs doivent se trouver derrière la ligne des 22 m. Le tireur du coup de pénalité a le droit de pousser ou lever la balle vers le but, pas de la frapper. Il ne peut toucher la balle qu'une seule fois et ne peut ensuite s'approcher de la balle ou du gardien. Si la balle pénètre entièrement dans le but, un point est marqué. Dans tout autre cas, le coup de pénalité est manqué et le jeu reprend par un coup franc accordé à l'équipe défendante : elle remet la balle en jeu d'une frappe ou d'une poussée, face au but, à 14,63 m de la ligne de but. L'équipe pénalisée doit se tenir à 4,55 m de la balle.

ÉQUIPEMENT

HOCKEYEUR

Protège-tibias
Leur port est obligatoire.

Short
Les femmes portent généralement le kilt.

Chaussures
Munies de crampons souples en plastique, elles ne doivent présenter aucun danger pour les autres joueurs.

Crosse
En bois ou en matériau composite, son long manche favorise la prise en main et elle doit posséder une extrémité recourbée ou munie d'un crochet pour le contact avec la balle. Les joueurs ne peuvent frapper la balle qu'avec le côté plat de la crosse, y compris le manche.

Rachelle Hawkes (AUS)
Championne olympique en 1988 et 1996, elle a remporté la Coupe du monde en 1994 et en 1998.

Floris Jan Bovelander (HOL)
Champion olympique en 1996 et vainqueur de la Coupe du monde 1990 avec les Pays-Bas, il est l'une des principales vedettes du hockey actuel.

GARDIEN DE BUT

Il doit porter un maillot de couleur permettant de le différencier de ses coéquipiers, de ses adversaires, ainsi que du gardien de but adverse. Il est en outre obligé de porter certaines protections.

Casque avec protection faciale
Son port est obligatoire.

Gant rembourré
Il est utilisé sur la main tenant la crosse. Sa forme permet au gardien de tenir la crosse tout en ayant la main protégée.

Jambières
Elles sont légères et faites en mousse à haute densité, pour ne pas gêner le gardien dans ses déplacements. Leur forme est conçue pour faciliter le rebond de la balle afin de l'éloigner du but lorsque le gardien la contre.

Couvre-chaussures
Ce sont des bottes faites en mousse à haute densité qui recouvrent la chaussure du gardien et lui permettent de frapper la balle du pied.

Bloqueur
C'est un gant porté sur la main libre. Fait en mousse à haute densité, il possède une face plate permettant au gardien de renvoyer la balle.

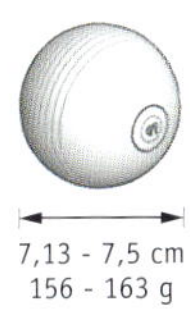

Balle
Autrefois en cuir, elle est désormais faite de plastique dur. Sa surface externe est alvéolée.

HURLING

Le hurling est un sport gaélique également issu du shinty. Deux équipes de 15 joueurs chacune se disputent une balle en utilisant des crosses appelées « hurley ». Une partie est disputée en deux périodes de 30 minutes entrecoupées d'une mi-temps de 10 minutes. L'objectif est d'envoyer la balle dans le but adverse (3 points) ou de la faire passer au-dessus de la barre transversale du but, entre les deux poteaux verticaux (1 point). La balle peut être frappée avec le hurley ou avec le pied. Elle ne peut être prise ni portée à la main. Les charges et contacts volontaires entre joueurs sont interdits.

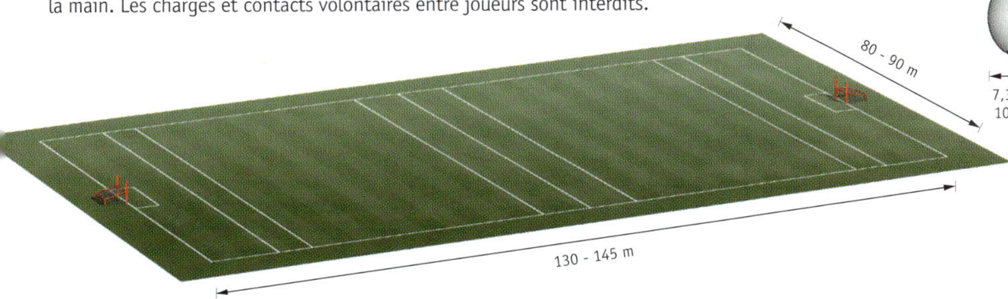

Hurley
C'est une crosse plate et recourbée à sa plus large extrémité. Il est possible de jouer la balle avec n'importe quelle partie du hurley. Il est entièrement en bois, mais son manche est recouvert de toile pour mieux la tenir.

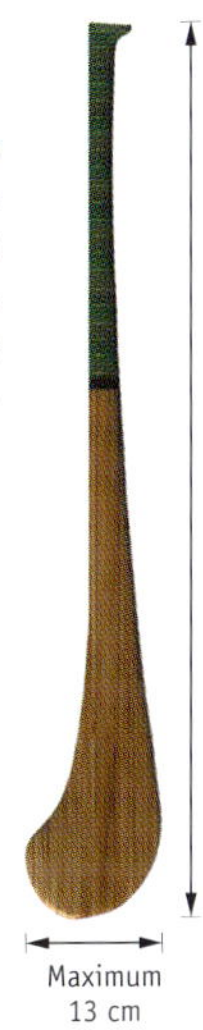

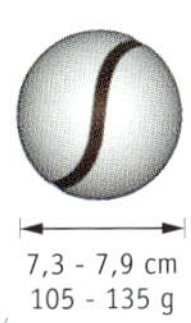

Balle
Elle est formée d'un noyau de liège recouvert de cuir.

pelote basque

Le grand pelotari Joseph Apesteguy (ESP) dit « Chiquito de Cambo » se distingue d'abord à la main nue, au joko garbi, puis se passionne pour le grand chistera. Actif dès 1899, il demeure invincible jusqu'en 1946.

Le principe de lancer et renvoyer une balle entre deux joueurs ou deux équipes se retrouve dans la plupart des civilisations anciennes. L'ancêtre le plus direct de la pelote basque est le jeu de paume développé par les Romains et pratiqué au cours des siècles en France, en Espagne, en Italie et aux Pays-Bas. De part et d'autre des Pyrénées, au Pays basque, il était de tradition de jouer à la longue et à la courte paume, à deux, de chaque côté d'un filet. L'introduction du caoutchouc, au milieu du XIXe siècle, transforme le sport. Les balles rebondissent et peuvent être lancées contre un mur. Le terrain est alors rétréci, un mur plein apparaît, permettant l'évolution des disciplines. L'équipement aussi progresse : après les balles, apparaissent les raquettes et les chisteras, multipliant le nombre des disciplines, dont l'ensemble est aujourd'hui appelé pelote basque. Les spécialités inscrites aux championnats du monde ont été présentées en démonstration aux Jeux olympiques de Paris (1924), de Mexico (1968) et de Barcelone (1992). La pelote basque est désormais ouverte aux femmes au frontenis et à la paleta gomme. Les championnats du monde ont lieu depuis 1952.

DÉROULEMENT DE LA COMPÉTITION

Deux joueurs ou deux équipes de deux joueurs doivent se renvoyer une balle en alternance en la propulsant contre un mur. La balle ne peut rebondir qu'une fois au sol avant qu'un joueur ne la relance. Un joueur ou une équipe marque un point lorsque l'adversaire ne peut renvoyer la balle après un rebond ou la renvoie hors des limites du terrain de jeu. Selon les disciplines, les parties se jouent de 25 à 50 points.

AIRE DE JEU

Elle varie selon les disciplines pratiquées. Les quatre types de terrains sur lesquels se disputent les championnats du monde sont le mur à gauche de 36 m en ciment lisse, le mur à gauche de 54 m en ciment lisse, le mur à gauche de 30 m en surface synthétique et le trinquet (en ciment lisse).

MUR À GAUCHE

C'est un espace couvert, formé d'un frontis (mur de face) haut de 9,25 m à 10 m, d'un mur de fond (rebot) et d'un mur qui couvre toute la partie gauche du terrain (de 30 à 54 m). On y joue à la main nue, à la paleta gomme, à la paleta cuir, à la pala corta, au frontenis et à la cesta punta.

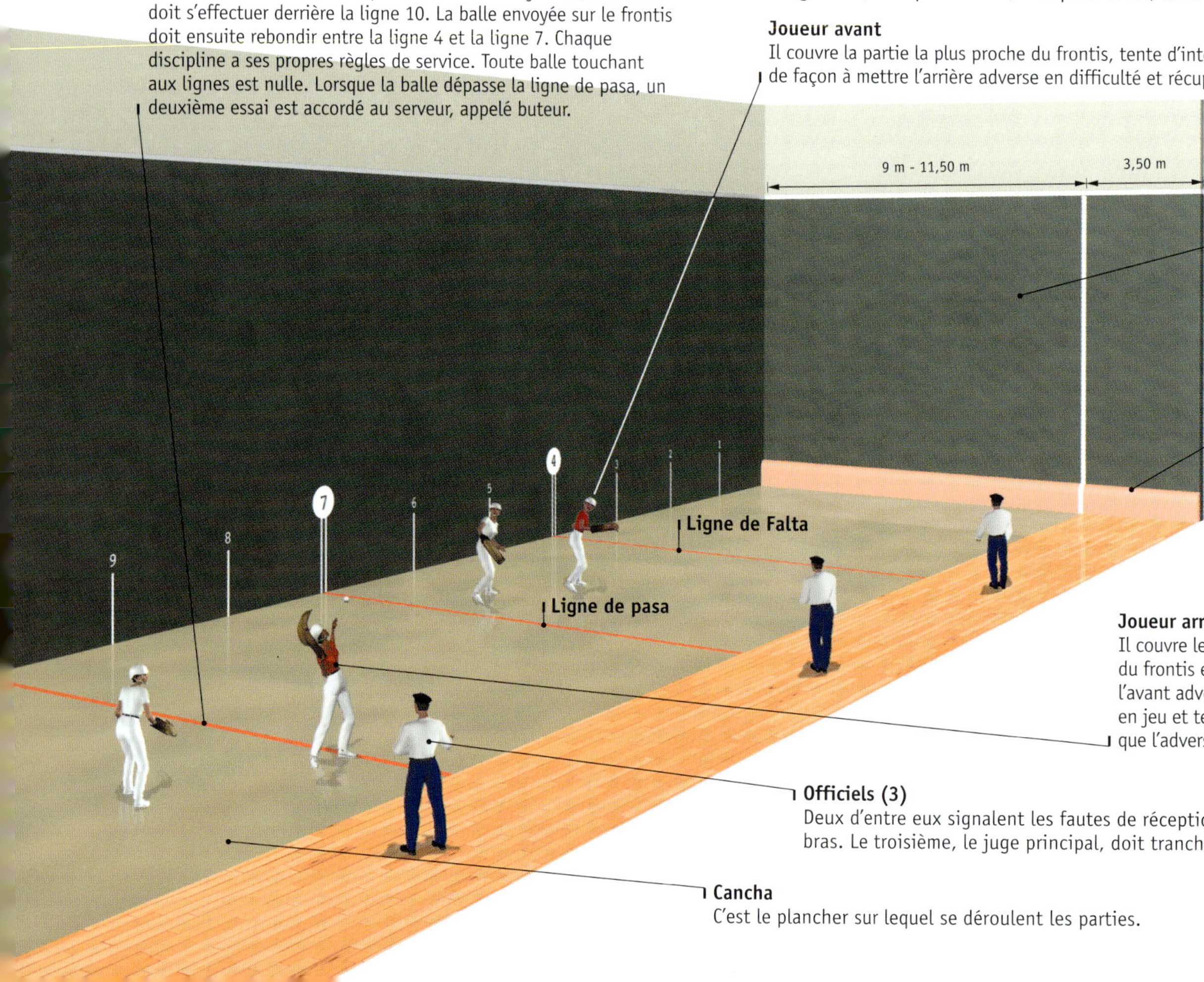

LISTE DES ÉPREUVES

Sept disciplines sont recensées officiellement et acceptées aux championnats du monde qui regroupent épreuves individuelles ou par équipes nationales.

- La main nue se joue sur une cancha de 28,5 (au trinquet) ou 36 mètres (mur à gauche) de long. On y joue en individuel ou par équipes de deux. Les joueurs se renvoient la balle, en alternance, en la frappant de la paume ou de la base des doigts.
- Le frontenis et la paleta gomme se jouent en mur à gauche de 30 m par équipes de deux. La paleta gomme se joue aussi en trinquet. En frontenis, on utilise une raquette de tennis au cordage renforcé.
- La paleta cuir se joue en trinquet et en mur à gauche de 36 m, par équipes de deux. La pala corta se joue uniquement sur mur à gauche de 36 m. Les balles sont propulsées à l'aide de raquettes entièrement en bois.
- Le xare (ou raquette argentine) se joue avec une petite balle en cuir, uniquement en trinquet (28,5 m) par équipes de deux. On utilise un cadre de bois qui entoure un filet souple en corde. Le joueur doit attraper la balle dans le filet et, dans le même mouvement, la renvoyer vers le mur grâce à un mouvement sec du poignet.
- La cesta punta (ou jaï alaï) se joue avec un grand chistera sur un mur à gauche de 54 m. Les parties se disputent par équipes de deux (les professionnels jouent par deux ou en individuel). Lorsqu'elle quitte le chistera, la balle peut atteindre 300 km/h.

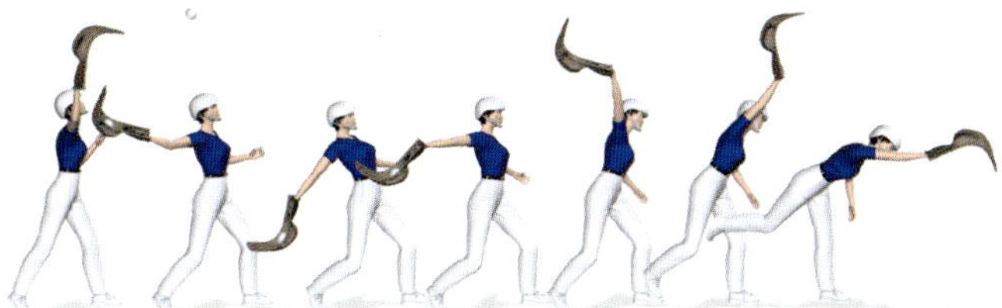

Les joueurs peuvent reculer de deux pas après réception de la balle dans le panier du chistera. Ils disposent ensuite de deux autres pas d'élan pour la projeter à nouveau vers le mur, le tout en deux secondes. Lors de l'attrapé, la balle ne doit pas rebondir au-dessus du panier du chistera.

TRINQUET

C'est l'héritier direct du jeu de paume. Le trinquet mesure 28,5 m de long sur 9,30 m de large. La barre métallique est située sur le frontis à 80 cm du sol.

Pointeur
Il suit l'évolution des points d'une des galeries et les affiche soit manuellement soit sur un écran lumineux.

Tambour
Il s'agit du toit incliné de la galerie : la balle peut y rebondir ou rouler dessus et demeurer en jeu.

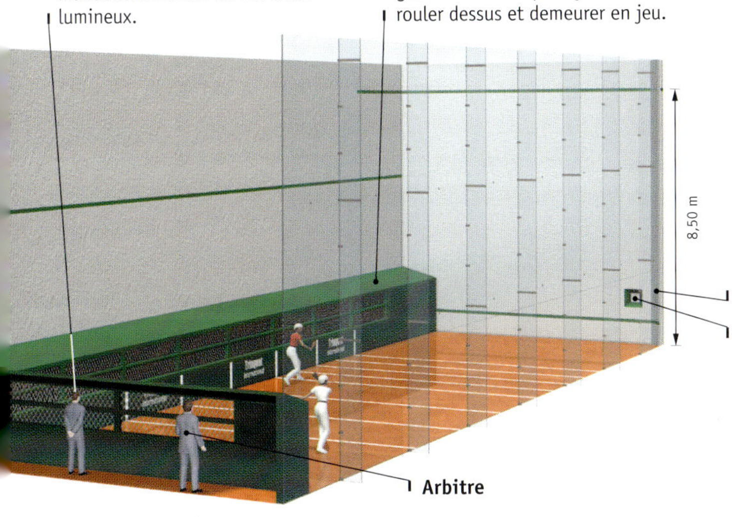

Pan incliné
À la jonction du mur de droite et du frontis, un pan de mur de 40 cm de large est incliné à 45° sur toute sa hauteur : il permet de donner des angles différents à la balle.

Xilo
Renfoncement situé dans le frontis. Les parois du xilo sont inclinées et mesurent 30 cm de côté. Elles permettent aux joueurs d'y faire rebondir la balle avec des angles imprévisibles.

Arbitre

PROFIL DU PELOTARI

- À la main nue, à la raquette ou au chistera, la pelote basque demande des capacités remarquables de vélocité, de puissance, d'endurance, ainsi que d'excellents réflexes.
- Les muscles des jambes (appuis, détentes) et les articulations sont les plus sollicités, mais les bras, muscles du dos et abdominaux sont aussi en action.
- Le principal ennemi des joueurs de main nue est le « clou », une douleur fulgurante dans la main, résultant de la répétition de frappes sur la balle avec la paume. Il peut causer de sérieux traumatismes au niveau des nerfs, des tendons, des ligaments et des os. Le joueur de cesta punta risque le « mal du Basque », une arthrose de la hanche provoquée par les mouvements violents de rotation de lancers.

Pampi Laduche (FRA)
Fils du grand joueur Joseph Laduche, il est devenu le meilleur joueur moderne. Plusieurs fois champion du monde à la main nue, il est aussi le premier Basque du nord à avoir remporté deux championnats d'Espagne professionnels.

ÉQUIPEMENT

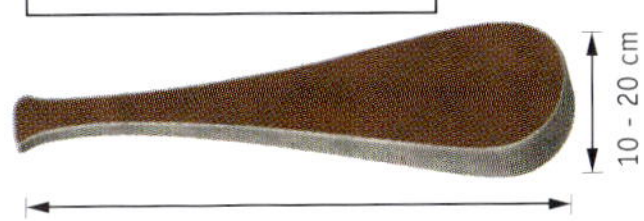

Pala
Pala ou paleta sont les noms utilisés pour décrire les raquettes de bois plein utilisées dans plusieurs disciplines (paleta gomme, paleta cuir et pala corta). Elles sont faites en hêtre ou châtaignier.

Balles (pelotes)
Elles sont de tailles, de poids et de matières diverses selon les disciplines. Dans la plupart des cas, il s'agit d'un noyau de latex parfois entouré d'une épaisseur de laine recouverte de deux bandes de cuir cousues ensemble, ou de parchemin (plus résistant) à la cesta punta. La balle de frontenis et de paleta gomme est une boule de latex contenant un gaz sous pression qui la rend extrêmement vive.

Chistera
Créé en 1857 par un jeune homme qui eut l'idée d'utiliser un petit panier recourbé servant aux récoltes, le chistera a vite remplacé l'ancien gant de cuir (trop lourd et trop cher). Le panier récupère la balle qui est alors bloquée.

Armature
Elle est faite en châtaignier et soutient le panier.

Panier
Fait en osier tressé, il sert à réceptionner la balle.

Garde
Elle empêche la balle de sortir du panier.

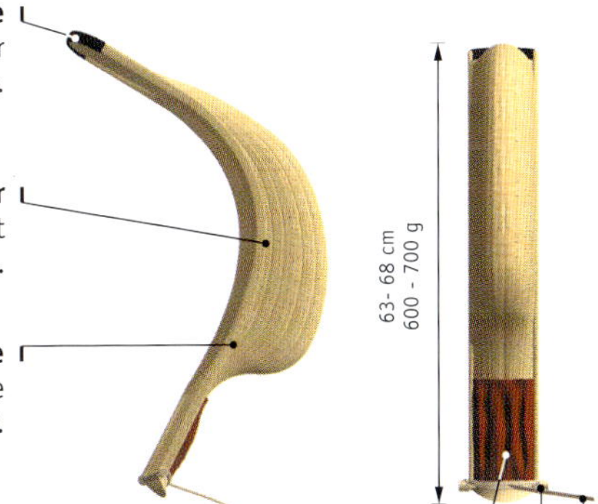

Gant
Il est fixé derrière la garde du chistera et permet au joueur d'y glisser la main.

Taco
Il sert à enrouler la lie autour du poignet.

Lie
C'est un lacet qui maintient le chistera au poignet.

balle au mur

Étudiants du Bronx High School lors d'une partie à New York (États-Unis) en 1954.

Jeu d'adresse rapide et tactique, la balle au mur consiste à faire rebondir une balle de caoutchouc avec les mains, dans un espace clos. Les premières représentations d'hommes frappant une balle de la main remontent à 2 000 ans avant J.-C. en Égypte, et 1 500 ans avant J.-C. en Amérique centrale. La pratique s'étend en Europe avec les Romains, et l'Irlande l'exporte en Amérique et en Australie vers 1830. Les États-Unis emportent 2 titres mondiaux aux dépens de l'Irlande, en 1887 et 1909. Des années 20 à 50, les tournois nationaux se multiplient dans les pays anglo-saxons. La Court Handball Commission est créée en 1924 pour structurer le sport au niveau international. Le championnat du monde, triennal, rassemble plus de dix nations depuis 1964. Aujourd'hui, le Mexique et l'Australie, notamment, contestent la suprématie des États-Unis, du Canada et de l'Irlande.

DÉROULEMENT DE LA COMPÉTITION

La balle au mur se joue à 2 (simple) ou par équipes de 2 (double) sur un terrain à 4 murs (parfois 1 ou 3 murs). Seules les mains peuvent frapper la balle. Les échanges se terminent lorsque l'un des deux adversaires est incapable de retourner la balle. Un retour correct s'effectue avant le 2e rebond au sol et doit toucher le mur avant le sol. Le premier joueur (ou duo) emportant 2 manches de 21 points gagne le match. Une troisième manche de 11 points est jouée en cas d'égalité. Seul le joueur au service peut marquer un point. Un receveur gagnant un échange devient serveur.

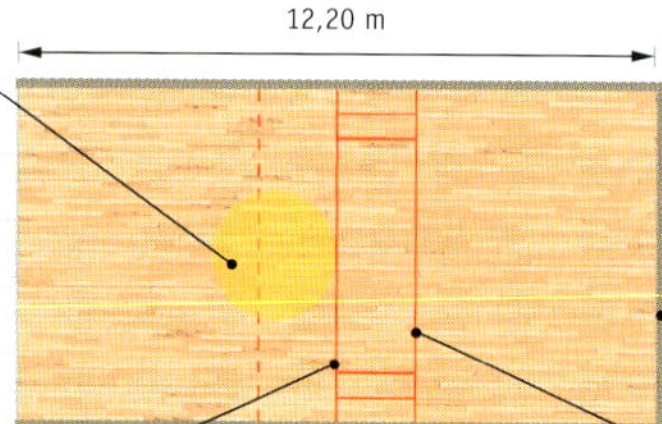

Zone tactique
La balle au mur est un jeu de déplacement. On gagne l'échange en forçant l'adversaire à quitter le centre du terrain, en le déséquilibrant ou en le prenant de vitesse.

Mur avant

Ligne de service court
Après avoir rebondi sur le mur avant, la balle de service doit la franchir avant le premier rebond au sol.

Ligne de service
Le serveur ne doit pas la dépasser pour livrer son service.

TERRAIN

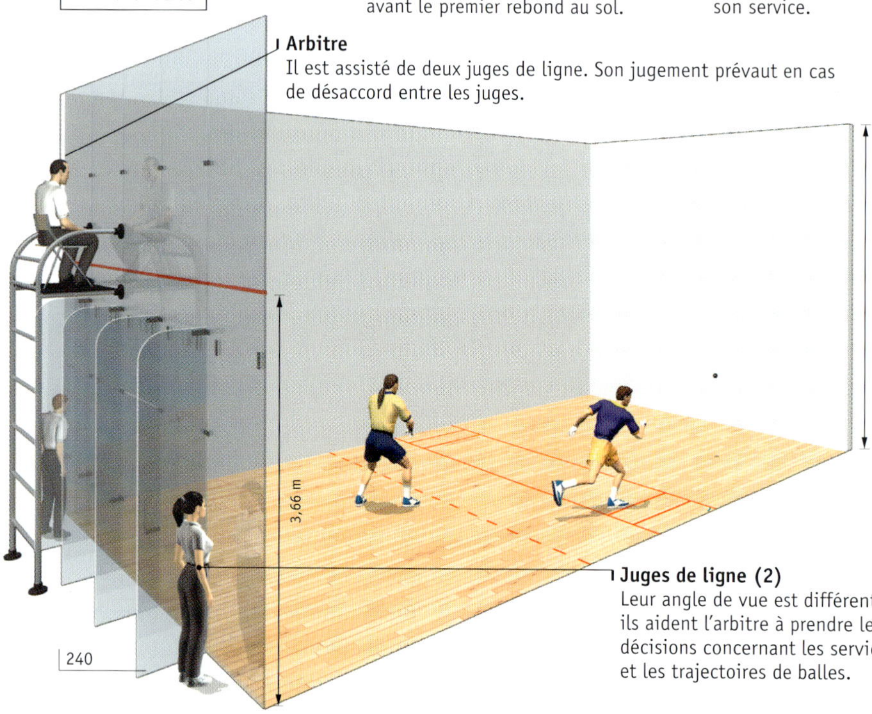

Arbitre
Il est assisté de deux juges de ligne. Son jugement prévaut en cas de désaccord entre les juges.

Juges de ligne (2)
Leur angle de vue est différent : ils aident l'arbitre à prendre les décisions concernant les services et les trajectoires de balles.

TECHNIQUE

La plupart des coups sont frappés entre la hauteur du genou et de la hanche, avec la paume de la main (parfois le poing). Le poignet reste souple, le mouvement de l'avant-bras est parallèle au sol. Une rotation du poignet donne de l'effet à la balle après le rebond. Maîtriser tous les coups des deux mains est indispensable.

Échauffement

Pour éviter les contusions dues à la balle, les joueurs activent leur circulation sanguine en frappant dans leurs mains ou en les chauffant. Le service est l'arme la plus efficace, suivie de la « balle tuée » (*kill shot*) tirée près du sol, dans les coins.

ÉQUIPEMENT

Balle officielle
Elle est en caoutchouc.

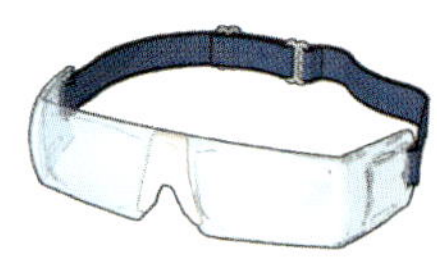

Lunettes de protection
Elles sont obligatoires.

Gants
Ils sont en cuir souple, de couleur claire contrastant avec la balle. Les bandages protecteurs sont autorisés sous le gant.

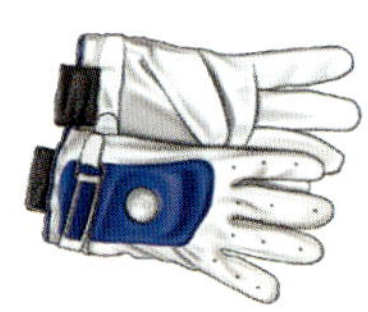

PROFIL DU JOUEUR

- Des jambes puissantes et rapides, une bonne endurance cardio-vasculaire ainsi qu'une solide constitution des épaules et des bras sont nécessaires. Le travail de musculation en salle et la course de fond sont pratiqués, mais l'essentiel de l'entraînement physique et technique se fait sur le court.
- Il n'est pas rare qu'un joueur puisse se maintenir au meilleur niveau pendant 10 à 15 ans, jusqu'à 35 ans environ.

Sports de ballon

football

Edson Arantes do Nascimento, dit « Pelé » (BRÉ), première superstar du football télévisé. Il a remporté les Coupes du monde de 1958, 1962 et de 1970, et a marqué 1 280 buts dans sa carrière.

Sport de ballon qui se dispute entre deux équipes, le football puise ses origines dans l'Antiquité (le *sphaïra*, chez les Grecs, ou le *ollis*, chez les Romains). Pendant la Renaissance, en Italie, le *calcio*, une version plus élaborée, fait son apparition. Mais c'est au milieu du XIXe siècle (1848), en Angleterre, que le football tel qu'on le connaît aujourd'hui s'implante. Le premier club, le Sheffield FC, voit le jour en 1863 et la première compétition, la Coupe d'Angleterre, est organisée en 1872. La Fédération internationale de football association (FIFA) est fondée en 1904. Sport de démonstration lors des J.O. de 1900 et de 1904, la discipline devient un sport olympique à part entière dès 1908. Le football doit son universalité à la simplicité de ses équipements et de ses règles, mais aussi au rayonnement fantastique de la Coupe du monde. Aucun événement international ne bénéficie d'un retentissement comparable, dû principalement à la diffusion télévisuelle des matches, dès 1958 (1,7 milliard de téléspectateurs ont regardé la finale France/Brésil de 1998). Quelque 203 pays sont aujourd'hui membres de la FIFA.

DÉROULEMENT D'UN MATCH

L'objectif du football est d'envoyer le ballon dans le but adverse en le propulsant avec les pieds ou toute autre partie du corps, à l'exception des bras et des mains. Deux équipes de 11 joueurs (1 gardien de but et 10 joueurs de champ) s'affrontent en deux périodes de 45 minutes entrecoupées d'une mi-temps ne pouvant excéder 15 minutes. Le décompte des arrêts de jeu est laissé à la libre appréciation de l'arbitre qui peut prolonger les périodes au-delà des 45 minutes réglementaires, s'il le juge nécessaire (blessures, changements de joueurs, etc.). Lors d'un match de Coupe, en cas d'égalité à la fin du temps réglementaire, les deux équipes disputent des prolongations de deux fois 15 minutes. En cas d'égalité au terme de ces deux périodes de prolongation, c'est l'épreuve de la séance de tirs au but. L'arbitre choisit le but vers lequel seront effectués les tirs. Il détermine l'équipe qui commencera par tirage au sort. Chaque équipe choisit 5 joueurs pour tirer les penaltys ; ces derniers s'exécutent à tour de rôle et l'équipe qui a le plus de buts à l'issue des 5 tirs remporte le match. Si les deux équipes sont à égalité après les 5 tirs réglementaires, chacune effectue un tir supplémentaire, et ce, jusqu'à ce que l'une des deux l'emporte.

TERRAIN

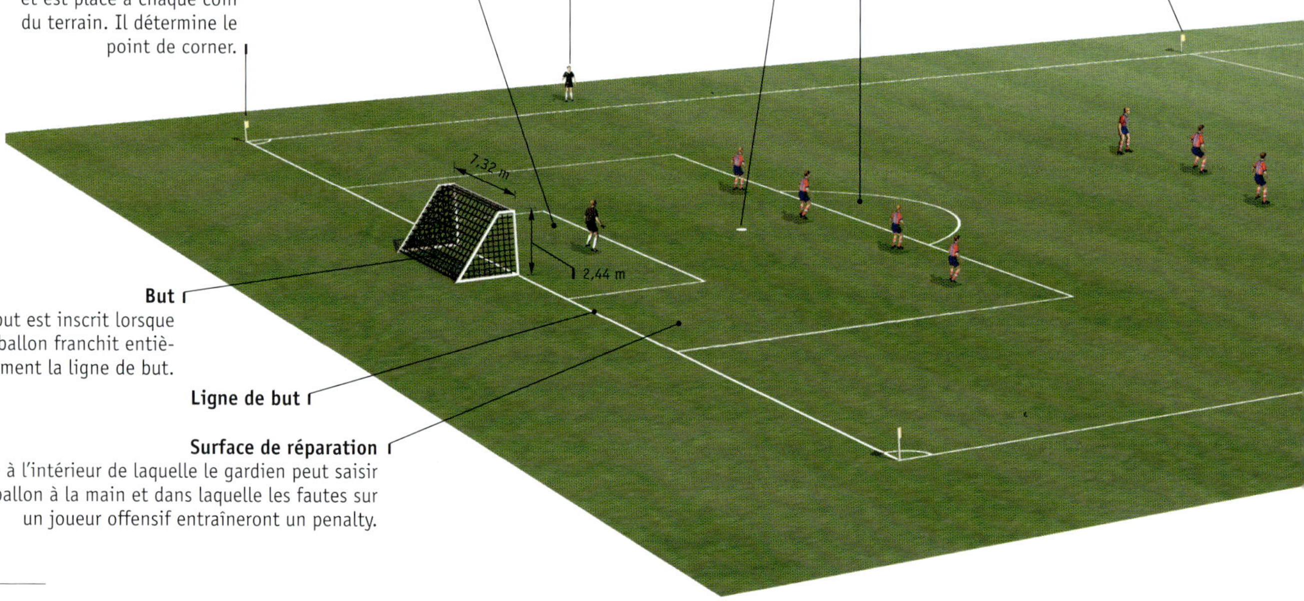

FORMATIONS DE BASE

Plusieurs schémas tactiques sont adoptés dans le football : du WM (3-2-2-3) des années 50 au 4-4-2 (quatre défenseurs, quatre milieux de terrain et deux attaquants) actuel. Diverses variantes sont utilisées (3-5-2, 4-5-1, etc.) par les équipes professionnelles, afin de répondre à des schémas tactiques particuliers présentés par l'équipe adverse. Aujourd'hui, la clé du succès réside dans le contrôle du jeu au milieu du terrain.

Arrières latéraux (droit et gauche)
Ils doivent gêner la progression d'un attaquant adverse se trouvant dans leur zone, ou le ralentir pour permettre à leurs partenaires de s'organiser en défense. En phase d'attaque, leur vitesse leur permet de relancer rapidement le jeu sur un côté du terrain.

Attaquants
Ils doivent transformer en buts les ballons qui leur parviennent ou créer des situations de but en essayant d'échapper au marquage des défenseurs adverses, en créant des brèches dans la défense et en offrant des possibilités de jeu à leurs partenaires. Leur travail défensif est de gêner la construction du jeu adverse.

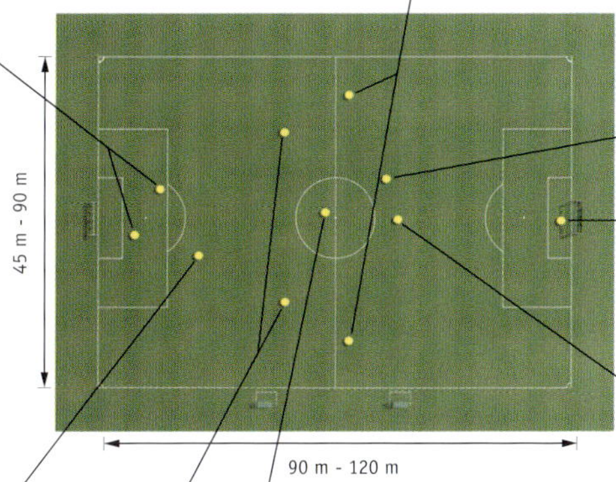

Stoppeur
Il est attaché au marquage d'un attaquant adverse et doit l'empêcher de se retrouver en position de tirer au but.

Gardien
Seul joueur à pouvoir utiliser ses mains, il doit arrêter les tirs des attaquants adverses. Dernier défenseur d'une équipe, il doit diriger ses partenaires lorsque l'adversaire est en position d'attaque.

Milieu offensif
Il dirige le jeu offensif et organise les attaques. Il donne le rythme de jeu à son équipe et doit savoir être lui-même capable de marquer des buts.

Libero
Placé derrière ses partenaires, il commande la défense. Il ne s'occupe pas du marquage d'un adversaire, mais anticipe et comble les lacunes de ses défenseurs. Sa liberté lui permet d'être efficace dans le domaine offensif en organisant la relance du jeu.

Milieux droit et gauche
Aussi appelés milieux tournants ou relayeurs, ils alternent jeux défensifs et offensifs. En défense, ils doivent reprendre le ballon à l'adversaire avant que celui-ci ne puisse organiser une attaque. En attaque, ils relaient le ballon vers le milieu offensif ou les attaquants et viennent les soutenir. Ils effectuent la transition entre défense et attaque.

Milieu défensif
Il doit essayer de reprendre le plus tôt possible le ballon à l'adversaire. Il soulage ainsi le travail de ses défenseurs et permet à son équipe de repartir plus vite en attaque.

Surface de coin
Elle indique la zone à l'intérieur de laquelle le ballon doit être placé lors d'un corner. Les opposants doivent se tenir à au moins 9,15 m du point de corner jusqu'à ce que le ballon soit en jeu.

Rond central
Lors du coup d'envoi ou d'un engagement, les deux équipes doivent se trouver dans leur moitié de terrain respective. L'équipe qui engage a le droit de positionner autant de joueurs qu'elle le souhaite à l'intérieur du rond. L'équipe adverse ne pourra s'approcher à moins de 9,15 m du ballon (rayon du rond central) jusqu'à ce qu'il soit en jeu.

Arbitre
Le contrôle du match ainsi que le chronomètre sont confiés à un arbitre qui a entière autorité sur le terrain.

Aire technique
Elle est allouée à chaque équipe, accueille le personnel technique (l'entraîneur, ses adjoints, les soigneurs ou les physiothérapeutes...) et les cinq remplaçants. Une équipe ne peut effectuer plus de trois substitutions durant la rencontre.

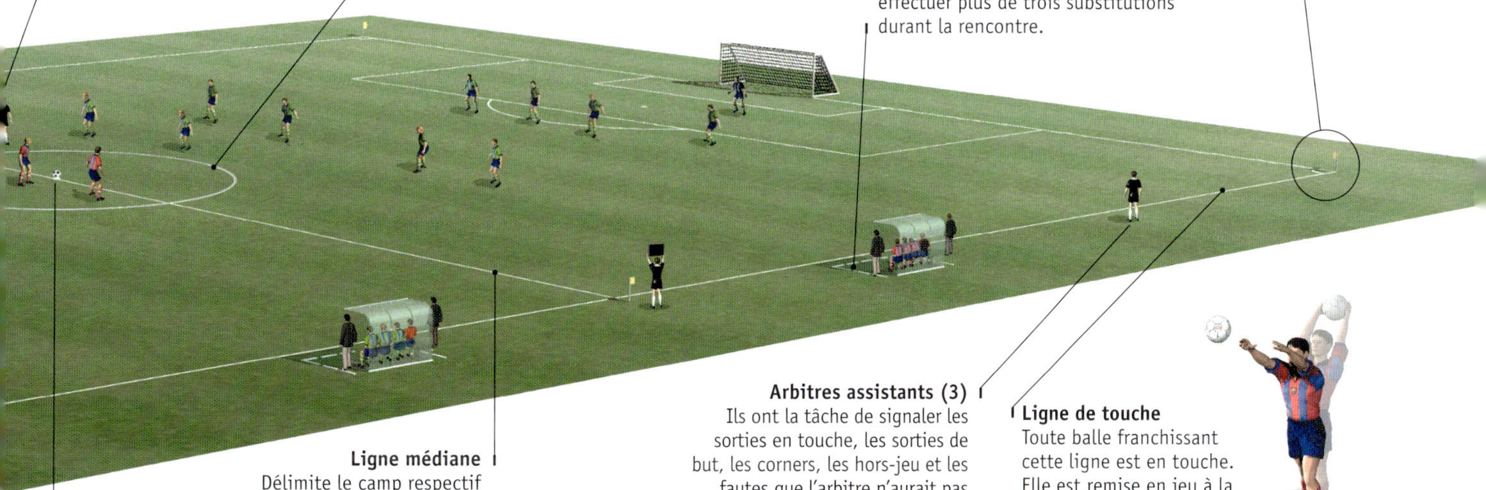

Arbitres assistants (3)
Ils ont la tâche de signaler les sorties en touche, les sorties de but, les corners, les hors-jeu et les fautes que l'arbitre n'aurait pas vues. Ils s'occupent également de superviser les changements de joueurs.

Ligne de touche
Toute balle franchissant cette ligne est en touche. Elle est remise en jeu à la main, par un joueur de l'équipe adverse.

Ligne médiane
Délimite le camp respectif des deux équipes.

Centre
Point marquant la position du ballon lors du coup d'envoi ou d'un engagement. Le coup d'envoi est la mise en jeu au début de chaque période. L'engagement est la mise en jeu après chaque but marqué.

TECHNIQUES ET TACTIQUES POUR LE JOUEUR DE CHAMP

OFFENSIVES

Corner ou coup de pied de coin

Un corner est sifflé lorsqu'un joueur en défense sort le ballon derrière sa propre ligne de but. L'équipe en attaque doit alors tenter soit d'envoyer le ballon devant le but sur la tête des attaquants, soit d'effectuer un jeu court avec un partenaire qui vient près du point de corner pour recevoir une courte passe, dans le but de construire une action (tir, passe ou centre).

Débordement

Le débordement est une course sur les ailes qui permet de déstabiliser la défensive adverse. Le joueur peut aussi pénétrer en profondeur en zone ennemie. Le débordement se termine généralement par un centre à l'attaquant qui fera dévier le ballon dans le but.

Mur
Il protège la zone de but lors d'un coup franc.

Coup franc

Le coup franc est sifflé lorsqu'une faute est commise à l'endroit d'un joueur. Le coup franc direct est l'occasion d'envoyer le ballon directement dans le but adverse, sans qu'un partenaire touche le ballon. Le coup franc indirect, quant à lui, n'autorise le tireur à lancer le ballon dans le but qu'après que ce dernier a touché un partenaire. Un coup franc près du but adverse est une excellente occasion de marquer. Quelques joueurs par équipe se spécialisent dans ce type de jeu qui demande une grande précision. C'est souvent ce qui va faire une différence au pointage.

Penalty

Le penalty est sifflé quand une faute est commise dans la zone de réparation par un joueur défensif. Le ballon est placé au point de penalty et un joueur attaquant doit tirer directement dans le but. Le gardien se place sur sa ligne de but avant de s'élancer pour arrêter le ballon. Il ne peut quitter sa ligne qu'une fois le ballon frappé.

Dribble

Le dribble est une feinte de pieds qui permet de conserver le contrôle sur le ballon et de déjouer ainsi un adversaire.

Frappe de la tête

Elle permet à l'attaquant de reprendre les ballons en l'air et de les propulser vers le but. Pour le défenseur, elle permet de dégager le ballon de devant le but.

DÉFENSIVES

Défensive de zone

La défensive de zone permet une gestion de la zone défensive par un quadrillage du terrain. Chaque joueur doit surveiller une partie de « territoire ». Ce type de défensive est un choix tactique influencé par le dispositif offensif de l'adversaire.

Tacle défensif

Le tacle est un geste essentiellement défensif au cours duquel un joueur tente d'enlever le ballon à l'attaquant par une glissade, sans toucher l'adversaire.

Le 1-2

Le 1-2 permet l'élimination d'un joueur adverse par une succession de passes rapides entre deux joueurs. Le joueur défensif, tentant de suivre le ballon, se retrouve dos au ballon et ne peut le suivre efficacement. Le joueur fait une passe à son partenaire qui lui remet immédiatement le ballon dans le dos de l'adversaire pour qu'il puisse continuer sa course. Le relais se fait habituellement sur une seule touche, directement et sans contrôle.

Couverture de l'attaquant à 2 contre 1

La couverture est l'action de seconder un coéquipier qui tente de prendre le ballon à un attaquant adverse. Le couvreur interviendra si l'attaquant réussit à déjouer le premier défenseur. Le jeu en couverture est très efficace pour une reprise de ballon « sécuritaire », sans prise de risque inutile.

Défensive individuelle (1 contre 1)

Lors d'une défensive individuelle, chaque joueur de l'équipe en défense « marque » un joueur de l'équipe en attaque et le suit dans tous ses déplacements afin de l'empêcher de recevoir le ballon et, le cas échéant, de tirer ou de passer.

HORS-JEU

Un joueur est en position de hors-jeu lorsque le ballon lui est adressé alors qu'il se trouve plus près de la ligne de but adverse qu'à la fois le ballon et l'avant-dernier adversaire. Le hors-jeu, considéré comme tactique défensive (toute la ligne défensive monte rapidement d'un cran pour mettre les attaquants adverses en position de hors-jeu), est plutôt efficace, mais c'est une arme à double tranchant qui demande synchronisation et rigueur de la part des défenseurs, le hors-jeu étant très difficile à juger. En effet, il est sanctionné au départ du ballon et, à ce moment précis, le juge de touche doit observer à la fois le point de départ du ballon et la position du destinataire de la passe.

TECHNIQUES ET TACTIQUES POUR LE GARDIEN DE BUT

Relance à la main

Après un arrêt, le gardien relance souvent le jeu à la main en remettant le ballon à un défenseur situé relativement près de lui. Il est le seul à pouvoir toucher le ballon avec les mains. Si l'attaque précédant l'arrêt venait de la gauche, il essaiera de relancer le jeu à sa droite, ce côté du terrain étant alors moins occupé par l'adversaire, et vice-versa. La relance à la main est plus précise que le dégagement au pied et permet à une équipe de conserver le ballon et préparer la phase offensive.

Dégagement au poing

Sur un tir puissant, souvent lointain, le gardien n'est pas toujours en mesure de capter le ballon en toute sécurité. Il peut alors dévier le tir au-dessus du cadre ou sur les côtés du but. Sur un centre aérien, alors que plusieurs joueurs adverses encombrent sa zone en essayant de reprendre le ballon de la tête, le gardien n'a souvent d'autre choix que de dégager le ballon d'un ou des deux poings (boxer le ballon). Il ne peut prendre possession du ballon sans risquer de le laisser échapper, c'est pourquoi il vaut mieux le dégager.

Plongeon latéral

Il demande une coordination parfaite entre le départ du ballon et le plongeon lui-même. Il permet au gardien d'arrêter ou de dévier un tir alors qu'il ne se trouve pas exactement sur la trajectoire du ballon. De plus, le gardien doit limiter les risques de retour devant le but.

Relance au pied

Pour remettre le ballon à ses attaquants profondément dans la zone adverse, le gardien dégage le ballon au pied. Ses partenaires doivent se déplacer vers le point de chute du ballon pour essayer d'en reprendre possession. Cependant, ce genre de remise en jeu n'est pas toujours précis.

ARBITRAGE ET SANCTIONS DISCIPLINAIRES

Avertissement (carton jaune)

Un joueur reçoit un avertissement s'il enfreint régulièrement les règlements, ne respecte pas la décision de l'arbitre, retarde la reprise du jeu, fait preuve de dissidence ou adopte un comportement antisportif.

Expulsion (carton rouge)

Un joueur est expulsé s'il est reconnu coupable d'une faute sérieuse, d'une conduite violente, d'un usage de langage abusif, offensant ou insultant, ou encore s'il a reçu un second carton jaune durant le match.

COUPES ET CHAMPIONNATS

Les compétitions sont réparties selon leur importance (mondiales, continentales, nationales) et selon qu'elles concernent des équipes nationales ou des équipes de clubs. La FIFA régit la Coupe du monde (équipes nationales) et le Mondial des Clubs (depuis janvier 2000). Les six confédérations continentales organisent des tournois internationaux (Euro, Coupe d'Afrique, d'Asie, Copa America...) ainsi que des tournois inter-clubs. Ceux-ci opposent les meilleurs clubs de chaque pays (Ligue des Champions en Europe et en Afrique, Copa Libertadores en Amérique du Sud...). Les fédérations nationales organisent les compétitions à l'intérieur de leur propre pays (championnat et coupe). La Coupe Intercontinentale met tous les ans aux prises le vainqueur de la Ligue des Champions (Europe) et celui de la Copa Libertadores.

LES COUPES DU MONDE

Année	Pays organisateur	Champion/Finaliste	Score
1930	Uruguay	Uruguay/Argentine	4-2
1934	Italie	Italie/Tchécoslovaquie	2-1
1938	France	Italie/Hongrie	4-2
1950	Brésil	Uruguay/Brésil	2-1
1954	Suisse	RFA/Hongrie	3-2
1958	Suède	Brésil/Suède	5-2
1962	Chili	Brésil/Tchécoslovaquie	3-1
1966	Angleterre	Angleterre/RFA	4-2
1970	Mexique	Brésil/Italie	4-1
1974	RFA	RFA/Pays-Bas	2-1
1978	Argentine	Argentine/Pays-Bas	3-1
1982	Espagne	Italie/RFA	3-1
1986	Mexique	Argentine/RFA	3-2
1990	Italie	RFA/Argentine	1-0
1994	USA	Brésil/Italie	0-0 (3-2 tirs au but)
1998	France	France/Brésil	3-0

ÉQUIPEMENT

Gants de gardien de but

Maillot de gardien de but
Le gardien de but porte toujours un maillot à manches longues, ces dernières étant matelassées au niveau des coudes.

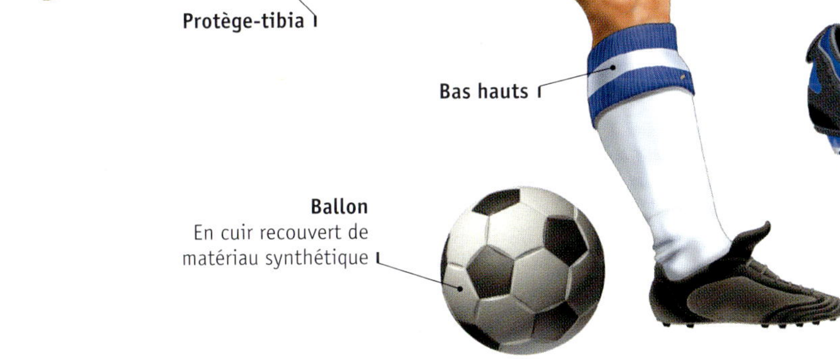

Maillot
Chaque équipe doit avoir au moins deux tenues distinctes : une à ses couleurs traditionnelles, pour jouer à domicile, et une autre pour jouer à l'étranger. Chaque joueur possède un maillot à manches courtes pour l'été et longues pour l'hiver. Le numéro du joueur doit obligatoirement apparaître dans son dos.

Short

Protège-tibia

Bas hauts

Ballon
En cuir recouvert de matériau synthétique

Circonférence : 68 - 70 cm
Poids : 410 - 450 g
Pression de gonflage : 600 - 1 100 g/cm²

Chaussure
Elle doit être faite de cuir, de caoutchouc mou ou de plastique.

Crampons
Vissés et de tailles différentes, ils permettent au joueur de les interchanger selon l'état du terrain. Des crampons moulés peuvent être utilisés sur les terrains les plus secs.

Diamètre maximal : 12,7 mm
Longueur maximale : 18 mm

Diego Maradona (ARG)
Milieu de terrain, il a été surnommé « Pibe de oro », le gamin en or. Reconnu pour son sens de la construction du jeu hors du commun, sa vivacité, son dribble et son habileté à contrôler le ballon, il a été champion du monde en 1986.

PROFIL DU JOUEUR

- Il n'y a pas, à proprement parler, de profil type du joueur de football, bien que, dans le football moderne, les qualités athlétiques soient un critère important pour évoluer au plus haut niveau.
- L'entraînement quotidien est composé d'exercices d'assouplissement, de répétitions de gestes techniques de base, d'élaboration et de pratique de jeux clés ou de tactiques collectives. Il dure d'une à deux heures, sauf les jours de match où il est remplacé par une séance d'échauffement.
- En plus du talent naturel, une bonne condition physique alliée à la vivacité et à l'agilité, une parfaite maîtrise technique, une bonne vision du jeu et un esprit d'équipe affirmé sont essentiels au joueur de haut niveau.

Michel Platini (FRA)
Milieu de terrain, il a laissé sa marque par ses coups francs parfaits et un sens du jeu inouï. Il mena l'équipe de France à une quatrième et une troisième place lors des Coupes du monde de 1982 et de 1986. Il devint par la suite sélectionneur de l'équipe de France de 1988 à juin 1992.

Franz Beckenbauer (ALL)
Surnommé « le Kaiser », l'Empereur. Milieu offensif puis libero du fameux Bayern de Munich et de l'équipe de RFA, il a brillé par sa technique sans défaut et ses relances spectaculaires, directes et puissantes. Champion d'Europe en 1972 et champion du monde en 1974, en tant que capitaine, il fut aussi champion du monde en 1990 en tant qu'entraîneur.

Mia Hamm (USA)
Vedette féminine incontestée, elle a joué dans plus de 150 matches internationaux et compte à son actif une bonne centaine de buts. Elle a été championne olympique en 1996 et championne du monde en 1999.

rugby

Frantz Reichel de l'équipe française lors de la première participation de la discipline aux J.O., à Paris, en 1900.

Le rugby est un sport de ballon joué à la main et au pied, opposant deux équipes de quinze joueurs. Née à l'Université de Rugby, en Angleterre, en 1823, la discipline est une transgression des règles du football de l'époque, les joueurs pouvant dès lors prendre le ballon à la main. D'abord rond, comme au football, le ballon devient ovale en 1851. Le premier club, le Guy's Hospital, à Londres, est fondé en 1843. Ce n'est qu'en 1871 que les premières règles sont codifiées, sous le nom de Rugby Football Union. En 1877, le nombre de joueurs passe de 20 à 15 et, en 1886, l'Irlande, l'Écosse et le Pays de Galles fondent l'International Rugby Football Board (IRFB), fédération internationale régissant les règles du jeu, à laquelle l'Angleterre se joint quatre ans plus tard. En 1895, une scission mène à la création de la Northern Rugby Football Union et à l'apparition du jeu à 13. La discipline devient olympique aux J.O. de Paris, en 1900, et le restera jusqu'en 1924. Le premier Tournoi des Cinq Nations, en 1910, regroupe les quatre pays membres et la France, qui ne se joindra cependant à l'IRFB qu'en 1978. La première Coupe du monde a eu lieu en 1987, organisée conjointement par l'Australie et la Nouvelle-Zélande, et la première Coupe du monde féminine se déroule en 1991. En 1995, le rugby adopte le statut professionnel pour les joueurs de haut niveau.

DÉROULEMENT D'UN MATCH

Une équipe se compose de 15 joueurs sur le terrain et de 7 joueurs remplaçants. Le ballon peut être joué au pied ou à la main. Chaque équipe tente de marquer des points en déposant le ballon à la main dans la zone d'en-but adverse ou en le faisant passer entre les poteaux, au-dessus de la barre transversale grâce à un coup de pied. Un match se déroule en deux périodes de 40 minutes, avec une interruption de jeu de 10 minutes maximum. Lors du coup d'envoi, l'équipe ayant gagné la possession du ballon par tirage au sort doit le botter, à partir du point central, dans le camp adverse. Le ballon doit franchir la ligne des 10 mètres adverse pour être considéré en jeu. Lorsque le ballon est joué à la main, il est interdit de le passer vers l'avant. Il est possible d'envoyer le ballon vers l'avant d'un coup de pied. Lorsque l'équipe attaquante dépose le ballon dans l'en-but adverse, elle inscrit un essai, valant 5 points, qu'elle peut ensuite transformer : une transformation est un coup de pied tenté par un joueur attaquant, à la distance de son choix, le ballon étant placé dans l'axe de l'endroit où il a touché le sol, lors de l'essai. Tous les joueurs de l'équipe adverse doivent alors se tenir dans leur en-but. Si le ballon franchit les poteaux au-dessus de la barre transversale, la transformation est réussie et vaut 2 points. Sinon, seuls les cinq points de l'essai sont comptés. L'équipe ayant concédé des points remet la balle en jeu au milieu du terrain. Un but marqué lors d'un coup de pied de pénalité (coup de pied tenté de l'endroit où une faute a été commise, sans que l'équipe pénalisée puisse interférer) vaut 3 points. Tout joueur peut, à tout moment, tenter un coup de pied tombé (*drop-goal*) valant 3 points si le ballon passe entre les poteaux, au-dessus de la barre transversale. L'équipe qui a marqué le plus de points au terme de la rencontre est déclarée victorieuse.

TERRAIN

Couvert de gazon, il est prolongé de deux en-but, délimités par les lignes de but et de ballon mort.

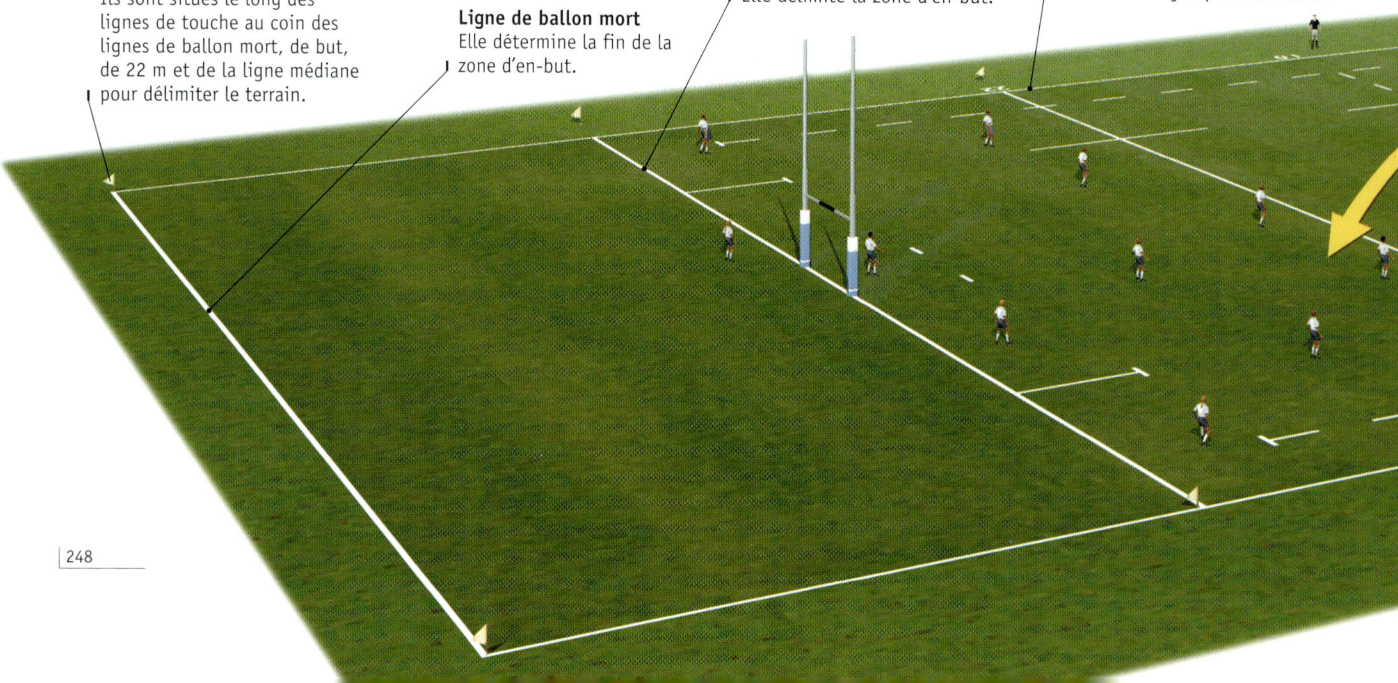

POSITION DES JOUEURS

La numérotation des maillots correspond généralement à une position précise sur le terrain.

Arrière
Il représente la dernière ligne de défense face à un adversaire s'apprêtant à marquer un essai. Il doit aussi récupérer les coups de pied de dégagement de l'adversaire. Il doit relancer le jeu de son équipe soit à la main soit par un coup de pied de dégagement.

Trois-quarts (centres et ailiers)
En défensive, pour empêcher l'adversaire de progresser sur la largeur du terrain, ils doivent être de bons plaqueurs. En phase offensive, ils font circuler le ballon rapidement à la main pour prendre de vitesse la défense adverse. Les centres, excellents passeurs, sont aussi capables d'aller affronter les centres adverses pour créer des déséquilibres dans leur défense. Les ailiers, grâce à leur vitesse, déjouent les défenseurs pour marquer.

Centres

Ailier

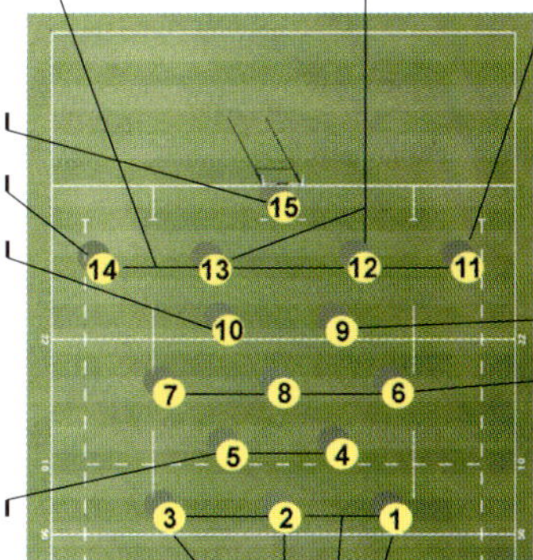

Ailier

Demi d'ouverture
Il effectue la liaison entre le demi de mêlée et les trois-quarts. Il initie les mouvements offensifs de son équipe.

Deuxième ligne
Ce sont des joueurs solides qui soutiennent la première ligne dans une mêlée. Leur rôle est de gagner ou de récupérer le ballon lors des remises en touche ou des regroupements.

Demi de mêlée
Il effectue la liaison entre les avants et les lignes arrières. Dans une mêlée ou un regroupement, c'est à lui de récupérer le ballon et de mettre ses trois-quarts en position d'attaque.

Troisième ligne
Ils forment la dernière ligne de joueurs placés dans une mêlée. Ils doivent garder le ballon entre leurs pieds jusqu'à ce que le demi de mêlée puisse le récupérer. En phase de jeu, ils doivent relayer le ballon des lignes d'avants vers les demis.

Pilier **Pilier**

Talonneur

Première ligne
Ils sont au contact de l'adversaire dans une mêlée. Le talonneur est chargé de gagner le ballon et de le glisser du pied vers ses partenaires derrière lui. Les piliers soutiennent le talonneur et essayent de faire avancer la mêlée en poussant l'adversaire de façon à gagner du terrain. En phase de jeu, ils doivent empêcher la progression adverse et gagner la balle dans les regroupements.

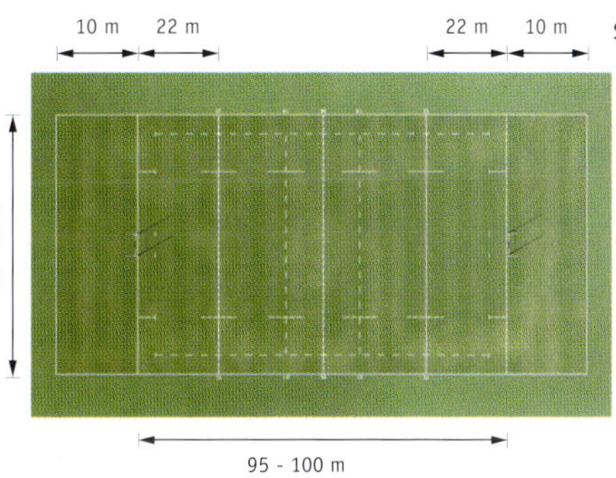

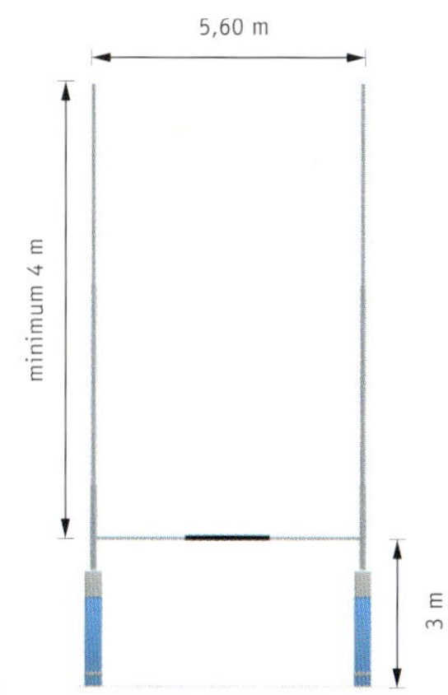

POTEAUX DE BUT

Ligne des 10 mètres
Lors du coup d'envoi ou d'un engagement, l'équipe ne possédant pas le ballon ne peut franchir cette ligne. L'équipe mettant le ballon en jeu doit, elle, l'envoyer au-delà de cette ligne.

Ligne médiane
Elle délimite les deux camps.

En-but
Zone à l'intérieur de laquelle un essai peut être marqué.

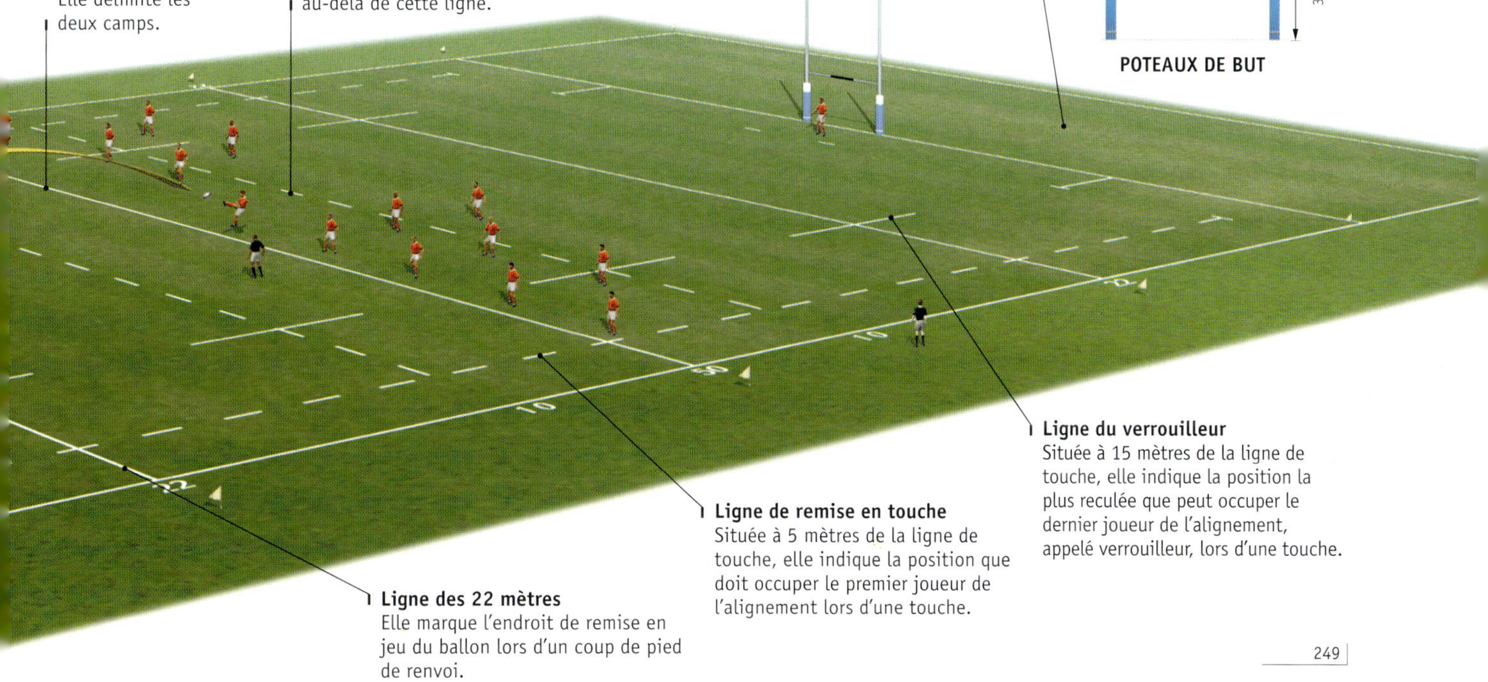

Ligne du verrouilleur
Située à 15 mètres de la ligne de touche, elle indique la position la plus reculée que peut occuper le dernier joueur de l'alignement, appelé verrouilleur, lors d'une touche.

Ligne de remise en touche
Située à 5 mètres de la ligne de touche, elle indique la position que doit occuper le premier joueur de l'alignement lors d'une touche.

Ligne des 22 mètres
Elle marque l'endroit de remise en jeu du ballon lors d'un coup de pied de renvoi.

COUPES ET CHAMPIONNATS

La Coupe du monde de rugby (RWC)
Elle est présentée tous les quatre ans, depuis 1987, en alternance entre hémisphères Nord et Sud et regroupe vingt pays.

Le Tournoi des Six Nations
Célèbre sous le nom de Tournoi des Cinq Nations, il regroupe l'Angleterre, l'Écosse, le pays de Galles, l'Irlande, la France et désormais l'Italie (depuis 2000), qui s'affrontent respectivement une fois chacune, en alternant les terrains de jeu.

Le Rugby Super Twelve
Ce tournoi des clubs de l'hémisphère Sud, inauguré en 1996, oppose 12 équipes de club (trois d'Australie, cinq de Nouvelle-Zélande et quatre d'Afrique du Sud) représentant une province ou une ville. Elles se rencontrent une fois à domicile, une fois à l'étranger, de février à mai. Les quatre meilleurs s'affrontent en demi-finale, les vainqueurs disputent la finale.

Les Tri-Series
Ce tournoi annuel met aux prises l'Australie, la Nouvelle-Zélande et l'Afrique du Sud, qui s'affrontent deux fois chacune.

TECHNIQUES ET TACTIQUES

Une équipe en possession du ballon peut le faire progresser à la main (passes) ou au pied. Un joueur ayant le ballon en main peut aussi courir en direction de l'en-but adverse sans aucune limite de mouvement. Le jeu au pied peut être défensif : lorsqu'un joueur récupère le ballon en défense et ne peut le passer à un partenaire, il l'éloigne de son en-but par un coup de pied de dégagement. Il peut aussi être offensif, en permettant de passer par-dessus le premier rideau défensif adverse ou en faisant reculer l'adversaire dans son camp.

La passe

Le jeu de passes permet à une équipe de conserver la possession du ballon en le faisant circuler entre plusieurs partenaires. La passe doit toujours être faite vers l'arrière. Une succession rapide de passes permet de créer des espaces dans la défense adverse et de les utiliser pour progresser vers l'en-but. La maîtrise de ce geste est fondamentale.

Arrêt de volée (marque)

Un joueur fait un arrêt de volée quand, entre son propre en-but et sa ligne de 22 mètres, il attrape le ballon provenant directement d'un coup de pied ou d'une passe en avant d'un adversaire et qu'au même moment il crie : « Marque ! » Un « marque » peut être effectué même lorsque le joueur l'effectuant a les deux pieds décollés du sol. Le joueur qui a fait l'arrêt de volée bénéficie alors d'un coup franc.

Coup de pied placé (coup de pied de pénalité)

Le ballon est placé au sol, en position verticale, et le botteur tente de le botter entre les deux poteaux. Son pied d'appui est légèrement en retrait du ballon pour que le pied de frappe puisse frapper la balle le plus près de sa base et lui donne une trajectoire ascendante.

Coup de pied tombé (*drop-goal*)

Le botteur laisse tomber le ballon au sol et le botte au moment où il touche le sol. Le pied de frappe doit botter le ballon exactement au moment où celui-ci rebondit, de façon à lui donner une trajectoire ascendante. Ce geste permet aussi un meilleur contrôle du ballon.

Tenu (*hold*)

Il y a tenu quand le porteur du ballon est saisi par un ou plusieurs adversaires, et que, pendant qu'il est ainsi tenu, ses pieds et une autre partie de son corps sont au contact du sol. Le joueur tenu doit, quand il est à terre, relâcher immédiatement le ballon, sans le jouer de quelque façon que ce soit, se relever et s'en éloigner.

Plaquage

C'est un geste défensif qui permet de bloquer un adversaire portant le ballon et d'empêcher sa progression. Le défenseur peut attraper son adversaire dans une zone allant de ses genoux à son torse. Seul un joueur en possession du ballon peut être plaqué. Le joueur plaqué qui tombe au sol doit relâcher le ballon.

Mêlée spontanée (ou mêlée ouverte)

Lorsqu'un joueur est plaqué au sol, il doit aussitôt relâcher le ballon. Celui-ci est alors libre. Un joueur à proximité peut le ramasser et continuer la séquence de jeu. Sinon, des joueurs des deux équipes se regroupent pour prendre possession du ballon. Lorsque le regroupement se forme, il est interdit de faire progresser le ballon au sol en le poussant de la main. Un joueur ne peut le faire progresser dans son camp qu'en le talonnant, c'est-à-dire en le poussant du pied derrière lui jusqu'au demi de mêlée. Tout joueur qui se joint à une mêlée spontanée doit se lier au moins par un bras, passé autour du corps d'un de ses partenaires en mêlée, en venant de l'arrière (pas sur le côté, ce qui constituerait un hors-jeu).

Mêlée ordonnée

Elle intervient à la suite d'une faute (en-avant, passe en avant, mauvaise remise en jeu, mauvaise remise en touche). Elle est formée par huit joueurs de chaque équipe (3 première ligne, 2 deuxième ligne et 3 troisième ligne) groupés de manière à permettre au ballon d'être lancé, sur le sol, entre eux. L'introduction du ballon est accordée à l'équipe non fautive. Le talonneur (joueur au centre de la première ligne) est chargé de talonner le ballon, c'est-à-dire le pousser du pied vers l'arrière de la mêlée. Les joueurs ne peuvent se détacher de la mêlée tant que le ballon n'en est pas sorti. Ceux qui ne participent pas à la mêlée doivent être situés au moins au niveau du dernier pied de leurs joueurs en mêlée.

Maul

Un maul survient lorsque le porteur du ballon est arrêté par un défenseur sans être mis au sol et que plusieurs joueurs viennent lutter pour prendre possession du ballon. Il est formé par plusieurs joueurs de chaque équipe, debout sur leurs pieds, au contact, entourant le porteur du ballon. Un maul prend fin quand le ballon est à terre ou que le ballon ou le joueur qui le porte s'est dégagé du maul, ou encore qu'une mêlée a été ordonnée.

Touche

Il y a sortie de touche lorsque le ballon ou le joueur le portant empiète ou franchit la ligne de touche. Le ballon est remis en jeu par l'équipe qui n'en avait pas possession avant la sortie. La touche est formée par au moins deux joueurs de chaque équipe, rangés sur deux lignes parallèles, placées perpendiculairement à la ligne de touche. L'équipe mettant la balle en jeu décide du nombre de joueurs qui seront alignés. Un espace d'un mètre entre les deux rangées de joueurs, appelé « couloir », doit être respecté. La touche s'étend de la ligne de remise en jeu jusqu'à la ligne du verrouilleur. Le joueur mettant la balle en jeu doit la lancer d'une ou deux mains exactement entre les deux alignements. Les joueurs ne participant pas à l'alignement doivent se tenir à 10 m du ballon. Lors de la remise en jeu, il est possible de soutenir un partenaire qui a sauté pour se saisir du ballon. Si une équipe bénéficiant d'une pénalité botte le ballon en touche, elle effectue la remise en jeu.

Remise en touche

Le joueur qui effectue la remise se place en touche, à égale distance des deux rangées. Il lance le ballon dans le couloir, les joueurs des deux alignements tentant alors de s'en saisir.

PÉNALITÉ

Une pénalité est accordée à l'équipe non fautive lorsque l'adversaire commet une infraction à certaines règles (hors-jeu, en-avant, antijeu ou bien encore comportement antisportif). L'équipe bénéficiant de la pénalité peut en choisir le mode d'exécution. Il peut s'agir d'un coup de pied au but : dans ce cas, il doit l'indiquer à l'arbitre pour que les assistants se placent au pied des poteaux et valident la tentative. Il est possible de jouer une pénalité à la main pour conserver la possession de la balle. Dans ce cas, le joueur effectuant la remise en jeu doit toucher le ballon du pied avant de s'en saisir et de le passer à un partenaire. Les adversaires doivent se tenir à au moins 10 m du ballon.

Hors-jeu

Un joueur est « hors jeu » s'il est en avant du ballon quand celui-ci est joué par un de ses partenaires, sauf s'il n'interfère pas avec le jeu. Lors d'une mêlée ordonnée ou spontanée, d'un maul ou d'une touche, un joueur est hors jeu s'il reste ou avance au-delà du joueur de son équipe le plus en arrière dans le regroupement. Lors d'un coup de pied, les joueurs de l'équipe du botteur en avant de celui-ci sont automatiquement hors jeu. Ils doivent venir se replacer derrière lui ou attendre qu'il les dépasse afin de se retrouver en jeu.

Position de hors-jeu
Les joueurs sont situés au-delà du joueur de leur équipe le plus reculé dans la mêlée.

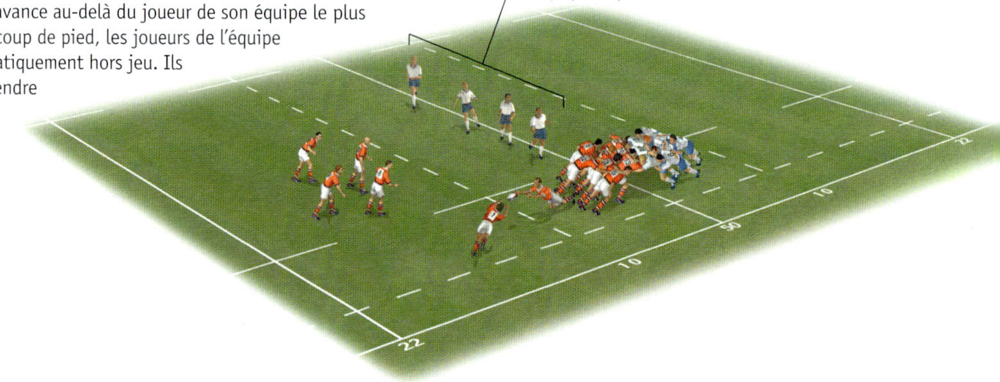

En-avant et passe en avant

Il y a « en-avant » quand le ballon se dirige vers l'avant en direction de la ligne de ballon mort adverse, après qu'un joueur en a perdu possession ou l'a propulsé du bras ou de la main.
Il y a passe en avant quand le porteur du ballon passe ou lance le ballon à la main, et que la trajectoire du ballon se rapproche ainsi de la ligne de ballon mort adverse. L'en-avant ou la passe en avant sont sanctionnés par une mêlée ordonnée au bénéfice de l'équipe non fautive.

Avantage

Dans le cas où une faute commise devrait donner lieu à une mêlée ou à une pénalité, la règle de l'avantage permet à l'équipe non fautive de continuer à jouer si la faute commise par l'équipe adverse lui procure un avantage tel qu'un gain de terrain ou du ballon. C'est à l'arbitre de décider s'il y a lieu d'appliquer la règle de l'avantage ou d'ordonner une pénalité ou une mêlée.

Essai de pénalité

Lorsqu'une faute commise par un défenseur prive l'équipe attaquante d'un essai certain ou force l'attaquant à marquer un essai dans une position moins favorable à cause de la faute, l'arbitre accorde un essai de pénalité de 5 points, entre les poteaux, à l'équipe attaquante.
Une transformation peut être tentée après un essai de pénalité.

Coup franc

Il est accordé à l'équipe non fautive en cas de faute technique de la part de l'autre équipe. Le botteur a le choix de botter le ballon ou de jouer à la main. Il est interdit de tenter un tir au but dans le cas d'un coup franc. Les joueurs adverses doivent se tenir à au moins 10 m du ballon.

VARIANTES DU RUGBY

Le rugby à 13 ou jeu à 13: Il est né d'une scission au sein de la Fédération anglaise de rugby. Une ligue dissidente fut créée, la Northern Rugby Union, qui organisa le rugby professionnel à 13 joueurs. Outre le nombre de joueurs, certains règlements ont été modifiés pour rendre le jeu plus spectaculaire. La mêlée ouverte est supprimée pour instaurer le tenu et la charge devient d'autant plus importante que le mouvement du ballon augmente. Les deux troisième ligne aile, qui entravent la circulation de la balle, sont supprimés. La remise de touche est abandonnée en faveur de la mêlée. Le jeu à 13 a adopté le statut professionnel pour ses joueurs d'élite bien avant le jeu à 15. C'est la forme la plus populaire du rugby dans l'hémisphère Sud.

Le rugby à 7: Né en 1880, dans la bourgade de Melrose, dans le sud de l'Écosse, d'impératifs économiques (réduire les coûts d'hébergement et d'organisation d'un tournoi), il s'est rapidement répandu dans le monde. Le premier tournoi se dispute en 1883. L'attribution des points diffère de celle du rugby classique : un essai vaut 2 points; une transformation, 3 points et un coup de pied tombé, 4 points. Le rugby à 7 se joue en deux mi-temps de 7 ou 10 minutes sur le même terrain et selon les mêmes règles que le rugby à 15. Une équipe de rugby à 7 comporte trois avants et quatre arrières (ou trois-quarts). La Coupe du monde Sevens (RWC Sevens) est un tournoi mondial disputé tous les quatre ans depuis 1993. Un circuit mondial annuel existe depuis 1996, comprenant 12 tournois regroupant 12 à 16 équipes nationales.

Le football gaélique: Surtout répandu en Irlande, il oppose deux équipes de 15 joueurs (plus 3 remplaçants). Une partie dure 70 minutes. Les buts peuvent être marqués de deux façons : sous la barre horizontale – d'où la présence d'un gardien de but – ou au-dessus, comme au rugby. Cependant, les buts sous la barre ne sont accordés que si le ballon a été conduit avec les pieds ou frappé de la main. Les points marqués dans le but valent trois points; ceux marqués au-dessus de la barre horizontale en valent un.

Le football gaélique se joue avec un ballon rond. Celui-ci peut être transmis à un partenaire en avant. Il n'existe pas de jeu possible derrière la zone de but et le jeu à la main est très réduit, ce qui explique la moindre importance de la charge. Le ballon ne doit pas être lancé à la main mais il peut être porté sur quatre pas. On ne peut le faire rebondir qu'une fois pour ensuite le frapper du poing ou le botter.

TERRAIN DE FOOTBALL GAÉLIQUE

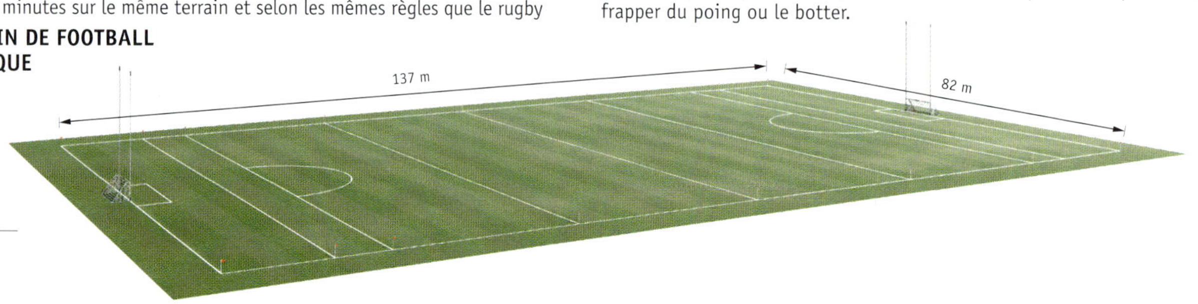

ÉQUIPEMENT

Tenue des joueurs

Il est interdit de porter des rembourrages d'épaules durs. Cependant le port d'un bourrelet de protection souple (ouate, caoutchouc mousse ou produit souple similaire) peut être autorisé par l'arbitre, selon certaines caractéristiques techniques bien précises.

Ballon

En cuir traité ou en PVC afin de résister à l'eau et à la boue, il doit être constitué de quatre panneaux et respecter les dimensions réglementaires. À l'origine rond, il a pris sa forme ovale avec l'utilisation de la vessie de porc, de forme ovoïde.

Circonférences :
760 - 790 mm / 580 - 620 mm
400 - 440 g

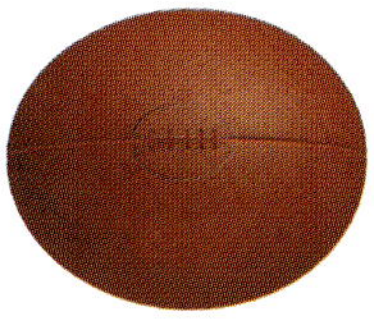

1851

1923

ARBITRAGE ET SANCTIONS

L'arbitre d'une rencontre et ses deux assistants font respecter les règles du jeu sur le terrain. Ils doivent sanctionner tous les gestes brutaux ou dangereux par une série de sanctions : coups francs, pénalités, cartons jaunes et rouges. Ils doivent aussi sanctionner tout acte d'antijeu, c'est-à-dire contraire aux règles et à l'esprit du jeu, tel que le comportement antisportif, les propos injurieux ou l'obstruction du jeu. Tout acte d'anti-jeu est sanctionné par une pénalité.

Carton jaune

Il sanctionne un geste brutal ou dangereux. Il équivaut à un avertissement et entraîne une expulsion de 10 minutes. Au second carton jaune, le joueur est expulsé pour le reste du match.

Carton rouge

Il sanctionne un geste particulièrement brutal ou dangereux, ou la répétition par un joueur de gestes irréguliers. Il entraîne l'expulsion immédiate du joueur fautif.

PROFIL DES RUGBYMEN

Le jeu actuel favorise une évolution vers des joueurs au physique polyvalent, mais les aptitudes et les morphologies peuvent varier selon le poste occupé :

- L'arrière est souvent grand et élancé. Il doit avoir des qualités de sprinter et de botteur.
- Les trois-quarts sont également des joueurs choisis pour leur rapidité et leur endurance, capables d'effectuer de longues courses.
- Les demis sont généralement des joueurs trapus, ayant un centre de gravité très bas. Ils sont vifs et mobiles.
- Les avants sont des joueurs robustes, de grand gabarit (1,90 m pour plus de 100 kg). Ils sont l'archétype du rugbyman.

La préparation des rugbymen commence par un travail foncier (course, endurance, musculation) et physique (étirements) avant de passer aux phases techniques (jeux de passes) et tactiques (placements sur remises en touche ou mêlées). Un joueur atteint le sommet de sa carrière vers 26 - 27 ans.

Rory Underwood (G-B)
Ailier, détenteur de 51 essais en 85 sélections (record anglais). Vainqueur du Tournoi des Cinq Nations en 1991, 1992 et 1995. Il fut finaliste de la Coupe du monde en 1991 et de la Coupe d'Europe, en 1997, avec Leicester.

Jean-Pierre Rives (FRA)
Troisième ligne aile, il est surnommé « Casque d'or », en raison de ses cheveux blonds. Il fut 34 fois capitaine de l'équipe de France en 59 sélections. Vainqueur du Tournoi des Cinq Nations en 1977 et 1981 et meilleur joueur français en 1977, 1979 et 1981, il fut le symbole de l'équipe de France des années 70 -80.

Michael Lynagh (AUS)
Demi d'ouverture, il détient le record mondial des points marqués (914) dont 17 essais en 72 sélections avec l'équipe d'Australie, de 1984 à 1995. Considéré comme l'un des meilleurs joueurs au monde, il remporta la Coupe du monde en 1991.

football australien

Phillip Read, des West Coast, et Shane Crawford (à droite), capitaine des Hawthorn Hawks, s'affrontant lors d'un match de l'Ansett Cup en 2000. En 1999, la coupe Brownlow, distinction qui récompense le meilleur joueur de la ligue, a été décernée à Crawford.

Sport d'équipe et de contact joué avec un ballon ovale, le football australien emprunte autant au rugby qu'au football gaélique. Une première version du jeu est élaborée en 1858, suivie de la naissance du Melbourne Football Club. Le premier match officiel a lieu entre la Melbourne Grammar School et le Scotch College. Un règlement officiel est publié en 1866. Considéré alors comme un entraînement hors saison pour les joueurs de cricket, ce type de football se pratique sur les terrains de cricket existants. La création de la Victorian Football League en 1896 constitue l'amorce d'une véritable expansion : les rencontres interprovinciales débutent entre les États de Victoria et South Australia, et rallient dès 1914 la plupart des autres États du continent. Le football australien devient professionnel à la fin des années 40. Le championnat annuel se termine en septembre lors du match entre les deux équipes finalistes, le Grand Final, aujourd'hui suivi par plus de 5 millions de téléspectateurs. Au début des années 90, la Victorian Football League devient l'Australian Football League, et la création d'un championnat d'été, l'Ansett Cup, permet au football d'occuper la scène sportive australienne toute l'année.

DÉROULEMENT D'UN MATCH

Au début de chaque période de jeu et après chaque but, l'arbitre met le ballon en jeu en le lançant au sol, dans le rond central. Seuls sont admis dans le carré central le joueur de centre, le rover et les deux followers de chaque équipe. Un match se joue en quatre quarts de 20 minutes chacun, généralement prolongés pour compenser les arrêts de jeu (blessures, remplacements, etc.). Deux équipes de 18 joueurs tentent de déposer ou de botter le ballon entre les poteaux adverses pour marquer des points. L'équipe ayant obtenu le plus grand nombre de points à la fin de la partie l'emporte. Il est interdit de lancer le ballon à un coéquipier : il doit être obligatoirement frappé du pied ou du poing. Un joueur peut se déplacer librement avec le ballon, s'il s'assure que celui-ci touche le sol tous les 15 m. Lorsqu'une faute est commise sur un joueur, celui-ci bénéficie d'un coup de pied arrêté à l'endroit de l'infraction (coup franc). Un joueur en possession du ballon peut être tenu ou bousculé par contact sur toute partie du corps comprise entre ses épaules et ses genoux. Cependant, il est interdit de l'empêcher de faire une passe. Un joueur situé dans un rayon de 5 m autour du ballon peut être poussé ou bousculé, mais non tenu. Un joueur porteur du ballon peut se défendre contre un attaquant en le repoussant de sa main libre.

TERRAIN

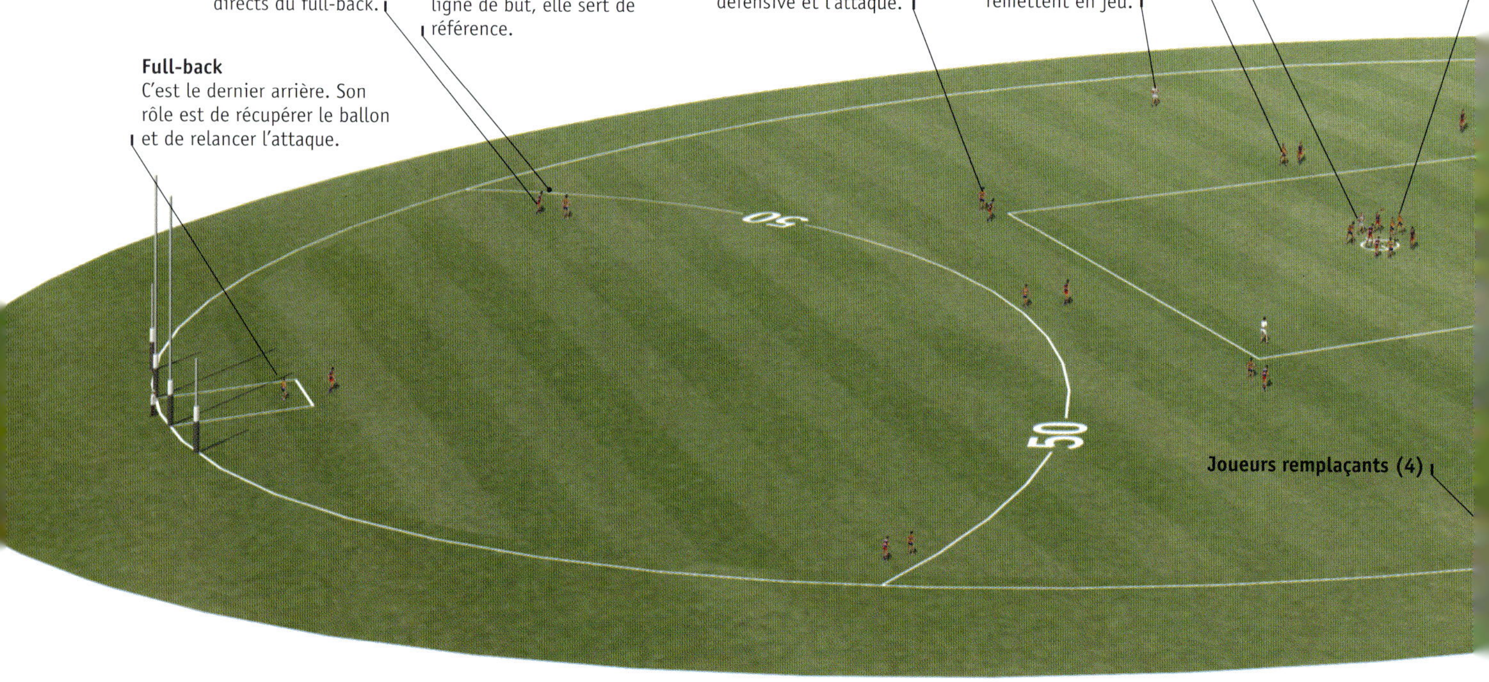

POINTAGE

Un but (6 points) n'est accordé que lorsque le ballon passe directement entre les poteaux centraux à la suite d'un coup de pied, sans être touché par un autre joueur. Un behind (1 point) est accordé lorsque le ballon passe directement entre un poteau de but et un poteau de behind, lorsqu'il frappe un poteau de but, ou lorsqu'il est porté, ou poussé au-delà de la ligne de but ou de behind.

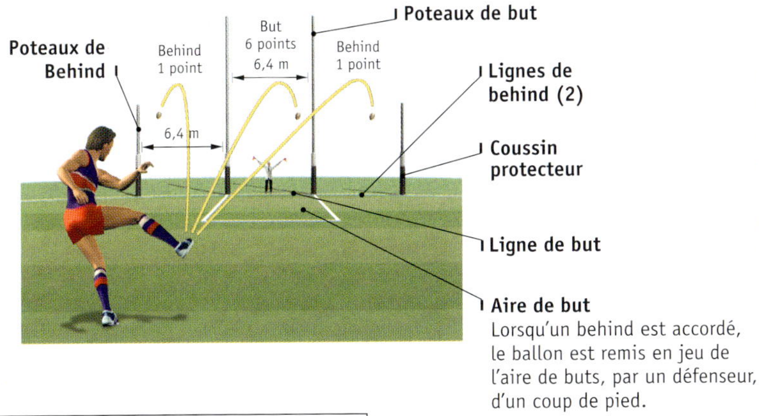

POSITION DES JOUEURS

Une équipe est constituée de 18 joueurs répartis en 5 lignes sur le terrain, et de 4 remplaçants. Chaque joueur occupe une position stratégique précise mais peut se déplacer sur tout le terrain. Le rover et les deux followers sont toujours près du ballon, quelle que soit la phase de jeu.

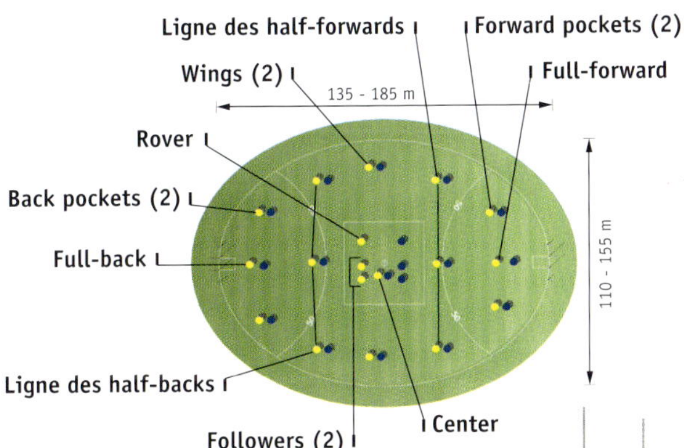

TECHNIQUES

MARQUE

Elle consiste à saisir un ballon frappé du pied par un coéquipier, situé à une distance de 10 m au moins, sans qu'il ait touché le sol ou un autre joueur. Le joueur ayant « marqué » peut alors remettre le ballon en jeu par une passe, ou un coup de pied arrêté sans opposition de l'équipe adverse, ce qui est un avantage stratégique important.

PASSE À LA MAIN

Sa rapidité en fait l'arme offensive par excellence du football. Reposant sur la paume de la main ouverte, le ballon est pointé dans la direction voulue. Il est frappé poing fermé, par le pouce et l'index repliés.

ÉQUIPEMENT

Short, maillot sans manches (numéroté selon la position) et chaussettes aux couleurs de l'équipe composent la tenue du joueur. Seuls le protège-dents, les protège-tibias et un protecteur de tête léger sont autorisés.

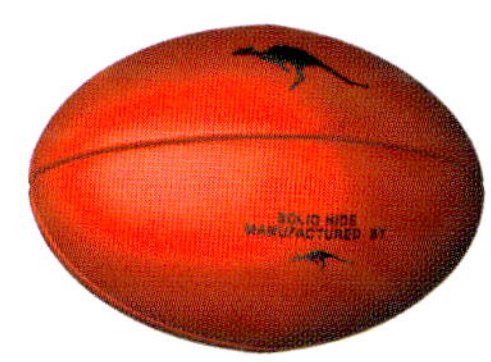

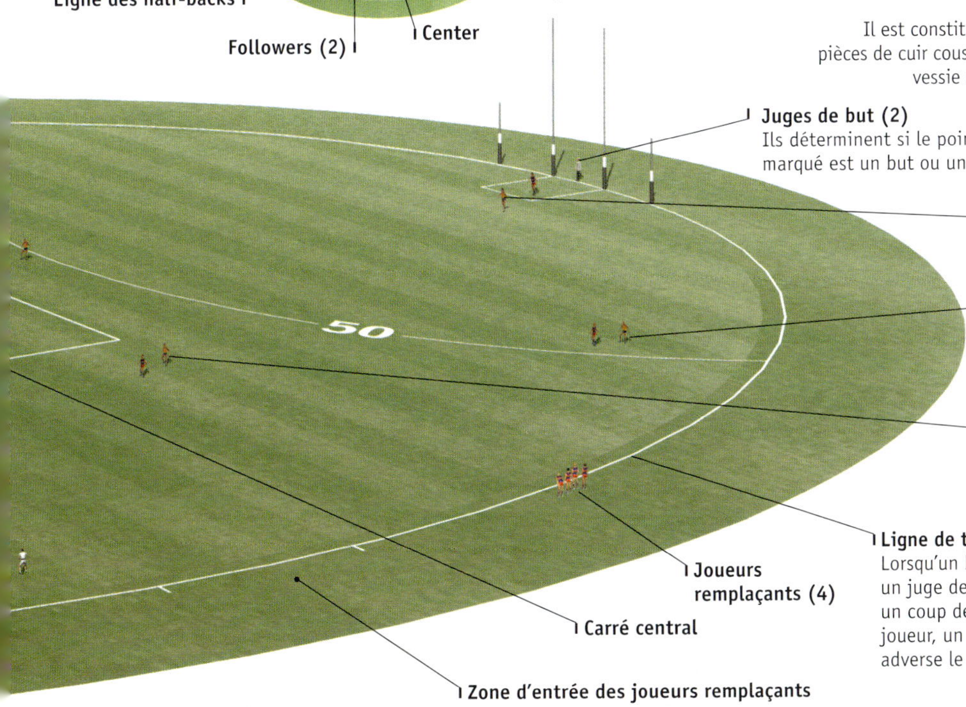

football américain et canadien

Les Bears de Chicago (États-Unis) dans les années 20.

Le football américain est né à l'Université de Princeton (États-Unis) en 1867, et a été développé comme une variante du football, sous le nom de Princeton Rules. Il s'agit alors d'un sport exclusivement universitaire, pratiqué dans les plus grands collèges (Princeton, Yale, Harvard, etc.). En 1876, l'Intercollegiate Football Association (IFA), association des universités, voit le jour et propose une première codification des règles. Sous l'impulsion de Walter Camp, joueur de Harvard, le football se développe à partir de 1880, avec l'introduction du quart-arrière, du nombre de tentatives autorisées pour franchir 10 yards et du marquage des points. Au Canada, la Canadian Rugby Football Union (CRFU), née en 1882, devient la Canadian Rugby Union (CRU) et organise son propre championnat en 1892. Aux États-Unis, la codification des règles est quasiment achevée dès 1912, et en 1920, l'American Professional l'American Professional Football Association (APFA), première ligue professionnelle, voit le jour, rebaptisée National Football League (NFL) deux ans plus tard. Une ligue rivale, l'American Football League (AFL), tente de lui faire concurrence à partir de 1960. En 1967, les vainqueurs des deux ligues s'affrontent et donnent naissance au Super Bowl. Les deux ligues fusionnent ensuite sous le nom de NFL. La Ligue canadienne de football (LCF), issue de la CRU, existe depuis 1958.

DÉROULEMENT D'UN MATCH

Deux formations de 11 joueurs (12 au football canadien) s'affrontent durant quatre quart-temps de 15 min. Une mi-temps de 12 min (14 min au football canadien) interrompt le mach entre le 2ᵉ et le 3ᵉ quart-temps. Chaque équipe se compose d'un maximum de 45 joueurs, répartis en trois formations : l'attaque, la défensive et les unités spéciales.

Le match débute par un tirage au sort qui détermine l'équipe qui effectuera le botté d'envoi (*kickoff*) : le ballon est placé sur un support à la ligne de 30 yards de l'équipe qui botte (35 verges au football canadien). À la suite du botté, les attaquants de l'équipe qui a reçu le botté rentrent alors sur le terrain ainsi que la défense de l'équipe qui a effectué le botté. L'objectif d'une équipe est d'inscrire plus de points que l'autre. Pour y parvenir, l'attaque dispose de 4 tentatives ou *downs* (3 tentatives au football canadien) pour franchir 10 yards. Si elle y parvient, que ce soit après la 1ʳᵉ, 2ᵉ, 3ᵉ ou 4ᵉ tentative, on lui accorde une nouvelle série de 4 tentatives. La progression du ballon s'effectue par attaque terrestre (course) ou aérienne (passe à un coéquipier).

Un touché ou *touchdown* (6 points) est accordé à l'équipe en possession du ballon qui atteint la zone d'en-but adverse grâce aux attaquants, aux défenseurs ou aux unités spéciales. Le touché peut être converti (1 point supplémentaire) par un botté dont la trajectoire franchit la barre transversale entre les deux poteaux de but, ou par un jeu de passe ou une course (2 points). Pour ces actions, l'équipe qui vient de réaliser le touché place le ballon à au moins 2 yards de la ligne des buts (5 verges au football canadien). Un touché de sûreté ou *safety* (2 points) est marqué par la défense lorsque l'équipe à l'attaque se fait plaquer dans sa propre zone d'en-but, ou lorsqu'elle perd la maîtrise du ballon dans sa zone d'en-but et que celui-ci sort en touche.

Si l'équipe en attaque ne parvient pas à franchir 10 yards en 4 tentatives, l'adversaire prend possession du ballon. Toutefois, lorsque l'attaque se trouve en situation de 4ᵉ tentative avec plusieurs yards à franchir, trois options s'offrent à elle : faire reculer l'équipe adverse aussi loin que possible sur le terrain par un botté de dégagement ou *punt* ; si la distance le permet, faire passer le ballon entre les poteaux de but grâce à un botté de précision ou *fieldgoal* (3 points) ; s'il se fait tard dans le match et que l'équipe adverse domine au pointage, obtenir une nouvelle série de 4 tentatives par une course ou une passe réussie.

TERRAIN DE FOOTBALL AMÉRICAIN

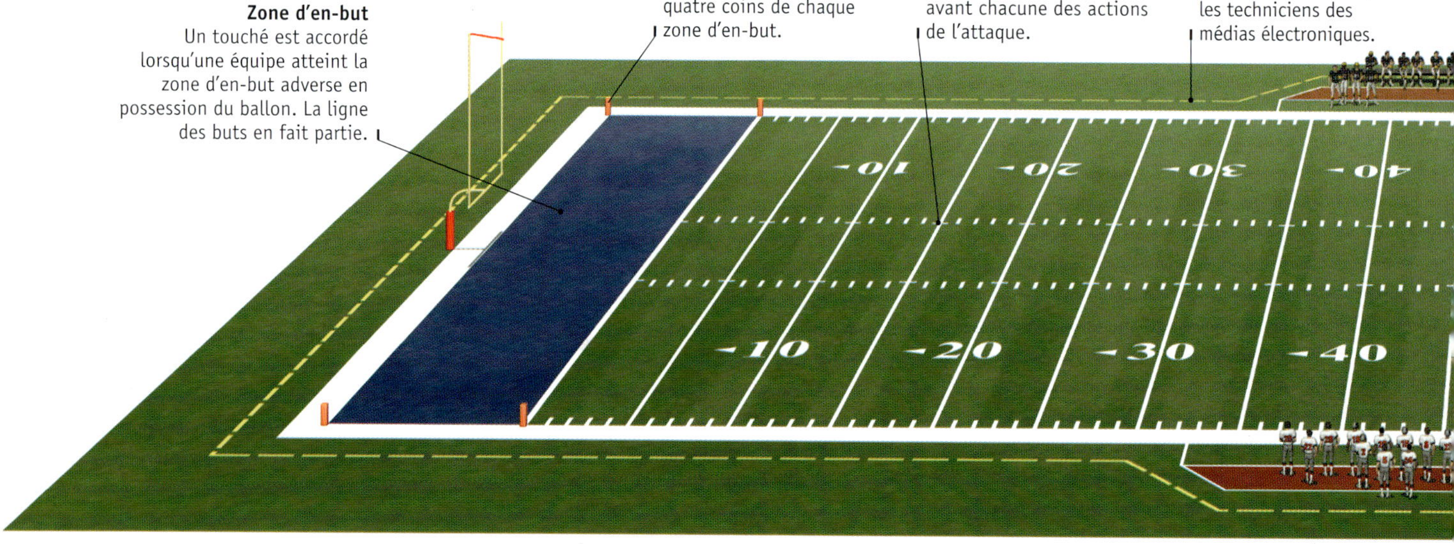

TERRAINS

Les dimensions du terrain varient entre le football américain et le football canadien. La surface est en gazon naturel ou synthétique. Les surfaces synthétiques sont plus adhérentes; elles favorisent les changements de direction soudains et permettent une rapidité de jeu accrue ainsi que des contacts plus violents. On assiste cependant de plus en plus à un retour aux sources (gazon naturel) où les éléments (pluie, neige, etc.) jouent un plus grand rôle. Les surfaces naturelles prolongent la carrière des joueurs, car elles sont beaucoup moins exigeantes pour les articulations, les chevilles et les genoux, notamment.

FOOTBALL AMÉRICAIN

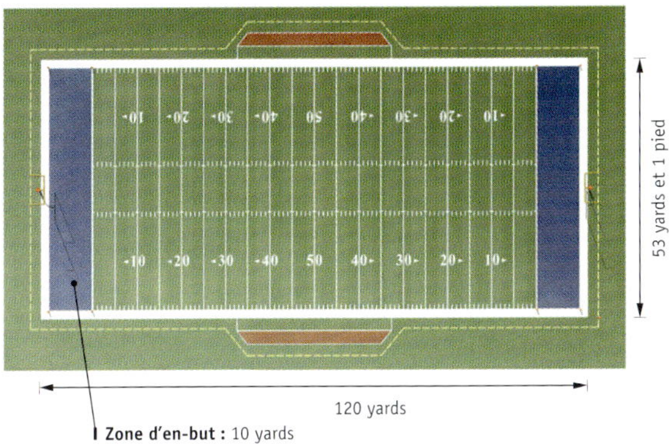

FOOTBALL CANADIEN

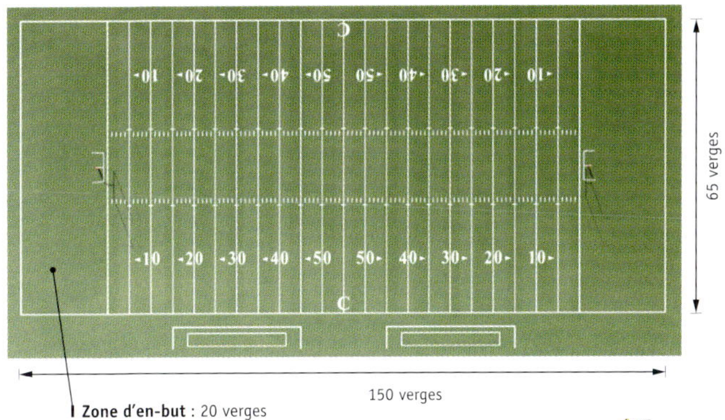

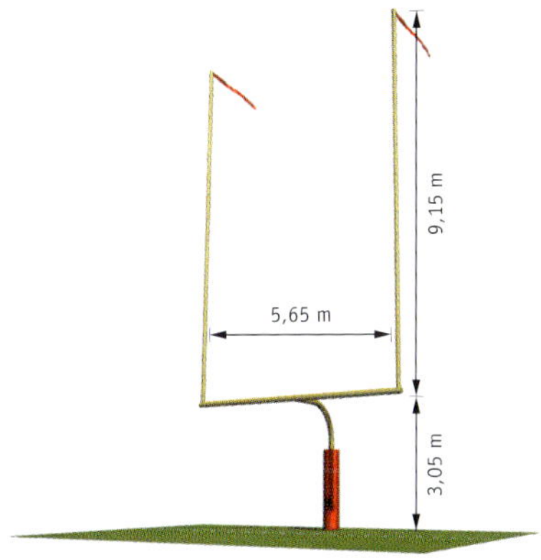

Poteaux des buts
Lors d'un botté de précision ou d'une conversion après un touché, le ballon doit passer entre les deux poteaux. Les poteaux sont placés au fond de la zone des buts. Au football canadien, ils sont sur la ligne des buts.

Chaîne
Elle est formée de deux piquets reliés entre eux, et espacés de 10 yards. Un piquet est placé à l'endroit où a été joué le ballon lors de la dernière tentative d'une série. Le second piquet indique la ligne à atteindre pour bénéficier d'une nouvelle série. Entre les deux, un panneau indique le nombre de tentatives effectuées dans la série en cours.

Juge de champ arrière
Il contrôle le nombre de joueurs en défense et les receveurs de passe. Il chronomètre également le temps écoulé entre les jeux.

Juge de ligne
Il surveille la régularité des plaquages (*block*) et les infractions de la défense. Il surveille aussi les joueurs qui sortent hors limites en possession du ballon.

Juge de touche
Sa principale responsabilité consiste à surveiller les joueurs qui sortent hors limites en possession du ballon.

Ligne de mêlée (ou ligne de *scrimmage*)
Ligne imaginaire sur la largeur du terrain où le ballon est remis en jeu. L'attaque et la défense s'y font face. Entre les deux, une zone neutre d'une longueur de ballon (une verge au football canadien) qu'on ne peut empiéter avant la mise en jeu.

Banc des joueurs

Juge de mêlée
Il surveille les bottés et, avec le juge de ligne en chef, les hors-jeu. Il chronomètre également la durée de la partie.

Arbitre en chef
Principal officiel sur le terrain, il contrôle le déroulement de la partie et supervise le travail des autres officiels.

Arbitre
Il est chargé de l'examen de l'équipement des joueurs et surveille la ligne de mêlée.

Juge de ligne en chef
Il indique les hors-jeu et l'emplacement exact où le ballon doit être remis en jeu lorsque celui-ci est sorti des limites du terrain.

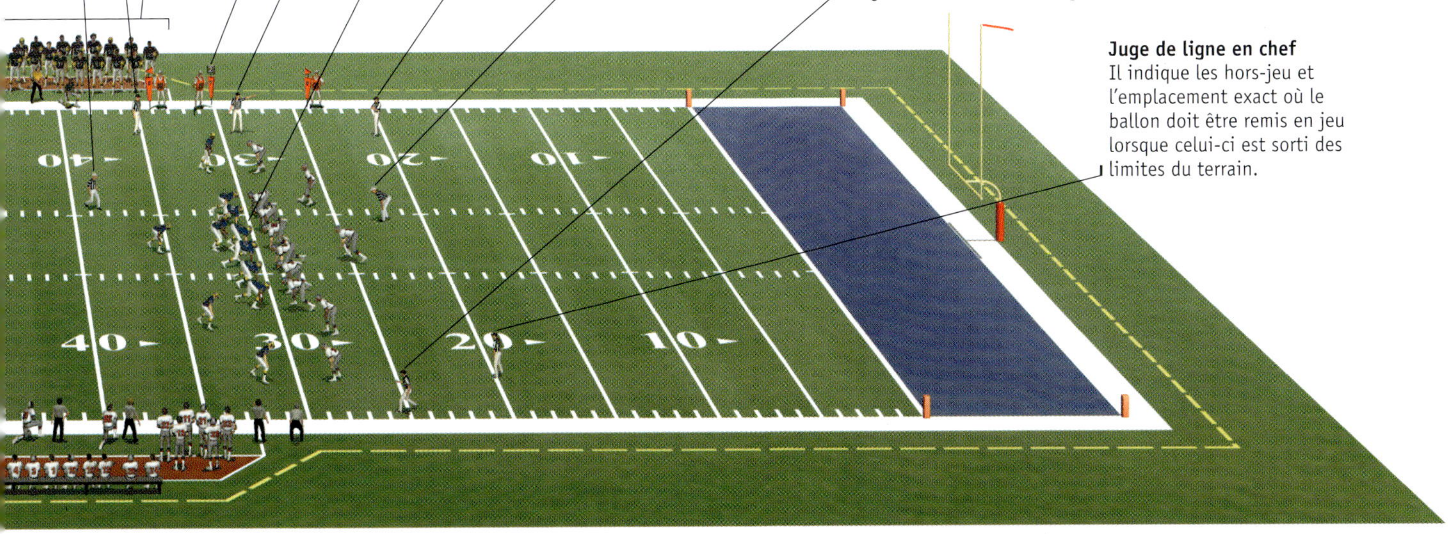

L'ATTAQUE

Entre deux actions de jeu, le quart-arrière réunit ses coéquipiers en formant un cercle (le *huddle*) et donne ses directives tactiques. Il précise la formation à prendre sur la ligne de mêlée, le jeu à exécuter, le joueur désigné pour celui-ci, ainsi que le compte qui détermine la mise en jeu du ballon par le joueur de centre. L'attaque peut également se placer sur la ligne de mêlée sans concertation préalable ; à l'aide d'un code vocal et de signaux manuels, le quart-arrière communique aux attaquants le jeu qu'il veut réaliser. Chaque équipe aligne 7 joueurs sur la ligne de mêlée. Hormis ceux-ci, les joueurs peuvent se repositionner sur le terrain avant la remise du ballon au quart ; une pause d'une seconde est requise à la suite de ces changements. Par la suite, un seul joueur peut être en mouvement, mais toujours parallèlement à la ligne de mêlée. L'attaque dispose de 40 secondes entre la fin d'un jeu et l'amorce du jeu suivant.

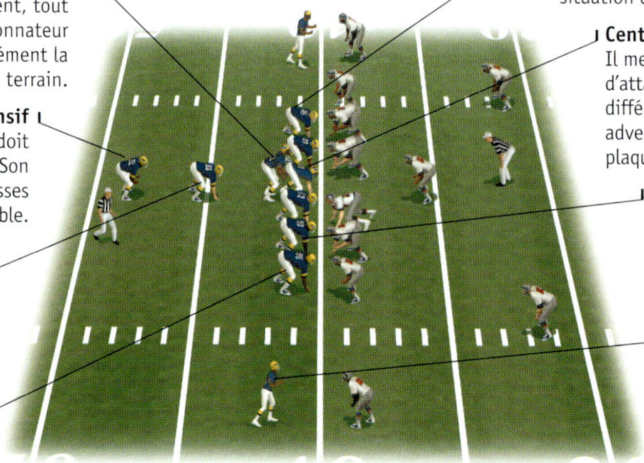

Quart-arrière
Son leadership est primordial. Ses aptitudes physiques et intellectuelles lui permettent, tout en recevant les directives du coordonnateur offensif, de modifier instantanément la stratégie selon la situation sur le terrain.

Demi offensif
La vitesse est son atout principal lorsqu'il doit attaquer l'ouverture qui s'offre à lui. Son habileté à capter de courtes et longues passes fait de lui un joueur encore plus redoutable.

Centre arrière
C'est un excellent bloqueur qui protège le quart en situation de passe et qui effectue un bloc pour le demi offensif lorsque celui-ci porte le ballon.

Ailier rapproché
Joueur qui aide l'attaque à dominer la ligne de mêlée en situation de course par son habileté à capter de courtes passes, ainsi que de longues passes, à l'occasion.

Bloqueurs (2)
Placés à l'extrémité de la ligne à l'attaque, leur tâche principale consiste à protéger le quart-arrière en situation de passe.

Centre
Il met le ballon en jeu. Général de la ligne d'attaque, il communique à ses coéquipiers les différentes positions que prend la défense adverse, afin que ses coéquipiers ajustent leurs plaquages en conséquence.

Gardes (2)
Ce sont les bloqueurs clés lors des jeux au sol. Leur mobilité permet des déplacements vers la gauche ou la droite afin d'avoir de meilleurs angles de blocage en défense.

Receveurs de passe éloignés (2)
Ils se servent de leur vitesse afin d'obliger la défense à les couvrir sur de grandes distances. Ils visent toujours à transformer un court gain en un long jeu ; leur grande vitesse et leur facilité d'adaptation à la trajectoire du ballon font d'eux des athlètes exceptionnels.

Remise du ballon au quart

Le jeu offensif débute normalement par une remise impeccable du ballon du joueur de centre au quart-arrière. Celui-ci peut se placer directement derrière le joueur de centre, ou à 5 yards de ce dernier, pour recevoir le ballon (formation parapluie). Tactiquement, le centre peut remettre le ballon à un autre joueur de l'attaque.

Recul du quart dans la poche protectrice

Après avoir reçu le ballon du joueur de centre, le quart effectue un mouvement arrière de 3, 5 ou 7 pas ; le tracé de passe du receveur est proportionnel au recul du quart : court recul/tracé court, long recul/tracé long. Le degré de difficulté de protection du quart augmente selon la profondeur du recul. Le quart peut également effectuer un mouvement latéral vers l'extérieur avant de passer, afin de briser le rythme de la défensive adverse.

Passe du quart

Le quart effectue la passe après s'être déplacé dans la poche protectrice et avoir localisé le receveur. La passe doit être rapide et précise. Au moment de lancer, le quart doit agripper le ballon les doigts sur les lacets. Il laisse un mince interstice entre la paume de sa main et le ballon afin de lui imprimer un mouvement de rotation. Les passes (en finesse ou en puissance, selon les circonstances) peuvent être courtes (5 ou 6 yards) ou très longues (60 yards et parfois plus).

Réception de passe par un receveur

Le receveur doit créer un écart entre lui et le défenseur chargé de le couvrir afin de donner plus rapidement une cible à son quart. Le receveur doit tendre les bras pour recevoir le ballon et empêcher le demi défensif de rabattre le ballon au sol. Il ne doit jamais quitter le ballon des yeux, et ce, jusqu'à ce qu'il le sécurise avec sa main et l'intérieur de son biceps. À la réception, le receveur doit avoir les deux pieds à l'intérieur du terrain (un seul pied au football canadien).

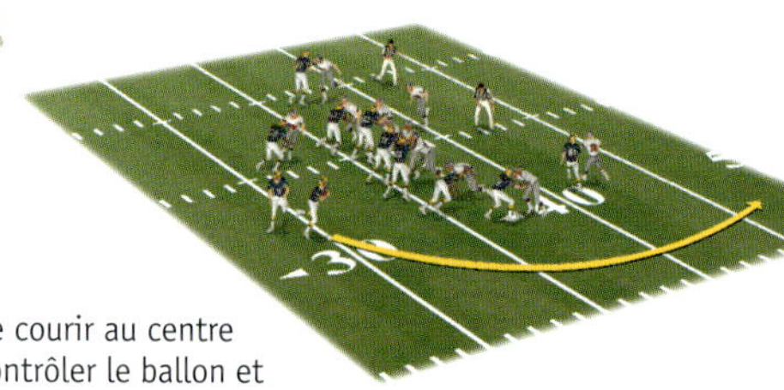

L'attaque au sol

Une attaque terrestre équilibrée permet de courir au centre ou à l'extérieur. Efficace, elle permet de contrôler le ballon et d'imposer son tempo au match. Lorsque la défensive adverse doit se concentrer pour enrayer la course, la feinte de course et la passe deviennent un atout supplémentaire pour l'attaque. La course est l'arme favorite de l'équipe qui mène au pointage et qui veut que le plus de temps possible s'écoule avant de remettre le ballon à l'adversaire.

LA DÉFENSE

La défense doit identifier le plus rapidement possible la stratégie de l'attaque (course, feinte de course et passe, ou passe) afin d'y réagir adéquatement. Souvent, le secondeur intérieur (à l'image du quart) transmet d'abord ses directives à ses coéquipiers. Il assigne les positions de la défense, détermine la permutation des responsabilités lors de jeux croisés, s'il y a lieu, et désigne les joueurs responsables de la couverture de passe. Lors d'un jeu au sol, les défenseurs sont responsables de chacune des brèches susceptibles d'être attaquées. En situation de passe, il s'agit d'exercer une pression sur le quart-arrière, tout en le contenant dans sa poche protectrice. On doit protéger les zones courtes ou profondes ; le but ultime de la défense est de provoquer des revirements (échappées, interceptions), d'éviter les longs jeux et de marquer un touché.

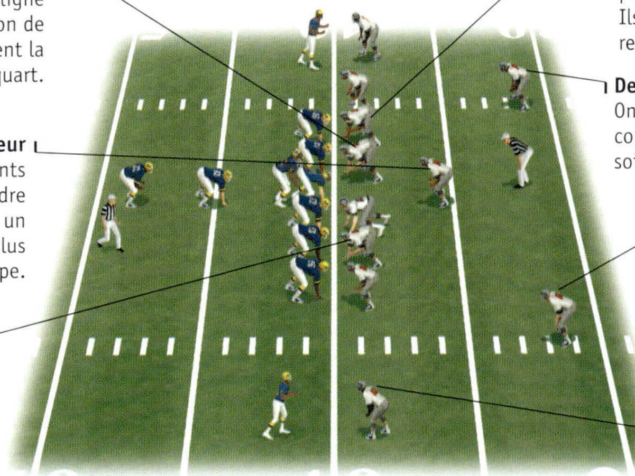

Plaqueurs défensifs (2)
Ils ne doivent pas être déplacés de la ligne de mêlée ; il s'agit de forcer la ligne d'attaque à les déborder. En situation de passe, ils doivent diminuer rapidement la distance qui les sépare du quart.

Secondeur intérieur
Au cœur de la défensive, ses déplacements latéraux lui permettent de se rendre rapidement au porteur de ballon. Il est un des plaqueurs les plus physiques et les plus constants de son équipe.

Ailiers défensifs (2)
Ils doivent forcer toute tentative de course à revenir vers l'intérieur et empêcher le quart de les déborder en situation de passe. Leur habileté à se rendre au quart dans cette situation est cruciale.

Secondeurs extérieurs (2)
Ils possèdent la mobilité nécessaire pour exercer une pression sur le quart, ou effectuer un marquage individuel sur un porteur de ballon ou un ailier rapproché. Ils s'alignent devant l'ailier rapproché ou en retrait de la ligne de mêlée.

Demi de sûreté du côté faible
On se sert surtout de lui pour son habileté à couvrir la passe, ce qui ne signifie pas qu'il soit absent en situation de course.

Demi de sûreté du côté fort
Il se situe du côté où l'attaque est la plus susceptible de se déployer avec le ballon. C'est un joueur qui s'impose par des plaquages sévères sur le porteur de ballon et qui est capable d'effectuer un marquage individuel en situation de passe.

Demis de coin (2)
Leur rapidité doit être comparable à celle des receveurs éloignés. Ils sont isolés et sont souvent les derniers joueurs pouvant empêcher un touché.

Le plaquage

Pour réussir un plaquage, le plaqueur ne doit jamais immobiliser ses pieds, peu importe la feinte du porteur de ballon. Au moment du contact, il doit être en mesure de modifier brusquement sa trajectoire. Pour ce faire, il conserve une flexion des genoux et un contrôle de sa vitesse. Le ballon demeure en tout temps la cible principale. À l'impact, il accélère, et génère de la puissance grâce à ses membres inférieurs ; un roulement des hanches transfère la puissance du bas au haut du corps. Il achève le plaqué en encerclant le porteur de ballon de ses bras.

Couverture contre la passe

En défense de zone, le défenseur conserve en tout temps le quart dans son champ de vision, ce qui lui permet de repérer le receveur visé et d'être ainsi plus efficace. En marquage individuel, il suit le receveur de passe pas à pas, les mains et le regard de celui-ci lui indiquant l'arrivée imminente de la passe. Il décide à ce moment de rabattre le ballon, de tenter l'interception ou alors d'effectuer le plaqué. Le défenseur peut harceler le receveur de la ligne de mêlée sur une distance de cinq yards, en se servant de ses mains pour le forcer à changer de direction ou reprendre son élan.

Blitz

Cette tactique s'applique contre la passe ou la course. Il s'agit de créer un surnombre de joueurs en faveur de la défensive, que ce soit au centre ou à l'extérieur. Le blitz peut venir d'un secondeur de ligne, d'un demi de coin ou d'un demi de sûreté. La pression doit atteindre le quart rapidement sinon les receveurs de passe se découvriront facilement.

Blitz du demi de coin

Lors de ce type de blitz, le demi de coin **1**, plutôt que de couvrir le receveur de passe **2**, fonce sur le quart-arrière **3**, alors que le demi de sûreté **4** se charge de la couverture de la passe.

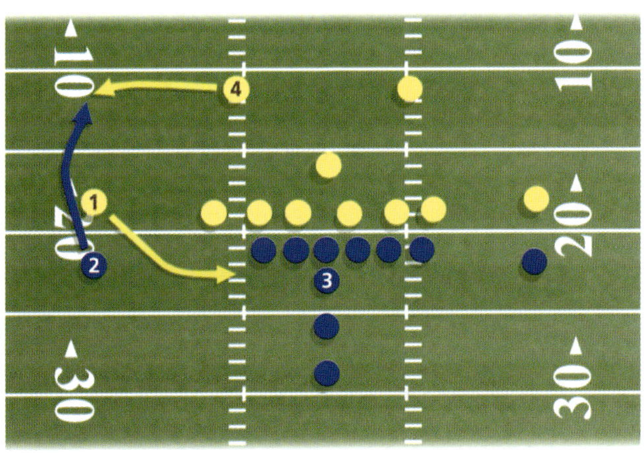

Dick Butkus (USA)
Secondeur de ligne des Bears de Chicago entre 1965 et 1973, et dont l'intensité au jeu est devenue une légende. Le trophée remis au meilleur secondeur de niveau universitaire américain porte d'ailleurs son nom. Il a participé à 8 Pro Bowl en 9 saisons.

LES UNITÉS SPÉCIALES

Elles sont utilisées dans des situations particulières qui nécessitent une préparation spécifique. Chaque équipe comporte dans ses rangs des spécialistes qui se chargent exclusivement de certaines phases du jeu, notamment des bottés de dégagement, des bottés de précision ainsi que des retours de bottés. Pour ce faire, ils sont épaulés par quelques joueurs réguliers de l'attaque ou de la défense, selon le cas. Lorsque l'attaque et la défense des équipes sont sur les lignes de côté, les unités spéciales sont sur le terrain.

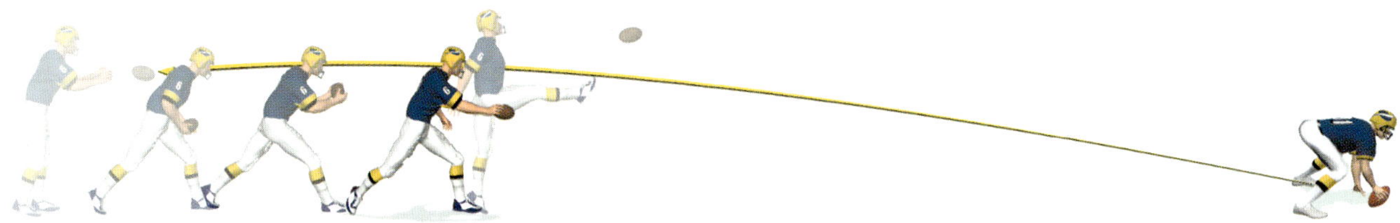

Botté de dégagement

Le botteur se place à 15 yards du joueur de centre. Un botté suffisamment haut et long donnera le temps à son équipe de se rendre rapidement vers le receveur et forcera celui-ci à demander l'immunité, c'est-à-dire la fin du jeu, dès qu'il attrape le ballon. Il n'y a pas d'immunité au football canadien.

Botté de précision et converti

Un botté de précision peut être tenté par l'équipe à l'attaque de n'importe quelle position sur le terrain. Le joueur de centre est situé à 7 yards du joueur qui tient le ballon ; le synchronisme entre ce dernier, le centre et le botteur est crucial. La plupart des botteurs exigent que le ballon ne leur soit pas présenté du côté des lacets. Un botté de précision réussi vaut 3 points.

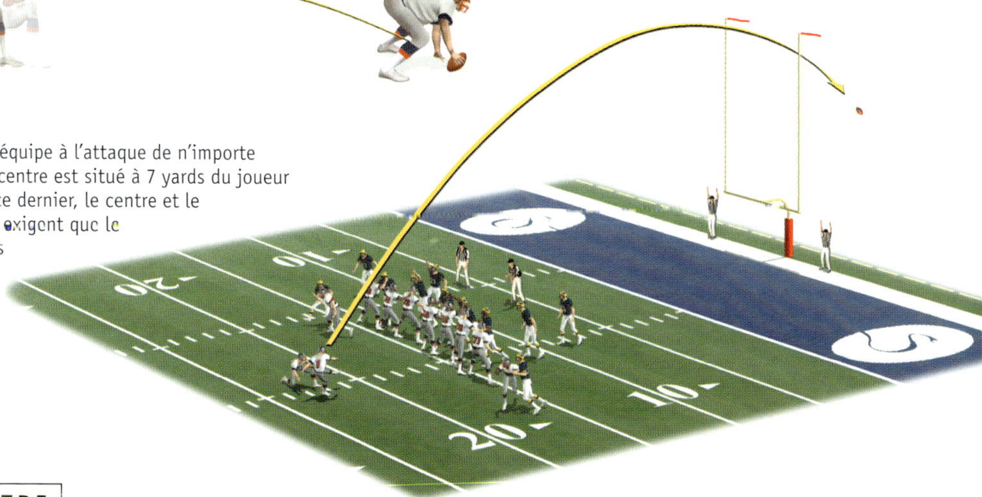

LES SIGNAUX DE L'ARBITRE

La vitesse et la précision des actions de jeu rendent l'arbitrage du football très difficile. Une rencontre est dirigée par sept arbitres, chacun ayant une fonction spécifique sur le terrain. Leurs avis sont transmis à l'arbitre en chef (qui porte une casquette blanche), qui prend la décision finale. Celui-ci dispose de 36 signaux différents qui lui permettent d'annoncer et d'expliquer sa décision. Il est en outre équipé d'un micro. Le jeu se construisant par le gain de yards, les fautes sont souvent sanctionnées par la perte de yards ou de tentatives.

Retenu
Un joueur a retenu illégalement un adversaire. Son équipe subit une pénalité de 10 yards.

Points marqués
Un touché, une conversion ou un coup de pied de placement ont été réussis.

Premier essai accordé
L'équipe en attaque a couvert au moins 10 yards en 4 tentatives ou moins. Elle peut continuer sa progression avec une nouvelle série de 10 yards à couvrir.

Hors-jeu (empiétement)
Un défenseur a avancé dans la zone neutre de la ligne de mêlée avant que le ballon ne soit joué. Son équipe subit une pénalité de 5 yards.

Obstruction
Un joueur a commis une obstruction vis-à-vis d'un adversaire lors d'une passe. Si le défenseur est fautif, le ballon est placé à l'endroit de la faute et l'attaque bénéficie d'une première tentative. Si l'attaquant est fautif, son équipe subit une pénalité de 15 yards.

ÉQUIPEMENT

Certaines pièces d'équipement sont portées par tous les joueurs, quels que soient le niveau de jeu ou la position : maillot, pantalons, casque, protecteur facial, protège-dents, coquille et chaussures à crampons. Les professionnels peuvent porter des protecteurs de cuisse, de genoux, de hanches (protège-côtes rigide, capable d'encaisser les chocs) et de coccyx. Certains joueurs de ligne portent des protecteurs additionnels au niveau des avant-bras, des bras, des mains ainsi qu'un support pour le casque afin de prévenir les blessures au cou. Tous les joueurs utilisent des bandages adhésifs pour maintenir et protéger leurs chevilles.

QUART-ARRIÈRE

Écouteur
Le casque du quart-arrière est muni d'un écouteur permettant à l'entraîneur-chef de lui transmettre les plans de jeu.

Casque
En plastique très résistant, il est doublé à l'intérieur de matériaux absorbants (mousse, cellules d'air).

Grille amovible
Fixée sur le casque, elle protège le visage du joueur. Saisir la grille d'un adversaire est l'une des plus sérieuses infractions, en raison des blessures que ce geste peut occasionner.

Protège-cuisses

Genouillères

Protège-dents

Protège-cou

Protège-côtes

Épaulières
Elles sont en plastique doublé de mousse ou de coussins protecteurs.

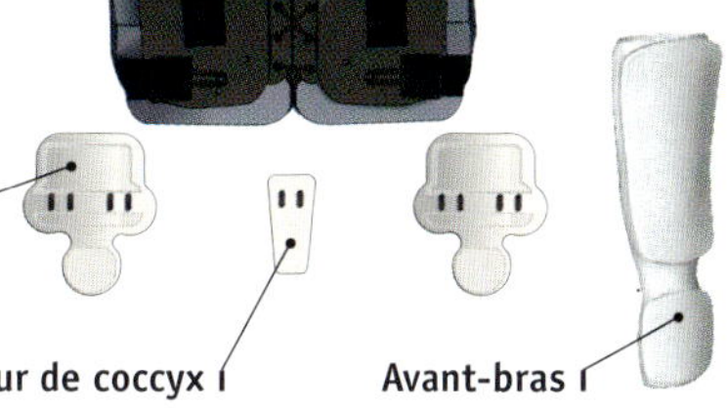

Protège-hanches

Protecteur de coccyx

Avant-bras

Ballon
Fait de cuir, il comporte des lacets. Au football canadien, deux bandes blanches aux extrémités le rendent plus visible.

Ballon de football canadien

circonférences : 704,8 - 717,7 mm / 530,2 - 536,5 mm
400 g

Ballon de football américain

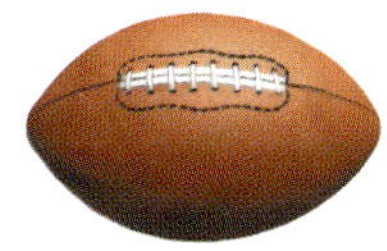

circonférences : 711,2 - 723,9 mm / 539,7 - 546,1 mm
400 g

Mike Pringle (USA)
Porteur de ballon des Alouettes de Montréal, de la LCF, il est le premier joueur de l'histoire du football professionnel à avoir accumulé plus de 2 000 yards de gain au sol (2 065) en une seule saison.

Walter Payton (USA)
Il a remporté le XXe Super Bowl avec les Bears de Chicago pour lesquels il a joué de 1975 à 1987. Il a couru 3 838 fois avec le ballon, totalisant 16 726 yards, record absolu dans ce domaine. Il a accumulé plus de 21 803 yards au total (passe et course). Sélectionné neuf fois pour le Pro Bowl, il est décédé en 1999.

Jerry Rice (USA)
Il est considéré par certains comme le plus grand receveur de passes de tous les temps. Il a participé à dix Pro Bowl et possède de nombreux records dont le plus de touchés marqués (175), le plus de réceptions (1 139) et le plus de yards par passe (17 612).

Joe Montana (USA)
Il a permis aux 49ers de San Francisco de remporter les XVIe, XIXe, XXIIIe et XXIVe Super Bowls. Il a complété 3 409 passes pour 40 551 yards et 273 touchés. Sélectionné pour huit Pro Bowl au cours de sa carrière (de 1979 à 1994), il est considéré par certains comme le plus grand quart-arrière de l'histoire.

PROFIL DES JOUEURS

- Compte tenu de la diversité et de la spécificité des rôles, chaque joueur présente un physique qui correspond à sa position.

L'ATTAQUE

- Le quart-arrière (1,90 m, 99,8 kg) doit être mobile, vif, tout en développant la puissance de son bras et la précision des lancers.
- Le porteur de ballon (1,83 m, 99,4 kg) est rapide et démontre une capacité d'accélération exceptionnelle. Il doit être assez puissant pour bloquer, à l'occasion.
- L'ailier rapproché (1,93 m, 115,9 kg) est un joueur puissant et polyvalent, qui doit souvent bloquer les meilleurs joueurs adverses.
- Le receveur éloigné (1,81 m, 86,4 kg), très mobile, mise sur la vitesse et d'excellents appuis au sol qui lui permettent des changements de direction soudains; une grande taille est un atout.
- Extrêmement solides, les joueurs de ligne à l'attaque (1,95 m, 138,3 kg) sont sans contredit les plus imposants, afin de bloquer l'adversaire.

LA DÉFENSE

- Les joueurs de la ligne défensive (1,92 m, 129,3 kg) intérieure (plaqueurs) sont puissants et résistants, alors qu'à l'extérieur (ailiers défensifs) ils sont très mobiles et capables d'exercer une grande pression sur le quart-arrière.
- Le secondeur de ligne à l'extérieur (1,90 m, 110,4 kg) doit posséder des qualités athlétiques pour être efficace contre la course ou la passe. Au centre, c'est le joueur le plus physique qui doit enrayer toute attaque au sol entre les bloqueurs.
- Le demi de coin (1,80 m, 85,3 kg) est l'athlète exceptionnel de la défense, sa vitesse étant comparable à celle des receveurs éloignés qu'il doit couvrir.
- Les demis de sûreté (1,81 m, 91,9 kg) doivent être en mesure de couvrir la passe ou la course; le demi de sûreté du côté fort s'impose par des plaquages sévères afin d'enrayer l'attaque au sol.

basket-ball

Étudiants de l'école Western de Washington lors d'un match en 1899.

Le règlement du basket-ball, qui impose au jeu un rythme rapide et offensif, en fait l'un des sports de ballon les plus exigeants sur le plan technique. Inventé en 1891 par le Canadien James A. Naismith dans un collège des États-Unis, il est exporté et pratiqué en France dès 1893, et devient discipline olympique en 1936 à Berlin, un an après le premier championnat d'Europe organisé par la Fédération internationale de basket-ball amateur (FIBA). Mais ce n'est qu'après la Seconde Guerre mondiale, grâce aux soldats américains, que le sport devient réellement populaire en Europe. Le premier match officiel de la National Basketball Association (NBA) a lieu en 1950 entre Minneapolis et Syracuse. L'essor du basket-ball féminin reste limité par des règles plus contraignantes jusqu'au début des années 70 et ne devient discipline olympique qu'en 1976. Aux J.O. de Barcelone en 1992, la domination magistrale de l'équipe masculine américaine – surnommée la Dream Team – rend le basket pratiqué dans la NBA internationalement populaire.

DÉROULEMENT D'UN MATCH

Deux équipes de 5 joueurs essaient de marquer des points en lançant le ballon dans le panier de l'adversaire. Ils ne peuvent le contrôler qu'avec les mains, et n'ont pas le droit de courir en le tenant. Un tir réussi au panier vaut 2 points, ou 3 points s'il est effectué au-delà de la ligne des 3 points. Les lancers francs valent 1 point. Pour une équipe, le gain du ballon entraîne immédiatement l'obligation de tenter une attaque dans un temps limité :

- une équipe prenant possession du ballon a 10 secondes pour l'emmener en terrain adverse et 30 secondes pour conclure son attaque par un tir au panier.
- tout joueur étroitement marqué par un adversaire doit se débarrasser du ballon (par dribble, tir ou passe) dans les 5 secondes.

TERRAIN

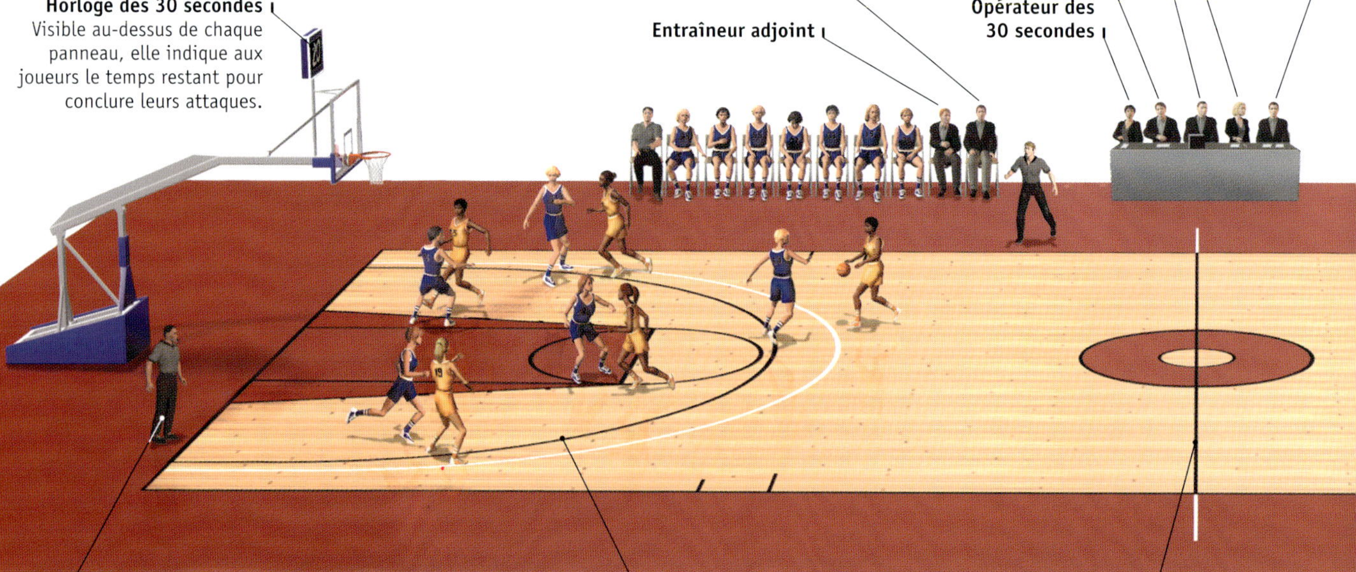

COUPES ET CHAMPIONNATS

Le championnat d'Europe est disputé tous les deux ans depuis 1935.

La coupe Liliana Ronchetti (féminine) et la coupe Korac (masculine) sont convoitées par les meilleurs clubs européens.

Aux États-Unis, le championnat de la NBA est annuel depuis 1949. À l'issue des séries éliminatoires, deux équipes finalistes se rencontrent pour une série de 7 matches. L'équipe championne est la première qui remporte 4 matches.

Le championnat du monde de la FIBA a lieu tous les quatre ans depuis 1950.

TABLEAU D'AFFICHAGE

Compte à rebours

Score des deux équipes

Chronomètre des 30 secondes

Fautes
Nombre de fautes commises par chaque équipe.

POSITION DES JOUEURS

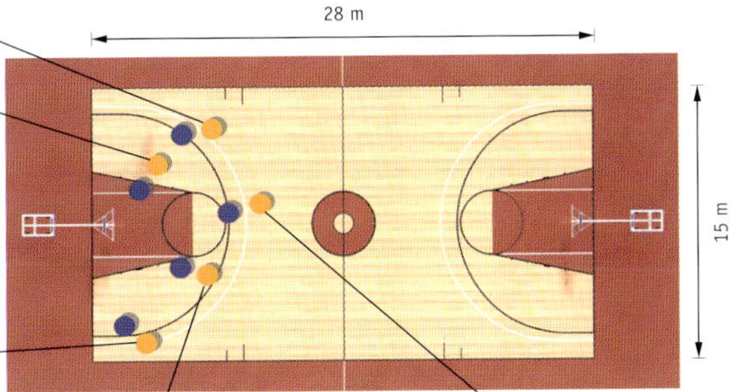

Ailier

Pivot
(joueur intérieur)
Il est le plus grand : il protège le panier des tirs de près et prend le ballon au rebond.

Ailiers
Ils font le lien entre l'arrière et le joueur intérieur. Ils sont défenseurs ou attaquants suivant le jeu.

Arrière
Il marque l'adversaire le plus dangereux, assiste le meneur et saisit les occasions de tir qui se présentent.

Meneur de jeu
Il donne le rythme et mène l'équipe à l'attaque.

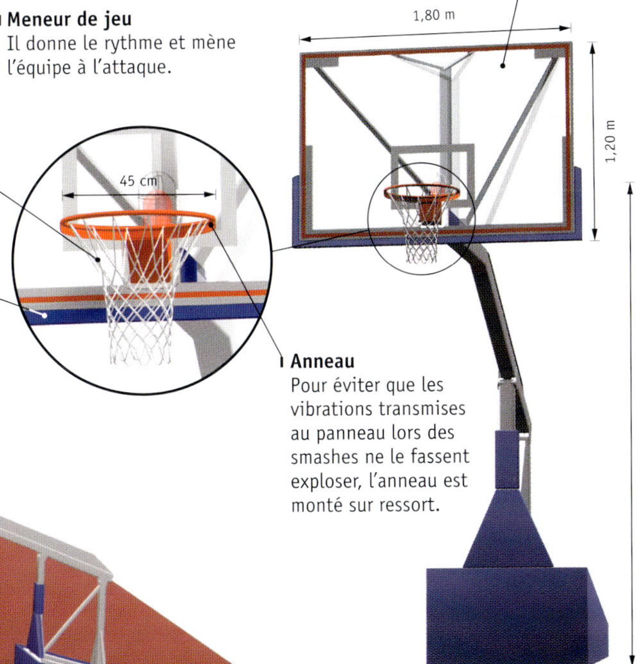

Panneau
Pour que les spectateurs situés derrière puissent suivre l'action, il est fait de plexiglas.

Filet
Il ralentit le ballon, afin que l'on puisse le voir passer dans l'anneau.

Bande de protection
Elle recouvre le bord inférieur du panneau, pour protéger les joueurs.

Anneau
Pour éviter que les vibrations transmises au panneau lors des smashes ne le fassent exploser, l'anneau est monté sur ressort.

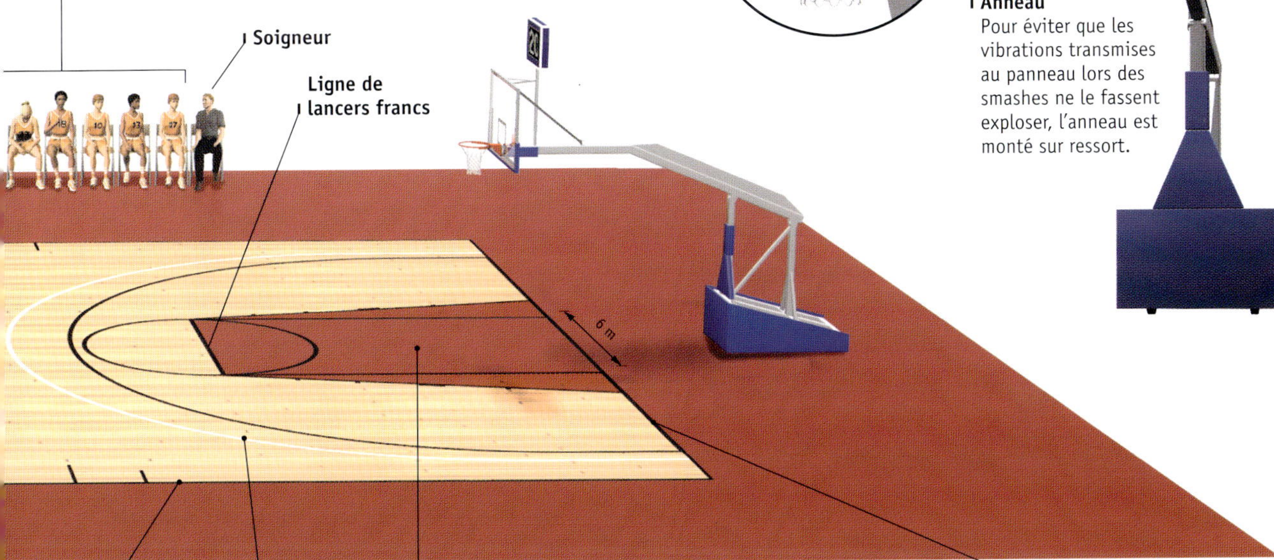

Joueurs remplaçants
Les équipes comptent 10 à 12 joueurs. Le nombre de remplacements en cours de match n'est pas limité.

Soigneur

Ligne de lancers francs

Ligne de côté

Ligne des 3 points (NBA)

Zone réservée
Un joueur de l'équipe qui est en possession du ballon ne peut rester plus de 3 secondes consécutives dans cette zone.

Ligne de fond

TECHNIQUES

ENTRE-DEUX INITIAL

Au début du match l'arbitre lance le ballon en l'air, et deux joueurs tentent de le dévier vers un de leurs coéquipiers. Ils doivent le frapper ou le pousser, sans le saisir.

LES PASSES

Pour surprendre l'adversaire et diminuer les risques d'interception, la majorité des passes s'effectuent en trajectoire tendue, sur des distances courtes, presque toujours sans regarder le receveur.

Passe à la poitrine

Elle est réalisée lorsqu'il n'y a aucun obstacle entre le lanceur et le receveur. Le ballon est tenu à deux mains et la poussée des bras est accentuée par un fouetté des poignets.

Passe avec rebond au sol

Lorsqu'un défenseur fait écran entre le passeur et le receveur, la zone qu'il contrôle le moins se situe près du sol.

Passe à une main

Elle permet souvent de trouver de meilleurs angles dans les situations difficiles. La main libre accompagne et protège le ballon pendant l'armement du tir.

LES DÉPLACEMENTS

Un joueur peut parcourir librement tout le terrain, mais le règlement interdit de courir avec le ballon dans les mains. Deux techniques – le dribble ou le pied de pivot – lui permettent de se déplacer sans le passer à un coéquipier.

LE PIED DE PIVOT

Il ne permet qu'un déplacement limité. La position du joueur au moment de la prise du ballon détermine le pied de pivot ;

- si le joueur reçoit le ballon en l'air, le premier pied qui touche le sol devient le pied de pivot.
- s'il reçoit le ballon avec les deux pieds au sol, il peut choisir son pied de pivot. S'il le reçoit avec un pied au sol, celui-ci devient le pied de pivot.

La seule façon de se libérer de la contrainte du pied de pivot est le dribble.

LE DRIBBLE

Il permet de se déplacer librement avec le ballon, en le faisant rebondir entre le sol et la main. La main ne frappe pas, elle accompagne le mouvement avec un fouetté du poignet. On dribble sans regarder le ballon, pour communiquer avec ses partenaires ou surveiller ses adversaires. Interrompre un dribble et le recommencer est une infraction.

Dribble bas

Lorsque l'adversaire est menaçant, ou dans les attaques pour pénétrer la défense adverse, il permet des changements de mains et de direction plus rapides. Le rebond se fait à hauteur du genou, la main libre et le corps protégeant le ballon.

Dribble haut

Caractéristique de la contre-attaque, le dribble à hauteur des hanches ou des épaules permet des pointes de vitesse, lorsque le joueur s'est démarqué de ses adversaires.

LES TIRS

Le but de toutes les actions de jeu est d'amener un joueur en position favorable pour tirer au panier. La précision des tirs dépend de l'équilibre et du rythme d'exécution du joueur. Les jambes – pour le saut – et les bras – pour le tir – doivent agir indépendamment.

Tir en suspension

Les multiples possibilités qu'il offre – notamment les tirs à 3 points – en font le tir le plus fréquent. La main de soutien maintient le ballon en bonne position sans intervenir dans sa trajectoire. Le ballon est lancé au sommet du saut.

Lay-up

Ayant pris ses adversaires de vitesse, l'attaquant saute à proximité du panier et porte le ballon dedans. Le poignet reste droit, la main pousse le ballon par-dessous.

Smash

Le joueur fait pénétrer le ballon dans le panier, à une ou deux mains, empêchant toute tentative d'intervention de la part de l'adversaire. C'est le tir le plus spectaculaire.

REBONDS OFFENSIFS ET DÉFENSIFS

La plupart des points sont marqués de l'intérieur de la zone réservée. Les tirs manqués rebondissent sur l'anneau ou le panneau, et sont l'occasion d'une lutte entre défenseurs et attaquants pour la possession du ballon. Garder le contrôle du jeu sous le panier est un avantage capital. Les tirs au panier doivent être déviés avant que le ballon ait entamé sa trajectoire descendante. Un contre irrégulier donne 2 points à l'équipe adverse.

Pour l'attaquant, le rebond est une deuxième chance en cas de tir manqué.

Avant de sauter, les joueurs se disputent la meilleure place sous la trajectoire de chute du ballon.

Pour le défenseur, un tir manqué au panier représente une opportunité de lancer une contre-attaque rapide en dégageant le ballon sur les côtés.

REMISES EN JEU

Si le ballon dépasse ou touche les lignes de limites du terrain, il est hors-jeu. Il doit être remis en jeu par l'équipe qui ne l'avait pas en sa possession au moment du hors-jeu. Quand l'arbitre donne le ballon au joueur, celui-ci a 5 secondes pour effectuer la remise en jeu.

FAUTES ET INFRACTIONS

Une infraction est signalée par les arbitres lorsque les règles de déplacement (pied de pivot, dribble, marcher) ou les temps imposés (3 secondes, 5 secondes, 10 secondes ou 30 secondes) ne sont pas respectés. Le ballon est remis en jeu par un joueur de l'équipe adverse.

- les fautes techniques concernent le comportement de l'entraîneur et des joueurs sur le terrain : irrespect envers les arbitres, antijeu, ou retarder le déroulement de la partie. Deux lancers francs sont accordés à l'équipe adverse. Suivant les cas, le ballon peut être récupéré au 2e rebond, ou doit être remis en jeu après le 2e tir.
- les fautes personnelles sont des entraves à la progression des joueurs, qu'ils soient porteurs du ballon ou non. Elles sont inscrites au compte du joueur fautif et comptabilisées dans le total de son équipe. À partir de la 8e faute, deux lancers francs accordent au joueur victime d'une faute personnelle l'avantage de marquer des points sans être gêné.

LANCERS FRANCS

En moyenne, 25 fautes par équipe et par rencontre sont commises en compétition. Les lancers francs représentent une possibilité de 35 points par match et sont à ce titre un élément technique fondamental avec lequel il faut composer au basket-ball.

LES ARBITRES

En raison de sa rapidité et de la complexité des règlements, le basket-ball est l'un des sports d'équipe les plus difficiles à arbitrer. Les arbitres sur le terrain ne disposent souvent que de quelques fractions de seconde pour décider de siffler une faute ou de laisser l'action continuer. Ils communiquent avec le marqueur et les autres officiels par signes.

DIFFÉRENCES DE RÈGLEMENTS	NBA	FIBA
Durée du jeu	48 min (4 fois 12 min)	2 fois 20 min ou 4 fois 12 min
Nombre d'arbitres	3	2
Durée d'attaque maximum	24 s	30 s
Dimensions du terrain	28,65 x 15,24 m	28 x 15 m
Ligne des trois points	7,24 m	6,25 m
Nombre de fautes maximum par joueur	6	5 (6 si 4 périodes de jeu de 12 min)
Temps morts autorisés	7 par match	2 en 1re période, 3 en 2e
Autorisés à demander un temps mort	Entraîneur et joueur	Entraîneur

Faute

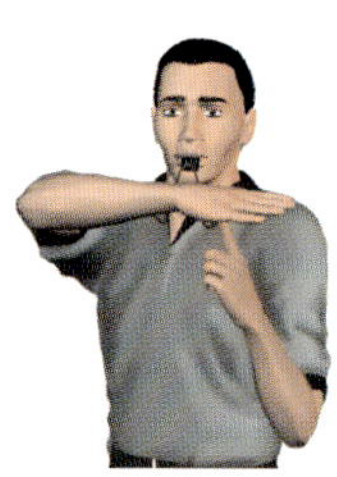
Temps d'arrêt

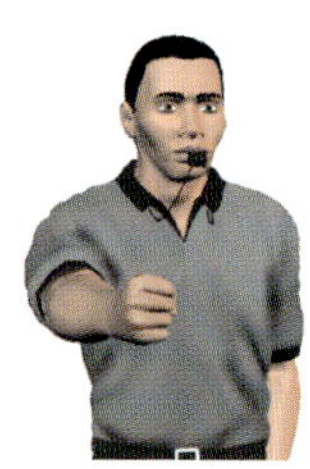
Faute sur attaquant

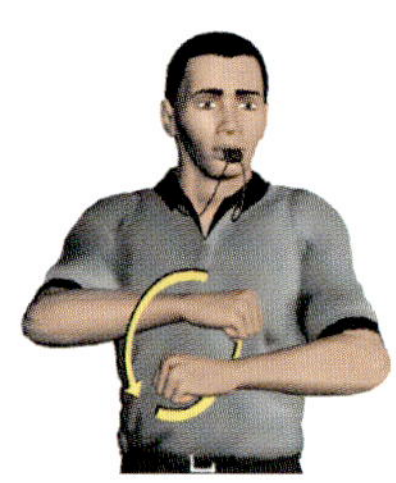
Marcher

Double dribble

ÉVOLUTION DU MATÉRIEL

1891

1895

1891

ÉQUIPEMENT

Ballon
Il est fait de huit pièces de cuir cousues autour d'une chambre à air.
Circonférence : 75 - 78 cm
600 - 650 g

Tenue
Chaque équipe possède une tenue « claire » qu'elle utilise lors des matches joués à domicile.

Inscriptions
Au choix du joueur en NBA, les numéros sont compris entre 4 et 15 lors des matches internationaux (FIBA).

Chaussures
Elles doivent assurer un bon maintien de la cheville : les entorses sont les blessures les plus fréquentes.

Sheryl Swoops (USA)
Deuxième joueuse nationale en 1993, elle est élue meilleure joueuse en finale du championnat universitaire en 1993 (NCAA) pour avoir marqué 47 points en un match. Championne olympique à Atlanta en 1996, et championne WNBA en 1997 et 1998 avec les Houston Comets.

Kareem Abdul-Jabbar (USA)
Vingt ans de carrière à partir des années 60, durant lesquelles il est six fois champion NBA et élu six fois meilleur joueur. Il détient le record du nombre de points marqués en NBA : 38 387.

Toni Kukoc (CRO)
Vainqueur de la coupe d'Europe des clubs de 1989 à 1993, champion du monde en 1990 et champion d'Europe, il traverse l'Atlantique et remporte trois championnats NBA en 1996, 1997 et 1998.

Michael Jordan (USA)
Considéré comme le plus grand joueur de tous les temps, il est le meilleur marqueur de la NBA de 1987 à 1993 et de 1996 à 1998. Il a joué plus de 1 000 matches consécutifs en marquant au minimum 10 points. Champion NBA en 1991, 1992, 1993, 1996, 1997 et 1998, il est aussi champion olympique en 1984 et 1992.

Les Harlem Globe Trotters, aux États-Unis, ont acquis une renommée mondiale en faisant du basket-ball un spectacle. Première équipe entièrement composée de joueurs noirs, elle est longtemps restée au plus haut niveau, comme en témoignent ses deux victoires consécutives sur les Lakers de Minneapolis, suite à un défi. Les deux premiers joueurs noirs de la NBA sont issus des Harlem Globe Trotters.

PROFIL DU BASKETTEUR

- Vitesse dans l'exécution et le déplacement, vision périphérique et intelligence du jeu sont les trois qualités primordiales. Les capacités athlétiques correspondantes – puissance explosive, accélération, coordination – font l'objet d'entraînements adaptés aux grandes tailles des joueurs (de 1,85 à 2,16 m en moyenne).
- Un joueur de haut niveau doit être capable de réussir ses meilleurs coups dans les pires conditions de fatigue, stress ou pression psychologique. Des études ont montré qu'il fallait environ 200 000 répétitions d'une même technique pour pouvoir la réaliser de façon automatique dans n'importe quelle situation.
- L'entraînement quotidien dure plusieurs heures. Les meilleurs sont souvent capables de se diriger eux-mêmes, ou de se corriger au cours d'un match, mais le rôle de l'entraîneur est essentiel pour la cohésion de l'équipe.

netball

Match disputé par des étudiantes de l'Université de Cambridge et l'équipe des services civils de Londres à Cambridge (Angleterre) en 1935.

Jeu traditionnellement féminin, créé par James A. Naismith aux États-Unis en 1891, le netball oppose deux équipes qui tentent de lancer le ballon dans le panier de l'adversaire pour marquer des points. La division du terrain en trois zones distinctes naît d'une erreur d'interprétation de son texte concernant le rôle des joueuses. Après s'être exporté en Angleterre, le netball apparaît dans l'hémisphère Sud en 1906. La All England Netball Association est créée en 1926, et l'Australie et la Nouvelle-Zélande se rencontrent régulièrement en tournois à partir de 1938. Cependant, suivant les pays, le netball est joué par équipes de 7 ou 9, voire 12 dans une variante d'origine néerlandaise, le korfball. En 1957, les États-Unis et six nations membres du Commonwealth choisissent le jeu à 7 dans un premier règlement, définitivement adopté en 1960 lors de la création de la Fédération internationale. Le premier championnat du monde, réunissant onze pays, a lieu en 1963. Très populaire en Océanie, reconnu par le CIO en 1995, le netball fait partie des Jeux du Commonwealth depuis 1998 à Kuala Lumpur, en Malaisie.

DÉROULEMENT D'UN MATCH

Le match débute par une « passe centrale » : au coup de sifflet de l'arbitre, la joueuse de centre passe le ballon à une coéquipière. Aucune autre joueuse ne peut entrer dans la zone centrale avant le coup de sifflet de l'arbitre. Le match est divisé en 4 périodes de 15 minutes séparées par 3 minutes de repos (10 minutes à la mi-temps). Un rôle précis, correspondant à une position sur le terrain, est attribué à chacune des 7 équipières, identifiées par des lettres inscrites sur leur tenue. Les paniers ne peuvent être tentés que par l'attaquante au but (GA) ou la tireuse au but (GS), et uniquement si elles se trouvent à l'intérieur de la zone de but. Aucune joueuse ne peut rester en possession du ballon plus de 3 secondes.

Les déplacements

Le dribble est interdit, mais le règlement permet de faire un pas après réception du ballon :

- Recevoir le ballon avec un premier pied au sol permet de poser le 2e dans n'importe quelle direction. Ensuite, si son premier pied quitte le sol, la joueuse ne doit plus être en possession du ballon lorsqu'elle le repose.
- Recevoir le ballon avec 2 pieds au sol permet de choisir quel pied fera un pas. Sauter oblige à passer ou tirer le ballon avant qu'un des deux pieds n'ait repris contact avec le sol.

Infractions

Une infraction personnelle (contact ou obstruction) commise hors du cercle de tir donne à l'équipe adverse une « passe de penalty » : la joueuse fautive doit se tenir immobile jusqu'à ce que le ballon soit remis en jeu par une passe. Commise à l'intérieur du cercle de tir, l'infraction peut donner lieu à un « tir de penalty » (tir direct au panier sans intervention de l'adversaire), ou à une passe de penalty, au choix de la joueuse lésée. Une infraction aux règles de zone ou de déplacement donne une « passe accordée » à l'équipe adverse : le jeu est arrêté et le ballon remis en jeu du lieu de l'infraction.

TERRAIN

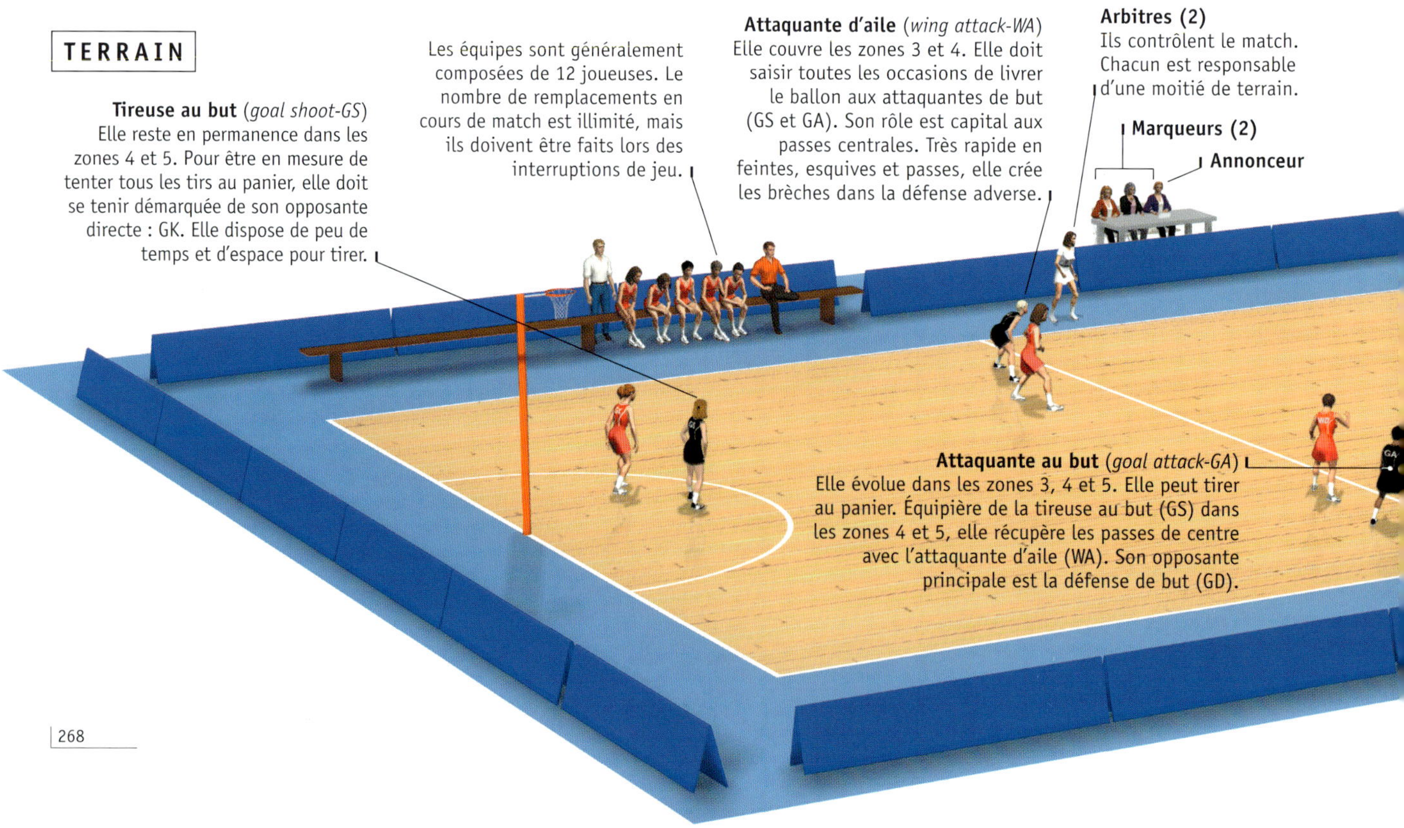

TECHNIQUES

Passes

Elles peuvent être directes ou rebondir au sol, sans rouler. Le ballon peut être projeté ou frappé avec une ou deux mains (sauf avec le poing fermé). Un contact involontaire avec une autre partie du corps n'est pas une faute.

Défense

La joueuse en défense doit se tenir à 92 cm minimum de l'attaquante. Tout geste intimidant est interdit. Tout contact (volontaire ou involontaire) pouvant gêner la porteuse du ballon est une infraction.

Tirs au panier

Le ballon est tenu au-dessus de la tête dans la paume de la main. Le point visé est l'anneau du côté opposé à la tireuse. Le lancer est accompagné d'une extension des genoux. La trajectoire idéale est haute, et retombe verticalement au-dessus du panier.

Zones

Le ballon ne peut traverser une zone du terrain sans être touché par une joueuse qui s'y trouve. Toute joueuse sortant de sa zone est en infraction.

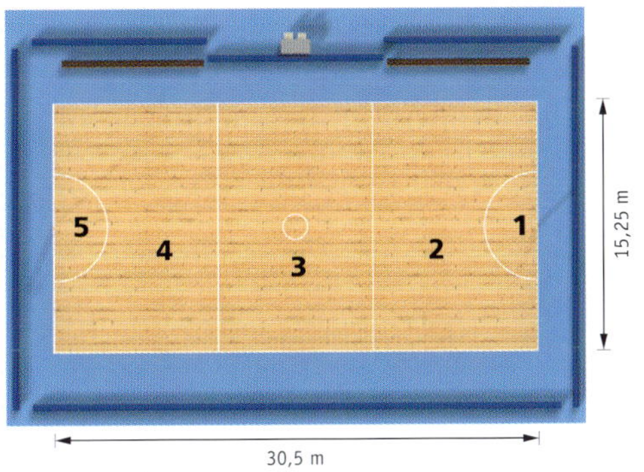

PROFIL DES JOUEUSES

- La taille moyenne des joueuses est d'environ 1,75 m. Les plus grandes athlètes sont généralement tireuses au but. Les joueuses de centre ou de défense sont souvent des spécialistes de ces postes. Le netball est un jeu rapide qui exige détente et impulsion, alliées à une vision globale du jeu très développée et une grande résistance à la pression.
- À l'entraînement, l'accent est mis sur le travail de la rapidité de réaction et de positionnement. La sûreté d'exécution des passes ou des tirs est obtenue par des exercices de mises en situation.

Ballon
Circonférence : 69 - 71 cm
400 - 450 g

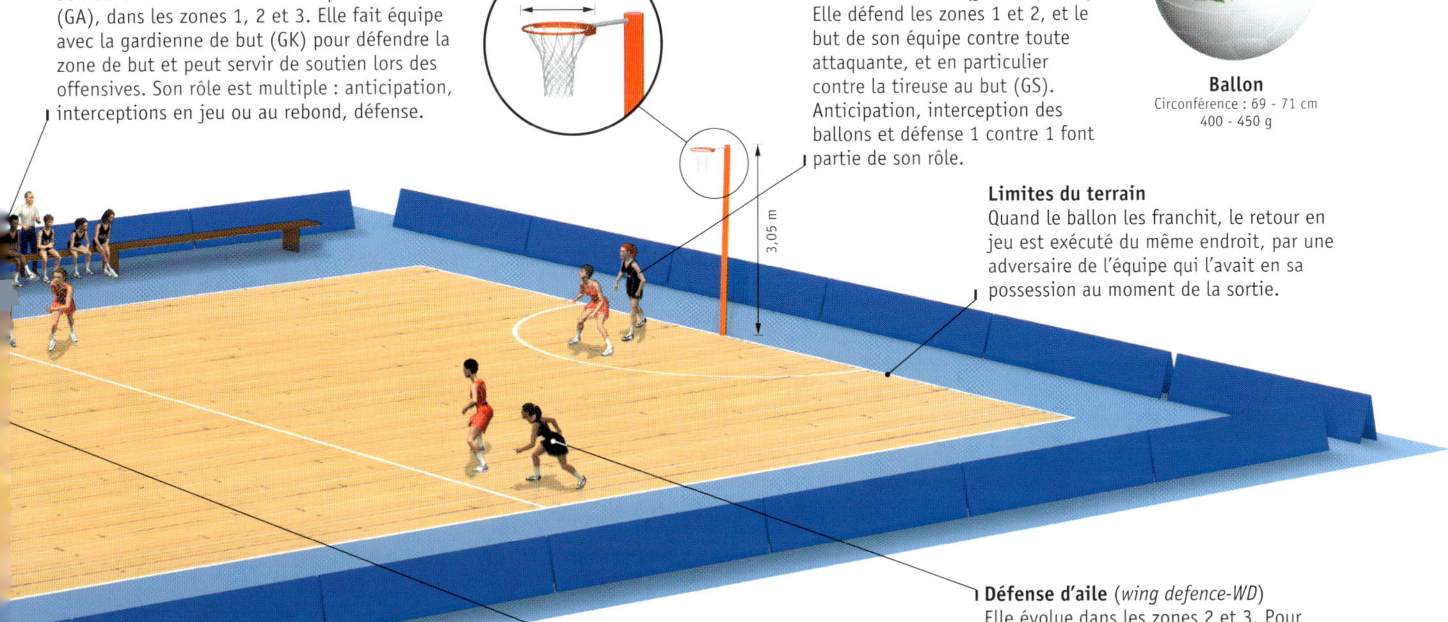

Défense de but (*goal defence-GD*)
Son adversaire directe est l'attaquante de but (GA), dans les zones 1, 2 et 3. Elle fait équipe avec la gardienne de but (GK) pour défendre la zone de but et peut servir de soutien lors des offensives. Son rôle est multiple : anticipation, interceptions en jeu ou au rebond, défense.

Gardienne du but (*goal keeper-GK*)
Elle défend les zones 1 et 2, et le but de son équipe contre toute attaquante, et en particulier contre la tireuse au but (GS). Anticipation, interception des ballons et défense 1 contre 1 font partie de son rôle.

Limites du terrain
Quand le ballon les franchit, le retour en jeu est exécuté du même endroit, par une adversaire de l'équipe qui l'avait en sa possession au moment de la sortie.

Défense d'aile (*wing defence-WD*)
Elle évolue dans les zones 2 et 3. Pour marquer l'attaquante d'aile (WA), elle doit maîtriser parfaitement toutes les techniques de défense 1 contre 1. Elle participe aux attaques partant de la zone 3.

Centre (*center-C*)
Elle évolue sur tout le terrain à l'exception des zones de buts. Lien entre les zones d'attaque et de défense de son équipe, elle distribue le ballon et donne le rythme. Son poste requiert une vision globale du jeu, sûreté et précision dans les passes et les déplacements.

volley-ball

Championnat du monde de volley-ball en 1952 à Moscou ; l'URSS l'emporte sur la Bulgarie 3 à 0.

En 1895, l'Américain William G. Morgan invente un nouveau sport en salle, « la Mintonette », qui deviendra par la suite le volley-ball. Il ne s'agit alors que d'un loisir populaire et bon marché, compromis entre le basket-ball naissant et le tennis, réservé à une élite fortunée. Exporté en Europe par les Américains durant la Première Guerre mondiale, le jeu prend racine surtout dans les pays de l'Est où la rigueur du climat favorise le développement des sports en salle. La discipline est en démonstration aux J.O. de 1924 à Paris avant de devenir un sport officiel en 1947, date à laquelle est créée la Fédération internationale de volley-ball (FIVB). Deux ans plus tard, le premier championnat du monde masculin est présenté à Prague, en Tchécoslovaquie, et le sport fait son entrée aux Jeux de Tokyo, en 1964. La première Coupe du monde se déroule l'année suivante, en Pologne. La Men's World League (Ligue mondiale masculine), première structure professionnelle itinérante à l'échelle mondiale, est mise sur pied en 1990 et bénéficie, depuis ses débuts, de bourses intéressantes et d'une large couverture télévisée internationale.

DÉROULEMENT DE LA COMPÉTITION

Le volley-ball oppose deux équipes de six joueurs, qui doivent chacune faire tomber le ballon dans la zone adverse en le faisant passer par-dessus le filet, de façon réglementaire. L'équipe qui remporte l'échange gagne le point et, si elle recevait le service, gagne le droit de servir. Une manche est gagnée par l'équipe qui marque 25 points (15 points lors de la cinquième manche décisive) avec une avance d'au moins deux points. S'il y a égalité 24-24, le jeu se poursuit jusqu'à ce qu'il y ait une avance de deux points. Pour remporter le match, une équipe doit gagner trois manches, sur un maximum de cinq. Le ballon est mis en jeu par le joueur arrière droit qui bénéficie de tout l'espace des neuf mètres pour effectuer son service. Celui-ci a 8 secondes après le coup de sifflet du premier arbitre pour envoyer le ballon par-dessus le filet, et n'a droit qu'à une seule tentative. L'échange prend fin lorsque le ballon touche le sol, est frappé en dehors des limites du terrain ou qu'une des deux équipes ne peut le renvoyer correctement. Quand une équipe obtient le droit au service, après un échange, ses joueurs effectuent une rotation en se déplaçant d'une position dans le sens des aiguilles d'une montre. La règle de la rotation fut instaurée pour obliger tous les joueurs à œuvrer tant au filet que dans la zone arrière. Chaque équipe a droit à trois touches au maximum, en plus du contre, pour renvoyer le ballon dans le camp adverse. À noter que le ballon peut toucher n'importe quelle partie du corps et qu'il doit être frappé et non tenu ou lancé. Il est interdit d'effectuer un écran collectif ou individuel pour empêcher l'équipe adverse de voir le joueur qui sert, de même qu'il est interdit de frapper le ballon alors qu'on est dans le camp adverse. Une équipe est autorisée à effectuer six remplacements au maximum par manche.

TERRAIN

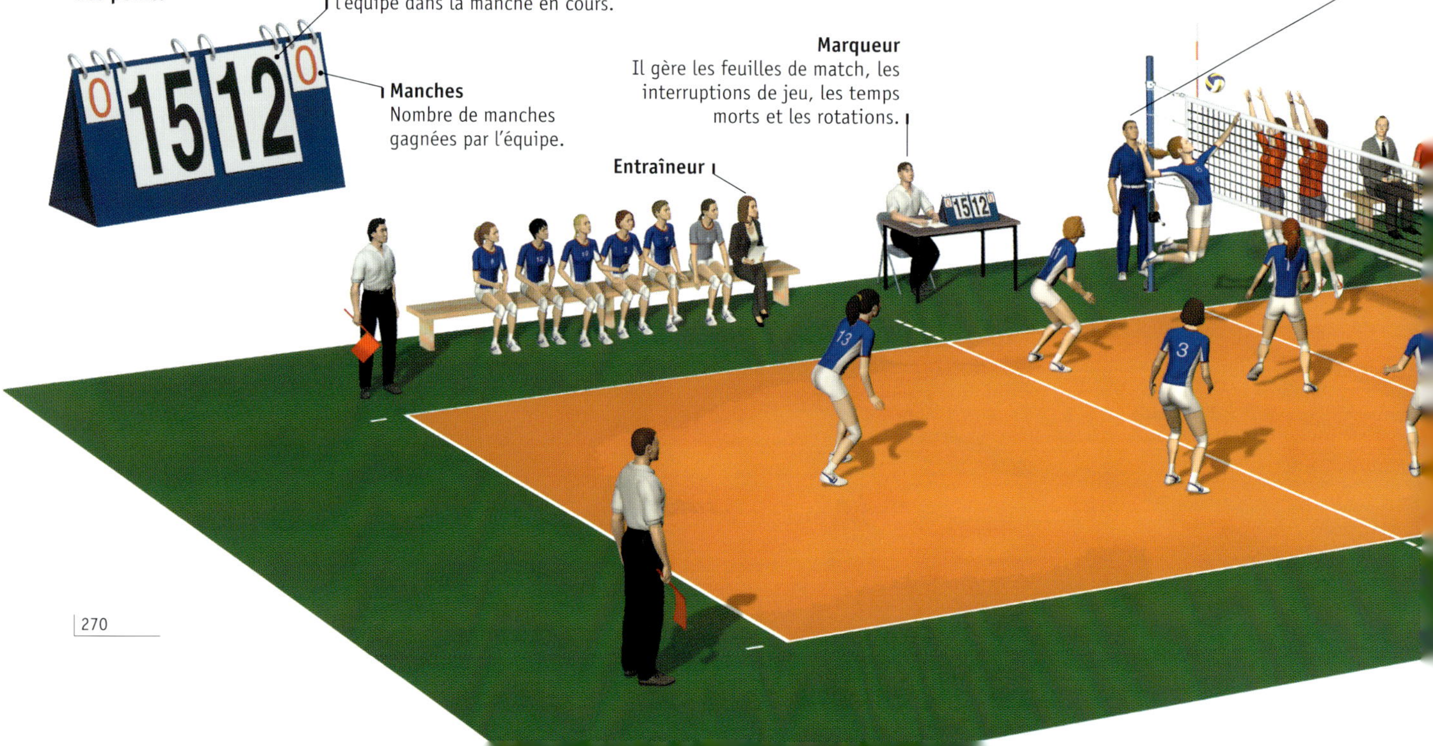

POSITION DES JOUEURS

Après un service ou une attaque, les arrières tentent de récupérer le ballon et de le diriger vers le passeur. Après réception, le passeur envoie généralement le ballon en touche aux avants ou à l'attaquant de pointe qui tentent alors de marquer un point à l'aide d'un smash ou d'un placement dans la zone adverse.

Arrière gauche
Il récupère les balles courtes et soutient l'attaquant lors d'un smash.

Attaquant en puissance
Il attaque le ballon et tente de marquer des points.

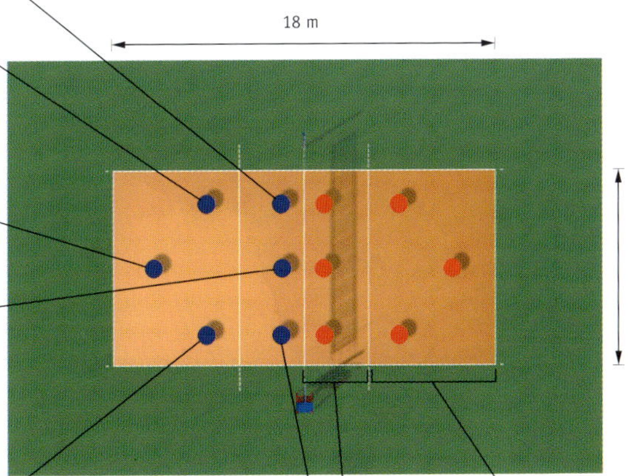

Arrière centre
Il récupère les balles longues ou les balles déviées par un contre.

Central
C'est généralement l'attaquant le plus grand de l'équipe. Son rôle principal est de contrer les attaques adverses.

Arrière droit
Il récupère les balles courtes et est souvent utilisé comme attaquant de pointe.

Passeur
Il décide de la stratégie offensive sur le terrain.

Zone avant

Zone arrière

Filet
Un contact avec le filet est une faute à moins d'être accidentel et qu'il soit commis par un joueur n'ayant pas l'intention de jouer le ballon.

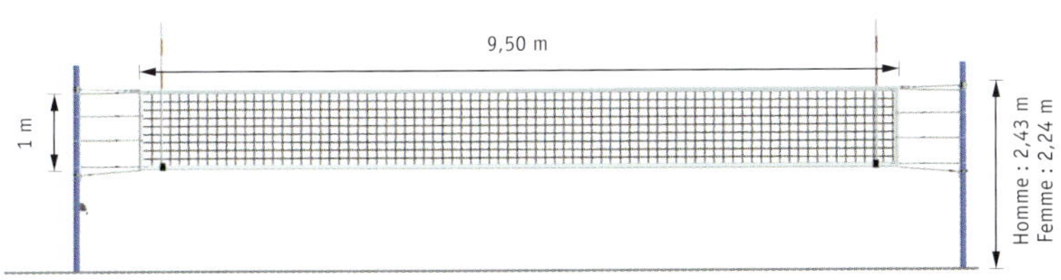

PROFIL DU JOUEUR

- De grande taille, le volleyeur de calibre international est doté d'une bonne détente et d'un bras puissant. Sa taille moyenne est aujourd'hui de 1,90 m pour les hommes et 1,80 m pour les femmes.
- Le joueur développe sa capacité cardio-vasculaire en effectuant des courses de fond et des sprints. L'utilisation de poids et haltères lui assure une bonne musculature, et des exercices de sauts à la corde, sur place et en hauteur, lui permettent d'améliorer sa technique de jeu.

Karch Kiraly (USA)
Médaillé d'or aux J.O. de 1984 et 1988, il est titulaire de la Coupe du Monde en 1985 et champion du monde l'année suivante. Il remporte également, en compagnie de Kent Steffes, la médaille d'or en volley de plage aux J.O. de 1996.

Mireya Luis (CUB)
Championne olympique à deux reprises (1992 et 1996), elle remporte également la médaille d'or aux championnats du monde de volley-ball en 1994.

ÉQUIPEMENT

Ballon
Il se compose d'une vessie en caoutchouc recouverte de cuir souple. Sa pression est de 294 à 319 mbar.

Circonférence : 65 - 67 cm

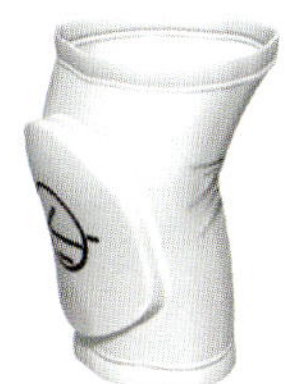

Genouillère

Antenne
Elle délimite la zone dans laquelle le ballon est accepté.

Libero
Spécialisé en défense et en réception de service, il est désigné pour la durée du match ou pour le tournoi et ne peut changer de position au sein de l'équipe. Sa tenue doit être différente de celle de ses partenaires afin qu'il soit bien identifié.

Juges de ligne (4)
Ils signalent, à l'aide d'un drapeau rouge, les fautes de service, les contacts avec les antennes, le passage du ballon à l'extérieur de celles-ci et les sorties de ballon.

Zone de dégagement ou zone libre
Matches internationaux : 5 m
Nationaux : 3 m

Premier arbitre
Il dirige le jeu et doit surplomber le filet d'environ 50 cm. Ses décisions sont sans appel.

Ligne de 3 m
Les arrières doivent attaquer le ballon derrière cette ligne, sans la franchir ou la toucher lors de l'attaque.

Ligne centrale
Elle délimite les 2 camps. Personne ne peut la franchir au risque de perdre le point.

TECHNIQUE

Le service (tennis)

Le serveur peut servir de n'importe où derrière la ligne des 9 m. Quoique le service par en dessous soit autorisé, les joueurs de calibre international utilisent plutôt le service par-dessus la tête, notamment le service tennis et le service en suspension. Ce dernier s'exécute tel un smash derrière la ligne de service. S'il est bien frappé, le service en suspension s'avère une puissante arme offensive.

La touche

Technique d'échange utilisée uniquement en cours du match, la touche est un geste transitoire entre la réception et l'attaque. Elle est exécutée grâce à une combinaison de mouvements de poussées de bas en haut, des bras et des jambes. Le contact avec le ballon s'effectue du bout des doigts.

La récupération au sol

Il s'agit de récupérer une balle difficile, qui serait autrement impossible à jouer, à l'aide d'une manchette à un bras ou deux. Elle peut être suivie d'une roulade au sol, ce qui permet au joueur d'amortir la violence du contact avec le sol et de se relever plus rapidement pour rejoindre le jeu. Il est important de lancer le mouvement après avoir joué le ballon pour conserver toute son attention et éviter de commettre une erreur en effectuant la manchette.

La manchette

La manchette a un caractère à la fois défensif (empêcher le ballon de tomber au sol, réception de service, récupération de balle facile) et offensif (relance de l'attaque en dirigeant la manchette vers le passeur qui à son tour exécute une touche vers le smasheur). C'est le premier contact avec la balle (réception de service), donc un geste technique important. La manchette permet la transition entre la défensive et l'attaque.

Le smash

Purement offensif, le premier smash répertorié fut réalisé en 1920, aux Philippines (la « bombe philippine »). Quiconque l'exécute doit posséder un excellent sens de l'équilibre en suspension et bien percevoir et anticiper les actions et la position de l'adversaire. Le contact avec le ballon doit s'effectuer au-dessus du filet lorsqu'il est dans sa zone.

Le contre

Il peut s'effectuer seul, à deux ou à trois. La première ligne de défense fait face au smash. Les contreurs n'ont pas comme mission de bloquer tous les smashes mais de servir d'écran et réduire l'espace de terrain à couvrir pour les joueurs derrière eux. Pour contrer, il est nécessaire de posséder une bonne anticipation du jeu et une détente verticale imposante (le plus grand joueur est d'habitude le contreur principal d'une équipe).

volley-ball de plage

Activité familiale à l'origine, le volley-ball de plage voit son premier tournoi officiel deux contre deux se dérouler en 1943 à State Beach, en Californie. La California Beach Volleyball Association (CBVA) est fondée en 1965; les règles sont alors codifiées et des tournois sont organisés. Au cours des années 70 et 80, la discipline connaît un essor sans précédent et, dès 1983, naît l'Association of Volleyball Professionals (AVP), à laquelle se joignent alors de nombreuses vedettes du volley-ball olympique. Le premier championnat professionnel voit le jour un an plus tard. La Women's Professional Volleyball Association (WPVA) est formée en 1986. L'année suivante, la FIVB organise le premier championnat du monde masculin de volley-ball de plage à Ipanema, au Brésil. Il faudra attendre 1993 pour voir la FIVB présenter un championnat mondial féminin. Le volley de plage est entré dans le giron olympique en 1996, lors des Jeux d'Atlanta. Les pays les plus titrés sont les États-Unis et le Brésil.

Liz Masakayan et Karolyn Kirby, duo américain qui a dominé la discipline du volley-ball de plage féminin de 1993 à 1995.

DÉROULEMENT DE LA COMPÉTITION

La discipline se dispute entre deux équipes de 2 ou 4 joueurs, sur un terrain de sable. Les joueurs jouent pieds nus (les chaussures sont permises après autorisation de l'arbitre) et sont vêtus soit d'un maillot de bain, soit d'un short et d'un t-shirt, et coiffés d'une casquette. Les placements à une main (fait de pousser légèrement le ballon par-dessus le filet pour tromper l'adversaire) sont interdits en attaque. le ballon doit être frappé. Le contre compte pour une touche. Deux formules de match s'appliquent : la formule en une seule manche, dans laquelle une équipe gagne la manche et le match en marquant 15 points avec 1 point d'écart (en cas d'égalité 16-16, l'équipe qui marque le 17e point remporte le match), et la formule en deux manches gagnantes avec un tie-break, comme au tennis. L'équipe qui gagne les deux premières manches de 12 points remporte le match. En cas d'égalité 11-11, l'équipe qui marque le 12e point emporte la manche. Si les deux équipes gagnent chacune une manche, une troisième manche, appelée « manche décisive » est disputée. Pour gagner le match, il faut remporter la manche décisive en marquant 12 points, avec 2 points d'écart. La manche décisive est jouée comme un tie-break : un point est marqué lorsqu'une équipe gagne un échange.

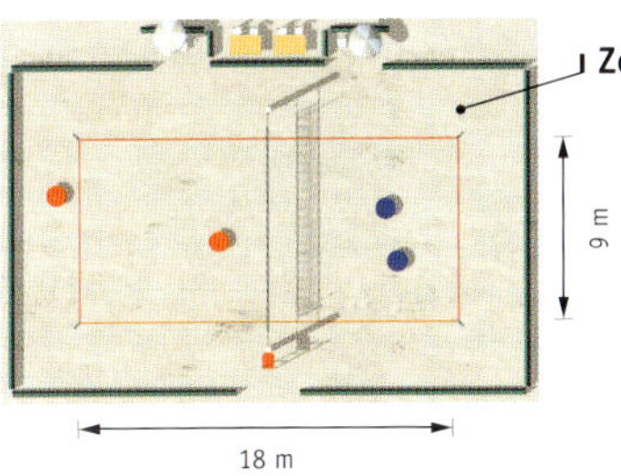

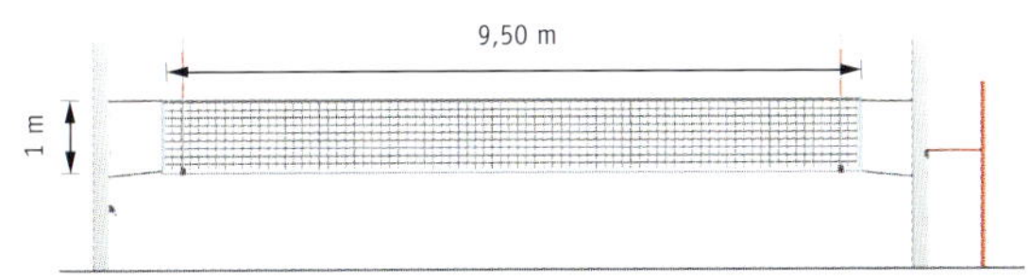

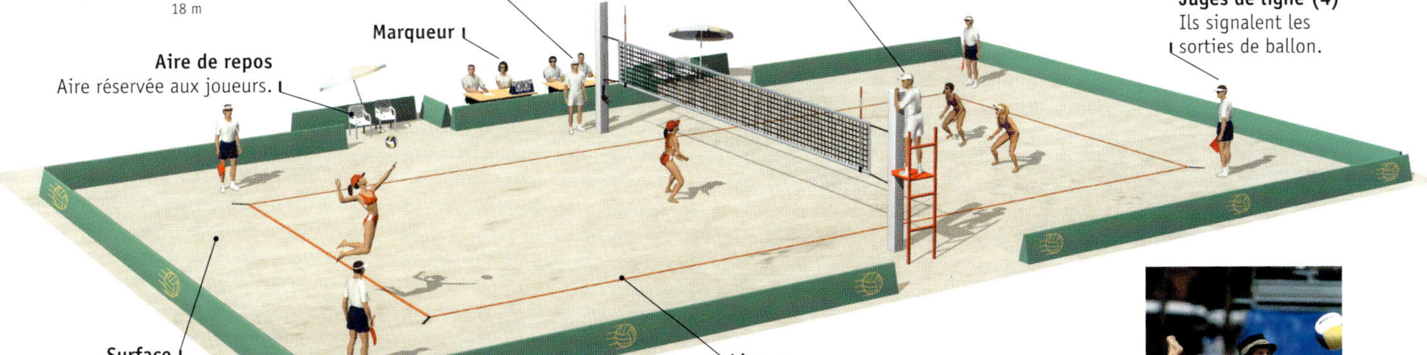

Sinjin Smith (USA)
Quintuple champion du monde, il remporte à plusieurs reprises le championnat international de la FIBV. Depuis 1977, il détient 139 victoires en tournoi.

CHAMPIONNATS

Le championnat du monde 2 x 2 s'appelle le World Series et comprend 18 épreuves dont la finale disputée à Rio de Janeiro, au Brésil. Il se joue depuis 1997 avec un système d'élimination directe. Les matches se jouent en deux manches gagnantes de 21 points.

Ballon
Il a les mêmes dimensions qu'un ballon de volley-ball olympique, mais sa pression est deux fois moins élevée (de 171 à 221 mbar), ce qui a pour effet d'alourdir le ballon, notamment pour mieux combattre le vent.

handball

Équipes féminines allemandes s'affrontant lors d'un match à Berlin (Allemagne) en 1935.

Le handball aurait été inventé en Allemagne à la fin du XIXe siècle par Konrad Koch, un moniteur de gymnastique, et le Danois Frederik Knudsen l'aurait codifié en 1911. Disputé en salle, en raison des rigueurs du climat nordique, la version danoise se jouait à 7 contre 7, tandis que dans la version allemande, 22 joueurs s'affrontaient. C'est en 1928, à l'occasion des J.O. d'Amsterdam, que naît la Fédération internationale de handball amateur (FIHA). Le handball à 11 est présenté comme sport de démonstration aux Jeux de 1936, à Berlin, et les premiers championnats du monde de handball à 11 et à 7 sont organisés en 1938, toujours en Allemagne, le pays hôte s'adjugeant les deux titres. Si les deux formes cohabitent pendant plusieurs décennies, le handball à 11 est aujourd'hui tombé en désuétude, le handball à 7 étant le format le plus populaire. Sanctionné par l'International Handball Federation (IHF), le handball est un sport olympique chez les hommes depuis les J.O. de Munich, en 1972, et chez les femmes depuis les Jeux de Montréal, en 1976.

DÉROULEMENT D'UN MATCH

Un match de handball se dispute entre deux équipes, formées chacune de 12 joueurs (7 joueurs et 5 remplaçants). L'objectif du jeu est de marquer plus de buts que l'adversaire, un point étant accordé quand le ballon pénètre entièrement dans le but. Le match se déroule en deux périodes de 30 minutes chacune avec une pause de 10 minutes entre les deux. Les joueurs peuvent lancer, pousser, frapper du poing, arrêter ou saisir le ballon à l'aide des mains, des bras, de la tête, du tronc, des cuisses et des genoux. Aucun joueur n'a toutefois le droit de frapper le ballon avec les pieds. Un joueur ne peut tenir la balle en main plus de 3 secondes. Aucun joueur, à l'exception du gardien, ne peut pénétrer à l'intérieur de la surface de but (ligne des 6 m). Le match commence par une mise en jeu au centre du terrain, faite par l'équipe qui a gagné le tirage au sort. Le joueur en possession de la balle la passe alors à l'un de ses partenaires. Chaque équipe doit se trouver dans son propre camp et le joueur qui engage doit garder un pied en contact avec la ligne médiane jusqu'à ce que le ballon ait quitté sa main. Durant le jeu, les joueurs avancent vers le but adverse en se passant le ballon. Un joueur en possession de la balle peut la passer, la dribbler (c'est-à-dire la faire rebondir à plusieurs reprises sur le sol), ou la tenir en main (mais il ne peut le faire au-delà de 3 secondes et ne peut faire plus de trois pas balle en main). Lorsqu'un but est inscrit, l'équipe contre laquelle il a été marqué remet le ballon en jeu au milieu du terrain.

TERRAIN

POSITIONS DES JOUEURS

Il existe deux schémas de défense de zone : la défense aplatie ou 0-6 (tous les défenseurs sont alignés sur la ligne des 6 m) et la défense étagée (1-5, 2-4, 3-3, 1-2-3), dans laquelle un ou plusieurs défenseurs, selon la formation adoptée, jouent à 1 ou 2 mètres devant leurs partenaires afin d'encombrer la circulation du ballon et de prévenir les tirs de loin de la part des arrières.

Pivot
En attaque, il se glisse dans la défense adverse, pour créer des brèches permettant à ses partenaires de tirer ou de lui passer la balle en position de tir. Il peut aussi relayer la balle vers un autre attaquant en position de tir.

Gardien de but
Il doit arrêter ou contrer les tirs adverses. Il est le seul à pouvoir toucher la balle avec ses pieds.

Ailier droit

Arrière droit

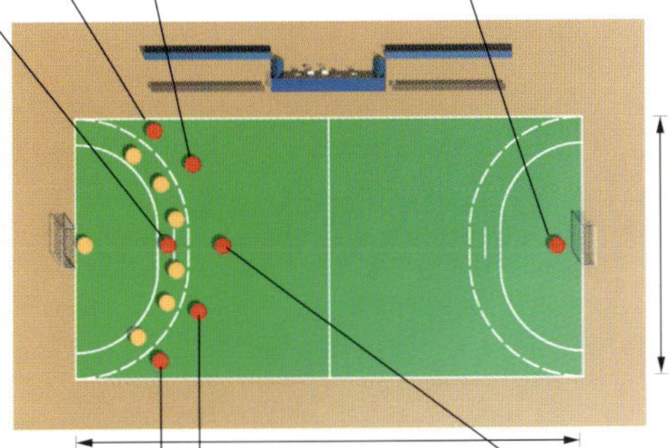

Ailier gauche
En attaque, les ailiers doivent s'écarter sur les côtés pour étirer la défense ou se créer des occasions de tirs. En défense, ils tentent d'empêcher les ailiers adverses de passer.

Arrière gauche
En défense, les arrières s'occupent du pivot ou des arrières adverses et tentent de bloquer les tirs. En attaque, ils demeurent éloignés de la défense adverse pour pouvoir prendre l'élan nécessaire aux tirs.

Arrière centre
En défense, il dirige les mouvements de ses partenaires. En attaque, il dirige le jeu de son équipe.

COUPES ET CHAMPIONNATS

L'International Handball Federation (IHF) organise les championnats du monde par équipes nationales. Créés en 1938 pour les hommes et 1957 pour les femmes, ils ont lieu tous les deux ans depuis 1993. Les confédérations continentales organisent leurs propres championnats continentaux (Coupe d'Europe, Coupe d'Asie...) tous les deux ans.

Chaque pays organise aussi ses propres championnats nationaux d'équipes de clubs. Les vainqueurs de ces championnats se retrouvent dans des compétitions continentales (comme la Ligue des champions en Europe) disputées tous les ans.

ÉQUIPEMENT

Tenue des joueurs
Les joueurs doivent porter des chaussures de sport, un short et un maillot numéroté de 1 à 20. Les numéros doivent mesurer au moins 20 cm de haut côté dos et 10 cm côté poitrine. Il est interdit de porter des protections pour le visage ou la tête, des bijoux ou des lunettes sans élastique de maintien ou à monture solide, ainsi que tout autre objet dangereux pour les joueurs.

Circonférences
Hommes : 58 - 60 cm
Femmes : 54 - 56 cm

Ballon
Il est généralement revêtu d'une enveloppe de cuir ou de matière synthétique qui ne doit en aucun cas être brillante ou glissante.

Responsable d'équipe
Il est le seul autorisé à s'adresser au secrétaire, au chronométreur et éventuellement aux arbitres.

Ligne de touche
Lorsque la balle franchit cette ligne, une remise en touche est accordée à l'équipe qui n'en avait pas possession au moment de la sortie.

Ligne des 9 m (ligne de coup franc)
Lorsqu'un coup franc est accordé à une équipe, aucun joueur attaquant ne peut pénétrer dans la zone des 9 m adverse avant que le ballon ne soit joué.

Ligne des 6 m

Surface de but
C'est la zone délimitée par un arc de cercle situé à 6 m du but. Aucun joueur ne peut y poser le pied. Un joueur en possession du ballon peut sauter au-dessus au moment de tirer au but.

But
Il est placé au milieu de la ligne de but. Il doit être solidement fixé.

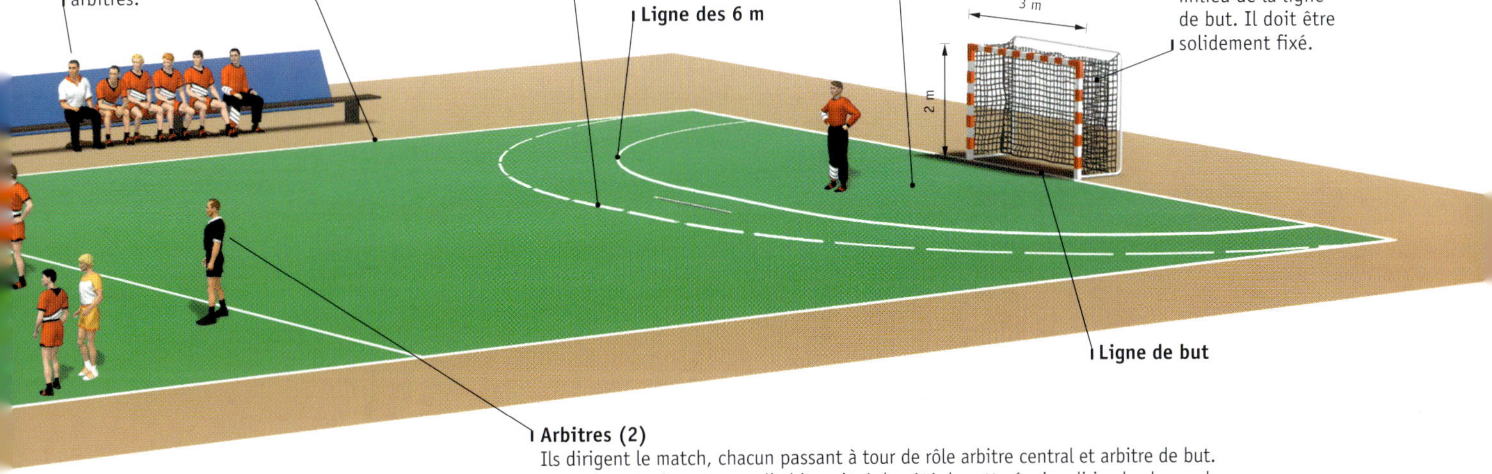

Ligne de but

Arbitres (2)
Ils dirigent le match, chacun passant à tour de rôle arbitre central et arbitre de but. Lorsqu'une équipe attaque, l'arbitre situé du côté de cette équipe dirige le champ de jeu, l'autre se place près du but défensif. Dès que l'équipe défendante se porte en attaque, ils changent de rôle.

TECHNIQUES DE JEU

Le tir désaxé

Le tir désaxé est une variante spectaculaire du tir en suspension. Il est utilisé lors d'un tir de l'aile, à la limite de la zone de but. Le tireur saute au-dessus de la zone et, au moment de tirer, il imprime à son corps un mouvement latéral qui doit l'amener presque à l'horizontale du sol. Le bras tenant le ballon est alors plus haut que le corps. Ce mouvement permet au tireur de se rapprocher du centre de la zone des 6 m et d'ouvrir son angle de tir face au but. Pour être valide, le tir doit être effectué avant que le tireur ne retombe dans la zone de but.

Tir en suspension

Le tir est en suspension quand le tireur saute en l'air pour tirer au but. Pour être efficace, le tir en extension doit être précédé d'une course d'élan d'un maximum de trois pas. Moins puissant que le tir en appui, il est plus précis et permet un tir direct vers le but en s'élevant au-dessus d'un défenseur qui pourrait bloquer le ballon. Le tir peut s'effectuer lors de la phase ascendante (rapide et vif) ou être retardé et s'effectuer dans la phase descendante du saut, afin de tromper les défenseurs et le gardien. Il est possible d'effectuer un tir en suspension à l'intérieur de la zone des 6 m tant que le tireur ne touche ni la ligne ni le sol à l'intérieur de la zone tandis qu'il tient le ballon.

Technique du gardien de but

Durant une partie, le gardien est soumis à une série de tirs puissants et proches. Plutôt que de chercher à arrêter le ballon, il tente de le dévier de son but. Pour donner le moins de chances aux adversaires, il s'avance d'un pas devant sa ligne de but (il limite ainsi l'angle de tir du tireur) et utilise tout son corps pour donner le moins d'espace possible au tireur : bras levés sur les côtés, jambes écartées. Le gardien doit toujours être en appui sur l'avant de ses pieds, ce qui lui permet de réagir plus vite lors d'un tir et de lancer sa jambe pour contrer la balle.

Dribble

C'est l'action de faire progresser le ballon en le faisant rebondir au sol, en respectant la règle des 3 secondes et celle des trois pas. Un joueur peut faire trois pas balle en main, puis la dribbler. Si à la suite du dribble il reprend la balle en main et effectue un pas supplémentaire avant de passer la balle, il sera pénalisé d'un coup franc. De même, un joueur ayant dribblé la balle ne peut la reprendre en main et la dribbler à nouveau avant de la passer.

Tir en appui

C'est le type de tir le plus puissant. Un tir est dit en appui quand l'un ou les deux pieds du tireur sont en contact avec le sol lorsqu'il effectue son tir. Souvent utilisé pour les tirs de loin par les arrières qui cherchent ainsi à percer le mur défensif et à surprendre le gardien, il peut être effectué à l'arrêt, le tireur effectuant ou non les trois pas réglementaires auxquels il a droit avant de tirer, ou en course.

Passe

Élément de base du jeu, la passe est un geste essentiel du handball. Il est possible de passer la balle à un partenaire de n'importe quelle façon. La vitesse et la précision des passes sont souvent le gage de la qualité d'une équipe.

Jackson Richardson (FRA)
Pivot de l'équipe de France, il a été champion du monde en 1995 et médaillé de bronze aux J.O. de 1992. Élu meilleur joueur du monde en 1995, son style spectaculaire a permis au handball de gagner en popularité.

PROFIL DU JOUEUR

- Le handball est un sport rapide et très exigeant physiquement dans lequel les facteurs vitesse, dynamisme et endurance jouent un rôle primordial. Les entraînements sont donc axés spécifiquement sur ces points. La puissance, surtout au niveau des bras, est un autre point crucial au handball. La combinaison des facteurs vitesse et force détermine la puissance. La force peut être améliorée grâce à des exercices de musculation spécifiques. La technique individuelle, répertoire des gestes concrets propres au handball, est un point que les joueurs enrichissent continuellement par la répétition de ces gestes.
- Les articulations (chevilles, genoux, coudes et poignets) étant continuellement mises à contribution, la préparation d'avant-match doit comporter de nombreux exercices d'étirements.
- La taille des joueurs de haut niveau représente un facteur important de réussite dans ce secteur de haute performance. Leur taille moyenne atteint plus de 1,90 m pour les hommes et plus de 1,75 m pour les femmes.

Sports de raquette

tennis

Suzanne Lenglen (FRA), championne du monde à l'âge de 15 ans en 1914, l'une des grandes dames du tennis.

Sport de raquette dans lequel deux ou quatre joueurs se renvoient une balle par-dessus un filet – tout en cherchant à empêcher le retour de celle-ci –, le tennis moderne tire ses origines de l'ancien jeu de paume français dont les règles furent édictées à Paris en 1592. Le major anglais Walter Clopton Wingfield s'en inspira et fit breveter, le 23 février 1874, un jeu pour lequel 25 règles furent définies en mai 1875. Le premier championnat fut organisé sur le terrain de Wimbledon, en banlieue de Londres, en juillet 1877. Les premiers championnats internationaux eurent lieu en 1881 aux États-Unis, en 1905 en Australie et en 1925 en France. Au programme inaugural des premiers Jeux de l'ère moderne, à Athènes en 1896, puis retiré du programme olympique après 1924, le tennis a repris sa place au sein des J.O. en 1988. Depuis 1913, le tennis est régi par la Fédération internationale de lawn-tennis, rebaptisée en 1977 la Fédération internationale de tennis (FIT). Le sport se joue dans la plupart des pays et ses pratiquants regroupent aussi bien des juniors de 5-6 ans que des vétérans de plus de 80 ans. Les différentes formes de jeu sont le simple masculin, le simple féminin, le double masculin, le double féminin et le double mixte.

DÉROULEMENT D'UN MATCH

Il commence par un tirage au sort dont le gagnant a le choix entre le service, le côté du court ou encore donner le premier choix à l'adversaire. Le serveur a droit à deux essais ; au premier service, il cherche à déstabiliser l'adversaire par la puissance ou le placement du service. Le joueur marque un point si son service est un ace, c'est-à-dire lorsque l'adversaire n'a pu toucher la balle, ou encore si ce dernier a renvoyé la balle hors des limites du terrain ou dans le filet. Le retour doit toujours être renvoyé après un rebond de la balle. Une fois le point commencé, les joueurs peuvent frapper la balle après un seul rebond au sol ou directement avant le rebond au sol.

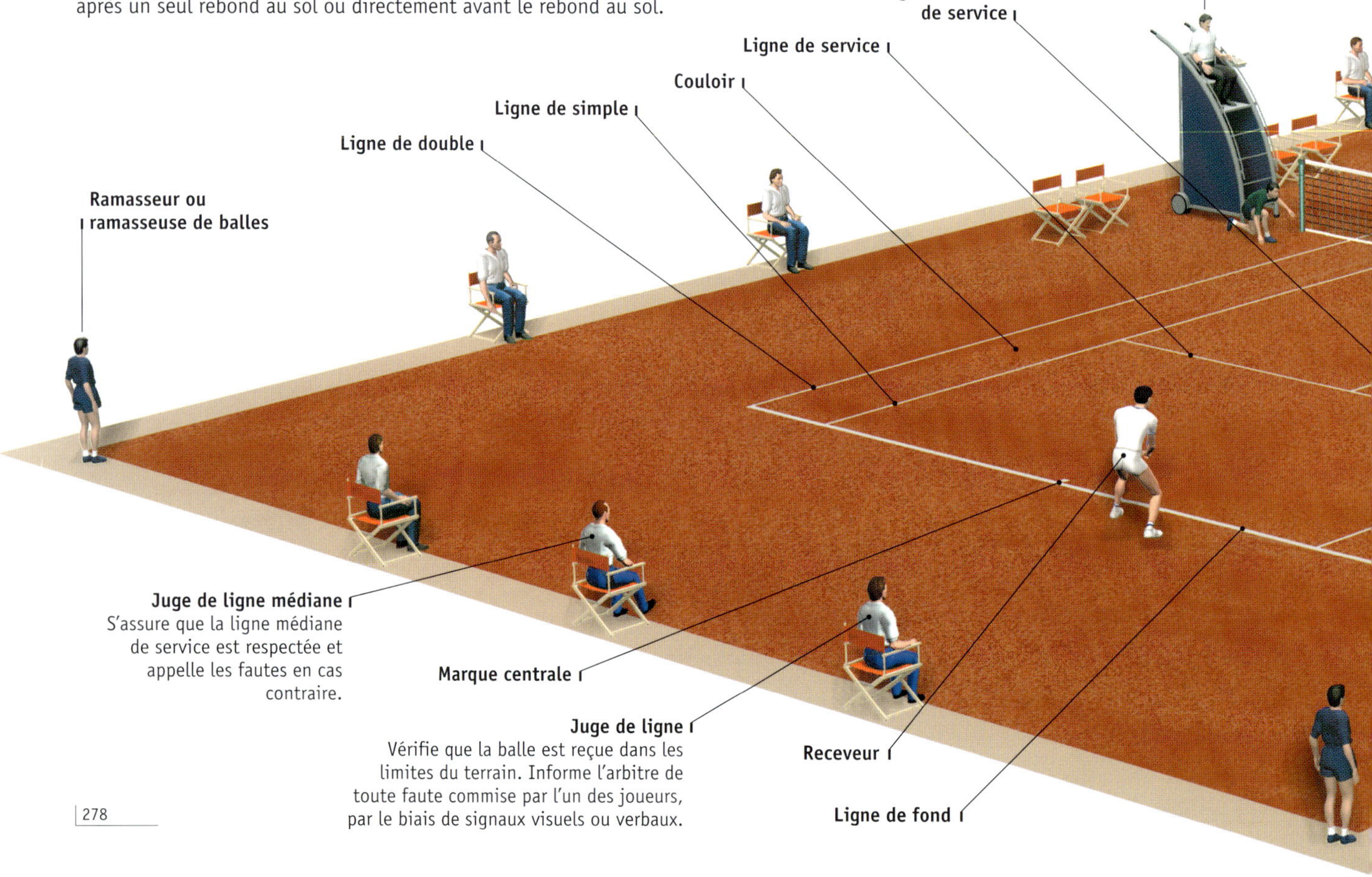

DÉCOMPTE DES POINTS

Un match est divisé en manches, jeux et points et se déroule en trois ou cinq manches (deux ou trois manches gagnantes), au choix des organisateurs.

Manche (ou set)
Série de jeux. Le vainqueur de 6 jeux remporte la manche, à condition qu'il ait une avance de deux jeux sur son adversaire. Si les adversaires arrivent à 6-6, un « jeu décisif » (tie-break) est alors nécessaire : le premier joueur sert une fois et par la suite chacun des joueurs sert deux fois. Celui qui atteint un minimum de 7 points gagne le jeu et la manche, à condition qu'il ait deux points d'avance.

Jeu (ou partie)
Série de points qui se décompose comme suit : 0, 15, 30, 40 et jeu. Si les deux joueurs sont à égalité à 40 points, l'un d'entre eux devra marquer deux points consécutifs pour remporter le jeu. Le premier de ces points est nommé avantage.

Identification des joueurs
Le score du serveur est toujours donné en premier. Les joueurs changent d'extrémité de terrain lors de chaque jeu impair.

Steffi Graf (ALL)
Seule joueuse de l'histoire du tennis à avoir remporté toutes les épreuves du Grand Chelem et une médaille d'or olympique la même année (1988).

Rodney « Rod » Laver (AUS)
Seul joueur de l'histoire du tennis à avoir remporté deux fois le Grand Chelem, en 1962 et 1969.

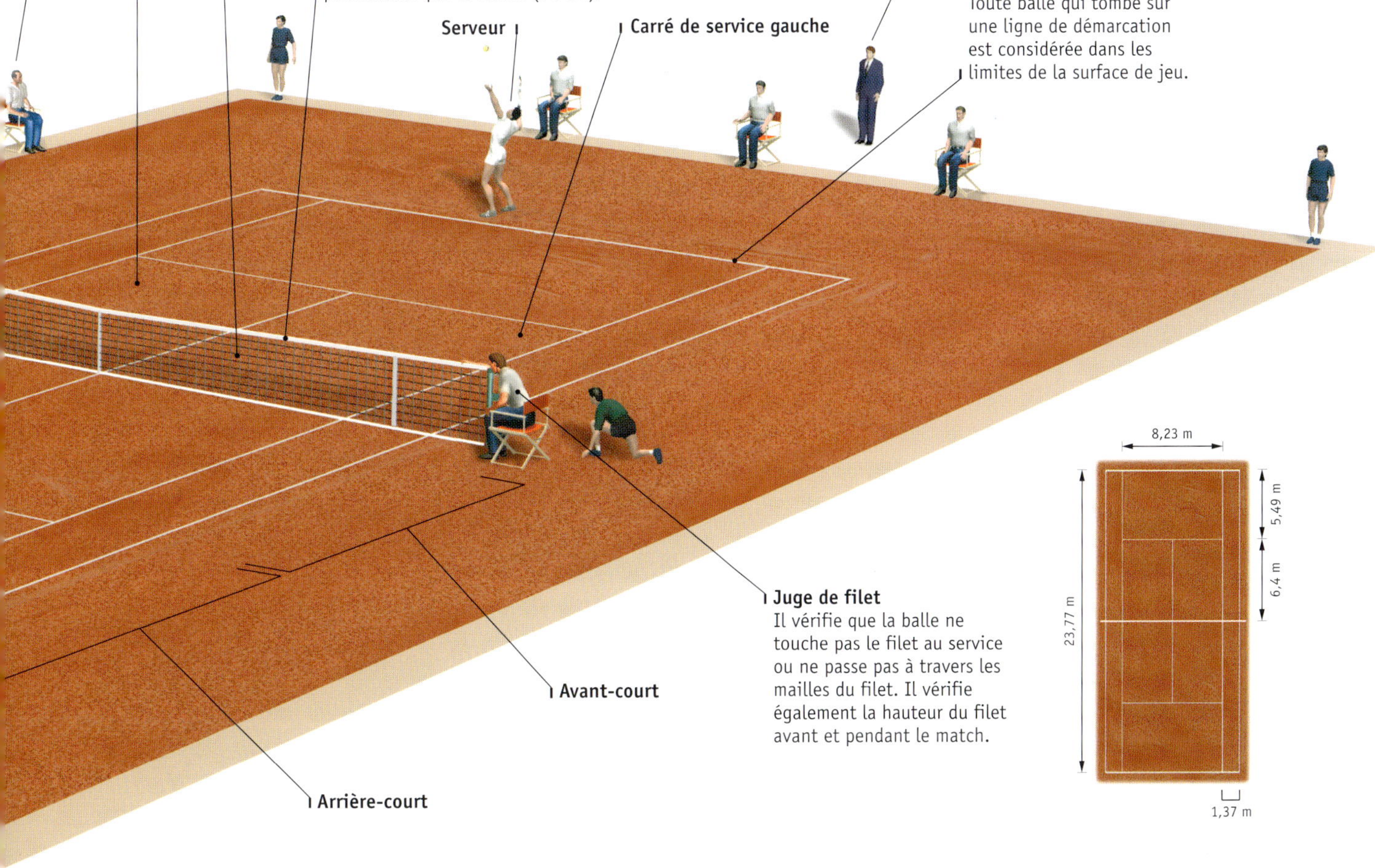

Juge-arbitre
Doit être présent sur les lieux. Il assigne les terrains, suspend ou interrompt les rencontres si les conditions climatiques ou l'éclairage sont défavorables et a le pouvoir de disqualifier un joueur pour inconduite, retard ou refus d'obtempérer. Sa décision est sans appel sur toutes les questions de droit.

Juge de service

Carré de service droit

Filet

Bande du filet
Les extrémités du filet (1,07 m) sont plus hautes que le centre (91 cm).

Serveur

Carré de service gauche

Toute balle qui tombe sur une ligne de démarcation est considérée dans les limites de la surface de jeu.

Juge de filet
Il vérifie que la balle ne touche pas le filet au service ou ne passe pas à travers les mailles du filet. Il vérifie également la hauteur du filet avant et pendant le match.

Avant-court

Arrière-court

TECHNIQUE

À l'exception du service, tous les coups au tennis sont identifiés comme étant exécutés en coup droit ou en revers. Pour un droitier, tous les coups donnés à droite sont considérés comme des coups droits et à gauche comme des revers. Le mot revers vient du fait qu'un droitier effectue les coups à sa gauche avec le revers de la main. Pour les gauchers, la logique est inversée.

Service

Il s'agit du coup d'envoi. Le serveur, placé derrière la ligne de fond, a droit deux essais pour envoyer la balle dans le carré de service situé en diagonale. Au cours du premier service, le serveur tente de déstabiliser son adversaire par la vitesse ou le placement de sa balle. Si le premier service est raté, le serveur utilise alors le deuxième comme mise en jeu. Le premier service est exécuté à la droite du terrain, en alternance de côté après chaque point. Un tirage au sort décide du serveur pour le premier jeu.

Retour de service

Le relanceur se place en diagonale du serveur près de la ligne de fond pour remettre la balle en jeu. Selon la difficulté du service, le relanceur choisira un type de retour allant de la défensive à l'attaque.

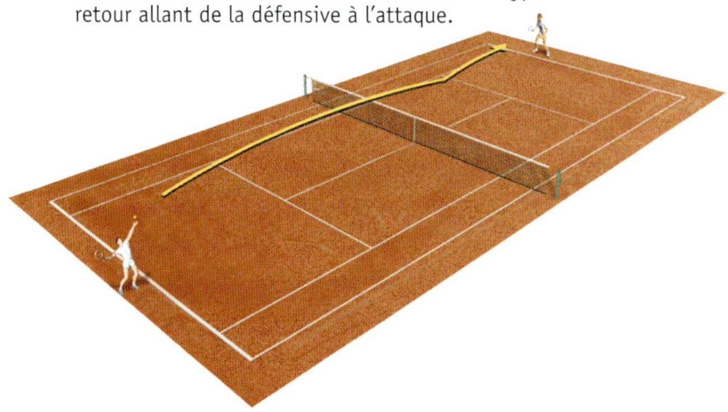

COUPS APRèS REBOND

Coups de fond

Ils sont en général joués près de la ligne de fond. Surtout utilisés pour les échanges, ces coups permettent aussi d'attaquer en puissance et en précision.

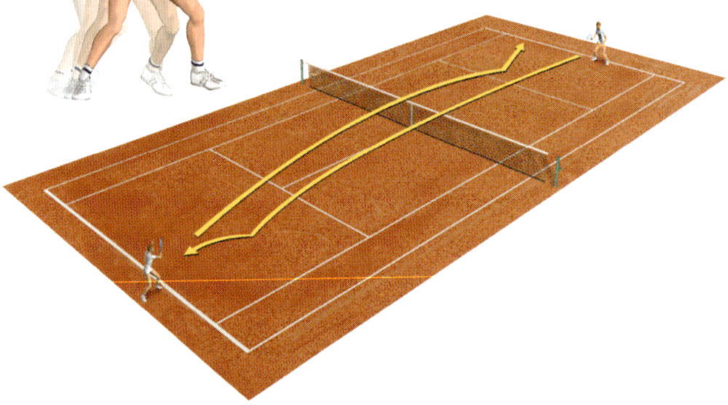

Coups d'approche

Ils sont utilisés lorsque la balle adverse est courte et que le joueur la frappe à mi-terrain avant d'avancer au filet.

COUPS AVANT REBOND

Demi-volées

Elles signifient que le joueur a effectué son coup immédiatement après le rebond de la balle à une hauteur ne dépassant pas les genoux. Il s'agit d'un coup joué principalement en montant au filet et dont l'exécution nécessite une technique compacte apparentée à la volée. La demi-volée peut aussi se jouer à partir de la ligne de fond.

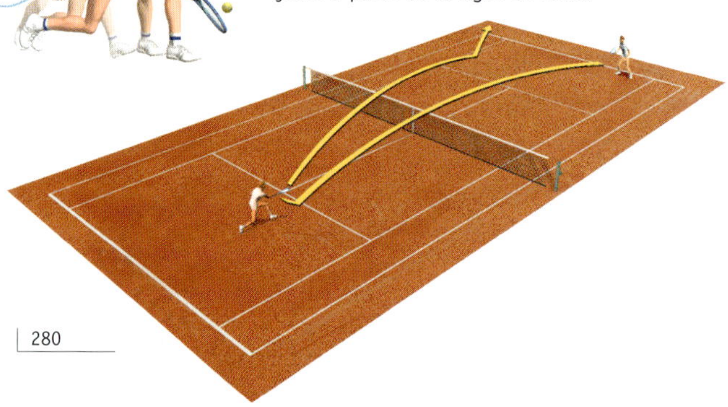

Volées

Ce sont des coups effectués avant que la balle ne touche le sol. Les volées se jouent normalement près du filet. Exécutées à mi-terrain, on les nomme volées d'approche puisqu'elles permettent au joueur de monter au filet.

COUPS SPÉCIAUX

Lob

La balle est envoyée en hauteur de manière à rebondir le plus près possible de la ligne de fond. Il est surtout utilisé pour déjouer l'adversaire monté au filet ou l'obliger à faire un smash. En double, il peut aussi être joué à la volée.

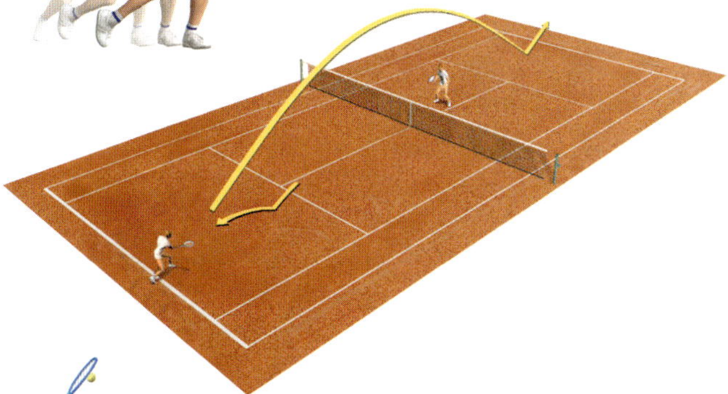

Amorti

Il vise à déjouer l'adversaire au moyen d'un coup court afin que celui-ci ne puisse atteindre la balle avant le deuxième rebond. Il est utilisé autant en coup de fond qu'à la volée.

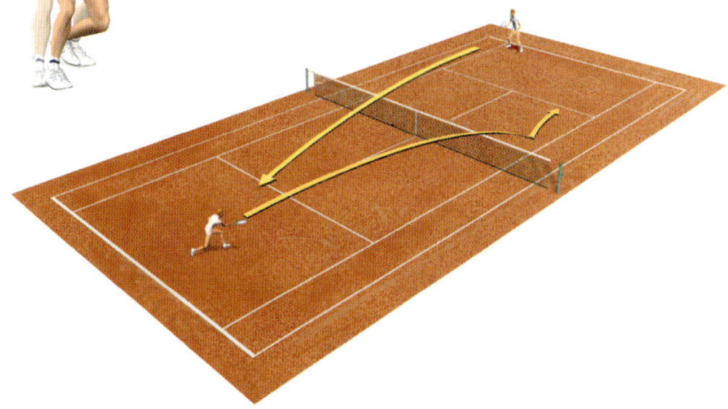

Smash

Coup puissant exécuté au-dessus de la tête, le smash répond généralement à un lob et laisse à l'adversaire peu de chances de répliquer. Il peut être frappé avant ou après le rebond de la balle.

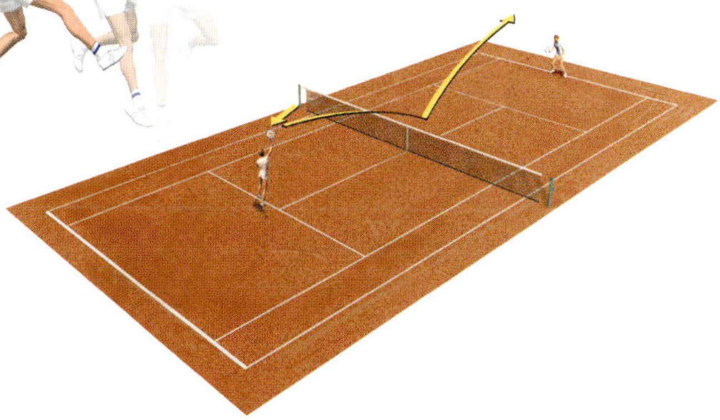

PRISES DE RAQUETTE

Le choix d'une prise de raquette est généralement lié à la technique utilisée.

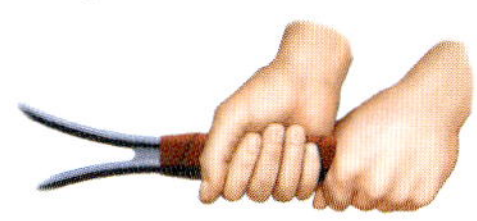

Prise à deux mains
Il existe de nombreuses variations de ce type de prise surtout utilisée pour les revers.

Prise eastern
Elle favorise les effets plats et légèrement brossés, et elle est utilisée pour les volées hautes et les coups de fond.

Prise continentale
Elle est principalement utilisée pour les effets coupés à la volée et au service.

Prise western et semi-western
On y a recours pour les effets brossés et surtout pour les coups de fond.

EFFETS

Ils décrivent les diverses rotations de la balle imprimées par les angles de frappe des différents coups. À la même vitesse de frappe, pour atteindre la même distance, les effets présentent des trajectoires différentes. L'effet brossé crée une rotation vers l'avant et il donne la plus courte distance, l'effet coupé entraîne une rotation vers l'arrière et résulte en la plus grande distance et l'effet slicé, pour sa part, crée une courbe dans la trajectoire de la balle.

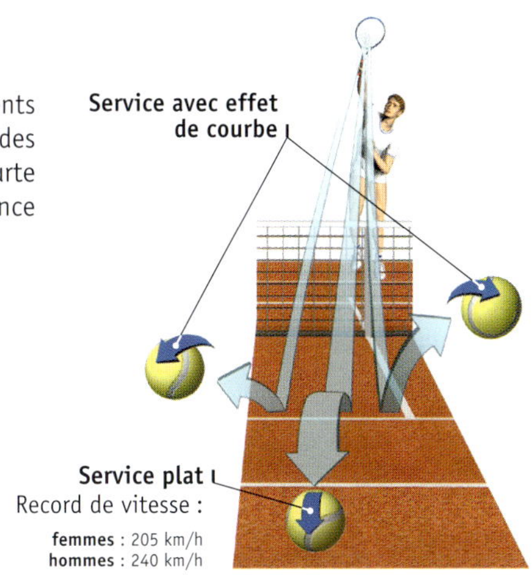

TRAJECTOIRES DE LA BALLE

La trajectoire d'une balle résulte de la combinaison du type de frappe effectué par le joueur et de l'effet imprimé à la balle.
Les différentes trajectoires d'une balle de tennis provoquent, à leur tour, des rebonds de balle, ces derniers étant atténués ou accentués par la nature du revêtement de la surface de jeu.

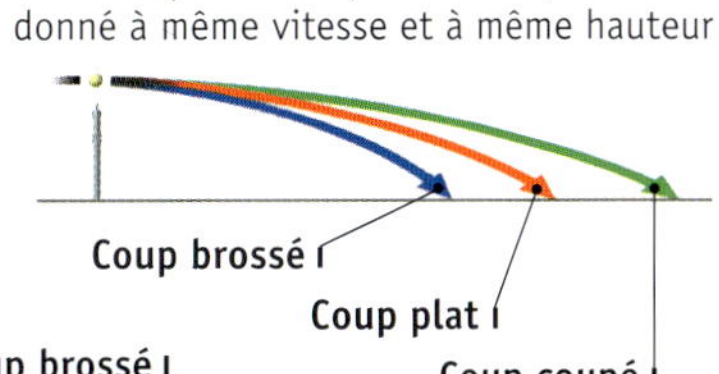

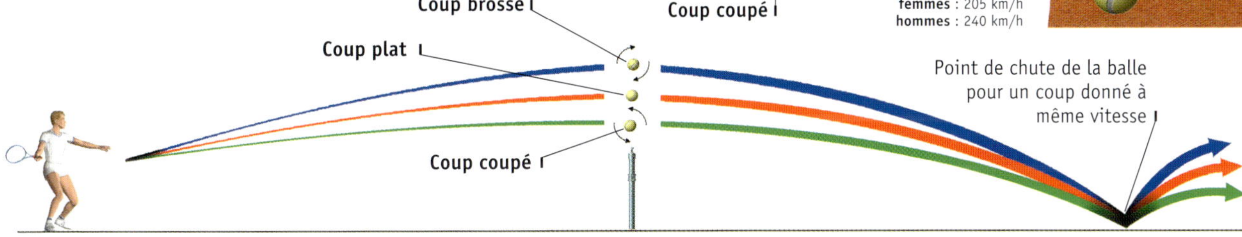

SURFACES

En 1877, le tennis se jouait exclusivement sur une surface de gazon roulé, d'où il tira d'ailleurs son nom de lawn-tennis. Au fil des ans et avec la popularité croissante du sport, d'autres revêtements firent leur apparition. Il existe différentes surfaces extérieures et intérieures. Chaque surface a ses caractéristiques propres, lesquelles influencent à leur tour les tactiques de jeu et les techniques de frappe. Pour le tennis en salle, on utilise des surfaces dures synthétiques ou des tapis en caoutchouc. Le jeu à l'intérieur est qualifié de rapide.

1. Gazon

Favorise un jeu où le service et la volée sont déterminants tout en limitant les échanges depuis le fond du court, puisque la balle glisse et le rebond est bas.

2. Terre battue

Permet l'utilisation d'un arsenal varié de coups ainsi que des déplacements favorisant la glisse. Rebond très lent et échanges en général assez longs.

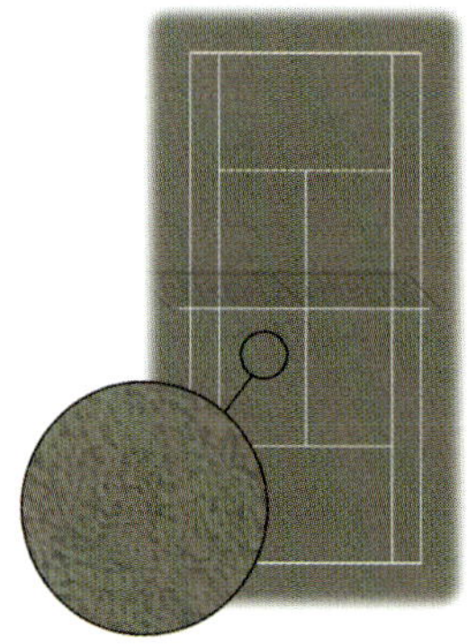

3. Surface dure (ciment)

Favorise le rebond, grâce à l'homogénéité de la surface, contrairement au gazon (conditions climatiques variables) et à la terre battue (inégalité du terrain). Peut toutefois augmenter les risques de blessures aux genoux et aux tibias.

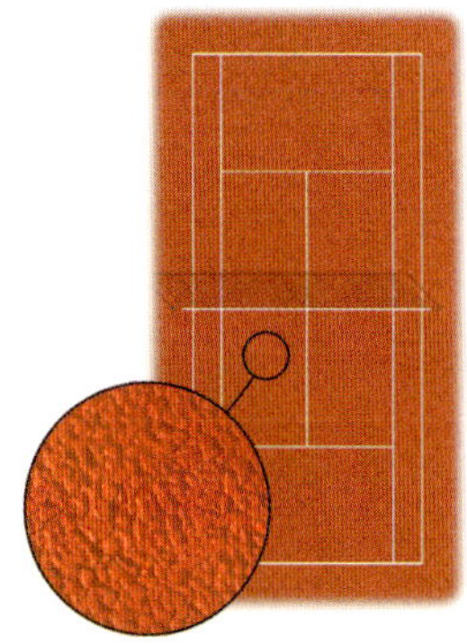

4. Revêtement synthétique

Très apprécié par les joueurs. Souple, élastique, il offre un excellent rebond et réduit les risques de blessures.

TOURNOIS

L'ATP (Association of Tennis Professionals), qui regroupe amateurs et professionnels depuis 1972, publie le classement mondial des joueurs depuis 1973 et présente un réseau de tournois dont les performances cumulatives des joueurs déterminent la hiérarchie annuelle. Le WTA (Women Tennis Association) regroupe les joueuses de tennis du monde entier, suivant une formule identique à celle de l'ATP.

La Coupe Davis est un tournoi masculin entre plusieurs pays qui s'échelonne sur l'année et dont la finale est en décembre. La Coupe Fédération, pour sa part, est une épreuve pour équipes féminines créée en 1963 dans laquelle plusieurs nations s'affrontent.

TOURNOIS	DATE	LIEU	SURFACE
Le Grand Chelem (3 manches gagnantes)			
Internationaux d'Australie	fin janvier	Melbourne	Revêtement synthétique
Internationaux de France	début juin	Paris (Roland-Garros)	Terre battue
Wimbledon	début juillet	Wimbledon	Gazon
US Open	début septembre	Flushing Meadows	Ciment
La Coupe Davis (3 manches gagnantes)	début décembre	Au choix du finaliste	Au choix du finaliste
La Coupe Fédération (3 manches gagnantes)	mi-septembre	Au choix du finaliste	Au choix du finaliste

PARTIE DE DOUBLE

Les techniques et tactiques des parties de double sont particulières, puisque les joueurs doivent harmoniser leur jeu avec celui de leur partenaire. Chacun des joueurs a un rôle précis à effectuer en début de point en tant que serveur, partenaire du serveur, relanceur et partenaire du relanceur. Le même joueur peut frapper successivement plusieurs coups sans que son partenaire n'ait à intervenir. Une fois le point commencé, l'équipe doit se positionner pour couvrir le terrain efficacement en fonction des coups adverses et non pas exclusivement s'occuper chacun de leur moitié de terrain. Les serveurs alternent à tour de rôle après chaque jeu et peuvent modifier l'ordre après chaque manche. Les receveurs retournent toujours du même côté pour la durée de la manche et peuvent modifier leur position s'ils le désirent après chaque manche. À part le service qui doit continuer à être joué dans les carrés de service diagonalement opposés, tous les coups peuvent être exécutés dans les corridors adverses à l'intérieur des lignes de double.

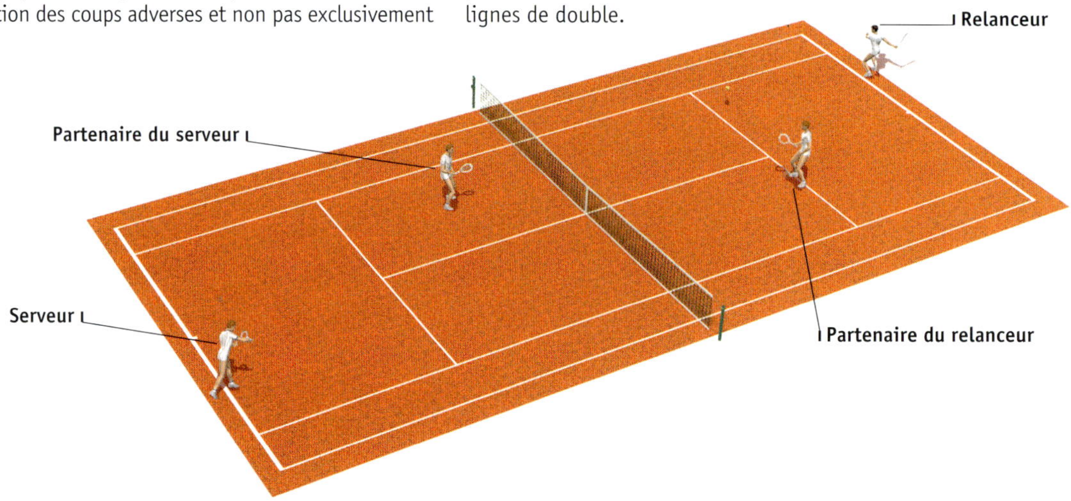

ÉVOLUTION DE LA RAQUETTE DE TENNIS

L'évolution du jeu est directement liée à l'évolution de la raquette de tennis elle-même. Les coups sont devenus plus puissants, plus précis, avec des effets de balle plus prononcés. Ainsi, l'interaction des composantes et des dimensions du cadre, du tamis et du manche influence la précision de la frappe, l'absorption des vibrations et la vitesse d'exécution d'une technique.

Sweetspot
Surface qui permet une force de frappe maximale alliée à une zone de vibration minimale. L'emplacement et l'ampleur du sweetspot sont déterminés par les dimensions du tamis.

Cadre

Tête

Les normes de la taille de la raquette de tennis ont été fixées en 1982 par la FIT et révisées en 1997.

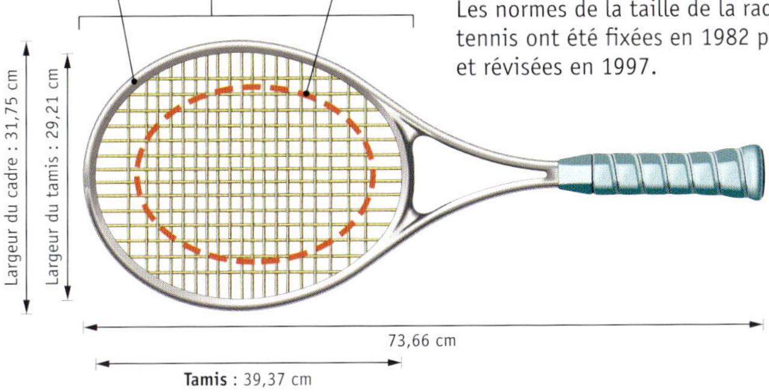

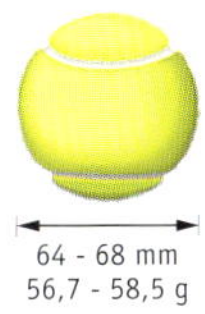

Balle
En caoutchouc, sa surface extérieure est uniformément recouverte de feutre jaune.

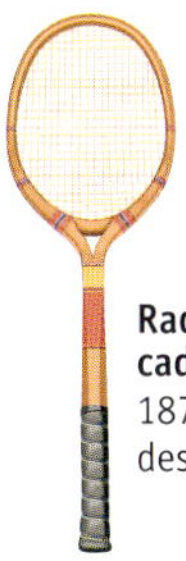

Raquette à cadre de bois
1877 - début des années 70

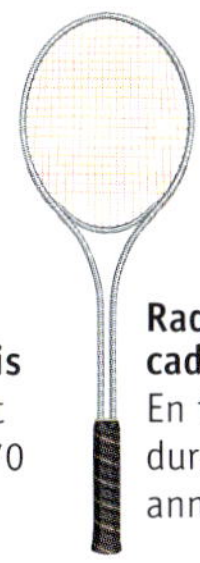

Raquette à cadre de métal
En transition durant les années 70

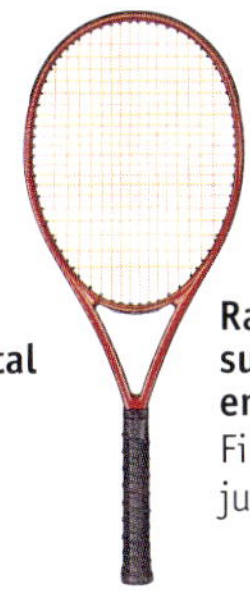

Raquette à cadre surdimensionné en composite
Fin des années 80 jusqu'à nos jours

PROFIL DU JOUEUR DE TENNIS

Le tennis combine des habiletés techniques, tactiques, physiques et psychologiques et exige des qualités de perception-anticipation, de prise de décision et d'exécution variée. Bien que chaque joueur possède ses particularités, il existe cinq styles de jeu principaux :

- **le renvoyeur** : sa tactique consiste à ne prendre aucun risque et à jouer des balles profondes et hautes afin de « repousser » son adversaire. Il cherche à jouer une balle de plus que son adversaire en attendant que ce dernier commette une erreur. Il est très efficace sur surface lente ;
- **le frappeur** : il cherche à jouer en puissance dès qu'il le peut. Il possède normalement un service et un coup droit puissants. Il affectionne particulièrement les surfaces à rebond haut comme la terre battue et les surfaces dures lentes ;
- **l'attaquant** : son but est de s'emparer du filet le plus rapidement possible. Pour ce faire, il a recours à l'enchaînement service-volée et il monte au filet dès le retour de deuxième service. Il est à son avantage sur les surfaces très rapides où l'efficacité de son service lui permet de mieux s'imposer à la volée ;
- **le placeur** : il cherche à faire constamment se déplacer son adversaire en changeant la direction de ses coups et en exploitant toute la surface du terrain à l'aide de coups en angle, d'amortis, etc. ;
- **le joueur complet** : il peut jouer sur diverses surfaces de jeu et se montre aussi à l'aise sur la ligne de fond qu'au filet. Il n'a pas de faiblesses techniques qui pourraient l'empêcher d'adapter son jeu aux surfaces et à ses adversaires.

Serre-poignet
Il permet aux athlètes d'éponger la transpiration qui pourrait les gêner sur le front et le visage.

racquetball

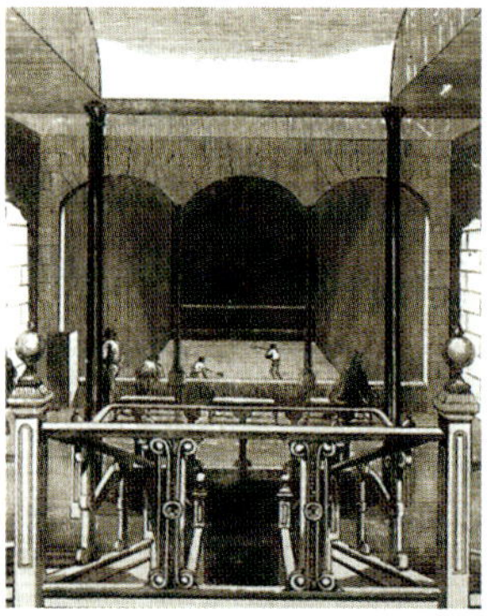

Le Prince's Racquet Club Courts à Belgrave Square (Grande-Bretagne), en 1857.

Jeu de raquette à caractère offensif, le racquetball se pratique dans un espace clos rectangulaire. Son invention en 1949, aux États-Unis, est généralement attribuée à Joe Sobek, dont l'objectif était de créer un jeu similaire au tennis et facile à apprendre. Concevant et distribuant lui-même le matériel dès les années 50, Joe Sobek contribue largement à la popularité et au développement de son sport. L'International Racquetball Federation (IRF) naît en 1979. Le premier championnat du monde, en 1981, attire l'attention du Comité international olympique qui reconnaît officiellement le racquetball comme sport en développement. Intégré en 1995 aux Jeux panaméricains, il compte aujourd'hui 17 millions de joueurs dans plus de soixante-dix pays.

DÉROULEMENT D'UN MATCH

On peut jouer au racquetball en simple (2 adversaires) ou en double (2 équipes de 2). Les deux camps s'échangent la balle. Elle doit être frappée avant son deuxième rebond au sol et peut rebondir sur tous les murs, mais doit toucher le mur avant le sol. L'objectif est de servir, ou retourner la balle, de façon que l'adversaire ne soit pas en mesure de la garder en jeu. Le match commence par l'annonce traditionnelle « zéro sert zéro ». Il se joue en deux manches de 15 points. En cas d'égalité, une troisième manche décisive en 11 points détermine le vainqueur. Seul le serveur peut marquer un point. Si le receveur gagne un échange, il devient serveur.

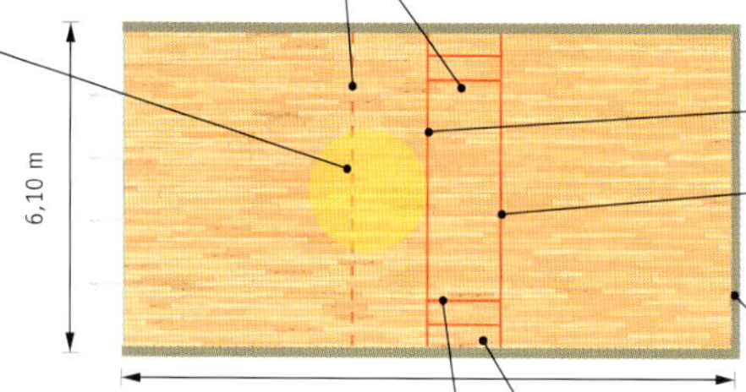

TERRAIN

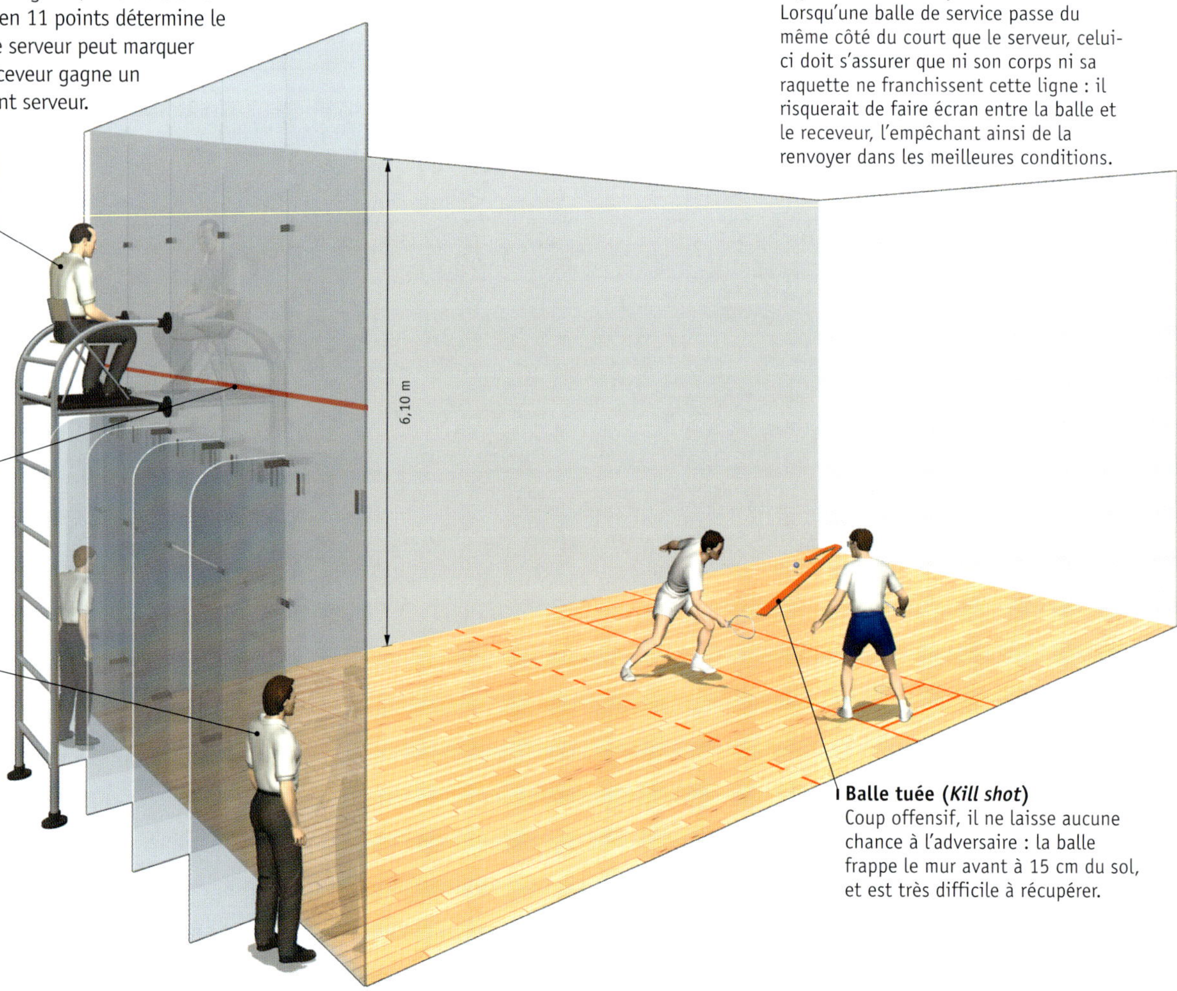

TACTIQUE

Forcer l'adversaire à se déplacer sur une distance maximale, l'obliger à un retour faible ou défensif et rester maître de la zone tactique sont les trois objectifs principaux.

COUPS OFFENSIFS

Ils se jouent au rebond vers le bas du mur avant.

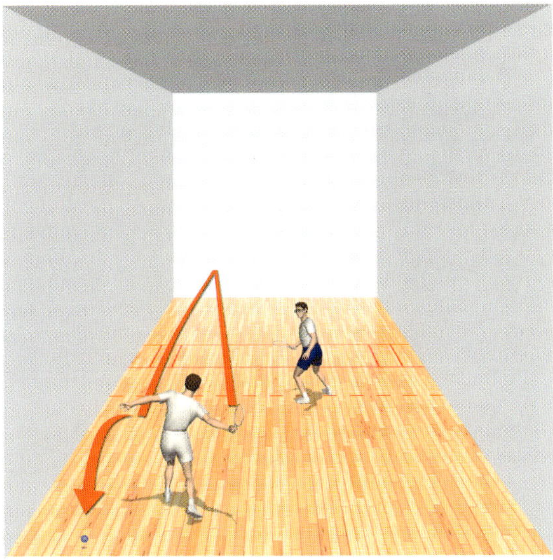

Coup de dépassement (*Pass shot*)

C'est sa puissance et sa précision qui mettent l'adversaire en difficulté et le forcent à quitter la zone stratégique.

COUPS DÉFENSIFS

Ils se jouent au rebond vers le plafond, ou dans les angles, frappant les murs à la hauteur des hanches.

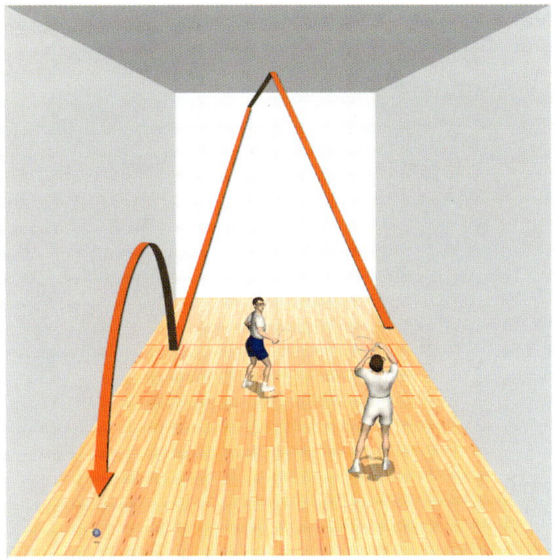

Coup de plafond

Il oblige l'adversaire à reculer jusqu'au fond du terrain et à frapper une balle haute, donc moins offensive.

PRISE DE RAQUETTE

La puissance et la précision des frappes dépendent de la position de la raquette au moment du contact avec la balle. L'angle idéal – perpendiculaire au sol – est obtenu en variant la prise de la raquette suivant l'exécution des revers ou des coups droits.

Exemple de prise : coup droit
Le V formé par le pouce et l'index est situé sur le dessus de la raquette.

PROFIL DU JOUEUR
• Un joueur de haut niveau n'a pas de caractéristiques physiques particulières. Il allie puissance musculaire explosive et endurance. Ses jambes, ses bras, son dos et ses muscles fessiers sont les plus sollicités.
• L'alternance d'échanges intenses (de 1 à 10 secondes) et de courts repos (environ 10 secondes) maintient une fréquence cardiaque très élevée (75 à 85 % du maximum). L'entraînement cardio-vasculaire par la méthode des « intervalles courts » correspond à ce rythme. Par exemple : 5 séries de 10 sprints sur 50 m, entrecoupées de temps de repos égaux à trois fois le temps de travail.
• Une partie du travail technique et tactique peut se faire seul (services, régularité et précision des coups de base) mais doit être complétée par des mises en situation avec un adversaire.

ÉQUIPEMENT

Raquette

Manche

Dragonne
Obligatoire, elle évite les projections involontaires de raquette.

Cadre
Fait de matériau composite.

Cordage
Il peut être naturel ou synthétique.

Balles officielles
Elles doivent porter le sigle I.R.F.

5,71 cm
environ 39,7 g

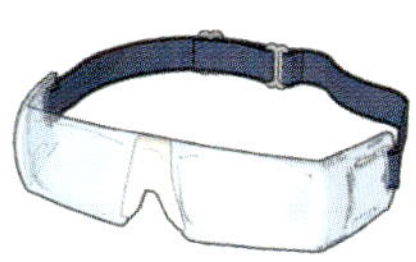

Lunettes de protection
Elles sont obligatoires.

Chaussures
Comme au squash, la semelle doit être claire pour ne pas marquer le sol.

Sherman Greenfeld (CAN)
Champion du monde en équipe en 1988 et 1996, il est également champion national en simple à dix reprises.

tennis de table

Hongrois d'origine, Viktor Barna (G-B) (1911-1972) remporta 15 titres mondiaux dont 5 en simple dans les années 30.

Pratiqué avec des balles légères, sur le plus petit espace de jeu connu, le tennis de table est un sport de raquette rapide et offensif. Né en Grande-Bretagne vers 1870, il prend sa forme actuelle en 1900, avec l'arrivée des balles en celluloïd, importées d'Amérique par l'Anglais James Gibb. Le son qu'elles produisent en rebondissant inspire à ce dernier le terme « ping pong », qu'il dépose aux États-Unis ; les adeptes européens n'ont donc d'autre choix que de baptiser la discipline « tennis de table ». La Fédération internationale de tennis de table (ITTF) est créée à Berlin, en 1926, et le premier championnat du monde a lieu la même année. Les Hongrois, les Tchèques et les Anglais dominent la discipline jusqu'au début des années 1950 avant de passer le relais aux Japonais et aux Chinois. La discipline doit à ces derniers, jusqu'en 1979, la plupart des innovations techniques et tactiques. Si, côté hommes, les Suédois accèdent régulièrement au podium depuis les années 80, le palmarès féminin reste exclusivement asiatique depuis 1971. La discipline devient olympique en 1988 à Séoul.

DÉROULEMENT DU MATCH

Les joueurs doivent relancer la balle, après un seul rebond dans leur camp, sur la partie de table de leur adversaire. Il y a faute si : elle n'est pas retournée dans le camp de l'adversaire, elle est jouée avant le premier rebond ou après un deuxième rebond. Les tournois se jouent en simple (2 joueurs), en double (2 équipes de 2) et en double mixte (1 homme et 1 femme par équipe). Les parties se disputent en 2 ou 3 manches gagnantes de 21 points chacune. Il faut au moins 2 points d'avance pour remporter une manche. Les joueurs servent cinq fois de suite, à tour de rôle. En cas d'égalité 20 à 20, le service change à chaque point. En double, le service « tourne » pour que chaque joueur soit régulièrement serveur et receveur. Les membres d'une équipe jouent la balle à tour de rôle, quelle que soit sa position.

TABLE

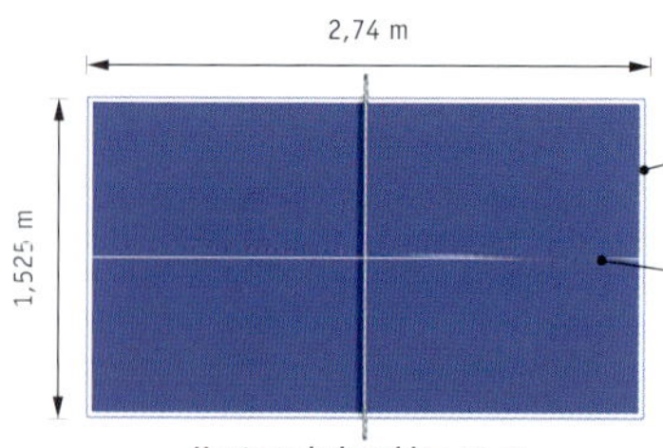

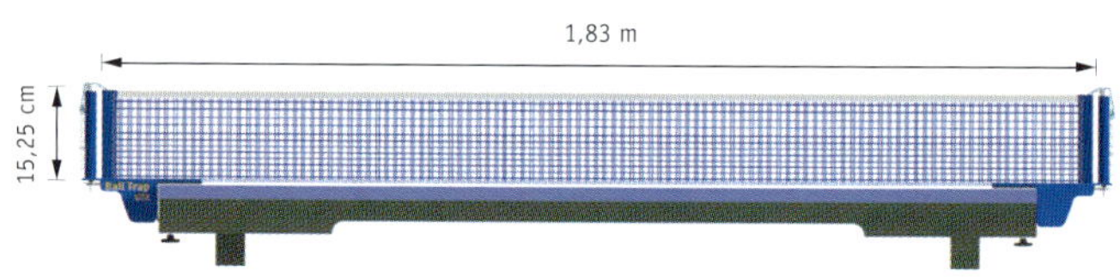

PANNEAU D'AFFICHAGE DES POINTS

PRISES DE RAQUETTE

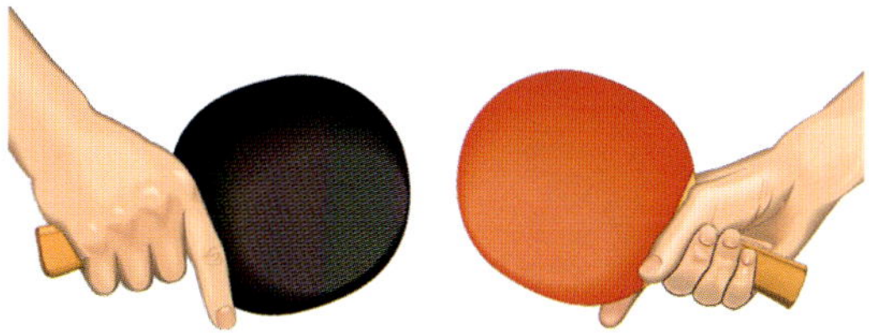

La prise classique

C'est la plus répandue. Elle permet de jouer aussi bien en attaque qu'en défense, mais le passage du coup droit au revers est lent.

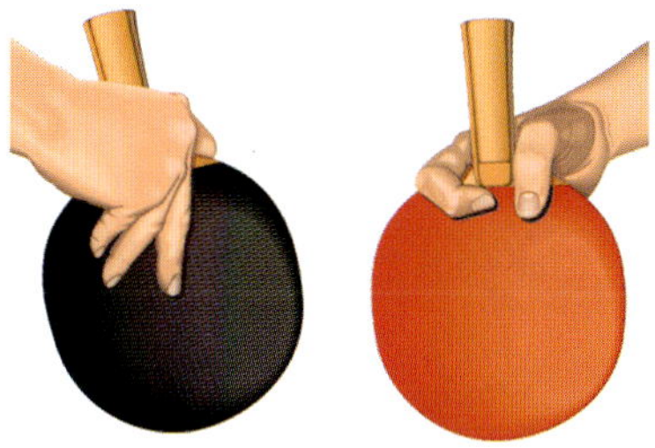

La prise en porte-plume

Inventée par les Japonais dans les années 50, elle est parfaite pour un jeu offensif, mais la faiblesse en revers doit être compensée par des déplacements très rapides.

ÉQUIPEMENT

À la base de l'évolution tactique de la discipline, la raquette influence directement le style du jeu. Elle se compose d'un caoutchouc simple à picots ou d'un « sandwich » mousse et caoutchouc. Le joueur peut utiliser deux revêtements différents sur sa raquette. Dans tous les cas, l'un doit être noir et l'autre rouge.

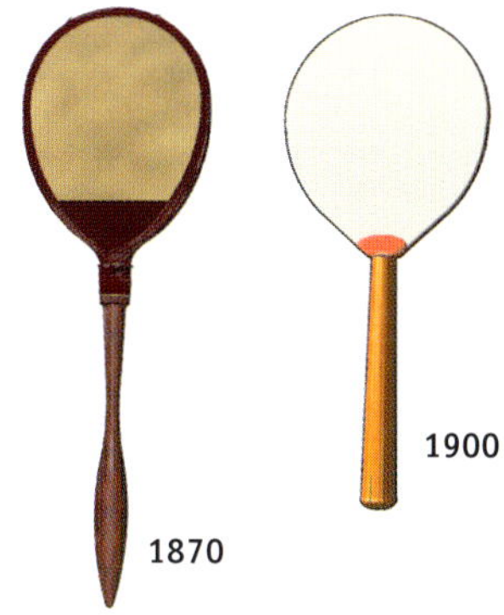

Balle
En celluloïd, elle pèse 2,5 g.

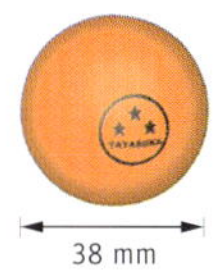

Raquette
Elle peut avoir une forme, des dimensions et un poids variés.

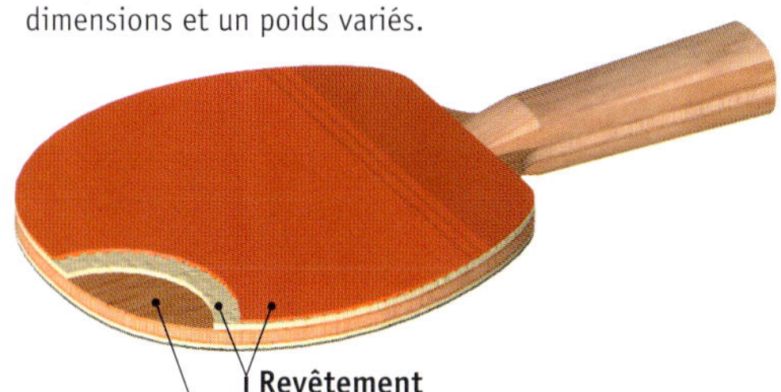

Revêtement
L'épaisseur maximale doit être de 4 mm sur chaque face de la palette.

Palette
Elle doit être composée d'au moins 85 % de bois naturel.

TYPES DE REVÊTEMENTS

Grâce aux colles rapides, les revêtements sont apposés sur la palette quelques minutes avant les matches, ce qui permet de conserver toute leur élasticité.

Picots intérieurs
Le revêtement « backside », très adhérent, permet de jouer autant en attaque qu'en défense.

Le revêtement « anti-spin », moins adhérent, est utilisé en jeu défensif surtout.

Picots extérieurs
Picots courts, parfaits pour un jeu d'attaque près de la table.

Picots longs
Préférés par les joueurs défensifs qui varient les effets.

Jan-Ove Waldner (SUÈ)
Seul joueur à détenir à la fois les titres de champion du monde, d'Europe et olympique de 1989 à 1997.

Deng Yaping (CHINE)
Championne olympique en double et en simple en 1992 et 1996, elle détient le titre de championne du monde en simple en 1991, 1995 et 1997 et en double en 1989, 1995 et 1997.

PROFIL DU PONGISTE

- Concentration, coordination et rapidité sont essentielles au joueur. Les capacités pulmonaires et cardiaques sont améliorées par les courses d'endurance, tandis que la vitesse de déplacement est acquise en développant les muscles des jambes par des séances de sauts et de sprints courts.
- Les exercices techniques et tactiques à la table représentent 70 % du temps global d'entraînement. Un joueur renvoie la balle en moyenne trois fois seulement avant de perdre ou de gagner le point. Il doit savoir orienter le jeu pour placer rapidement ses meilleurs coups et empêcher l'adversaire d'utiliser les siens.

Sol
Ce doit être un plancher de bois ou de matière synthétique non réfléchissante.

Panneaux
D'une hauteur de 75 cm, ils délimitent une aire de jeu de 14 x 7 m et la séparent des aires de jeu adjacentes, afin d'éviter que les balles ne viennent perturber les autres matches en cours.

Surface de jeu
Les arêtes de la table font partie de la surface de jeu.

Balle accordée

Balle refusée

LES EFFETS

En changeant la façon de frapper la balle, on peut modifier très nettement sa trajectoire et gêner l'adversaire de manière efficace.

Rotations latérales *(side-spins)*

Au service, la balle doit d'abord toucher le camp du serveur, franchir ou contourner le filet, puis rebondir dans le camp du receveur. Les *side-spins* dévient fortement sa trajectoire. Toutes les combinaisons d'effets latéraux, avant et arrière, sont utilisées pour déstabiliser l'adversaire.

Coupés
Effets avec rotation arrière

La balle va loin, remonte peu et perd de la vitesse après le rebond. Sur la raquette adverse, elle a tendance à redescendre vers le filet. C'est généralement un coup de défense.

Revers *(top spins)*

La balle redescend plus vite et accélère vers l'avant après le rebond. Sur la raquette adverse, elle a tendance à monter.

Coup droit *(top spins)*

Coup d'attaque par excellence, il est utilisé pendant l'échange, ou en retour de service, pour renvoyer les balles longues.

Contre-attaque

Coup puissant frappé à plat et près de la table, il donne peu d'effet à la balle mais mise plutôt sur la vitesse.

Coup terminal

Son objectif est de marquer le point immédiatement. La vitesse de la raquette est maximale lorsqu'elle touche la balle. Le joueur serre le manche fortement pour durcir l'impact. La balle est frappée au sommet du rebond ou juste avant.

badminton 

Sport de raquette et de volant fort prisé dans les cours royales au XVIIIe siècle, la discipline ne naît cependant officiellement qu'en 1873, à Badminton, en Grande-Bretagne. Inspirée d'un jeu indien, le poona, elle se développe rapidement avec la publication de règles, en 1867, par le colonel Selby. La fédération anglaise naît en 1893, et dès 1899 se déroule le All England Championship, l'un des tournois les plus prestigieux du circuit international. La Thomas Cup et l'Uber Cup, deux compétitions tout aussi renommées, sont respectivement créées en 1948 et en 1956, la première pour les hommes seulement, la seconde réservée aux femmes. La Fédération internationale de badminton (FIB) est fondée en 1934. Le badminton est très populaire en Asie du Sud-Est et en Indonésie, berceaux de nombreux athlètes de premier plan. Le championnat du monde se déroule tous les deux ans depuis 1977, et la discipline est au programme olympique depuis 1992, après avoir été en démonstration en 1972 et 1988.

Mlles Larminie, médaillée d'or, et Gowenlock, finaliste aux championnats de badminton de 1911.

DÉROULEMENT D'UN MATCH

Les joueurs se renvoient un volant par-dessus un filet à l'aide d'une raquette. Il y a deux façons de remporter un échange : on peut soit faire tomber le volant au sol dans le terrain de l'adversaire, soit contraindre ce dernier à commettre une faute lors d'un échange. Il y a faute lorsque le volant dépasse les limites du terrain, touche le sol, ne réussit pas à franchir le filet, ou lorsqu'il touche un athlète ou ses vêtements. Un point est marqué quand le service ou l'échange est gagné. Un joueur qui ne sert pas et qui gagne l'échange reprend le service. La partie se joue en 3 manches de 15 points chacune (au simple dames, 11 points). Il faut remporter 2 manches pour gagner une partie. Le badminton se joue en simple (2 joueurs), en double (2 équipes de 2) ou en double mixte (1 homme et 1 femme par équipe). Le double mixte est considéré comme une spécialité à part entière : même à haut niveau, de nombreux sportifs ne s'inscrivent qu'à cette discipline.

COURT

ZONES DE SERVICE

Le service se fait toujours dans la zone diagonale du terrain. Si le pointage est pair, le serveur se place à droite, si le pointage est impair, il se place à gauche.

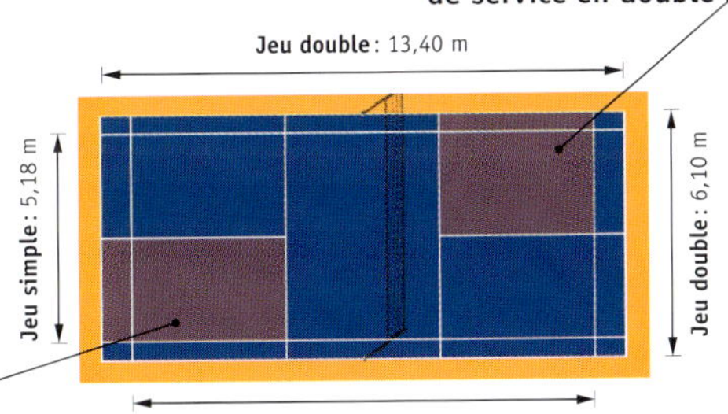

Filet

La vitesse du volant rend le contrôle visuel de sa trajectoire difficile. La dimension des mailles du filet est déterminée de façon à empêcher que le volant passe au travers. Pour la même raison, les attaches aux poteaux ne laissent aucun espace libre.

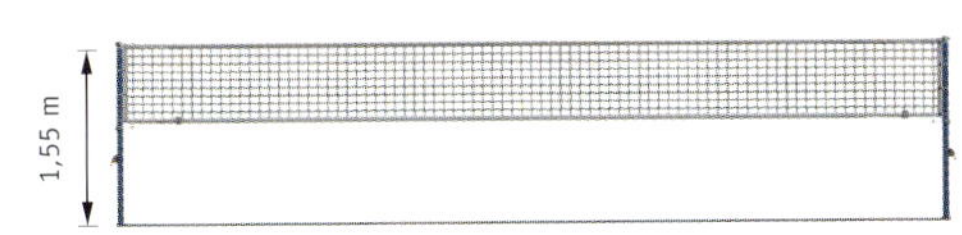

TECHNIQUES ET TACTIQUES

En simple, la tendance actuelle est au «jeu en suspension». En sautant, pour se repositionner ou frapper plus rapidement le volant, on surprend l'adversaire. En double, les échanges sont encore plus rapides qu'en simple. Le jeu devient alors stratégique : il faut amener progressivement l'autre équipe en position difficile. Les techniques de frappe et les feintes sont étudiées en détail : savoir masquer ses coups jusqu'au dernier moment permet d'empêcher l'adversaire de prévoir la trajectoire du volant.

Service

Les services doivent être frappés en dessous de la taille. Très utilisé, le service long retombe près de la dernière ligne de court : il repousse l'adversaire au fond du terrain, ce qui laisse plus de temps au serveur pour se préparer au retour.

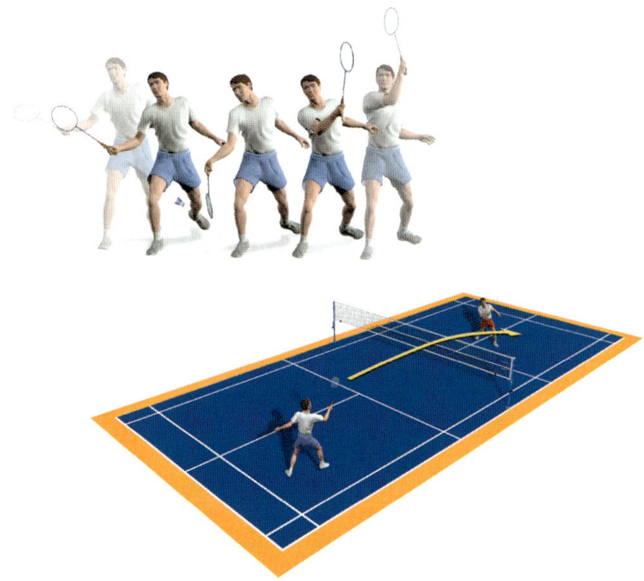

Drive

Coup offensif rapide, à trajectoire horizontale, il force l'adversaire à relever le volant et donne une possibilité de conclure l'échange par un smash. Il peut être réalisé en coup droit ou en revers.

Coup du revers

Coup défensif, principalement utilisé lorsque le joueur est en difficulté. Réalisé en dessous de la taille ou au-dessus de la tête, il peut se transformer en amorti ou en coup de filet croisé pour prendre l'adversaire à contre-pied.

Dégagé

Principalement réalisé en coup droit, il part profondément dans le court adverse. En défense, il ralentit le jeu et donne le temps de reprendre une bonne position. Frappé fort, il devient un coup d'attaque, débordant l'adversaire par le haut.

Jeu au filet

Les coups réalisés près du filet, de manière à déposer le volant le plus près possible de l'autre côté, sont principalement des techniques d'attaque : leur trajectoire courte réduit le temps de réaction de l'autre joueur et le force à un déplacement maximal.

Smash

Lors d'un smash, la vitesse de départ du volant peut atteindre 200 km/h. C'est le coup d'attaque le plus puissant, utilisé généralement pour mettre fin à l'échange. On le frappe sur des volants hauts, pour les rabattre au sol dans une trajectoire courte.

ÉQUIPEMENT

Raquette

Légèreté et rigidité sont obtenues grâce à des matériaux composites (graphite-carbone ou carbone-boron) ou des alliages à base de titane, appréciés pour leur résistance.

Raquette utilisée en 1880

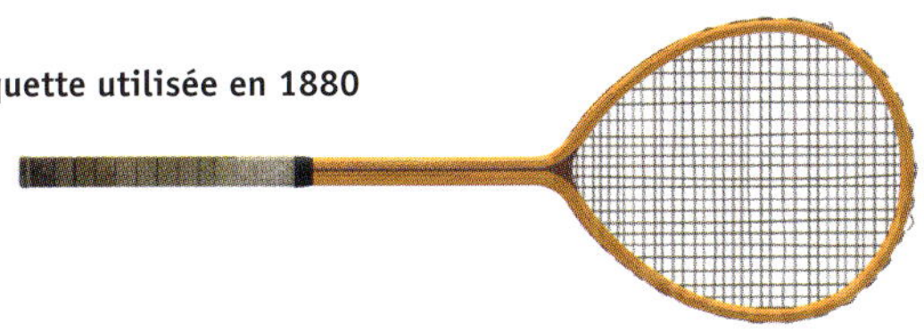

Depuis 1980

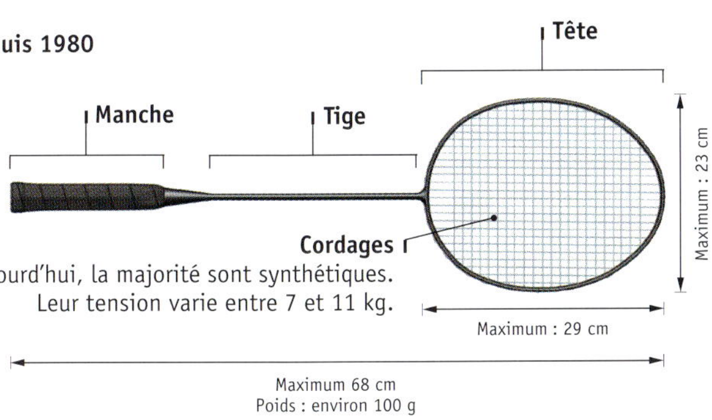

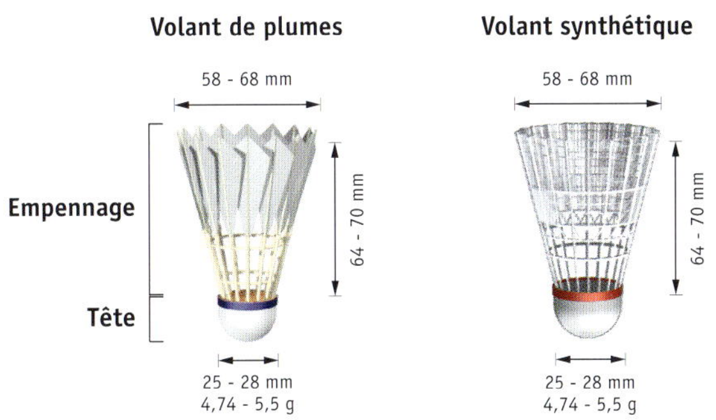

Volant

Un volant de compétition est composé de 14 à 16 plumes d'oie, insérées et collées dans la tête en liège. Un plomb ou une vis y est parfois ajouté pour stabiliser les trajectoires et corriger les variations de poids. Le volant est très fragile : on en détruit couramment une dizaine lors d'un match de haut niveau. Du fait de la légèreté du volant, le badminton ne peut être pratiqué qu'en terrain couvert.

PROFIL DU JOUEUR

- L'effort fourni lors d'une partie – accélérations et détentes brusques – est très élevé : un joueur de badminton doit être à la fois rapide et résistant. Son entraînement physique est axé sur « l'énergie explosive » et l'endurance des muscles des cuisses et des mollets.
- Les athlètes travaillent leur jeu de jambes de façon rigoureuse pour accroître la vitesse et la précision de leur positionnement par rapport au volant. Ils font sur le court des exercices de déplacement, et apprennent une gamme de pas correspondant aux situations vécues en compétition.

Rudy Hartono (IND)
Champion du monde en 1980, il détient 8 titres en simple au All England.

Judy Hashman (USA)
Elle a remporté 10 victoires au All England et 12 titres aux États-Unis. entre 1954 et 1967.

squash

Jonah Barrington, meilleur joueur britannique de tous les temps et premier professionnel de squash. Champion du monde à maintes reprises entre 1966 et 1972.

Sport d'endurance et de stratégie, le squash se pratique dans un court rectangulaire fermé sur les quatre côtés, avec une raquette à cordage et une balle en caoutchouc mou. De l'anglais *to squash*, « écraser », la discipline est créée dans les années 1830 en Angleterre, et s'exporte dès 1885 sur le continent américain. Le palmarès du British Open, prestigieux tournoi disputé tous les ans depuis 1930 (1950 pour les femmes), est longtemps occupé par des champions australiens et pakistanais. Cette domination des pays d'influence anglo-saxonne se retrouve aux championnats du monde par équipes, depuis 1967, ainsi qu'aux championnats du monde individuels, depuis 1975. Aujourd'hui, le Canada, l'Écosse et l'Angleterre, notamment, figurent en très bonne position dans le classement mondial des joueurs professionnels. La discipline est régie par la Fédération mondiale de squash (WSF).

DÉROULEMENT DE LA COMPÉTITION

En simple comme en double, la balle est frappée de façon que l'adversaire ne puisse pas la retourner correctement. Un retour est valide si la balle touche le « mur frontal » avant d'avoir rebondi deux fois au sol. Le nombre de rebonds sur les murs latéraux et le mur arrière n'est pas limité. Un match se joue en 5 jeux comptant chacun 9 points. Seul le serveur peut marquer un point. Si le receveur gagne un échange il devient serveur. Les tournois professionnels sont disputés en jeux de 15 points. Dans ce cas, le joueur qui gagne l'échange marque le point immédiatement et devient serveur.

RÈGLE DU LET

Les adversaires évoluent sur la même aire de jeu, et il leur arrive de se gêner involontairement. Si l'un des joueurs estime que sa visibilité ou sa liberté d'action a été entravée, il peut demander que le point soit rejoué. Lorsque l'obstruction lui a fait perdre un point de façon évidente, ce point peut lui être accordé directement (stroke). C'est l'arbitre qui décide en dernier lieu de l'application du let ou du let et point.

COURT

Mur frontal
Simple : 6,4 m
Double : 7,62 m

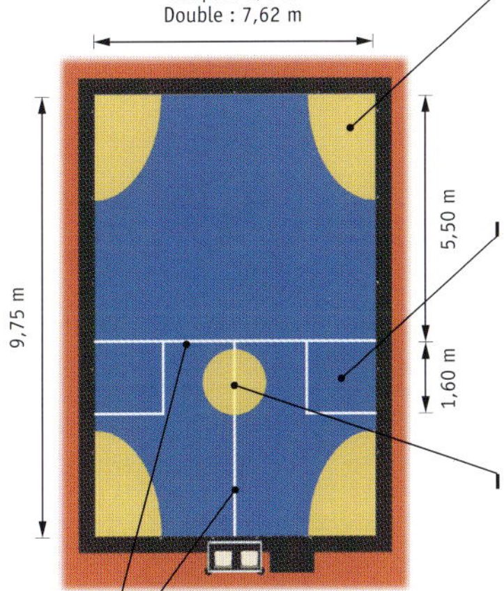

Zones de rebond idéales

Carré de service
Au début de chaque échange, le serveur a le choix du carré de service. Il doit ensuite servir alternativement d'un carré et de l'autre. Tant qu'il n'a pas frappé la balle, l'un de ses pieds doit rester au contact du sol à l'intérieur du carré, sans toucher la ligne.

La stratégie du « T »

Pour rester maître du jeu, il faut tenter d'occuper le « T ». C'est la position la plus favorable sur le court pour renvoyer tous les types de balles. Pour forcer l'adversaire à libérer le « T », on joue le long des murs latéraux des balles longues qui rebondissent près des coins arrière.

Ligne médiane de l'arrière du court

Ligne de service

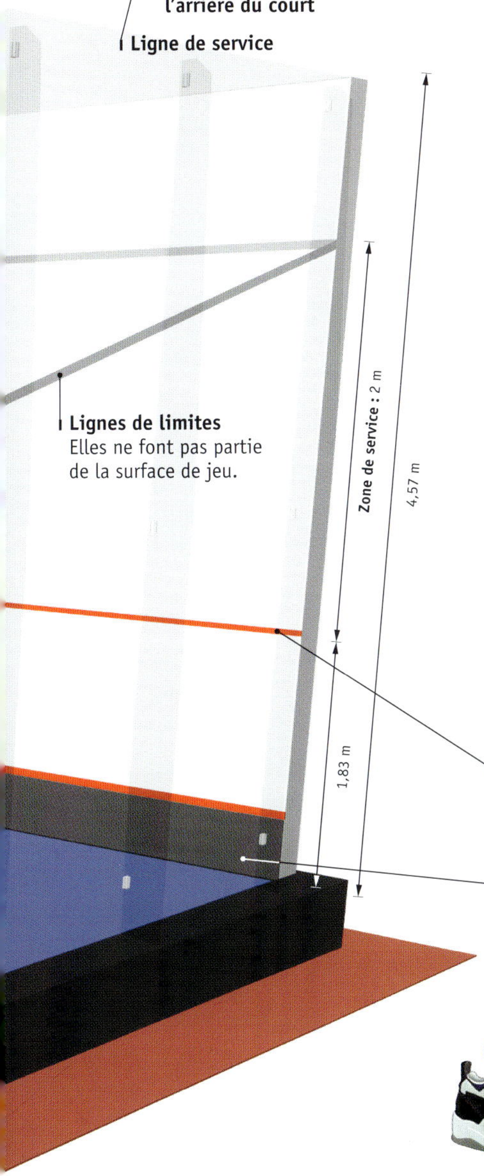

Lignes de limites
Elles ne font pas partie de la surface de jeu.

Ligne de service
Elle signale la limite inférieure de la zone de service.

Plaque (ou tôle)
Elle ne fait pas partie de la surface de jeu.

ÉQUIPEMENT

Lunettes
Les joueurs peuvent porter des lunettes de protection s'ils le désirent.

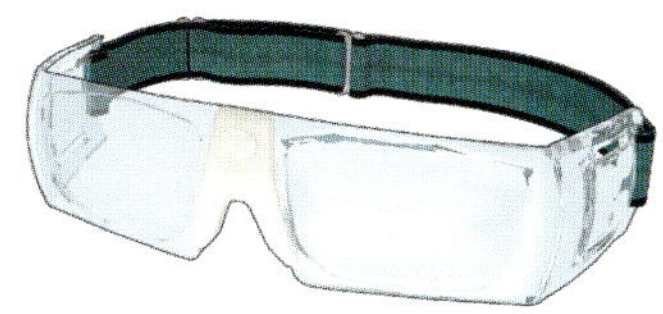

Balles
Les balles sont en caoutchouc contenant de l'air. Les balles à faible rebond (utilisées en compétition) sont marquées d'un point jaune, celles à fort rebond (pour l'entraînement) sont marquées d'un point bleu.

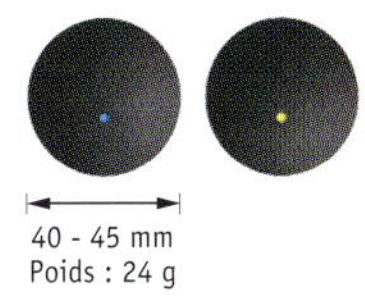

Raquette
Les cadres en graphite actuels sont très rigides. Ils permettent d'agrandir la tête de la raquette. La puissance de frappe augmente et la zone de réponse idéale du cordage s'élargit, ce qui permet de mieux varier la prise de raquette suivant la position du joueur au moment du coup.

1930 - 1980

Cadre et manche
Faits de bois lamellé collé.

Fin des années 80 à nos jours

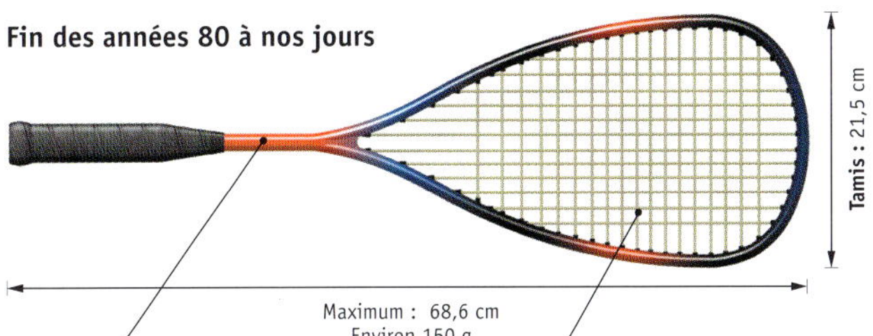

Cadre et manche
Faits de matériau composite.

Cordages
Les multifilaments synthétiques utilisés aujourd'hui offrent puissance, élasticité et résistance.

Michelle Martin (AUS)
Première joueuse à remporter de façon consécutive trois championnats du monde en individuel (1993, 1994 et 1995). Six fois médaillée d'or au British Open.

Jahangir Khan (PAK)
Numéro un mondial de 1982 à 1988, il est resté invaincu pendant cinq ans, soit durant plus de 500 matches d'affilée, et il est devenu champion du monde sans perdre un seul jeu.

Chaussures
Elles sont à semelles blanches ou claires pour ne pas marquer le plancher.

PROFIL DU JOUEUR

- Les joueurs de haut niveau ont des jambes puissantes et rapides. Les échanges étant longs, la capacité respiratoire et l'endurance sont développées et entretenues quotidiennement par entraînement fractionné (alternance de sprints intenses et de périodes de repos).
- Les coups décisifs, les renvois difficiles et les services peuvent être pratiqués par l'athlète seul sur le court. Il peut ainsi se concentrer sur l'aspect tactique du jeu pendant les matchs d'entraînement.

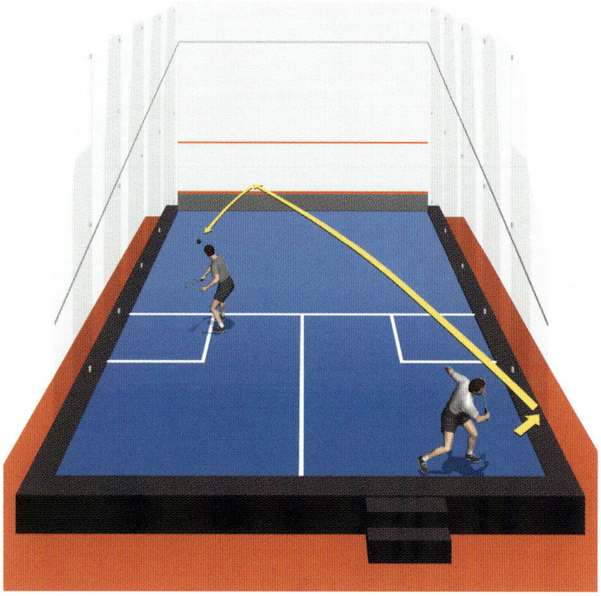

Ricochet

C'est un coup défensif utilisé lorsque l'adversaire a renvoyé la balle très près d'un coin arrière. Il ne reste alors pas assez de place pour placer la raquette correctement entre la balle et le mur arrière, et faire un retour direct sur le mur avant.

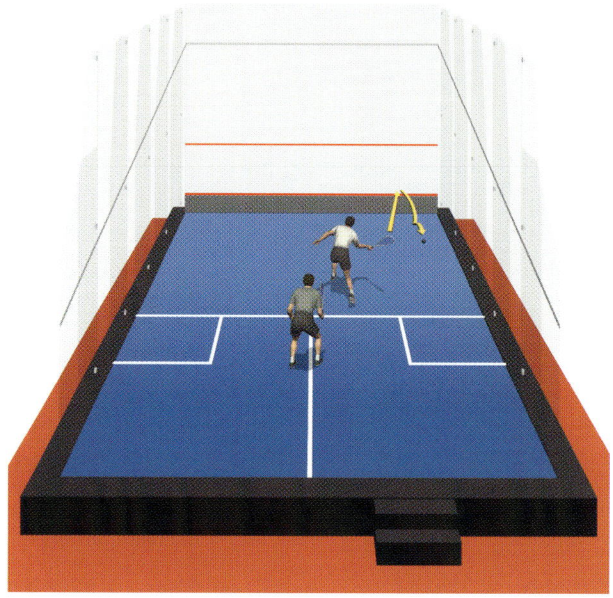

Amorti

L'amorti diminue le rebond de la balle et force l'adversaire à courir vers elle. Ce dernier perd sa position stratégique sur le « T » et se met en danger d'être débordé. Un amorti bien réalisé est un coup d'attaque très performant.

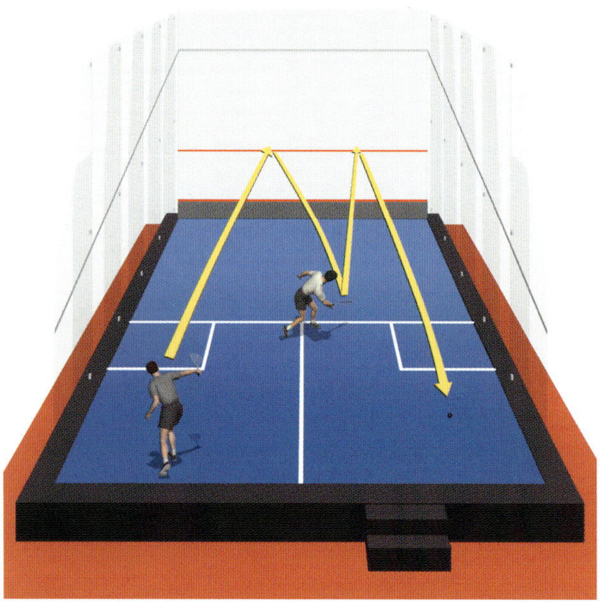

Volée

La volée est une technique offensive qui casse le rythme d'un échange et diminue le temps de préparation de l'adversaire. Une volée amortie, au rebond court, est plus difficile à réaliser qu'une volée frappée en puissance.

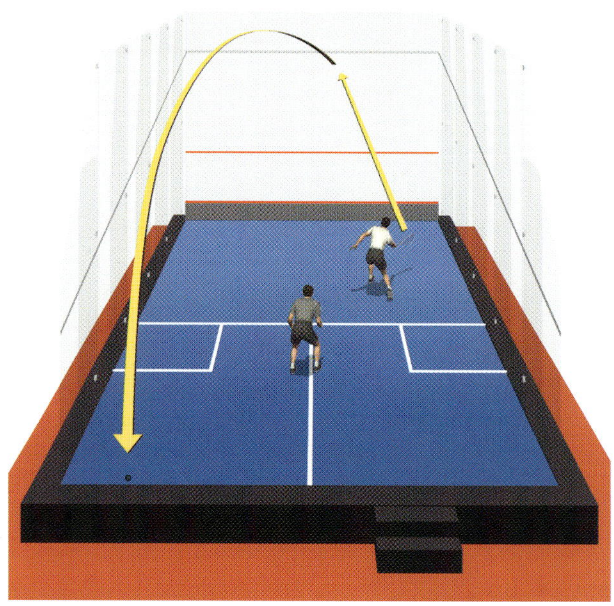

Lob

Le lob dépasse l'adversaire en restant hors de sa portée. Il retombe presque à la verticale dans un coin arrière et rebondit peu. C'est un coup très difficile à reprendre mais, s'il n'est pas parfaitement réalisé, il donne une excellente balle d'attaque à l'adversaire.

Sports de combat

karaté

Funakoshi Gichin (JAP), fondateur du karaté moderne.

Le karaté est un art martial japonais qui associe en un système de combat, d'autodéfense, de conditionnement physique et de développement spirituel, des techniques utilisant toutes les armes naturelles du corps humain (mains, coudes, bras, pieds, genoux, tête). Le karaté moderne tire son origine de techniques de combat chinoises et du Te, un art de combat à mains nues, pratiqué sur l'île d'Okinawa. Deux grandes écoles, le Shorin-Ryu et le Shorei-Ryu, sont nées de leur combinaison et plus de soixante-dix styles de karaté en découlent aujourd'hui. Funakoshi Gichin, fondateur du karaté moderne, a été l'un des premiers à enseigner au Japon son savoir acquis sur l'île d'Okinawa. Au début du XXe siècle, il a créé le style Shotokan, principalement issu du Shorin-Ryu. D'autres maîtres ont développé des styles très pratiqués actuellement. Par exemple, Hinori Ohtsuka, disciple de Funakoshi et spécialiste de ju-jitsu, a fondé le Wado-Ryu ; Chojun Miyagi s'est inspiré du Shorei-Ryu pour concevoir le Goju-Ryu et Masutatsu Oyama a élaboré le Kyokushinkai à partir du Shotokan et du Goju-Ryu. Les compétitions sportives de karaté se sont développées pendant les années 1950, mais les femmes ne participent aux compétitions que depuis les années 1980. Aujourd'hui, la discipline est régie par plusieurs fédérations internationales.

DÉROULEMENT DES COMPÉTITIONS

Bien que la réglementation des épreuves varie d'une organisation à l'autre, on retrouve en général trois formes de compétition : les démonstrations de tameshi wari (cassage), le kata (combat contre un ou plusieurs agresseurs imaginaires) et le shiaï ou kumite (combat en tant que tel).

Les démonstrations de tameshi wari sont très populaires dans certains styles de karaté comme le Kyokushinkai, alors que d'autres n'en font pas. Le tameshi wari est pratiqué sur des planches de bois, des dalles de ciment, de la glace, etc. Ces épreuves sont individuelles.

Lors des démonstrations de katas, le concurrent présente une série de mouvements de combat chorégraphiés. Les officiels évaluent la maîtrise du karatéka : précision technique, compréhension du mouvement, respiration, puissance, coordination, rythme, équilibre et concentration. Les compétitions sont individuelles ou par équipe. Pendant ces dernières, les pratiquants s'exécutent simultanément dans le plus grand synchronisme possible.

Les compétitions de combat durent de 1 à 3 minutes. Les adversaires se saluent et l'affrontement peut alors commencer. Règle générale, les coups doivent s'arrêter avant d'atteindre le corps de l'adversaire, mais certains styles de combat permettent le contact (semi-contact, full-contact, fighting-karaté, kenka karaté, etc.). Toutefois, les attaques à l'aine, à la gorge, aux articulations, à la colonne vertébrale, aux tempes et à l'arrière de la tête sont interdites en toutes circonstances. Dans certaines compétitions, le but du karatéka est de parvenir à appliquer une technique parfaitement contrôlée alliant exactitude de la position, précision, vigueur, rythme et attitude appropriée. S'il réussit, il marque un point, appelé ippon. Le premier karatéka ayant marqué deux ippons l'emporte ou, quand le temps limite est expiré, le concurrent ayant marqué le plus de points est déclaré vainqueur. Un combat peut être arrêté avant que deux ippons aient été marqués ou que le temps limite soit écoulé si un des adversaires abandonne ou s'il y a mise hors de combat en raison d'un coup reçu (K.-O.).

AIRE DE COMPÉTITION

Les compétitions se déroulent à même le sol ou sur un matelas.

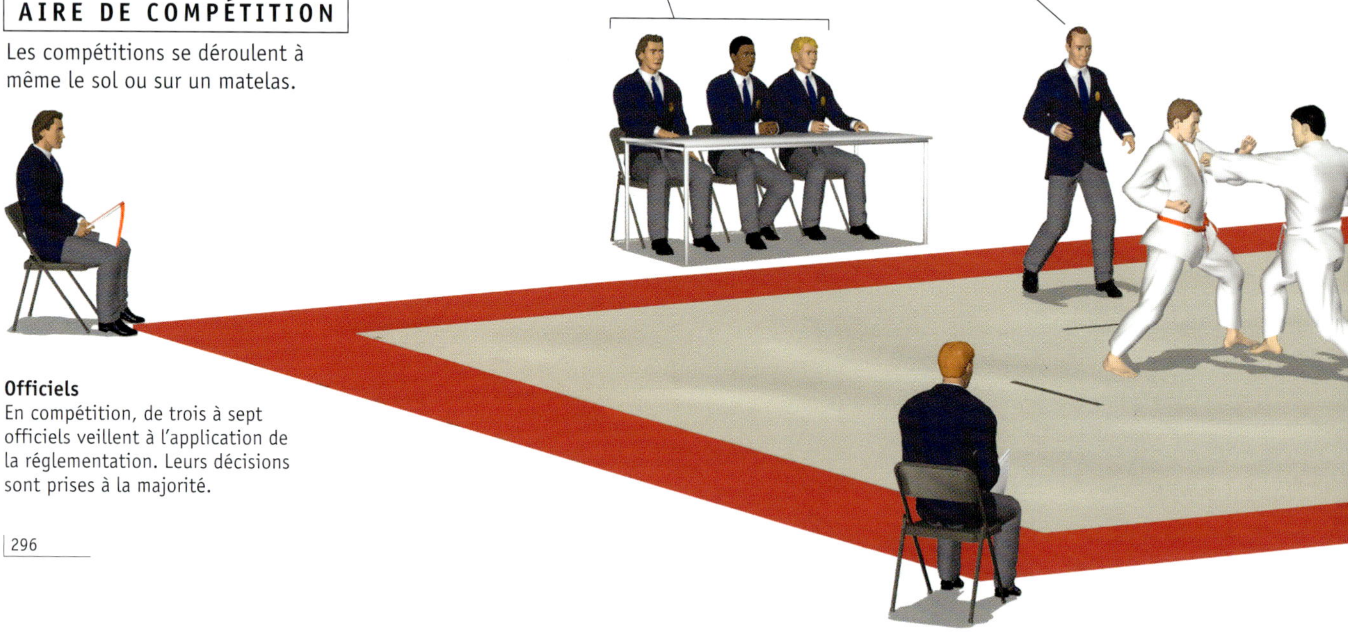

CATÉGORIES DE POIDS

Le classement par catégorie de poids n'est pas adopté par toutes les organisations. Se référant à la dimension martiale de la discipline, certaines considèrent en effet qu'un combattant doit être capable de sauver sa vie en portant un coup mortel à tout adversaire, quel que soit son gabarit.

GRADES

Plusieurs éléments sont évalués lors du passage d'un grade à un autre : la connaissance et la maîtrise de techniques, la démonstration de katas et le combat. Aux niveaux avancés, il faut parfois réussir des tests écrits et des épreuves de cassage. Plus le grade à obtenir est élevé, plus les exigences le sont. Si l'obtention d'une des premières ceintures n'exige que quelques mois, il faut compter plusieurs années pour les grades supérieurs.

SYSTÈME DES GRADES DU STYLE SHOTOKAN

Grades	Couleurs	Grades	Couleurs
9e à 6e kyu (débutant)	blanche	2e kyu	bleue
5e kyu	jaune	1er kyu	marron
4e kyu	orange	1er au 8e dan	noire
3e kyu	verte	9e et 10e dan	rouge

PROFIL DU KARATÉKA

- Le karaté se pratique dans un dojo, ou « lieu de la Voie ». On peut commencer l'entraînement dès 6 ou 7 ans.
- Selon le style pratiqué, d'une fédération à une autre, l'âge et le gabarit des athlètes varient. D'excellentes performances sont réalisées par des karatékas de 20 ans, tout comme il existe des champions de 35 ans. En général, les femmes atteignent leur sommet quelques années plus tôt que les hommes.
- À haut niveau, le karatéka maîtrise technique, vitesse et force. Ses hanches sont solides et souples, ses cuisses sont puissantes et il est très flexible.
- Cet art martial exigeant une grande souplesse, l'entraînement commence toujours par des exercices d'assouplissement : rotations du cou, des bras, des chevilles, et assouplissement des hanches et des jambes. Des écoles y consacrent presque un tiers du temps de chaque leçon.
- Les shiwaris (techniques de cassage) permettent au karatéka de démontrer sa précision et surtout sa force de frappe, ce qu'il ne peut faire lors des combats, les coups n'étant pas portés à pleine puissance. Ces démonstrations sont toutefois dangereuses pour les articulations et, à long terme, elles peuvent causer des déformations et de l'arthrose.
- Le karaté se pratique à mains nues, mais le maniement d'armes (tonfa, nunchaku) peut être considéré comme un complément de formation.

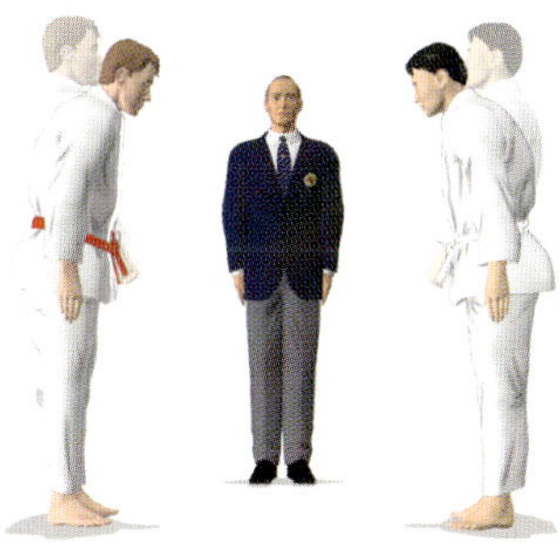

Salut

Sans se quitter des yeux, les adversaires se saluent. Après le signal de l'arbitre annonçant le début du combat et jusqu'à ce qu'ait lieu la première attaque, les concurrents maintiennent entre eux un écart d'environ un mètre appelé distance critique.

Ligne de l'arbitre
0,5 m (à 2 m du centre)

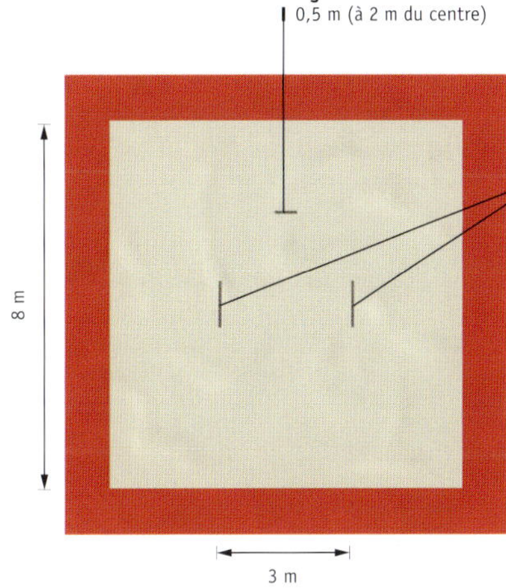

Marque des concurrents
Ils s'y placent au début du combat et lors de chaque interruption du combat.

Juges de coin (4)
Ils assistent l'arbitre. À l'aide de drapeaux aux couleurs des concurrents (rouges ou blancs), les juges donnent leur avis quand l'arbitre rend une décision ou ils attirent son attention.

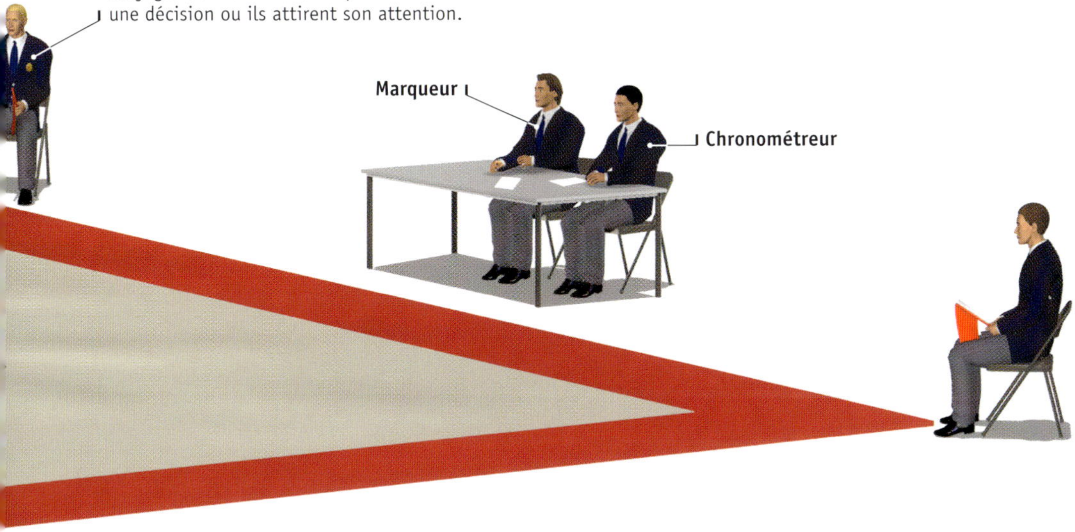

TECHNIQUES

Quel que soit le style de karaté, les katas commencent toujours par un mouvement de défense suivi d'une contre-attaque. Viennent ensuite plusieurs séquences alternant défenses et attaques dans diverses directions.

HEIAN GODAN

Ce kata de base de style Shotokan consiste en un enchaînement de 23 mouvements. Sa réalisation se fait en une cinquantaine de secondes.

1. Début du kata

Extrêmement concentré et très stable grâce à une position basse, le karatéka effectue un blocage avec son poignet gauche. La rotation des hanches qui accompagne le mouvement du haut de son corps augmente sa vitesse. Il ne quitte jamais des yeux son adversaire imaginaire.

2. Phases intermédiaires

Chaque blocage est suivi d'une contre-attaque. La préparation du mouvement se fait sur l'inspiration et l'exécution sur l'expiration, le maximum de puissance se trouvant à la fin de cette dernière. Les épaules sont détendues en tout temps. Les abdominaux, solides, permettent à l'athlète de maintenir son équilibre.

3. Fin du kata

Après avoir répondu à des attaques imaginaires venues des quatre points cardinaux, le karatéka regagne sa position de départ. Aucune hésitation n'a dû marquer sa démonstration.

RANDORI OU KUMITE D'ENTRAÎNEMENT

Bien qu'ils diffèrent énormément d'un style à l'autre, ces enchaînements (une à cinq techniques d'attaques et de défense) font toujours partie de l'entraînement, car ils constituent un pont entre l'étude des techniques et le combat libre.

1. Coup de poing direct

L'attaquant lance son poing vers l'avant. Le coup est porté au moment où le pied de la jambe correspondante se pose et que la jambe arrière se tend fortement. Les épaules demeurent basses pendant tout le mouvement.

2. Coup de pied avant

Le buste de l'attaquant est droit, ses épaules détendues. Son poing arrière protège son plexus. Ses hanches participent au mouvement de sa jambe qui ne se tendra qu'au moment de l'impact afin que la puissance soit maximale. Toute tension antérieure ralentirait le coup.

ÉQUIPEMENT

PROTECTION

Au choix des organisateurs, les protections peuvent être interdites, optionnelles ou obligatoires. Certains exigent le port de protecteurs aux mains, aux pieds, d'un casque et d'un protège-dents. La protection au niveau des tibias est généralement optionnelle, comme l'est le port de la coquille pour les hommes et des protège-pubis et protège-buste pour les femmes. Les combattants sont toujours pieds nus lors des compétitions.

Obi (ceinture)
Sa couleur indique le grade du karatéka. Le système de couleur et le nombre de ceintures utilisées varient d'un style à l'autre, d'une école à l'autre. Lors des compétitions de combat, afin d'être facilement repérables, un des concurrents porte une ceinture rouge, l'autre une blanche, quel que soit leur niveau.

Karaté-gi
Veste et pantalon de coton épais, généralement blancs. Les femmes portent un t-shirt sous la veste.

Alain Le Hétet (FRA)
Champion national dans la catégorie lourd en 1991, 1992 et 1994, champion d'Europe en 1993 (1993 et 1995 à 1997 par équipe) et champion du monde en 1994 (1994 et 1996 par équipe), il est aussi capitaine de l'équipe de France depuis 1995.

3. Esquive

Avec souplesse, l'adversaire se soustrait rapidement à la menace en touchant le moins possible le membre qui l'attaque. L'impulsion de ses hanches est importante, mais son déplacement, pour être efficace, est de faible amplitude. L'absence de choc avec le corps de l'adversaire permet de conserver plus d'énergie pour la contre-attaque.

4. Contre-attaque du tranchant externe de la main

La riposte, instantanée, s'applique sur l'adversaire en état de déséquilibre. Une rotation énergique des hanches accompagne la trajectoire en arc de cercle du bras. La paume de la main ne se tourne vers le haut qu'à l'impact pour frapper, en coup de fouet, la tempe, la carotide ou la nuque. L'avant-bras, le poignet et la main forment un bloc solide, tandis que le bras et le coude restent décontractés.

ju-jitsu

Portrait datant de la dernière décennie du XIXe siècle représentant un samouraï arborant l'armure et le katana. Désarmés, ces combattants adoptaient le ju-jitsu.

Ancêtre du judo et de l'aïkido, le ju-jitsu, « science du combat » ou « art de la souplesse » en japonais, est un art martial ayant pour fondement des techniques de combat indienne et chinoise vieilles de plus de deux mille ans. Cette méthode de survie a connu un essor important à partir du XIIe siècle, alors qu'elle a commencé à être utilisée par les samouraïs et les ninjas qui, afin de survivre sur les champs de bataille, ont développé de nombreuses techniques. À la base du ju-jitsu, on trouve la volonté de mettre hors de combat ou de tuer l'adversaire par tous les moyens, avec un minimum de force. Au cours des siècles, la pratique du ju-jitsu a été influencée par des arts de combat chinois et certaines techniques utilisées sur l'île d'Okinawa. À partir du XVIIe siècle, dans un Japon pacifié, l'art guerrier qu'était le ju-jitsu est devenu un art martial codifié à l'époque Meiji (1868-1912). Il s'est depuis modifié jusqu'à devenir une technique d'autodéfense et une activité sportive de compétition épurée de ses techniques meurtrières et pratiquée sous diverses formes.

DÉROULEMENT D'UN COMBAT

Il existe quatre types de compétitions : le duo et trois formes de combat, soit le grappling, le sport ju-jitsu et le combat extrême. La réglementation de ces épreuves varie d'une organisation à l'autre. Il existe des catégories de poids et d'âges pour les combats.

Duo

Au cours d'une compétition de duo, des couples de combattants doivent tour à tour présenter une série d'attaques simulées dont la teneur et le déroulement ont été déterminés avant le concours par l'arbitre en chef. La qualité de leur présentation est évaluée en fonction de leur attitude, de leur efficacité, de leur vitesse d'exécution, de la maîtrise dont ils font preuve et de la puissance des attaques.

Grappling et sport ju-jitsu

Deux concurrents s'affrontent dans un seul et même but : agripper son adversaire, l'amener au sol et l'immobiliser pendant un temps donné ou l'amener à abandonner après une prise de soumission. Ces combats, qui durent de 2 à 5 minutes, sont caractérisés par la lutte corps à corps. De 1 à 4 points sont accordés quand un combattant exécute une technique autorisée ou quand il parvient à soumettre son adversaire. Au grappling, les frappes sont interdites, alors que dans le sport ju-jitsu elles sont permises, mais pas au visage, à la gorge, à la colonne vertébrale, à l'aine ni aux articulations. Le vainqueur est le concurrent qui a marqué le plus de points durant le combat.

Combat extrême

Tous les coups sont permis lors de ces affrontements très violents, qui se déroulent sur une aire de combat grillagée aux poteaux rembourrés. Les combats les plus longs comptent trois périodes de 20 minutes. Le but de l'athlète est de mettre son adversaire K.O. ou de l'amener à abandonner. Si les deux combattants se rendent jusqu'à la fin du temps prévu par les organisateurs, les arbitres rendent une décision couronnant l'athlète ayant démontré une combativité supérieure.

AIRE DE COMPÉTITION DE SPORT JU-JITSU

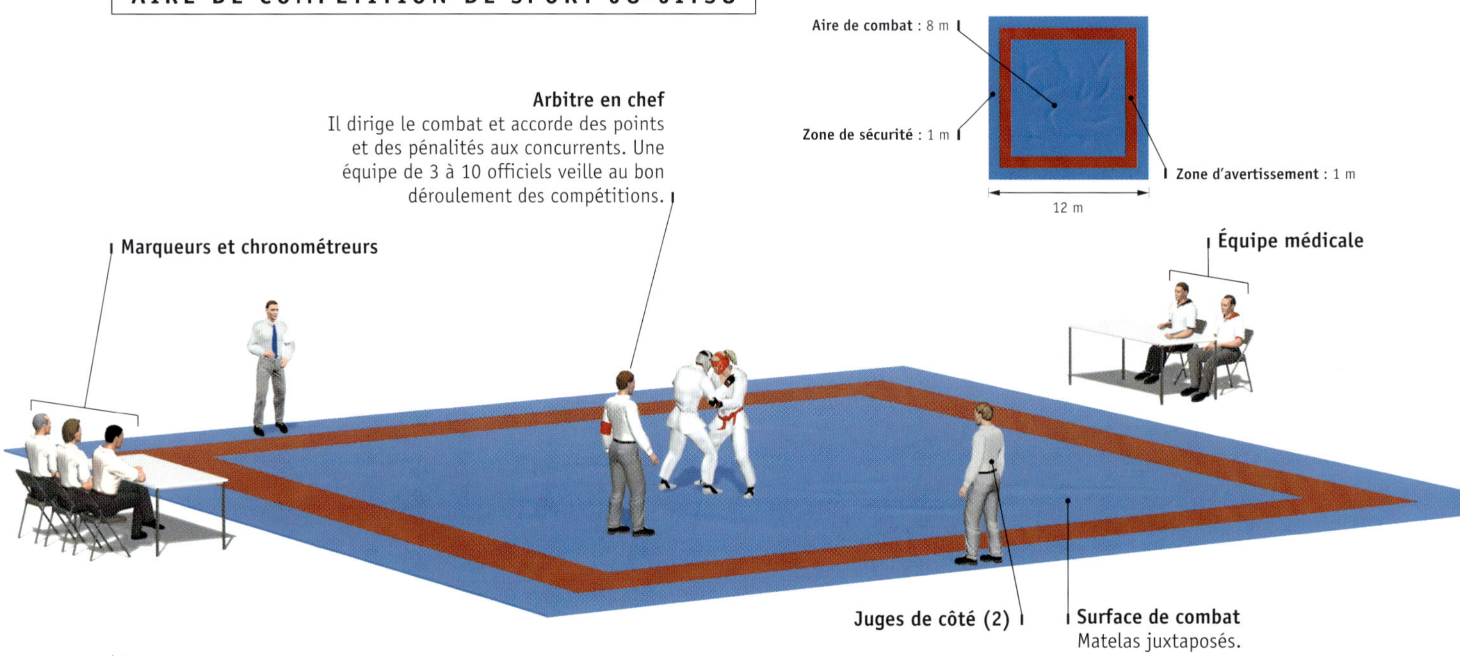

TECHNIQUES DE BASE

Le ju-jitsu est caractérisé par une recherche d'efficacité maximale dans la souplesse et par le biais de techniques extrêmement variées : projections, clés, coups de poing aux organes vitaux, coups de pied, étranglements, dislocations des articulations ou des membres par blocages, effets de levier, techniques armées, etc. Le combattant sait juger la force de son adversaire et l'utiliser contre lui. Il est capable d'esquiver ses attaques. Il sait comment l'amener au déséquilibre, le renverser en faisant appel à la technique du levier, l'immobiliser au sol en tordant ses membres, en les luxant ou à l'aide d'étranglements. Il sait aussi le frapper, avec maîtrise, aux points vitaux.

1. Coup de pied aux jambes

Les combattants sont très concentrés. Ils gardent le buste droit, les épaules basses et détendues. Les genoux sont fléchis pour que le corps soit le plus stable possible. Sur une expiration, l'attaquant assène un coup de pied pour déséquilibrer son adversaire.

2. Saisie

Dans un mouvement explosif, l'attaquant fonce sur son adversaire. Il le saisit et cherche à rapprocher le plus possible son corps du sien afin de ne pas recevoir de coup.

3. Projection

L'attaquant projette son adversaire et l'accompagne au sol. Son but est de parvenir à se retrouver en position montée, avec 4 appuis solides, sur son adversaire couché sur le dos.

4. Soumission au sol

L'attaquant amène son adversaire à abandonner le combat grâce à un étranglement. En réalisant cette prise de soumission, l'attaquant veille à maîtriser son adversaire en restant très près de lui et en maintenant en tout temps ses 4 appuis.

ÉQUIPEMENT

Protections

En grappling, les concurrents portent un protège-dents et un support athlétique. En combat extrême, ils ajoutent des protège-mains. Pendant les combats de sport ju-jitsu, ils portent des protecteurs aux mains, aux tibias, aux pieds et un protège-dents ; les hommes portent aussi une coquille et les femmes, un protège-poitrine. Le port du casque protecteur est souvent recommandé. Les concurrents doivent veiller à ce que leurs ongles soient courts.

CLÉ DE TÊTE

Gi

Il est généralement composé d'une veste et d'un pantalon de coton blancs. Le noir et le bleu sont aussi portés. Les femmes portent un t-shirt sous la veste.

Obi

Des ceintures de couleur indiquent les différents grades. Les écoles n'utilisent pas toutes le même système de couleurs.

Catégories de poids en sport ju-jitsu

Femmes	Hommes
Jusqu'à 55 kg	Jusqu'à 62 kg
Plus de 55 et jusqu'à 62 kg	Plus de 62 et jusqu'à 69 kg
Plus de 62 et jusqu'à 70 kg	Plus de 69 et jusqu'à 77 kg
Plus de 70 kg	Plus de 77 et jusqu'à 85 kg
	Plus de 85 et jusqu'à 94 kg
	Plus de 94 kg

Système de grade des ceintures en combat extrême

6e kyu (débutant)	blanche
5e kyu	jaune
4e kyu	orange
3e kyu	verte
2e kyu	bleue
1e kyu	brune
1er à 4e dan	noire
5e à 7e dan	rouge et blanc
8e et 9e dan	rouge
10e dan	blanche

Royce Gracie (BRÉ)
Ceinture noire 4e dan, il a remporté le titre de champion du monde de combat extrême en 1993 et deux fois en 1994.

PROFIL DU COMBATTANT

- Les combattants les plus performants sur la scène internationale ont en général entre 20 et 30 ans. De stature moyenne (environ 1,75 m), ils ont une taille fine, des jambes et des abdominaux puissants. Leur cou est souvent massif et leurs trapèzes bien développés.
- De nombreux coups visent les articulations. L'assouplissement et l'étirement de celles des épaules, des avant-bras, des hanches et genoux sont donc essentiels.
- L'entraînement compte des exercices pour renforcer et assouplir les différentes parties du pied très sollicitées par les coups de pied.
- Le travail de renforcement musculaire, qui veille à conserver la souplesse des muscles, est associé à un travail renforçant l'endurance et le système cardio-vasculaire.

judo

Jigoro Kano (JAP), fondateur du judo, unique détenteur d'un 12e dan.

Judo signifie « la voie de la souplesse » en japonais. Ce système de combat non armé se distingue des autres arts martiaux par la lutte corps à corps et les projections au sol. Inspiré du ju-jitsu, un art martial de l'époque féodale, et développé à la fin du XIXe siècle – sous l'ère Meiji – par le Japonais Jigoro Kano, le judo vise avant tout l'amélioration physique et morale de ses pratiquants. Il s'articule autour du principe voulant qu'un judoka ne s'oppose jamais à la force de son adversaire, mais l'utilise plutôt afin de la retourner contre lui. À la fois art de défense, sport de masse et sport de compétition, le judo fait sa première apparition aux J.O. de Tokyo en 1964, mais n'est définitivement admis comme discipline masculine qu'en 1972 à Munich. Si les hommes avaient disputé leur premier championnat du monde à Tokyo en 1956, les femmes quant à elles le disputent en 1980 à New York. En démonstration aux jeux de Séoul en 1988, le judo féminin devient discipline olympique en 1992, à Barcelone.

DÉROULEMENT D'UN COMBAT

Un tirage au sort détermine les concurrents d'une même catégorie qui s'affrontent. Les perdants sont éliminés, sauf ceux battus par les demi-finalistes, qui s'affrontent à nouveau entre eux pour la médaille de bronze. Les deux finalistes combattent pour obtenir respectivement l'or et l'argent. Pour accéder à la finale, les combattants peuvent enchaîner 5 à 6 combats dans la même journée. Le premier judoka appelé porte un judogi bleu, le second, un blanc. Ils saluent avant d'entrer sur le tatami, se placent sur les marques aux couleurs de leur judogi, puis saluent de nouveau. L'arbitre prononce le mot «*Hajime !*», qui annonce le début du combat. Les concurrents quittent le tatami après un dernier salut, reflet du respect et de la discipline liés à la pratique du judo. Le combat prend fin lorsqu'un concurrent obtient un ippon (10 points) ou lorsque le temps limite est expiré, soit 5 minutes pour les hommes et 4 minutes pour les femmes aux compétitions internationales. Quand il n'y a pas eu d'ippon, les points accumulés sont additionnés et le total le plus élevé détermine le vainqueur.

AIRE DE COMPÉTITION

Tableaux d'affichage
Il y a deux tableaux d'affichage par aire de compétition : un tableau manuel et un tableau électronique. On peut y lire les points et les pénalités. Deux croix bleues et deux croix blanches indiquent les interventions des médecins.

Arbitre
Il se tient dans la zone de combat. En cas de litige, la décision finale doit être prise à l'unanimité par les 2 juges et l'arbitre. Les juges manifestent leur désaccord s'il y a lieu et toutes les décisions sont rendues à la majorité des trois.

Marqueurs et chronométreurs

Chef de tapis

Juges de coin (2)
Ils doivent indiquer clairement par un geste approprié si l'action est faite à l'intérieur ou à l'extérieur de la surface de combat.

ARBITRAGE

Depuis quelques années, on constate une certaine évolution de la réglementation : elle tend à pénaliser de plus en plus le judo défensif et favorise sa dimension dynamique.

Si aucun ippon n'est marqué avant la fin du temps réglementaire, koka, yuko et waza-ari sont additionnés pour déterminer le vainqueur.

Les koka et les yuko ne peuvent conduire, en cours de combat, à l'obtention de 10 points. En revanche, l'accumulation de deux waza-ari est équivalente à un ippon (10 points) et met fin au combat.

Ippon

Trois situations permettent de marquer un ippon : projeter avec contrôle, force et vitesse son adversaire qui doit tomber sur le dos ; l'amener à abandonner suite à une clé de bras ou un étranglement ; réussir à l'immobiliser au sol (osaekomi) pendant 25 secondes.

Waza-ari

Projection contrôlée de l'adversaire par une technique à laquelle manque partiellement 1 des 4 éléments nécessaires à l'obtention d'un ippon (chute sur le dos, contrôle, force, vitesse) ou réalisation d'un osaekomi de 20 à 24 secondes.

Yuko

Projection contrôlée réalisée avec une technique à laquelle manque partiellement 2 des 3 autres éléments nécessaires à l'obtention d'un ippon ou réalisation d'un osaekomi de 15 à 19 secondes.

Koka

Projection contrôlée de l'adversaire sur l'épaule, la cuisse ou une fesse avec force et vitesse ou osaekomi de 10 à 14 secondes.

FAUTES

Quand un compétiteur se voit attribuer une pénalité, son adversaire récolte le nombre de points correspondants. Le judoka qui commet plus d'une faute de même niveau mérite une pénalité d'une catégorie supérieure. L'attribution d'une pénalité subséquente annule la précédente ainsi que l'équivalent accordé à l'adversaire. Les pénalités ne sont pas déduites des points marqués.

Parmi les fautes sanctionnées par les officiels, on trouve la sortie volontaire du tatami, un comportement trop défensif, une fausse attaque, les coups portés, la chute volontaire au sol et la désobéissance au juge. Tout geste dangereux et toute action posée avec l'intention de blesser l'adversaire ou opposé à l'esprit du judo sont interdits.

Pénalités		Gain de l'adversaire
Shido (observation)	3 points	**Koka**
Chui (remarque)	5 points	**Yuko**
Keikoku (avertissement)	7 points	**Waza-ari**
Hansokumake (disqualification)	10 points	**Ippon**

Matte

Lorsque l'arbitre interrompt le combat, il annonce « *Matte !* ». Les concurrents se séparent et retournent à leurs marques respectives.

Équipe médicale

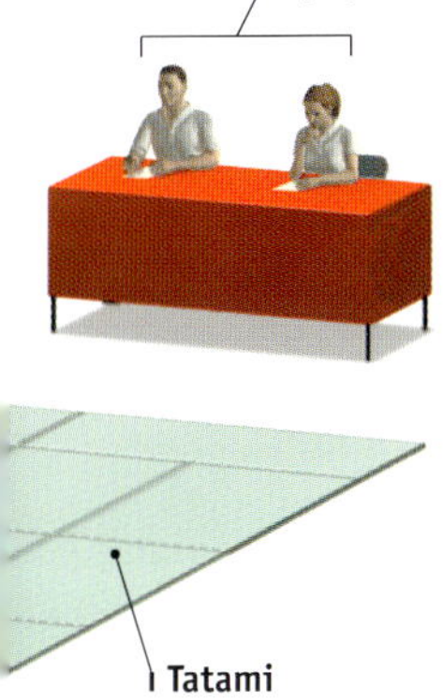

Tatami
Petits tapis de 1 m x 2 m juxtaposés, conçus pour amortir les chutes.

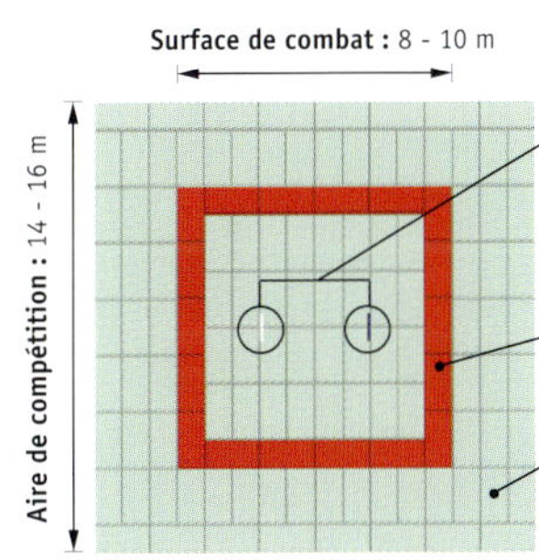

Marques de départ et de fin de combat
Les combattants reviennent à leurs marques lors d'un arrêt ou à la fin d'un combat pour se saluer et attendre l'annonce du vainqueur.

Zone de danger
Largeur : 1 m

Surface de sécurité
Largeur : 3 m

TECHNIQUES ET TACTIQUES

Le concurrent cherche à prendre l'avantage en début d'affrontement et à poursuivre l'attaque, tout en contrôlant le rythme et le déroulement du combat. Il essaie de mettre à profit la moindre erreur de son adversaire, de le déséquilibrer, de le contrer par des techniques judicieusement choisies et mises en œuvre toujours très rapidement. Avec son entraîneur, chaque judoka prépare de deux à cinq mouvements spéciaux, conçus pour offrir une efficacité maximale en fonction de sa morphologie et de ses habiletés. Pendant le combat, il va chercher à les appliquer le plus souvent possible. Les concurrents ont donc tout intérêt à étudier attentivement le style de leurs opposants avant les affrontements pour pouvoir anticiper leur stratégie offensive.

PROJECTION ET LIAISON DEBOUT - SOL

1. Garde

Le concurrent cherche à agripper rapidement son adversaire. Par le déplacement ou la feinte, il veut faire réagir son opposant et le déstabiliser avant de l'attaquer, tout en évitant de lui présenter un angle favorable à une prise de contrôle.

2. Saisie

L'avantage est pris par le judoka qui arrive à réaliser une saisie (kumi kata). L'action des bras est courte et vigoureuse. Il y a un blocage fort au niveau des poignets.

3. Placement

Le combattant saisi tente de s'échapper du kumi kata alors que l'attaquant prépare la projection qui suivra. Il assure sa prise, replace ses pieds, rectifie sa position pour qu'elle soit la plus stable possible afin de parvenir à maîtriser son adversaire sans perte de contrôle.

4. Projection

Après avoir déséquilibré son opposant, lui enlevant ainsi toute force pour se défendre, l'attaquant le projette sur le dos avec puissance et contrôle. L'athlète projeté essaie de se tourner sur le ventre, de se mettre en boule ou à quatre pattes.

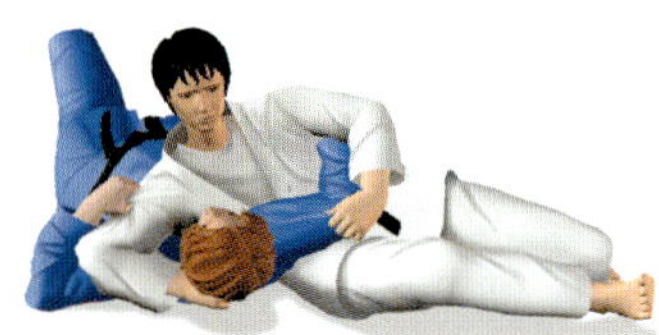

5. Immobilisation

Le plus rapidement possible, l'attaquant accentue la pression sur le corps de son opposant. La pression qu'il met sur ses épaules est très grande. En effectuant l'immobilisation, aucune partie de son corps ne doit être contrôlée par les jambes de son adversaire.

ÉTRANGLEMENT

À l'aide de sa main, de son avant-bras, et du revers de la veste de son adversaire, l'attaquant lui comprime la trachée-artère afin de couper sa respiration ou les deux artères carotides afin de réduire l'afflux de sang (et donc d'oxygène) au cerveau. Pour éviter que l'adversaire ne se dégage pendant la prise, il utilise tout le poids de son corps.

CLÉ DE BRAS

L'attaquant maintient le bras de son adversaire tout en le tendant le plus droit possible. Il le bloque ensuite en appliquant une pression à l'articulation du coude et maintient cette pression jusqu'à ce que l'adversaire se soumette.

ÉQUIPEMENT

Judogi
Lors des compétitions internationales, il se compose d'une veste et d'un pantalon de coton, blancs ou bleus, ni trop épais, ni trop rigide afin de permettre à l'opposant de l'agripper correctement. Les femmes portent un t-shirt ou un justaucorps blanc sous la veste. Les concurrents doivent être pieds nus.

Ceinture
Mesurant environ 3 mètres, la ceinture s'enroule deux fois autour de la taille et indique le grade du judoka. Si pour beaucoup la ceinture noire est un but, elle ne représente véritablement que la première étape dans la recherche de la « voie de la souplesse ». Chaque fédération nationale décerne ses grades selon ses propres critères. Au Japon, il n'existe pas d'intermédiaire entre la ceinture blanche et la ceinture noire, alors que les pays occidentaux ont introduit les ceintures de couleur.

Anton Geesink (HOL)
Judoka (ceinture noire 10e dan) qui a été le premier à battre les Japonais chez eux, aux J.O. de 1964 à Tokyo. Champion du monde en 1961(TC) et 1965 (lourd), il a remporté à 13 reprises les championnats d'Europe.

Ingrid Berghmans (BEL)
Elle possède le palmarès le plus impressionnant de l'histoire du judo féminin : 6 titres de championne du monde remportés pendant les années 80.

PROFIL DU JUDOKA

- Les hommes débutent généralement leur carrière internationale à 20 ans, alors que les femmes le font plus tôt, parfois dès 15 ans. En moyenne, les deux parviennent à une performance maximale entre 24 et 28 ans.
- Les gabarits sont très diversifiés étant donné les différentes catégories de poids, mais la musculature du dos est toujours solide et les jambes puissantes. Le centre de gravité des femmes est plus bas que celui des hommes, le torse de ces derniers étant beaucoup plus développé.
- Pour les athlètes des catégories de poids super-légers à moyens, l'entraînement, très technique, est axé sur la rapidité. Dans les catégories supérieures, le travail de musculation est plus important.
- Essentiels, l'assouplissement et les étirements corrigent certains effets néfastes du judo : raccourcissements des muscles les plus sollicités, perte d'amplitude dans certains gestes, raidissement de la colonne vertébrale dans les régions lombaires et cervicales.
- L'athlète veille à ce que les ongles de ses pieds et de ses mains soient toujours courts.

GRADES

À chaque passage de grade correspond un ensemble de techniques que le judoka doit connaître et maîtriser. À partir de la ceinture noire 1er dan, des techniques imposées et tirées au hasard doivent être exécutées par le pratiquant devant une commission des grades, c'est-à-dire un jury composé de hauts gradés.

Grade	Couleur	Grade	Couleur
6e kyu (débutant)	blanche	3e dan	noire
5e kyu	jaune	4e dan	noire
4e kyu	orange	5e dan	noire
3e kyu	verte	6e dan	blanc et rouge
2e kyu	bleue	7e dan	blanc et rouge
1er kyu	marron	8e dan	blanc et rouge
1er dan	noire	9e dan	rouge
2e dan	noire	10e dan	rouge

Catégories de poids	Hommes	Femmes
Super-légers	jusqu'à 60 kg	jusqu'à 48 kg
Mi-légers	plus de 60 et jusqu'à 66 kg	plus de 48 et jusqu'à 52 kg
Légers	plus de 66 et jusqu'à 73 kg	plus de 52 et jusqu'à 57 kg
Mi-moyens	plus de 73 et jusqu'à 81 kg	plus de 57 et jusqu'à 63 kg
Moyens	plus de 81 et jusqu'à 90 kg	plus de 63 et jusqu'à 70 kg
Mi-lourds	plus de 90 et jusqu'à 100 kg	plus de 70 et jusqu'à 78 kg
Lourds	plus de 100 kg	plus de 78 kg
Toutes catégories	toutes catégories	toutes catégories

En principe, dans la classe « toutes catégories », on compte des judokas de tous les poids. Dans les faits, on y trouve principalement des athlètes de plus de 100 kilos.

aïkido

Maître Morihei Ueshiba (1883-1969), le créateur de l'aïkido dans la première moitié du XXe siècle.

L'aïkido, la «voie de l'harmonie avec l'énergie universelle», est un art martial japonais qui utilise de rapides mouvements d'esquive, des déplacements et des contre-prises pour retourner la force de l'adversaire contre lui lors d'une attaque armée ou à mains nues. Le pratiquant maîtrise une technique qui lui permet d'être en harmonie avec ce qui l'entoure. En principe, il ne devrait donc pas exister de compétition en aïkido. Mais certaines écoles ont ajouté à leur pratique des compétitions de style libre. L'aïkido a été créé dans les années 30 par Morihei Ueshiba. Après avoir étudié des arts martiaux traditionnellement pratiqués par les samouraïs (*ju-jitsu*, *ken-jutsu*, combat au bâton selon la tradition *daito-ryu*, maniement de la *naginata*, une arme constituée d'un manche de près de 2 mètres terminé par une lame), Morihei Ueshiba a fait sa propre synthèse et a conçu une méthode alliant l'esprit de décision (*kime*), la connaissance de l'anatomie et la rapidité des réflexes à une démarche spirituelle. Depuis les années 50, la pratique de l'aïkido a dépassé les frontières du Japon pour se répandre à travers le monde entier.

TECHNIQUE

L'aïkidoka cherche, grâce à l'efficacité et la puissance du mouvement, à déséquilibrer son adversaire pour le neutraliser, lui faire comprendre qu'il est inutile de se battre. Il doit savoir réagir face à tous types d'attaques et, pour ce faire, harmonise sa réaction à l'assaut qu'il subit et essaie de le rediriger. L'aïkido comprend de nombreux mouvements qui permettent de se défaire d'une prise de mains, de projeter son adversaire au sol en lui luxant les membres ou de l'immobiliser en lui forçant les articulations. Les atémis, des coups portés aux points vitaux du corps de l'adversaire, et les étranglements sont aussi utilisés. Plusieurs des techniques de l'aïkido comprennent des mouvements suivant un cercle ou une spirale. Pour être efficaces, les techniques doivent être appliquées avec force, rapidité et fluidité dans un grand synchronisme. Les déplacements sont glissés et les positions sont basses. L'aïkidoka s'entraîne dans un dojo (salle d'entraînement) et pratique sur le tatami (matelas juxtaposés). Il répète, avec un partenaire, l'enchaînement des techniques apprises jusqu'à ce qu'il les maîtrise. Les partenaires changent régulièrement de rôle : ils portent l'attaque ou ils y réagissent.

GYAKUHAMNI KATATETORI SHIHONAGE

1. Saisie

Le poignet du pratiquant a été saisi par son adversaire qui a l'intention de le frapper au visage.

2. Déséquilibre

Le pratiquant effectue une rotation des hanches qui lui permet de se déplacer de côté, faisant ainsi dévier son adversaire de sa ligne d'attaque.

3. Torsion

Il saisit fermement le poignet de son adversaire et, selon une trajectoire circulaire, se glisse sous son bras.

4. Projection

Son déplacement en demi-cercle lui permet de se retrouver en position de force pour accentuer la pression qu'il exerce sur le bras de son adversaire et le projeter au sol.

KATATORI NIKKYO

1. Déséquilibre

Le pratiquant se déplace de côté. L'attaquant, en trop grande extension, ne peut maintenir sa saisie.

2. Frappe

Il riposte avec une frappe au visage afin de dominer la volonté d'attaque de l'adversaire en le perturbant.

3. Torsion

Il effectue une torsion du poignet de l'attaquant. Une rotation simultanée des hanches confère de la puissance à son mouvement.

4. Immobilisation

En accentuant la pression sur l'articulation, il conduit l'attaquant au sol et l'immobilise.

5. Soumission

Ainsi placé, il peut s'il le désire provoquer une intense douleur dans l'épaule et le coude de l'adversaire.

SUWARI WAZA SHOMENUCHI IKKYO

1. Déséquilibre

Le pratiquant coupe l'attaque verticale à l'aide de son bras et, en appuyant son geste d'une poussée des hanches, il déséquilibre l'adversaire.

2. Descente au sol

Il imprime un mouvement circulaire vers le sol au bras qui a porté l'attaque et il accentue la pression sur le coude de son adversaire.

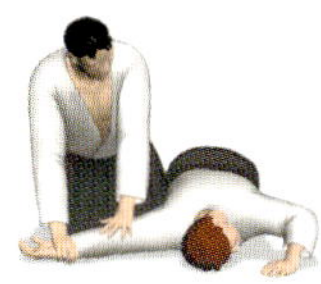

3. Immobilisation

Le pratiquant utilise le poids de son corps pour accroître, à sa guise, la pression qu'il exerce sur le bras de son adversaire. Toute torsion provoque une vive douleur dans l'épaule.

KUMITACHI

1. Blocage

Tout en demeurant le plus stable possible, le contre-attaquant bloque l'attaque de son adversaire en se déplaçant légèrement de côté pour parer avec son *bokken* (sabre).

2. Riposte

En déplaçant le poids de son corps vers l'avant, le contre-attaquant déstabilise son adversaire et, dans un mouvement circulaire, amène son bokken au niveau de sa tête avant de le frapper au cou.

GRADES

Pour passer d'un grade à l'autre, l'aïkidoka doit accumuler des jours de pratique : quelques mois aux grades inférieurs (5e au 1er kyu), plusieurs années aux grades supérieurs (1er au 10e dan). Il doit également passer des examens qui évaluent sa maîtrise de techniques imposées ainsi que, aux niveaux supérieurs, sa maîtrise du combat libre et sa capacité à se défendre contre plusieurs attaquants, armés ou non.

ÉQUIPEMENT

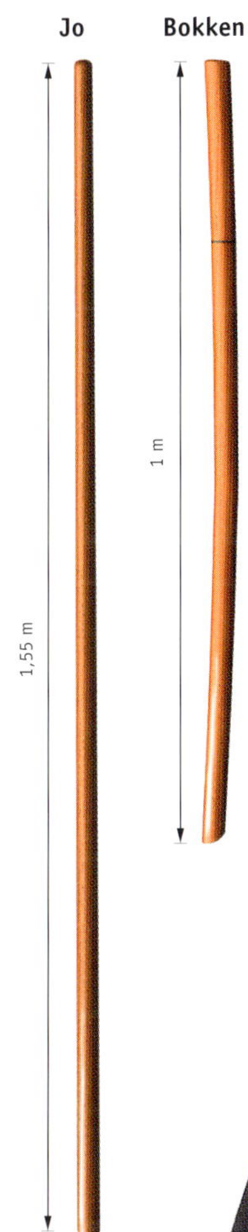

Bâton
L'entraînement comprend généralement l'art de manier le *jo* (bâton long) et le *bokken* (sabre de bois).

Aïkidogi
Veste blanche de toile solide.

Obi
La ceinture fait deux fois le tour des hanches pour fermer la veste. Elle présente aussi le grade du pratiquant : blanche du 5e au 1er kyu, noire du 1e au 10e dan.

Hakama
Jusqu'à la ceinture noire, l'aïkidoka porte un pantalon blanc de tissu léger. Aux grades supérieurs, il revêt en plus l'hakama, longue jupe-pantalon noire qui reproduit la tenue des samouraïs de l'époque Tokugawa. L'hakama blanc est réservé aux grands maîtres. Tactique, l'hakama dissimule la position des pieds.

PROFIL DE L'AÏKIDOKA

- L'aïkido exige des réflexes rapides, de l'équilibre, un vif esprit de décision, le tout mis en œuvre dans un climat de profonde concentration.
- L'aïkidoka a avantage à développer harmonieusement sa musculature tout en accroissant sa flexibilité. Un travail un peu plus important des jambes lui permettra de gagner en stabilité et de réaliser des déplacements plus rapides et précis.
- On peut débuter l'aïkido dès l'âge de sept ou huit ans et le pratiquer tout au long de sa vie.

Yamada Yoshimitsu (JAP)
Après avoir étudié plus de dix ans avec Morihei Ueshiba, ce grand maître détenteur d'un 8e dan a fondé le New York Aikikai contribuant ainsi au rayonnement de l'aïkido en Amérique du Nord.

kendo

Début du XXe siècle : les maîtres Sasaburo Takano et Hiromich Najayam s'affrontant au sabre lors d'un combat d'escrime japonaise.

Le kendo est une méthode de combat qui utilise un sabre de bambou, le shinai, représentant le sabre traditionnel japonais. Il est issu du *ken-jutsu* (technique du sabre), art guerrier japonais du maniement du sabre (*ken*). On ne sait pas exactement à quand remonte l'art du sabre, mais il a apparemment été adopté et longuement perfectionné par les samouraïs durant le Moyen Âge. Pendant la période *d'Edo* ou *des Tokugawa* (1616 -1867), cette forme d'escrime japonaise s'est grandement transformée. Les écoles se sont multipliées et les techniques se sont affinées. Le *ken-jutsu* est devenu le kendo, la « voie du sabre ». Au XVIIIe siècle, le sabre véritable a été remplacé par le shinai, qui permet le contact réel sans que le combattant soit en danger, et l'utilisation d'un équipement protecteur a été introduite. En 1945, après la défaite des Japonais lors de la Seconde Guerre mondiale, le kendo, comme tous les arts martiaux, est interdit au Japon, mais il revit en 1950 sous forme de sport. Les championnats du monde ont eu lieu pour la première fois en 1970 à Tokyo et se déroulent tous les trois ans. La première participation officielle des femmes à ces compétitions a lieu en 2000 à Santa Clara, en Californie.

DÉROULEMENT D'UN COMBAT

Un combat jugé, ou *shiaï*, dure 3 ou 5 minutes. Il débute par l'injonction de l'arbitre *Hajime* (« commencez »). Le premier kendoka qui marque deux points, c'est-à-dire deux *ippons*, est déclaré vainqueur. Pour marquer un *ippon*, l'athlète doit porter une attaque qui implique à la fois son corps, son sabre et son cri. L'attaque doit viser la tête, les avant-bras, les flancs ou la gorge et être portée avec le tiers supérieur du shinai. Si un seul *ippon* a été marqué pendant l'affrontement, celui qui l'a obtenu remporte le combat. En cas d'égalité, le match est déclaré nul ou une prolongation de 1 ou 2 minutes est accordée et le premier combattant qui marque un *ippon* l'emporte. Si le pointage donne toujours une égalité après la prolongation, il existe trois issues possibles : le combat demeure nul, il y a une autre prolongation ou une décision est rendue par les arbitres en faveur du combattant dont la qualité de la performance a été jugée supérieure. Les arbitres distribuent des avertissements aux concurrents qui commettent des fautes : poussée irrégulière donnée avec le corps ou avec le shinai, sortie de l'aire de combat, croc-en-jambe, perte du shinai, etc. Une faute donne lieu à un avertissement. Quand un combattant a accumulé deux fautes, son adversaire récolte alors un *ippon*. Des paroles ou des actions irrespectueuses à l'égard des autres adversaires ou des arbitres entraînent la disqualification. Aux championnats du monde, le *nito-ryu* est permis, autrement dit que les combattants peuvent utiliser simultanément deux shinai, un long et un court.

AIRE DE COMBAT

Les combats se déroulent sur un parquet lisse sur lequel les pieds nus des kendoka glissent aisément.

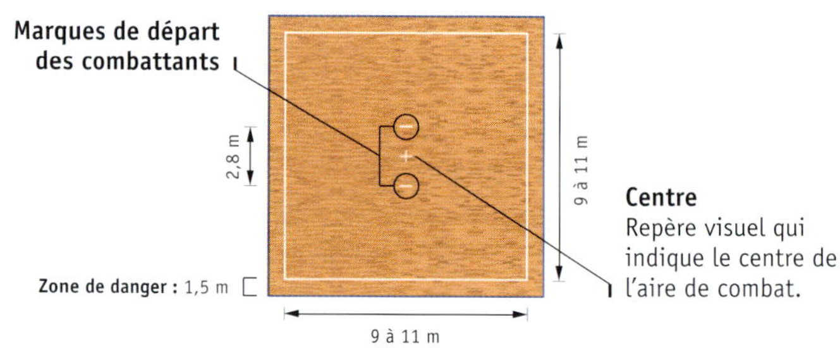

Avant d'attaquer, le combattant prend une position de garde (*chudan*). Corps très droit et menton rentré, il déporte légèrement le poids de son corps vers l'avant afin d'être prêt à bondir. Sa prise du shinai est ferme et détendue. La main gauche est tenue à un poing de distance du corps. L'arme pointe la gorge de l'adversaire.

Arbitres (3)
Placés en triangle sur l'aire de compétition, ils veillent au bon déroulement du combat. À l'aide de drapeaux rouges et blancs représentant chacun des combattants, ils indiquent le concurrent qui marque un point. Les arbitres donnent aussi des avertissements ; leurs décisions sont sans appel.

Marqueurs

Chronométreur

TECHNIQUES DE BASE

Une attaque implique à la fois le corps, le sabre et le ki-aï (cri) du kendoka. Produit sur la fin d'une profonde expiration, le ki-aï permet au combattant de canaliser son énergie, en plus de traduire sa détermination dans le but d'effrayer son adversaire ou de le déconcentrer. En frappant, l'attaquant crie le nom de la partie du corps qu'il a visée. La posture corporelle doit être adéquate pendant et après la frappe.

Men-uchi
Coup vertical au front

Un puissant mouvement de propulsion part de la cheville gauche et projette le corps de l'attaquant vers l'avant. Au moment où la jambe droite percute le sol, le shinai touche sa cible.

Kote-uchi
Coup sur le poignet droit

Comme pour le men-uchi, le coup est porté dans un mouvement vertical qui suit la ligne centrale du corps. Seule la cible diffère.

Do-uchi
Coup descendant sur le flanc droit

Le do-uchi consiste en un coup porté au flanc suivant un angle de 45°. L'objectif symbolique de cette attaque est de trancher l'adversaire en deux.

Tsuki-uchi
Coup à la gorge

Dans un mouvement d'avancée vers l'adversaire de tout le corps, le coup le plus direct possible est donné avec la pointe du shinai. La frappe est très précise.

GRADES

Contrairement à ce que l'on trouve dans les autres arts martiaux, aucun signe extérieur ne témoigne du niveau du combattant. Aucune ceinture n'indique les 16 grades : 6e à 1er kyu (grades inférieurs), 1er et 2e dan, 3e à 9e dan (grades supérieurs). Lors des compétitions, les combats se déroulent généralement entre kendoka de même catégorie de grade. Le passage des kyu requiert en général un minimum de deux ans. Les exigences pour l'obtention de ces grades sont à la discrétion du maître. Par contre, à partir du 1er dan, le kendoka doit passer un examen, composé de combat et de *kata*, devant un comité formé de juges mandatés par sa fédération. Il faut compter plusieurs années pour passer d'un grade supérieur à un autre.

PROFIL DU KENDOKA

- Au Japon, les enfants peuvent s'exercer dès l'âge de 4 ans. Les champions internationaux sont généralement âgés de 25 à 35 ans.
- Le combattant doit être capable d'engager une ou plusieurs parties de son corps et de canaliser un maximum d'énergie dans chaque mouvement avec un parfait synchronisme.
- Le kendoka doit faire preuve d'une grande maîtrise de soi dans un esprit de paix, de plénitude et d'équilibre entre le corps et l'esprit. Discipline, étiquette et courtoisie font partie intégrante de l'entraînement et de la compétition.
- Pour maintenir et améliorer la pureté technique, le kendoka réalise différents *kata*, des enchaînements de mouvements de combat rituel. Il les exécute sans armure et avec un sabre de bois (*boken*) ou un sabre de pratique avec une lame de métal (*iaito*).

ÉQUIPEMENT

Men
Casque de coton épais doté d'une grille faite d'alliage métallique.

Tenugui
Pièce de coton portée sous le men pour absorber la sueur.

Shinai
Sabre formé de quatre lattes de bambou.

Kote
Gants protecteurs en coton très épais.

Do
Cuirasse en fibre de verre ou en bambou recouverte de cuir.

Tare
Tablier protecteur constitué de cinq palettes de coton très épais.

Hakama
Large jupe-culotte qui dissimule les déplacements.

En général, l'équipement des femmes est blanc, mais le bleu est aussi permis.

sumo

Le lutteur Umekagawa Fujitaro arborant une tortue signifiant la longévité, illustré en 1869 par le peintre Hirasawa Kuniaki.

Expulser son adversaire du cercle de combat ou lui faire toucher le sol par une partie du corps autre que les pieds, tel est l'objectif du sumotori. La légende raconte que les origines du sumo – du japonais *sumai* (lutte) – se confondent avec celles du Japon, mais la première chronique qui en fait mention évoque un tournoi organisé en l'an 23 avant J.-C. Ces combats rituels avaient pour but d'apaiser les dieux shintoïstes. On les utilisa également pour résoudre des problèmes politiques, le résultat de l'affrontement tranchant lors de controverses. Jusqu'à ce qu'une loi interdisant les combats à mort soit adoptée vers 724, tous les coups étaient permis et il fallait contraindre l'adversaire à abandonner, ou le tuer. Du début du XVIIe siècle aux années 90, le sumo est resté un sport professionnel que seuls les hommes pratiquaient. Depuis, l'Association japonaise de sumo souhaite voir la discipline reconnue comme sport olympique et encourage par conséquent la participation des femmes en organisant de petits tournois qui leur sont réservés.

DÉROULEMENT D'UN COMBAT

Après la présentation de l'orateur, le gyoji chante les noms des sumotori qui montent sur le dohyo et se dirigent chacun dans un coin où ils piétinent le sol. Ils reçoivent ensuite de l'eau d'un autre sumotori (soit le dernier gagnant, soit un sumotori n'ayant pas encore combattu). Après s'être rincé la bouche, les combattants essuient leurs lèvres avec du papier blanc (certains essuient également leurs aisselles) puis ils jettent du sel sur le dohyo et frappent des mains pour appeler la bienveillance des esprits. Ils tournent leurs paumes vers le ciel pour montrer qu'elles ne cachent rien et se dirigent au milieu du dohyo où ils piétinent le sol et se fixent du regard. Avant le combat, ils retourneront à quatre ou cinq reprises dans leur coin, et jetteront à nouveau du sel sur le dohyo. Aux grades inférieurs, le cérémonial est moins élaboré, voire même inexistant. Le combat qui s'ensuit ne dure souvent pas plus de quelques secondes. Coups de poing, coups de pied et étranglements sont interdits. Viser l'estomac, les yeux, tirer les cheveux ou frapper sous la ceinture le sont aussi. Frapper à main ouverte est permis. Les matches nuls n'existent pas. Le gyoji doit absolument déterminer un vainqueur. Si les juges ne sont pas d'accord avec l'issue du combat, ils peuvent demander que le combat soit repris.

DOHYO

Le dais suspendu évoque le toit d'un sanctuaire *shinto*.

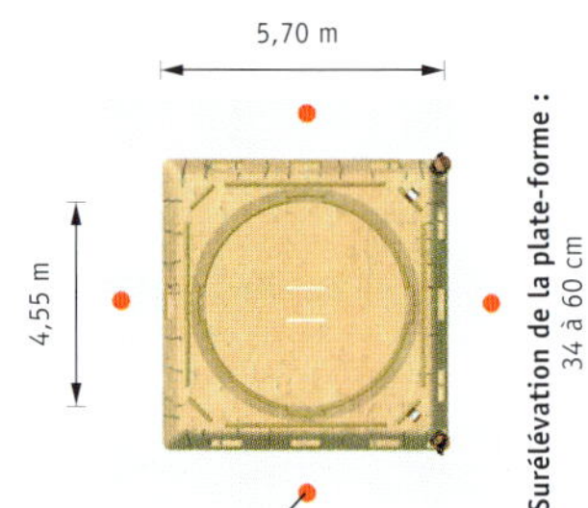

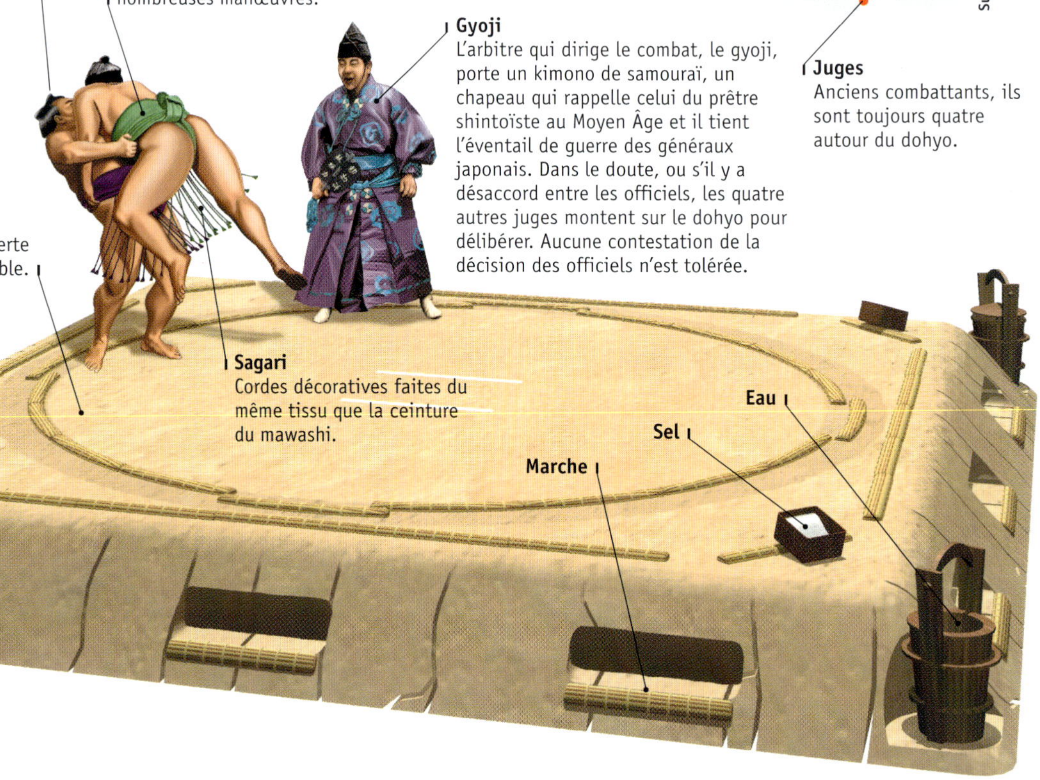

TECHNIQUES

À l'origine, 48 techniques permettant de remporter un combat étaient officiellement reconnues. Leur nombre passe à 70 en 1960.

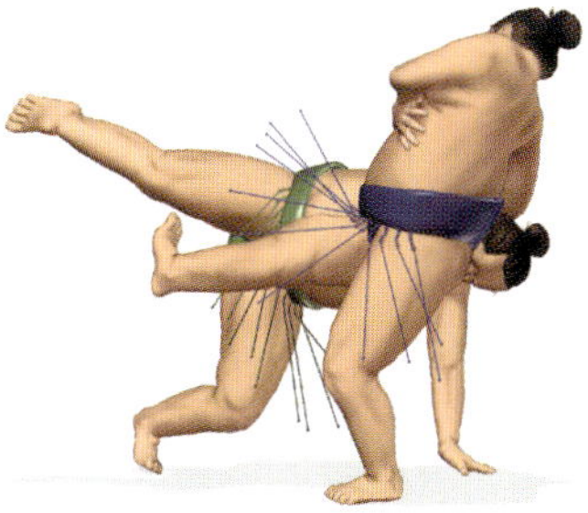

Ketaguri

L'attaquant charge le côté de son adversaire et fauche une de ses jambes grâce à une poussée rapide de son pied sur le côté interne de sa cheville. En même temps, il exerce une forte pression sur son épaule ou sa nuque, ou tire le bras de son adversaire contre lui pour achever de le déséquilibrer.

Tsukidashi

Suivant un rythme régulier, l'attaquant pousse à plusieurs reprises le buste de son adversaire du plat des mains jusqu'à ce qu'il l'ait expulsé du dohyo.

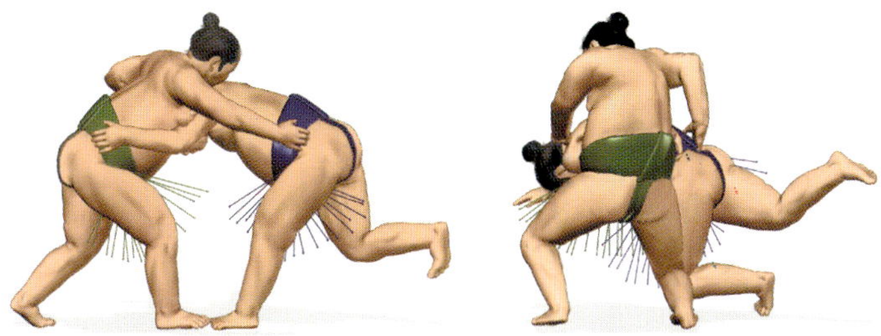

Uwate-nage

Grâce à une prise du mawashi, l'attaquant tire son adversaire vers l'avant et vers le sol tout en s'en détournant. Le mouvement quasi horizontal de son bras contraste avec l'apparente immobilité de la partie centrale de son corps.

Koshi-nage

L'attaquant agrippe son adversaire, le soulève et le place sur sa hanche avant de le projeter sur le dos par un effet de levier.

TOURNOIS

Chaque année, au Japon, l'Association japonaise de sumo organise six grands tournois officiels télévisés pour ses quelque huit cents sumotori. Un comité détermine quels combattants de même grade s'affrontent. Pendant les 15 jours que dure un tournoi, les sumotori des grades juryo et maku-uchi rencontrent 15 adversaires et ceux des grades inférieurs en rencontrent 7. Le grand vainqueur reçoit la coupe de l'empereur, de nombreux cadeaux et une forte somme d'argent.

GRADES

Le sumo ne compte pas de catégorie de poids, mais six grades auxquels l'athlète accède en remportant des séries de victoires. Une accumulation de défaites provoque une rétrogradation, sauf chez les yokozuna qui prennent leur retraite s'ils perdent trop souvent. Chaque grade compte plusieurs rangs : le grade supérieur maku-uchi est subdivisé en cinq rangs. Seul 1 lutteur sur 60 parvient au grade de juryo et, depuis la création du titre de yokozuna il y a 300 ans, seulement 67 sumotori l'ont obtenu.

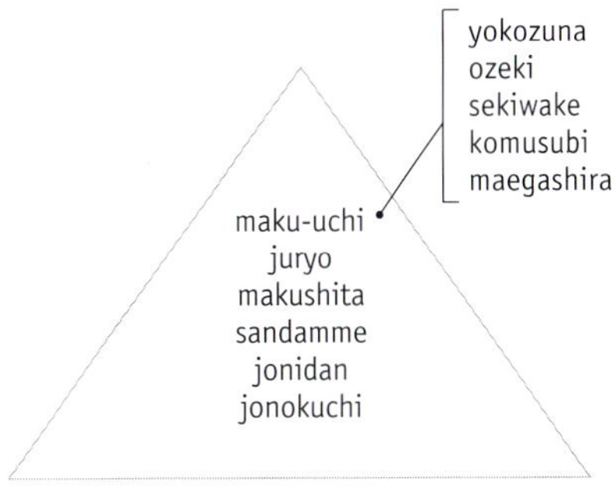

Akebono (USA)
Véritable géant (234 kg, 2,04 m), l'Hawaïen Chad Rowan, dont le nom de combattant est Akebono, est le premier non-Japonais à avoir accédé au rang de yokozuna. Depuis 1990, il a remporté 9 tournois dans la catégorie maku-uchi.

Kesho-mawashi
Les sumotori, à partir du grade juryo, paradent vêtus d'un tablier de soie, brodé d'or et d'argent, parfois garni de diamants, sur lequel est habituellement inscrit le nom de leur commanditaire.

Takanohana (JAP)
Issu d'une famille de lutteurs, on lui a attribué le titre de yokozuna en 1994 à l'âge de 22 ans seulement. Il est le 65e yokozuna de l'histoire. Son véritable nom est Koji Hanada. Il pèse 160 kg et mesure 1,85 m.

PROFIL DU SUMOTORI

- Le débutant d'environ 15 ans doit peser au moins 75 kilos et mesurer 1,73 m. Au service des sumotori plus expérimentés de son heya (lieu d'entraînement et de résidence), il apprend à souffrir en silence, les humiliations psychologiques et physiques faisant partie intégrante de sa formation. C'est à cette période que le stablemaster (Oyakata) donne aux sumotori leur shikona, c'est-à-dire leur nom de combattant.
- Très fort, très musclés, les sumotori mesurent en moyenne 1,75 m et pèsent 160 kg. Certains sumotori mesurent cependant plus de 1,90 m et pèsent plus de 200 kilos. Ils s'entraînent sept jours par semaine.
- Plus le poids d'un athlète est élevé, plus son centre de gravité peut être bas et grande sa stabilité. Un poids trop élevé entraîne toutefois une perte de stabilité. Afin d'augmenter son gabarit, le sumotori ingère quotidiennement plusieurs milliers de calories. Invariablement, il prend deux repas composés de chanko-nabe (un ragoût riche en protéines), de riz, de bière et de saké. Il dort après les repas pour gagner du poids.
- Les yokozuna prennent en moyenne leur retraite à 30 ans.

kung-fu

Lam Sai Wing (CHINE), élève et disciple de Wong Fei Hung, père du Fu Hok Sheong Yin Kuen inspiré par les mouvements du tigre et de la grue. Après maintes années d'études, Lam Sai Wing ouvre sa propre école de kung-fu où il perpétue le style Hung Gar, proche du style original Shaolin.

Philosophiquement lié au bouddhisme, au taoïsme et au confucianisme, le kung-fu est le nom sous lequel on regroupe les techniques de combat chinoises à mains nues ou avec armes. En Chine, on utilise plutôt les termes *kuoshu* ou *wushu*. Plus qu'un moyen pour rendre l'humain efficace au combat, le kung-fu, qui signifie « but à atteindre » en chinois, vise d'abord à maximiser son potentiel global. Les premières formes d'art martial chinois se sont développées il y a environ 4000 ans. Vers 525, le moine indien Bodhidharma enseigna aux moines du temple de Shaolin, en Chine, toute une série de mouvements destinés à fortifier leurs corps et leurs esprits, et qui leur permit par la suite de devenir des combattants réputés invincibles. Son enseignement, alliant des techniques indiennes et chinoises, est à la base de plusieurs écoles de kung-fu importantes. Depuis les années 70, des instructeurs chinois ont entrepris d'enseigner leur art aux Occidentaux. Aujourd'hui, bien que bon nombre de styles soient toujours gardés secrets, on estime qu'il en existe plusieurs centaines et l'on sait également que des femmes pratiquent le kung-fu depuis le Moyen Âge. Des compétitions de kung-fu ont lieu dans le monde entier, mais les formes et la réglementation varient.

LISTE DES ÉPREUVES

Il existe plusieurs types de compétitions dont les règles diffèrent telles que le combat traditionnel sans contact, le semi-contact, le plein-contact, le pousse-mains, la compétition à mains nues ou armées et la démonstration de formes (combat contre des adversaires imaginaires, appelé *tao* ou *chuan*).

DÉROULEMENT DE LA COMPÉTITION

Lors des compétitions de combat, les adversaires utilisent principalement des techniques à main ouverte, les coups de poing, les coups de pied, les pivotements du corps, les prises, les sauts, les déséquilibres et les chutes. Dans certains combats plein-contact où les techniques frappées sont autorisées sur toutes les parties du corps à l'exception des parties génitales, des yeux et du dos, l'attaque peut se poursuivre jusqu'au KO. Dans les compétitions semi-contact, certains coups sont interdits et leur puissance réglementée. Avant chaque compétition, dans les formes *chuan* à mains nues ou avec armes, les juges décident du pointage selon le calibre des concurrents. Dans les compétitions de semi-contact, des points sont marqués lorsque des zones précises du corps sont frappées avec une technique autorisée. La durée des épreuves varie de 2 à 6 minutes pour le semi-contact et de 2 à 10 reprises de 2 ou 3 minutes pour le plein-contact. Les compétitions sont toujours précédées et suivies d'un salut. En semi-contact, les concurrents peuvent être classés par catégories de poids et de niveau.

AIRE DE COMBAT DE SEMI-CONTACT ET DE PLEIN-CONTACT

Matelas surélevés

Positions de départ des combattants

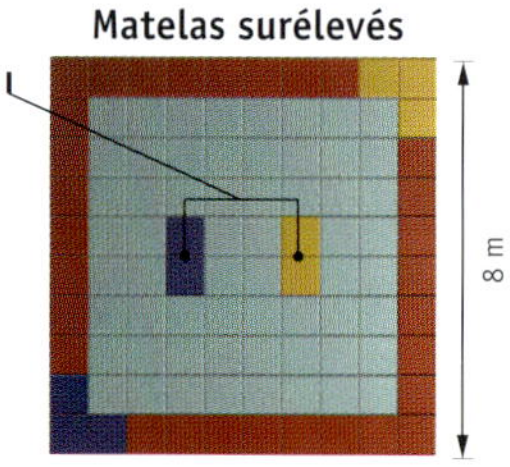

AIRE DE COMPÉTITION

Elle diffère d'un type de compétition à l'autre. Les démonstrations de formes ont lieu sur un plancher de bois ou sur des tapis, alors que le semi-contact se pratique sur un ring surélevé ou sur un ring de boxe traditionnel.

Protections
Selon le type de contact permis lors de la compétition, les protections autorisées varient. Parmi celles-ci, on trouve le protège-dents, la coquille, le protège-pubis, le protège-poitrine, le casque, le plastron, les gants, les protège-pieds et les protège-tibias.

Officiels
Un minimum de 4 juges veillent au bon déroulement des compétitions.

Médecins

Tableau indicateur
Le pointage des 2 participants, le temps et la catégorie des combattants y figurent.

Juges de coin
Ils sont consultés en cas d'ambiguïté.

Arbitre
Un ou deux arbitres s'assurent que les règles sont respectées pendant le combat.

TECHNIQUES DE BASE

1. Blocage du poignet

L'attaquant tente un coup de poing direct. Le défenseur y oppose un blocage du poignet. Très stables, les positions de jambes permettent des déplacements et des ripostes rapides. Les combattants recherchent l'équilibre et la détente, cette dernière permettant une mise en action plus rapide que la tension.

2. Main en griffe de tigre au cou

Le défenseur contre-attaque avec un coup de la griffe du tigre au cou. Les coups vont généralement viser certains organes : yeux, nez, gorge, larynx, sternum, cœur, plexus solaire ou aine.

3. Blocage de l'avant-bras et esquive

L'attaquant bloque la griffe du tigre avec son avant-bras et se déplace simultanément de façon à ne plus être dans la ligne d'attaque en force du défenseur. Ses jambes très fléchies lui permettent de conserver son équilibre.

4. Paume au visage

Avant que l'attaquant n'ait eu le temps de tenter une seconde attaque, le défenseur effectue une rotation de son corps et riposte avec une paume au visage destinée à repousser l'adversaire.

STYLES

Il existe plusieurs centaines de styles de kung-fu dont un bon nombre s'inspirent de mouvements d'animaux et insistent sur des compétences particulières : le tigre (la résistance), la grue (l'équilibre), le léopard (la puissance), le serpent (la force intérieure et l'habileté à frapper les points vitaux du corps) et le dragon (l'énergie et la fluidité).

Hung -gar-Kuen

Il est caractérisé par des positions basses et très ancrées au sol, une alternance de techniques fortes et souples, des attaques de poing, des blocages et des esquives. Les attaques de pied ne dépassent jamais le niveau de la poitrine de l'adversaire.

Tong -long

Les mouvements de mains imitent la patte en forme de crochet de la mante religieuse qui attaque et les jeux de pieds rapides rappellent les sauts de l'insecte quand il se bat.

Wing -chun

Une position stable permet l'application de techniques simples et brutales, d'esquives souples et de contre-attaques fulgurantes portées aux articulations. Ce style vise une efficacité maximale par la plus grande économie de mouvements possible.

CHI

Selon les Chinois, le *chi* est une énergie interne, ou force universelle, essentielle pour la santé et qui, canalisée grâce à des exercices spéciaux, permet à l'athlète d'accroître sa force et sa résistance. Certains maîtres affirment que leur *chi* est si puissant qu'il les rend extrêmement difficiles à vaincre, leur permet de briser des objets ou rend leur corps impénétrable.

ÉQUIPEMENT

Veste traditionnelle
Généralement fermée par des boutons et pourvue d'un col officier, elle est souvent de couleur noire, mais les combattants peuvent aussi choisir de porter du rouge, du jaune et du blanc, couleurs traditionnelles en Chine.

Sash
C'est une ceinture dont la couleur indique habituellement les différents grades. Les couleurs varient d'un style à l'autre, selon l'école ou le niveau.

Bruce Lee (CHINE)
Vedette de films d'arts martiaux, il a contribué à faire connaître le kung-fu dans le monde. Il a créé son propre style de kung-fu, le jeet kune do.

PROFIL DU PRATIQUANT

- Le combattant possède vitesse, coordination et force intérieure bien canalisée (*chi*). Il est souple, vigoureux et ses réflexes sont aiguisés. Son gabarit révèle rarement son excellence.
- La compétition débute vers 15 ans. Les champions internationaux ont généralement entre 20 et 30 ans. Devenir un maître de kung-fu accompli exige de nombreuses années d'entraînement au sein duquel le combat en tant que tel ne représente souvent qu'une toute petite partie du travail.
- L'étirement des muscles et des tendons accroît la flexibilité et permet aussi un meilleur développement, particulièrement au niveau du coup de pied et du coup de poing.
- Selon la tradition, le novice doit faire preuve de patience, de persévérance et de sincérité pour être admis dans une école et conserver sans faiblir cette attitude tout au long de son cheminement.

taekwondo

Le Coréen Lee Kyung-Keun et l'Égyptien Arm Hussein en finale aux J.O. de Séoul en 1988. La Corée remporta la médaille d'or.

Art d'autodéfense et de combat coréen dont l'action est rapide et spectaculaire, et où la majorité des coups sont portés par les pieds, le taekwondo découle, selon certains, du *tae kyon* ou *subak*, un art martial que l'on aurait commencé a pratiquer en Corée il y a environ 2 000 ans. Pour d'autres, sa base est l'enseignement du moine Bodhidharma au temple chinois de Shaolin, vers 525 tandis qu'une troisième hypothèse le dit inspiré du karaté d'Okinawa, au XVIe siècle. Les Japonais interdirent sa pratique pendant l'occupation de la Corée (1910-1945), mais elle resurgit après la libération du pays, enrichie de techniques chinoises et japonaises. Dans les années 50, on baptisa taekwondo – *voie du poing et du pied* – cette forme qui vise une synthèse du corps et de l'esprit par la technique et une harmonie entre l'homme et la nature. Le premier championnat du monde masculin a eu lieu à Séoul, en Corée du Sud, en 1973 et celui des femmes à Barcelone, en Espagne, en 1987. Sport de démonstration depuis les J.O. de Séoul, le taekwondo est inscrit au programme des Jeux de l'an 2000 à Sydney.

DÉROULEMENT D'UN COMBAT

Il existe deux types de compétition : la démonstration de formes ou *poom-se* (poumsé), qui est un enchaînement de techniques exécutées face à un ou plusieurs adversaires imaginaires, et le combat ou *kyoruki* (kyeurougui) entre deux concurrents de même catégorie de poids qui marquent des points en visant des zones cibles. Seul le *kyoruki* s'inscrit aux compétitions internationales. Un tirage au sort détermine quels concurrents s'affrontent, de façon individuelle ou en équipe. Dans ce second cas, le total des victoires remportées par les membres d'une équipe lors de combats individuels détermine l'équipe gagnante. Un *kyoruki* compte 3 périodes de 3 minutes. Un coup porté correctement exécuté donne un point. Il peut s'agir d'un coup de pied ou d'un coup de poing porté au plexus, au ventre et aux côtes, ou encore d'un coup de pied au visage. Des avertissements ou des déductions de points sanctionnent les infractions : attaques de la main et du pied au-dessous de la taille, attaques dans le dos ou derrière la tête, frappes du genou, immobilisations, projections, coups de poing au visage. Trois points de pénalités disqualifient le combattant. L'issue d'un match est sans appel si l'un des adversaires est mis K.O. grâce à une technique autorisée. Le pointage du combat s'obtient par l'addition des résultats des 3 périodes, le vainqueur étant celui ayant marqué le plus de points. S'il y a égalité, l'arbitre rend une décision en faveur du combattant dont la qualité de la performance a été jugée supérieure.

AIRE DE COMPÉTITION

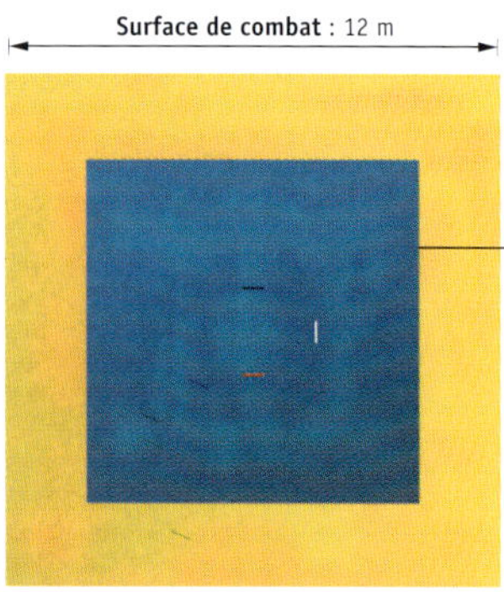

TECHNIQUE DE COMBAT

Environ 90 % des coups sont portés par les pieds. Le combattant doit être en mesure d'attaquer et de se défendre aussi bien au sol que dans les airs et dans n'importe quelle position.

ENCHAÎNEMENT DE TECHNIQUES AUTORISÉES

1. Garde

Les positions sont basses et souples. Le combattant se déplace rapidement pour présenter une surface d'impact réduite, cherche une faille dans la défense de l'adversaire, s'efforce de le déconcentrer.

2. Coup de pied aux côtes

L'assaillant s'apprête à donner un coup de pied aux flancs. Un mouvement détendu et la rotation des hanches permettent une puissance maximale. Le défenseur commence à sauter.

3. Extension

Au moyen d'une extension complète, le défenseur s'élève, hors d'atteinte.

4. Coup de pied sauté circulaire

Le défenseur tente un coup de pied sauté circulaire à la tête. La puissance du geste part d'abord des hanches et ne devient vraiment explosive que lorsque la jambe est étendue.

5. Blocage

Le blocage est utilisé pour dévier et non pour arrêter le coup de pied. Une esquive efficace peut réduire la force d'une attaque de près de 75 %.

LES CATÉGORIES DE POIDS AUX J.O.

Hommes	Femmes
jusqu'à 58 kg	jusqu'à 49 kg
plus de 58 et jusqu'à 68 kg	plus de 49 et jusqu'à 57 kg
plus de 68 et jusqu'à 80 kg	plus de 57 et jusqu'à 67 kg
plus de 80 kg	plus de 67 kg

ÉQUIPEMENT

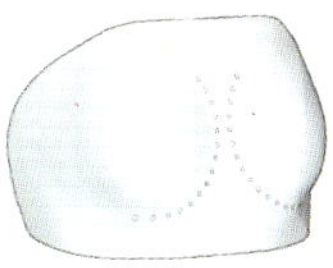

Protège-buste

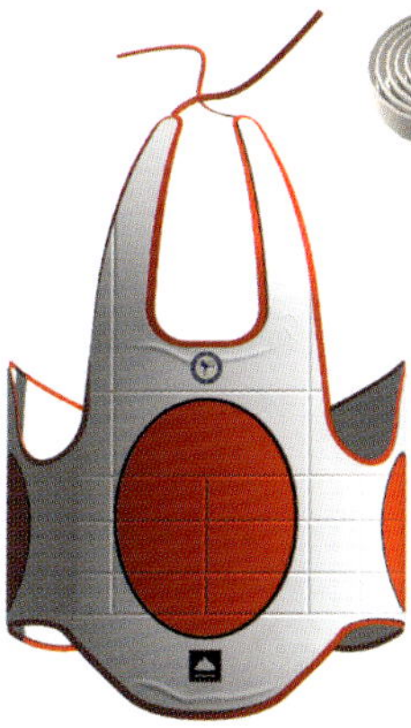

Plastron

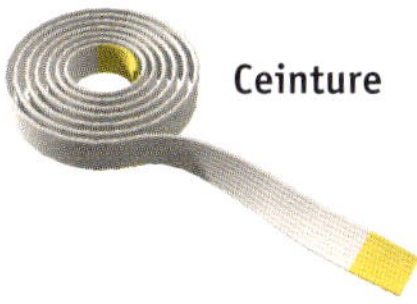

Ceinture

Protège-pubis

Casque

Protecteur d'avant-bras

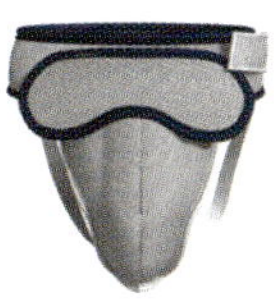

Coquille

Protecteur de tibia

GRADES

La démonstration de l'acquisition d'habiletés techniques permet de monter en grade, ce que symbolisent les différentes couleurs de ceinture. On trouve également une bande noire sur le col du dobok de l'athlète ceinture noire.

Niveau du combattant	Couleur de la ceinture
10e keup (débutant)	blanche
9e keup	blanche rayée jaune
8e keup	jaune
7e keup	jaune rayée verte
6e keup	verte
5e keup	verte rayée bleue
4e keup	bleue
3e keup	bleue rayée rouge
2e keup	rouge
1er keup	rouge rayée noire
1er à 10e dan	noire rayée dorée

PROFIL DU COMBATTANT

- Fort, rapide et précis, il est généralement au sommet de sa forme entre 20 et 28 ans.
- La casse, qui fait partie intégrante de l'entraînement, teste l'efficacité des coups par le biais du bris d'objets. Elle est à éviter avant l'âge de 18 ans à cause des risques de déformations irréversibles des articulations des phalanges et des orteils.
- Des exercices d'endurance destinés à augmenter le rythme cardiaque et à améliorer la condition physique (natation, jogging, saut à la corde) peuvent compléter le programme.
- L'échauffement et les étirements insistent sur le travail des jambes, des hanches et du dos. Des tendons et ligaments manquant d'élasticité empêchent l'exécution correcte des coups de pied et augmentent les risques de foulure et de déchirure.
- En Corée, le taekwondo est au programme des études primaires, secondaires et collégiales.

boxe

Georges Carpentier (1894-1975), premier champion d'Europe de boxe anglaise de nationalité française, devint champion du monde de la catégorie mi-lourd en 1920 et participa à 113 combats toutes catégories confondues au cours de sa carrière.

De l'anglais *to box*, combattre avec les poings, la boxe est un sport de combat où deux adversaires se frappent uniquement avec les poings dans un espace carré entouré de cordes appelé « ring ». L'ancêtre de la boxe, le pugilat, figure pour la première fois aux J.O. lors de la XXIIIe olympiade en 668 avant J.-C. Les pugilistes, précurseurs de nos boxeurs contemporains, limitent leurs mouvements à donner et à parer des coups. Ils ont les mains couvertes de « cestes », des lanières de cuir d'environ deux centimètres de large et deux mètres de long entrelacées et serrées de manière à éviter les fractures. Elles seront par la suite renforcées au moyen de clous ou de boules de plomb, les combats gagnant en intensité et en violence. La boxe apparaît au XVIIIe siècle en Angleterre et, dès 1857, le marquis de Queensberry fait adopter quelques règles qui représentent les bases de la boxe anglaise d'aujourd'hui. Officiellement reconnue en Amérique du Nord en 1888, elle fait son entrée aux J.O. de Saint Louis en 1904. La boxe féminine, interdite jusqu'alors, a été reconnue en 1994 par l'Association internationale de boxe amateur (AIBA), fondée en 1946 et qui regroupe plus de 180 fédérations nationales. La boxe féminine, professionnelle ou amateur, connaît depuis le début des années 90 un engouement certain.

DÉROULEMENT D'UN COMBAT

Avant chaque combat, les boxeurs sont obligatoirement pesés et subissent un examen médical. Un combat de boxe est divisé en reprises (ou rounds) séparées par un intervalle d'une minute de repos. Chez les professionnels, il peut y avoir de quatre à douze reprises de 3 minutes. En boxe olympique, le combat se déroule en trois ou quatre reprises de 2 minutes chacune. À chaque reprise, un certain nombre de points est accordé aux boxeurs en fonction des coups atteignant l'adversaire, de la technique et de l'observation des règles. Le total des points détermine le gagnant si le combat n'est pas interrompu avant la limite. Il s'agit alors d'une victoire aux points. La victoire peut également être acquise avant la limite par knock-out (lorsque l'un des deux adversaires reste au sol au moins 10 secondes), par arrêt de l'arbitre, par disqualification ou par abandon d'un des combattants. Seuls les coups portés au-dessus de la ceinture sont permis, à l'exception du dos, de la nuque et de l'arrière de la tête. La ceinture est une ligne imaginaire qui passe au-dessus des hanches. Les coups doivent être donnés avec la partie du gant qui recouvre les métacarpes, zone qui est d'ailleurs identifiée en blanc aux J.O.

RING

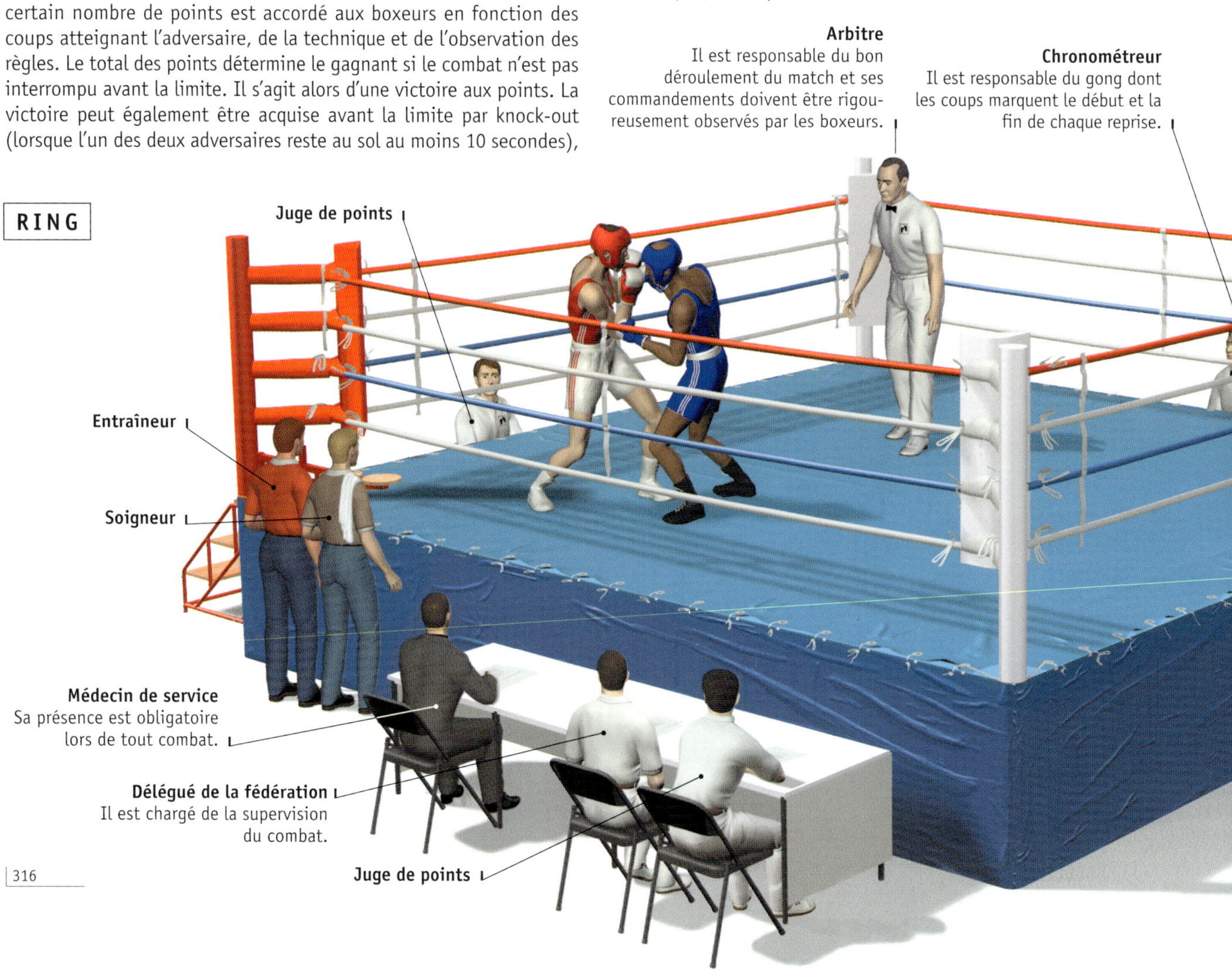

INSTALLATIONS

RING

Il est délimité par trois ou quatre rangées de cordes tendues entre des piquets situés aux quatre coins.

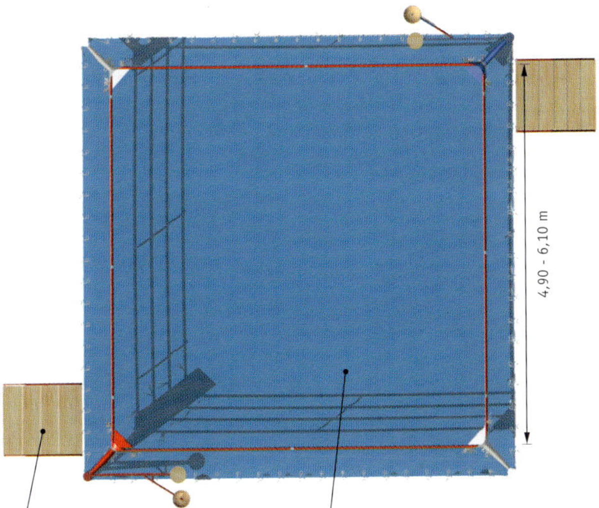

Escabeaux (2)
Installés dans des côtés opposés, ils permettent d'avoir accès au ring.

Plancher
Il est recouvert d'un tapis amortissant et doit être situé à une hauteur minimale de 0,91 m et maximale de 1,22 m.

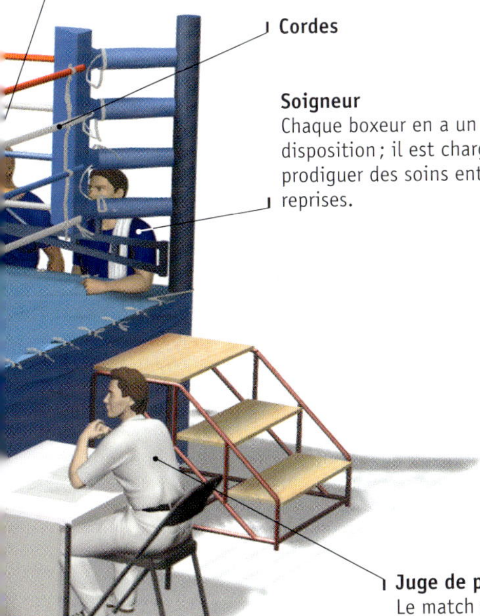

Entraîneur
Il est toujours présent lors des combats et conseille son boxeur sur les stratégies à adopter.

Cordes

Soigneur
Chaque boxeur en a un à sa disposition ; il est chargé de prodiguer des soins entre les reprises.

Juge de points
Le match est jugé par trois ou cinq juges. À la fin de chaque reprise, les juges attribuent une note à chacun des boxeurs. Les notes traduisent le nombre de points marqués selon les coups donnés et réussis par chaque boxeur.

COUPES ET CHAMPIONNATS

Il y a quatre organismes internationaux différents qui organisent des championnats du monde de boxe professionnelle et il peut donc y avoir quatre champions du monde pour chaque catégorie. Le titre de champion est symbolisé par une ceinture que l'on remet au vainqueur.

Les organisations de boxe professionnelle

WBC : Conseil mondial de la boxe
WBA : Association mondiale de la boxe
IBF : Fédération internationale de boxe
WBO : Organisation mondiale de la boxe

Ceinture

CATÉGORIES DE POIDS EN BOXE AMATEUR ET PROFESSIONNELLE

Catégories	Amateur (olympique)	Professionnelle
Paille	non reconnue	moins de 47,6 kg
Mi-mouche	plus de 38 et jusqu'à 48 kg	plus de 47,6 et jusqu'à 48,9 kg
Mouche	plus de 48 et jusqu'à 51 kg	plus de 48,9 et jusqu'à 50,8 kg
Super-mouche	non reconnue	plus de 50,8 et jusqu'à 52 kg
Coq	plus de 51 et jusqu'à 54 kg	plus de 52 et jusqu'à 53,5 kg
Super-coq	non reconnue	plus de 53,5 et jusqu'à 55,3 kg
Plume	plus de 54 et jusqu'à 57 kg	plus de 55,3 et jusqu'à 57,1 kg
Super-plume	non reconnue	plus de 57,1 et jusqu'à 58,9 kg
Léger	plus de 57 et jusqu'à 60 kg	plus de 58,9 et jusqu'à 61,2 kg
Super-léger	plus de 60 et jusqu'à 63,5 kg	plus de 61,2 et jusqu'à 63,5 kg
Mi-moyen	plus de 63,5 et jusqu'à 67 kg	plus de 63,5 et jusqu'à 66,6 kg
Super mi-moyen	plus de 67 et jusqu'à 71 kg	plus de 66,6 et jusqu'à 69,8 kg
Moyen	plus de 71 et jusqu'à 75 kg	plus de 69,8 et jusqu'à 72,5 kg
Super-moyen	non reconnue	plus de 72,5 et jusqu'à 76,2 kg
Mi-lourd	plus de 75 et jusqu'à 81 kg	plus de 76,2 et jusqu'à 79,3 kg
Lourd-léger	non reconnue	plus de 79,3 et jusqu'à 86,1 kg
Lourd	moins de 91 kg	plus de 86,1 kg
Super-lourd	plus de 91 kg	non reconnue

OLYMPISME ET PROFESSIONNALISME

Il existe des différences importantes quant aux règles régissant la boxe amateur (ou olympique) et la boxe professionnelle. En dehors du fait qu'ils ne portent ni casque de protection ni maillot, les boxeurs professionnels évoluent dans un milieu où l'aspect financier est prédominant ; l'organisation de certains matches fait même l'objet d'enchères de la part de promoteurs et le match est alors attribué au plus offrant.

Règles du marquis de Queensberry

- Obligation de porter des gants et réglementation de leur poids.
- Institution de catégories de poids.
- Délimitation des dimensions du ring.
- Découpage des combats en reprises rounds d'une durée de 3 minutes séparées par 1 minute de repos.
- Décompte de 10 secondes lorsqu'un des adversaires est à terre avant qu'il ne soit déclaré vaincu.

À quelques modifications près, ces règles sont toujours en vigueur. En boxe olympique, les juges de points utilisent depuis 1992 un appareil de pointage électronique.

TECHNIQUES

La boxe est par définition un sport d'attaque et tout boxeur qui refuse de combattre ou qui a une attitude passive est réprimandé par l'arbitre. On distingue le jeu offensif et le jeu défensif.

LE JEU OFFENSIF

Il est basé sur les trois types de coups principaux : le direct, le crochet et l'uppercut.

1. Direct

C'est une extension rapide et directe du bras pratiquement à l'horizontale ; on parle de direct du gauche ou du droit. Le jab est un direct de la main avant destiné à garder l'adversaire à distance.

2. Crochet

Le crochet est un coup puissant donné avec un mouvement d'épaule et le bras plié.

3. Uppercut

L'uppercut est un coup délivré de bas en haut en passant sous la garde de l'adversaire.

LE JEU DÉFENSIF

Il est pour sa part basé sur trois techniques : les esquives, la parade et le blocage.

1. Esquive

Elle consiste à glisser sous les coups de l'adversaire en faisant pivoter les hanches et en baissant le centre de gravité pour préparer une contre-attaque.

2. Parade

C'est une déviation d'un coup de l'adversaire avec la main du même côté destiné à déséquilibrer l'adversaire et à amorcer une contre-attaque.

3. Blocage

Il s'agit de bloquer un coup avec les gants ou les avant-bras pour empêcher un coup d'atteindre sa cible.

PROFIL DU BOXEUR

- Les boxeurs sont divisés en catégories de poids et la morphologie de deux adversaires peut donc être grandement différente. L'entraînement physique doit chercher à augmenter l'endurance, la résistance et la souplesse et il se distingue par sa diversité.
- Si le boxeur ne pratique pas systématiquement la musculation, les muscles de la main, de l'avant-bras et du bras ont besoin d'être renforcés tout comme la ceinture abdominale. L'entraînement en salle fait appel à diverses techniques : le saut à la corde qui permet de développer le jeu de jambes, la pratique face à un miroir, les reprises contre un sac de sable ou un ballon de vitesse. Le jogging est également une partie importante de l'entraînement du boxeur.
- L'alimentation joue aussi un rôle essentiel. En raison du grand nombre de catégories de poids, un boxeur peut chercher à perdre quelques kilogrammes afin de se retrouver dans une catégorie inférieure et ainsi affronter un adversaire plus léger. À l'approche d'un combat donc, on intensifie l'entraînement et l'on réduit les rations alimentaires.

Cassius Clay, alias Muhammad Ali (USA)
Poids lourd, champion du monde de 1964 à1967, et à nouveau en 1974 et en 1978. Également champion olympique en catégorie mi-lourd en 1960.

Rocky Marciano (USA)
Champion du monde des poids lourds, de 1952 à 1956, invaincu durant toute sa carrière professionnelle.

Sugar Ray Robinson (USA)
Poids mi-moyen et poids moyen, il a été champion du monde mi-moyen de 1946 à 1951 et champion du monde des poids moyens en 1951 et de 1955 à 1958.

ÉQUIPEMENT

L'équipement diffère selon les combats, professionnels ou amateurs.

BOXE OLYMPIQUE

L'athlète porte un casque protecteur, un protège-dents, un maillot sans manches bleu ou rouge, une culotte et une coquille.

Casque protecteur

Gants
En cuir rembourré de mousse pour amortir l'impact des coups, ils doivent être fournis par les organisateurs de la rencontre. Les gants pèsent 283 g pour toutes les catégories de poids.

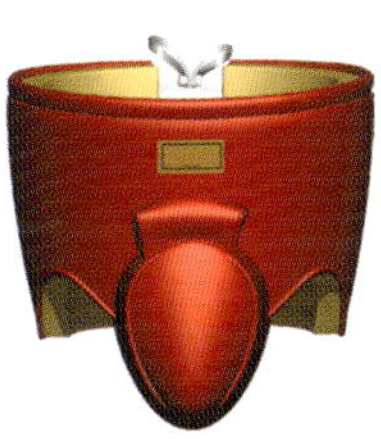

Coquille protectrice

Sac d'entraînement
En cuir ou en toile, il pèse une trentaine de kilogrammes et il est destiné à développer la puissance.

BOXE PROFESSIONNELLE

Le boxeur ne porte ni casque protecteur ni maillot.

Bandages
Sous les gants, les mains sont bandées pour les protéger des fêlures ou des fractures et pour soutenir le poignet.

Protège-dents

Gants
Selon la catégorie de poids du boxeur, ils pèsent de 227 g à 283 g.

Culotte
Elle descend à mi-cuisse.

Sac gonflable
En cuir, il est utilisé pour développer la vitesse et la coordination.

Chaussures
Elles sont légères, sans pointe ni talon.

kick-boxing et full-contact

Combat de kick-boxing à Bangkok (Thaïlande) en 1968.

Né au Japon en 1964, le kick-boxing est un sport de combat associant les techniques de coups de poing de la boxe anglaise à des techniques de coups de pied inspirées des arts martiaux (karaté, boxe thaïlandaise, taekwondo, savate, etc.). Dans ce type de combat, les coups sont réellement portés. Au début des années 70, la pratique des arts martiaux se répand aux États-Unis et des karatékas, inspirés par le kick-boxing, mettent au point le full-contact ou « boxe américaine », mélange de boxe anglaise et de karaté. À la différence d'autres disciplines pieds-poings, le full-contact interdit les coups de coude et de genou ainsi que les coups directs portés en dessous de la ceinture – d'où parfois sa dénomination de kick-boxing sans low-kick (« boxe pieds-poings sans coups aux jambes »). Kick-boxing et full-contact sont pratiqués tant au niveau amateur que professionnel et largement ouverts aux femmes.

DÉROULEMENT D'UN COMBAT

Deux adversaires s'affrontent et cherchent à se mettre mutuellement hors de combat au moyen de coups de poing et de coups de pied portés au visage et au buste (en full-contact) ou sur l'ensemble du corps (en kick-boxing). Les morsures et les coups de tête sont interdits de même que les coups de coude, jugés trop dangereux. Le combat est supervisé par un membre de l'organisation responsable de la rencontre. La durée du combat varie selon le type de compétition : de 3 à 12 reprises de 2 minutes. Le temps de repos est de 1 minute entre chaque reprise. À chaque reprise, un certain nombre de points est accordé aux boxeurs en fonction des coups atteignant l'adversaire et de la technique. Les combattants doivent donner chacun un minimum de 8 coups de pied par reprise et un nombre insuffisant de coups de pied entraîne la perte du combat. Le total des points détermine le gagnant si le combat n'est pas interrompu avant la limite. Il s'agit alors d'une victoire aux points. La victoire peut également être acquise avant la limite par knock-out (mise hors de combat du boxeur resté à terre plus de 10 secondes), par arrêt de l'arbitre ou du médecin, par abandon du combattant ou par jet de la serviette par l'entraîneur.

RING

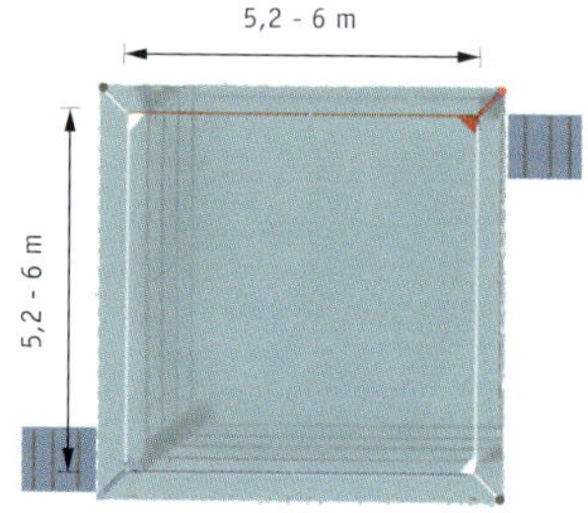

TECHNIQUES

Les coups de poing sont directement repris de la boxe anglaise et portent donc les mêmes appellations : direct du droit ou du gauche, crochet du droit ou du gauche et uppercut. Les coups de pied sont inspirés pour leur part du karaté et du taekwondo. Environ 80 % des coups de pied donnés en full-contact sont des coups de pied de face, de côté et circulaires. On parle aussi de coup de pied de face en crochet, de tombé, de retourné direct et de retourné en crochet. Le balayage, comme en judo ou en karaté, est également utilisé pour déstabiliser l'adversaire. La défense comprend des esquives de la tête et du buste, des blocages et des déviations (le coup est dévié).

Coup de pied de face

Coup de pied de côté

Coup de pied circulaire

CATÉGORIES DE POIDS – HOMMES (Selon la World Kickboxing Association)	
Mouche	moins de 50,5 kg
Super-mouche	50,5 - 52 kg
Coq	52 - 53,5 kg
Super-coq	53,5 - 55,5 kg
Plume	55,5 - 57 kg
Super-plume	57 - 59 kg
Léger	59 - 61 kg
Super-léger	61 - 63,5 kg
Welter	63,5 - 67 kg
Super-welter	67 - 70 kg
Moyen	70 - 72,5 kg
Super-moyen	72,5 - 76 kg
Mi-lourd-léger	76 - 79 kg
Super-mi-lourd-léger	79 - 83 kg
Lourd-léger	83 - 86 kg
Super-lourd-léger	86 - 90 kg
Lourd	90 - 95 kg
Super-lourd	plus de 95 kg

CATÉGORIES DE POIDS – FEMMES

Les catégories de poids s'échelonnent de 48 à 64 kg et plus, et changent tous les deux kilogrammes (48 kg, 50 kg, 52 kg, etc.).

ÉQUIPEMENT

Protège-dents

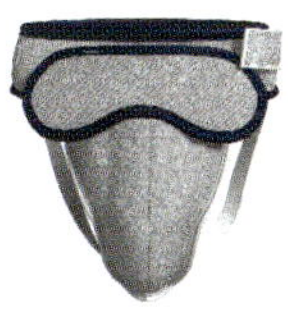

Coquille

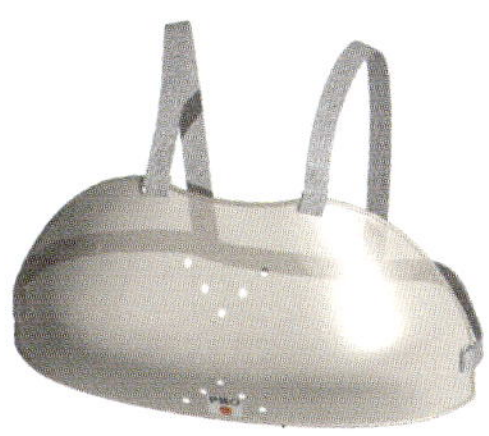

Bustier de protection féminine
Son port est facultatif.

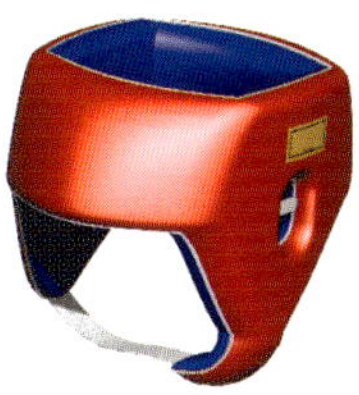

Casque
Il est obligatoire chez les amateurs et interdit chez les professionnels.

Protège-tibia

PROFIL DU KICKBOXEUR

- La préparation physique doit porter sur la souplesse, la force musculaire et la résistance.
- Saut à la corde, sauts sur place, tractions sur les bras, exercices travaillant les muscles abdominaux et exercices au sol font partie intégrante de l'entraînement. Le boxeur effectue également du travail au sac, du *shadow boxing* (combat à vide) et des combats contrôlés en salle d'entraînement.

escrime

Gravure tirée de *L'École des armes* (1763).

L'escrime est un sport de combat où deux adversaires s'affrontent au moyen d'un fleuret, d'une épée ou d'un sabre. Que ce soit pour la guerre, l'entraînement, le spectacle, l'honneur, le plaisir ou le sport, on croise le fer avec une grande variété d'armes : glaive romain, sabre japonais, cimeterre turc, épée carolingienne, rapière espagnole ou fleuret électrique contemporain. Un bas-relief égyptien, datant de l'époque de Ramsès III, représente des escrimeurs avec masques et armes mouchetées. À Rome, mirmillons et rétiaires combattent dans le cirque. Au Moyen Âge, on connaît les notions de parades, d'attaques, de voltes et de prises de fer et on édicte les règles des tournois. Au XVe siècle l'escrime prend de l'importance en Espagne. Quant à l'escrime française, elle naît officiellement en 1567, année où Charles IX crée l'Académie des maîtres d'armes. Au XVIIe siècle, c'est l'apparition du fleuret : les bretteurs s'entraînent avec élégance, courtoisie et science. Au XIXe siècle, malgré l'interdiction des duels et l'apparition des armes à feu, les romans de cape et d'épée de Féval, Dumas ou Scott fascinent l'opinion et l'escrime connaît un regain de popularité. En France, l'école de Joinville, créée en 1852, donne le ton à une véritable pratique sportive et forme des maîtres en ce sens. L'escrime – fleuret et sabre – est inscrite aux premiers J.O. modernes en 1896 et l'épée le devient en 1900. Mise à part la signalisation des touches à l'électricité, les règles et les techniques qui régissent l'escrime ont très peu changé depuis ses débuts.

DÉROULEMENT DE LA COMPÉTITION

Après le signal du départ, les échanges débutent et se poursuivent jusqu'au moment où une touche est marquée, une action non valable est signalée, un corps à corps ou une chute se produisent ou le pied d'un tireur est hors-piste. Un échange peut durer de 5 secondes à 3 minutes. Un combat est composé de trois manches de 3 minutes avec 1 minute de repos entre chaque manche. Un combat est de 15 touches maximum. Si un échange supplémentaire est nécessaire en raison d'un match nul, l'avantage, c'est-à-dire le point nécessaire, est d'abord attribué au sort à un des escrimeurs. Par la suite, le combat reprend et si aucun combattant ne marque une touche, le point est accordé à celui qui a l'avantage. Les trois disciplines de l'escrime font l'objet de compétitions individuelles et en équipe. De plus, l'épée est une des cinq épreuves du pentathlon. C'est la Fédération internationale d'escrime (FIE) qui sanctionne les compétitions internationales. Les championnats du monde ont lieu chaque année sauf l'année olympique.

PISTE

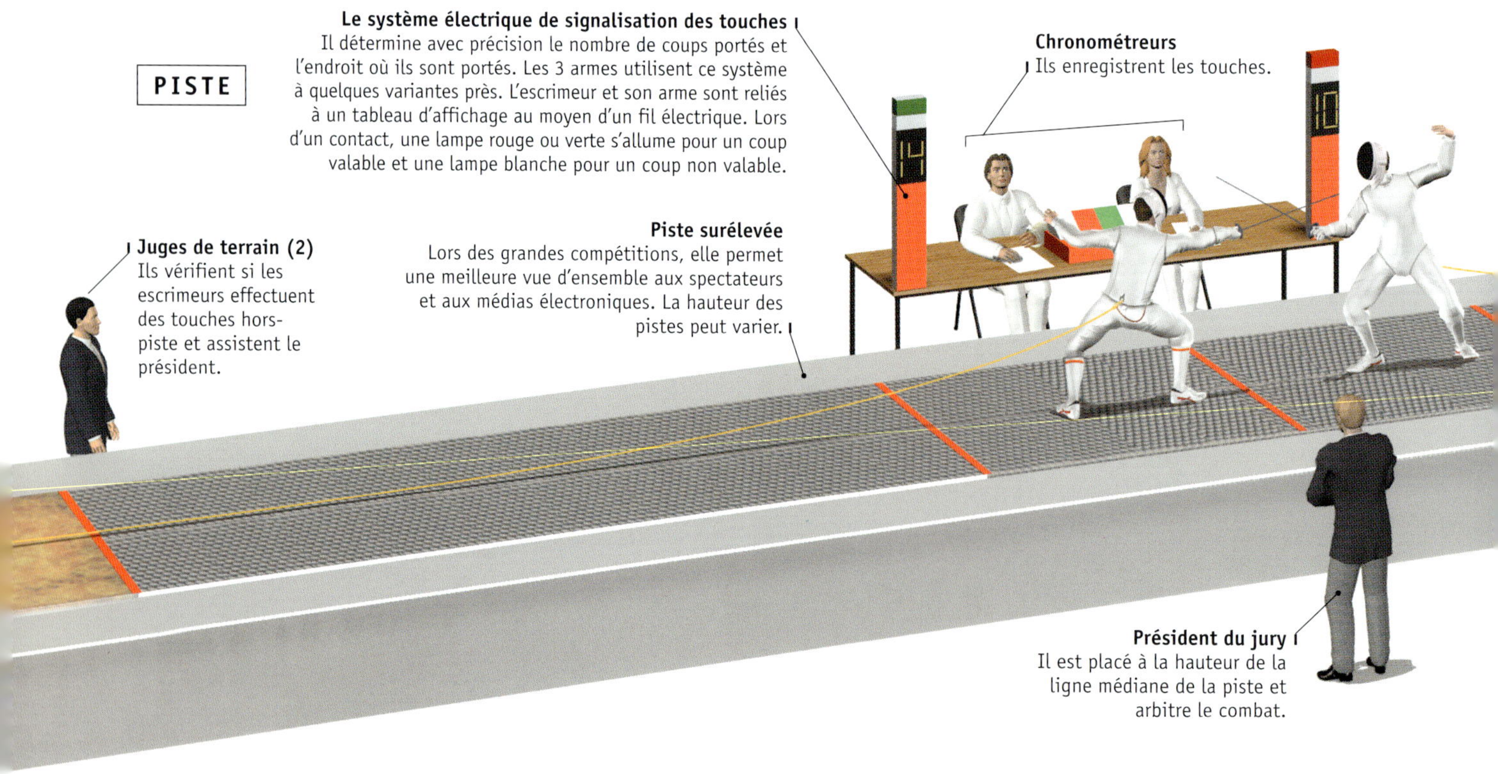

POSITIONS DE BASE ET LIGNES

Les positions de base sont au nombre de huit : prime, seconde, tierce, quarte, quinte, sixte, septime et octave et leurs combinaisons donnent les parades de base. Les lignes sont les portions de la cible déterminées à partir des positions de la lame. Il y a quatre lignes : deux hautes (dessus) et deux basses (dessous). Chaque ligne compte deux positions qui sont déterminées à la fois par l'emplacement de la lame par rapport à la main – pointe plus haute ou plus basse que la main – et par la manière dont la main est placée, soit en supination, c'est-à-dire les ongles dessus, soit en pronation, c'est-à-dire dessous. Ce sont les doigts qui dirigent l'arme : le poignet agit comme charnière et extension de la main. Ce contrôle permet aussi de « sentir le fer », c'est-à-dire de percevoir les réactions de l'adversaire.

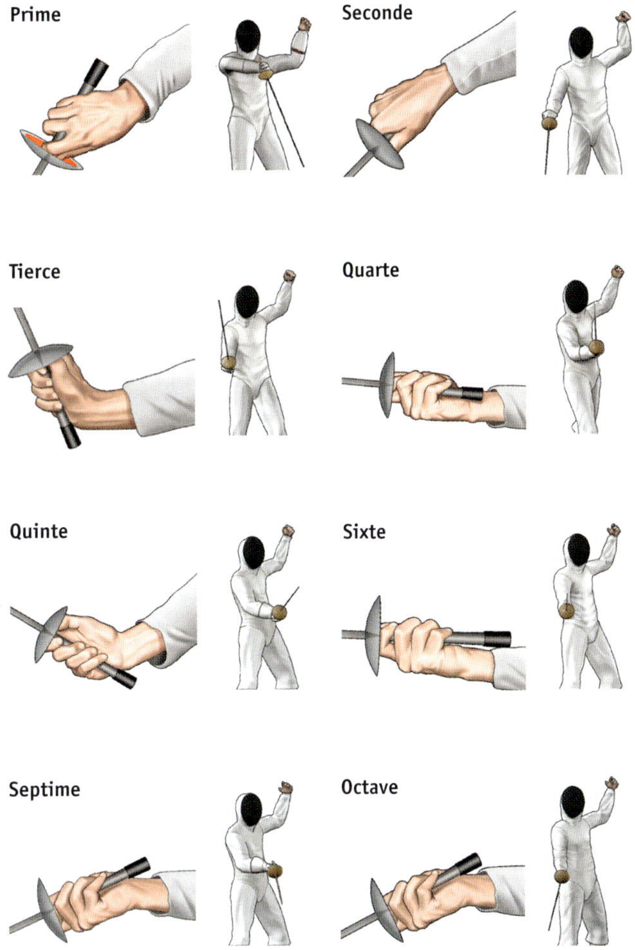

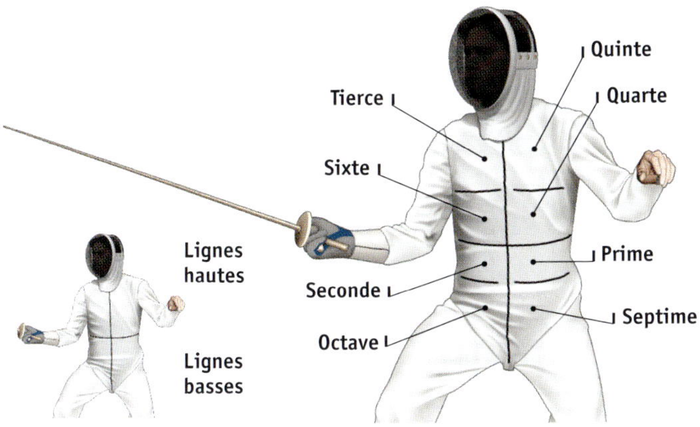

Le salut

C'est un geste courtois et traditionnel. Il est effectué à visage découvert, avant et après chaque combat. Il est destiné à l'adversaire, au président du jury et au public. Après une rencontre, les adversaires se serrent la main et serrent celle du président du jury.

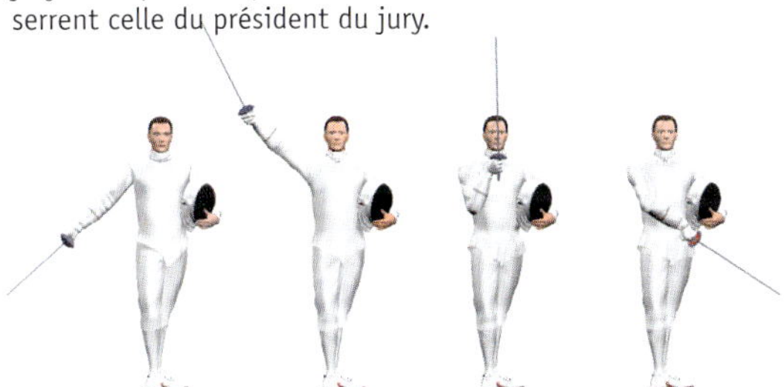

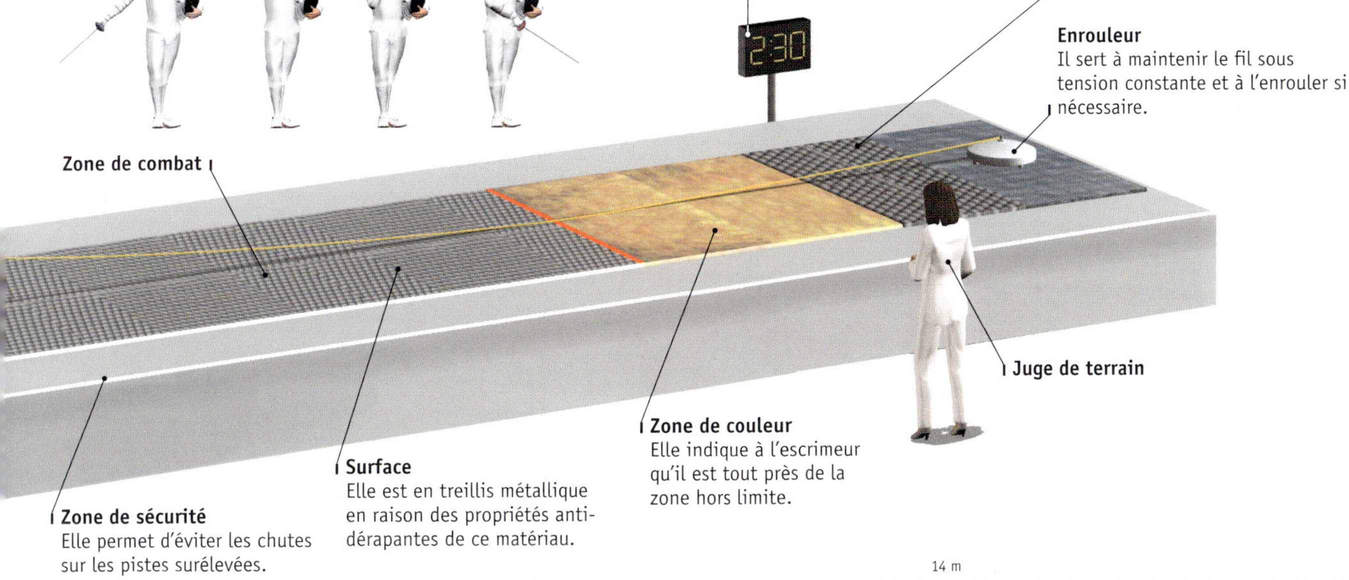

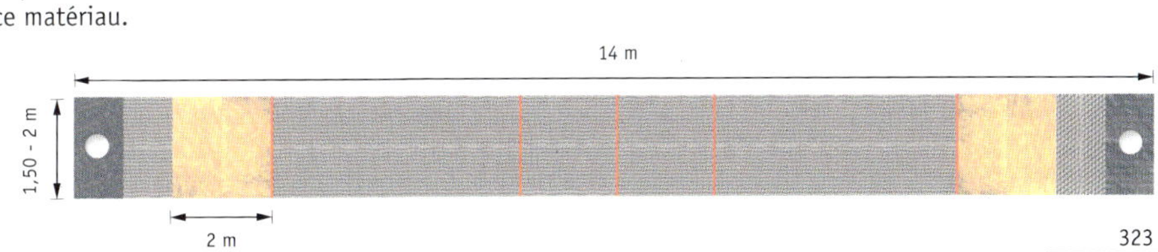

TECHNIQUES

ATTAQUE ET DÉFENSE

Fondamentales en escrime et propres aux trois armes, ces deux grandes techniques sont basées sur une même position de garde : genoux fléchis, bras arrière replié vers le haut et le bras armé tendu vers l'adversaire, pointe haute ou basse. Les mises en garde sont effectuées au début du combat et après chaque touche valable. La mise en garde est importante parce qu'elle prépare à l'offensive, à la défensive ou à la contre-offensive.

L'attaque

C'est un coup porté à l'adversaire qui se déroule en un seul temps. Les attaques sont simples ou composées. Le bras est allongé et le mouvement est souvent accompagné d'une fente ou d'une flèche.

La parade

C'est une action essentiellement défensive qui consiste à détourner avec son arme le fer adverse. On peut parer en écartant le fer adverse, en le rejetant d'un battement ou en cédant. Les parades portent le nom des positions où elles sont prises et elles correspondent aux quatre lignes que sont les cibles.

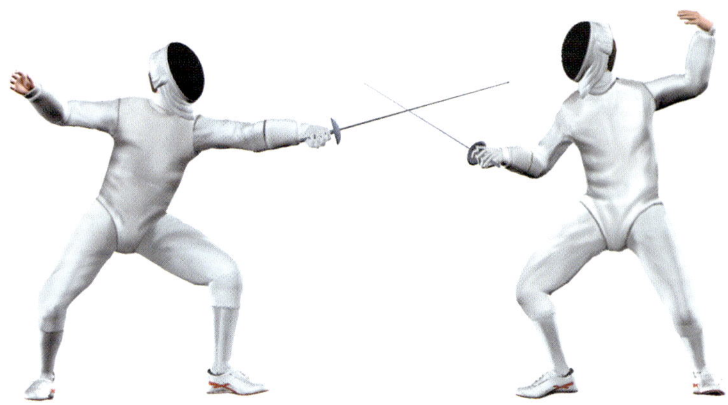

Le bras non armé levé
C'est une position caractéristique au fleuret : le bras est ainsi placé afin qu'il ne puisse protéger le tronc qui est une surface valable. Par ailleurs, à l'épée et au sabre, les différentes positions du bras non armé facilitent le maintien du corps en équilibre lors de certains mouvements.

La riposte

C'est un coup porté après la parade. Elle est immédiate ou à temps perdu, simple ou composée, par prise de fer, exécutée de pied ferme ou coordonnée avec un déplacement.

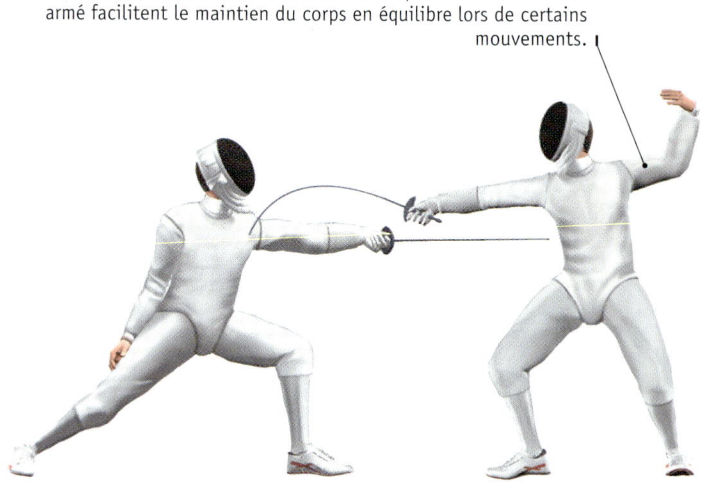

LES DÉPLACEMENTS

Ce sont les mouvements de base à l'escrime. En déplacement avant comme en déplacement arrière, le corps reste d'aplomb et les jambes demeurent fléchies.

Marche avant

Marche arrière

La fente

Il s'agit d'une technique d'attaque. Le bras armé est rapidement propulsé vers l'avant, combiné avec une détente de la jambe arrière et une projection de la jambe avant. L'arme est pointée vers l'adversaire.

La flèche

C'est une technique d'attaque rapide et spectaculaire effectuée en courant. Le bras armé est tendu et le corps se déplace vers l'avant. L'attaquant se propulse vers l'avant avec un mouvement explosif de sa jambe avant et la pointe de son arme doit toucher l'adversaire avant que le pied de l'attaquant ne retouche le sol. L'espace demandé par une flèche est généralement plus court que celui d'une fente.

LE FLEURET

C'est une arme d'estoc, c'est-à-dire que les coups sont portés avec la pointe seulement.
À l'origine, c'était aussi une arme d'étude et d'entraînement. Les combats au fleuret demandent une excellente maîtrise de la technique et peuvent être à la fois très vifs comme au sabre ou retenus comme à l'épée. Aux J.O., le fleuret est pratiqué par les hommes et par les femmes.

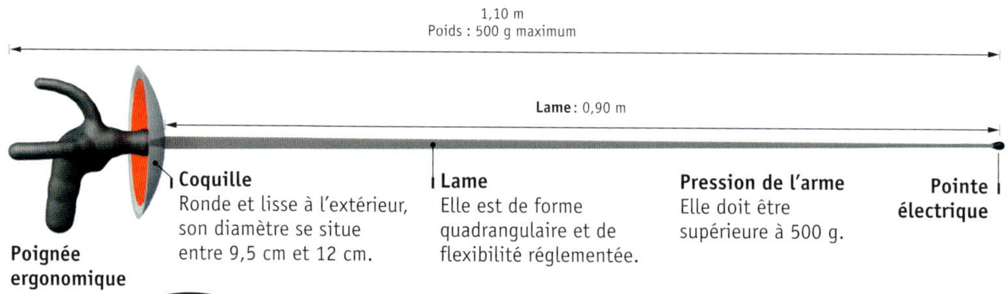

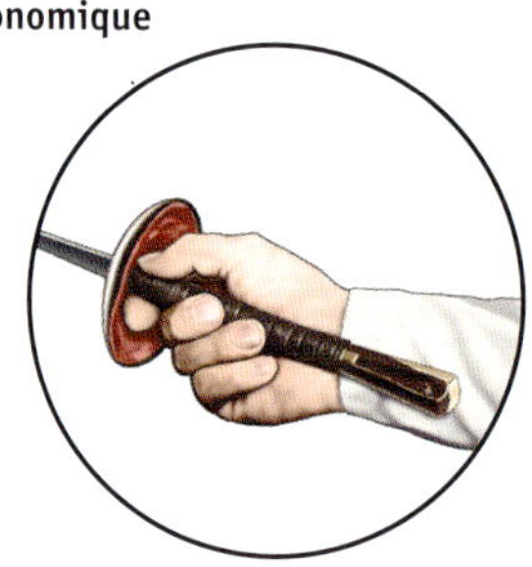

La tenue de l'arme
Elle consiste à prendre la poignée dans la main, le pouce légèrement fléchi et près de la coquille. Les deux premières phalanges de l'index portent le dessous de la poignée et les autres doigts sont repliés aussi sur le dessous de la poignée. Ce sont le pouce et l'index qui dirigent la poignée.

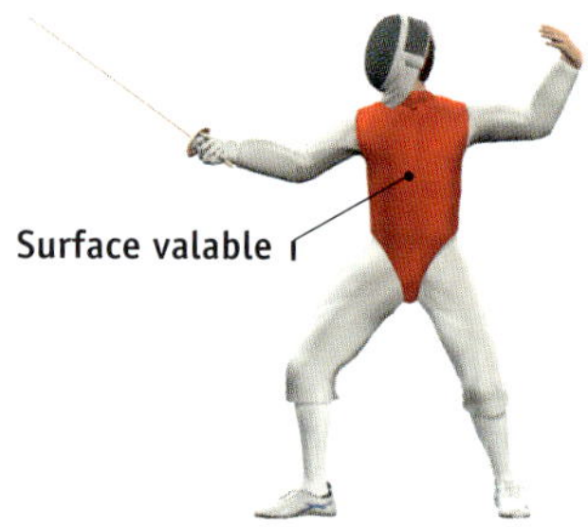

L'ÉPÉE

C'est une arme d'estoc, c'est-à-dire que les coups sont portés avec la pointe seulement. Elle exige de ceux qui la pratiquent de la patience, un excellent sens de l'observation et des nerfs à toute épreuve. Il n'y a pas de conventions à l'épée : le premier qui touche gagne. Aux J.O., l'épée est pratiquée par les hommes et par les femmes.

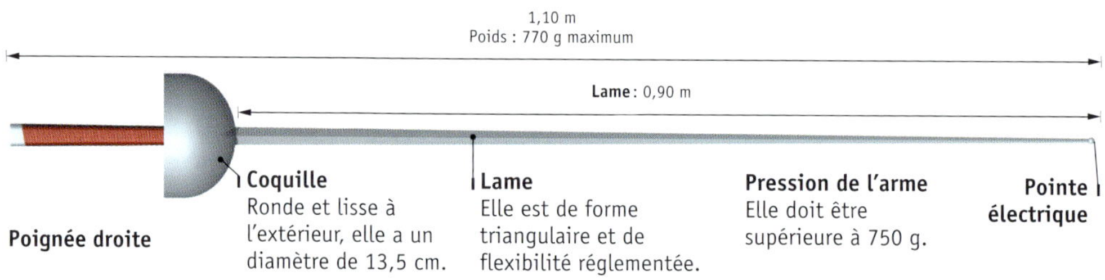

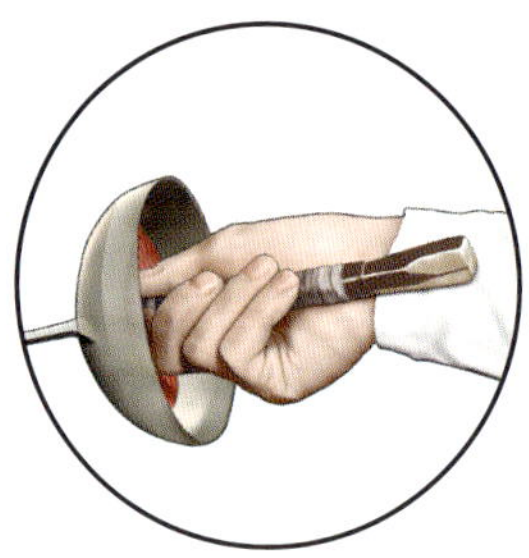

La tenue de l'arme
Elle consiste à tenir la poignée, le pouce légèrement fléchi, près de la coquille.

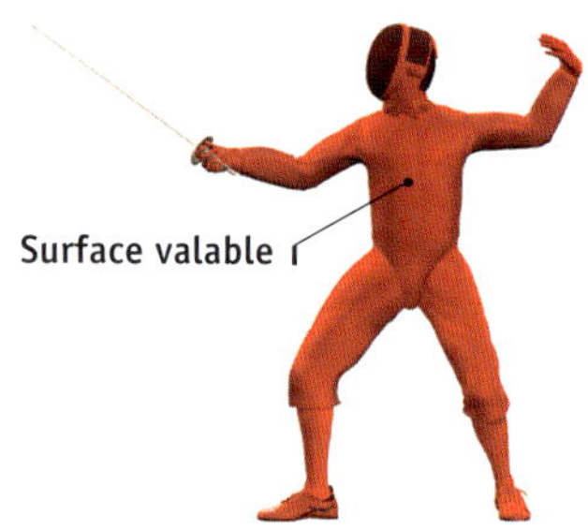

LE SABRE

C'est une arme d'estoc, de taille et de contre-taille, c'est-à-dire que les coups sont portés avec la pointe, le tranchant ou le faux-tranchant (dos de la lame). L'assaut est caractéristique de la discipline du sabre. C'est une discipline où l'escrimeur doit foncer sur son adversaire. Aux J.O., le sabre est pratiqué par les hommes seulement.

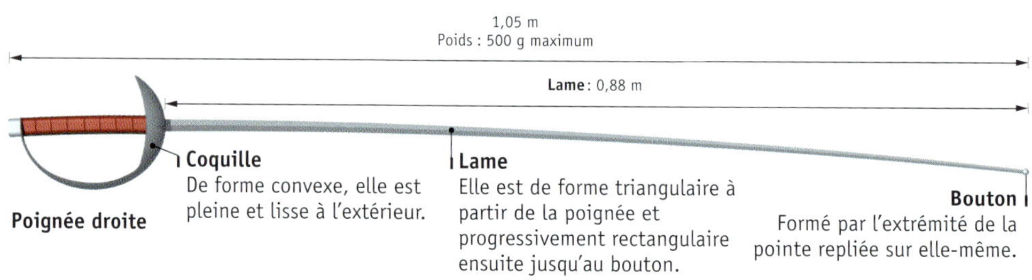

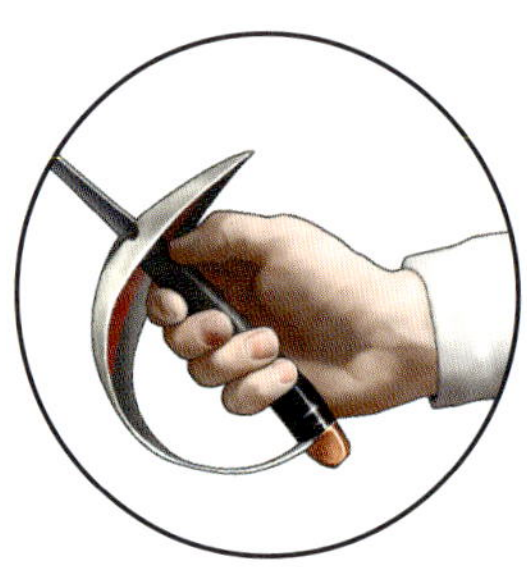

La tenue de l'arme
Elle est différente de celle du fleuret ou de l'épée. Le pouce est légèrement fléchi près de la coquille et en opposition au tranchant de la lame. Les autres doigts sont réunis et serrent la poignée contre la paume de la main. L'arme se tient sans crispation et avec légèreté.

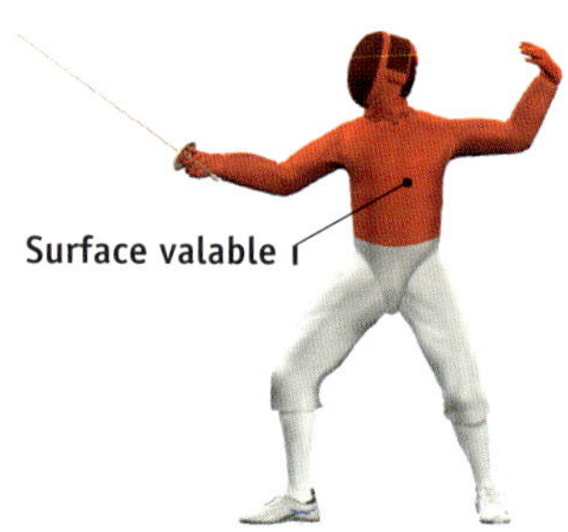

ÉQUIPEMENT

Les vêtements utilisés en escrime sont avant tout sécuritaires et ne doivent pas gêner la liberté de mouvement. La couleur blanche est la plus répandue.

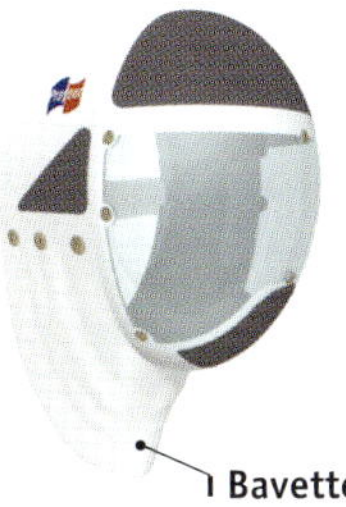

Masque
Il est composé d'un treillis métallique et d'une bavette qui assure la protection du cou. Les mailles du masque ont 2,1 mm et les fils 1 mm de diamètre. Les masques à visière transparente sont récents et utilisés de plus en plus dans les grandes compétitions.

Gants
Ils sont légèrement rembourrés et recouvrent la moitié de l'avant-bras. Ils doivent permettre le passage du fil de corps.

Tenue d'escrime
Elle doit être conforme aux normes en vigueur. Sa partie inférieure recouvre d'au moins 10 cm la partie supérieure de la culotte. La veste, le plastron et la culotte sont en Kevlar afin d'éviter les perforations. De plus, les fleurettistes et les sabreurs portent des vestes électriques par-dessus pour indiquer les touches valables. Les hommes doivent porter une coquille et les femmes un protecteur de poitrine.

Fil de corps
Prenant son point de départ à l'enrouleur, le fil, agrafé à l'arrière de la veste, passe à l'intérieur de celle-ci et de la manche et traverse le gant pour se brancher à la prise intérieure de la coquille de l'arme.

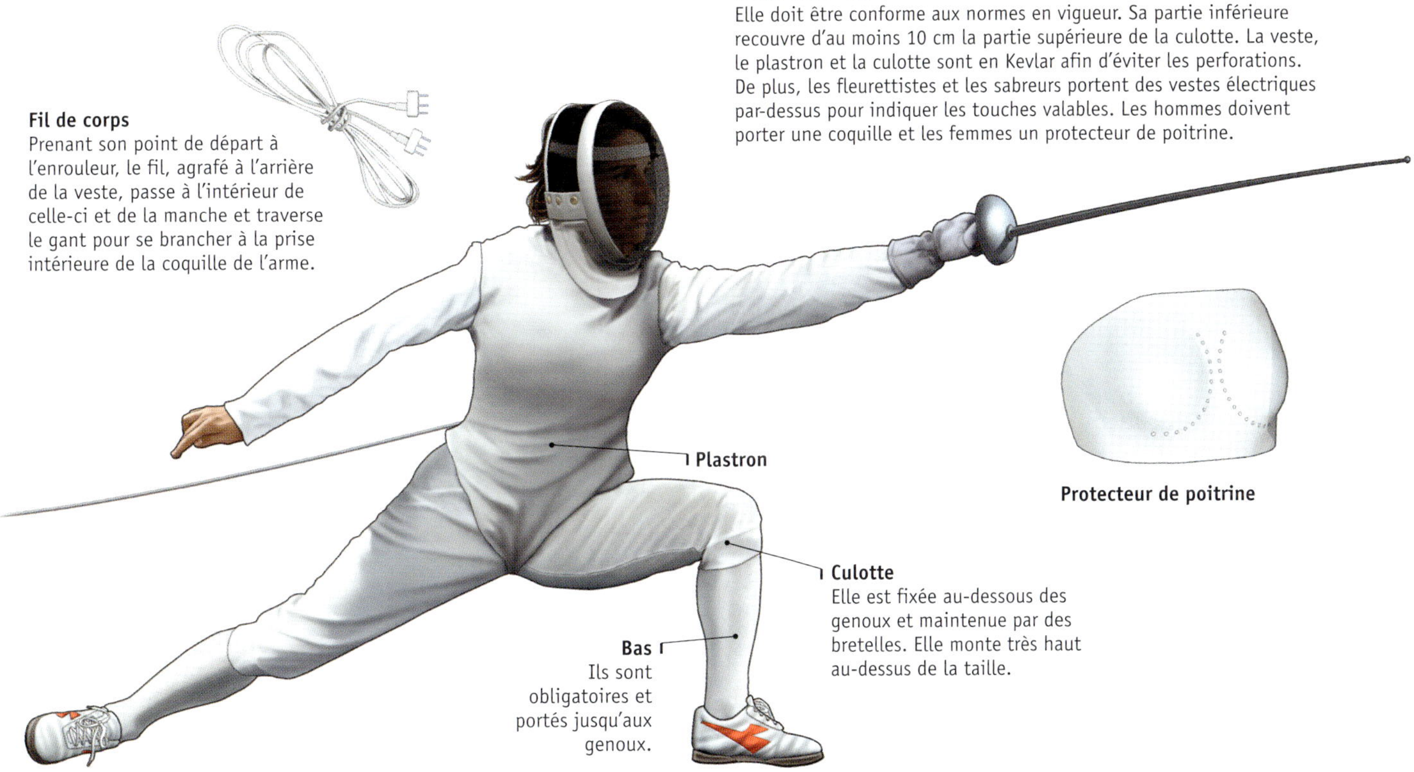

Culotte
Elle est fixée au-dessous des genoux et maintenue par des bretelles. Elle monte très haut au-dessus de la taille.

Bas
Ils sont obligatoires et portés jusqu'aux genoux.

Protecteur de poitrine

PROFIL DE L'ESCRIMEUR

- L'escrime est un sport de vitesse, de souplesse, de coordination, de réflexes et de tactiques. De plus, résistance, concentration, sens de l'observation, persévérance et maîtrise de soi sont des qualités essentielles aux escrimeurs.
- Les jeux de jambes à l'escrime se comparent à ceux de la boxe. C'est aussi comme un jeu d'échecs « physique ».
- Les athlètes ont un bon système respiratoire et cardio-vasculaire et sont capables de récupérer facilement : l'escrime étant une suite d'exercices intenses concentrés qui durent de 5 secondes à 3 minutes. Afin de maintenir ou d'améliorer leur condition physique, les escrimeurs font des exercices de musculation et d'assouplissement pour renforcer les articulations et les muscles particulièrement sollicités comme ceux des bras et des jambes. La course à pied est excellente pour l'échauffement et le système cardio-vasculaire. Pendant leur formation, les escrimeurs s'entraînent au fleuret et à l'épée. Règle générale, les escrimeurs de haut rang se spécialisent avec une seule arme. Devenir un bon escrimeur exige un entraînement de plusieurs années et beaucoup de discipline. Il arrive fréquemment qu'une carrière de niveau international puisse durer de 15 à 20 ans.

Jean-François Lamour (FRA)
Champion olympique au sabre en individuel en 1984 et 1988, il est aussi médaillé d'argent en équipe en 1984 et médaillé de bronze en individuel et en équipe en 1992. Au cours de sa carrière, il a également remporté le titre de champion de France à plus de dix reprises.

Éric Srecki (FRA)
Champion olympique à l'épée en individuel en 1992 et en équipe en 1988, il est champion du monde en individuel en 1995 et en 1997, et en équipe en 1994.

Ilona Elek (HON)
Championne olympique au fleuret en 1936 et en 1948, elle est médaillée d'argent en 1952. La longévité de sa carrière est remarquable.

luttes gréco-romaine et libre

Sculpture d'Antonio Canova de 1775 (Galleria dell'Accademia, Venise, Italie).

Sport de combat à mains nues dans lequel deux adversaires essaient mutuellement de se faire tomber et de se plaquer les épaules au sol au moyen de prises et de techniques, la lutte est l'une des plus anciennes formes de sport de combat. Partie intégrante de l'entraînement des soldats dans la Grèce antique, elle figure pour la première fois aux olympiades de l'Antiquité en 708 avant J.-C. Moment fort des Jeux, la lutte est à l'époque un sport brutal qui n'a que peu à voir avec sa forme moderne. En 186 avant J.-C., le sport est introduit dans les cirques de Rome sous une forme moins violente et y sera pratiqué jusqu'au IVe siècle avant de tomber quelque peu dans l'oubli. Il faut attendre le Moyen Âge pour que la lutte réapparaisse, notamment en Angleterre, en France et au Japon. Présente dès les premiers J.O. modernes de 1896, elle est aujourd'hui pratiquée sous deux formes : la lutte libre, introduite aux Jeux de 1904, et la lutte gréco-romaine dont les débuts remontent aux Jeux de 1908. La Fédération internationale des luttes associées (FILA) naît en 1912. La lutte libre féminine ne cesse pour sa part de gagner en popularité; le championnat du monde a été créé en 1987.

DÉROULEMENT DE LA COMPÉTITION

Un match est composé de deux périodes de 3 minutes avec une pause de 30 secondes entre les deux périodes. Le but du combat est de plaquer son adversaire au sol – par des prises de corps, sans porter de coup – et d'y maintenir ses épaules pendant une durée suffisante pour permettre à l'arbitre de constater le contrôle total de la touche (tombé). Un tombé accorde automatiquement la victoire. À l'appel de leur nom, les adversaires doivent se placer dans un coin du tapis marqué de la même couleur que le maillot qui leur a été attribué. L'arbitre, placé au milieu du tapis, appelle les lutteurs, vérifie leur tenue et leurs ongles, s'assure que les concurrents ne sont pas enduits d'un quelconque produit gras ou collant, et qu'ils ne sont pas en état de sudation. Les lutteurs doivent être mains nues et posséder un mouchoir. Les adversaires se saluent et se serrent la main avant le début du combat signalé par un coup de sifflet de l'arbitre. En lutte gréco-romaine, contrairement à la lutte libre, seules les prises portées au-dessus des hanches sont permises, et il est formellement interdit d'utiliser activement ses jambes dans l'exécution de toute action. Comme dans les autres sports, on considère que les athlètes ont l'obligation de prendre des risques. On parle de passivité lorsqu'un concurrent fait preuve d'inefficacité, et agit de manière contraire à l'esprit et aux buts de la lutte debout ou à terre.

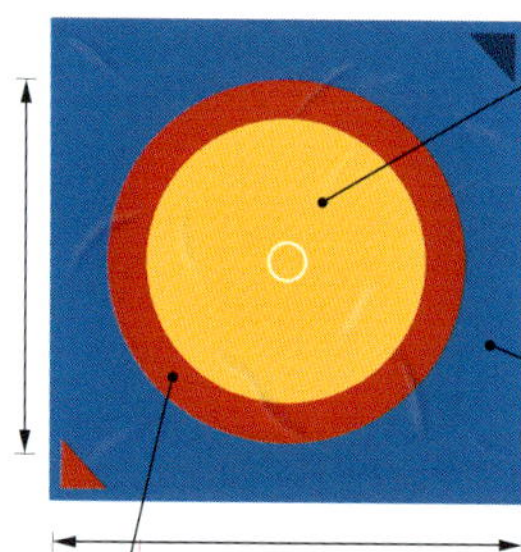

AIRE DE COMBAT

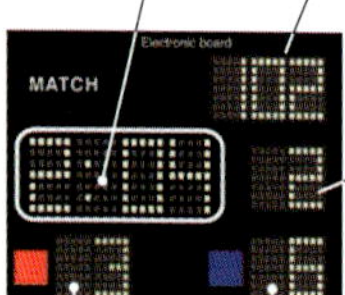

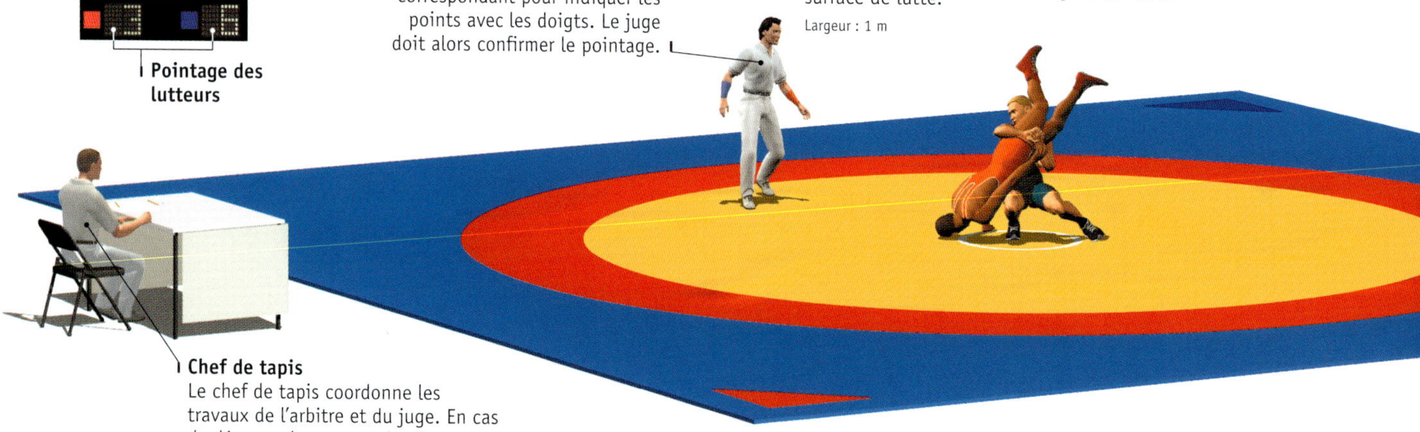

TECHNIQUES

Il existe deux types de prises en lutte gréco-romaine : les prises debout et les prises au tapis. Parmi les prises debout principales, on peut mentionner les ceintures avant, arrière ou de côté, le bras roulé, le tour de bras à la volée, ou encore le tour de hanche ou le tour de tête. La lutte libre utilise les mêmes prises auxquelles viennent s'ajouter les prises de jambes.

- En lutte à terre, on parle de prises à la tête, de ramassements de bras ou de surpassés.
- En lutte libre, les prises comprennent le chassé, le passement (ou barrage), le crochet, le ciseau ou encore l'enfourchement. L'ensemble des règles techniques applicables aux lutteurs masculins est valable pour la lutte féminine.

POSITION DE DÉPART

Garde haute

En lutte gréco-romaine, le combat commence par une garde haute.

Garde basse

En lutte libre, la garde basse sert à protéger les jambes.

Après la position de garde, le combat commence debout par un assaut d'adresse où l'on tente de contrôler l'adversaire en vue de le déséquilibrer et de le renverser.

CEINTURE DE CÔTÉ EN PONT

1. L'attaquant se place derrière son adversaire.

2. Il le ceinture par-derrière et place son genou du côté vers lequel sera effectué le retournement.

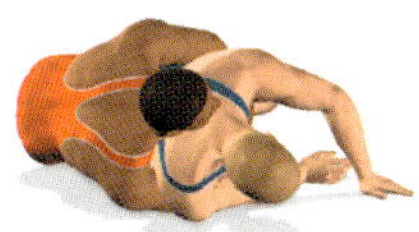

3. Il tire l'adversaire vers lui et passe son genou sous le corps de son adversaire.

4. L'attaquant se détend alors avec force en poussant avec les hanches en avant et vers le haut.

5. Il fait ensuite le pont en pivotant sur sa gauche avec le lutteur attaqué pour lui plaquer les épaules au sol.

DOUBLE RAMASSEMENT DE JAMBES

1. L'attaquant se baisse pour pouvoir saisir les jambes de l'adversaire.

2. Avec un genou à terre, il ceinture les cuisses de l'adversaire et commence à le soulever.

3. Les deux genoux touchant terre, il déséquilibre son adversaire et le fait passer par-dessus son épaule.

4. L'attaquant pivote, repose un pied à terre et retourne son adversaire en l'accompagnant vers le sol.

5. L'attaquant n'a plus qu'à immobiliser son adversaire en plaquant ses épaules au sol.

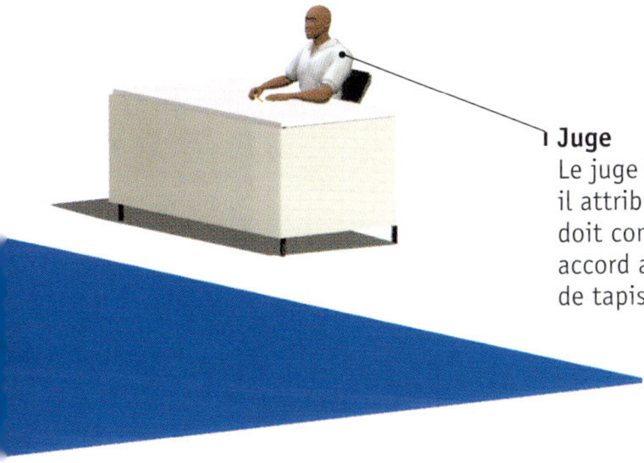

Juge
Le juge doit suivre attentivement le match et il attribue les points pour chaque action qu'il doit consigner sur son bulletin de pointage en accord avec le chef de tapis. Le juge et le chef de tapis s'occupent du pointage.

PONT

On dit qu'un lutteur est en position de « mise en danger » lorsque sa ligne de dos (ou ligne d'épaules) est face au tapis et forme un angle de moins de 90 degrés. Le lutteur résiste avec la partie supérieure de son corps pour ne pas être en position de tombé. Il peut résister avec la tête, les coudes et les épaules, et se placer ainsi en position de pont ou de demi-pont.

TOUR DE HANCHE ET TÊTE

1. Il s'agit d'une projection par-dessus la hanche. L'attaquant doit prendre le bras gauche de l'adversaire sous l'aisselle de son bras droit, et avec son bras gauche il saisit fermement la tête de l'adversaire.

2. En pivotant, l'attaquant va effectuer une projection vers l'avant en déséquilibrant son adversaire d'un coup de hanche.

3. Puis, en lui faisant décrire une courbe, il accompagne son adversaire jusqu'au sol où ce dernier se retrouve alors en position de mise en danger ou de tombé.

CUISSE À REBOURS

1. Le lutteur dessus saisit fermement les hanches de son adversaire en ramassant à rebours la cuisse du côté éloigné.

2. Puis il soulève le corps vers lui en plaçant sous l'adversaire sa jambe droite repliée et en faisant porter sur elle le poids du corps.

3. Une fois redressé, l'attaquant effectue une projection énergique vers l'arrière en renversant l'adversaire.

ÉQUIPEMENT

PROFIL DU LUTTEUR

- La lutte met en jeu tous les muscles du corps et si elle requiert de la force, de la souplesse et de la coordination, le sens de l'équilibre y joue un rôle essentiel.
- La préparation psychologique fait partie de l'entraînement du lutteur qui adopte un véritable mode de vie lorsqu'il choisit de s'adonner à la lutte.

Alexander Karelin (URSS)
Titulaire de trois titres olympiques, gagnant de 11 championnats du monde et de 12 championnats d'Europe, il a été déclaré lutteur gréco-romain de l'année en 1989, 1990, 1992 et 1995.

John Smith (USA)
Médaillé d'or aux J.O. de 1988 et 1992 en lutte libre ainsi que champion du monde de 1987 à 1991. À sa retraite, il devient entraîneur des équipes américaines de lutte.

Sports à roulettes

skateboard

Tim Levis à l'entraînement à Skate City à Londres (Grande-Bretagne) en vue des championnats du monde en septembre 1977.

Le défi à la pesanteur et la créativité sont deux aspects essentiels des compétitions de skateboard, sport acrobatique alliant technique et détermination. Inventée en Californie au début des années 1960, le skateboard, ou planche à roulettes, est surtout pratiqué par les hommes. La première compétition officielle a lieu en 1965 au Anaheim Stadium, en Californie. Il faut toutefois attendre l'invention des roues en uréthane, et des essieux orientables, pour que les techniques acrobatiques se développent et que des rencontres internationales aient lieu. Le premier championnat d'Europe se déroule à Francfort, en Allemagne, en 1977. La plupart des événements suivants voient le jour grâce à l'aide de commanditaires privés. Aujourd'hui, la Munster World Cup a lieu chaque année à Munster, en Allemagne. Aux États-Unis, les X -Games (jeux des sports extrêmes) réunissent depuis 1995 les meilleurs spécialistes de la discipline, devant un public chaque année plus nombreux.

LISTE DES ÉPREUVES

La rampe

Le terme désigne à la fois l'aire de compétition et la discipline. Les concurrents doivent enchaîner des acrobaties aériennes pendant 45 secondes, sur une rampe en forme de demi-tube, dont les extrémités sont allongées par des sections verticales (*vert*). Les figures sont réalisées sur ces parties verticales, ou en l'air au-dessus du niveau supérieur de la rampe. En cas de chute, le concurrent peut reprendre son enchaînement s'il le souhaite.

Le street

Dans un temps limité, variant de 45 secondes à 2 minutes selon les compétitions, le concurrent doit réaliser une série de figures en tirant parti des obstacles répartis sur une piste d'environ 1000 m^2. Les principaux types d'obstacles sont inspirés de ceux rencontrés dans la rue : le tremplin, le trottoir et le fun-box qui est un ensemble de plans inclinés de dimensions variables, pouvant comporter un escalier avec rampe (*hand-rail*). Un jury composé de trois à cinq juges, donnant chacun une note globale, évalue à la fois la technique et le style du compétiteur sur 100 points.

FIGURES DE RAMPE

Il existe 3 types de figures : les liptricks, effectuées sur l'arête de la rampe, les aerials, en l'air au-dessus de la rampe, et les plants, réalisées avec une main ou un pied en appui sur l'arête. Toutes peuvent être exécutées dos à la rampe (*front side*) ou face à la rampe (*back side*). La position des pieds sur la planche n'est pas réglementée : les planchistes peuvent rouler pied gauche en avant (*regular foot*) ou pied droit en avant (*goofy foot*).

Grab 540 back side

1. Le planchiste aborde la courbe à grande vitesse. **2**. Du pied arrière, il donne une impulsion à sa planche en dépassant l'arête, pour qu'elle l'accompagne en position regroupée. **3**. Saisissant de la main droite la planche, il amorce une rotation de 360° par un mouvement vigoureux de son bras gauche. **4**. Son regard anticipe le déplacement. Dans la phase aérienne, il contrôle sa trajectoire et son équilibre en se servant de son bras gauche comme balancier. **5**. Les derniers 180° sont déclenchés au début de la descente, alors que le planchiste reprend le contact visuel avec la rampe. **6**. Pour déterminer quand lâcher sa planche, il doit anticiper la reprise de contact avec la rampe. La fluidité de l'ensemble du mouvement est en grande partie assurée par la souplesse des jambes : flexion au moment du décollage et pendant le vol, extension à l'atterrissage.

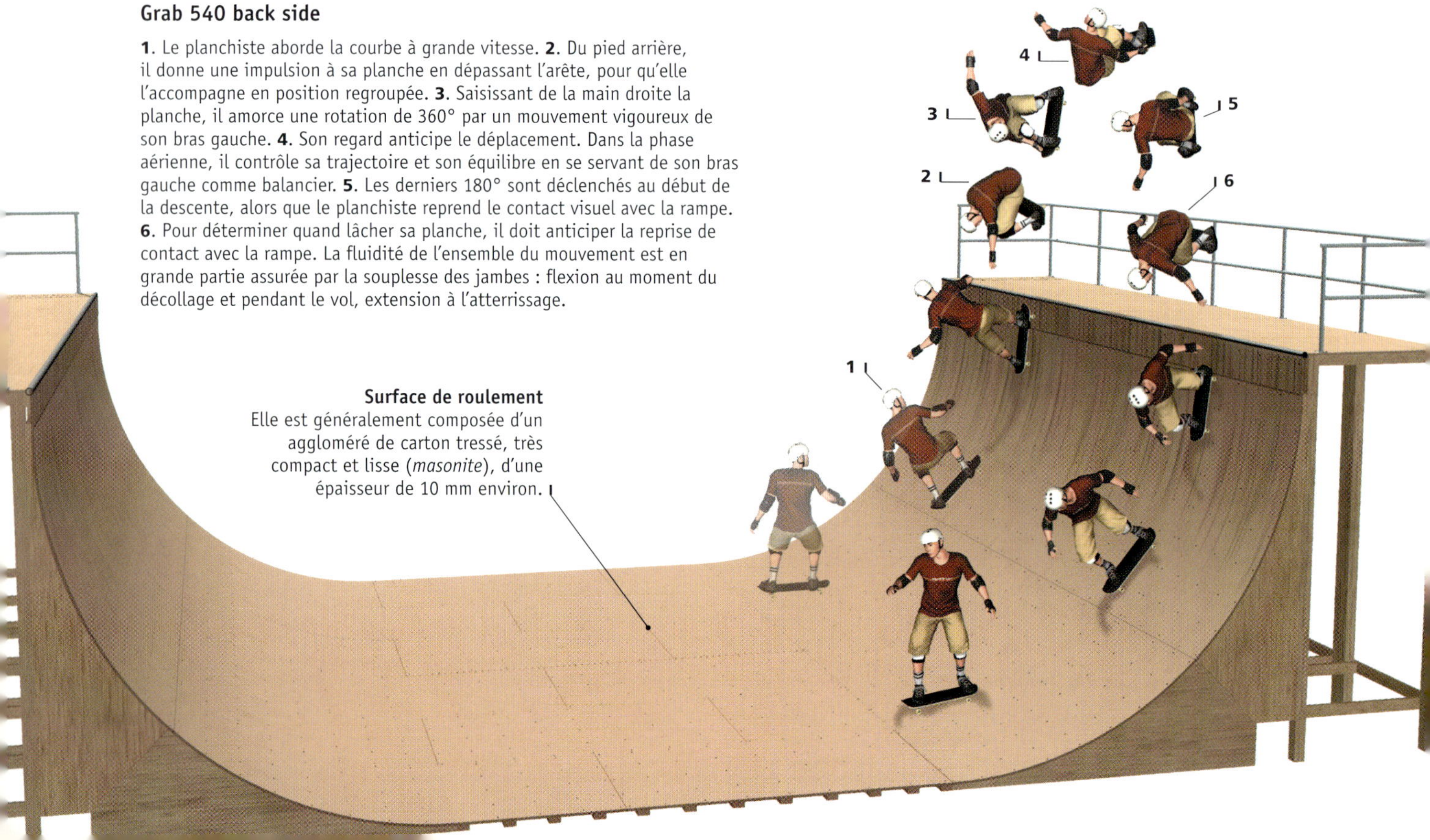

Surface de roulement
Elle est généralement composée d'un aggloméré de carton tressé, très compact et lisse (*masonite*), d'une épaisseur de 10 mm environ.

FIGURES DE STREET

Ollie

C'est une figure de base qui consiste à sauter au-dessus d'un obstacle. L'approche se fait jambes fléchies. Le poids du corps repose sur le bout des orteils et les pieds se déplacent vers l'arrière. En même temps que le saut, une impulsion est donnée sur la queue de la planche. Pour assurer son envol, le concurrent crée une friction entre la planche et ses pieds grâce à l'antidérapant (*grip-tape*). La stabilité de l'atterrissage est assurée par le fléchissement des genoux et des chevilles.

5 / 0 grind

Débutant par un ollie, le 5 / 0 grind consiste à glisser grâce aux essieux de la planche (trucks) sur une barre métallique. Le corps de l'athlète et la planche doivent être parallèles à la barre. L'équilibre est maintenu par la flexion des jambes et l'action des bras. L'athlète doit toujours visualiser sa trajectoire et anticiper sa sortie.

Ollie kick flip

Variation du ollie, le ollie kick flip ajoute au saut une ou plusieurs rotations de la planche. Cette rotation est obtenue par un coup de la pointe de la chaussure. La reprise de contact des pieds avec la planche, juste avant l'atterrissage est le moment le plus délicat.

PROFIL DU PLANCHISTE

- Un poids moyen et une taille inférieure ou égale à 1,80 m environ permettent un meilleur contrôle des figures aériennes. En rampe, notamment, un gabarit « léger » demande moins d'efforts. Ces caractéristiques physiques sont cependant moins déterminantes qu'une parfaite coordination entre l'impulsion et le rythme d'exécution.
- L'exécution technique des figures acrobatiques exige une puissance explosive (impulsion) importante, le sens de l'équilibre ainsi qu'une structure musculaire souple et résistante, acquise par un travail de musculation et d'étirements.
- L'entraînement des planchistes professionnels consiste principalement à répéter les figures, en augmentant le rythme d'exécution et le nombre de répétitions de façon constante, pour atteindre une mémoire musculaire des mouvements.
- L'âge moyen des planchistes de haut niveau est de 20 ans. Certains champions restent cependant au sommet des palmarès jusqu'à 30 ans.

Tony Hawk (USA)
Gagnant de la Munster World Cup en 1991 et des X Games en 1995, 1997, 1998 et1999, il est le seul planchiste actuel capable de réaliser une rotation aérienne de 900 degrés (2 tours et demi).

ÉQUIPEMENT

Planche
Elle est en bois, généralement de forme concave.

Queue
Partie arrière

Nez
Partie avant

79 cm

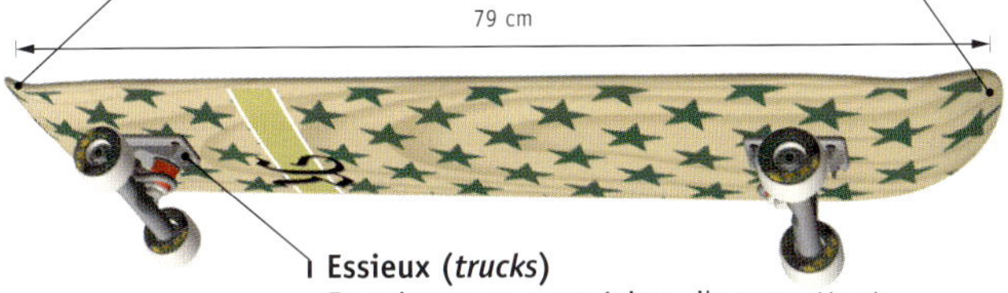

Essieux (*trucks*)
En acier ou en magnésium, ils permettent l'orientation des roues.

Antidérapant (*grip-tape*)

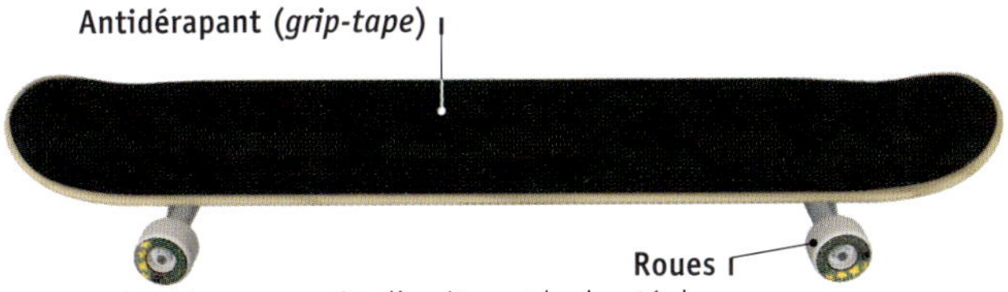

40 - 65 mm

Roues
Le diamètre et la dureté des roues en uréthane varient selon la discipline.

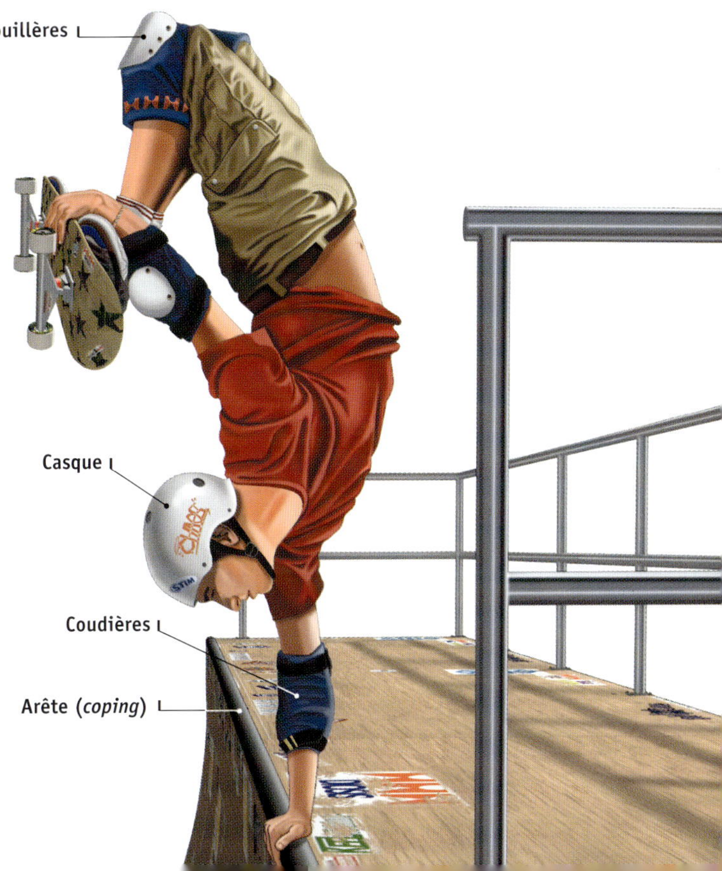

Genouillères

Casque

Coudières

Arête (*coping*)

roller hockey

Match de rink-hockey au parc Victoria de Londres (Grande-Bretagne) en 1948.

Le terme roller hockey désigne deux façons de pratiquer le hockey sur patins à roulettes. La plus ancienne, le rink-hockey, apparaît en Angleterre vers 1875, époque à laquelle les premières règles sont édictées par la Men's Hockey Association de Londres. Dominé au départ par les Anglo-Saxons, le rink-hockey est surtout joué dans les pays latins : Portugal, Italie, Espagne ou encore Argentine, où il n'est pas rare que des matchs réunissent plus de dix mille spectateurs. Il se pratique avec des patins traditionnels à quatre roues, une balle et une crosse similaire à la crosse de hockey sur gazon. Les tout premiers championnats du monde ont lieu en 1936, à Stuttgart, en Allemagne, où sept nations s'affrontent. Ils se déroulement aujourd'hui tous les deux ans. Le rink-hockey a été sport de démonstration aux J.O. de Barcelone en 1992. Parallèlement, l'apparition des patins à roues alignées au début des années 1980 permet au hockey sur patins à roues alignées, ou *roller inline hockey*, de voir le jour au début des années 1990 et de devenir rapidement un sport à part entière. Il aurait été élaboré aux États-Unis pour permettre aux athlètes de hockey sur glace de s'entraîner hors saison. Les premiers championnats du monde se sont déroulés en 1995.

DÉROULEMENT DE LA COMPÉTITION

En salle ou à l'extérieur, deux équipes se font face et doivent marquer le plus de points possible dans les buts de l'équipe adverse à l'aide de crosses et d'une balle, pour le rink-hockey, ou d'un palet pour la version sur patins à roues alignées. Sur la surface de jeu, les équipes alignent un gardien de but et quatre joueurs : un ailier, un centre et deux défenseurs. Chaque équipe a un capitaine, seul à pouvoir discuter de l'interprétation des règles avec l'arbitre. Un but est marqué lorsque le palet ou la balle a complètement pénétré dans les buts. Le changement de joueurs se fait sans interruption du jeu, mais peut aussi se faire au cours d'un arrêt de jeu.

Le hockey sur patins à roues alignées

Il est soumis à un règlement identique à celui du hockey sur glace à quelques différences près : il n'y a pas de hors-jeu, donc moins d'interruptions de jeu, et les mises en échec ainsi que les contacts physiques intentionnels sont interdits. Les équipes doivent être composées de 14 à 18 joueurs, dont 2 gardiens. Une partie est divisée en 2 périodes de 22 minutes de jeu continu (arrêts de jeu compris) avec une mi-temps de 5 minutes, suivie d'un changement de camp. Les prolongations en cas de match nul ne sont autorisées que pendant les tournois et les championnats, et elles sont le cas échéant suivies d'une « fusillade », c'est-à-dire de tirs au but, si aucun but n'a été marqué pendant la prolongation. Une infraction au règlement entraîne la punition du joueur. L'arbitre siffle la faute, arrête le jeu, et le responsable de la faute quitte l'aire de jeu et va s'asseoir sur le banc de pénalité (ou prison). Il y a donc avantage numérique pour l'équipe adverse pour la durée de la pénalité. Les pénalités les plus courantes durent 2 minutes, mais certaines infractions, comme par exemple l'insubordination vis-à-vis d'un officiel, peuvent entraîner des punitions plus sévères et même l'expulsion de la partie.

Le rink-hockey

Comme pour le hockey sur patins à roues alignées, les contacts physiques intentionnels sont interdits. Toutefois, la réglementation concernant les fautes s'inspire du football : il y a coups francs et tirs de pénalité. L'arbitre a recours à trois cartons disciplinaires : un jaune pour le premier avertissement, un bleu pour une expulsion temporaire de 2 à 5 minutes, et un rouge pour une expulsion définitive. Les équipes peuvent comporter jusqu'à 10 joueurs, dont obligatoirement 2 gardiens de but. Une partie est divisée en deux périodes de 25 minutes (20 minutes pour les tournois), avec une pause de 10 minutes suivie d'un changement de camp. Deux périodes de prolongation de 5 minutes sont prévues en cas de match nul à l'issue desquelles il peut y avoir une série de tirs au but s'il y a toujours égalité.

ÉQUIPEMENT

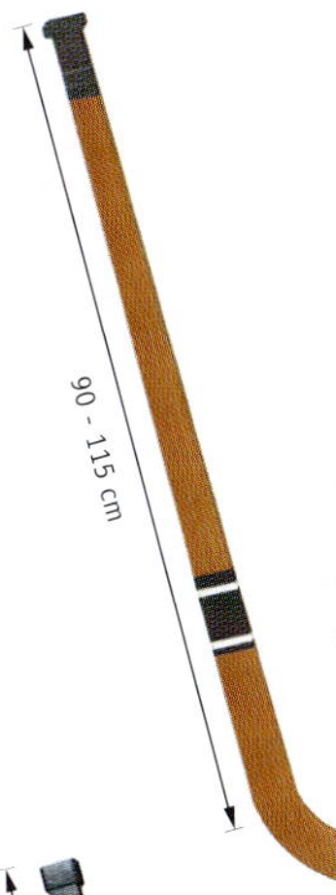

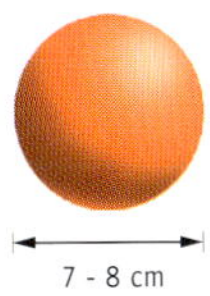

Balle (rink-hockey)
Elle est creuse et légère (155 grammes). Faite de plastique avec parfois un noyau de liège, elle est de couleur vive contrastant avec la surface de jeu.

Crosse (rink-hockey)

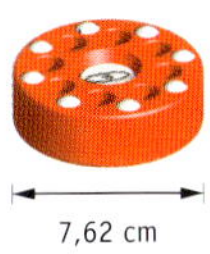

Palet (hockey sur patins à roues alignées)
En caoutchouc dur, il est muni de reliefs qui limitent la surface de frottement, ou de billes qui lui permettent de mieux glisser. Il est plus léger qu'au hockey mais peut toutefois occasionner des blessures.

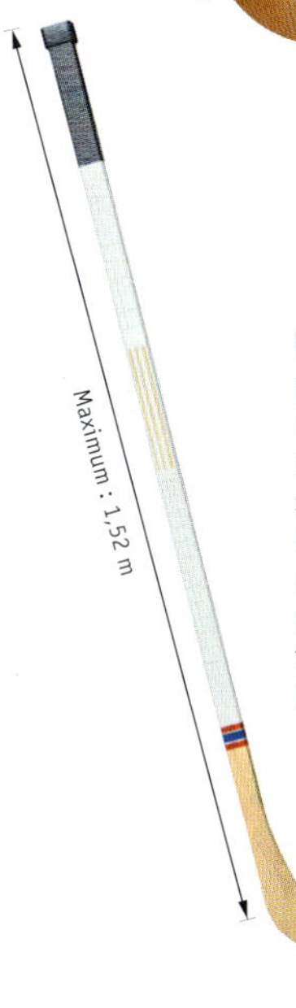

Crosse (hockey sur patins à roues alignées)

Patins de rink-hockey (*quads*)
Ils sont moins rapides que les patins à roues alignées, mais plus efficaces au démarrage et à l'arrêt.

Roues
En polyuréthane, elles doivent mesurer au moins 3 cm de diamètre.

Frein
Utilisés pour freiner, ils permettent également des démarrages très rapides.

Patins de hockey à roues alignées
Le centre de gravité est abaissé et la chaussure est placée légèrement en avant pour faciliter les mouvements.

Coque
Elle est en cuir ou en nylon.

Châssis
Il est généralement en nylon renforcé, d'aluminium ou de titane.

Roues
En polyuréthane, elles sont munies de roulements à billes.

PROFIL DE L'ATHLÈTE

- Le roller hockey est une discipline qui requiert vitesse, technique et stratégie.
- Sport de puissance, il demande une excellente forme physique, une bonne capacité aérobique et une capacité de réaction particulièrement rapide.
- Des exercices d'échauffement sont indispensables avant le jeu, et les athlètes ont recours à des étirements pour minimiser le risque de blessures.

Tenue des joueurs
En rink-hockey, les gants, les genouillères, les protège-tibias et les coudières sont recommandés. Le gardien doit porter un casque avec un masque, des gants rembourrés ainsi que des jambières.

Pour le hockey sur patins à roues alignées, le casque avec masque facial, la coquille et les gants sont obligatoires. Selon les fédérations, protège-tibias, pantalon de protection et coudières sont obligatoires ou recommandés.

SURFACE DE JEU

Elle doit être plane et unie, en bois, en ciment, en asphalte ou bien en plastique ; les surfaces glissantes sont interdites. Au centre du terrain, un cercle placé sur la ligne médiane est utilisé pour les mises en jeu au début de chaque période et après chaque but. En hockey sur patins à roues alignées, la surface de jeu est entourée d'une bande de clôture de 91 cm à 1,22 m, surmontée de baies vitrées. Les buts sont de même taille pour les deux disciplines, bien que la surface de jeu pour le rink-hockey soit de dimensions plus réduites. Cette dernière est composée d'une barrière haute d'un mètre au minimum et dont la base est composée de planches de bois sur une hauteur de 20 cm minimum.

But

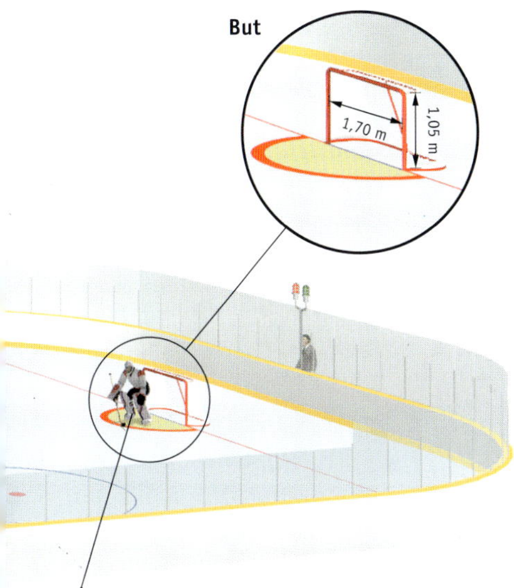

Gardien de but
Il est chargé d'arrêter les palets. Sa position lui donne une bonne vue d'ensemble du terrain, ce qui lui permet de coordonner l'action des défenseurs lorsque l'équipe adverse passe à l'attaque.

Hockey sur patins à roues alignées

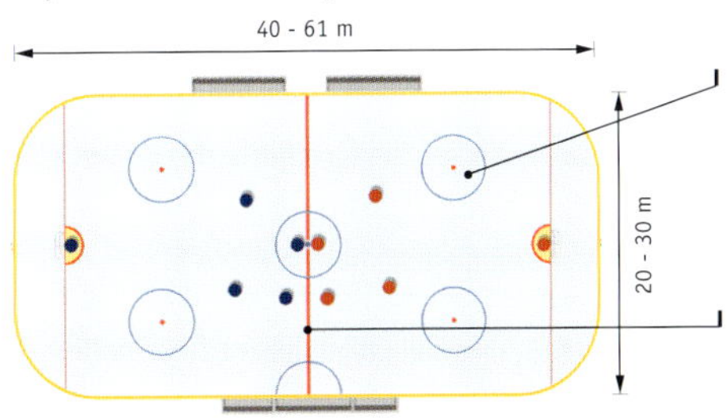

Cercles de mise en jeu
Ils sont utilisés après les arrêts de jeu en cours de match.

Ligne médiane
Elle sépare la patinoire en deux parties égales pour chaque équipe.

Rink-hockey

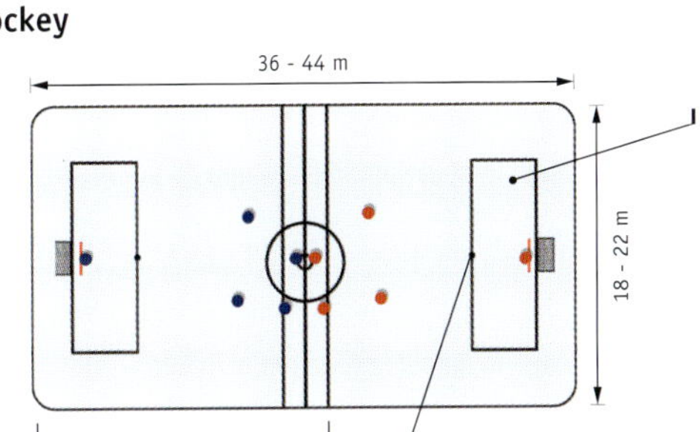

Zone de pénalité
En cas de fautes commises dans cette zone, les coups francs sont effectués à partir de l'un des 2 coins les plus éloignés du but. Lorsque c'est le gardien ou un joueur défendant ses buts qui commet la faute, l'équipe adverse a droit à un tir de pénalité effectué à partir du point de pénalité.

Zone défensive
Les joueurs en possession de la balle ont 10 secondes pour la faire passer dans la zone d'attaque.

Point de pénalité

roller

Championnat d'Europe de 1938 à l'Empire Pool and Sports Arena de Wembley (Angleterre).

Loisir et spectacle, le roller ou patin en ligne est aussi un sport qui se pratique sous plusieurs formes : patinage acrobatique, patinage de vitesse et hockey. Le concept de chaussures munies de roues remonte à plus de deux cents ans, puisque c'est en 1760 que le Belge Joseph Merlin tente de se mouvoir avec des sabots sur roulettes. En 1823, l'Anglais Robert John Tyers met au point les rolitos, ancêtres des rollers actuels, qui seront notamment utilisés à l'Opéra de Berlin en remplacement des patins à glace. Le premier patin à roulettes traditionnel – deux roues avant et deux roues arrière – voit le jour en 1863 et il est le fruit de l'imagination de l'Américain James Plimpton. En 1884, le roulement à billes est inventé et permet un essor considérable de la discipline. Le patin à roues alignées (roller) apparaît, quant à lui, au début des années 80 aux États-Unis, grâce à l'invention des roues en polyuréthane. Dix ans plus tard, le sport gagne en popularité et des championnats du monde en patinage de vitesse et en patinage acrobatique (*aggressive skating*) ont lieu chaque année.

DÉROULEMENT D'UNE COMPÉTITION DE PATIN ACROBATIQUE

Il existe deux types de compétitions : la rampe et le street. La rampe est une structure de bois en forme de demi-tube, appelée aussi *half-pipe*. Les concurrents doivent y réaliser des acrobaties aériennes lors de deux périodes de 60 ou 90 secondes chacune. Le vainqueur est celui qui réussit à combiner le mieux hauteur, difficulté technique et fluidité des figures.

Lors de compétitions de street, le patineur (*streeter*) accomplit des figures sur différents modules ou obstacles aux cours de deux périodes de 60 ou 90 secondes chacune. Le jury décerne une note selon la technique et le style du patineur. Les aires de compétition, d'une surface d'environ 1 000 m^2, sont espacées de 8 m et les concurrents sont appelés à y revenir plus d'une fois.

RAMPE

Technique du 540 flat spin

1. Le concurrent aborde la rampe de face avec un élan maximal. **2**. Après avoir quitté l'arête de la rampe, il s'élance dans une rotation diagonale. **3**. Une fois dans les airs, il contrôle son équilibre et sa rotation avec son bras libre. **4**. Au cours du premier 360°, il saisit de la main un des patins. **5**. Une fois le 360° terminé, il lâche sa prise sur le patin. **6**. Il effectue un dernier demi-tour avant l'atterrissage. Tout au long de la phase aérienne, le patineur anticipe la reprise de contact avec la rampe et, le moment venu, il tend les jambes afin de maîtriser son impact.

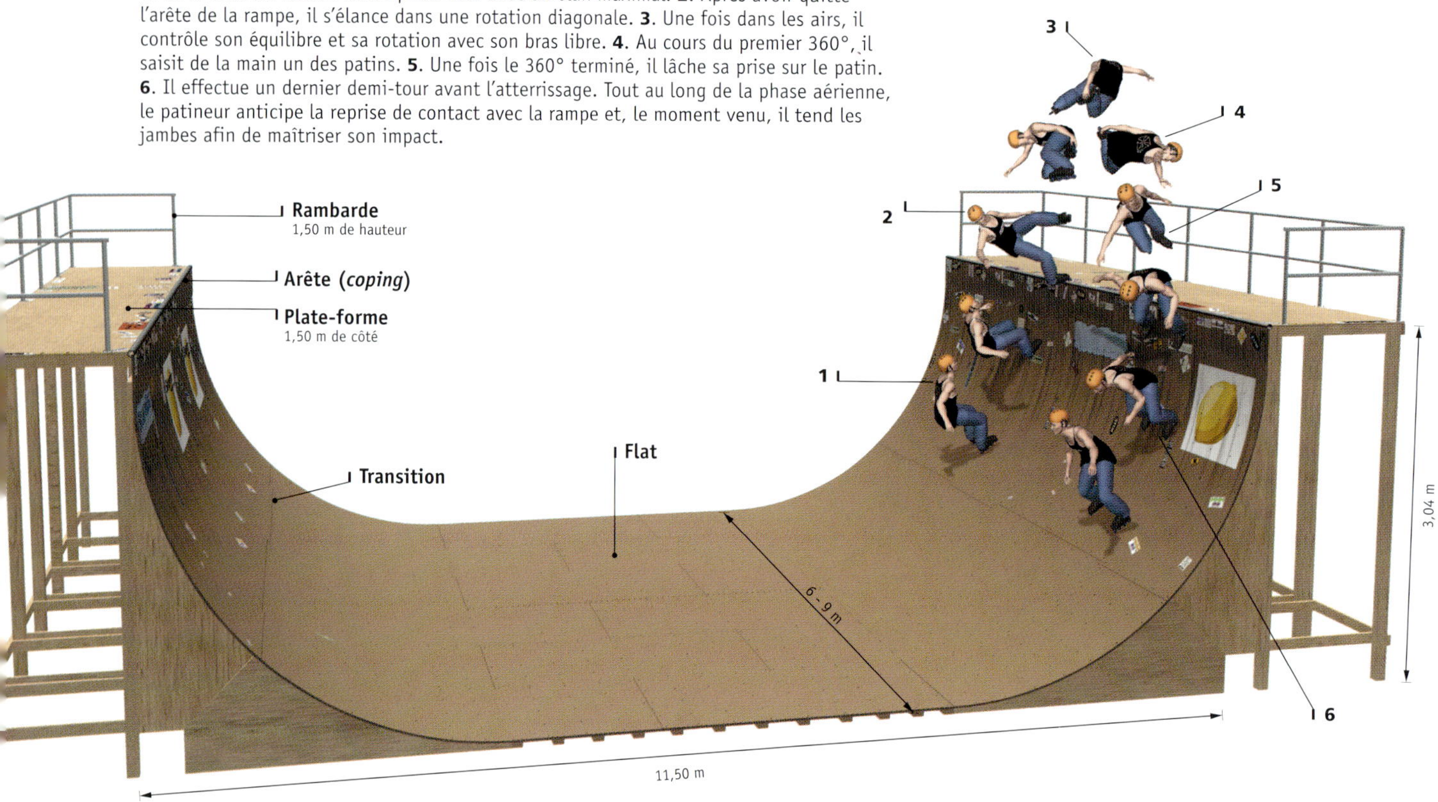

STREET

Technique du soul grind

1. Avant de réaliser le saut, le concurrent visualise son impulsion et sa trajectoire, et détermine une vitesse qui lui permettra d'aborder la barre dans un angle confortable. **2.** Les épaules perpendiculaires à la barre et légèrement désaxées, il se sert de ses bras et de ses mains comme balanciers. Le patin du devant repose sur l'encoche et le patin de derrière sur la platine du côté extérieur : les deux pieds forment ainsi un T. **3.** Durant la glissade, il fléchit la jambe arrière et centre son poids sur celle-ci. La jambe avant, tendue, assure la direction de la trajectoire. Pour prévenir les chutes et préparer son atterrissage, le patineur regarde toujours droit devant lui.

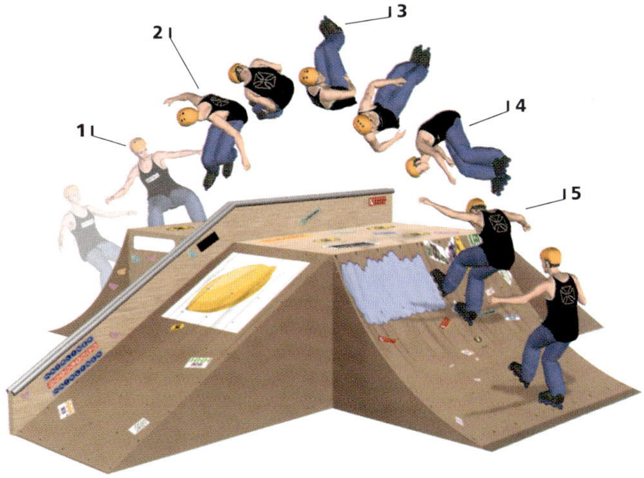

MISTY FLIP

Ce mouvement, difficile à réaliser, totalise 540° de rotation.

1. Le patineur s'élance sur la pente avec un élan maximal, étend les bras, écarte les jambes et tourne le haut du corps afin d'effectuer ses rotations. **2.** Il amorce une rotation double – verticale à 180° et horizontale à 360°. **3.** Pour effectuer le mouvement, il ramène sa tête vers le thorax, tient ses cuisses en arrière et replie les jambes. **4.** Il poursuit la séquence en allongeant les jambes et en relâchant les bras. **5.** Il retombe face à la pente, les jambes légèrement désaxées et les patins presque en ligne afin de maintenir l'équilibre.

Pyramide
C'est un module qui peut avoir plusieurs formes et qui sert à toutes sortes de manœuvres.

DÉROULEMENT D'UNE COMPÉTITION DE PATINAGE DE VITESSE

Il existe plusieurs types de compétitions : contre la montre en individuel ou en équipe, élimination, départs groupés, endurance, en ligne, relais, étapes, poursuites et des courses d'élimination combinées à des courses en ligne. Ces compétitions sont ouvertes aux hommes et aux femmes, et des championnats du monde ont lieu chaque année.

PISTE

Qu'elle soit intérieure ou extérieure, elle doit mesurer entre 125 et 400 m. Certaines pistes, qui possèdent une dénivellation dans les virages, ont une longueur variant entre 125 et 250 m.

Surface
Généralement en béton ou en asphalte et parfois en bois ou en matériaux synthétiques, elle doit être lisse, sans trous ni fissures.

Ligne de départ et d'arrivée
Blanche, elle doit être de 5 cm de large.

Zone de relais
Elle est située entre la ligne de départ et d'arrivée et le début du virage.

ÉQUIPEMENT

Patin acrobatique
Conçue en matière plastique résistante, la bottine du patin acrobatique est munie d'un système de fermeture à lacets et à boucles. Afin de résister aux nombreux chocs, le chausson est rembourré.

Chausson Il assure le confort du pied.

Coque Elle absorbe les chocs.

Roues Leur diamètre de 40 à 70 mm et leur dureté varient selon le type de pratique.

Encoche (*slider*) Petite plaque courbée qui facilite les glissades et qui permet de protéger la platine.

Platine En polyuréthane, elle est équipée de renforts latéraux et supporte 4 roues.

Patin de vitesse
En cuir et en carbone, la chaussure est légère, maniable et munie d'un système de fermeture à lacets. Les chaussons sont généralement moulés aux pieds de l'athlète.

Roulement La vitesse et la précision sont favorisées par les qualités des composantes du roulement.

Platine En aluminium et en carbone, elle supporte cinq roues d'un diamètre de 80 à 84 mm.

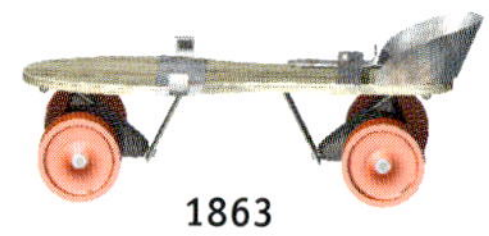
1863

PROTECTIONS

Les parties du corps les plus exposées sont les genoux, les coudes, les poignets, les mains et la tête.

Casque Obligatoire en compétition, il est du même type qu'un casque de cycliste, mais doit être muni d'une mentonnière.

Protège-poignets Leurs renforts sont amovibles et en matière plastique résistante.

Coudières Légères, elles ne doivent pas bouger, sans toutefois être trop serrées.

Genouillères Elles doivent épouser la forme du genou et être confectionnées de matériaux qui évacuent la transpiration. La coque est en matière plastique et le rembourrage en mousse.

Fabiola da Silva (BRA)
Triple médaillée d'or (1996 à 1998) en rampe aux X -Games, elle s'est également classée première en street et deuxième en rampe au championnat ASA Pro World Tour en 1997.

PROFIL DU PATINEUR

- Le patineur possède des qualités de coordination, d'équilibre ainsi que d'excellents réflexes.
- Les exercices d'échauffement sont essentiels et permettent d'éviter les blessures.
- En patinage acrobatique, les membres inférieurs de même que les muscles du dos, des épaules et du cou sont particulièrement sollicités.
- En patinage de vitesse, l'endurance et la rapidité des réflexes sont essentielles. Des exercices pour les jambes (cuisses et chevilles) sont nécessaires avant même de chausser les patins.

Sports mécaniques

sports mécaniques

En 1947, le pilote italien Enzo Ferrari (1898 -1988) abandonne la course au profit de la construction de voitures de compétition. Seule à être présente depuis la création des championnats du monde de F1 en 1950 avec un palmarès inégalé, l'écurie Ferrari a remporté plus de 128 Grands Prix, 9 championnats du monde des pilotes et 9 championnats du monde des constructeurs.

L'invention au début des années 1880 du moteur à quatre temps, par l'ingénieur allemand Nikolaus Otto, marque la naissance des sports mécaniques. En 1885, son ancien assistant, Gottlieb Daimler, met au point l'Einspur, considérée par les historiens comme la première motocyclette. La même année, la première automobile de série est construite par l'Allemand Karl Benz. Très vite, les différents constructeurs s'affrontent dans des épreuves officieuses. Chacun tente de battre des records de vitesse ou de distance. Le 22 juillet 1894 a lieu la première course officielle, une épreuve de 126 km entre les villes de Paris et Rouen, qui oppose véhicules à pétrole et à vapeur. Jusqu'en 1906, une série de grandes épreuves, ville à ville, reliant les grandes capitales européennes tient lieu de championnat international. La Fédération internationale de l'automobile (FIA) est fondée en 1904 et devient le gouvernement mondial du sport automobile. Cette même année naît la Fédération internationale des motocycles clubs (FIMC) qui deviendra, par la suite, la Fédération internationale motocycliste (FIM). Des compétitions de toute nature (sur circuit, sur routes ouvertes, hors route) s'organisent dès cette date tant en auto qu'en moto.

PRINCIPES MÉCANIQUES

Les performances d'un véhicule sont déterminées par trois facteurs principaux : la puissance, qui est exprimée en chevaux-vapeur, la bande de puissance, qui est la zone des révolutions du moteur à l'intérieur de laquelle la puissance est délivrée, et enfin le poids. Deux véhicules dotés d'un moteur de 100 ch n'auront pas forcément les mêmes performances. Une voiture pesant 1 tonne sera nettement moins performante qu'une autre ne pesant que 700 kg, avec le même moteur. De la même façon, deux voitures identiques propulsées par un moteur de 100 ch se comporteront différemment selon le régime auquel la puissance maximale est produite.

Compte-tours de véhicule de tourisme

La puissance est disponible sur une large bande afin que le conducteur puisse en disposer à tous les régimes et en toutes circonstances. La souplesse est privilégiée.

Compte-tours de voiture de course

La performance étant primordiale, la puissance est délivrée à des régimes très élevés, sur une plage très étroite. Les voitures de course sont équipées d'une boîte de vitesses à 6 ou 7 rapports très courts, afin de permettre au pilote d'atteindre rapidement la plage de puissance requise.

PRINCIPAUX SIGNAUX ET DRAPEAUX

Drapeau noir et blanc
Il avertit le pilote d'une conduite antisportive et est présenté accompagné du numéro de la voiture visée.

Drapeau noir
Accompagné du numéro de la voiture incriminée, il force le pilote à s'arrêter et à rentrer aux stands pour y purger une pénalité.

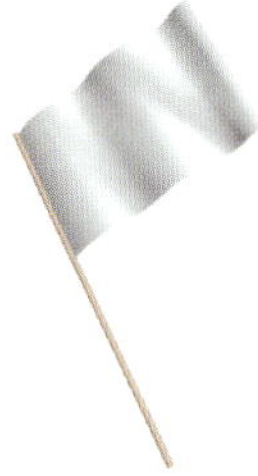

Drapeau blanc
Il indique la présence d'une ambulance, d'un véhicule d'urgence ou d'un véhicule lent sur la piste. Dans les séries américaines (CART, NASCAR, etc.), il signifie que l'on entame le dernier tour de la course.

Drapeau bleu
Il est montré à un pilote suivi par une voiture plus rapide s'apprêtant à le dépasser, afin qu'il lui facilite le passage.

Drapeau jaune
Il indique une situation dangereuse : les pilotes doivent ralentir et ne peuvent dépasser à l'endroit où le drapeau jaune est déployé.

ÉQUIPEMENT

Lors des courses automobiles, les pilotes doivent obligatoirement porter les vêtements et accessoires suivants :

Sous-vêtements
Ils doivent couvrir le cou et avoir, de préférence, un col roulé.

Cagoule
Elle doit consister en au moins deux couches en tissu ignifugé. Le bas des cagoules doit pouvoir entrer à l'intérieur de la combinaison ou du sous-vêtement tout autour du cou et ne pas se dégager, même quand la tête est tournée.

Combinaison
Tous les pilotes doivent porter une combinaison en tissu ignifugé, c'est-à-dire résistante au feu. Elle doit protéger le pilote contre les brûlures au 3e degré pendant au moins 12 secondes. Les chevilles, le cou et les poignets doivent être, à tout moment, couverts par au moins deux vêtements de protection. Lors du montage des écussons sur le vêtement de protection, le thermocollage est interdit et le vêtement ne doit pas être coupé. Il est recommandé que les supports des écussons soient en tissu ignifugé.

Gants
Le dos du gant doit être composé d'au moins deux couches, en tissu ignifugé. Il doit serrer le poignet et recouvrir la manchette de la combinaison du pilote.

Bouchons antibruit
Ils atténuent les bruits ambiants et permettent les conversations radio entre l'équipe dans les stands et le pilote.

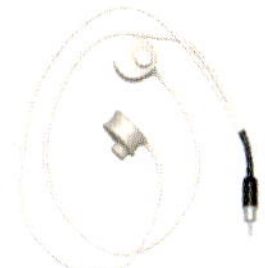

Casque
Intégral, il doit être conforme à l'une des normes reconnues par la FIA. Il est réalisé en matériaux composites (Kevlar, fibre de carbone, etc.) et pèse au moins 1,2 kg.

Chaussettes
En tissu ignifugé, elles doivent avoir au moins une couche pesant au minimum 180 g/m^2.

Chaussures
Elles doivent couvrir entièrement le pied et la cheville. Tous les matériaux utilisés pour l'intérieur et toutes les attaches ou les lacets doivent être faits en matériau non fusible. Le fabricant doit certifier que les semelles sont résistantes aux hydrocarbures et aux flammes.

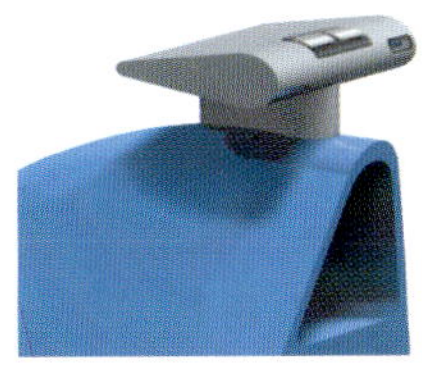

CAMÉRAS
Dans la plupart des sports mécaniques télévisés, les véhicules sont équipés d'une ou plusieurs caméras pendant toute la durée de l'épreuve. Ils comportent jusqu'à cinq emplacements dans lesquels des caméras sont installées afin d'offrir aux téléspectateurs des angles de prises de vues différents. Depuis le début des années 90, voitures et motos sur circuit routier possèdent des systèmes de télémesure qui permettent aux ingénieurs, depuis les stands, de suivre le comportement des principaux éléments du véhicule pendant la course.

OFFICIELS

Les épreuves auto et moto sur circuit sont supervisées par une équipe d'officiels chargés de veiller au bon déroulement de la compétition. L'autorité suprême de l'épreuve est le directeur de course. Il donne le départ, présente le drapeau à damier au vainqueur et contrôle l'épreuve. C'est donc à lui qu'incombe la responsabilité d'arrêter ou d'interrompre l'épreuve et de prendre des sanctions contre les pilotes fautifs. Les commissaires techniques veillent quant à eux au respect des règlements techniques (conformité des véhicules aux règlements). Les commissaires de course sont chargés de l'application des règlements sportifs (déroulement de l'épreuve). Les chronométreurs enregistrent les temps de chaque pilote tour par tour et gèrent la durée de l'épreuve. Les signaleurs sont chargés de transmettre les informations pertinentes aux pilotes, à l'aide des drapeaux, et de les aider, au besoin (chute, panne, etc.). Ils sont répartis dans chaque virage (au moins trois par virage) et dans la voie des stands. Enfin, l'équipe médicale (ambulanciers et médecins) doit être présente lors de chaque course.

Drapeau à damier
Il est présenté, en premier, au vainqueur de l'épreuve et indique la fin de la course ou de la séance d'essais.

Drapeau noir avec disque orange au centre
Accompagné du numéro de l'automobile concernée, il est présenté à un pilote lorsqu'à son insu, un élément de sa voiture constitue un danger pour lui ou les autres compétiteurs. Le pilote doit alors rentrer aux stands.

Drapeau jaune rayé rouge
Il indique une détérioration de l'adhérence, la présence d'huile, d'autres liquides ou de débris sur la piste.

Drapeau rouge
Présenté sur la ligne de départ et simultanément par les commissaires en poste, il signifie l'interruption de la course ou des essais.

Drapeau vert
Il indique la fin d'une alerte et suit un drapeau jaune afin d'indiquer aux pilotes qu'ils peuvent doubler à nouveau.

formule 1

Juan Manuel Fangio (ARG), recordman de F1 avec cinq titres de champion du monde (1951 et 1954 à 1957). Devenu une véritable légende du sport automobile, il est considéré par nombre de spécialistes comme le meilleur pilote de tous les temps.

Épreuve reine du sport automobile, la Formule 1 met aux prises des monoplaces sur des circuits fermés (permanents ou urbains). La première automobile de série est construite en 1885 par l'Allemand Karl Benz. Le 22 juillet 1894 a lieu la première course officielle, une épreuve de 126 km entre les villes de Paris et Rouen, remportée à la moyenne de... 17,78 km/h ! Jusqu'en 1906, une série de courses « ville à ville », reliant les capitales européennes, tient lieu de championnat international. La Fédération internationale de l'automobile (FIA) voit le jour en 1904 et devient le gouvernement mondial du sport automobile. Le premier Grand Prix est organisé au Mans, en France, en 1906, et le premier championnat du monde de Formule 1 est organisé en 1950. Il est remporté par l'Italien Giuseppe Farina, sur Alfa Romeo. Au fil des décennies, la F1 est devenue un championnat formidablement médiatisé, sur lequel la haute technologie et l'argent règnent en maîtres.

DÉROULEMENT D'UN GRAND PRIX

Il s'étend sur trois jours. La journée du vendredi et la matinée du samedi sont réservées aux essais libres au cours desquels les pilotes effectuent le nombre de tours voulus afin de régler leur voiture. La séance de qualification officielle d'une heure a lieu le samedi après-midi. Chaque pilote s'élance en piste à son gré et dispose d'un maximum de 12 tours pour enregistrer un temps de qualification qui déterminera sa position de départ pour la course. Son temps le plus rapide de la séance sera retenu comme temps de qualification. Pour se qualifier, tout pilote doit réaliser un temps qui n'excède pas le temps de la pole position (temps le plus rapide de la séance) de plus de 7 % (c'est la règle du 107 %). La course proprement dite a lieu le dimanche après-midi. Trente minutes avant le départ, les voitures quittent les stands, effectuent un tour de reconnaissance et se placent sur la grille. Toute voiture n'ayant pas quitté son stand 15 minutes avant le départ devra le prendre à partir de la sortie des stands, après le passage de la dernière voiture, sans avoir pris part au tour de formation (ou tour de chauffe). Les moteurs sont lancés une minute avant le tour de chauffe. Celui-ci consiste en un tour du circuit à vitesse réduite (où aucun dépassement n'est permis) et permet de monter les pneus en température avant le départ officiel de l'épreuve. L'efficacité des pneus est optimale à 100 °C. Après avoir accompli le tour de formation, les voitures reprennent leurs places respectives sur la grille de départ. À ce moment, les cinq feux rouges s'allument un à un, à une seconde d'intervalle. Le départ est donné à l'extinction simultanée des cinq feux.

CIRCUIT

Italie (Monza)

Le nombre de tours à accomplir varie selon la longueur des circuits. Ainsi, le circuit de Monza, long de 5,77 km, nécessite 53 tours complets pour dépasser les 305 km réglementaires.

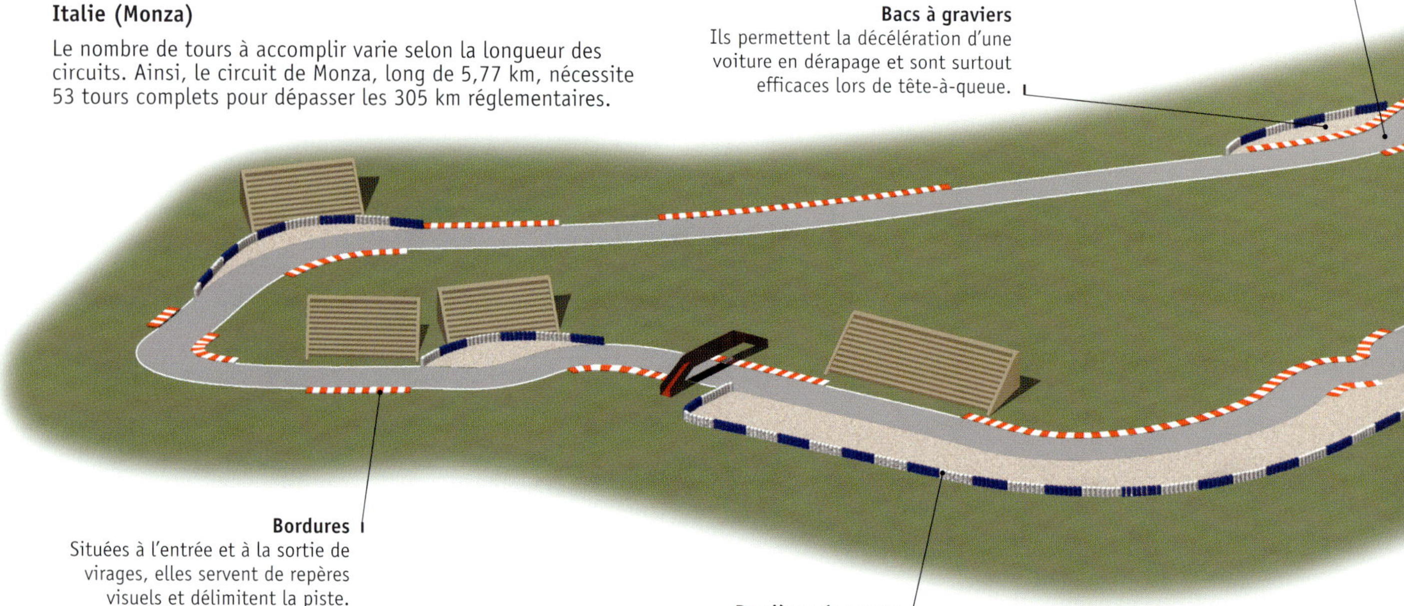

GRANDS PRIX

Ils mesurent entre 3 et 7 km de longueur. La distance à couvrir lors d'un Grand Prix est de 305 km.

Espagne (Barcelone)

Circuit très rapide et très éprouvant pour les freins, il présente une grande variété de virages et fait ressortir la qualité du châssis de la voiture.

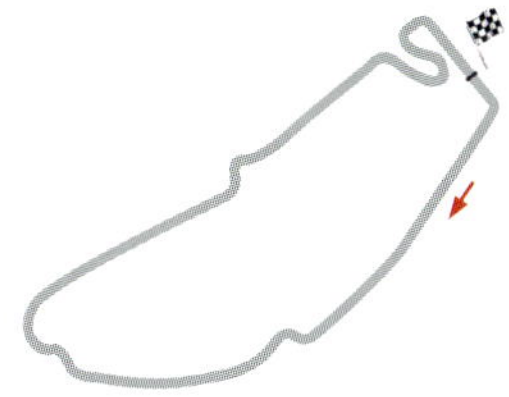

Allemagne (Hockenheim)

Circuit qui sollicite les moteurs au maximum et où l'on peut atteindre 340 km/h dans les très longues lignes droites.

ATTRIBUTION DES POINTS

Le championnat du monde de Formule 1 compte 16 ou 17 épreuves disputées par 12 écuries de deux pilotes chacune. Un classement au point détermine le champion des pilotes au terme de la saison.

Un championnat des constructeurs est également disputé. Le constructeur qui totalise le plus de points selon le barème en vigueur et la position de ses pilotes respectifs remporte, à la fin de la saison, le championnat.

Les points sont attribués aux 6 premiers pilotes à l'arrivée selon le barème suivant :

Position	1er	2e	3e	4e	5e	6e
Points	10	6	4	3	2	1

Le pilote qui totalise le plus de points à l'issue de la saison est déclaré champion du monde.

Pilote	Titres	Victoires	Pole positions
Juan Manuel Fangio	5	24	28
Alain Prost	4	51	33
Ayrton Senna	3	41	65
Jackie Stewart	3	27	17
Niki Lauda	3	25	24
Nelson Piquet	3	23	24

Monaco (Monte-Carlo)

Le plus lent des circuits de F1, Monaco est un circuit urbain qui exige une précision millimétrique de la part des pilotes.

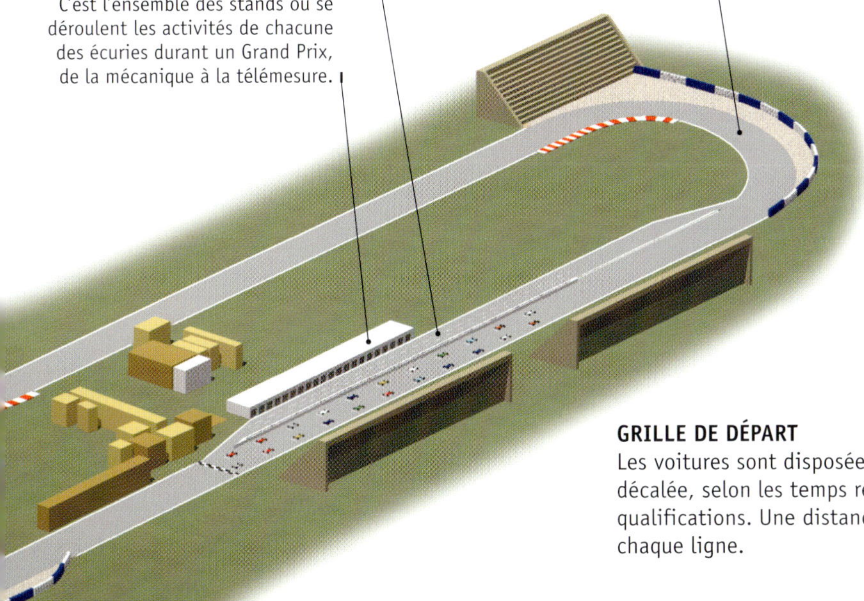

Paddock
C'est l'ensemble des stands où se déroulent les activités de chacune des écuries durant un Grand Prix, de la mécanique à la télémesure.

Voie des stands
Située entre la piste et les stands, c'est la voie qu'empruntent les voitures pour le ravitaillement en essence et le changement de pneus.

Virage rapide
Virage se négociant à haute vitesse (plus de 160 km/h) et qui met en évidence la stabilité de la voiture et le courage du pilote.

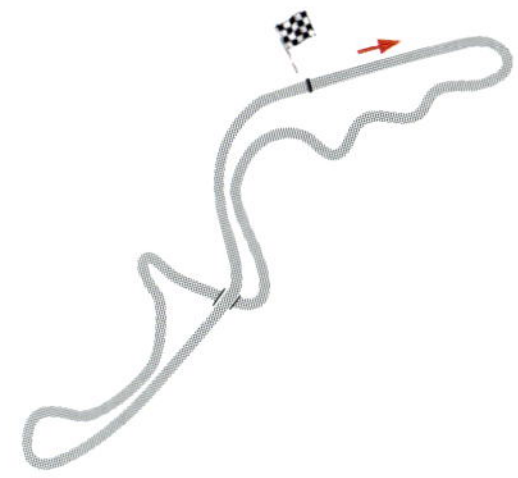

Japon (Suzuka)

Long circuit où la puissance des moteurs est déterminante en vertu des longues lignes droites; les dépassements y sont nombreux.

GRILLE DE DÉPART

Les voitures sont disposées en formation décalée, selon les temps réalisés durant les qualifications. Une distance de 8 m sépare chaque ligne.

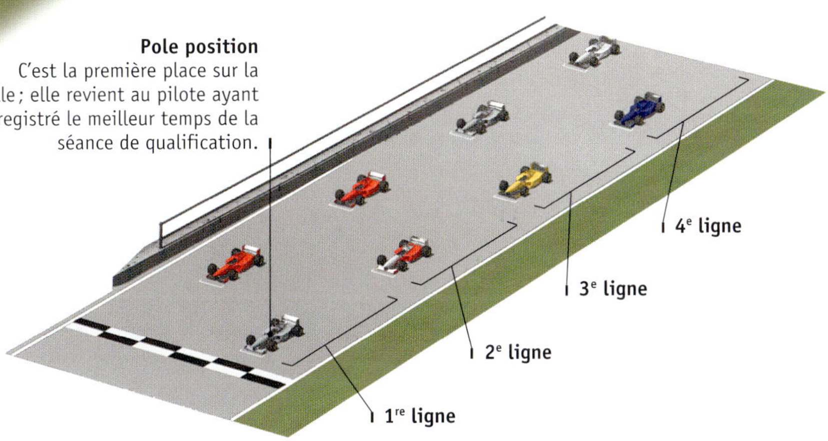

Pole position
C'est la première place sur la grille; elle revient au pilote ayant enregistré le meilleur temps de la séance de qualification.

4e ligne

3e ligne

2e ligne

1re ligne

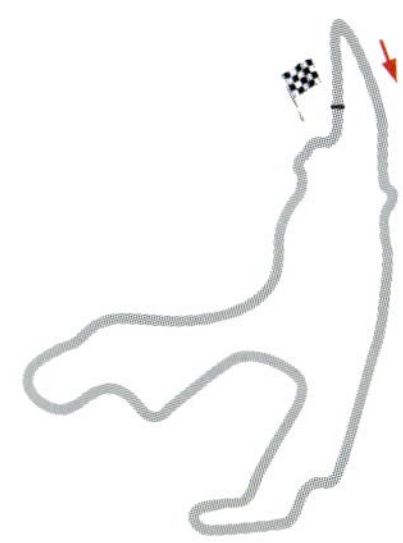

Belgique (Spa-Francorchamps)

Circuit préféré des pilotes, c'est aussi le plus spectaculaire et le plus difficile en raison de ses courbes extrêmement rapides.

MONOPLACES DE F1

Les voitures, qui développent des puissances phénoménales (plus de 800 cv), atteignent des vitesses de pointe dépassant 320 km/h. Il s'agit de monoplaces à moteur à pistons alternatifs 4 temps dont la cylindrée n'excède pas 3 000 cm³ (3 litres). En F1, la suralimentation (turbo) est interdite ; la boîte de vitesse comporte entre 4 et 7 rapports et une marche arrière. La traction à 4 roues motrices est interdite.

DIMENSIONS RÉGLEMENTAIRES DES VOITURES DE F1

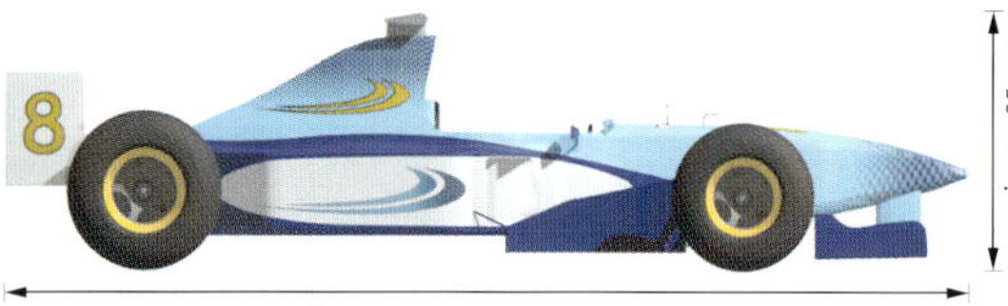

En moyenne : 4,4 m
Poids minimum : 600 kg (avec le pilote à bord)

PNEUS

Selon les conditions météorologiques présentes lors d'une course, différents types de pneus sont disponibles. Les pneus piste sèche sont le plus souvent utilisés. Les pneus pluie, très sculptés, évacuent une grande quantité d'eau (26 l/s à 300 km/h) ; il existe une variante des pneus pluie, dits « intermédiaires », moins sculptés et utilisés sur piste humide.

Une grande variété de gommes – d'adhérence et de durabilité variables – est également disponible. Le choix de la gomme (de tendre à dure) est crucial pour la course ; cette décision doit être prise avant la séance de qualification, et l'écurie sera liée à son choix pour le reste de l'épreuve.

Pneu pluie

Pneu piste sèche

Rainures
Depuis le début de la saison 1999, les pneus avant et arrière sont munis de quatre rainures dans le but d'améliorer la sécurité en ralentissant sensiblement les voitures.

Volant
Grâce aux nombreuses améliorations techniques, les instruments autrefois disposés dans le cockpit ainsi que l'ensemble des fonctions du tableau de bord se trouvent désormais sur le volant. Les commandes d'embrayage et de sélection des vitesses s'effectuent ainsi du bout des doigts.

Caméra
Les voitures sont équipées de deux caméras pendant toute la durée de l'épreuve. Cinq emplacements différents pour les caméras doivent être prévus.

Ailerons
Ils se servent de la pression de l'air pour augmenter la charge sur les trains arrière et avant et, par voie de conséquence, l'adhérence des pneus sur la piste. Réglables, ils servent à modifier l'appui aérodynamique selon les circuits.

Boîte noire
Comme les avions, les voitures de Formule 1 sont munies d'enregistreurs de données qui permettent d'analyser les paramètres lors d'un bris ou d'un accident.

Arceaux de sécurité
Il s'agit de structures indéformables protégeant le pilote en cas de tonneau ; l'arceau arrière doit dépasser de 70 mm le casque du pilote.

Télémesure
Toutes les voitures sont équipées d'un système de télémesure dont l'émetteur, situé dans un des rétroviseurs, permet aux écuries de suivre le comportement des principaux éléments de la voiture durant la course, depuis les stands.

Antenne radio
Elle permet la communication entre le pilote et l'écurie durant l'épreuve.

Tube de Pitot
C'est une prise d'air aérodynamique qui calcule la vitesse réelle de la voiture en tenant compte de l'influence du vent.

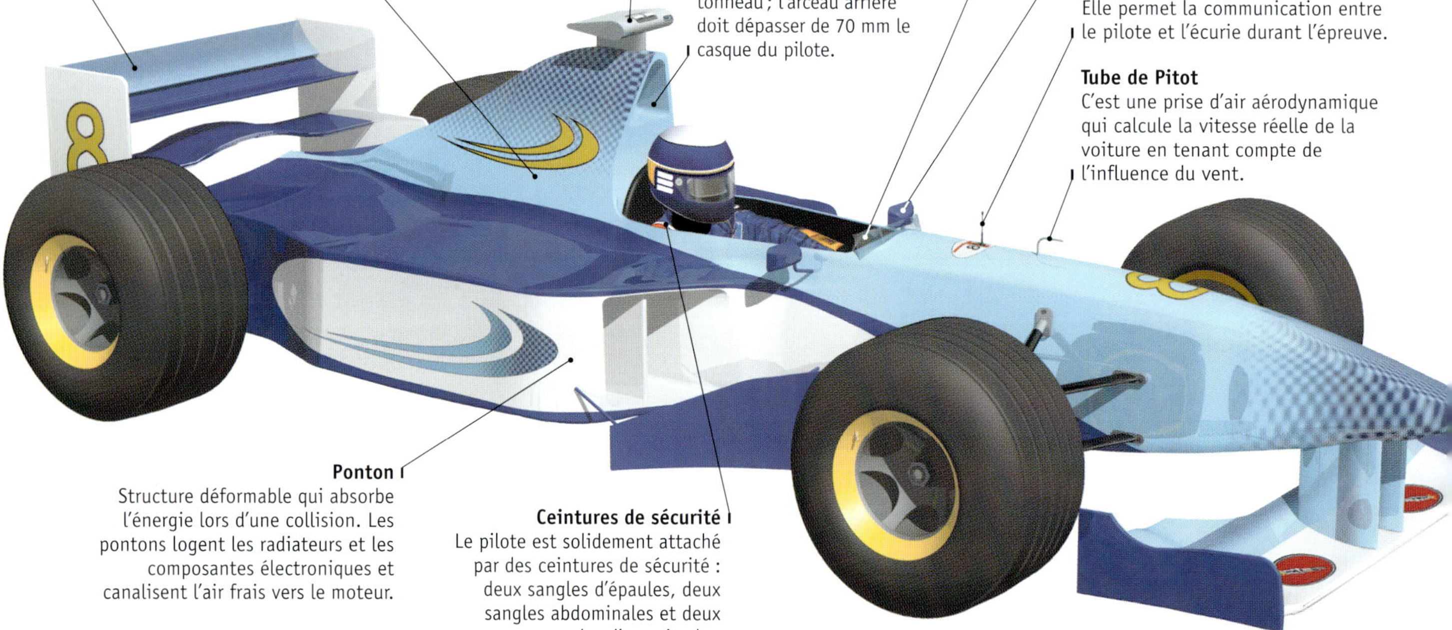

Ponton
Structure déformable qui absorbe l'énergie lors d'une collision. Les pontons logent les radiateurs et les composantes électroniques et canalisent l'air frais vers le moteur.

Ceintures de sécurité
Le pilote est solidement attaché par des ceintures de sécurité : deux sangles d'épaules, deux sangles abdominales et deux sangles d'entrejambe.

RÉSISTANCE AÉRODYNAMIQUE

Étonnamment, une voiture de tourisme est mieux profilée et consomme moins d'essence qu'une F1. Celle-ci utilise la résistance aérodynamique de ses composantes externes (ailerons, roues) pour être littéralement collée à la piste à très haute vitesse.

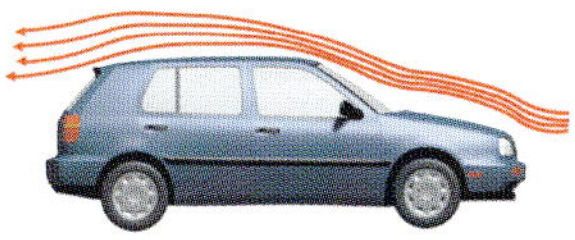

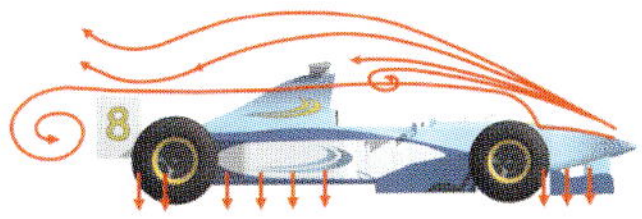

ÉVOLUTION DES VOITURES DE F1

Ce n'est pas tant les vitesses de pointe – les voitures des années 50 atteignaient déjà 300 km/h – que la vitesse moyenne au tour qui a considérablement augmenté avec les avancées techniques dans la conception des bolides au fil des décennies.

1950-1960
Lors des premiers Grands Prix, les voitures étaient munies d'un moteur avant ; les carrosseries les plus performantes étaient en aluminium.

1960-1970
L'avènement des moteurs arrière et des châssis monocoques, au début des années 60, a pour conséquence que les voitures à moteur avant ne remporteront plus de Grand Prix.

1975
L'apparition d'ailerons au milieu des années 70 est une véritable révolution qui améliore la stabilité et le comportement des voitures.

1980-1990
Les années 80 ont été fertiles en avancées techniques. La domination des moteurs turbo – qui produisaient jusqu'à 1 200 cv – mène à leur bannissement en 1989.

1990-2000
Le retour des moteurs atmosphériques et le souci de sécurité conduisent au développement de voitures légèrement plus longues aux performances inégalées.

TECHNIQUES

ASPIRATION

Le sillage de la voiture d'un concurrent crée un « tunnel d'air » qui diminue la résistance aérodynamique de la voiture immédiatement à sa poursuite. Il permet d'améliorer momentanément la vitesse de pointe, de déboîter et de dépasser l'adversaire.

DÉPASSEMENT DANS UN VIRAGE LENT

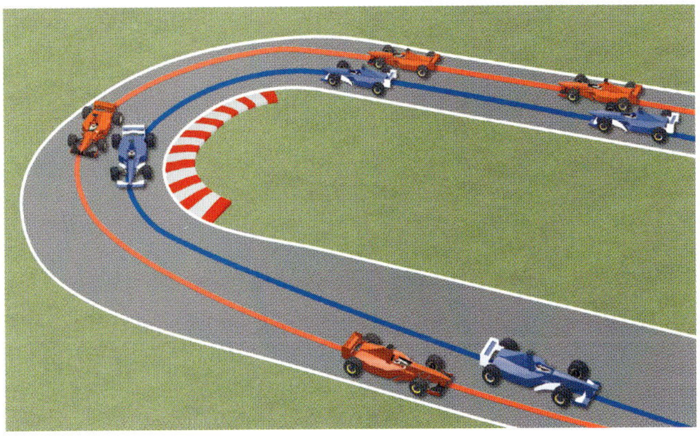

La voiture bleue profite d'un freinage tardif pour dépasser un concurrent. La position qu'elle occupe à l'intérieur de la courbe la favorise pour la reprise de la trajectoire idéale en sortie de virage.

NÉGOCIATION D'UNE CHICANE

Malgré la sinuosité que présente la chicane, le pilote doit conserver sa vitesse et parcourir une ligne droite qui lui assure ainsi la moindre distance entre deux points.

ARRÊT AUX STANDS

Lors d'une épreuve, les voitures effectuent un ou deux arrêts de ravitaillement. Dans un ballet réglé avec minutie, pas moins de dix-huit mécaniciens procèdent au plein d'essence et au changement des quatre pneus, et ce, en moins de huit secondes.

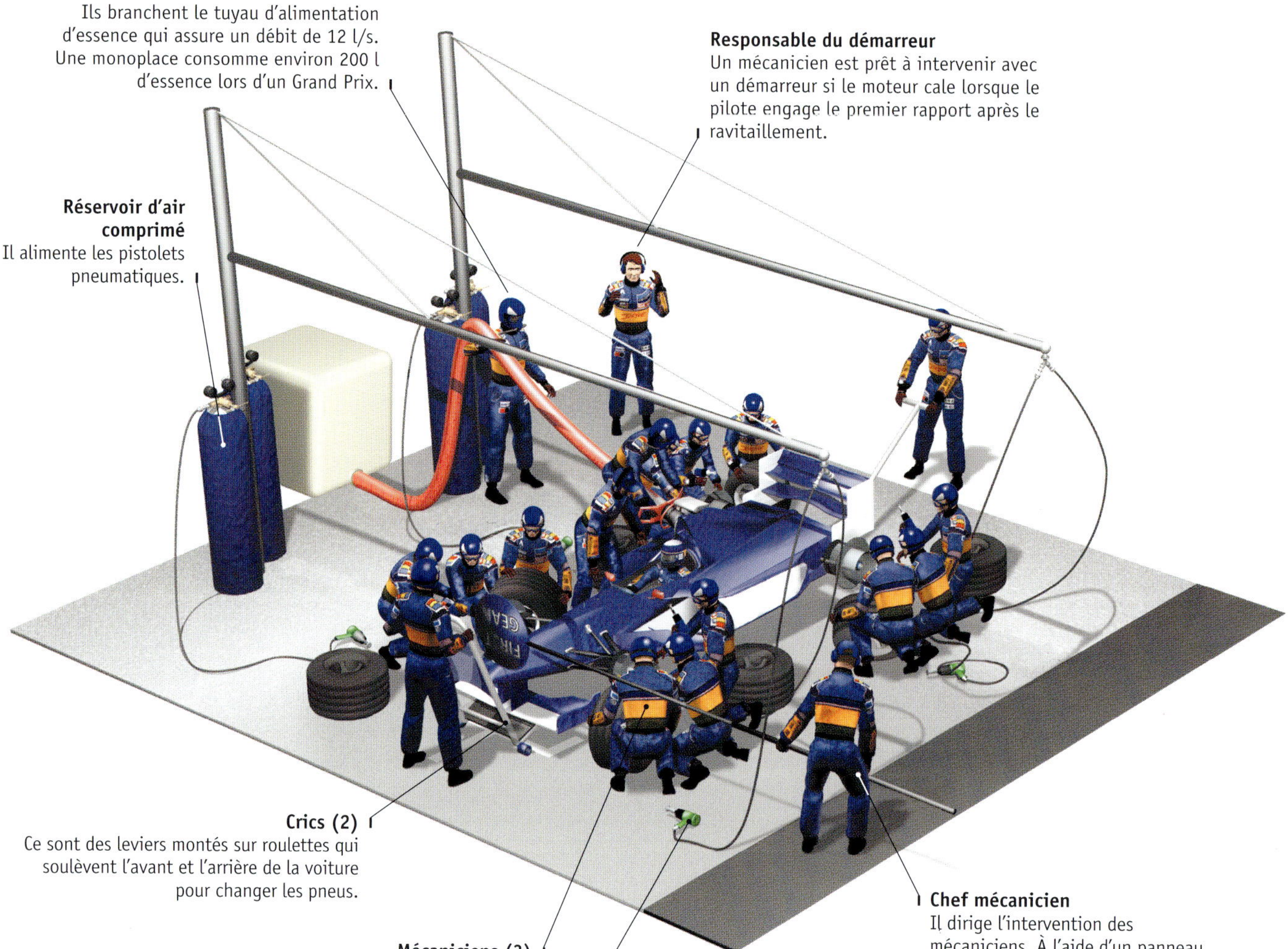

Ravitailleurs
Ils branchent le tuyau d'alimentation d'essence qui assure un débit de 12 l/s. Une monoplace consomme environ 200 l d'essence lors d'un Grand Prix.

Responsable du démarreur
Un mécanicien est prêt à intervenir avec un démarreur si le moteur cale lorsque le pilote engage le premier rapport après le ravitaillement.

Réservoir d'air comprimé
Il alimente les pistolets pneumatiques.

Crics (2)
Ce sont des leviers montés sur roulettes qui soulèvent l'avant et l'arrière de la voiture pour changer les pneus.

Mécaniciens (3)
Ils sont chargés du remplacement de chaque roue ; un premier dévisse l'écrou central, un second retire la roue utilisée alors que le troisième met en place la nouvelle roue.

Pistolet pneumatique
Il sert à dévisser et revisser l'unique écrou central de chaque roue.

Chef mécanicien
Il dirige l'intervention des mécaniciens. À l'aide d'un panneau nommé « sucette », il indique au pilote à quel moment ce dernier peut repartir.

PROFIL DU PILOTE

- Piloter une F1 exige plus d'endurance que de force physique. Une résistance à la chaleur est essentielle puisque la température dans le cockpit atteint 50 °C ; les pilotes perdent jusqu'à 4 kg lors d'une épreuve.
- L'entraînement consiste en un renforcement musculaire qui met l'accent sur le cou, les avant-bras, les abdominaux et les jambes. L'acuité visuelle et la coordination doivent être parfaites.
- La santé cardio-vasculaire est primordiale ; en course, les cœurs des pilotes battent en moyenne 160 fois par minute et jusqu'à 190 fois lors d'une sortie de piste.

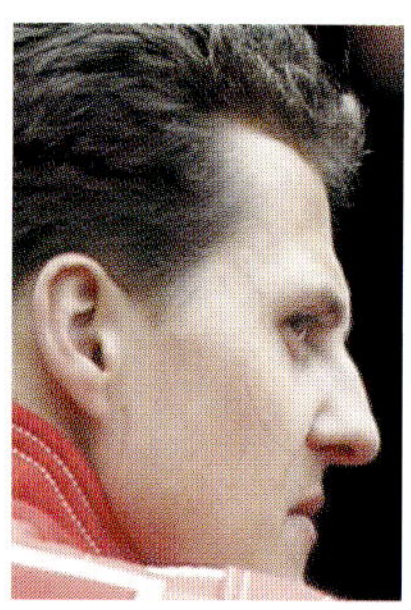

Michael Schumacher (ALL)
Il possède 37 victoires sur 130 GP disputés, dont 19 sous l'écurie Benetton avec laquelle il remporta les championnats du monde de 1994 et 1995. Au sein de l'équipe Ferrari depuis 1996, il a 20 GP à son palmarès.

Ayrton Senna (BRÉ)
Triple champion du monde de F1 (1988, 1990, 1991), il a inscrit 41 victoires et 65 pole positions (un record) en 161 GP. Décédé tragiquement à Imola, lors du GP de Saint-Marin, en 1994, il demeure sans conteste un des plus grands talents que la F1 ait connus.

Jim Clark (G-B)
Un des grands pilotes de la F1. Il a remporté 25 des 72 GP auxquels il a participé en plus de réussir 33 pole positions. Champion du monde en 1963 et 1965, il trouva la mort à Hockenheim en 1968, lors d'une épreuve de Formule 2.

Alain Prost (FRA)
Quadruple champion du monde (1985, 1986, 1989, 1993), il est entré dans la légende en battant le nombre de victoires en GP détenu auparavant par l'Écossais Jackie Stewart. Auteur de 51 victoires en 199 GP, entre 1980 et 1993. Propriétaire, depuis 1997 de l'écurie Prost/Peugeot de F1.

formule Indy (série CART)

Réservée aux voitures de type monoplace, la série CART est une des formes les plus populaires du sport automobile aux États-Unis. Son origine remonte à 1909, date à laquelle les manufacturiers automobiles, désireux de promouvoir leurs produits, contactent l'American Automobile Association (AAA) afin de créer un championnat. De 1909 à 1930, le AAA National Championship Racing Series est très actif. Les courses se disputent alors sur des pistes en terre et des pistes cendrées. L'apparition de pistes ovales bitumées d'un mile de long donne un second élan au championnat. En 1955, à la suite d'un terrible accident aux 24 Heures du Mans, la AAA se retire du sport automobile et passe le relais à la United States Auto Club (USAC). En 1978, on assiste à la formation du Championship Auto Racing Teams (CART) qui reprend les rênes de la Formule Indy et dont la première épreuve a lieu en mars 1979 à Phoenix, en Arizona. Depuis cette époque, de nombreux changements ont permis à la discipline de s'imposer, tant aux États-Unis qu'à l'étranger. En 1997, un désaccord entre la série CART et les propriétaires de la piste d'Indianapolis, où se tiennent depuis 1911 les 500 Miles d'Indianapolis, l'épreuve reine de la Formule Indy, provoque la création de la Indy Racing League, un championnat concurrent disputé uniquement sur pistes ovales.

Al Unser Sr. (USA), un des plus grands pilotes de l'histoire de la Formule Indy. Trois fois champion CART (1970, 1983, 1985), il compte 39 victoires dans le championnat dont 4 aux 500 Miles d'Indianapolis (1970, 1971, 1978, 1987).

VOITURES

Il s'agit de monoplaces d'apparence similaire aux F1, quoique plus lourdes et plus robustes, équipées d'un moteur turbocompressé, d'une cylindrée de 2 650 cm² (2,65 litres) et développant une puissance de 850 cv. Cinq constructeurs de châssis et quatre fabricants de moteurs (Honda, Mercedes-Benz, Ford, Toyota) fournissent l'ensemble des écuries. Les vitesses atteintes sont phénoménales, jusqu'à 370 km/h sur superovales. Le méthanol est le carburant à base d'alcool utilisé en Formule Indy. Il est très volatil et sa flamme est invisible à la lumière du jour, d'où un danger certain lors d'accidents. Les voitures de Formule Indy sont configurées spécifiquement selon les circuits sur lesquels se déroulent les compétitions. Ainsi, la configuration des ailerons diffère selon que l'épreuve se déroule sur un superovale ou sur un ovale et sur circuits routiers.

Ovales et circuits routiers
Les ailerons fournissent beaucoup d'appui en plaquant la voiture au sol, la vitesse de pointe n'étant pas un élément aussi déterminant que sur les superovales.

Superovales
Les ailerons plus fins génèrent peu d'appui pour une vitesse de pointe maximale.

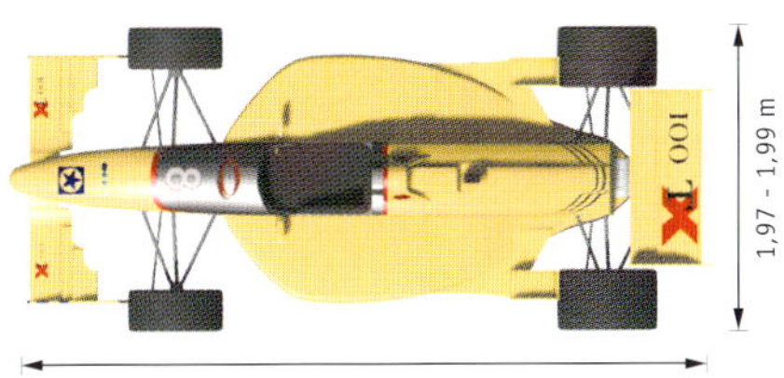

4,83 - 5,05 m
Ovales : 691,73 kg
Superovales : 703,07 kg

Soupape de décharge (*pop-off valve*)
Elle permet d'évacuer le surplus de pression du turbocompresseur et assure ainsi que la limite maximale de turbocompression est respectée par toutes les voitures.

Freins
Les disques et plaquettes de freins sont en acier, ce qui augmente la distance de freinage par rapport aux freins en carbone. Il faut 85 m à une voiture de Formule Indy filant à 300 km/h pour s'immobiliser, contre seulement 60 m pour une F1. En Formule Indy, les freins en carbone ne sont permis que sur les superovales, pour des raisons de sécurité.

DÉROULEMENT DE L'ÉPREUVE

La formule Indy met aux prises entre quinze et vingt écuries d'un ou deux pilotes chacune, qui participeront à 20 épreuves au cours d'une saison.

QUALIFICATIONS

Pistes ovales et superovales

Chaque pilote bénéficie de deux ou trois tours chronométrés pour réaliser son temps de qualification. L'ordre de qualification est déterminé par tirage au sort.

Circuits routiers

Sur circuit routier, deux séances de qualification de groupe, d'une durée de 30 minutes chacune, sont organisées ; ces séances n'ont habituellement pas lieu la même journée. Pour la première séance, les pilotes sont divisés en deux groupes, selon le temps de qualification obtenu lors de la dernière épreuve sur circuit routier ; les plus rapides s'élancent dans le premier groupe, les autres dans le second. Une seconde séance de qualification tiendra compte des temps réalisés lors de la première séance pour établir les groupes. Les voitures les moins rapides se retrouvent alors dans le premier groupe. Le meilleur temps enregistré par un pilote, dans l'une ou l'autre des séances de qualification, sera retenu comme son temps de qualification.

Grille de départ

Pour se qualifier, un pilote doit réaliser un temps inférieur à 110 % de la moyenne des meilleurs temps réalisés par les deux pilotes les plus rapides en qualification. La grille de départ ne peut compter plus de participants qu'il n'y a de stands de ravitaillement.

Les voitures sont placées deux par deux, le pilote ayant réalisé le meilleur temps en qualification (pole position) partant de la première ligne, dans la rangée de son choix. Les autres se placent sur la ligne et dans la rangée qui correspond à leur position de qualification.

Procédure de départ

Sur les circuits ovales et superovales, on procède à un départ lancé, autrement dit les monoplaces s'élancent pour un ou plusieurs tours de chauffe, au signal du directeur de course, en restant alignées selon leur position sur la grille de départ. La voiture de tête (*pace car*) doit maintenir une vitesse constante et aucune voiture ne doit tenter d'améliorer sa position tant que le drapeau vert n'est pas montré aux pilotes.

En circuit routier, le directeur de course indique, avant le départ, s'il s'agit d'un départ sec, auquel cas les pilotes peuvent choisir les pneus de leur choix, ou d'un départ mouillé, auquel cas tous les pilotes doivent partir en pneus pluie. Contrairement à la Formule 1, il est interdit de préchauffer les pneus en Formule Indy.

Plusieurs arrêts aux stands, pour un ravitaillement en carburant et un changement de pneus, sont prévus durant les courses de la série CART.

Le premier pilote qui franchit la ligne d'arrivée sous le drapeau à damier est déclaré vainqueur de l'épreuve.

CIRCUITS

Les compétitions de Formule Indy se déroulent sur des distances de 200, 300, 400 ou 500 miles (320, 480, 645 ou 805 km) et sur trois types de circuits : les ovales, les superovales et les circuits routiers. Les ovales (*speedways*) sont des pistes à revêtements d'asphalte ou de ciment de 1,6 à 2,5 miles de circonférence (0,26 à 4 km). Les ovales de plus d'un mile (1,6 km) et aux virages fortement inclinés sont nommés superovales (*superspeedways*). Quant aux circuits routiers, d'une longueur de 1,5 à 4 miles (2,4 à 6,4 km), ils sont soit urbains et temporaires, soit créés spécialement pour les épreuves (permanents). Des pilotes de toutes origines prennent part au championnat qui, depuis le début des années 1990, s'internationalise de plus en plus. Des courses sont présentées en Australie, au Brésil, au Japon et au Canada.

Muret de protection
En Formule Indy, un pilote ne peut compter sur aucune aire de dégagement ; les murets de protection en béton ne pardonnent pas.

Stands
Les pneus et les réservoirs de ravitaillement y sont entreposés. Un maximum de six personnes par équipe peut travailler sur la voiture.

Départ / Arrivée
C'est à cet endroit que s'effectue le chronométrage et que sont montrés les drapeaux vert et à damiers.

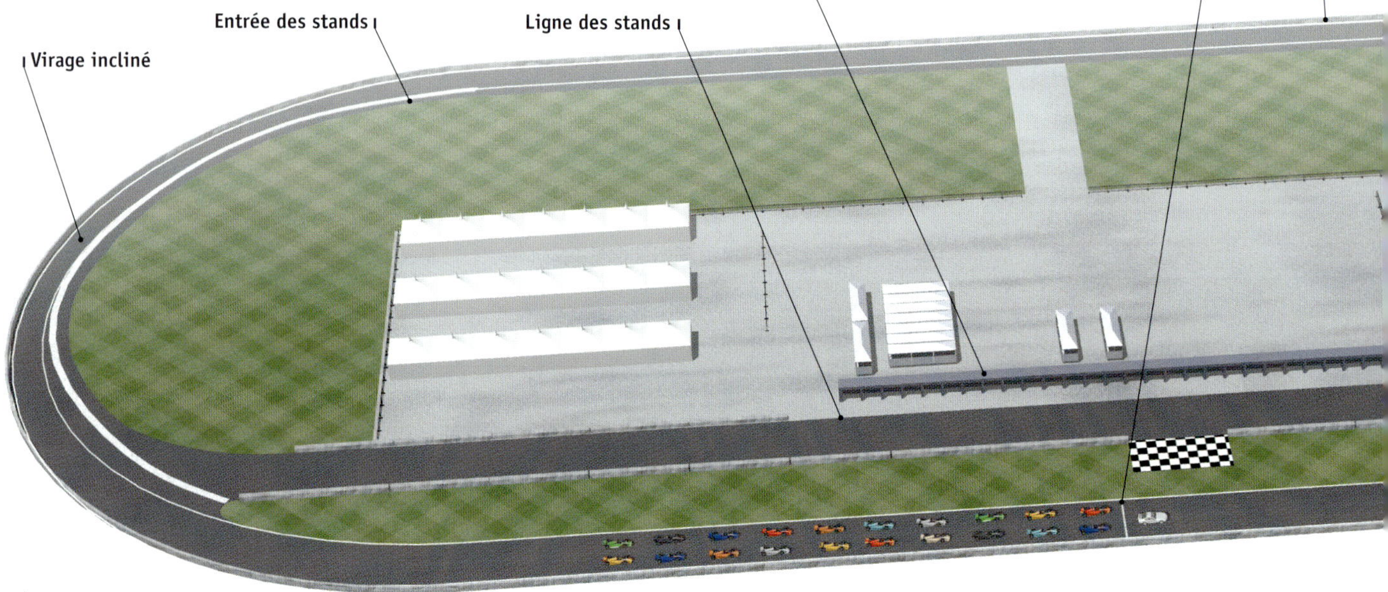

PÉNALITÉS

Selon la gravité de l'infraction, le directeur de course peut imposer plusieurs types de pénalités lorsqu'un pilote enfreint l'un des règlements qui régissent l'épreuve.

- **Pénalité de tour** : un ou plusieurs tours sont décomptés du nombre réel des tours effectués par le pilote pénalisé, lors du dépassement illégal de la voiture de tête, par exemple.
- **Perte de position** : le pilote fautif (dépassement sous un drapeau jaune, par exemple) peut se voir imposer une pénalité d'une ou plusieurs positions. Cette pénalité peut être donnée durant ou après la course.
- **Pénalité de stands (*stop and go*)** : tout pilote qui dépasse la vitesse maximale autorisée dans les stands (60 mi/h - 100 km/h), qui roule sur des pièces d'équipement (pneus, tuyaux, etc.) ou qui commet une infraction sous un drapeau vert ou jaune, pourra devoir rentrer aux stands, s'arrêter et repartir au signal de l'officiel ou rejoindre la course à la queue du peloton.
- **Suspension** : les officiels peuvent imposer une suspension d'une ou plusieurs courses à tout pilote coupable d'infraction grave aux règlements (manœuvre jugée dangereuse).

LES CIRCUITS DE LA SAISON 2000

Ovales	Superovales	Circuits routiers	
		Temporaires	Permanents
Rio de Janeiro	Fontana	Cleveland	Portland
Chicago	Michigan	Long Beach	Laguna Seca
Milwaukee		Toronto	Mid-Ohio
Gateway		Vancouver	Road America
Motegi		Detroit	
Nazareth		Houston	
Homestead		Surfers Paradise	

Version « roadster » (1936)
Monoplace artisanale à moteur avant très puissant, dotée de lignes arrondies et de pneus étroits.

Influence de la F1 (1965)
Moteur arrière et monocoque très profilée.

Depuis 1975
Révolution aérodynamique : on assiste à l'apparition des ailerons et de l'effet de sol qui colle les voitures à la piste. Les moteurs de 8 cylindres sont turbocompressés.

VICTOIRES EN FORMULE INDY 1909-1999

Rang	Pilote	Victoires
1	A.J. Foyt	67
2	Mario Andretti	52
3	Al Unser	39
4	**Michael Andretti**	38
5	Bobby Unser	35
6	Al Unser Jr.	31
7	Rick Mears	29
8	Johnny Rutherford	27
9	Rodger Ward	26
10	Gordon Johncock	25
11	Bobby Rahal	24
12	Ralph DePalma	24
13	Tommy Milton	23
14	Tony Bettenhausen	22
15	Emerson Fittipaldi	22
16	Earl Cooper	20
17	Jimmy Bryan	19
18	Jimmy Murphy	19
19	Ralph Mulford	17
20	Danny Sullivan	17
21	Alex Zanardi	15
22	**Paul Tracy**	15
23	Tom Sneva	13

Les pilotes dont le nom apparait en gras sont encore actifs dans la série.

Mario Andretti (USA)
Deuxième pilote de tous les temps au chapitre des victoires en Indy, il a été champion du monde de F1 en 1978, et a totalisé 12 victoires en 128 courses de F1 entre 1968 et 1982. En Indy, il a remporté quatre titres de champion (1965, 1966, 1969, 1984) et accumulé 52 victoires dont une aux 500 Miles d'Indianapolis (1969) et au Daytona 500 (1967), épreuve de la série NASCAR.

Anthony Joseph Foyt (USA)
Quatre fois victorieux aux 500 Miles d'Indianapolis, deux fois aux 24 Heures de Daytona et une fois aux 24 Heures du Mans (1967), il détient 67 victoires en Formule Indy. Il s'est retiré de la compétition en 1992, à la suite d'un accident.

Voiture de tête (*pace car*)
Elle sert à donner le rythme au peloton avant le départ et lors des neutralisations.

formule 3000

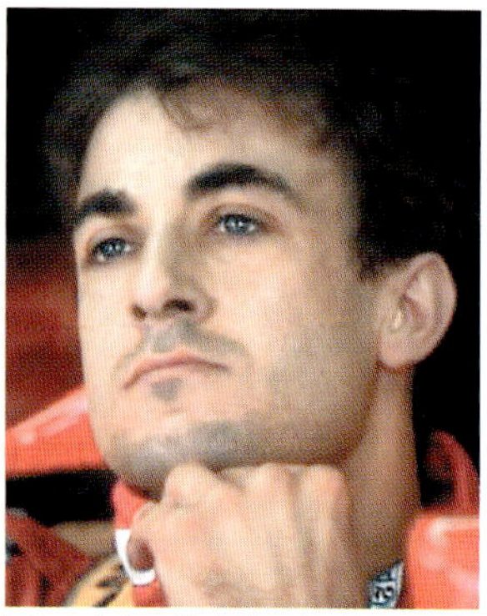

Le Français Jean Alesi. Champion de France de F3 en 1987 et champion de F3000 en 1989, il passe à la F1 où il se classe 4e en 1996 et 1997.

Lancé en 1985 à Silverstone en Grande-Bretagne pour remplacer la Formule 2, le championnat de Formule 3000 est couru avec des voitures monoplaces sur circuit fermé. Considéré comme une école de la Formule 1, il est conçu pour offrir des conditions de compétition similaires à des coûts nettement inférieurs. De 1985 à 1995, les écuries développent leurs propres voitures, à partir des châssis et moteurs proposés par différents constructeurs. Depuis 1996, le championnat est devenu monotype, avec plusieurs fournisseurs : châssis (Lola), moteur (Zytek) et pneus (Avon), désignés officiellement par la Fédération internationale automobile (FIA) pour un nombre d'années déterminé à l'avance. Si certains pays ont développé des championnats nationaux spécifiques, le championnat international de Formule 3000 se tient sur les circuits européens de Formule 1, lors des Grands Prix de F1.

DÉROULEMENT DE LA COURSE

La grille de départ est déterminée par les temps réalisés lors des essais : le pilote le plus rapide obtient la pole position (première position). Plus l'écart entre ce premier temps et les autres temps est grand, plus la position sur la grille de départ sera éloignée de la pole position. Pour être qualifié, tout pilote doit avoir effectué un temps inférieur à 107 % du temps réalisé par le détenteur de la pole position. Au maximum 26 voitures sont admises au départ d'une course. La distance parcourue dépend du circuit : elle est égale au nombre de tours complets nécessaires pour dépasser 205 km. Les voitures prennent position sur la grille, moteur en marche, après un tour de formation. Le départ est arrêté.

CHAMPIONNAT DES PILOTES

Barème

Position	1^{e}	2^{e}	3^{e}	4^{e}	5^{e}	6^{e}
Points	10	6	4	3	2	1

À l'arrivée de chaque course, des points sont attribués aux 6 premiers pilotes. Le champion de la saison est le pilote ayant accumulé le plus de points au cours des 10 à 12 courses du championnat.

VOITURE

TECHNIQUE ET TACTIQUE

Chaque pilote disposant d'une voiture aux caractéristiques techniques identiques, l'écart entre le premier et le 10e temps dépasse rarement une seconde à l'issue des essais. Le talent du pilote sur la piste, et sa capacité à déterminer des réglages précis et efficaces pour son véhicule sont déterminants.

PROFIL DU PILOTE

- Issu des compétitions de karting, il est âgé d'une vingtaine d'années en moyenne. Son objectif est généralement de passer à la F1 ou de devenir pilote d'essai pour les constructeurs automobiles, après deux ou trois bonnes saisons en F3000.

accélération

Épreuve de vitesse pure opposant simultanément deux véhicules, la course d'accélération est au sport automobile ce que le sprint est à l'athlétisme. Discipline typiquement américaine, l'accélération s'est développée dans le sud de la Californie où des compétitions officieuses se déroulaient, souvent illégalement, sur des lacs asséchés ou sur des routes secondaires. En 1951, la fondation de la National Hot Rod Association (NHRA) permet le développement de la discipline dans les années 1950 et 1960. En 1975, le soutien financier de la compagnie de tabac R.J. Reynolds donne naissance au NHRA Winston Championship qui devient un événement national et attire commanditaires et réseaux de télévision. En 1993, la NHRA et l'accélération sont officiellement reconnues par la Fédération internationale de l'automobile (FIA) qui crée alors une commission «accélération». La NHRA jouit maintenant d'un statut international et supervise le développement du sport hors des États-Unis.

Regroupement de voitures de compétitions avant les Pre National Championship Drag Races sur la base aéronavale de Charlestown (États-Unis) en 1959.

DÉROULEMENT D'UNE COURSE

L'accélération est une course à élimination directe, c'est-à-dire que les participants s'affrontent deux par deux, à la suite d'un tirage au sort, sur une piste rectiligne. Le vainqueur de chaque course passe au tour suivant, jusqu'à ce qu'il ne reste plus que deux compétiteurs, qui se départagent en finale. Au début de chaque course, les deux pilotes s'alignent, dans leur couloir respectif, face au dispositif électronique de départ. Les pilotes ne peuvent franchir la ligne de départ avant que la lumière verte ne s'allume, sous peine de disqualification. Le temps que le pilote prend pour réagir au feu vert est appelé temps de réaction. Il est enregistré par les chronométreurs et s'ajoute au temps de course sur la piste pour déterminer le vainqueur. Les coureurs ont d'excellents réflexes. De plus, ils peuvent juger rapidement des caractéristiques de la piste, ce qui leur permet d'adapter leur stratégie de départ et de régler leur moteur avant une course.

PISTE

Elle est en ciment – un matériau qui favorise l'adhérence – pour les 45 premiers mètres puis est ensuite pavée avec un mélange d'asphalte et de particules de granit. Une colle spéciale est appliquée sur toute sa surface pour donner une adhérence suffisante aux pneus des véhicules. La distance de course est de 402,33 m (1/4 de mile) ou 201,16 m (1/8 de mile). Une aire de chauffage des pneus est à la disposition des concurrents près du départ. En bout de piste, la portion de décélération doit être égale à une fois et demie la distance de course. La compétition est annulée en cas de pluie, car la colle sur la piste rendrait la chaussée trop glissante.

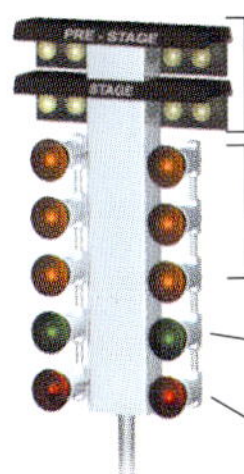

Lumières jaunes (4)
Elles s'allument lorsque le véhicule est en position de départ.

Lumières jaunes (3)
Elles sont successives et précèdent la verte.

Lumière verte
Elle donne le départ.

Lumière rouge
Elle indique les faux départs et les défaites.

Arbre de Noël
Dispositif électronique de départ, il est ainsi nommé en raison de la multitude de lumières greffées sur son armature.

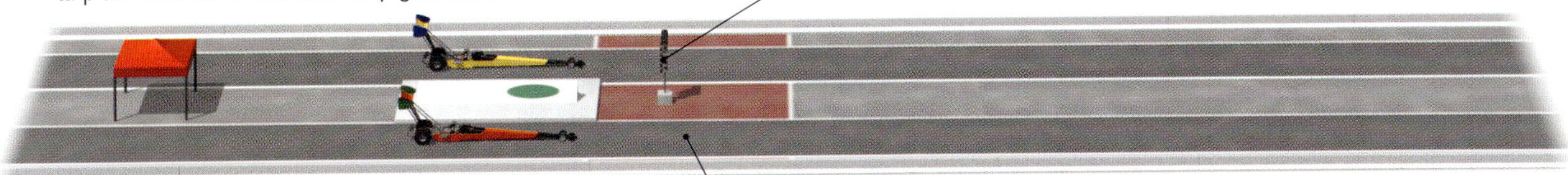

Couloirs
Totalement rectilignes, ils sont séparés par un terre-plein. Un concurrent qui passe dans le couloir de son adversaire, volontairement ou non, est éliminé.

VÉHICULES

Les courses d'accélération comptent plus de 200 classes de véhicules regroupées en 12 catégories, parmi lesquelles 4 classes professionnelles : Pro Stock, Moto Pro Stock, Funny Car et Top Fuel.

Potence de sécurité
Lors de l'accélération, elle empêche le véhicule de se retourner sur lui-même.

Carénage
Effilé et au ras du sol, il mesure plus de 6 m de long.

Pro Stock
Ressemblant à des voitures de série, elle fonctionne à l'essence. Son système d'échappement, son châssis et sa suspension sont modifiés et elle peut atteindre plus de 300 km/h en 6 s.

Moto Pro Stock
Avec un moteur modifié à deux ou quatre valves alimentées à l'essence, elle peut franchir 402,33 m (1/4 de mille) en 7,2 s à une vitesse de plus de 300 km/h.

Funny Car
Développant plus de 6 000 chevaux, elle peut réaliser une distance de 402,33 m (1/4 de mile) en moins de 5 s à des vitesses dépassant les 500 km/h.

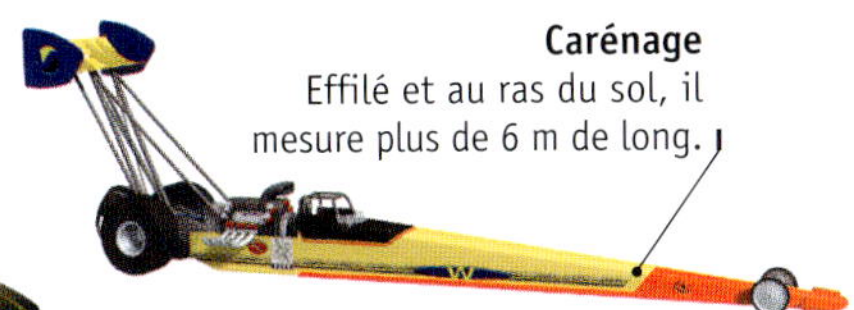

Top Fuel
Doté d'un moteur à injection fonctionnant au nitrométhane, il développe plus de 6 000 chevaux et peut parcourir 402,33 m (1/4 de mille) en moins de 4,5 s à une vitesse de plus de 530 km/h.

rallyes

Participants au Rallye de Monte-Carlo, en 1954.

Un rallye est une course sur routes, généralement fermées à la circulation, comprenant des étapes de liaison avec horaires imposés et des épreuves spéciales contre la montre. Dès le début du siècle, de nombreuses courses de ville à ville voient le jour, mais c'est grâce au président de l'Automobile et cycle Club de Monaco que le premier véritable rallye, le Rallye de Monte-Carlo, est créé en 1911. Il propose aux 23 participants de la première édition de rallier Monte-Carlo en 7 jours, à partir de plusieurs points de départ. Le premier rallye du Royal Auto Club, en Angleterre, a lieu quant à lui en 1932. Dans les années 1950 et 1960, la discipline connaît une très grande popularité et des compétitions naissent dans toute l'Europe : le Rallye de Suède en 1950, le Rallye des 1 000 lacs en Finlande en 1951, le Rallye de l'Acropole en Grèce en 1953, le Tour de Corse en 1956 et le Rallye de San Remo en Italie en 1956. Créé sous l'égide et propriété de la FIA en 1994, le championnat du monde des rallyes – un championnat du monde des pilotes et un championnat du monde des constructeurs – est couru depuis 1997 en 14 manches réparties entre l'Europe, l'Afrique, la Chine, l'Argentine, la Nouvelle-Zélande et l'Australie.

DÉROULEMENT D'UN RALLYE

L'équipage – un pilote et un copilote – se partage le travail ; le pilote conduit le véhicule et le copilote, ou navigateur, informe son coéquipier des caractéristiques du parcours d'après le carnet de route : relevé exact et officiel de l'itinéraire de l'épreuve fourni par l'organisateur du rallye incluant les dangers ou particularités de la route comme les virages, les creux, les bosses, etc. L'équipage reçoit aussi un carnet de contrôle où est indiqué le temps attribué pour franchir la distance entre deux contrôles horaires. Un parcours compte généralement de quelques dizaines à plusieurs milliers de kilomètres dans le cas des rallyes-raids. Un rallye est composé de deux types d'étapes : la plupart sont des étapes de liaison, où les pilotes doivent effectuer le trajet dans le temps prévu dans le carnet de route tout en respectant la signalisation routière ; il y a aussi les étapes spéciales chronométrées et à départ échelonné qui sont des épreuves de vitesse qui se déroulent parfois de nuit, sur des parcours fermés à la circulation ou sur circuits. L'assistance technique (réparations pendant la course) est permise. Les pointages sont effectués par des commissaires au moment et à l'endroit (poste de contrôle) où les équipages présentent leur carnet de contrôle. Si l'équipage arrive une minute ou une fraction de minute en retard, il reçoit 10 secondes de pénalité et s'il arrive en avance, le temps de la pénalité équivaut au temps de l'avance. L'attribution des points s'effectue comme en Formule 1 : le pilote qui totalise le plus de points à l'issue de la saison est déclaré champion du monde. Des points supplémentaires sont attribués aux vainqueurs de la dernière étape spéciale de l'épreuve.

VÉHICULES

Les rallyes sont ouverts aux voitures de tourisme des groupes N (voitures de série) et A (prototypes construits à 2 500 exemplaires minimum) et, depuis 1997, aux World Rallye Cars (WRC), voitures plus rapides et moins contraignantes (20 exemplaires produits donnent droit à l'homologation). Quant au groupe B, il rassemble les voitures de grand tourisme de cylindrée maximale de 1 600 cm^3. Aujourd'hui, la plupart des étapes spéciales se déroulent sur des routes en terre, ce qui explique la forte présence des voitures à quatre roues motrices.

TECHNIQUES

La boîte de vitesse des voitures est réglée différemment selon les parcours, et les changements de rapport sont notés sur le carnet de route, d'un commun accord entre le pilote et le copilote, lors des reconnaissances. Cette procédure permet de prendre connaissance du tracé avant la course. La technique de conduite de rallye exige du pilote de savoir estimer à vue l'adhérence offerte par le sol, afin d'adapter sa vitesse pour maîtriser les dérapages de sa voiture.

Phares de nuit
Ils sont un complément essentiel lors des épreuves de nuit.

Juha Kankkunen (FIN)
Premier pilote de rallye à devenir quadruple champion du monde en 1986, 1987, 1991 et 1993, il totalise 24 victoires en championnat du monde. À son palmarès, il faut ajouter une victoire au Rallye Paris-Dakar, en 1988.

rallyes-raids

Les rallyes-raids sont des épreuves sportives où la notion d'aventure est intimement liée à la performance. Le principe du rallye-raid apparaît dès les débuts de l'automobile et, en 1907, une course de 12 000 km est organisée de Paris à Pékin. En 1931, le constructeur français Citroën organise La Croisière Jaune. Lors de cette expédition, deux équipes, l'une partant du Moyen-Orient et l'autre d'Europe, devaient se rendre à Pékin en traversant plusieurs déserts et chaînes montagneuses, dont l'Himalaya. En 1968, le Rallye Londres-Sydney – un parcours traversant près de 90 pays – remporte un vif succès et il est suivi d'un Londres-Mexico. En 1978, le Français Thierry Sabine met sur pied le plus important rallye-raid à ce jour, le Paris-Dakar, aujourd'hui rebaptisé Le Dakar. Cet événement – en 1999, de Grenade à Dakar et en 2000, de Dakar au Caire – très médiatisé, dans lequel s'affrontent autos, motos et camions à travers le Sahara, a donné naissance à plusieurs autres épreuves africaines (Rallye des Pharaons, Rallye de l'Atlas, Rallye de Tunisie, Rallye des Gazelles, etc.). La Coupe du monde des rallyes tout terrain, sanctionnée par la FIA, couronne au terme d'une saison l'équipage ayant remporté le plus de victoires.

Le Rallye Paris-Dakar en 1984.

DÉROULEMENT D'UN RALLYE-RAID

Le trajet, traversant des contrées désertiques, s'étend généralement sur plusieurs milliers de kilomètres. Il comporte des étapes de liaison et des étapes spéciales chronométrées. L'assistance technique est autorisée et assurée par des équipes de mécaniciens suivant l'épreuve dans des camions. Hormis les interventions en course, les équipes de maintenance peuvent réparer les véhicules lorsqu'ils arrivent à l'étape, avant qu'ils soient immobilisés dans le parc fermé jusqu'au départ de l'étape suivante le lendemain matin. Avant chaque étape, les équipages reçoivent un carnet de route donnant une description détaillée de la route à suivre de même que les sites d'assistance. L'itinéraire du carnet de route est obligatoire et les concurrents n'ont par conséquent pas besoin de cartes. Le plein d'essence s'effectue dans les points de ravitaillement indiqués dans le carnet de route. Les équipages, qui peuvent rouler de 8 à 24 heures selon la longueur des étapes, sont autorisés à se munir d'un GPS (Global Positioning System), qui leur permet de déterminer la longitude et la latitude par liaison satellitaire. Toutefois, cet équipement doit être fourni par les organisateurs.

TECHNIQUES

Se déroulant sur plusieurs semaines, les rallyes-raids sont de véritables épreuves d'endurance durant desquelles les qualités physiques, psychologiques et techniques des équipages sont mises à rude épreuve, tout comme la fiabilité de leurs véhicules. Les grands constructeurs sont largement représentés. Ils se disputent les places d'honneur en s'assurant les services de pilotes professionnels issus des rallyes (auto) ou de l'enduro et du motocross (moto).

LE DAKAR 2000

Couru entièrement en Afrique, le Dakar-Le Caire 2000 devait être initialement d'une longueur de 11 000 km et comprenait 17 étapes dont 3 040 km en étapes de liaison et 7 444 km en étapes spéciales. Des circonstances extérieures à la course ont empêché son bon déroulement, privant celle-ci de plusieurs de ses spéciales.

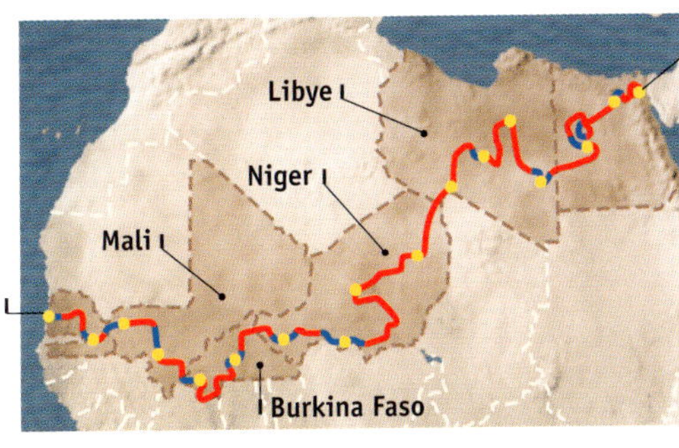

Stéphane Peterhansel (FRA)
Recordman toutes catégories en moto au Paris-Dakar (1991, 1992, 1993, 1995, 1997, 1998), il est champion du monde d'enduro 250 en 1997. Vainqueur du rallye Paris-Pékin en 1992 et plusieurs fois champion de France d'enduro, il poursuit sa carrière avec succès en course automobile.

VÉHICULE

Voitures
La plupart sont des quatre roues motrices dérivées de modèles de série. Elles doivent être construites à au moins 1 000 exemplaires pour être homologuées. Une catégorie « Prototypes » regroupe les deux roues motrices et les véhicules construits à l'unité.

Motos
D'une cylindrée minimale de 450 cm^3, elles doivent bénéficier d'une autonomie de 380 km. La plupart sont des modèles de série, les constructeurs ayant développé de nombreuses gammes spécialisées dans ce type d'épreuve.

Camions
Les épreuves récentes cherchent à favoriser le retour des camions avec moteur sur l'essieu avant et plateau de chargement, rappelant l'origine de la création de leur catégorie. Les quatre, six ou huit roues motrices sont des modèles de série améliorés.

motocyclisme

Le Britannique B.G. Stonebridge en action pendant le célèbre Motocross des Nations, tenu à Brands Hatch (Grande-Bretagne) en 1952.

Si des véhicules à deux roues, équipés de moteurs à vapeur, apparaissent dès 1868 aux États-Unis et en Europe, le premier brevet n'est déposé qu'en 1871, en France. En 1894, la première moto commercialisée en Europe utilise un moteur à pétrole. L'utilisation des boîtes de vitesses se généralise et, en 1903, un premier record est établi à 120 km/h. À la même époque, le side-car (nacelle à une roue fixée sur le côté de la motocyclette) est inventé et des compétitions lui sont consacrées. En 1904, après la Coupe du Motocycle-Club de France, première grande épreuve sur route, la France, l'Angleterre, l'Allemagne, l'Autriche, la Belgique et le Danemark fondent la Fédération internationale des Motocycles-Clubs (FIMC). La première édition du légendaire Tourist Trophy, couru sur les routes de l'île de Man, en Grande-Bretagne, a lieu en 1907. En 1922 est créée en France une épreuve d'endurance sur 24 heures, le Bol d'Or. Le trial, discipline pratiquée en terrain naturel, précède historiquement le motocross, qui aurait été inventé par des motocyclistes qui trouvaient le trial trop lent et monotone. Le motocross est reconnu comme discipline à part entière après 1945. Les épreuves se multiplient alors dans le monde entier et, en 1949, la FIMC devient la Fédération internationale motocycliste (FIM). Aujourd'hui, vingt-sept disciplines, réparties en épreuves sur route et hors route sont reconnues par la FIM. Si l'accès aux compétitions n'est pas interdit aux femmes, elles en sont généralement absentes, excepté en trial.

DÉROULEMENT D'UN GRAND PRIX DE VITESSE

Il a lieu sur un circuit fermé. Des essais libres permettent aux pilotes de se familiariser avec la piste et d'effectuer les réglages adaptés sur leur moto. Le samedi précédant la course, deux séances d'essais officiels (qualifications) d'une heure chacune déterminent la position des pilotes sur la grille de départ, les plus rapides occupant les premières places. La course se déroule le dimanche. Les pilotes viennent se placer sur la grille en fonction de leur position de qualification. Ils effectuent un à deux tours de formation (ou tour de chauffe) et se replacent sur la grille, moteur en marche. Le départ est donné, sur signal du directeur de course, par un feu rouge suivi d'un feu vert. Les courses de vitesse mettant l'endurance des pilotes à rude épreuve, elles durent en général entre 20 et 30 minutes. Le premier pilote franchissant l'arrivée au terme de l'épreuve est déclaré vainqueur.

COUPES ET CHAMPIONNATS

Considéré comme la catégorie reine des épreuves sur route, le championnat du monde de vitesse se déroule sur 16 Grands Prix en Europe et dans le monde. Les 15 premiers concurrents à l'arrivée de chaque course marquent des points : 25 pour le 1er, 20 pour le 2e, 16 pour le 3e... Le pilote totalisant le plus de points de championnat à la fin de la saison est déclaré champion du monde de sa catégorie. Les épreuves de vitesse et les championnats d'endurance comportent tous une catégorie side-cars.

CATÉGORIES DE CYLINDRÉES

Catégories	Puissance	Poids	Vitesse de pointe
GP125	45 ch	70 kg	240 km/h
GP250	95 ch	95 kg	270 km/h
GP500	135 – 180 ch	101 – 130 kg	320 km/h
Superbike	145 – 180 ch	155 – 160 kg	300 km/h

CIRCUITS

Ils peuvent être permanents (construits spécialement) ou temporaires (établis sur des routes existantes équipées le temps de l'épreuve). Leur longueur est comprise entre 3,5 et 10 km et la zone de départ doit se trouver dans une ligne droite d'au moins 250 m. Pour des raisons de sécurité, des commissaires de piste sont échelonnés le long du circuit pour prévenir les coureurs en cas de chute d'un participant, ou de débris ou dépôts d'huile sur la piste.

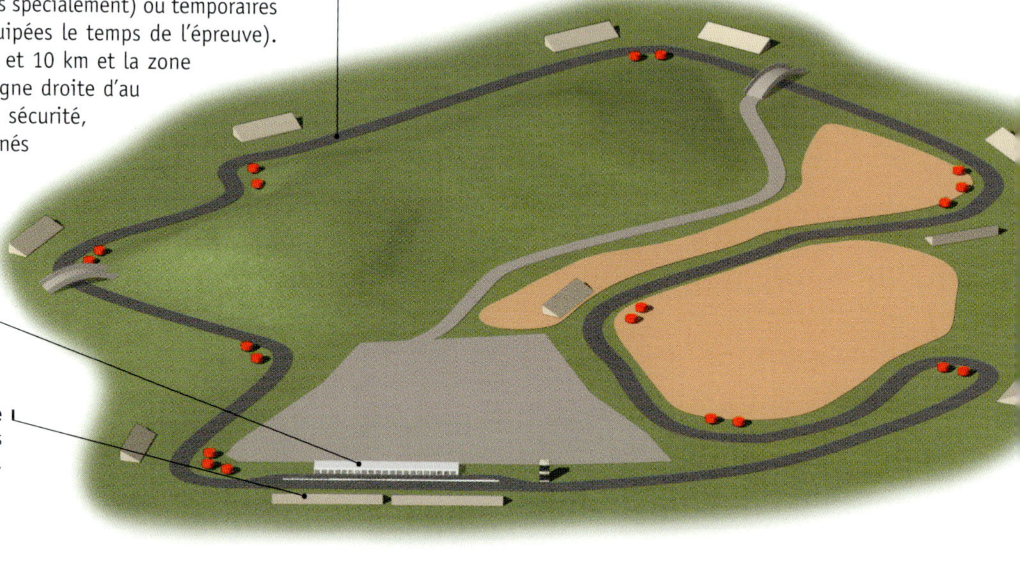

TECHNIQUES

Départ

Le pilote place son poids sur l'avant de la machine, pour contrer le cabrage dû à l'accélération. Il cherche à utiliser toute la puissance du moteur sans que sa roue avant ne lève trop : il serait alors contraint à décélérer pour ne pas perdre la maîtrise de sa moto. Il place son casque à l'abri de la bulle pour offrir moins de résistance à l'air et atteindre une plus grande vitesse. Le guidon est équipé d'un amortisseur visant à atténuer le « guidonnage » : oscillations du guidon causées par la vitesse et l'état de la piste, et déstabilisant la moto.

Technique de virage

Elle consiste à pouvoir bénéficier de toute l'adhérence de la moto lorsqu'on atteint le point de corde, et de toute l'accélération disponible le plus tôt possible en sortie de virage. **1.** Le freinage commence avant l'entrée dans la courbe, et se relâche progressivement jusqu'au point de corde. **2.** Le pilote se déhanche, ce qui l'aide à incliner la moto vers l'intérieur de la courbe. **3.** Il sort son genou à l'extérieur du carénage pour jauger l'inclinaison qu'il a prise, par contact avec le sol. Il reste déhanché pour garder une partie de son poids en dehors de la moto, ce qui diminue l'effort demandé aux suspensions et leur permet de mieux travailler. **4.** La phase d'accélération recommence progressivement sitôt le point de corde passé. **5.** Pour conserver une ligne de course idéale, le pilote se laisse déporter si possible sur toute la largeur de la piste.

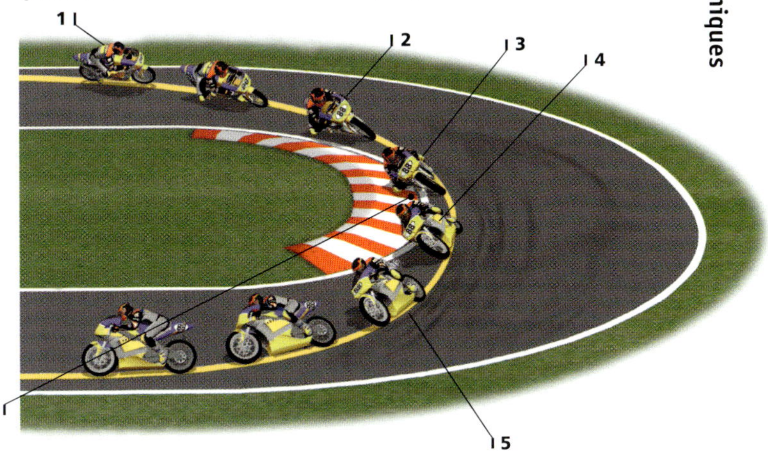

Point de corde
C'est le point où la trajectoire se rapproche le plus de l'intérieur du virage.

ÉQUIPEMENT

Afin d'obtenir plus de maniabilité en pilotage et un meilleur rapport poids-puissance pour l'accélération, la légèreté des motos est une préoccupation constante : les châssis en aluminium et les alliages de type titane sont largement utilisés. Les carénages en fibre de carbone doivent permettre une inclinaison de 50 degrés sans toucher le sol.

Si les motos de Grand Prix en catégorie 125, 250 et 500 cm^3 sont des prototypes conçus par les fabricants, les Superbikes, elles, doivent être produites et commercialisées à au moins 500 exemplaires pour être homologuées. Des améliorations sont admises, mais les motos courant en compétition restent très proches des modèles vendus au grand public.

Renfort de nuque
Il agit comme une butée contre le casque, pour empêcher la tête de basculer en arrière lors des chutes.

Combinaison
Elle est faite d'une seule pièce, en cuir, et en fibre synthétique aux endroits les moins exposés (ex. : intérieur des bras). Des protections de hanches, des genouillères et des coudières sont incorporées à l'ensemble, tandis que les protections dorsales sont portées dessous.

Protections d'usure
En plastique dur et glissant, elles sont fixées par velcro à l'endroit où la combinaison frotte le plus souvent sur la piste, pour être changées facilement.

Bottes
Elles sont en cuir, avec des armatures en kevlar protégeant particulièrement les chevilles.

Freins à disques
Ils sont généralement en carbone.

Roues
Elles peuvent être en fibre de carbone pour plus de légèreté : cela diminue l'effet gyroscopique et rend la moto plus facile à incliner dans les virages.

Sortie d'air

Casque intégral
Répondant aux normes établies par la FIM, il doit être changé après un choc.

Visière
Elle comporte une pellicule que le pilote peut arracher en course, lorsqu'elle est salie par les projections d'huile et de poussière.

Gants
Ils sont en cuir, renforcés par des armatures en kevlar et fibre de carbone aux doigts.

Prise d'air de refroidissement du moteur

Pneus
Ils sont dessinés pour assurer un contact avec le sol même en cas de très forte inclinaison de la moto. On emploie des pneus lisses sur piste sèche, et rainurés sur chaussée humide. Les qualités de gomme, en constante évolution, offrent une adhérence exceptionnelle.

ÉPREUVES MIXTES ET HORS ROUTE

Les disciplines mixtes (sur route et hors route) et les épreuves hors route sont aussi variées que les types de terrains sur lesquels elles se déroulent. L'enduro est une course d'endurance où la fiabilité des motos et l'habileté des coureurs sont mises à l'épreuve. La FIM supervise chaque année le Concours international des Six Jours d'enduro qui comprend six parcours d'une journée chacun. La distance totale parcourue varie entre 1 200 et 1 600 km.

Le motoball, pratiqué sur un terrain de football, réunit deux équipes de six motocyclistes qui doivent marquer des buts dans le filet de l'équipe adverse.

Les courses sur cendrée (*speedway*), sur prairie (*grass-track*) et sur glace ont lieu sur des pistes en anneau faites de terre, d'herbe ou de glace, avec des motos sans freins alimentées au méthanol.

Aux États-Unis principalement, les courses Supermotard se déroulent sur une piste composée à 70 % de terre battue et à 30 % d'asphalte. On y organise également des compétitions de montée impossible où deux coureurs prennent le départ au bas d'une piste de ski et doivent effectuer trois sauts avant de s'attaquer à une montée généralement à pic de 150 m minimum. Les motos, modifiées, sont alimentées au nitro-méthanol.

MOTOCROSS-SUPERCROSS

Discipline spectaculaire qui privilégie la vitesse et les sauts, le motocross se dispute sur un circuit fermé. Le tracé du motocross, situé en terrain naturel, comprend de forts dénivelés et de nombreuses bosses, côtes, ornières et difficultés diverses. Le supercross est un parcours artificiel parfois couvert, fait de terre ou d'un mélange de sable et d'argile, et parsemé d'obstacles privilégiant les sauts très aériens. Les départs sont effectués par groupes de vingt-cinq coureurs disposés en ligne, le vainqueur étant le pilote franchissant la ligne d'arrivée le premier. Les championnats du monde de motocross et supercross comportent chacun 16 courses, à l'issue desquelles des points sont attribués aux 15 premiers arrivants. Le champion du monde de chaque catégorie est le pilote – ou l'équipage dans le cas des side-cars – totalisant le plus de points à la fin des 16 courses.

Départ collectif

Moteur en marche, les concurrents attendent. L'officiel brandit une pancarte indiquant 30 secondes, puis une autre indiquant cinq secondes. Tout faux départ est signalé par un drapeau rouge. Les concurrents doivent alors retourner à la zone d'attente et un nouveau départ est donné aussitôt que possible.

Grille de départ

L'utilisation d'une grille de départ est obligatoire. Cette grille de départ doit être un dispositif transversal se repliant ou s'abaissant lors de son utilisation. Sa hauteur minimale est de 50 cm.

Virages

La plupart des dépassements sont effectués dans les virages, spécialement en début de course lors de la formation du peloton, où il est plus facile de gagner des places.

AIRE DE SUPERCROSS

La longueur du parcours ne doit pas être inférieure à 300 m et sa largeur à 5 m. L'espace vertical libre entre la piste et tout obstacle au-dessus de cette dernière doit être de 3 m au minimum. L'épreuve comprend une quinzaine de tours, et une vingtaine de commissaires de course sont disposés le long du parcours pour informer les concurrents de dangers éventuels au moyen de drapeaux jaunes.

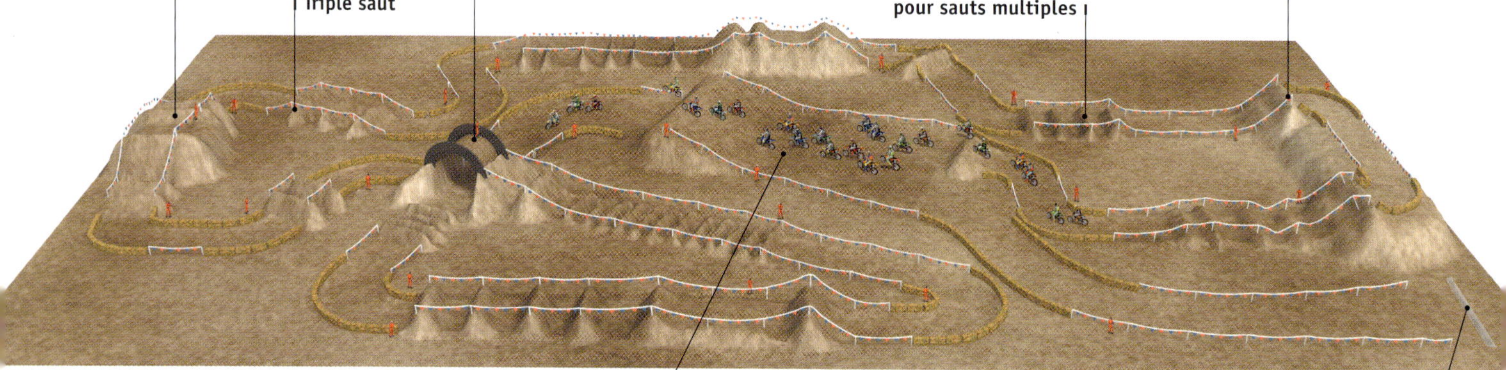

La largeur de la piste à la ligne de départ doit permettre le départ en ligne de 25 coureurs solos au minimum ou de 15 side cars. Chaque motocycliste solo doit disposer de 1 m et chaque side car de 2 m. La ligne de départ doit être placée de telle façon qu'elle permette des chances égales pour tous les participants sur la même ligne.

Saut

Une fois sur la rampe, le pilote s'avance vers le guidon jusqu'au décollage. Une fois en l'air, le pilote se redéplace vers l'arrière en étendant les bras. Pour aligner sa moto dans le bon angle d'atterrissage, le pilote va accélérer pour baisser l'arrière de sa moto ou freiner pour baisser l'avant. À l'atterrissage, le pilote s'avance vers le guidon pour pouvoir accélérer et reprendre de la vitesse.

TRIAL

Il s'agit d'une discipline où l'accent est mis sur l'habileté du coureur, sa capacité de concentration, sa finesse de pilotage et son sens de l'équilibre plutôt que sur la vitesse proprement dite. Les coureurs, ou les équipages dans le cas des side-cars, doivent évoluer sur un parcours accidenté et très dénivelé qui peut être soit tout terrain (petites routes, chemins de campagne, sous-bois, etc.), soit à l'intérieur d'un stade (*indoor*). Le parcours est divisé en 15 sections numérotées d'une longueur maximale de 60 m chacune que le coureur doit traverser dans l'ordre numérique sans poser le pied à terre sous peine de perdre des points. Le fait qu'une partie du corps du coureur ou une partie de la machine (à l'exception des pneus, des repose-pieds ainsi que du bloc-moteur et de ses protections) touche le sol ou prenne appui sur un obstacle (arbre, rocher, etc.) est considéré comme pied à terre. L'ordre de départ est tiré au sort. Les sections doivent être franchies par un seul coureur à la fois. Le gagnant est le coureur qui perd le moins de points.

PROFIL DU MOTOCYCLISTE

- Le motocyclisme est une discipline qui demande beaucoup d'endurance et de concentration. L'entraînement hors saison des pilotes comprend musculation et aérobie. Les motocyclistes surveillent leur alimentation et se soumettent à un régime particulier avant les courses, comprenant entre autres beaucoup de liquide.
- Avant la compétition, la plupart des pilotes s'isolent pour pouvoir se concentrer et repasser le trajet du circuit en revue dans leur esprit.

ÉQUIPEMENT

Moto de trial
Elle est légère, environ 70 kg, et maniable. Le centre de gravité est surbaissé pour une meilleure stabilité. Durant les compétitions, les pilotes dégonflent les pneus pour obtenir une meilleure adhérence sur les obstacles.

Équipements de protection
Il en existe pour le torse, les bras, les coudes, les genoux et le dos. Toutefois, ils ne sont pas obligatoires et sont de moins en moins utilisés.

Pantalon et maillot
Ils sont légers et en matière synthétique.

Bottes de motocross
Elles sont en cuir et en plastique.

Plaque de protection
Elle protège le moteur des chocs et l'empêche d'accrocher les obstacles en la faisant glisser.

Casque de motocross
Obligatoire, il doit être en bon état et répondre aux normes établies par la FIM.

Lunettes de protection
Elles sont recouvertes de plusieurs pellicules de plastique que le pilote peut décoller si elles sont salies.

Gants
En matière synthétique, ils sont rembourrés à l'intérieur et à l'extérieur.

Pneus à crampons
Il existe trois types de pneus selon la nature du terrain : mou, dur ou boueux. La roue arrière mesure 48 cm de diamètre et la roue avant, 53 cm.

Giacomo Agostini (ITA)
Détenteur de 15 titres de champion du monde (8 en 500 cm^3 et 7 en 350 cm^3), il totalise 122 victoires entre 1965 à 1977, dont 22 podiums d'affilée. Il est considéré comme le plus grand pilote de Grand Prix de tous les temps.

Jeremy Mc Grath (USA)
Avec 77 victoires dans les catégories motocross et supercross, il est au premier rang du palmarès de l'AMA (American Motocycling Association). Il est également seul à avoir remporté à 6 reprises le supercross AMA, dont le dernier en 1999. Il obtient par ailleurs la médaille d'or du Motocross des nations en 1996.

motoneigisme

Joseph-Armand Bombardier (CAN), inventeur de la motoneige.

Autrefois simple moyen de transport utilisé dans certaines régions difficilement accessibles en hiver, la motoneige est devenue un loisir apprécié et un sport de compétition internationale dont les disciplines sont de plus en plus avant-gardistes et spectaculaires. En 1920, on modifie des automobiles en équipant les roues arrière de crampons et en remplaçant les roues avant par des skis. En 1937, le Canadien Joseph-Armand Bombardier dépose un brevet pour un système de traction barbotin-chenille (une roue dentée entraîne la chenille). En 1959, le premier modèle de traîneau à moteur est produit et commercialisé sous le nom de Ski-Doo. À partir de 1960, la pratique de la motoneige se développe et la discipline regroupe aujourd'hui plus de quatre millions de pratiquants. La progression de ce sport est en grande partie due aux activités de clubs locaux et à la création de réseaux de pistes pouvant s'étendre sur plusieurs centaines de kilomètres. Des compétitions internationales telles que le Challenge Kanada sont organisées tous les ans.

DÉROULEMENT D'UNE COMPÉTITION

Les conducteurs doivent se tenir prêts pour le départ dans les deux minutes suivant l'annonce de leur course. Selon le type d'épreuve, il peut y avoir jusqu'à 25 concurrents au départ, répartis sur trois rangées. Les positions de départ sont tirées au sort et s'il y a plus de 25 coureurs, on procède à des séries éliminatoires. Le départ est donné par un drapeau vert (ou un feu vert). En cas d'accident, le directeur technique décide après inspection des motoneiges impliquées si elles peuvent reprendre la course.

LISTE DES ÉPREUVES

Sno-cross : il se déroule sur un circuit enneigé de 800 m à 3,2 km comportant des virages difficiles à gauche et à droite. Des obstacles à franchir rendent cette catégorie spectaculaire et elle attire de plus en plus de spectateurs. L'épreuve est chronométrée et dure en moyenne 12 minutes.

Ice le Mans : la compétition a lieu sur un circuit de type sno-cross où la neige a été remplacée par de la glace. Il n'y a pas d'obstacles et les motoneiges peuvent atteindre 160 km/h dans les lignes droites.

Cross-country : comparable au sno-cross mais organisée dans un environnement naturel, cette épreuve a lieu sur une piste sinueuse qui peut s'étendre sur plusieurs centaines de kilomètres. Des points de vérification inconnus des coureurs, ainsi que des points de ravitaillement sont répartis le long de la piste.

Piste d'accélération : grâce à elle, la motoneige a fait son entrée dans les sports extrêmes. Cette épreuve regroupe plusieurs types de courses : l'accélération sur asphalte, sur gazon, sur neige, sur glace et sur eau. La piste est en ligne droite et mesure 7,6 m de large et de 152,4 à 201,2 m de long avec une zone de décélération. Le but est d'atteindre la ligne d'arrivée le plus rapidement possible.

Essai radar : tenant plus de la performance pure que de la course, il est destiné à vérifier la vitesse maximale qu'une motoneige peut atteindre (210 km/h). Il se pratique sur une ligne droite glacée ou enneigée.

Assaut de la montagne : il se déroule au bas d'une pente abrupte recouverte de neige ou de glace, généralement une piste de ski. Les concurrents, un à la fois, doivent remonter la pente le plus rapidement possible. Les motoneiges font l'objet de modifications importantes et sont très allongées.

CIRCUIT OVALE

C'est une piste aménagée sur neige ou sur glace, de 800 m ou de 1 000 m. Elle est recouverte d'une épaisseur de glace de près de 70 cm. Les motoneiges peuvent atteindre 160 km/h et la distance minimale à parcourir est de trois tours.

Signaleurs (4)
Sur ordre du chef-signaleur, ils sont chargés d'indiquer aux coureurs tout danger ou risque au moyen de drapeaux. Le drapeau ou feu jaune indique aux motoneigistes de faire attention. Le drapeau ou feu rouge indique l'arrêt immédiat de la course, quelle que soit la position des concurrents.

Directeur technique
Il s'assure au préalable de la sécurité des motoneiges et de la piste. Après la course, il doit vérifier que les véhicules des deux ou trois premiers ainsi que le type de carburant utilisé sont réglementaires. Il se tient en dehors de la piste dans un enclos réservé et protégé.

Chef-signaleur
Installé sur la ligne de départ-arrivée, il est relié par radio aux autres signaleurs situés dans les courbes de la piste.

Chronométreurs (2)
Ils sont à l'intérieur du bâtiment.

Directeur de course
Il a toute autorité décisionnelle relativement à la course et il est responsable du drapeau.

ÉQUIPEMENT

Cette machine puissante peut passer de 0 à 100 km/h en 4 secondes et atteindre 210 km/h. Construites sur un même châssis, les motoneiges ont plusieurs variantes. La puissance du moteur (cylindrée), exprimée en centimètres cubes (cc), décide du classement; plus la compétition est de haut niveau ou extrême, plus la cylindrée est élevée. Il existe une quarantaine de classes ou de catégories qui font appel à des modèles précis. Les modèles « stock » ne doivent avoir subi aucune modification par rapport au modèle original du fabricant. Les modèles modifiés peuvent l'avoir été de trois manières : améliorations apportées par le fabricant, modifications effectuées par le coureur ou bien encore par l'écurie. Le niveau de modification détermine la classe à laquelle le coureur appartient. Seuls les modèles de certains fabricants sont approuvés pour les compétitions.

ÉVOLUTION DES MOTONEIGES

B-12
Ancêtre de la motoneige, sa production a commencé en 1946. Construit en bois, il pouvait transporter jusqu'à 12 personnes.

Premier modèle (1960)
Il comportait des skis en bois et son carénage était en métal.

MOTONEIGE DE SNO-CROSS

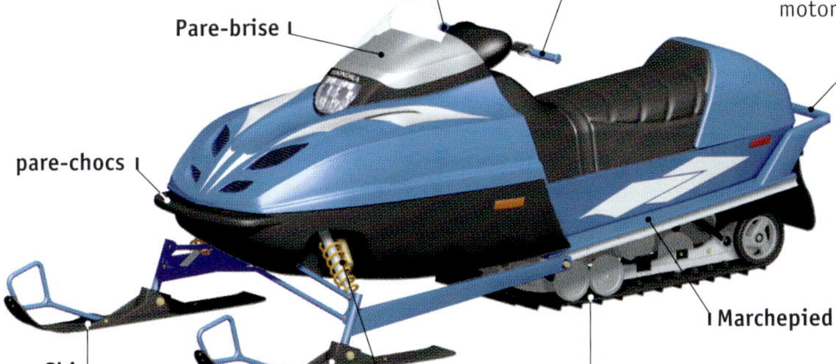

Pare-chocs
Il est aussi utilisé comme poignée pour déplacer la motoneige.

Chenilles à crampons
En sno-cross, le nombre de crampons est limité à 96. Ils ne doivent pas avoir été aiguisés, machinés ou avoir subi de modifications.

PROFIL DU MOTONEIGISTE

- Souvent coureurs de motocross, les athlètes professionnels doivent être en excellente forme physique. Ils suivent un entraînement en gymnase afin de renforcer le dos, les bras et les avant-bras qui sont très sollicités dans les courses. La bicyclette fait également partie de l'entraînement de base.
- Avant chaque course, les coureurs se livrent à des séances d'étirement pour s'échauffer.
- Hors saison, les motoneigistes pratiquent le stock car et le motocross afin de conserver leurs habiletés et de travailler leurs techniques.

Veste de sécurité
Rembourrée avec de la mousse compacte, elle protège la poitrine et la colonne vertébrale.

Casque
Obligatoire, il doit comprendre une visière et être de couleur orange sur 75 % de sa surface.

Combinaison
Le haut du corps est recouvert d'une veste de sécurité. Les protège-tibias sont obligatoires. Les gants et les bottes, qui doivent monter d'au moins 15 cm au-dessus de la cheville, sont en cuir et doivent être réglementaires. Le dos et le devant de la combinaison des coureurs doivent comporter une surface réglementaire de couleur orange sur le torse et sur le dos pour des raisons de sécurité. La couleur orange est toutefois interdite sur les motoneiges.

Jacques Villeneuve (CAN)
Frère du coureur automobile Gilles Villeneuve, Jacques Villeneuve est un motoneigiste remarquable. Il a été trois fois champion du monde de motoneige à Eagle River, Wisconsin (États-Unis) en 1980, 1982 et 1986.

MOTONEIGE POUR CIRCUIT OVALE

TECHNIQUE POUR CIRCUIT OVALE

Assis au centre dans les lignes droites, le coureur, une fois arrivé à l'entrée du virage, doit se déporter vers l'intérieur. Le ski avant gauche va légèrement se soulever, ce qui permet de tourner plus facilement et d'éviter de continuer tout droit. Le pilote ralentit à l'entrée du virage et accélère progressivement en déplaçant son poids pour contrebalancer la force centrifuge.

motonautisme

Depuis 1938 les Régates de Valleyfield (CAN) attirent des concurrents de tous les pays, notamment lors d'événements spéciaux tels que les Régates mondiales (1967 et 1976) et les championnats du monde en 1988 et 1992.

Le terme motonautisme s'applique à toutes les courses d'embarcations motorisées, qu'elles se déroulent en mer, sur lac ou sur rivière. Né en 1898 sur le bassin d'Asnières-Courbevoie, le sport se structure dès 1902 grâce à la fondation de la Marine Motoring Association, en Grande-Bretagne, suivie, un an plus tard, du New-York Columbia Yacht's Club (États-Unis), aujourd'hui devenu l'American Power Boat Association. Dès 1903, plusieurs courses ont lieu sur la Seine, et une traversée de la Manche est disputée : les bateaux à étrave droite et à fond plat font alors bien peu de cas de l'hydrodynamique et comptent uniquement sur leur puissance. En 1908, l'Association internationale du yachting automobile, basée à Paris, organise des courses en Europe, tandis que les États-Unis disputent, dès 1917, une dizaine d'épreuves annuelles. Née en 1922, l'Union internationale motonautique (UIM) publie ses règlements et un calendrier d'épreuves officielles en 1927. Des progrès techniques importants sont réalisés après la Seconde Guerre mondiale et le motonautisme se diversifie : l'APBA supervise son développement aux États-Unis tandis que l'UIM coordonne les rencontres internationales. Les motomarines – conçues pour le sauvetage en mer – apparaissent aux États-Unis vers 1970, et se dotent en 1980 de l'International Jet Sports Boating Association (IJSBA), regroupant aujourd'hui 39 nations lors de son championnat du monde professionnel. L'UIM lance pour sa part le championnat du monde de Formule 1 motonautique en 1981, et accueille la motomarine en 1996 dans un championnat du monde Class Pro. Depuis 1997, elle compte 57 pays membres.

ÉPREUVES POUR BATEAUX

Il existe des courses de vitesse et d'endurance. Les courses d'endurance s'effectuent généralement en mer, avec des yachts de tourisme, et s'apparentent à un rallye automobile. Les championnats du monde de vitesse sanctionnés par l'UIM sont courus en mer (Offshore de classe I à III) ou sur des circuits fermés, balisés par des bouées, tracés sur des eaux calmes (Formule 1 et Formule 3). L'APBA, pour sa part, coordonne les championnats américains dans de nombreuses autres catégories et classes – dont l'hydroplane – non encore reconnues par l'UIM.

DÉROULEMENT D'UN GRAND PRIX DE F1

Le championnat du monde de F1 se déroule sur 8 à 10 Grands Prix, au cours desquels les pilotes accumulent des points selon leur classement dans chaque course. Les concurrents bénéficient de 2 séances de qualification chronométrées, qui déterminent leur position au départ. Les départs s'effectuent en ligne, moteurs arrêtés, d'une jetée flottante ou d'un quai situé de façon que le pilote le plus rapide aux qualifications (détenteur de la pole position) soit effectivement avantagé. Un juge de départ, responsable de l'alignement des 24 concurrents, autorise le départ. Il est donné au moyen de signaux lumineux, rouge et vert, s'allumant successivement. Le nombre de tours de circuit est déterminé en fonction d'une durée de course idéale de 45 minutes, et le vainqueur de l'épreuve est le pilote qui les parcourt le plus rapidement.

CIRCUIT

Il peut être aménagé sur un fleuve – comme les 6 Heures de Paris – un lac ou une baie suffisamment protégé. Il peut comporter, selon la configuration des lieux, des virages à gauche et à droite. Les lignes droites entre deux virages ne peuvent excéder 850 m.

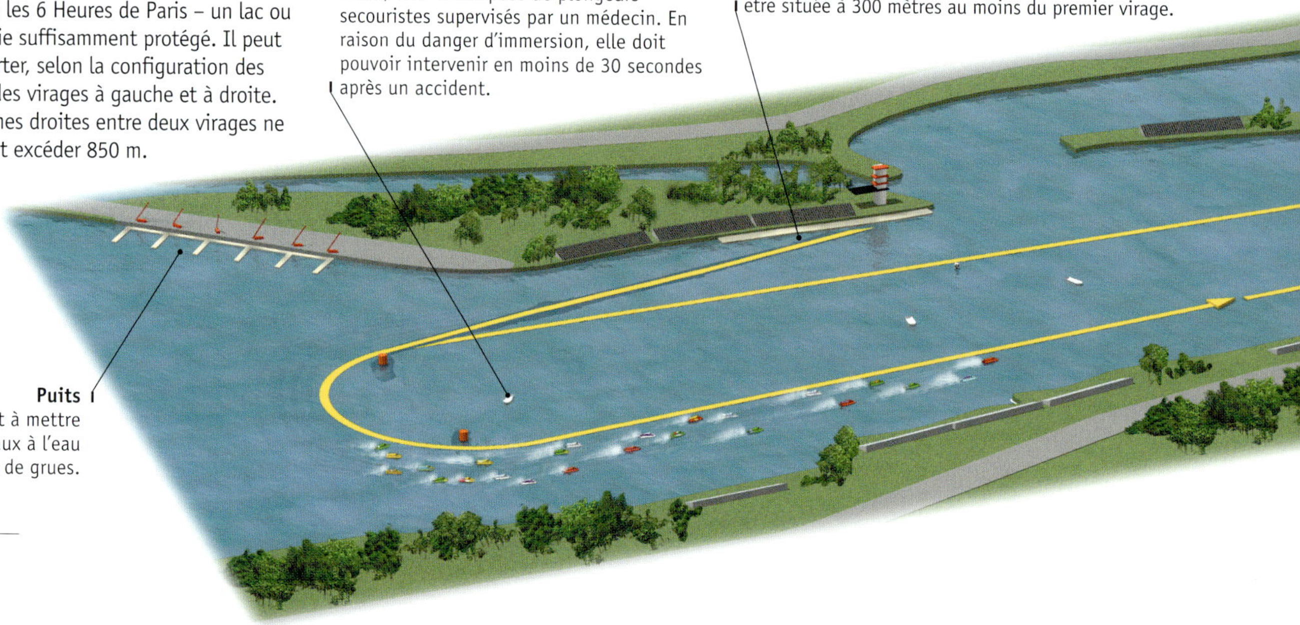

ÉQUIPEMENT

Les pilotes doivent porter un casque protecteur, un gilet de sauvetage ainsi que des vêtements à l'épreuve du feu et isothermiques. Des masques à oxygène de secours sont conseillés mais non obligatoires.

EMBARCATIONS

Les embarcations sont munies de cellules anti-crash – habitacle de protection en cas d'accident – comme les automobiles de Formule 1, et d'un cockpit de sécurité similaire à celui des avions de chasse.

Offshore classe 1

L'équipage est composé de deux coureurs : le pilote, et son équipier (*throttleman*) qui contrôle uniquement l'accélération du bateau. Monocoques ou catamarans, leur structure est en aluminium, ou en polymère renforcé. Ils sont propulsés par deux (parfois trois) moteurs V12 à essence de 8 litres ou diesels de 10 litres. Leur vitesse de pointe dépasse 250 km/h, et la vitesse moyenne en course est proche de 200 km/h, avec des virages négociés entre 160 et 180 km/h. Les deux équipiers communiquent entre eux et avec les officiels par radio. Ils contrôlent leur position grâce à un système GPS (Global Positionning System).

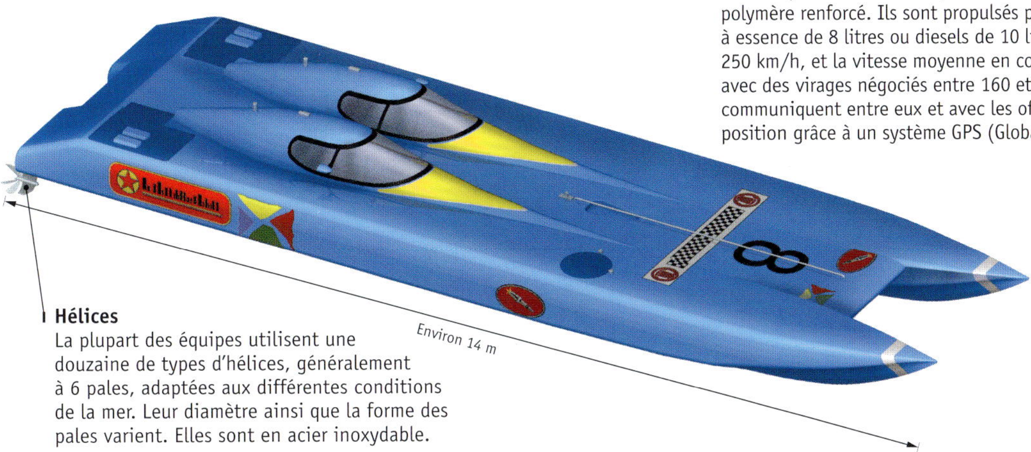

Hélices
La plupart des équipes utilisent une douzaine de types d'hélices, généralement à 6 pales, adaptées aux différentes conditions de la mer. Leur diamètre ainsi que la forme des pales varient. Elles sont en acier inoxydable.

Hydroplane « Unlimited »

Élaboré principalement aux États-Unis sous l'égide de l'APBA, l'hydroplane tire son nom du profil en forme d'aile, de la partie centrale de sa coque. En prenant appui sur l'air, il diminue son tirant d'eau et gagne de la vitesse. Dans la catégorie « Unlimited », il atteint 270 km/h en moyenne en course, et dépasse 310 km/h en ligne droite. Le moteur, de type aéronautique à turbine ou pistons, est relié à une hélice d'un diamètre maximal de 40 cm, à deux ou trois pales.

Aileron arrière
Il augmente la stabilité directionnelle de l'ensemble. Il est fixe.

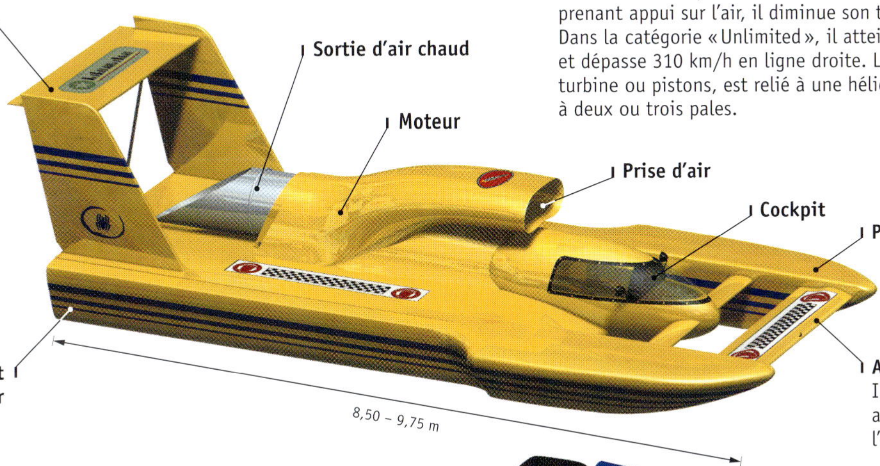

Aileron avant
Il est souvent équipé de volets mobiles actionnés par le pilote pour stabiliser l'embarcation en course.

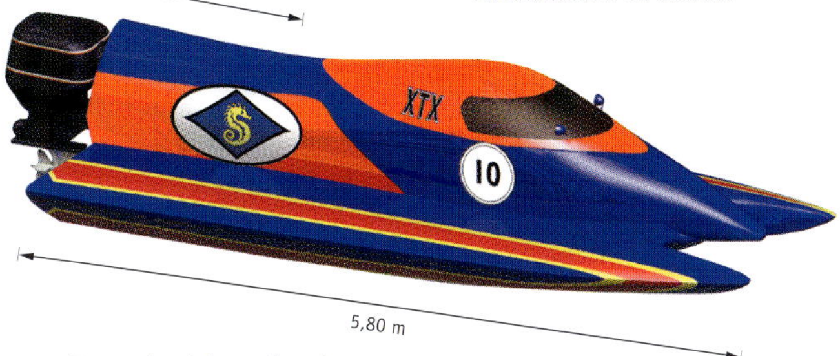

Formule 1 hors-bord

Propulsé par un moteur de 2 à 3 litres et 350 chevaux alimenté à l'essence, il atteint 100 km/h en 3,5 secondes tandis que sa vitesse de pointe dépasse 220 km/h. Il est équipé d'une bouée autogonflable déclenchée en cas de choc, afin de maintenir l'habitacle hors de l'eau. La conception de sa coque à deux flotteurs peut être de type catamaran simple ou tunnel (avec création d'une turbulence d'air entre les deux flotteurs, soulevant le bateau). Les extrémités avant des flotteurs et du fuselage se détachent en cas de choc. Les F1 utilisent des hélices à 3 ou 4 pales suivant les conditions de course.

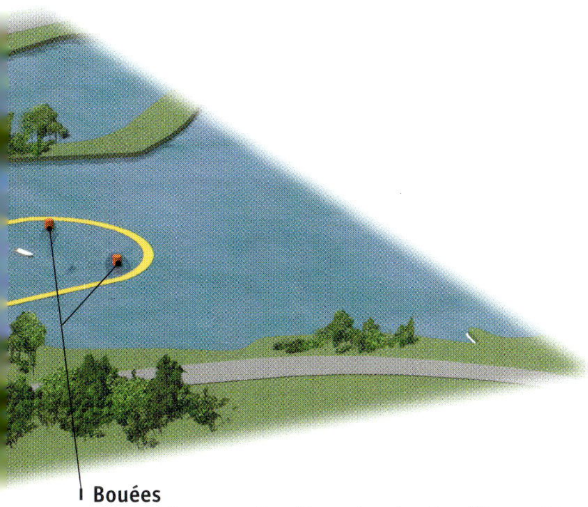

Bouées
Chaque virage est signalé par deux bouées. Elles sont jaunes pour un virage à droite et orange pour un virage à gauche. Détruire ou endommager au passage la première bouée est passible d'un tour de pénalité, tandis que tout dommage causé à la deuxième entraîne la disqualification du concurrent.

ÉPREUVES DE MOTOMARINE

Le championnat du monde professionnel est couru dans plusieurs catégories correspondant aux types de motomarines utilisées : les monoplaces, biplaces et triplaces conduite assise (*runabout*) dans les cylindrées comprises de 785 cm³ à 1 200 cm³, et les monoplaces conduite debout (*ski division*). Toutes les épreuves sont ouvertes aux hommes et aux femmes :

- Le slalom est une course contre la montre (parcours en ligne droite de 86 m balisé par 9 bouées). Chaque concurrent a droit à deux passages, seul le plus rapide étant retenu.
- Les épreuves de vitesse se déroulent en plusieurs manches sur un trajet balisé de bouées que les compétiteurs doivent contourner.
- Le style libre est une épreuve de manœuvres acrobatiques d'une durée de 3 minutes. L'aspect chorégraphique, de même que le nombre de figures, et la qualité d'exécution de celles-ci sont pris en compte par 5 juges (2 pilotes et 3 officiels). Ils attribuent les points sur une échelle de 1 à 10. Chaque présentation comporte des figures imposées et des figures libres.
- Les courses d'endurance se déroulent en plusieurs étapes sur un total de 150 km environ, ou avec des équipages de deux pilotes qui se relaient sur la motomarine. Une bonne stratégie de ravitaillements ou de relais entre coéquipiers est déterminante.

DÉROULEMENT D'UNE COMPÉTITION DE VITESSE

Selon le nombre de concurrents inscrits à l'épreuve, il peut être nécessaire d'effectuer des séries éliminatoires. La longueur d'un circuit de vitesse est comprise entre 2 000 et 3 000 m dans les catégories conduite assise 785 cm³ à 1 200 cm³ (1 000 à 2 000 m pour la conduite debout). Il doit compter de 8 à 30 bouées. Le départ s'effectue en général d'une jetée ou d'une plage : les concurrents sont alignés derrière un cable, moteur en marche, la motomarine étant maintenue par deux mécaniciens. Au signal d'un officiel (drapeau vert), les concurrents s'élancent et effectuent 15 à 25 tours selon la longueur du tracé. Le vainqueur de l'épreuve est le concurrent ayant effectué le nombre de tours exigé le plus rapidement. Les 12 premiers de chaque épreuve marquent des points qui déterminent leur classement au championnat du monde à la fin de la saison.

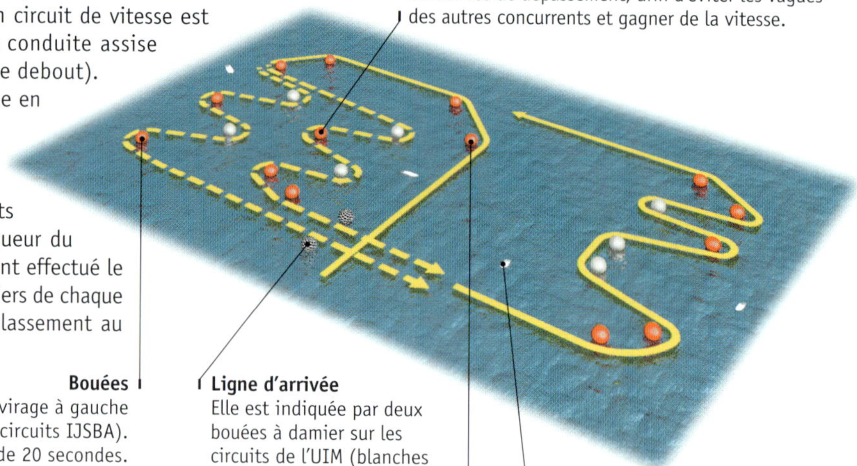

Double tracé
Sur une portion déterminée du parcours (en pointillés), les concurrents peuvent emprunter un second tracé : il est souvent utilisé pour les tentatives de dépassement, afin d'éviter les vagues des autres concurrents et gagner de la vitesse.

Bouées
Sur les tracés de l'UIM, les bouées rouges indiquent un virage à gauche et les bouées blanches un virage à droite (jaunes sur les circuits IJSBA). Sauter une bouée entraîne une pénalité de 20 secondes.

Ligne d'arrivée
Elle est indiquée par deux bouées à damier sur les circuits de l'UIM (blanches sur les circuits de l'IJSBA).

Marshalls (4)
Postés dans les zones centrales du circuit et à ses deux extrémités, ils signalent et protègent les pilotes tombés à l'eau, et viennent en aide aux concurrents qui doivent s'arrêter durant la course.

Première bouée
Elle doit être située à 100 m du départ.

ÉQUIPEMENT

Les motomarines sont propulsées par une turbine aspirant l'eau à l'avant et la projetant à l'arrière. Le jet d'eau, directionnel, est contrôlé par le guidon, ce qui permet d'éviter l'emploi d'un gouvernail et donne une maniabilité exceptionnelle.

Monoplace conduite debout (*ski division*)

Il est utilisé en style libre, et en vitesse dans la catégorie conduite debout. Son poids doit dépasser 102,1 kg, et sa longueur ne doit pas excéder 304,09 cm.

Gilet de sécurité
Il est renforcé pour absorber les chocs, notamment contre le guidon.

Combinaison
Elle est en néoprène. Des protections sont ajoutées aux jambes et aux hanches, principalement par les pilotes de conduite debout qui sont à l'eau lors des départs, et risquent plus de chocs contre les autres motomarines.

Casque
Obligatoire pour protéger les pilotes des chocs contre la coque des autres motomarines, en cas de chute dans l'eau.

Lunettes
Elles protègent les yeux des projections d'eau.

Poignée d'accélération

Gants
Ils offrent une meilleure prise du guidon.

Guidon
Il permet – grâce à sa mobilité sur son axe vertical et au transfert de poids qu'effectue le pilote – des sauts et des changements de direction très rapides et serrés.

Monoplace conduite assise (*runabout*)
Il est utilisé pour les épreuves de vitesse de catégories conduite assise 785 à 1 200 cm³, ainsi que pour les épreuves d'endurance. Son poids doit être supérieur à 113,40 kg et sa longueur ne doit pas excéder 304,80 cm.

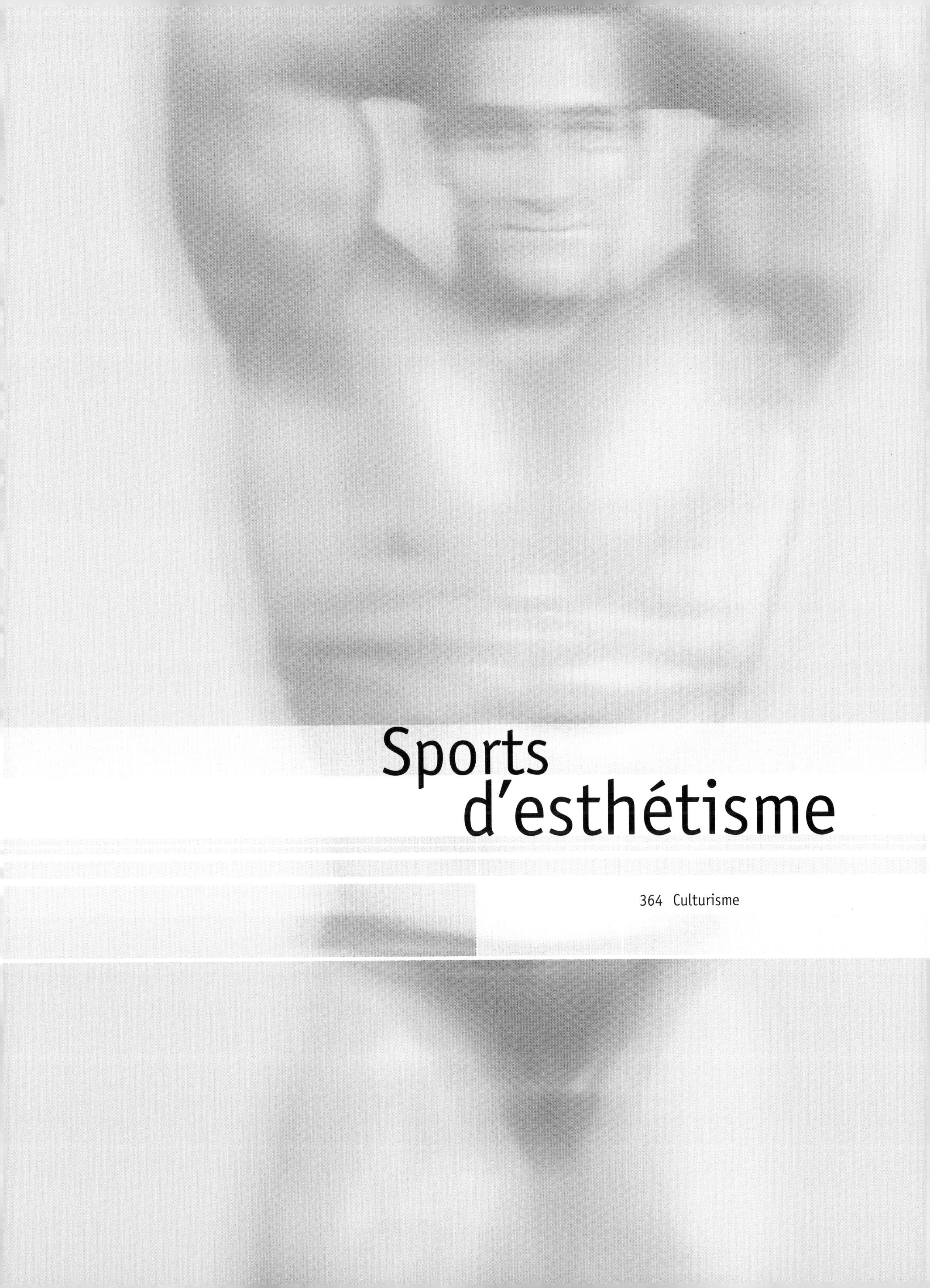

Sports d'esthétisme

culturisme

Ben Weider, cofondateur de la Fédération internationale de culturisme, lors d'un entraînement en 1940.

Si la pratique du culturisme et de la musculation remonte à l'Antiquité, il faut attendre la fin du XIXe siècle pour que poids, haltères et hommes forts deviennent populaires. Dans les années 30, les concours de culturisme se multiplient aux États-Unis et, en 1939, l'American Athletic Union (AAU) crée le titre de Mr. America. Puis, après la Seconde Guerre mondiale, on assiste à l'éclosion de nombreuses fédérations sportives, américaines et européennes, dont la Fédération internationale de culturisme (IFBB), fondée en 1946 par Ben et Joe Weider et qui regroupe plus de cent soixante-dix fédérations nationales. Toutefois, la discipline n'a obtenu une reconnaissance provisoire du CIO qu'en 1998. Le culturisme vise le développement harmonieux de l'ensemble du corps par une série d'exercices façonnant chaque groupe musculaire au moyen de poids libres ou d'appareils de musculation. Il s'agit d'imposer une surcharge à chaque muscle afin d'en accroître le volume. Le développement des qualités musculaires par entraînement fait partie du programme de préparation des athlètes de plusieurs sports cherchant à acquérir puissance, force et masse corporelle.

DÉROULEMENT DE LA COMPÉTITION

Le jury est normalement composé de neuf juges accrédités et nommés par le Comité des juges de l'IFBB qui évaluent quatre qualités primordiales : la masse musculaire, l'harmonie du développement musculaire, la densité et la définition musculaire. S'il y a plus de quinze concurrents, on procède à une série éliminatoire avec quatre poses obligatoires : le double biceps avant, la pose de poitrine (côté au choix du concurrent), le double biceps de dos, et les abdominaux et cuisses. Les quinze finalistes doivent en groupe se présenter en position relâchée, de face et de dos. Les concours se déroulent sur une scène surélevée afin que les juges aient une vue complète des concurrents.

On dénombre six groupes musculaires principaux.

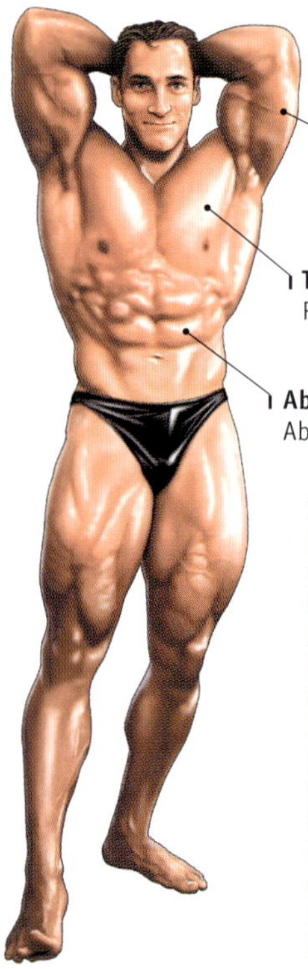

Tenue vestimentaire
La tenue vestimentaire des culturistes est réglementée : maillot pour les hommes et bikinis pour les femmes. Les hommes doivent avoir le corps rasé et les cheveux, s'ils sont longs, ne doivent pas couvrir les épaules. Les athlètes ont recours à des produits autobronzants et à de l'huile pour mettre en relief leur musculature. Toutefois, leur utilisation est restreinte ainsi que le port de bijoux pour que l'évaluation des juges reste objective.

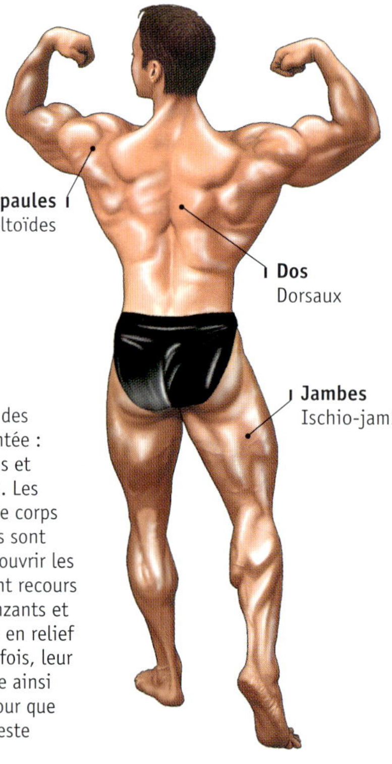

ÉVOLUTION

Depuis les années 60, la discipline a considérablement évolué, au même titre que le physique des athlètes. Le dopage a obligé les fédérations à procéder à des contrôles et à adopter une politique antidopage extrêmement stricte afin que le culturisme devienne un sport « propre ». Des tests antidopage sont effectués au hasard juste avant les compétitions et les vainqueurs font systématiquement l'objet de contrôles. Chez les femmes, l'hypertrophie musculaire n'est plus de mise, et une nouvelle branche, baptisée fitness, est apparue, mariant musculation douce, gymnastique et exercices aérobiques.

LISTE DES ÉPREUVES

Reconnu par plus de 120 comités nationaux olympiques, le culturisme ne figure pas encore aux J.O. L'entraînement intensif en gymnase permet à l'athlète amateur ou professionnel de se préparer aux concours qui tiennent plus du sport de démonstration que de l'événement athlétique. Il existe plusieurs types de concours amateurs et professionnels sur le plan local, national et international. Les concours amateurs comportent généralement quatre catégories masculines basées sur l'âge et le poids de l'athlète : Juniors, Seniors, Masters 1 et Masters 2, deux catégories féminines : Masters et Féminine (tous âges), ainsi qu'une catégorie pour couples.

FIGURES IMPOSÉES

Sept poses obligatoires (cinq pour les femmes et les couples) sont notées par les juges lors de compétitions internationales.

Double biceps avant

Déploiement de face (hommes seulement)

Pose de poitrine (côté au choix du concurrent)

Pose de triceps (côté au choix du concurrent)

Déploiement de dos (hommes seulement)

Double triceps de dos

Abdominaux et cuisses

PROFIL DES CULTURISTES

- Le corps du culturiste étant l'objet même de la compétition, ce sont tous les muscles qui sont sollicités et développés. Le concurrent doit donc s'entraîner intelligemment afin que le développement des différents groupes musculaires se fasse de manière harmonieuse et symétrique. L'entraînement quotidien dure entre 1 et 4 heures Le travail pyramidal est une technique classique pour prendre de la force et du volume musculaire, et qui consiste à augmenter la charge à chaque série en diminuant le nombre de répétitions jusqu'à la charge maximale possible pour l'athlète. L'athlète peut également choisir de favoriser la tonification du muscle en faisant des séries plus longues avec des charges moins lourdes, ce qui développera aussi l'endurance.
- L'alimentation joue un rôle primordial dans le développement des culturistes. Leur nourriture doit être équilibrée, faible en gras et riche en glucides. Avant les compétitions, les concurrents bannissent le sel et le sucre et absorbent le moins de gras possible. Ils prennent des suppléments en vitamines et en protéines pour pouvoir augmenter leur masse musculaire et pour renforcer leur système immunitaire qui peut-être affaibli par l'entraînement intensif. Le pourcentage en gras dans la masse corporelle de l'athlète peut être inférieur à 5 %.
- L'aspect psychologique est également essentiel, le culturisme étant une discipline de vie qui demande motivation, détermination et ténacité.

Arnold Schwarzenneger (USA)
Le culturisme a connu son véritable essor avec l'entrée en scène d'Arnold Schwarzenneger, qui a raflé la plupart des titres internationaux entre 1969 et 1980, dont le plus prestigieux de tous, Mr. Olympia, à sept reprises.

Lenda Murray (USA)
Pendant six années consécutives, de 1990 à 1995, elle a remporté la première place au prestigieux concours Miss Olympia de Joe Weider.

ÉQUIPEMENT

Il existe des centaines d'exercices effectués au moyen de poids libres ou de machines. Les deux types d'appareils les plus utilisés sont les machines à pivot, qui peuvent être multifonctionnelles ou à fonction unique, et les machines avec came.

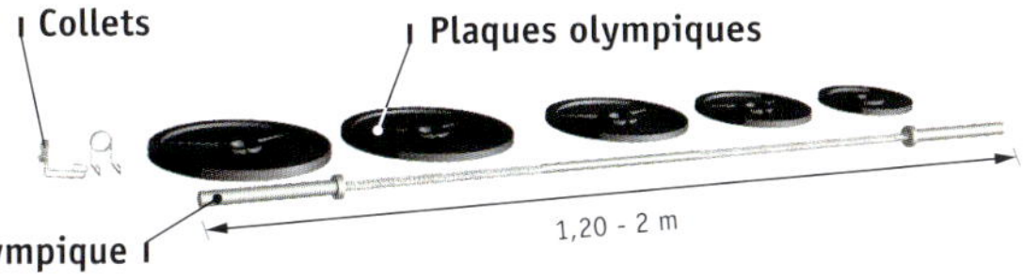

Barre EZ

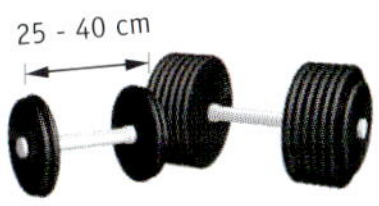

Haltères

Banc (Bench press)

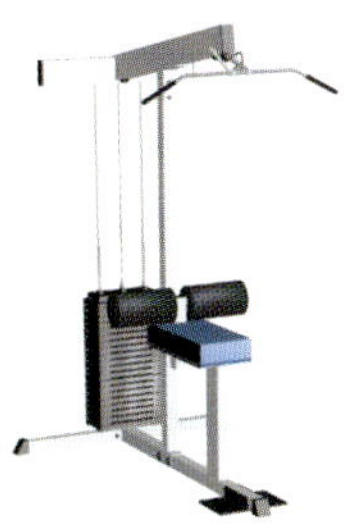
Appareil tirade pour dorsaux

Appareil Smith

Appareil pour cuisses (Leg press)

remerciements

Pour préparer l'*Encyclopédie visuelle des sports*, nous avons bénéficié de l'aide précieuse de nombreuses fédérations sportives, d'experts, d'entraîneurs et d'athlètes, qui nous ont permis d'obtenir des informations récentes et précises. Nous tenons à exprimer notre reconnaissance aux personnes et organismes suivants :

Jean-Guy André Préposé aux équipements sportifs, Parc olympique. **Daniela Arendasova** Juge breveté, responsable des juges du Québec, Fédération de gymnastique du Québec, Gymnastique rythmique. **Ralph Arnold** Secrétaire, Ohio State Skeet Association. **Patrick Arsenault** P. -D.G. de Skate-Co inc. **Ronald Auclair** Directeur, École de Karaté Seiken. **Bernard Aurouze** Président, Fédération de pétanque du Québec. **Josette Babineau** Entraîneur, Association de hockey sur gazon de la Saskatchewan. **Yves Barbe** Pilote de rallye, Rallye Sport Québec. **Louis Barbeau** Directeur technique, Route & piste, Fédération québécoise des sports cyclistes. **Stephane Barrette** Directeur des programmes, Ski de fond Québec. **Danny Bell,** Président, Balle au mur Québec. **Rodrigue Bédard** Entraîneur professionnel agréé, Association canadienne de tennis de table. **Luc Belhumeur** Entraîneur, équipe du Québec, Fédération québécoise de ski acrobatique. **Lorne Bernard** Ecole Académie Shaolin White Crane Kung Fu. **Paul-David Bernard** Expert conseil, Fédération de water-Polo du Québec. **Chantale Berridge** Joueuse et entraîneur, Fédération de hockey sur gazon du Québec. **Claude Berthiaume** Instructeur en chef de l`Aikido de la Montagne (Montréal). **Ginette Bourassa, Robert Bourassa** Club de patinage de vitesse Montréal St-Michel. **Claude Bouthillier,** Président, Club de boulingrin St-Lambert. **Augustin Brassard** Directeur technique, Fédération d'haltérophilie du Québec. **Jean-François Brault** Directeur technique, Tazmahal. **Louis Brault** Entraîneur, Club d'athlétisme Rouge et or de l'Université Laval. **Michel Brault** Coordonateur des services aux membres, Fédération des clubs de motoneigistes du Québec. **Benoit Brodeur** Président, Fédération de culture physique amateur québécoise. **Marie-Catherine Bruno** Vice-présidente et entraîneur, Orientering Québec. **Roger Burrows** Coordonateur, Marche athlétique Canada. **Suzanne Cadieux** Office manager, Canada Yachting Association. **Sandy Caligiore** Public Relations Manager, United States Luge Association. **Octavio Castellini** Statistics & documentation manager, IAAF (Fédération internationale d'athlétisme amateur) - . **Louis Cayer** Capitaine, Coupe Davis Tennis Canada. **Chanh Chau Tran** Président, Fédération québécoise de karaté. **Marie-Anne Cherkesly** Assistante administrative, International Federation of Bodybuilders. **Diane Choquet** Directrice exécutive, Fédération de patinage artistique du Québec. **Dominique Choquette** Entraîneur, Fédération de lutte olympique du Québec. **Graham Clarke** Avocat, site Internet : Canada's Sumo Page ! **Chris Clow** Arbitre , Ontario Hockey Association. **Gabriela Cosovan** Chargée de projets, Fédération de tir à l'arc du Québec. **Linda Coupal** Adjointe administrative, Fédération d`athlétisme du Québec. **Benoit Cyr** Directeur technique, Curling Québec. **Alain D'Amboise** Directeur Technique, Fédération de volley-ball du Québec. **Raymond Damblant, Catherine Damblant** Boutique Jukado. **Ryan Davenport** Entraîneur de skeleton, United States Bobsled & Skeleton Federation. **Regan Dellazizzo** Joueur, Club de Polo Montréal. **Marie-Josée Delisle** Entraîneur niveau 3, Fédération équestre canadienne. **Jean Delisle** Directeur, Secteur pistolet, Fédération québécoise de tir. **Pierre Desjardins** Coordonateur technique, Association canadienne de tennis de table. **Donald Dion** Conseiller, Fédération de plongeon amateur du Québec. **Jean-Louis Donaldson** Entraîneur de planche à neige, Snowboard Québec. **Daniel Dubé** Site Internet : Site équestre de Balthazar. **Denis Dubreuil** Directeur général, Fédération québécoise de handball olympique. **Alain Duchesne** Président, Commission technique de trampoline et tumbling, Fédération de gymnastique du Québec. **Jacques Dussault** Assistant entraineur chef, Alouettes de Montréal. **Jocelyn East** Éthicien du sport. **Dave Easter** Gérant, Hockey canadien à roues alignées. **René Fagnan** Journaliste, sport automobile. **Denise Fekete** Chef, Comité de sélection, Association canadienne de pentathlon moderne. **Christian Femy** Directeur technique, ski alpin, Ski Québec alpin. **Pierre Filion** Directeur technique, Fédération de crosse du Québec. **Buddy Ford** Président, Canadian Motocycle Racing Club (Québec). **Simon Forbes** Technical manager, International Sailing Federation. **Tim French** American Canoe Association. **Daniel Furlong** Assistant media coordinator, Boston Athletic Association. **André Gagnon** Directeur technique, Fedération québecoise de soccer-football. **Bertrand Gahel** Journaliste, motocyclisme. **Ermanno Gardella** Secrétaire général, Fédération internationale de bobsleigh et de toboganning. **Susie Gibbon** Coordinator, Marketing & communication, Olympic Oval. **Patrick Giroux** Karaté auto-défense de Montréal. **Arne Giving** Premier vice-président, International Bandy Federation. **Morris Glimcher** Président/secrétaire général, Bandy Federation of Canada Inc. **Richard Goulet** Instructeur de Kendo, Université de Montréal. **Deanne Graham** Administration Director, Ice skating Australia Inc. **Josée Grand'Maitre** Association québécoise de racquetball. **Mark Granger** Entraîneur-chef équipe nationale et provinciale, Association québécoise canoë-kayak de vitesse. **Meredith Gray** Competition management, Sailing SOCOG. **Carlos Graza** Secrétaire Général Comité Européen de rink-hockey. **Yoland Grégoire** Maître, ceinture noire 6ième dan, Fédération québécoise de jiu jitsu. **Marc Griffin** Analyste et responsable des activités radio/télévision, Club de baseball Expos de Montréal. **Elizabeth Hallé** Secrétaire, Club de polo de Montréal. **Ali Hassamie** Président, Fédération de cricket du Québec. **Mario Hétu** Sifu Mario Hétu Académie Shaolin Chuan Kung Fu. **Michelle Hurni** American Sport Climbers Federation. **Emmanuel Jacquinot** Coordonateur des programmes, Fédération de gymnastique du Québec. **Gaëtan Jean** Directeur général, Badminton Québec. **Serge Jeudy** Entraîneur, chargé de cours UQAM. **Michel Jobin** Ceinture noire 6ième dan, arbitre international, Association de taekwondo du Québec inc. **Mark Kaye** Athlète, Alberta Skeleton Association. **Bruce Keith** Executive director, The Alpine Club of Canada, Canada's National Mountaineering Organization. **Rob Keith** The Alpine Club of Canada. **Paul Kirpaul** Secrétaire, Fédération de cricket du Québec. **Robert Kranstz** Shihan Robert Kranstz, 6e dan, Milton School of Jiu-Jitsu. **André Lachance** Fédération de baseball amateur du Québec. **Diane Lachapelle** Directrice technique à l'élite, Fédération de nage synchronisée du Québec. **Isabelle Laferrière** Présidente, Club de patinage de vitesse Montréal Ahunstic. **Charles Laliberté** Fédération québécoise de la montagne et de l'escalade. **Hélen Laliberté** Juge breveté FIG, expert-conseil, Fédération internationale de gymnastique. **Rémi Laliberté** Juge en chef, Surf des neiges Québec. **Robert Langlois** ABC Local. **Eugène Lapierre** Tennis Canada. **Jean Laroche** Communication, Relations publiques, Hippodrome de Montréal. **Éric LaTerreur** Gérant, Centre d'excellence du Québec, Association canadienne de hockey. **Jacques Lavoie** Professeur de jujitsu. **Louis Lavoie** Chroniqueur de golf, site Internet : golfmontréal.com. **Jacques Lebel** Accélération. **François Leblanc** Instructeur, Centre-école de parachutisme de Québec. **Michel Leblanc** Entraîneur de l'équipe du Québec, vélo de montagne, Fédération québécoise des sports cyclistes. **Sylvain Leblanc** Professionnel de golf, enseignant, Canadian Pro Golf Association. **René Lecomte** Directeur technique, Fédération des clubs de boulingrin du Québec. **Michel Lecourt** Athlète BMX. **Frédéric Ledoux** Fédération québécoise de tennis. **Richard Leduc** Gérant, Centre Claude Robillard. **Marina Leigertwood** Instructeur, Quebec Amateur Netball Federation. **Serge Lemieux** Entraîneur, Patinage de vitesse Canada. **Jean-Guy Lévesque** Vice-président, programme national, Biathlon Canada. **Vincent Lévesque** Moniteur, Association des moniteurs de ski du Canada. **Marcelle L'Heureux** Centre équestre de Bromont. **Patrick Mannoury** Relations médias, Automobile Club de Monaco. **Sean Maw** Coordonnateur de programme, Edmonton Speed Skating Association. **Serge McKenzie** Directeur et tireur, Skeet olympique, membre de l'équipe nationale, Fédération québécoise de tir. **Gaétan Ménard** Directeur général, École de hockey Hockey Plus inc. **Daniel Mercier** Chargé de cours au département de kinésiologie de l'Université de Montréal. **Mario Methot** Vice-président, Fédération québécoise de tir. **Francis Millaire** Directeur, Club de ski nautique de Sherbrooke. **Jacques Moreau** Conseiller en communication/annonceur, Alouettes de Montréal. **Fernand Morneau** Fédération canadienne des arts martiaux chinois. **Maurice Muise** Canadian Surf Association. **Musée Bombardier de Valcourt. Philippe Nasr** Coordonnateur technique, Fédération de basketball du Québec. **Owen A. Neale** Calgary Bobsled Club. **Suzzanne Nicholson** Directrice senior, Field Hockey Canada. **Donald Normand** Directeur, Fédération de plongeon amateur du Québec. **Danek Nowosielski** Athlète, niveau international, Fedération canadienne d'escrime. **Stéphane Ouellet** Association de planche à voile de Montréal. **François Pap** Entraîneur-chef (entraîneur national), Club Montréal-Olympique. **Bernard R. Parker** Instructeur senior, Association canadienne de parachutisme sportif. **Bruce Parker** Président, Canadian Australian Football Association. **Stuart Pass** Pass Atlantic Skating Shoes. **Jérôme Pels** Events manager, International Sailing Federation. **Roger Perreault** Directeur général, Triathlon Québec. **Danish Petel** Quebec Cricket Federation Inc. **Kenneth Piché** Directeur technique, Fédération québécoise de boxe olympique. **Roch Pilon** Coordonnateur, marketing et communications, Canadian Yachting Association. **Daniel Plouffe** Représentant Mercury. **Michel Portmann** Professeur UQAM, entraîneur, Fédération canadienne d'athlétisme. **Professional Skating Association. Yvon Provençal** Entraîneur provincial, professionnel, Squash Québec, Club sportif MAA. **Jean-Michel Rabanel** Directeur général, Fédération de rugby du Québec. **RDS Archives. Andrew Rhéaume** Président, Saut à ski envol. **Pascal Richard** Athlète, Fédération internationale de bobsleigh et de toboganning. **Jean Riendeau** Entraîneur, Club Bob Luge Skeleton Macôt la Plagne, France. **Marc Rousse** Directeur général des régates de Valleyfield. **Gaston Roy** Président, Fédération de billard du Québec inc. **Gilbert Saint-Laurent** Conseiller technique, Arc Elite inc. **Marcel Saint-Laurent** Président, Canadian Powerlifting Association. **Pierre Sammut** Président, Club de patinage de vitesse, Les courte-piste étoiles de Montréal-Nord. **Pierre Savoie** Directeur général, Association canadienne sportive et récréative de motomarine. **Bernard Seguy** Entraîneur, Équipe de France de roller hockey. **Mark Selig** Fayfoto. **Jean-François Sénéchal** Fédération québécoise de tir. **Heinz Staudt** Président, 470 International Class Association. **Sarah Storey** Bobsleigh Canada. **Philippe-André Tellier** Entraîneur-chef, équipe du Québec de ski nautique, Ski nautique Québec. **Pierre Thibault** Coordonnateur général, Fédération québécoise des sports cyclistes. **Serge Thibodeau** Coordonnateur technique, Fédération québécoise d'athlétisme . **Jocelyn Toy** École d'arts martiaux chinois Jocelyn Toy. **Jonathan Tremblay** Directeur, pédagogie et formation, Fédération de canoë-kayak d'eau vive du Québec. **Birgit Valentin** International Luge Federation. **Johan Valentin** Association internationale pour le développement de l'apnée (Canada). **Dylan Jagger Vanier** Directeur marketing sportif, Tazmahal. **Vincent Vandamme** Compétiteur et éducateur fédéral, Fédération française des sociétés d'aviron. **Gérard Venmans** Président, Fédération de pelote basque du Canada. **Patrick Vesin** Directeur sportif, Fédération de judo Québec inc. **Gisèle Vézina** Directrice technique, Softball Québec. **Claudia Viereck** Escrimeuse. **Katja Waller**, Adidas Salomon AG. **Claude Warren** Entraîneur-chef, natation, Université de Montréal. **Ben Weider** Président, International Federation of Bodybuilders. **Marc Wilson** Directeur technique, Fédération de voile du Québec. **Rémi Zuri** Culturiste, Champion canadien toutes catégories.

index

index

crédits photos

Le chiffre figurant entre parenthèses indique qu'il y a plus d'une photographie de la même source sur ces pages.

Agence Cogis : page 119.

Agence France-Presse : pages 88, 161, 314.

Aïkido de la Montagne : page 307.

Allsport : pages 4, 5 (2), 6 (3), 7, 8, 9 (2), 10, 11 (3), 12, 13 (2), 14, 15, 16, 17, 18 (3), 19 (2), 20, 21 (2), 22, 23 (2), 25 (2), 26, 27 (2), 28, 29 (2), 30 (3), 33 (2), 34, 35 (2), 36, 37, 38, 40 (2), 42, 45 (2), 48 (2), 49, 51, 52, 54 (3), 56, 61 (2), 63 (2), 74, 78 (4), 83, 87 (2), 94 (2), 99 (2), 102, 109 (2), 112, 116 (2), 122 (2), 127 (2), 129 (2), 133, 136, 142, 145 (2), 152, 155, 156 (4), 158, 159 (2), 160, 169, 173 (2), 175, 177 (2), 178, 182 (4), 183 (2), 188 (3), 190, 193 (2), 194 (3), 197, 198, 199, 201 (2), 204 (2), 205, 207, 209, 212, 214, 220, 230, 233, 237 (2), 242, 247 (4), 248, 253 (3), 254, 261 (2), 267 (4), 271 (2), 273, 276, 278, 279 (2), 287 (2), 291, 293, 305, 318 (3), 327, 330, 333, 340, 346 (4), 349 (2), 350, 352, 357 (2), 364.

Bongarts : page 101.

Denis Brodeur, photographe : page 169.

Michael Burns, photographe : page 151.

Copyright (France) : page 2.

Corbis : pages 24, 44, 46, 64, 104, 113, 114, 123, 126, 130, 148, 156, 162, 169 (3), 172, 195, 202, 207, 210, 216, 225 (4), 226, 233, 256, 259, 261, 262, 268, 289, 292, 299, 300, 308, 310, 311, 320, 327, 328, 330, 336, 342, 347, 352, 353, 354.

Deutsche Presse-Agentur : page 208.

Dorling Kindersley Media Library : page 119.

Droits réservés : pages 32, 37, 70, 71 (2), 72, 118, 147, 162, 188, 197, 296, 302, 306, 311, 338, 360.

Éditions Atlantica : pages 238, 239.

Empics : page 293.

Fédération des clubs motoneigistes du Québec : page 359.

Fédération française de parachutisme : page 218.

Fédération internationale de badminton : page 291.

Fédération québécoise de canoë-kayak de vitesse : page 100.

Chis Gallow, photographe : page 285.

Gracie Jiu-Jitsu Academy : page 301.

Harvard Tai Chi Tiger Crane Club : page 312.

Hulton Getty : pages 62, 66, 80, 84, 90, 96, 125 (2), 128, 132, 140, 143, 146, 150, 174, 176, 184, 200, 240, 270, 274, 286, 313, 316, 322, 327, 332, 334, 351.

International Federation of Bodybuilders : pages 363, 364.

Jürgens, Ost und Europa Photo : page 100.

Robert Langlois de l'ABC : page 149.

Eileen Langsley, photographe : page 65.

Mary Evans Picture Library : pages 228, 234, 284.

Jacques Moreau : page 261.

Philip O'Connor, photographe : page 44.

Per G Olsson : page 170.

Photothèque des Canadiens de Montréal : page 164.

Photothèque de La Presse : page 358.

Red Bull : page 199.

Réunion des musées nationaux de France : page 120.

Reuters : pages 83, 311.

TempSport/Megapress : pages 61 (2), 110, 111, 145, 305, 353.

USTA Photo Gallery Heroes (site Internet) : page 131 (2).

Ernst Werner, photographe : page 125.